正 誤 表

次の写真に誤りがありました。訂正してお詫び申し上げます。

〈393頁下〉

正

誤

〈437頁下〉

正

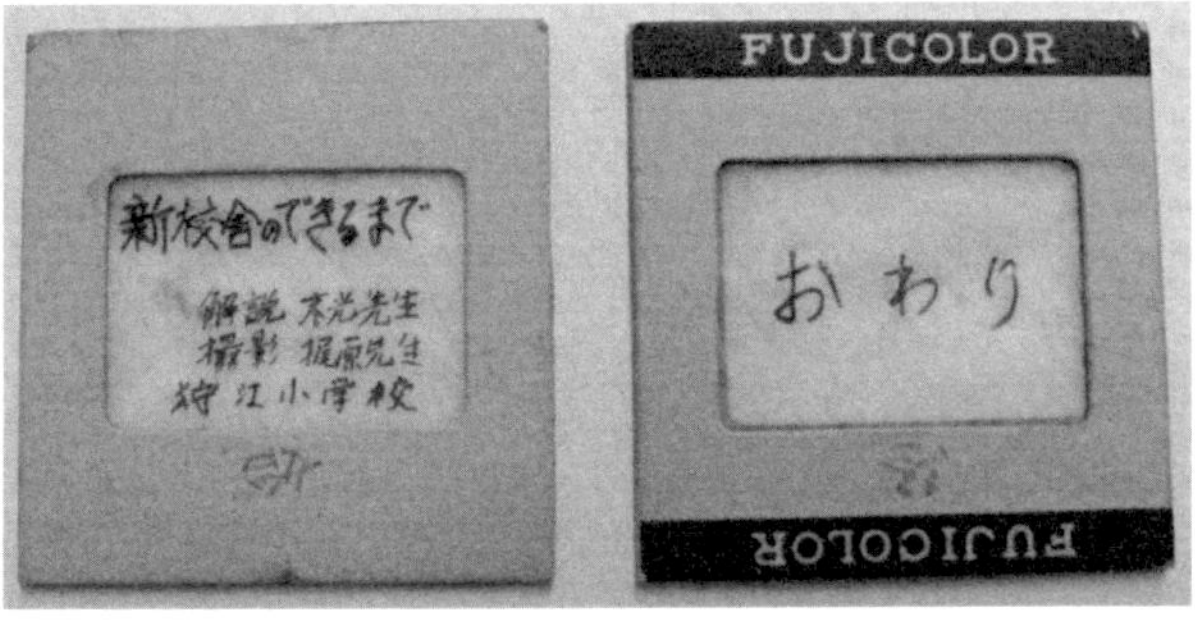

誤

建築家・松村正恒ともうひとつのモダニズム

花田佳明
Hanada Yoshiaki

鹿島出版会

建築家・松村正恒ともうひとつのモダニズム

目次

結論

補遺

序章

本書の目的と課題

松村正恒は、戦後間もない一九四七年から一九六〇年までの間、愛媛県八幡浜市役所の職員として、多くの優れた学校や病院関連施設などの公共建築を設計したことで知られる建築家である。

松村は、一九一三年一月一二日に、現在の愛媛県大洲市新谷町（当時は新谷村）で生まれた。一九三二年に武蔵高等工科学校（現在の東京都市大学）を卒業し、同校での恩師・蔵田周忠の勧めによって土浦亀城建築設計事務所（以下、土浦事務所と略記）に就職した。同事務所において、近代化された戦前の東京という都市における華やかな建築家の姿を見た後、一九三九年からは満州に移転した土浦事務所で働き、日本の侵略地での生活も経験した。

その後帰国し、一九四一年に土浦事務所を辞して農地開発営団へ移り、竹内芳太郎らの指導のもとで日本海側の貧しい農村の住宅調査に従事した。転身の背景には、生来の社会派的気質と社会主義思想への傾倒があったと思われる。

終戦とともに故郷の新谷村へ戻り、一九四七年一〇月に八幡浜市役所の職員となり土木課建築係に勤務した。市役所での活躍はめざましく、一九六〇年九月に退職するまでの約一三年間に、同市の日土《ひづち》小学校をはじめとする数々の学校や病院関連施設などの秀作を生み出し、建築ジャーナリズムはもとより建築研究者の間でも高い評価を得た。建築雑誌や『建築学大系』などの書物に作品が紹介され、一九六〇年には『文藝春秋』によって日本の建築家の一〇人のひとりに選ばれている。

八幡浜市役所時代の作品の多くは、基本的にはいわゆる「モダニズム建築」と呼ばれる建築に似た意匠のデザインである。しかし、木造で勾配屋根を冠しながらも端正で抒情性を兼ね備えたそれらの姿は、日本におけるモダニズム建築の展開に、いわゆる「白い箱」の陸屋根建築や、ル・コルビュジエなどのいわゆる「巨匠」たちを手本にしたコンクリートによる造形とは別の道があったことを示している。

また、彼の設計した空間は、そこを利用する子どもたちや教師、あるいは患者や医者などのことを可能な限り配慮したものであり、社会的弱者に対する思いに満ちたものであったといえる。そして、こういった作品と設計の姿勢は、公共建築のあり方に対する痛烈な批判ともなった。

その後松村は、一九六〇年に四六歳という働き盛りで八幡浜市役所を辞し、同年、松山市に松村正恒建築設計事務所を開設した。独立後は、一、二名のスタッフとともに、住宅、病院、学校など大小約四〇〇もの設計を手がけるが、それらの多くは、八幡浜市役所時代の先鋭的な作品に比べると、市中のアノニマスな建築に見えるものが多い。ジャーナリズムで喧伝される建築デザインの動きとは一線を画し、建築雑誌に作品が紹介されることも少なかった。やや先走ったことをいえば、デザインに対するニヒリズムに陥っていたのではないかとすら思われる。一定の年齢を過ぎてからの地方都市での独立は、松村の内面をそれまで以上に閉ざしたのかもしれない。

おそらくその反動でもあっただろうが、機会あるごとに発せられた言葉や文章は、建築あるいは建築家が社会との間に築くべき関係についての厳しい倫理観に基づいた批評であった。しかもそれらは、二〇世紀初頭のヨーロッパに起源をもついわゆるモダニズム建築の思想と、松村の出自である武家特有の儒教的思想が混ざり合ったような側面があり、特徴的なものである。設計だけでなく、民家調査や様式建築の保存運動にも力を尽くした。最後まで現役の建築家として活動を続け、一九九〇年には新日本建築家協会第一号終身会員に選ばれ、一九九三年二月二八日に八一歳で永眠した。

このように松村は、第二次世界大戦をはさんだ日本の変革期を生き抜き、優れた建築を残した建築家である。とくに近年、モダニズム建築に対する再評価の機運の中、八幡浜市役所時代に彼が設計した日土小学校が、ドコモモ・ジャパンによって、日本を代表する二〇のモダニズム建築のひとつに選ばれるなど、再び注目を集めている。

しかし、彼についてのまとまった研究はなく、その全貌はいまだ十分に把握されているとはいえない状況である。むしろ、彼が設計した日土小学校など一部の魅力的な建築の印象だけに基づいた、曖昧で情緒的な理解が一般化しているとの危惧もある。

そこで本書は、まずはそういった情報の空白地帯を埋め、松村の仕事を正しく位置づけるために、彼が最もアクティブに設計活動を展開した八幡浜市役所時代についての詳細な把握と分析をおこなうことを主たる目的とする。

この時期の松村の作品は、日土小学校に代表されるように、「白いモダニズム建築」との印象が強い。しかしそれは、欧米のいわゆるモダニズム建築の安易な意匠的模倣や、建築史的知識を手がかりにした観念的思考の産物ではなく、戦前に松村がおこなった建築計画についての学習や社会運動への参加経験に基づき、きわめてゆっくりと、しかも戦前との連続的な建築的思考の果てに彼がたどりついた結論ではないかと考えられる。

戦後、多くの建築家たちがコンクリートによるル・コルビュジエ的造形へ転じていく中で、松村はそういったものから距離をおき、独自のデザインを展開した。結論を先取りすれば、八幡浜市役所における松村の活動は、戦前と戦後の建築を連続的につなぐ、もうひとつの可能性を示すものであったと思えてならない。

また、八幡浜市役所時代の松村の活動について興味深いのは、それが戦後間もなくの愛媛県八幡浜市という、行政区分では市とはいえ、地方の小さな町におけるものだったという点である。その環境は、建築に関する最前線の情報からは遠く、日常のコミュニケーションの中にも、建築的な話題などない世界であったことは容易に想像がつく。そのようないわば孤独な状況の中で、松村はどのように自分を支え、外部世界との関係を維持し、批評精神を培ったのであろうか。

本書は、以上ふたつの問い、すなわち松村が示した建築デザインと建築家としての生き方についての仮説と疑問に答えることをめざしたものである。

筆者は一九九四年に初めて松村の建築を見て以来、その魅力にとりつかれ、彼についての調査・研究をおこなってきた。その間に、八幡浜市役所や松山市の松村邸に所蔵されている設計原図、松村の書き記したノート、松村作品の写真資料、松村宛の書簡、その他関係図書などの所在確認・複写・リスト作り、および関係者へのインタビューなどをおこない、さらにそれらの情報をもとに、八幡浜市役所時代および独立後の建築作品の現存状況の確認や写真による記録などの作業を重ねてきた。また、日土小学校の保存再生活動にも日本建築学会の日土小学校保存再生特別委員会委員として深く関わり、松村作品の歴史的・社会的意義を説くとともに、詳細な現況調査、改修案の策定をおこなってきた。その結果、二〇〇九年六月、同校の保存再生工事は無事完了し、現役の、しかも最新の小学校として使い続けられている。

本書では、これらの作業の中で得た知見と収集した資料を総動員し、松村正恒の八幡浜市役所時代における建築作品の全貌とその展開のプロセス、および彼が維持した人的なネットワークを明らかにする。そのことによって、日本の建築デザインにおける戦前と戦後を結ぶ新たな糸の発見と、建築家のあるべき姿についてのひとつのモデルを手にしたい。その目標を達成するために、本書において設定した具体的な課題は次のとおりである。

一　松村正恒の生い立ちを整理する

松村正恒の八幡浜市役所時代の活動を理解するには、その前までに彼が辿ってきた道を知る必要がある。幼少期からの生い立ち、武蔵高等工科学校における建築の専門教育の内容、そこで得た人脈、土浦事務所における実務経験、社会運動への参加や農地開発営団での調査活動などの実態である。

幸いなことに、松村の未亡人である妙子夫人から、松村家に残るさまざまな写真帖、武蔵高等工科学校の卒業アルバムなどの一次資料をあずかることができた。それらは、松村の生い立ちを明らかにするうえで、きわめて貴重な資料となった。

二　松村正恒の八幡浜市役所時代の建築作品の変遷を整理し、その設計プロセスを分析する

八幡浜市役所には、松村が担当した建物の実施設計図の多くが保存されている。また松村家所蔵の資料の中には、現存する建物はもちろん、解体されてしまった建物の写真が残されている。そこで、まずは八幡浜市役所時代の松村担当物件の全リストをつくる。その後に、それらをもれなく分析し、そのデザイン的な変遷をまとめ、設計プロセスを分析し、松村の思考の変化を追跡する。

八幡浜市役所時代の作品群には、水平連続窓や大きな開口部を強調した、いわゆるインターナショナル・スタイル風のモチーフが多用されている。その一方で、勾配屋根を載せ、在来木造に鉄骨トラスや丸鋼ブレースを組み合わせたハイブリッドな構造を採用し、平面計画においては建築計画学的判断を優先するといった科学的・合理的設計がなされている。

松村作品のこういった複合的な構成は、図式的にいえば、インターナショナル・スタイルの教条主義的性格を緩め、そこにローカリティを融合しようとした結果生まれたものだといえるだろう。ただ、そのようないわば「建築史的な」位置づけを彼自身がめざしていたという証拠はない。むしろ、松村独自の建築言語の体系内における自律的な変化だったのではないかというのが、本書が論証しようとする仮説のひとつである。

三　松村と外部世界との関係を明らかにする

東京で高等教育を受け、それなりの社会的経験を積んだ松村にとって、戦後間もなくの地方都市の役所におけ

る設計活動は孤独なものであったと想像される。その状況に彼はどう対処したのか。また、その活動や成果は、どのようにして建築研究者や建築ジャーナリズムなどによって見出され、広まっていったのか。

幸いなことに松村家には、彼宛に届いた多くの手紙が松村によって分類・整理されて残っている。今回そのすべてをあずかり閲覧することを松村夫人に認めていただくことができた。その中の主要なものを解読し分析することにより、松村を支援し、発見し、評価した主体とそれらのプロセスを明らかにする。

四　八幡浜市役所時代の松村正恒の建築を通してモダニズム建築の意味を再考する

松村の生きた時代、建築を学んだ環境、そして土浦事務所で設計した建物には、それぞれ「モダニズム建築の」という枕詞をつけることができるだろう。また、八幡浜市役所で設計した作品群の印象を語る言葉にも、「モダニズム建築風」という形容は頻出する。

しかし当然のことながら、そういった表現の背後には、近代主義という思想から白く水平性を強調した造形にまでおよぶ、カテゴリーと意味におけるさまざまな曖昧性が潜んでいる。

そもそも松村の経歴や作品には、「モダニズム建築」家・土浦亀城の事務所勤務から貧しい農村調査を職務とする農地開発営団勤務への転身、あるいは、「モダニズム建築」風の箱に勾配屋根を載せた造形などが象徴するように、モダニズム建築という言葉の一枚岩的な解釈では説明しにくい側面が多い。

そういった事実は、まさに彼がモダニズム建築と格闘していた証拠であり、それを見る我々にとっては、モダニズム建築の意味を再考するための格好の材料ということができる。

そこで、松村の生い立ち、八幡浜市役所時代の作品、そして外部世界との関係の分析を終えた後、それらを通して浮かび上がるもうひとつのモダニズム建築像についての考察をおこなう。

既往研究との関係

松村正恒に関する研究は、いまだ十分な蓄積があるとはいえないのが現実であり、おそらく本書はその最初の基礎資料として位置づけられると思われる。そのような状況の中、松村正恒についてこれまで書かれた主な文献を分類すると、次のようになるだろう。本書は、これらの既往研究の段階では曖昧になっていたり未発見だったりした資料や事実を可能な限り収集・確認し、それらに基づいて、より鮮明な松村正恒像を描こうとするものである。なお、松村自身の著作や翻訳、作品の掲載誌などについては、本書の巻末に整理した。

(1) 学校建築を中心に、建築計画学的な視点から、完成当時に建築研究者が書いた分析や解説

内田祥哉らによる次のものである。詳しくは後に取り上げ論じるが、いわば松村を建築計画学的視点から「発見」した仕事と位置づけられる。その後、内田以外の建築計画分野の研究者が松村の学校建築を研究や調査の対象とした様子が見当たらないのは残念なことである。

・『建築学大系32 学校・体育施設』（彰国社、一九五七年）における新谷中学校の紹介
・内田祥哉「日土小学校を見て」（『建築文化』一九六〇年二月号）
・『建築年鑑』（美術出版社、一九六〇年）における日土小学校の紹介

(2) 松村の建築作品全般やその人物について、デザイン的な視点から松村と同時代の建築評論家が書いた評論

当時、松村に注目した評論家は少なく、次の三つの文章くらいしか見当たらない。詳しくは後に論じるが、いずれも近代建築と地方性の融合というような視点からの評価であり、やや印象批評的な感がある。ただ、川添登の「地方作家の第一人者・松村正恒」は、戦前の松村の経歴をまとめた初期の作業として情報量が多く、貴重である。

・川添登「地方作家の第一人者・松村正恒」（『木工界』一九六〇年七月号）
・神代雄一郎「建築家は地方で何をしたか」（『建築文化』一九六〇年一一月号）
・佐々木宏「松村正恒の作風のことなど」（『近代建築』一九六七年五月号）

(3) 松村の晩年あるいは死後にまとめられた資料的価値のある文献

『素描・松村正恒』は宮内嘉久による松村へのインタビューをまとめたもので、松村が自らの生い立ち、八幡浜市役所時代、そして独立後までをたっぷりと語っており、調査・研究を展開する手がかりが多い。

松村についての基礎的情報をまとめた貴重な文献が、『無級建築士自筆年譜』である。彼の生前から企画が進み、没後に出版された。松村の年譜と松村作品の写真による紹介が中心になっており、彼の活動の概要を把握できる。

『老建築稼の歩んだ道』（序章末尾に付記）は、松村の没後に編まれた遺稿集である。独立後に彼が書いた文章や語った言葉が多く集められており、独立後の松村の思考を追ううえで貴重な資料である。

いずれも本書ではしばしば引用している。なお、松村の作品集が出版されていないのは誠に残念である。

・宮内嘉久編集事務所編『素描・松村正恒』（建築家会館、一九九二年）
・松村正恒『無級建築士自筆年譜』（住まいの図書館出版局、一九九四年）
・松村正恒『老建築稼の歩んだ道』（発行者＝松村妙子、一九九五年）

(4) 近年のモダニズム建築再評価の動きの中で、松村の建築の意味を再考した論考

初めに述べたように、松村正恒についての研究は少ない。おそらく再評価のスタートのきっかけのひとつは筆者の次の三つの論考である。とくに『再読／日本のモダンアーキテクチャー』に載せた論文は、本書でも詳しくふれる松村の戦中期の学習ノートを自宅から発見したことなどを報告し、松村研究の糸口となった。

・中川理・花田佳明・松隈洋「四国・公共建築行脚から の発見」（『建築ジャーナル』一九九四年一一月号の中の松村建築に関する論評）
・花田佳明「モダニズムというノスタルジア　松村正恒の残したもの」（『建築文化』一九九四年九月号）
・花田佳明「松村正恒の残したもの」『再読／日本のモダンアーキテクチャー』（彰国社、一九九七年）

筆者以外の研究者が松村を論じたものとしては、次の文献がある。前者は、教室への両面採光という視点から松村の学校建築の変遷を説明し、後者は、松村の建築をインターナショナル・スタイルの超克の事例として建築史的に位置づけようとしたものである。いずれも分析の枠組みが明快であり本研究でも参考にした。ただ、どうしても情報量が十分とはいえず、本研究ではそれを可能な限り補うことによって、松村の思考を完全にトレースしたときに見える新たな解釈を探ろうとした。

・田所辰之助＋モダニズム建築研究会「日土小学校」（『建築知識』一九九九年八月号）
・田所辰之助「生活世界の構築」（『SD』二〇〇〇年九月号）

(5) 日土小学校の保存再生活動の中でつくられた報告書群

松村が設計した日土小学校の保存活動は、日本建築学会四国支部の中につくられたワーキング・グループや委員会を中心におこなわれ、筆者も当初より深く関わってきた。見学会、シンポジウム、現況調査、そして改修計画の立案までさまざまな活動をおこなってきたが、そのつど次に示す報告書というかたちで内容を記録し、公開してきた。いずれも松村正恒や日土小学校についての多種多様な情報に満ちた資料となった。筆者もそこにさまざまな論考を寄せ、本書の基礎とすることができた。

・フォーラム「子どもと学校建築」『（社）日本建築学会四国支部創立五〇周年記念誌』（日本建築学会四国支部、一九九九年一一月）
・『木霊の学校　日土小』（日本建築学会四国支部、二〇〇四年三月）
・『夏の建築学校　日土小』（日本建築学会四国支部、二〇〇五年一月）
・『夏の建築学校　八幡浜』（日本建築学会四国支部、二〇〇五年一二月）
・『夏の建築学校二〇〇六　日土小学校の再生に向けて』（日本建築学会四国支部、二〇〇七年三月）
・『八幡浜市立日土小学校　校舎改修・改築に伴う現況調査報告書』（八幡浜市教育委員会、二〇〇七年二月）
・『八幡浜市立日土小学校　校舎改修・改築に伴う基本計画』（八幡浜市教育委員会、二〇〇七年三月）
・『八幡浜市立日土小学校　現況調査及び改修・改築基本計画　二〇〇六年度』（日本建築学会四国支部、二〇〇八年八月）
・『八幡浜市立日土小学校保存再生工事報告書』（八幡浜市教育委員会、二〇一〇年三月）

(6) 松村と直接に接する機会のあった人々による回想など

松村を慕う人々は多く、とくに四国の建築家などによって多くの回想やエッセイが書かれている。その中でも、松村論ではないが、土浦事務所の後輩であった建築家・河野通祐の次の自伝には、土浦事務所時代の松村についての描写が多く、当時の生活や設計作業の様子を知るうえでたいへんに参考になる。

・河野通祐『蚯蚓のつぶやき』（大龍堂書店、一九九七年）

本書の構成と要旨

第一章では、松村の誕生から八幡浜市役所への就職にいたるまでの歩みを、さまざまな文献資料や写真によって描いていく。地方都市の旧家での幼少時代、近代化されつつあった戦前の東京での学習と修業時代、満州の土浦事務所勤務、農地開発営団での農村調査といった彼の経歴は、その後の設計活動に大きな影響を与えた松村の原風景である。

第二章では、八幡浜市役所時代の作品群を詳細に分析する。まずは、八幡浜市役所と松村の自宅に残された設計図や写真、関係者の証言、現地調査などをふまえ、現在のところ判明しているすべての松村担当物件に関する基本的な情報と特徴を整理する。彼が個人的に設計を引受けた他自治体の三作品も取り上げる。その後に、各作品のデザイン上の相互関係などの分析をおこない、松村独自のデザインが確立されていく過程を明らかにする。

第三章では、松村家に残る松村宛の多くの書簡を分析する。それによって、地方都市で設計活動をおこなっていた松村と、東京の建築家、研究者、編集者らとの間のやり取りを明らかにする。取り上げるのは、蔵田周忠、内田祥哉、彰国社の編集者、川添登、神代雄一郎、土浦事務所時代の関係者などである。それによって、当時の松村が築いていた外部世界との関係を明らかにする。また、『文藝春秋』一九六〇年五月号の「建築家ベストテン——日本の十人」という企画についても取り上げ、松村への評価の構図を分析する。

結論では、以上の分析をふまえ、八幡浜市役所時代の松村正恒による設計活動を総括したうえで、建築デザインについて彼が提示した諸問題を整理し、モダニズム建築の意味や可能性についても考察を展開する。

最後に、補遺において、独立後の松村の設計活動と、日土小学校の保存再生工事によって明らかになった同校の色彩計画に関する事実について若干の紹介をおこなう。

なお本書では、次の四冊の文献から松村の文章や発言を引用する機会が多いため、読みやすさを優先して、番号によって引用源を示すのではなく、基本的に本文中に書名と引用頁を記入するようにした。

・宮内嘉久編集事務所編『素描・松村正恒』（建築家会館、

一九九二年）
・松村正恒『無級建築士自筆年譜』（住まいの図書館出版局、一九九四年）
・松村正恒『老建築稼の歩んだ道』（発行者＝松村妙子、一九九五年）
・河野通祐『蚯蚓のつぶやき』（大龍堂書店、一九九七年）

それ以外の文献の場合も、書名のみで判別できる単行本は、初出の際に詳細を記し、それ以降はこの四冊と同様、書名と引用頁を示すのみとし、読みやすさを優先した。

論文などで引用源の表示が長くなる場合、および語句などに関する註については、「★」記号によって各章ごとにまとめ、巻末に記載することを原則とした。ただしわかりやすさを優先し、前記四冊からの引用に相当するような場合には本文中に記入した。

図版や写真については、本文の該当ヵ所のすぐ後に挿入することを原則として誤解のないようにし、番号をふらなかった。また出典や所蔵先などは図版のキャプションの中に記載した。ただし、各建物の設計図面については、特記なき限り八幡浜市役所あるいは松村家に所蔵されている実施設計図のコピーである。それ以外のものには出典や所蔵先などをキャプションの中に記載した。写真は所蔵先などの特記なき限り筆者の撮影である。

付記――『老建築稼の歩んだ道』という書名の中の「建築稼」は誤植ではない。同書には、「人それぞれの生き方　老建築家から教師の卵達へ贈る言葉」という文章がおさめられている。これは一九八九年一二月に、松村が愛媛大学教育学部で学生たちにおこなった講演の記録であるが、その中で松村は、「私は自分を建築稼と称します、俗には建築家と呼びますが、家とは、大家、一芸に秀でた人のこと。稼を稼ぐと読むと下品になります、禾は穀物を意味し、稼は穀物の種、種を蒔き育てる。これで良い、と思った時から人は老い始める、稼と称することにさえ抵抗を覚えています」と述べている。またその後、これも同書におさめられているが、「老建築稼の歩んだ道」という自伝的な文章を、『ジ・アース』一九九二年三月号から一九九三年三月号までに連載した。遺稿集のタイトルは、この文章からとられたものである。ただし本書においては、松村のことを表すときも「建築家」という表記を使う。

『老建築稼の歩んだ道』
（発行者＝松村妙子、1995年）

第一章　松村正恒の原風景

本章では、松村正恒が八幡浜市役所に就職し、そこで独自の設計活動をはじめる直前までの生い立ちをまとめる。複雑な出自と戦間期の修業時代に出会ったさまざまな人や思想が、戦後における彼の八幡浜市役所での設計活動に大きな影響を与えた原風景であると考えられるからだ。『無級建築士自筆年譜』、『素描・松村正恒』、『老建築稼の歩んだ道』といった文献のあちこちに、この時期の自分について書いたり語ったりした松村の言葉がある。それらの記述を紡ぎ合わせ、そこに上記以外の資料から判断できる事実、松村家に残る写真資料、関係者の証言などを付け加え、この時期の松村の姿と彼が歩んだ道を描いていく。

一・一　誕生から大洲時代まで

松村は、一九一三（大正二）年一月一二日、現在の愛媛県大洲市新谷町（当時は新谷村）に生まれた。本節では、この地で松村が中等教育を終えるところまでを描くものとする。

複雑な出自

松村家はもともと大洲藩六万石の支藩である新谷藩一万石の武家であり、彼はその生家についての記憶をしばしば書いている。

私の生まれ在所は一万石の城下町、と言いましても城はなく城主の館と庭が遺り、ところどころに昔の跡をとどめておりました。廃藩後に私の祖父は、下級武士の長屋を譲りうけ貸家にしておりましたが、みすぼらしい家に、みじめな暮らしの暗い定めの人達が住んでおりました。私の家も昔のまま、うすぐらく不便きわまり、箱につめた刀が床下に放りだしてありました。その座敷も隣接した小学校の拡張のために、貸家は役場の敷地に乾繭倉庫にと召し取られてしまいました。住宅問題の切実さに心を痛め、土地収容法におびやかされて土地政策に関心をいだき、フェビアン主義に共感を覚えましたのも、生い立ちのなせる業かも知れません（『老建築稼の歩んだ道』七五－七六頁）。

大洲七万石が六万石になりまして、私のほうに一万石をくれたんですよ。大洲市のもとは新谷《にいや》町ですが、殿様から一万石を分けてもらったんですね（『素描・松村正恒』一四－一五頁）。

大きな家に生まれ何不自由なく育つはずが、松村が二歳のときに、小学校の校長をしていた父親が、東京の病院での入院治療の甲斐なく肺結核で亡くなり、松村は祖母のもとで育てられることになる。母親から切り離されたのは、彼女が祖父の非嫡出子であったためと松村は述べている（『素描・松村正恒』一七頁）。

松村が最後の病床で書き記した「生い立ち」と題された文章があるが、その一部が『老建築稼の歩んだ道』の見返し部分に自筆原稿のまま以下の部分のみ収録されており、そこに幼い日のことを回想した記述がある。

少し大きくなってから聞いた話、葬式で人が集まっている、その前で、父親の棺の上に登って、にこにこしていた、二才の頃。父は肺結核だったという。その頃は、家も財政上は余裕があったとみえ、東京の病院に入院した。結核は不治の病であった。母の落胆が思いやられる。

祖父、姉、夫とつづけて葬式を出しては。姉は六才だった、妹の名、雪子と、なんども口にして息を引きとったと言う。

一人で歩けるようになった、夕方になると学校の門の前に立って町の方を見つめている。

義父の姿が現われると、声を出して嬉しそうであったと、私の姿を見ていた祖母から聞いた。義父が毎日欠かさないお土産が、お目当てであったらしい。

自分で覚えているのは、三才頃であろう、目が覚めて、ふとんの上にうんこして、叱られて泣いている自分の姿、はっきり覚えている。里子に出されていた、それは後で知ったことで、この頃は、これが私の生れ、なんの疑問も持たなかった。源さんが、その家の主人であった。私の家の貸家で山も河も近かったが、それも後で知ったことである。

あの頃、神社のお神楽が一日がかりで人々の楽しみであった。源さんの肩車に乗って行く、祖母の住んでいる家の前が道順だった、源さんが声をかけ祖母が手を振っていた、これも覚えている。姉は祖母の家に養われていた。

小学校に入る前の年、源さんの家を出ることになる、連れられて家に着く、にこにこ迎えてくれたが、やつれた母の姿を見て、源さん家に帰ると駄々をこねた、これも覚えている。

入学式は一人で行った。隣りが学校だから、隣りのおじさんが代用教員の先生でもあったし、友達はみな父親と一緒だったが、一人でも平気だった。入学記念に宮参りが慣例だった。私が子供の頃は、神社と寺院は村の人（筆者註：ここから先は未収録）

父親の棺の上に登ってにこにこしていた姿、里子に出されていることをまだ知らないままふとんの上に粗相をして叱られ泣いていた姿、やつれた母の姿を久しぶりに見て里親先に戻った後、駄々をこねた記憶、そして小学校の入学式にひとりで行ったことなど、いずれも小さな子どもにとっては悲しい経験ばかりだ。

死を目前にした床の中で記した文章であることも加味すれば、このような幼少期の切ない孤独感が、松村の根底には生涯存在していたと想像することは可能だろう。そしてこの孤独感の深さが、戦間期における農村建築と託児所建築研究への情熱や、戦後の八幡浜市役所での公共建築設計への執念となり、さらに独立後に公共建築という道具を手放した後の鋭さと優しさが共存する言葉となって現われていたのではないかと思われる。

一九一九年四月、松村は尋常小学校に入学する。

彼は小学校時代の思い出を、『素描・松村正恒』の中の自筆年譜で、「家は枳殻《からたち》の垣根にて小学校に接す、よって道草の経験なし、寂し。松山市より来たという孤児院の子の行商に胸いたむ。／若き担任の先生、宿直室にて冬立木の絵のみ描く、病弱にて休職中、長い巻紙を度々私に、その後、年長の女教師に失恋し自殺、心やさしき人なり。巌谷小波《いわやさざなみ》らの童話の巡回に我を忘れ胸たかぶる」（一三二頁）と記し、同書での宮内嘉久との対談の中でも、孤児院の子の行商と自殺した先生のことにふれ、前者について「可哀相だなと思いましたね」（一七頁）、後者の先生については「そんな心の優しい先生にならったということですね」（一八頁）と述べている。弱者に対する松村の優しい心性がわかるエピソードである。

また松村は、彼が通った小学校の使われ方について、一九八六年一〇月に愛媛県宇和町で開催された第二回木造建築研究フォーラムでの講演の中でふれており、日暮れになると農閑期の青年が三々五々やってきて、小学校の先生による夜学校が開かれ、民法や農業の理論と実際を教えるなど、地域の生涯教育の場としても使われていたことが印象的だったと語っている（「木霊の宿る校舎」『素描・松村正恒』一一七頁）。学校建築が本来の目的以外のことに使われている様子は、その後の松村の学校観と重なる内容であり、興味深い。

大洲中学校入学

一九二五年四月、松村は愛媛県立大洲中学校（現在の愛媛県立大洲高校）に入学する。

松村は『素描・松村正恒』において、この時代は「ご承知のデモクラシーの時代」であり、「だから私、中学生のとき、デモクラシーと、厨川白村《くりやがわはくそん》なんかの恋愛至上主義なんですよね。そして、一方はデカダンの風潮がある反面、精神修養が青年を引きつけた時代なんですな。京都に有名な一燈園なんてありましてね。青年の、一方で

1
3 | 2

1：大洲中学校の仲間と（前列右から 2 人目）
2：松村の肖像写真
3：大洲中学校校舎（2、3『愛媛県立大洲中学校第 25 回卒業記念アルバム』）
［いずれも松村家蔵］

デカダン、一方で精神修養の時代。不思議な時代でしたな」（二〇頁）と述べている。同書の自筆年譜にも、「大洲中学校入学。一燈園、後藤静香の名を知る」とある。

一燈園とは、西田天香（にしだ てんこう、一八七二－一九六八年）によって一九二九年に京都の山科に創設され、現在まで続く生活共同体である。また後藤静香（ごとう せいこう、一八八四－一九六九年）は、『希望』という修養雑誌の出版などで多くの読者を獲得し、「希望社運動」という社会事業を推進した人物である。いずれも大正デモクラシーの波に乗り、全国に多くの熱狂的な信奉者を生んだ。松村がこれらの活動に直接関わったとは思えないが、青春の多感な時期に興味をもったというエピソードは、彼の気質を考えるうえで興味深い。

松村は中学校時代の思い出として、校長・上田光儀のことをしばしば書いている。上田は、大洲中学校に赴任した際、江戸時代初期の陽明学者・中江藤樹が幼年期から青年期を過ごした屋敷が同校の一角にあることに注目し、その思想を生徒に伝えようとしたらしい。

松村の「私の生きざま」という文章には、「着任されるや、大洲の地が中江藤樹ゆかり深きを知り、町の有志を説得して銅像の建立にこぎつけ、近江聖人の誕生日にちなみ藤樹祭を定め、さらに藤樹の学を研鑽して修身用の教科書を編纂される、その真摯な熱意、泰然自若たる風貌を合わせて頭が下がりました」（『老建築稼の歩んだ道』一六四－一六五頁）とか、「同じ頃の卒業生は異口同音にたたえます。去られる日、全校生徒、町はずれまで伴をして別離を惜しみました」（同書、一六四頁）といった記述がある。

また上田校長は外部からの講師を熱心に招いたらしく、その中でも松村は、著名な法学者・穂積重遠（ほづみ しげとお、一八八三－一九五一年、東京帝国大学教授・最高裁判所判事などを務めた）の講演に強い印象を受けている。穂積重遠は、愛媛県宇和島市出身の法学者・穂積陳重（ほづみ のぶしげ、一八五五－一九二六年、東京帝国大学教授・貴族院議員・枢密院議長などを務めた）の長男である。上田は常に地元関係者の動向に気を配り、穂積重遠が地元に帰った機会を逃さず講演を依頼したらしい。

松村は、穂積重遠の講演会で、父・穂積陳重の座右の銘が「スルー・バイ・オールウェイズ・シンキング・アンツー・ゼム－「精神一到何事か成らざらん」」（through by always thinking unto them）であると聞いたこと、そして、上田がその言葉を講演終了後にもう一度書いてもらい写真に撮って生徒たちに配ったという逸話を披露し、「あれは、一生よう忘れませんな」と語っている（『素描・松村正恒』二二一－二二二頁）。

さらに上田は、日記をつけることの勧めと自彊術《じきょうじゅつ》の指導もおこなったらしい。自彊術とは、一九一六年に中井房五郎が創案した健康体操で、当時かなり普及し、戦争によって一時途絶えるが、戦後に再び広まり、現在も各地で教室が開かれている。

なお中井が当時書いた『自彊術』(中井自彊術道場、一九一六年)という本は、国立国会図書館の近代デジタルライブラリーというウェブサイトで閲覧できるが、それによればこの本の序文を後藤新平が書いている。またこのサイトでは、漢学者・松平康国の『予の実験せる自彊術』(南北社、一九二〇年)という本も閲覧でき、こちらの序文は大隈重信が書いていることからすると、当時かなりの信用度とともに社会に認知されていたと想像される。中井の『自彊術』には、三一の体操の動作を上半身裸の男性がおこなう図解入りで説明してある。松村も、「中国の太極拳みたいなものですよ。身体全体が健康になるんですよ。熱心ですよ。それを図解して、みんな裸でやる。人間の一生の基礎をつくってくれる」(『素描・松村正恒』二三頁)と述べている。

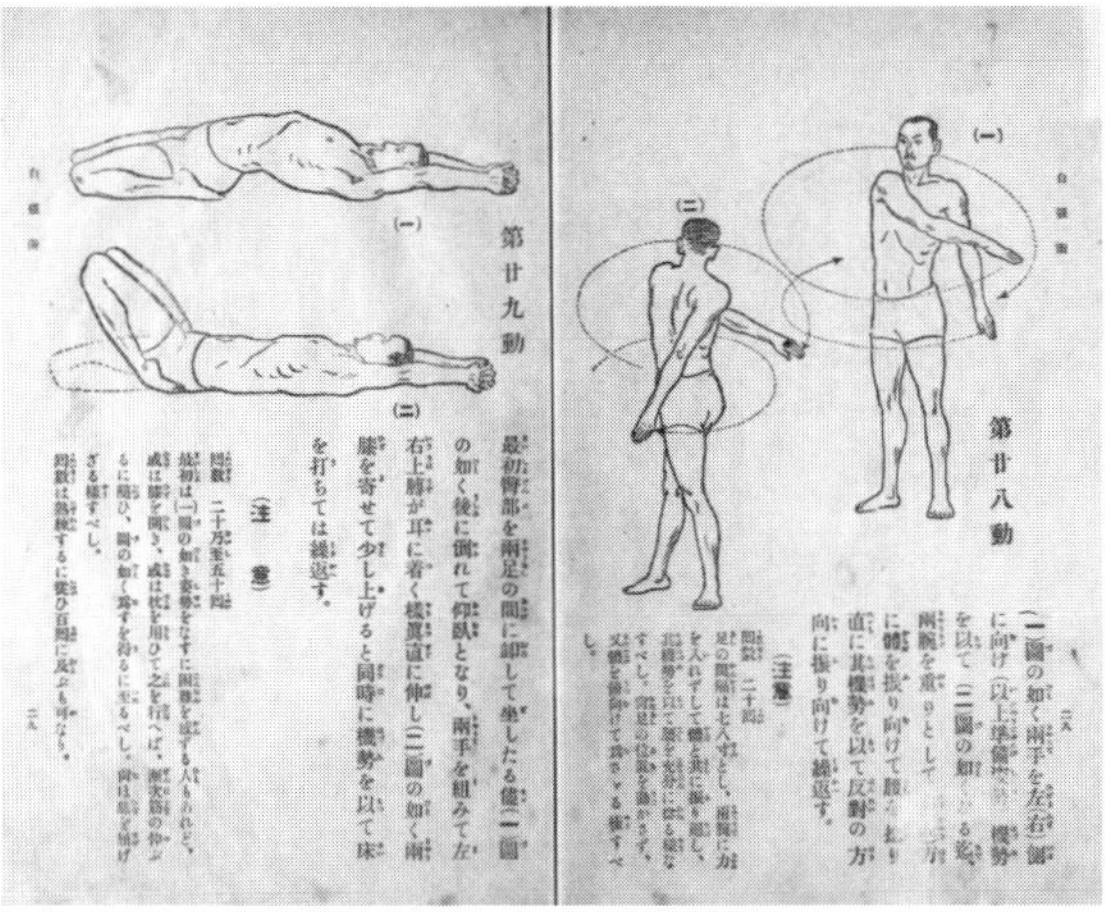

中井房五郎『自彊術』(中井自彊術道場、1916年)

このようなエピソードはいずれも、一九二五年から一九三〇年、すなわち大正一四年から昭和五年までという松村の中学校時代が、まさに軍国主義の時代にはいる直前の、大正デモクラシー最後の良き時代であったことを示すものだろう。厳密な影響関係を証明することはできないが、後の松村の教育観や学校観、それに語り口や文体への影響を感じざるを得ない。

一・二　東京での学生生活

大洲中学校を卒業した松村は、さらに上級の学校をめざすが入学試験に失敗し、繰り返し挫折を味わう。その結果仕方なく選んだ学校が武蔵高等工科学校であったが、松村はそこで、生涯の師となる蔵田周忠と出会う。また、戦前の近代化された東京という都市においてさまざまな刺激を受け、経験を積んでいく。本節では、東京における松村の学生生活を描く。

武蔵高等工科学校入学

一九三〇年、松村は大洲中学校を卒業する。社会にはすでに不景気と軍国主義の気配が忍び寄っていた。前年の一九二九年は、ニューヨークの株が暴落し世界恐慌が始まった年である。

上級学校の受験の経緯については、『素描・松村正恒』の中で詳しく語られている（二四－二六頁）。最初の年は、得意な英語を生かし名古屋高等商業学校を受験したが、外国人による一種のリスニング試験があり不合格となる。次の年は名古屋高等工業学校の建築科を受けたが、痔を病んでいた松村は二次試験の「尻の検査」で不合格となる。絵は得意だったようで、自在画の試験では試験官の目に止まったらしい。建築科を選んだ理由についての積極的な説明は見当たらない。「隣村の中学の先輩が建築に入っておりましたからね。だから試験の時も、その人の宿屋に行って建築を受けたんです」と述べている程度だ。

二浪の経験は松村にかなりの挫折感をもたらしたようで、彼は当時の心境を次のように語っている（『素描・松村正恒』二六頁）。後年の言葉とはいえ、軍国主義化する時代の中で、孤独で不安な気持ちを抱えた青年の心情が伝わってくる。

> ひじょうに暗い時代でしょう。藤山一郎の「酒か涙かため息か」、それから「枯れすすき」がはやった時代なんですよ。私、二年間浪人しておりますと、人生観が変わりましてね。「人間、本来無一物」という有名な言葉がありますよね。生きるのは、ひとりの人間——一生、地位も名誉も肩書きも、何も要らない。自分という、松村正恒というひとりの人間で一生をおくろうと。そ

うしたら、もう気が楽だから。

この状況を脱すべく松村が選んだのが、武蔵高等工科学校（後の武蔵工業大学、現在の東京都市大学）だった。松村は、「無試験の学校を探したら、武蔵高工というのがありまして」（『素描・松村正恒』二六頁）と述べている。同校は、一九二九年九月に創立されたばかりの新設校で、電気工学科、土木工学科、建築工学科の三学科からなっていた。修業年限は三年、場所は東京の五反田である。松村は一九三二年、その建築工学科に入学した。

武蔵高等工科学校の概要

武蔵高等工科学校設立の経緯については、竹内芳太郎の『年輪の記　ある建築家の自画像』（相模書房、一九七八年）の「武蔵高等工科学校設立のいきさつ」という文章に次のような記述があり、具体的な人の動きがわかる（四九一頁）。

昭和三年のいつ頃であったか忘れたが、大学での級友佐々木孝之助が訪ねて来た。彼は当時芝浦にあった東京高等商工学校とかいう夜間の学校の建築科教師を兼ねていた。ところが今回、そこの学生たちが、学校に対する不満が原因で、集団退学をした。そしてその学生たちが、自分たちの希望する学校を設立しようと計画をした。そしてどういう関係からか知らないが、慶応大学の支那文学の教授である及川氏に相談をし、その紹介で西村氏という実業家が設立資金を出すという話になった。それについて建築科の組織について、彼に協力をしてほしいと学生から依頼を受けた。大変問題が大きいから相談にのってほしいということであった。

東京高等工商学校とは、一九二七年に設立された電気工学科、土木工学科、建築工学科、商業学科からなる学校で、後の芝浦工業大学である。竹内の本では東京高等商工学校となっているが、「商工」ではなく「工商」が正しい。この東京高等工商学校の生徒の一部が、学校に対する不満から設立したのが武蔵高等工科学校だというわけである。なお、武蔵工業大学の同窓会組織「武蔵工業会」が武蔵工業大学創立五〇周年記念事業の一環として一九七九年一〇月につくった石碑には、「武蔵工業大学創立の由来」という文章が刻まれており、同様の内容が書かれている。それによれば、「及川氏」とは一八九〇年生まれの慶応大学法学部教授・及川浩平、「西村氏」とは西村有作である。

さて、佐々木の依頼を受けた竹内は教員の人選をおこなった。竹内の「武蔵高等工科学校設立のいきさつ」によれば、早稲田系の閥ができることを避けようとするが十分には果たせず、その結果、「まず構造学は、緒方一三と園部泰文、材料と設備は木村幸一郎と綾井九州彦、施工と製図は佐々木、法規は児玉顧太郎、建築音響学は佐藤武夫と川島定夫、そして私は建築計画と製図、こうならべてみると、いずれも同門の者ばかりであるが、そうなってしまった。ただ建築史については、私はどうしても藤島亥治郎をと考え、交渉の結果快諾を得た」(四九二頁)とある。

さらに竹内は、「デザインで特色のある学校にと考えて、製図の責任者に蔵田周忠(彼は私の一年下級の選科生であった)を加えること」(四九三頁)にし、当時、ドイツに留学中であった蔵田に「早速手紙を書いて、席をあけて待っているから、帰ったらこの学校へ来てくれるようにいってやった。折返し彼からは、実は帰朝後の身の振り方はきめていない。心配してくれて有難い。必ず君の言葉に従うからといって来た」(四九三頁)と記している。

なお創立時の校舎は、竹内によれば、「校舎はもちろん臨時ではあったが、池上線の大崎広小路駅近くの谷間にあった明電社か何かの古工場であった」(四九二頁)らしい。「かなり老朽化していたので、降雨の際は教室のトタン屋根から雨漏れがするし、低地で排水が悪いため、教室へも長靴で入らなければならないくらい浸水した。しかしそれにも拘らず学生は、自分たちが建てた学校であることを誇りとし、バケツで泥水を汲み出すという苦労をしながら、心たのしい日を送っていた」(四九二–四九三頁)とある。

五反田校舎と呼ばれたこの建物の正確な住所は、東京都市大学の経営母体である学校法人五島育英会のウェブサイトによれば、「東京都荏原郡大崎町大字谷山一三三番地」である。なお校地はその後、大岡山に第二校舎ができ、さらに現在の同大学世田谷キャンパスでもある尾山台校舎へ一九三九年に移転して蔵田周忠の設計した校舎群が建つが、松村の在籍期間中は五反田校舎であった。

なお、『蔵田周忠先生　生誕百年記念』(武蔵工業大学建築学科如学会編、一九九七年)に、蔵田の「武蔵とともに二五年」(初出一九五五年、武蔵工大新聞)という文章が収録されている。そこで彼は赴任当初の様子を次のように記しているが(一一二–一一三頁)、赴任の経緯および校舎の様子が、竹内の記述とよく一致している。

私がはじめてここの教壇に立ったのは、一九三二年(昭

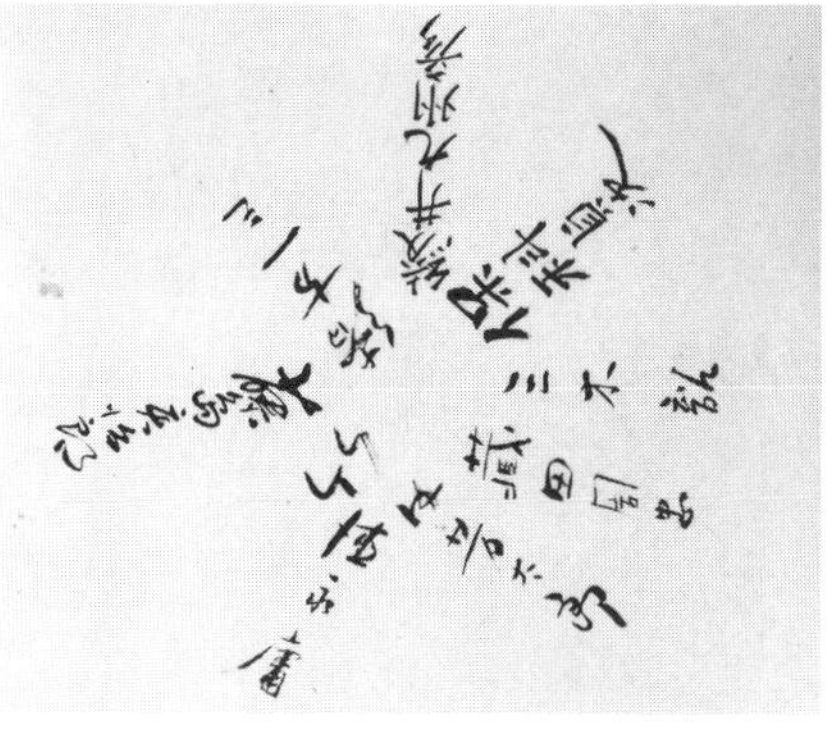

1
3 2
4

1：創立当時の武蔵高等工科学校の校舎
［武蔵工業大学緑士会ウェブサイトから］
2：武蔵高等工科学校正門
3：作品展示会。
4：教員による寄せ書き。蔵田周忠、竹内芳太郎、徳永庸、藤島亥治郎、緒方一三、
綾井九州男、保科貞次、三木韶の名前がある。徳永庸は佐藤功一の弟子にあたる建築家。
保科貞次は陸軍将校であり防空関係の授業をしたのではないかと思われる
（いずれも『1935 武蔵高工建築科第五回卒業記念アルバム』）［松村家蔵］

和七年）で、その前年二年にわたるヨーロッパの旅から帰って一休みした翌年であった。前大戦後のヨーロッパの近代建築について皆が聞きたがっていた頃、最新知識として学生諸君に歓迎されたものであった。自分でも得意になって見聞を話したし印象の薄れないうちに一冊本を書いて『欧州都市の近代相』と題し、当時としては厚手のものとなった。そこに入れた写真や絵を持って、迎えに来た学生と共に、その頃五反田駅の近くにあった「武蔵高等工科学校」に行った。元々私は武蔵が中古のバラック工場が校舎であった。創立の頃、早稲田で同窓の竹内芳太郎教授からドイツで手紙をもらって、帰朝したら武蔵へ来るようにいわれていたので、この年から主として設計製図を受持つことになり、今日に至っているわけである。五反田の校舎は工場であったから、油しみた土が床にこびりついていた。学生も先生も暇さえあればそれをごしごし落とすのに時間を費したのが妙に印象に残っている。

当時の武蔵高等工科学校の校舎の様子は写真などから想像できる。いかにも急場しのぎの校舎であり、新設校という雰囲気である。少なくとも当初は、松村にとっても良い印象ではなかったことだろう。

松村家には、『１９３５　武蔵高工建築科第五回卒業記念』と金文字の入った卒業アルバムが残されている。横二三センチ、縦三一センチ、厚みは五センチで、教員の顔写真、学校生活の様子、学生ひとりずつの顔写真と卒業制作の図面を撮影した写真などがあり、興味深い。あらかじめ写真が印刷されたページと、紙焼きの写真が貼付けられたページ、各自で自由に写真を貼ったと思われるページとが混在している。

当時、武蔵高等工科学校でおこなわれていた教育の詳細はわからない。しかし、松村の卒業アルバムに掲載されている一五の卒業制作の作品がすべて、インターナショナル・スタイルあるいは日本におけるモダニズム建築と呼ぶべきデザインであることや、モダニズム建築の傑作のひとつである四谷第五小学校（一九三四年、設計＝東京市建築課）の見学と思われる写真が掲載されていることから想像すれば、蔵田周忠を中心に、新しいデザイン教育が意図されていたと考えられる。

ところで、『財團法人　武蔵高等工科學校一覧』（財団法人武蔵高等工科学校編）という冊子がある。財団法人三康文化研究所附属三康図書館（東京都港区）が所蔵し、一九四〇年一一月一日に同館の前身である大橋図書館に寄贈されたものだ。武蔵高等工科学校の概要を示す内容で、

2 | 1
3

1、2：卒業アルバム。
卒業生の顔写真と卒業制作が収録されている。いずれもインターナショナル・スタイルの影響が大きいデザインである
3：四谷第五小学校の見学と思われる写真（卒業アルバム）

校歌、学内施設や授業風景の写真、学則、教職員リストなどが印刷されたA5サイズで一五ページの冊子である。学校の概要紹介のためにつくられたものであろう。その中の学則に学科ごとのカリキュラム表があり、松村の在籍時期よりは若干後になるが、当時の教育内容が想像できる。

それによれば、建築工学科の教員構成および担当分野は次のようになっており、現代の大学における標準的な建築教育の枠組みに近いといえる。竹内の記述とは異なる教員名があるが、一九四〇年といえば尾山台校舎への移転も完了した時期であり、人の出入りがあってもおかしくはない。

建築構造法、建築計画、製図、仕様見積
工学士　猪野勇一
建築形態学、建築計画、製図、立体演習
東京高等工芸講師　蔵田周忠
暖房換気、建築図法、給水及排水
工学士　綾井九州彦
鉄筋コンクリート構造
工学士　鈴木隆蔵
建築計画、製図　工学士　竹内芳太郎
建築法規　工学士　警視庁技師　兒玉顧太郎
建築史　工学博士　東京帝国大学工学部教授
藤島亥治郎
自在画　経済学士　片山健吉
彫塑　金子九平次
機械設備　工学士　清水隆
建築音響学、照明学、コンクリート及実験
工学士　三木韶
製図　工学士　上野伊三郎
建築材料、構造力学及演習
工学士　酒井勉

製図担当者に、日本インターナショナル建築会を主導した上野伊三郎の名前があるが、竹内芳太郎の『年輪の記』に収められた「学友たち」という文章には、彼が上野に頼み非常勤講師をしてもらっていたとの記述がある（一一七頁）。

またこの文章中には、前記のリストから消えている佐々木孝之助について、満州国に技術者を送り込むために建築と土木を合併して建設科として教育する希望が軍人校長から出たが、当時学科の主任であった佐々木はその案を拒み辞職したと書かれている（一一八頁）。そしてその際、この学科併合とは無関係に、「高崎からの長時間の通勤の苦痛を口にしていた」上野が、同時に辞表を出してしまったとある（二一八頁）。上野が群馬県高崎市の群馬県工芸所に所長として在任したのは、一九三六年四月から一九三九年三月までとされており★一、いずれにせよ彼の名前だけが残っていることはやや不可解ではあるが、詳しい事情はわからない。

それにしても、蔵田周忠（一八九五－一九六六年）、竹内芳太郎（一八九七－一九八七年）、藤島亥治郎（一八九九－二〇〇二年）、上野伊三郎（一八九二－一九七二年）というメ

『財團法人 武藏高等工科學校一覧』表紙

同書より、建築科教室、彫塑室、第一製図室、格納庫及び標本室

ンバーが、それぞれ四〇歳台という働き盛りの時期に建築設計や建築史を教えていたということからは、この時期の武蔵高等工科学校の充実ぶりと蔵田の影響力の大きさが想像できる。

なお、蔵田周忠の肩書きに東京高等工芸講師とあるが、彼は、『蔵田周忠先生　生誕百年記念』掲載の年譜によれば一九二二年から同校の講師であり、一九三二年に武蔵高等工科学校の教授になった後も、非常勤で教えていたということだろう。

また、すでに述べたように、松村は武蔵高等工科学校を無試験であるがゆえに受験したと書いているが、『財団法人　武蔵高等工科学校一覧』の中の学則「第四章　入学在学退学及ヒ処罰」によると、建築工学科の入試科目は中学校卒業程度の数学、自在画、英語であるが、これとは別に、中学などの学校長推薦があれば無試験にするという規定がある。もちろん、松村が受験した当時のことはわからないが、この枠のことだったかもしれない。

ところで、武蔵高等工科学校で設計教育が熱心におこなわれていたことの証拠として、学生作品展が開催されていたことが挙げられるだろう。

当時、小山正和によって編集されていた雑誌『国際建築』は同人制をとっていたが、蔵田周忠はその筆頭の同人という立場から、自身の作品や論文や翻訳などを精力的に発表していた。そういうことも関係するのだろうが、『国際建築』には武蔵高等工科学校建築科の作品展の報告記事が何度か掲載されている。たとえば一九三四年一〇月号には、一頁全部を使って「武蔵高工建築科第三回作品展」という見出しの記事が掲載されている。

それによれば、一九三四年九月二二日から二四日まで、銀座資生堂ギャラリーにおいて、住宅、商店、カントリークラブ、卒業計画（昭和九年度）の四つの部門に分かれた展示がおこなわれたことがわかる。当時の設計課題の内容や、タイトルだけとはいえ学生作品の傾向がわかり興味深い。また図面が掲載された西田芳夫という学生のヨットクラブという作品は、建築デザインも図の表現もインターナショナル・スタイルの潮流を反映しており、武蔵高等工科学校のデザイン教育の方向がよくわかる。

住宅部門には松村の名前がある。また、卒業アルバムに並ぶ松村の同級生たちの名前も散見される。彼らが三年生のときだ。卒業アルバムに掲載された作品展示会の写真は、こういう機会のものだろう。

ちなみに、卒業計画のトーキー映画館計画の作者である岩崎健生は、松村が「八十路に思う」という文章（『無級建築士自筆年譜』に掲載された書き下ろし）でふれている人

武蔵高工建築科第3回作品展

昭和九年九月二十二日から同月二十四日まで、銀座資生堂ギャラリーに展観。

1 住 宅

1. 中流住宅 2. 住宅——飯田稔 3. 郊外に建つ中流住宅——石塚正三郎・梶浦謙三 4. 住宅 —— 川島元夫 5. 住宅 —徐建英 6. 住宅——松村正恒・吉田精三 7. 住宅——古市茂・酒巻芳保 8. 傾斜地に建つ住宅 — 田中隆興・松井宗次・大野虎太 9. 住宅 ——酒井不三雄・直山繁・小野隆宜

2 商 店 設計の規準——敷地は市街地建築物法適用區域内に於て各個別に指定し、構造は各敷地に耐火及準耐火の二種を指示したるものとす。

10. 洋品店——一宮正秀 11. 洋品店——飯田稔 12. 喫茶部を持つレコード店——石塚正三郎 13. 寫眞材料店 ——梶浦謙三 14. 寫眞材料店 —— 田中汀一 15. 草花園藝材料店 —— 中島敏夫 16. 草花園藝材料店 —— 田中賢次郎 17. 洋畫材料 —— 天明力 18. Dress-goods shop——笹田孝 19. 婦人子供服地店——三谷廣三郎 20. 帽子店——一家勝

3 カントリークラブ

21. ヨット クラブ——西田芳夫 22. グライダークラブ——大野虎太 23. 建築同窓クラブ——古市茂 24. 山岳クラブ——酒井不三雄 25. Riding club——小野隆宜 26. 湖畔に建つ水上クラブ——松井宗次

4 卒業計劃（昭和九年度）

トーキー映畫館計劃——岩崎健生 アパートメントホテル——金崎清 兒童療養所計劃——丸谷孫次 住宅地域に建つ共同建築計劃案——森紀

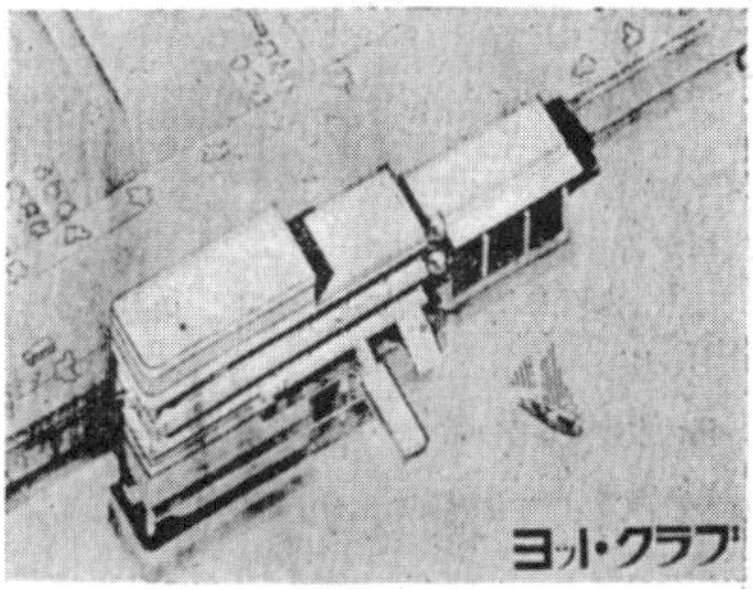

ヨットクラブ ・ 西田芳夫作

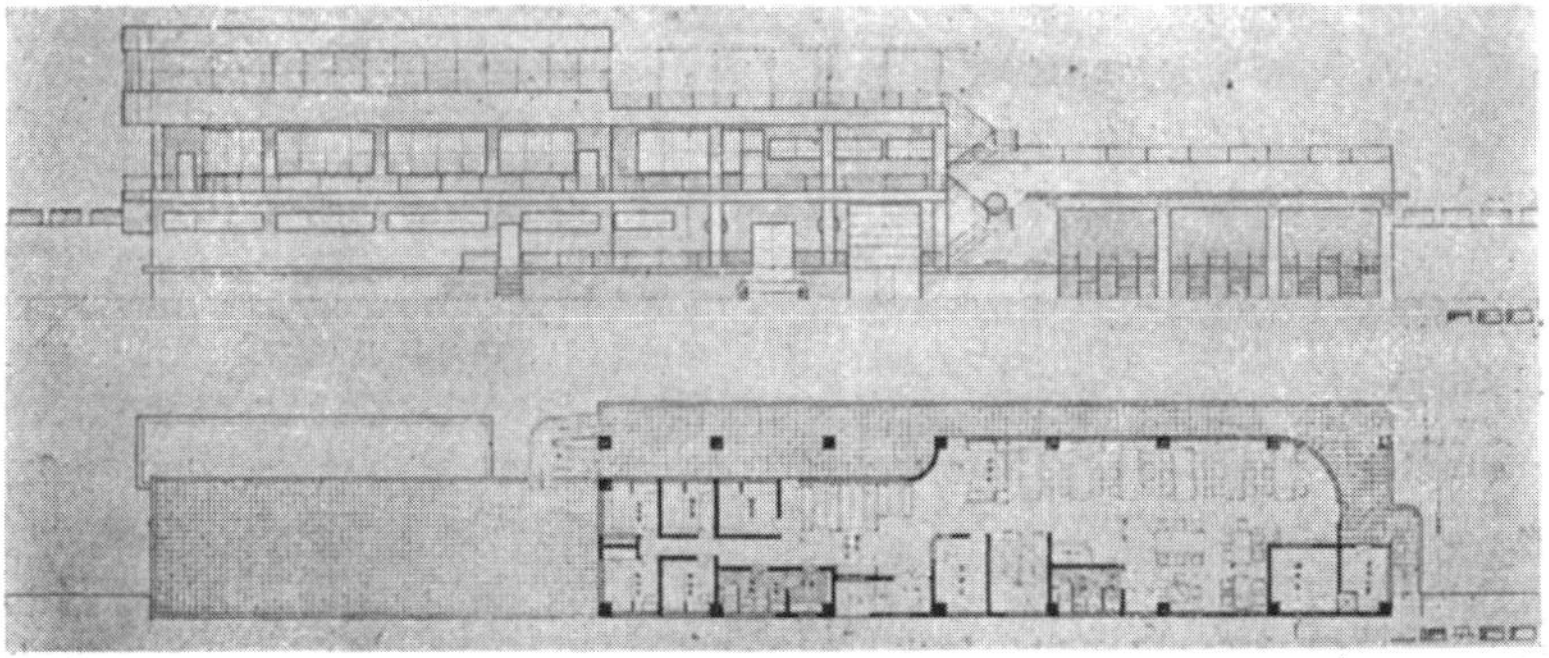

「武蔵高工建築科第 3 回作品展」の記事（『国際建築』1934 年 10 月号）

物で、松村は「一年上のクラスに秀才が二人いた、その一人、卒業して久米權九郎事務所に入り三年して肺結核で夭折。天理教のコンペに三等入選、一等は前川國男さん、蔵田周忠先生の秘蔵っ子だった。岩崎さんと言ったが、どう勘違いされたか、私をつかまえて良きライバル、と。惜しみても余りある天賦の才能であった」（三六頁）と記している。

武蔵高等工科学校での友人関係

松村は学校内での生活や友人との交流については、あまり多くを語ったり書いたりしていない。卒業アルバムの写真を見ても、級友からやや離れている印象がある。二浪という挫折体験や「無試験の学校」にはいったという劣等感などを引きずり、授業や友人への関心は必ずしも深いものではなかったように想像される。

むしろ彼は、学外での自分流の勉強に熱心だったようだ。「午後は、日比谷の図書館に毎日行きまして、夜遅くまで。何勉強しよったか言うと、その頃から、私は児童問題の本を片っ端から読んで、よう買わないから、写しよったんですね。写すと、あれ、頭に入るんですな。毎日、夜閉まるまで行きよったんですよ」と語っており（『素描・松村正恒』三〇頁）、社会問題への関心が早い時期から芽生えていたことを感じさせる。

そういうやや孤立した状況の中で、彼が後に文章の中で取り上げる数少ない友人が酒巻芳保（一九一二－二〇〇七年）である。酒巻は一九一二年一〇月一二日に徳島に生まれ、武蔵高等工科学校建築科で松村と同級生になった。松村は一九一三年一月一二日生まれだから、学年でいうと松村と同期である。彼と同様、どこかで浪人期間があるのかもしれない。

ＪＩＡの機関誌に書いた「縁ありて」（一九九二年七月－一九九三年四月）という文章では、「酒巻芳保君のこと」という一章が設けられており（『老建築稼の歩んだ道』二八一－二八四頁収録）、松村にとって酒巻は、武蔵高等工科学校時代の貴重な友人であったと想像できる。

そこには、「酒巻芳保君と知り合ったのは、武蔵。四国の徳島と聞いて懐かしく、見るからに善人の相、余計なことは喋らない」とあり、四国出身という共通項と人柄への共感があったと思われる。なお、卒業アルバムの寄せ書きに酒巻の名前がないが、松村の名前の脇に「阿波十郎兵衛」という文字があり、徳島出身ということを考えると、これが酒巻ではないかと想像される。

松村は前記の文章で、酒巻と「ふとしたはずみで相宿

2 | 1
3
4

1：同級生と思われる
メンバーとの集合写真。
後列左端が松村
2：卒業アルバムの中の
松村の肖像写真
3：製図室。左端が松村
4：同級生の寄せ書き。
松村の名前も右上にある
［いずれも卒業アルバムから］

の羽目となり、卒業までの腐れ縁」で、ふたりで転々とした四つの下宿のことを、「四畳半に二人」、「大きくて立派な家。二階の六帖に格上げ」、「そば屋の入口の二帖に背中をすり寄せ」、「そば屋の前の家の八帖」といった表現を使いながら、懐かしそうに詳しく書き記している。

また「八十路に思う」という文章でも、「貸間を探すには苦労がない、ある広い屋敷の門に貼紙がある、友と恐る恐る訪ねてみる、古く広い格式ある家、年配の品格ある浪人風の主人が案内、うす暗い室がつづく、畳がふやふやして、うす気味わるい。／小さい家の二階に階段はさんで室、東工大留学生の中国人がいた」（『無級建築士自筆年譜』三五頁）という記述があり、これが「大きくて立派な家。二階の六帖に格上げ」のことだろう。松村はさらに続けて、二階から小便をした思い出も書いており、彼のやんちゃな一面がのぞいている。

松村家に残るアルバムに当時の下宿の庭先や門で撮ったと思われる写真があり、そこに「都・世田ケ谷区・玉川奥沢町一の四一四　原田文吉方」という書き込みがある。いずれかの下宿の住所だろうが、特定はできていない。

後述するように、武蔵高等工科学校在学中の松村は、今和次郎や竹内芳太郎の教えを受ける機会を得て民家研究や農村調査への糸口をつかむ。酒巻も同様の薫陶を受け、一九三三年には両氏の指示のもとで故郷・徳島県の東祖谷および西祖谷を単独で調査し、翌一九三四年には、両氏を案内しての集落調査が実現した。また、一九三五年には、今や竹内の指導で日本青年館郷土資料陳列室においておこなわれた民家模型製作の作業に参加し、酒巻は祖谷の民家を担当した。

ふたりは一九三五年に卒業し、酒巻は軍に就職する。後述するように、松村は土浦事務所に就職し、一九三九年には満州の新京に設けられた同事務所へ移るが、国境近くに赴任していた酒巻に会いに行っている（『老建築稼の歩んだ道』二八三頁）。

戦後、酒巻は徳島工業高校の教諭を経て、東京坂田建設取締役と武蔵建築事務所代表取締役を務めた。また民家研究に打ち込み、徳島県内を中心に実測調査などをおこなった。

それらの成果、および武蔵高等工科学校在学中の祖谷調査や民家模型製作については、酒巻が晩年に出版した回想録『渚の砂に残る足あと』（自家版、二〇〇〇年）に記録されている。その帯には、「弱冠の年に今和次郎、竹内芳太郎、蔵田周忠《ちかただ》の三先生と出会い、民家研究会の一員になった。先生方の指導の下に没頭した民家調査も、いま振り返ると、〈渚の砂に残る足あと〉のように感じる」

とあり、当時の武蔵高等工科学校の学生に対してこの三人が与えた影響の大きさが想像できる。

　戦後、松村と酒巻がともに四国に戻ってからは、晩年まで手紙のやり取りが続けられ、酒巻からの手紙は松村家に大切に残されている。

蔵田周忠との出会い

　松村は、後に武蔵高等工科学校のことを語る場合、やや卑下したような表現をとっていることが多い。たとえば入学試験については、「武蔵高工って、あの頃はいい加減な学校でしたな。（笑）試験なんかやったら、誰も来やしません。行ったら、来ているのは落ちこぼればかりですよ」（『素描・松村正恒』二六－二七頁）、そろばんの授業があったことについては、「こんな学校では、どうせ偉ろうなれんのだから、（笑）算盤教える言うんです」（二八頁）、人事については、「武蔵高工はいい加減な学校ですから、先生も校長も、ポコポコ替わるんですわ。学期が済んで行ってみたら、ガラッと替わっている。先生もいやになるし――給料も払いませんしな」（三〇－三一頁）といった具合である。

　これらはおそらく、中学卒業後の二浪生活という苦し

上：下宿ではないかと思われる家の庭に立つ松村
下：武蔵高等工科学校への通学時と思われる松村。T定規と本を抱えている
［いずれも松村家蔵］

い経験からきた挫折感や一種の自負心が混ざり合った複雑な感情からくるものであって、彼の本心とも考え難い。

　その証拠に松村は、「校風を強いて挙げれば自由、ただ感服いたせしは先生方の教育者としての真摯な態度、熱情なり」（一三三頁）というように、教員に対しては尊敬の念をもって接しており、松村は武蔵高等工科学校において、その後の人生を決める師たちとの貴重な出会いを重ねることになる。

　その筆頭に挙げられるべき人物が、蔵田周忠であろう。蔵田は、一八九五年に山口県萩市に生まれ、一九一三年に工手学校（後の工学院大学）建築科を卒業した。その後、三橋四郎建築事務所と曾禰・中條建築設計事務所の製図

祖谷民家模型

祖谷民家模型　断面図

民家模型制作（於　日本青年館）
向かって左端今先生、向かって右端著者

上：酒巻芳保の著書『渚の砂に残る足あと』の表紙と裏表紙
下：同、19頁。日本青年館における民家模型制作の様子や酒巻が担当した祖谷の民家の模型と断面図

員を経て、一九二〇年に早稲田大学理工学部建築学科の選科生を修了し、一九二一年に平和記念東京博覧会技術員となり、一九二二年に東京高等工芸学校木材加工科の講師になった。そして、一九三〇年から三一年にかけて、ドイツを拠点として、チェコスロヴァキア、オーストリア、ハンガリー、フランス、オランダ、ベルギー、イギリスなどのヨーロッパ諸国を訪問し、モダニズム建築に関する情報を収集した。

また彼は、三橋四郎建築事務所勤務時代には、三橋が私財を投じてパトロンとなった『建築世界』の編集を手伝い、早稲田大学選科生時代には、佐藤功一がバックアップしていた『建築評論』の編集を手伝い、さらに一九二八年から三〇年代にかけては、小山正和が編集長だった『国際建築』の同人になるなど、建築ジャーナリズムに深く関わった。そして、とくにヨーロッパから帰国後は、モダニズム建築を中心とした海外情報の提供者として活躍した。さらに建築家としても住宅を中心にして多くのモダニズム建築を設計した★二。戦前の『国際建築』の多くには蔵田の作品や文章が掲載されており、各年度ごとの執筆者ランキングでは、ほぼトップを独占するほど、日本におけるモダニズム建築のオピニオンリーダーとして活躍した★三。

すでに述べたように、蔵田は一九三二年に武蔵高等工科学校の教員として赴任した。年齢は三七歳、ヨーロッパから帰国後の活躍が始まった時期であり、まさに若き注目株であったに違いない。

松村は、ＪＩＡの機関誌に書いた「縁ありて」(一九九二年七月－一九九三年四月)という文章で「蔵田周忠先生のこと」という一章を設け、当時の蔵田の印象を、「ドイツから帰られた頃の雑誌『国際建築』は、先生の独壇場。ドイツ語まじりの論文にはお手上げながら、世はまさに新興建築の黎明期。講師で教壇に立たれる。それだけで光の射す思いであった」(『老建築稼の歩んだ道』二七頁)と記している。そして蔵田との出会いは、「製図の最中、肩をポンとたたき〈中学からか〉〈工校からか〉と尋ねられた。先生との最初の出会いである」(同書、二七頁)ということであったと書いている。「工校」は工手学校の意味であろうか。だとすれば蔵田自身の出身校であり、松村が後輩かどうかを尋ねたことになるし、あるいは松村の出身校が実業系の学校かどうかを尋ねることで、彼の学力的な背景を確認しようとしたのかもしれない。

また、金に困った松村が学校を中退する相談に蔵田のもとを訪れた際、中退を止められると同時に、「おまえ、英語できるか」と問われて「少しできます」と答えたところ、『国際建築』の小山正和を紹介され雑誌用の翻訳仕事をする機会を得たという話は印象的だ。それは経済的な補助以上に、学校の外の世界への手がかりとなり、松村にとって大きな意味をもった。

これ以外にも松村は、蔵田とのエピソードをあちこちに書き残している。蔵田の自宅を皆で訪れ食事を共にしたこと、大量の蔵書に圧倒されたこと、ル・コルビュジエについて論じたことなどである。

いずれにしても、松村は蔵田に見込まれ、彼の翻訳などの仕事の手伝いをし、終生、蔵田との師弟関係が続いたのである。

たとえば、蔵田の著書のうち、一九四三年に出版された『建築透視圖』（アルス、工業青年読本の一冊）という図学の教科書の「序」には、「圖面仕上は大部分、武蔵高工卒業生松村正恒・永田善哉兩君の手を煩はした」とある。

一九五三年に出版された『グロピウス』（近代建築家シリーズの四、彰国社）というグロピウスの評伝の「後記」には、「なお資料や執筆でお世話になった畏友諸兄、特に本田修、松村正恒、闢龍夫の三君、それから版元の彰國社社長下出源七氏、編集長井上精二氏、同編集の長島新策君に深甚の謝意を表したい」とある。

さらに一九五八年に出版されたワルター・グロピウスの訳本『生活空間の創造』（彰国社）は、その英語版とドイツ語版を参照した蔵田と戸川敬一（当時上智大学教授・ドイツ文学）による共訳であるが、「訳者あとがき」に、「私の門人武蔵高工時代の卒業生で、現在四国の八幡浜市の建築課長をしている松村正恒君が雑誌『国際建築』時代からの縁で、英語の方を大部分受持ってもらった」と書かれている。後に詳しく分析するが、松村家には、原稿のやり取りなどの打ち合わせのために蔵田から出された多くの葉書や封書が残っている。

またこれも後述するが、蔵田夫妻は一九五六年に八幡浜市や大洲市を訪れ、松村の案内で江戸岡小学校、日土小学校、新谷中学校を見学した。手紙のやり取りも晩年まで続き、松村は蔵田を生涯にわたり師と仰いだ。

一九六六年に蔵田が没した際、松村は葬儀に出席しなかった。そのことについて彼は、『武蔵工業大学建築科同窓会誌』（一九八三年九月）に、「後日、葬儀に姿が見えなかった、と東京の評論家に言われて愕然としたが、東京には先生の遺徳を敬慕する人が大勢いる。私など居なくても、との思いが私を躊躇させた」と書き、しかしその後、実はひとりで山口の墓を訪れ、そのときのことを、「たった一人で先生を送りたく、分骨が埋葬される萩の徳隣寺へ〈徳孤ならず必ず隣あり〉先生の好きな言葉であった。古

右：1953年に出版された蔵田周忠の『グロピウス』（彰国社）
左：松村に献本された際に同封された栞。それぞれ「松村正恒兄 文献の協力深謝　1953　蔵田周忠」「先づ一本をとり松村正恒兄に親愛と謝意をこめて献ずる　蔵田生」とある［いずれも松村家蔵］

い宿から眺める阿武川に潮が満ち、月影かすかにゆれる。夜汽車が走るたび踏切の鈴の音がひびく。蔵田先生を偲ぶには、あつらえの晩であった」と記している（『老建築稼の歩んだ道』九三頁）。蔵田に対する松村の思いがよく伝わる文章である。

学外でのさまざまな出会い

松村は「八十路に思う」という文章で、学生時代に感じた建築の世界の雰囲気を次のように書いている（『無級建築士自筆年譜』三六頁）。

なにもかも不案内な世界であったが、ヨーロッパを中心に新しい建築、機能主義合理主義建築の理論と実例が伝わってくる。様式建築の時代は終焉を迎えつつあった。新しい知識の吸収に夢中であった。朝日新聞社の講堂でヨーロッパの近況を知らせる講演会、バウハウスの動き、ブルーノ・タウトの来日、日本の建築も大きく変わりつつあった。それでも、ジードルングが何時、日本で実現するか、夢のようだった。

建築界の新しい動きを感じ取った当時の学生の気分を

代弁する記述であろう。松村は、蔵田周忠や『国際建築』というモダニズム建築に関する最新の情報源の近くにいたわけだから、その興奮も人一倍大きかったに違いない。おそらくそういう気分が後押ししてもいたのだろうが、松村は学外でのさまざまな動きに関わっている。

一　新建築工芸学院

まず、川喜田煉七郎が開いていた学校「新建築工芸学院」への参加である。松村はそのことを次のように記している（『素描・松村正恒』三二頁）。

> もう一つは、川喜多《ママ》煉七郎ってご存じですか。あの方が〈アイ・シー・オール〉という本を出しているでしょう。銀座で塾をつくって。そこへ私ら行きよりました。ええ。たびたび行っております。あれ、偉いですよ。自分が教科書つくってね。あの頃は市浦（健）先生がよう来ておられたかな。とにかく生徒が二、三人でも、川喜多《ママ》先生、教えられるんですからな。月謝なんて、ただみたいなものですよ。あの頃の人は偉いですな。いかにして新しい建築を根づかせようという、その情熱がね。いまのポスト・モダーンのいい加減なのと違いますよね。

川喜田は、一九三〇年から三一年にかけてふたつのサークルをつくった。彼の自宅での「新建築工芸研究所」という学生らによる勉強会と、水谷武彦や市浦健らをメンバーとした「生活構成研究所」という組織だ。そしてこのふたつを発展的に解消して、一九三二年六月に、銀座の三ツ喜ビルの商業美術学校（主宰＝浜田増治／商業美術家）に別科新建築工芸科を設置し、同年一一月に同所で「銀座・新建築工芸研究講習所」として独立、その後、運営形式やカリキュラムを変えながら、最終的に「新建築工芸学院」と名前を変えて、少なくとも一九三五年一二月まで継続し、バウハウスの基礎過程を手本とした「構成教育」の実践が試みられた。また『建築工藝アイシーオール』という雑誌を発刊し、それを一種の教科書として、東京に来ることのできない地方の読者への出張講習会などをおこなった。銀座の新建築工芸学院の募集は、昼間部一五名、夜間部二〇名、修業年限六ヵ月とされており、若干とはいえ夜間の人数が多いということは、社会人の参加も期待されていたと思われる。受講者のリストなどはないが、デザイナーの亀倉雄策や桑沢洋子が学んだことはよく知られている★四。

また、後に土浦事務所の後輩となる河野通祐も、同事務所時代にこの学校に通っており、自伝の中で、「不思議なことに、そんな暮らしの中で、背広をつくったり、銀座の高等工芸学院に通ったりした。稲城さん今井さんと一緒で構成教育という名の実習が楽しかった。桑沢洋子さんも仲間だった」（『蚯蚓のつぶやき』四〇頁）と書いている。「稲城さん」は土浦亀城の弟・土浦稲城、「今井さん」は土浦事務所所員の今井親賢である。

松村がそこで何を感じ何を学んだかについては、とくに記述はない。ただ、授業以外にも、映像、音楽、演劇などの活動に新建築工芸学院は利用されており、松村は近代的デザインについて、さまざまな刺激を受けたと考えられる。

二　児童問題

松村は武蔵高等工科学校時代に児童問題への関心を深め、学校の授業が終わると、学外の図書館で独学を続けていた。

具体的にどのような勉強であったのかはわからないが、その蓄積が、後に述べる『国際建築』一九三九年九月号で彼がまとめた「新託児所建築」という特集や、土浦事務所を辞めた後の社会事業研究所や保育問題研究会への接近につながっていったに違いない。

また、『無級建築士自筆年譜』に書かれた「自筆年譜」の武蔵高等工科学校時代の部分には、「東京市児童課長を訪ねアルバイトを申し込む、施設の机椅子の修繕あり」（二四三頁）との一文もあり、松村がこの問題を巡り、あれこれと動いていた様子が想像される。

三　今和次郎

松村は、在学中に今和次郎とも出会っており、その経緯を次のように書いている（『素描・松村正恒』三二頁）。

私はその頃、今（和次郎）先生を――今先生は早稲田でしょう。だから民家研究会へ聞きにこいよと。ちょうどその頃に、日本青年館で、日本全国の民家の模型をつくったんですよ。それを手伝わされまして。お前は四国じゃから高知をつくれと――四国は高知だけでしたけれどもね。高知の民家をつくって、あの頃から今先生、お上手でしたな。茅葺屋根の民家の棟の上に、草が生えているような恰好、実感が出るんですなあ。まあ、こんな縁で、今先生とも知り合えたわけです。

一九三五年の日本青年館における民家の模型づくりに

ついては、すでにふれたように、松村の友人・酒巻芳保も参加し徳島県の祖谷の模型を作ったとのことなので、松村が「四国は高知だけ」と発言しているのは間違いだろう。

卒業アルバムには、民家模型制作の様子を写した二枚の写真が貼られている。

上の制作作業風景の写真を拡大すると、右上隅に写るふたりの学生服の男性のうち、左側が松村ではないかと思われる。制作中の模型の大きさからは、縮尺は一〇〇分の一程度だろう。また、完成した展示パネルの写真を拡大すると、表題は「模型ニ拠ル　郷土家屋ノ形態綜覧（主トシテ農家々屋）　民家研究會員合作」であり、地形の輪郭

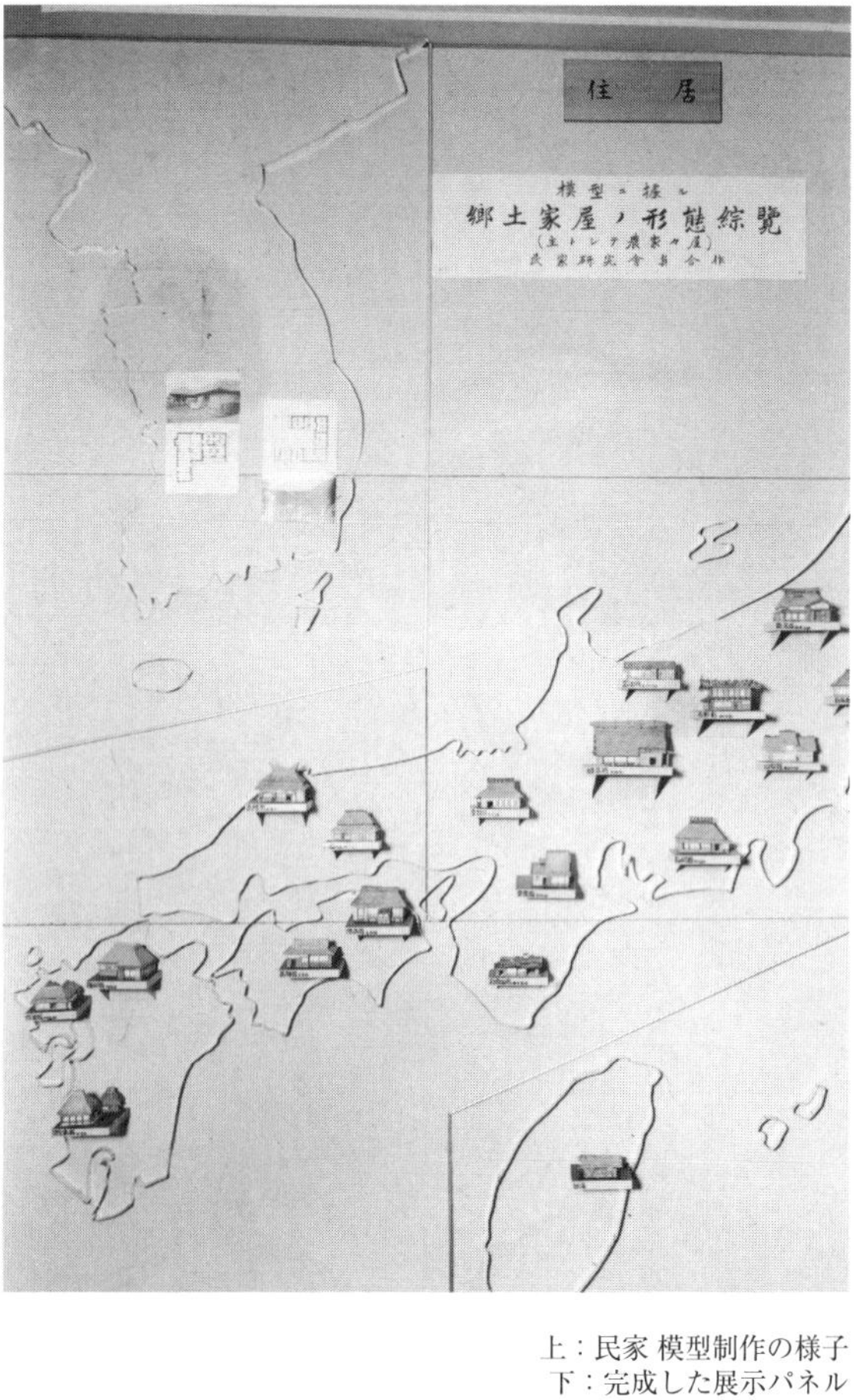

上：民家 模型制作の様子
下：完成した展示パネル
［いずれも松村家蔵］

も立体的に作られ、パネルから跳ね出した小さな台の上に模型が置かれていることがわかる。また、四国にはたしかに徳島と高知のふたつの模型がある。

松村は今和次郎の飾らない人柄に魅せられた。後年、ＪＩＡの機関誌に書いた「縁ありて」という文章の中で、そのことを見事な短文に綴っている。

学校だけが学問の場にあらず、博士などという爪の垢ほどの学には無関心、家政学の枠をこえて生活学の樹立に志を寄せておられた。社会党三多摩支部長、人類愛に燃えての活動であった。ひとたび壇上の人となられるや音吐朗々あたりを払い、魅了されて聴衆酔う。頭髪は自然にまかせ、上衣ジャンパー、ズボンよれよれ、靴はズックに限る。手入れの要なし。服装も思想も自由闊達、天衣無縫。それでいて他人への思いやりは親切丁寧（『老建築稼の歩んだ道』一七五―一七六頁）。

八幡浜市役所に就職した後も長く関係が続き、松村は、『今和次郎先生古稀記念文集』（竹内芳太郎編、相模書房、一九五九年）に「伊予の民家」という文章を寄せてい

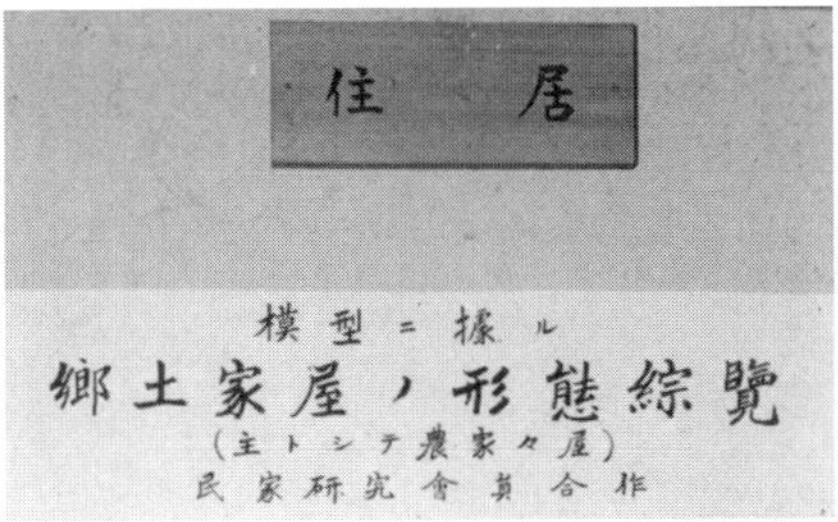

1：前頁、模型制作の様子を部分拡大したもの。後方左が松村と思われる
2：同上。模型の大きさからすると縮尺は100分の1程度だろう
3：展示パネル。表題部分の拡大
4：同上。四国部分の拡大

る。「伊予の民家」は、松村の故郷・大洲周辺の民家を調査し、今和次郎に似たタッチのスケッチも加えた一一頁の文章である。同書の寄稿者は全部で二五名で、堀口捨己、岸田日出刀、伊藤正文、関野克、藤島亥治郎、佐藤武夫、上野伊三郎、竹内芳太郎、吉阪隆正、蔵田周忠など錚々たるメンバーが並んでおり、その中に松村の名前があることからも、今との関係の強さが想像できる。また、翌一九六〇年には、今和次郎による愛媛県吉田町の武家屋敷の調査に同行し、そのときの今とのやり取りや彼への尊敬の念を、『素描・松村正恒』や『老建築稼の歩んだ道』に収録された語りや文章で表している。

卒業計画

三年間の武蔵高等工科学校での勉強の締めくくりが、すでに紹介した同校の作品展の分類において「卒業計画」と呼ばれていた課題である。それを松村は、「childrens' careschool」というタイトルで提出した。卒業アルバムには、水彩画と思われるアクソノメトリック図を撮影したキャビネサイズほどの写真が掲載されている。

平屋から四階までの四つの棟があり、そのうち三棟が平行に、ひとつは三〇度ほどの傾きをもって配置され、二階建ての低層部でつながれている。玄関は図の一番上のさらに小さく張り出した部分だろう。高い棟には屋上庭園も計画されている。各棟間にはさまざまなスケールの中庭が生まれ、テラス、テント、植栽などにより、心地よい外部空間が演出されている。図の右端の緑地は畑、左端はプールであろうか。他の学生の場合、建築単体だけを示す図面が掲載されていることが多いのだが、松村の作品は敷地全体を描いており、建築と外部空間の関係をきちんと考えた計画であるといえるだろう。

この作品について松村は、『素描・松村正恒』の中で次のように語っている。

> 私は、ディプロマは、「子どもの家」というのをつくったんですよ。児童問題を勉強しよりましたからね。私がやる「子どもの家」というのは、単なる託児所じゃないんです。乳幼児から始まって、託児所というのは、二十四時間の託児所なんですよ。ということは、学童保育ももちろんやるんですよ。二十四時間というのは、あの頃、母親が病気、それから牢獄へ入れられた時、――思想犯の多かった時代ですからね。母親だって牢獄へ入る時代。そういう時に子どもをどうするか。それも預かってやらなくちゃいけない――というような

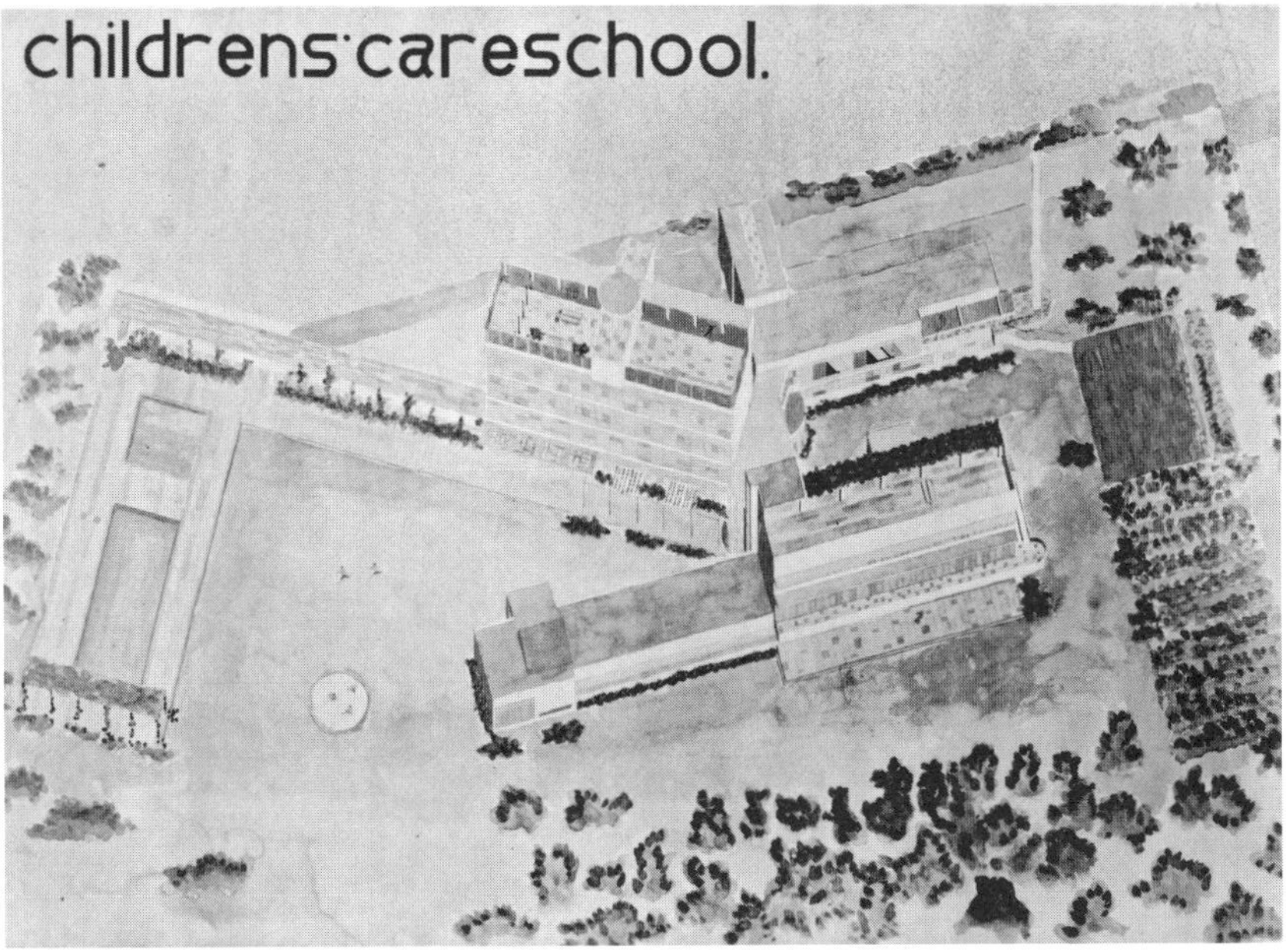

松村の卒業制作「childrens'careschool」

ことを考えて、子どもの家というのをつくったんですよね（三六頁）。

一定の時間だけ子どもをあずけるための「単なる託児所」ではなく、ここで暮らすことも想定していたのであろう。「careschool」という英語は、保育や看護について教える学校という意味にもなりそうだが、松村が「子どもの家」と称しているからには、子ども自身のための生活の場を設計したに違いない。だとすれば、そのような建物を比喩的にcarehouseと表記することもあり得たと思うが、あえてschoolという語が採用されたあたりに、松村の学校に対する思い入れの強さが読み取れるようにも思われる。いずれにせよ、松村が武蔵高等工科学校時代に、学内で学んだモダニズム建築と、学外で身につけた社会問題への関心とが融合された作品であり、学生時代の総まとめにふさわしい内容といえるだろう。

一・三　土浦亀城建築設計事務所時代

一九三五年、松村は武蔵高等工科学校を卒業して土浦亀城建築設計事務所に就職し、一九四〇年まで勤務した。一九三九年には満州の新京に事務所が移転し、松村も大陸での生活を経験している。

この時期の土浦は、二年前に自らの設計事務所を構えたばかりである。近代化された戦前の東京における典型的なモダンボーイとして華やかな交友関係をもち、その縁で住宅を中心にした多くの仕事を獲得し、インターナショナル・スタイルのいわゆる「白い家」を木造乾式構法によって次々に実現していた。松村はそういった仕事のいくつかを担当し、そこに暮らす富裕層の人々の生活のありようを垣間見た。

そのような経験を通して、松村は建築設計の実務を身につけると同時に、建築と建築家のあるべき姿について考え、自分自身のめざすものと土浦事務所での仕事とのギャップに悩んだように思われる。当時のことについて、松村自身が残した直接的な資料はほとんどないが、後年に彼や彼の同僚などが記した文章などを手がかりにして、土浦事務所時代の松村の思いに迫りたい。

土浦事務所へ

土浦事務所に勤めることになった経緯について松村は、『素描・松村正恒』の中でいろいろと語っている（三六－三八頁）。

まず佐々木孝之助からは竹中工務店を薦められるが、面接で酒を「五合ぐらい飲むと気持ちようなります」と答え不合格になったらしい。次に徳永庸から、「将来は建築課長を約束してやる」とか「月給は七五円もらってやる」と言われ、小倉市役所を薦められる。松村も郷里に近いので「これはええわい」と思い蔵田周忠に相談したところ、「やめろ。わしが徳永先生に断ってやる」「おまえ、東京を離れるな」と言われ、土浦事務所に勤めるよう、「おまえ、あそこ行け」と指示されたらしい。

松村は、「蔵田先生は、私をレイモンドのところに世話するつもりだったんですよ。ところが、あの頃、ご承知のように、もうレイモンドさんも、事務所を縮小する時期でしょう」とも述べている。たしかにレーモンドは、一九三六年の二・二六事件や一九三七年の日独伊三国協定などによる日米関係の悪化に対する危機感から、一九三七年一二月に離日している（『自伝アントニン・レーモンド［新装版］』鹿島出版会、二〇〇七年、一四六頁）。

一方、土浦亀城は、一九二五年にフランク・ロイド・ライトのタリアセンを辞して一九二六年に帰国し、大倉土木に入社後、個人的な設計仕事もおこなっていた。そして、一九三三年一一月三〇日に大倉土木を辞め、一二月一日に土浦亀城建築設計事務所を開設したばかりであった（小川信子・田中厚子『ビッグ・リトル・ノブ』ドメス出版、二〇〇一年、一五四頁）。

すでに述べたように、蔵田は松村に翻訳の仕事をさせるなど、彼のことを高く評価していたと思われる。したがって、設計の道を、蔵田と同じモダニズムの実践者のもとで歩んでほしいと願ったのであろう。そして松村も蔵田のことを尊敬していた。

そういった事情の中での土浦事務所行きについて、松村は、「私はだから命令で行っただけのことで、土浦先生のところへ行こうと思って行ったわけではないんです」（『素描・松村正恒』三九頁）と述べている。

また、当時の自分の待遇と土浦の暮らしとの格差のことを、松村は意外なほどあちこちに書いていている。

そして行ったら、きみは徒弟だと。月給はひと月たったら決めると。なんともらったのが三十円（『素描・松村正恒』三九頁）。

土浦先生は有名なアメリカのライトの所で修業して、当時の日本ではもっとも進歩的な、建築の設計も私生活も、華やかな存在でした。自家用車を運転するなど珍しい時代に、中古ながらフォードのオープンカー、昼になると銀座の一流レストランへ車を飛ばす。三〇円の私は、ミルクにトースト（『無級建築士自筆年譜』一四四－一四五頁）。

一年すぎて洋服も二着、サラリーマンの風は装えども中身はしがないドラフトマン、サンドイッチマンのお仲間でした（『無級建築士自筆年譜』一六頁）。

ひと月が経ちました。生まれて初めて手にする月給、いや見習給、二五円。一日一円でした。小倉の三分の一。ここが我慢のしどころだ。欲を出すまい。いつか芽も出よう。花も咲こうと。／先生はおごそかに申されました。徒弟の分際を忘れるな、君はドラフトマン、サンドイッチマンは鳴物入りで外廻り、君は黙って内廻り、感謝しないといけない（「アメリカ仕込みの合理主義者」『ＳＤ』一九九六年七月号）。

松村独特のアイロニカルな表現を差し引くとしても、かつての師であり、しかも松村家に残る土浦からの多くの手紙や葉書からは終生交流が続いたことがわかる相手に対する描写としては、いずれも異例の内容だといえるだろう。こういった表現を生んだ背後には、松村の中の、土浦亀城という建築家に対する共感と反発が見え隠れする。そこにあったものは何なのかを、土浦亀城事務所時代の松村の活動を追うことで考えたい。

土浦事務所時代の生活

当時の土浦事務所の建物は、松村によれば、「日本橋にありまして、倒産した銀行のあと、三階を借りておられまして、窓を開けますと、すぐそこに森五商店――その頃、村野（藤吾）先生の作とは知りませんでした」とある（『素描・松村正恒』四一頁）。

また、土浦の妻・信子のことを書いた『ビッグ・リトル・ノブ』には、「車の好きな亀城は、白いベンツのオープンカー（シートは赤だった）で八重洲の事務所まで通勤していた」（一六〇頁）とあるほか、信子を紹介した東京朝日新聞の一九三五年一月四日の記事が引用されており、そこに「大倉組に勤めてゐた亀城氏が最近京橋一丁目の山中ビルに事務所を持ち」という一文がある（一三七頁）。

そのほか、松村が入所した一九三五年の秋に土浦事務所にはいった建築家・河野通祐の自伝『蚯蚓のつぶやき』にも、当時の土浦事務所は、東京の「京橋一丁目の山中ビルに事務所はあった」とある（三九頁）。また、松村家のアルバムにも、所員との記念写真に「一九三六年　東京山中ビル」という松村による書き込みがある。

さらに松村は、「事務所に入って間もなく、入口のドアに看板を貼るから見よ、ARCHITECT K.TSUCHIURA。不惑にして建築家は一人前、これで僕も、世界に通用する人間になれた、と先生が謙遜して申された時のこと忘れられません」と書き（「アメリカ仕込みの合理主義者」『ＳＤ』一九九六年七月号）、河野は、事務所入口の「ガラスの枠付の扉には、土浦亀城建築事務所と書かれ、その下にKAMEKI TSUCHIURA・ARCHITECTと書いてあった」（『蚯蚓のつぶやき』三九頁）と記している。

これらのことからすれば、京橋一丁目とはまさに東京駅前の八重洲であり、松村と河野で日本橋と京橋という違いはあるが、京橋一丁目の「山中ビル」に土浦事務所がはいっていたと思われる。そして土浦は、この場所で建築家としてのスタートを意気揚々と切ったばかりだったのだ。

なお、松村のいう村野の「森五商店」（現在の近三ビル〔旧森五商店東京支店ビル〕）は一九三一年に完成しており、八重洲からは北へ一キロほど離れているが、当時は高い建物も少なく、十分に見えたと思われる。

当時のスタッフについて松村は、入所時には、「その頃、土浦事務所には土浦稲城さんと今井親賢さんが居られ」、「そうこうしているうちに事務所には、次から次と俊才が入って来られました」と書いている（「アメリカ仕込みの合理主義者」『ＳＤ』一九九六年七月号）。また河野によれば、強羅ホテルの竣工の頃、つまり一九三八年頃には、「土浦事務所のスタッフは、土浦先生、土浦稲城さん、今井親賢さん、郡菊夫さん、松村正恒さん、森田良夫さん、森田茂介さん、私」で、「後に、田中正義さんと笹原貞彦さん、村田政真さんが加わった」ということになる（『蚯蚓のつぶやき』五三頁）。ちなみに河野は二歳のときに父親を、小学校二年生のときには母親を亡くし、苦労して建築家となった人物であり、しかもその後、教育施設や社会福祉施設の専門家になるなど松村との共通点が多く、両者は生涯の友であった。

そのような状況の中で、学校を出たばかりの松村は設計実務に携わっていく。彼はその悪戦苦闘ぶりをあちこちに書いている。

先生は、野々宮アパート——ご存じですか。あれを、ちょうど建築中でした。あの頃は先生も、図面を、自分で直しておられたわけですよ。住宅なんかプランだけ描いて、これで、いきなり、設計せい、ですよ。その代わり古い図面——たくさんあるでしょう——が束にして置いてあるんですよ。それと首っ引きですよ。わからないと、そこへ行って、それで描くんですよ。そして木造の梁の寸法がわかりませんのよね。あの頃、だいたい丸太でしたね。で、弟さんに、丸太の表を作ってもらって、それで描きまして、展開図は、描いておくと、先生が帰ってきて、直してもらうんです。先生が図面の前に座って。その頃は先生も暇でしょう。だから一つ一つ直してもらって。そしてマントルピースなんか描きますと、「きみにはバランス感覚はない、駄目だね」と叱られるんですよ。構造図描いて、詳細図描いて、仕様書うつして現場に行くんですから、勉強になりますわな（『素描・松村正恒』四一－四二頁）。

これ以外にも、現場での大工とのやり取りについての思い出話は多いが、土浦とデザインを議論したというような記述はない。

他の所員による土浦事務所の描写としては、河野通祐の『蚯蚓のつぶやき』や、河野通祐・佐々木喬・牧野良一・加藤寛二への植田実と西澤泰彦によるインタビュー(『SD』一九九六年七月号)がある。いずれにも、土浦が赤鉛筆による図面訂正を細かくおこなったこと、所員の残業を嫌ったこと、ディテールにうるさかったこと、「早く、きれいに、正確に」がモットーとされたことなど、実務のうえでの共通の思い出話が多く、デザイン論のようなものを土浦と交わしたという話は登場しない。

デザイン論にふれた数少ない例としては、河野が木造フラットルーフの防水処理方法のディテールに苦心させられた思い出と同時に、土浦が「何故、フラットルーフにしなければならないのか」という問題を自分たちに提起してくれたと書いている箇所くらいだ。そして河野は、「先生は建物がつくるスカイラインを美しくすることを一つの理由とされていたが、それは個々の建築に景観としての社会性を意識されていたからである」と書いているが(『蚯蚓のつぶやき』四八頁)、屋根が載っていてもスカイラインの統一感は保てるわけだから、土浦からも明快なフラットルーフ論は示されていなかったと想像される。また河野は、いわゆるトロッケン・バウ(乾式構法)によるフラットな納まりの苦労話も具体的に書いているが(『蚯蚓のつぶやき』四九頁)、こちらも、ではなぜその構法なのかということが議論されたという記述はない。

自身の暮らしぶりに関する松村の言葉はすでに引用したとおりだが、河野通祐も『蚯蚓のつぶやき』の中で、「月給は四十円だった」と記した後、次のように描写している(三九頁)。

さて給料四十円の使い道だが、朝夕二食つきの下宿代が三十円。高円寺から事務所のある東京駅までの定期代が六円で残り四円が昼食その他の小遣となった。昼食は事務所の隣のミルクホールで焼飯、ライスカレーが十銭で食べられた。常連になると、時にはコーヒーの無料サービスも受けられた。給料日は豪勢にしようと松村さんと一緒に高島屋に行き、二十銭のお子様ランチを食べるのが楽しかった。生活費が破綻すると昼食を抜いたり、本を売ったり、時計を質に入れたり、屋台を借りて、肉屋で無料でもらった豚や鳥の臓物を串に刺して焼き鳥屋を流して歩いた。

松村より入所が半年遅いだけの河野の給料が、松村の記述より一〇円高い理由はわからないが、大正末期から昭和一〇年代の一般的なサラリーマンの収入のひとつの基準は、「月百円」あるいは「年収千二百円」だったといわれていることからすれば（岩瀬彰『「月給百円」サラリーマン』講談社現代新書、二〇〇六年）、やはり土浦事務所の給料は相当に安かったといえる。ちなみに、当時は、大正一五年に課税最低限額が年収九百円から千二百円に引き上げられたままであり、それ以下の収入はそのまま手取金額となっていた。昭和一一年の所得税納入者は、全世帯の五パーセントにすぎない。河野の記述に税金分の支出がないのはそういう理由であろう。また、「ミルクホール」は松村の記述にも重なり、ふたりが親しく付き合っていたことが想像される。

松村家のアルバムには、土浦事務所時代の日常を撮った写真が多数残っている。そのうち、河野通祐の『蚯蚓のつぶやき』にも掲載されたのが次頁の二枚の写真である。人名は同書のキャプションによる。

上の写真には、アルバムの台紙に「一九三六年　東京山中ビル屋上」という松村の書き込みがあり、土浦事務所のはいっていたビルの屋上での記念撮影であろう。下の写真は一九三七年の箱根旅行のときの写真で、そのときのものと思われる宿での写真がこれ以外にも数枚ある。松村が「中古ながらフォードのオープンカー」（『無級建築士自筆年譜』一四五頁）と書いた土浦の車はこれであろうか。いずれにしても、都会の富裕層のライフスタイルを、松村は土浦を介して垣間見たわけである。

これ以外に松村家のアルバムには、一九三八年に蔵田周忠夫妻を笹原貞彦氏と訪ねた写真があり、卒業後も蔵田と交流があったことがわかる。また、土浦亀城邸の食堂に所員が集まった写真もある。これには、「暗い時代」という松村の書き込みがあり、彼自身の心境のことなのか、戦争に突入しかけていた日本社会のことなのか、意味深である。

土浦事務所での仕事

松村は土浦事務所でどのような仕事に携わったのだろうか。彼は「土浦亀城建築設計事務所にて」（『老建築稼の歩んだ道』二八六―二八七頁）という文章の中で、三つの建物を担当物件として紹介している。以下、この文章の記述を主な手がかりにして、土浦事務所での松村の仕事を明らかにする。

上：1936年、土浦事務所の入っていた山中ビル屋上にて撮影。
左から、河野通祐、松村正恒、土浦稲城、郡菊夫、今井親賢、森田良夫
下：箱根にドライブ。左から、郡菊夫、今井親賢、松村正恒、不明
(河野の本には「吉田」とあるが不明。森田良夫の間違いではないか)、
河野通祐、土浦稲城、土浦亀城。1937年と思われる
[いずれも松村家蔵]

右：蔵田夫妻（前列左の２人）と筬原貞彦（1938年撮影）
左：土浦亀城邸の食堂にあつまった所員。
アルバムの台紙に「暗い時代」という松村の書き込みあり。左端が松村
［いずれも松村家蔵］

一　長谷川三郎邸

第一作については次のように書いている。

第一作は、こともあろうに土浦邸真ん前が敷地。若き抽象画家邸。フランス女に一子あり。完成を待ちかねて雑誌に出る。三年が過ぎた。あるダンスパーティーでフランス女に浮気虫、白は白が良いとみえ、旦那と子供ポイと捨て、手に手をとって駆落ちる。

さらに『素描・松村正恒』では、「土浦先生、もう、その頃は、目黒の方へ移っておられました。有名な自宅を建てて。すぐその前に、長谷川三郎という抽象画の絵描きの、あの人の家を建てましたときに、その現場、私、一番最初にやったんです」（四三頁）と語っている。したがって、松村が最初に担当した物件は、『新建築』一九三六年一月号に発表された長谷川三郎邸であると考えられる。

土浦は一九三一年、東京の荏原郡下大崎（現在の五反田あたり）にモダニズム建築による最初の自邸を完成させたが（『新建築』一九三二年二月号）、上大崎長者丸（現在の品川区上大崎二丁目）に土浦の学生時代からの友人・竹内昇が親から引き継いで所有していた土地があり、そこを仲間四人で分譲し家を建てることになった(『ビッグ・リトル・ノブ』一五七頁)。しかも、「〈同じやるならジードルンク風にやっちゃおうよ〉ということになり、仲間四人でモダニズム住宅を建てることにした」(藤森照信『昭和住宅物語』新建築社、一九六〇年、一六頁)。

四軒のうち土浦が設計したのは、竹内昇の自邸・竹内邸(『新建築』一九三四年七月号)、土浦の二番目の自邸(『新建築』一九三五年三月号)、そして長谷川邸(『新建築』一九三六年一月号)の三軒である。残りの一軒は、朝日新聞の記者でもあった建築家の斎藤寅郎が、同僚の朝日新聞記者・島田巽のために設計した島田邸(「島田巽氏邸」『新建築』一九三四年五月号)である。

これら四軒の家はいずれも白いモダニズム住宅であり、「白くモダンな四棟の住宅が建つこの一角は、省線(山手線)に沿って茶畑が残り、瓦屋根が連なる周辺とは隔絶した別世界を形成していた」(『ビッグ・リトル・ノブ』一五九-一六〇頁)。

長谷川邸のクライアント・長谷川三郎は、一九〇六年山口県に生まれ、一九一〇年に神戸へ転居し、旧制甲南高校を経て東京帝国大学美学美術史学科に学び、その後、欧米で制作活動を始めたモダニズムの画家である。多くの抽象画を残したが、晩年は東洋の精神性との西欧絵画の融合へと興味をシフトし、アメリカでの活動を熱心におこない、一九五七年にサンフランシスコで客死した。イサム・ノグチを日本に紹介したのも彼である。

土浦は、最初の自邸でおこなわれていた社交ダンスの集まりの仲間について、「建築のほうは、谷口吉郎夫妻とか横河時介さんとか。芸術方面では、さっき話した画家の長谷川三郎や野々宮アパートの野島康三、美術評論の富永惣一、音楽家の尾高さん、そんなとこが常連かな」と語っており(『昭和住宅物語』二九頁)、長谷川とはモダンボーイどうしのネットワークの中で知り合ったと想像できる。

長谷川の母校・甲南学園の協力のもとで編まれた『画・論=長谷川三郎』(乾由明編、三彩社、一九七五年、限定一〇〇〇部)全二冊のうちの『「画」長谷川三郎』の年表によれば、彼は、高校時代に大阪信濃橋洋画研究所で小出楢重に師事し、欧米遊学中の一九三〇年にはパリで富永惣一や坂倉準三らと親交をもち、一九三二年に帰国した後は一九三三年から東京に住み、その年に猪熊弦一郎とも知り合った。

この年表によれば、長谷川は一九三一年一二月、ロンドンにおいて美術評論家の娘ヴィオラ・デ・ブーアと結婚し、一九三二年五月、彼女とともに帰国し芦屋に住ん

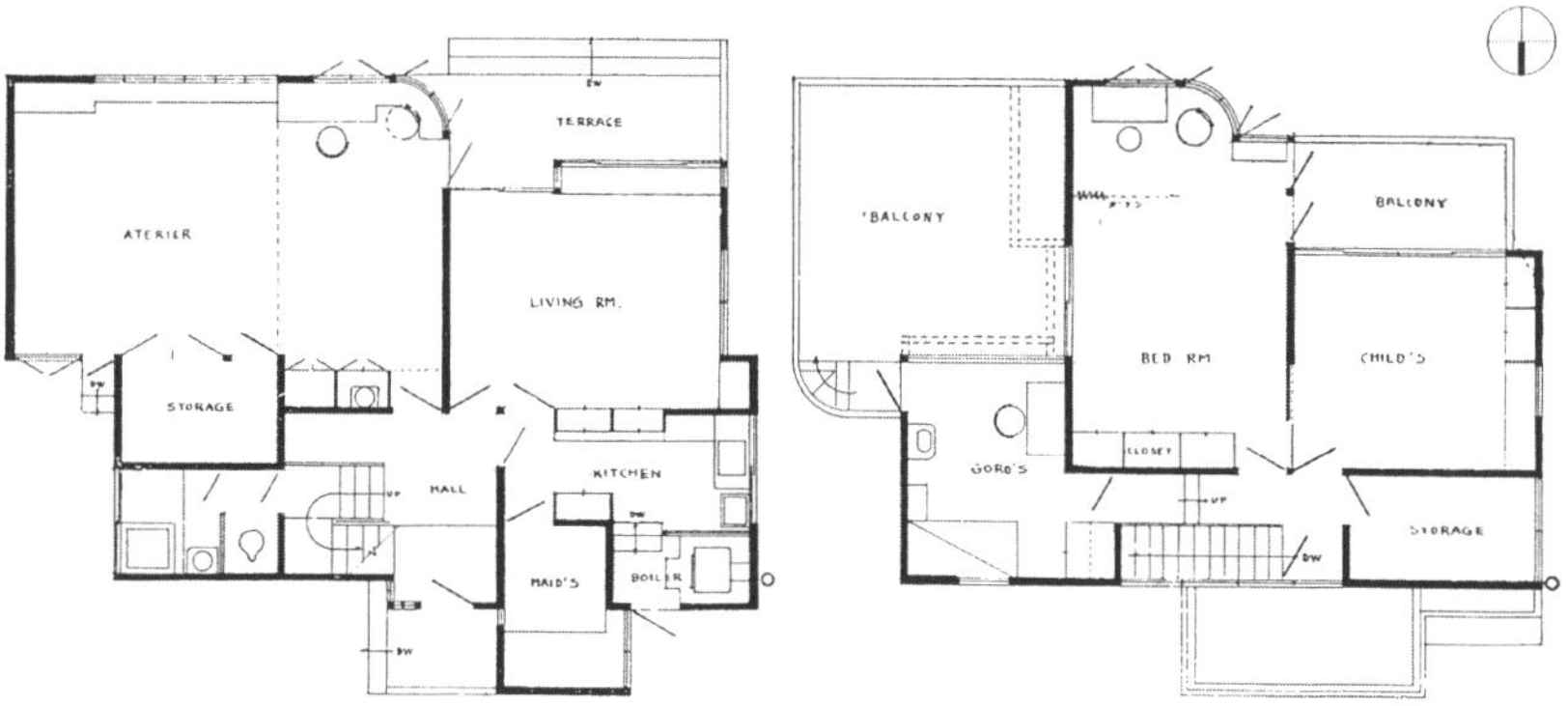

1：長谷川邸（左）と斎藤寅郎が設計した島田邸（右）。
手前にわずかに見えるのが土浦邸（『SD』1967年7月号）
2：長谷川邸の南側テラス（『新建築』1936年1月号）
3：長谷川三郎による自邸のスケッチ（『新建築』1936年1月号）
4：長谷川邸1階平面図（左）／2階平面図（右）（『SD』1996年1月号）

でいる。そして、一九三五年一一月、「品川区大崎長者丸二七〇（現在、品川区上大崎二―六―二二）に土浦亀城設計による新居を設け」、「アトリエには新時代洋画展の同人をはじめ、多くの芸術家が遊びに来た」とある。

一九三五年一一月に完成して『新建築』一九三六年一月号に掲載というスケジュールでは、たしかに松村の書いているように「完成を待ちかねて雑誌に出る」という状況だったであろう。また同誌には、長谷川の描いた愛らしい外観のスケッチがカラーで掲載されている。そういったことから、まだ二〇代の新進気鋭の画家にとって、土浦のモダニズム建築が時代の最先端をいくファッショナブルなデザインとして理解されていたであろうことが想像される。

長谷川邸は、外壁が白色セメント塗りで屋根はフラットルーフ、一部には曲線が使われた二階建ての住宅だ。南東角のアトリエ部分は平屋だが、階高を上げて天井を高くし、開口部も大きくとり、明るい空間となっている。全体として典型的なインターナショナル・スタイルのデザインである。

掲載誌（『新建築』一九三六年一月号）に載った匿名の解説文は、フラットルーフであることと庇が少ないことは「日本のローカリティを考へればかなり不利なものと云はなければならない」とか、階段の踊り場から便所と浴室に入る計画には「相當問題がある」とかなり手厳しい。しかし当時は、そういうモダニズム建築のデザインと、先端的な文化人のイメージを重ねてとらえる傾向にあったようだ。

『「画」長谷川三郎』の中には今泉篤男による「長谷川三郎の人と作品」という文章があり、今泉はそこで、長谷川邸は「私も一、二度そこを訪れた記憶があるが、当時としては異様に思えるほど、いかにも前衛画家の住むにふさわしいような変った建物」であったと書いている。また、「この画室の一部が、美術雑誌『アトリエ』の表紙になって出た」ときに、長谷川が「誰かがピカソのアトリエだろう、といったという話を、いささか得意そうに私に語ったことがある」と紹介し、「そういう時の長谷川三郎は、少し幼稚に見えた」と人物評にまで話を広げている。

初めに紹介した松村の文章は、「三年が過ぎた。あるダンスパーティーでフランス女に浮気虫、白は白が良いとみえ、旦那と子供ポイと捨て、手に手をとって駆落ちる」とやや品位を欠く表現で終わっているが、『「画」長谷川三郎』の年表には、住宅が竣工した翌年一九三六年四月に「ヴィオラと離婚」、同年一〇月に「中原喜代子」と結

長谷川邸の2階バルコニーに立つ松村［松村家蔵］

婚とあり、このことだろう。

確認するすべはないが、松村のこういった後年の表現は、土浦事務所時代に、ファッションとしてのモダニズム建築やその中で展開される都市的生活に対して彼が反発を感じており、それが尾を引いたものとも想像できる。

松村家のアルバムには、長谷川邸の二階バルコニーに立つ松村の写真が残っている。三つ揃いの背広姿でポーズをとる姿はまさにモダンボーイ風ではあるが、彼の心の中には何がしかの齟齬感があったのかもしれない。

なお、『「画」長谷川三郎』の中の今泉篤男による「長谷川三郎の人と作品」という文章には、長谷川夫人が「オランダ人のヴィオラ夫人」と書かれており、松村の「フランス女」と食い違っている。さらに今泉は、長谷川には「知慧深さからくる一種のお説教趣味のようなもの」があり、それが「ヴィオラ夫人が彼から離れた原因の一つ」ではないかと、長谷川夫妻の離婚について松村とは別の解釈を示している。

二　竹原邸

土浦事務所での第二作について松村は、「土浦亀城建築設計事務所にて」（『老建築稼の歩んだ道』二八六–二八七頁）の中で、次のように書いている。

第二作。その場には珍しいヨーロッパ帰りのピアニスト。筋よし見目うるわしく八頭身。ぞっこん惚れたドラ息子。押しの一手で丸めこむ。さて新婚の家である。吹抜けのレッスンルームは広々と、グランドピアノも二台ある。幸せな日々も長くは続かない。旋律が狂ってきた。激しくなる。誰も相手にしなくなる。旦那の梅毒が災いし、若い美空で灰となる。

この時期の土浦作品のうち、そのような音楽練習室をもつのは竹原邸であることと、この住宅の夫人はピアニストの井上園子だと考えられることから★五、松村の第二作は竹原邸であったと判断できる。

竹原邸は、長谷川邸よりは若干大きいが、同じく二階建てのインターナショナル・スタイルの建築だ。吹き抜けの音楽室の曲面壁、入口回りの庇や小壁の演出など、長谷川邸よりもさらに構成的になっている。

松村は建築のことは何も書いていない。初めに引用したように、クライアント夫妻についての話のみだ。

井上園子（一九一四－一九七六年）は、ウィーン国立音楽学校を一九三二年に卒業したピアニストだ。海外で演奏活動をした後、一九三七年に帰国して日本交響楽団などの演奏会で活躍し、原智恵子、安川加寿子らとともに、戦前から戦後にかけて、日本のクラシック音楽の世界をリードした★六。

夫・竹原のことはよくわからないが、プロレタリア作家・宮本百合子の「人間の結婚－結婚のモラル－」という文章★七に、「ピアニスト井上園子や草間加寿子が何故金持の息子と結婚しなければならなかったかということを考えれば、男女に関らず、夥しい人の才能というものが、今日めぐり合っている経済的な殺戮を思わない人はないだろう」という記述があり、結婚に際しては複雑な事情があったように思われる。したがって、松村の「ぞっこん惚れたドラ息子。押しの一手で丸めこむ」という、いささか品位を欠く後年の記述にも一定の根拠はありそうで、ここからも、モダニズム建築とそのクライアントとしての富裕層との関係に対して、当時の松村が抱いていた不信感のようなものが感じ取れるだろう。

三　田宮氏邸

土浦事務所での第三作について松村は、「土浦亀城建築設計事務所にて」（『老建築稼の歩んだ道』二八六－二八七頁）の中で、次のように書いている。

2 | 1
3

1：竹原邸外観
2：竹原邸音楽室
3：竹原邸 1 階平面図（左）
2 階平面図（右）
（「特集 再録：日本の近代住宅
その 2 1930 − 1945 年」『建築』
1964 年 11 月号）

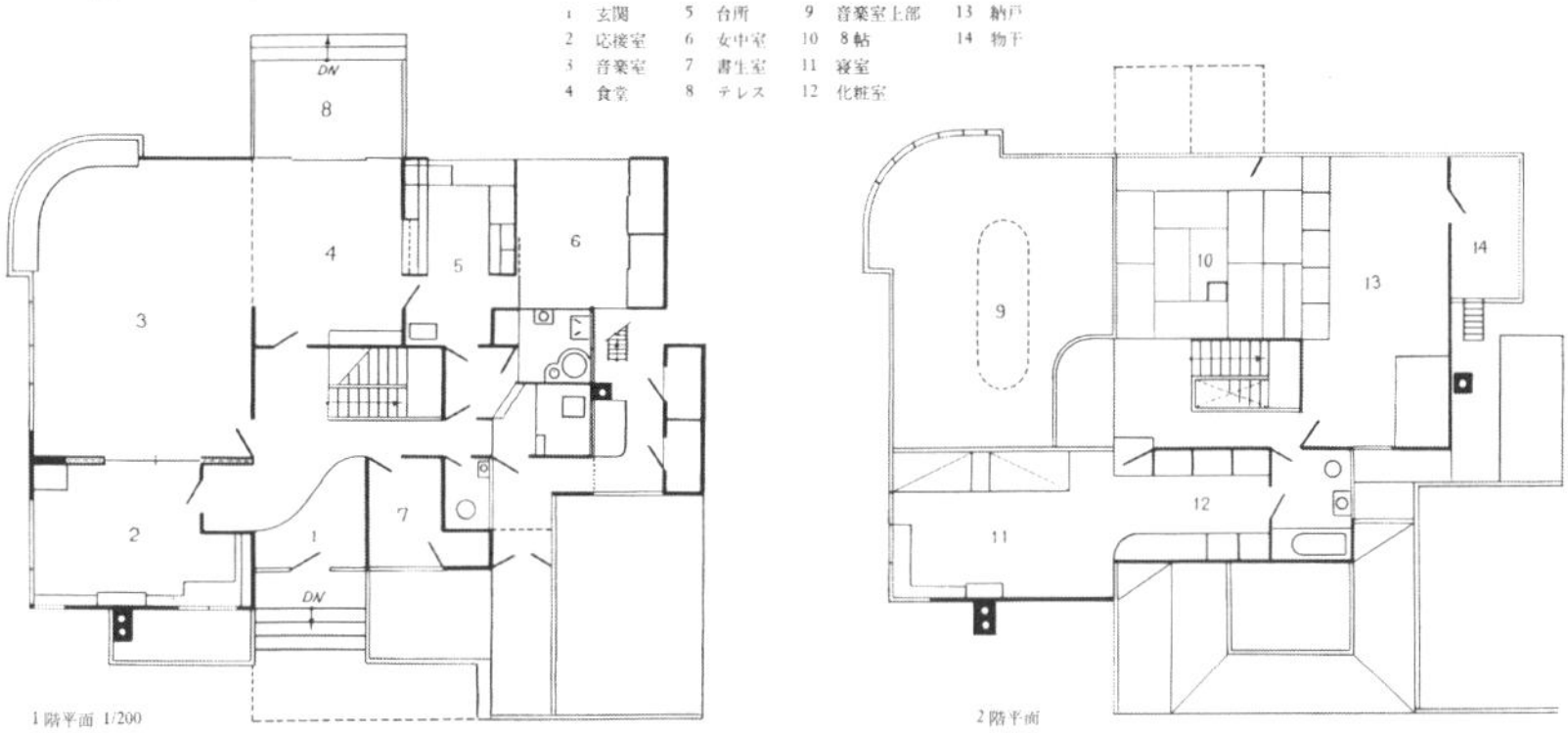

1 玄関 5 台所 9 音楽室上部 13 納戸
2 応接室 6 女中室 10 8帖 14 物干
3 音楽室 7 書生室 11 寝室
4 食堂 8 テレス 12 化粧室
DN
1 階平面 1/200
2 階平面

5 | 4
6

4：田宮氏邸外観
5：田宮氏邸居間
6：田宮氏邸
1 階平面図（左）
2 階平面図（右）
［『新建築』
1937 年 2 月号］

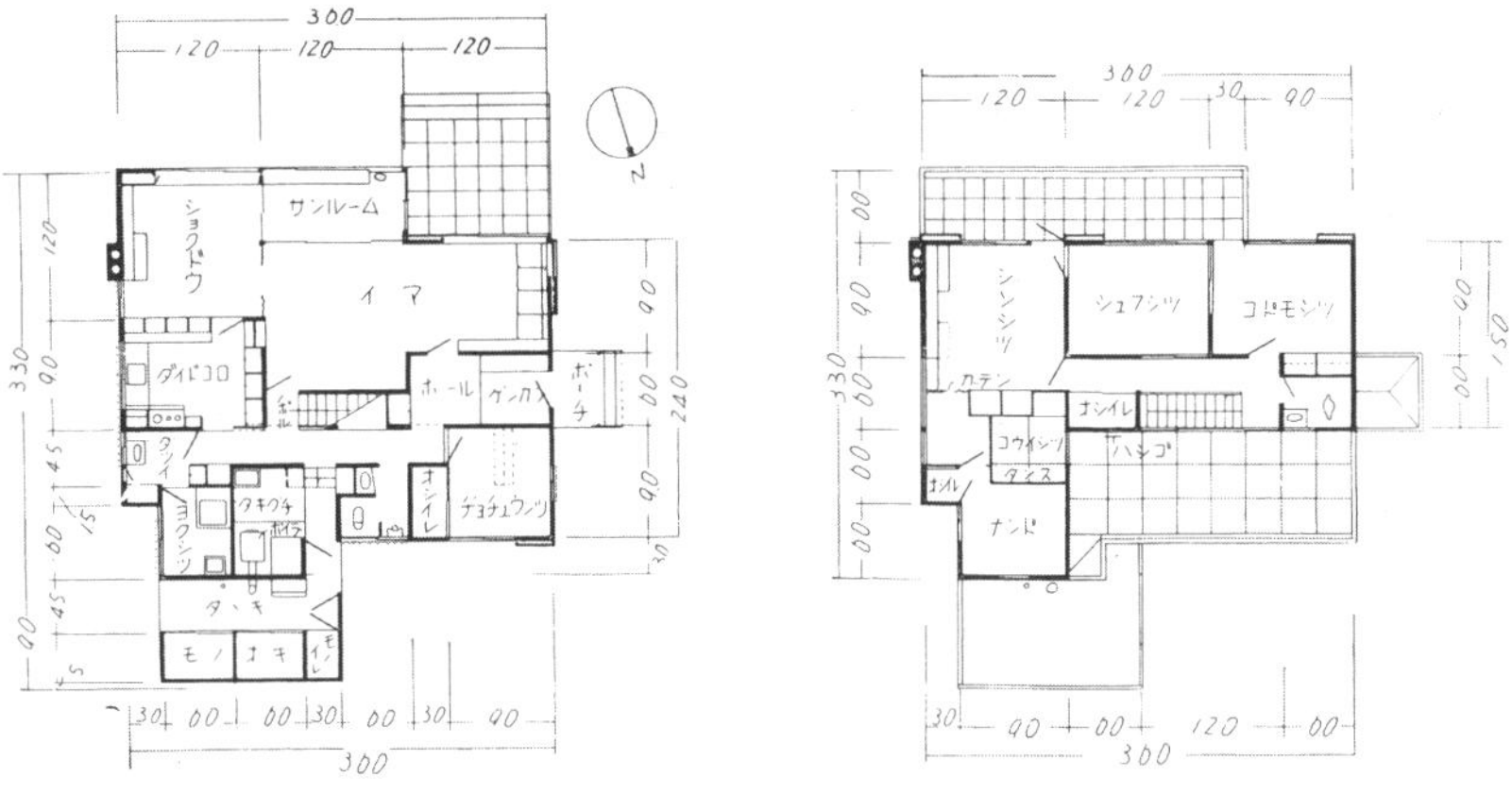

第三作。徳川生物学研究所。うっそうとした庭の中。後になってクロレラ菌の培養に成功し、盛名をはせた学者。ドイツから自費で購入したと自慢の顕微鏡で、呼吸する黴の研究が仕事であった。バイオリンとビオラを合奏し、時を過ごす。何とも羨ましい夫婦であった。ある日のこと、現場で造り付け戸棚の側板が曲がっている。「そんなはずは…」「いや、僕の目に狂いはない。百万分の一ミリ単位で物を見ている。これは直角ではない、直せ」

黴の呼吸に祟られた。そのせいであろう、だんだん我が身に黴が生え。

この文章の冒頭の部分の「第三作。徳川生物学研究所。うっそうとした庭の中。後になってクロレラ菌の培養に成功し、盛名をはせた学者」の部分の解釈が難しい。「第三作」が「徳川生物学研究所」、という意味なのかどうか迷うからである。

しかし結論から先にいえば、この部分は、「うっそうとした庭の中」にある「徳川生物学研究所」に勤務し、「後になってクロレラ菌の培養に成功し、盛名をはせた学者」の家、と読むべきであると判断した。その根拠は次の三点である。

・詳細は註（★八）に記すが、財団法人徳川黎明会徳川林政史研究所とのやり取りによって、「徳川生物学研究所」の建物は渡辺仁の設計であり、土浦の名前は同研究所関連の他の建物の記録にもでてこないことが確認された。

・松村のいう「後になってクロレラ菌の培養に成功し、盛名をはせた学者」といえば、微生物学者の田宮博（一九〇三－一九八四年）であろう。田宮は、一九二六年に東京帝国大学理学部植物学教室を卒業した後、一九四三年に東京帝国大学教授となり、戦後、東京大学応用微生物研究所所長などを歴任し、一九六五年に同調培養によるクロレラの生理ならびに生化学的研究により日本学士院賞を受賞した人物で、一九四六年には財団法人徳川生物学研究所所長に就任している。

・土浦は「田宮氏邸」という作品を『新建築』一九三七年二月号に発表しており、時期的に松村が担当していても不思議ではない。

以上の理由から、松村の「第三作」は、微生物学者・田宮博氏の住宅「田宮氏邸」であると判断できる。

これら三つの住宅以外では、松村は強羅ホテルに関わったと思われる。「箱根のホテルの現場に二年間」と記しているし（『無級建築士自筆年譜』一七頁）、また河野通祐の『蚯蚓のつぶやき』にも、「昭和十二年、稲城さんがチーフで強羅ホテルの基本計画が始まった。箱根登山鉄道が計画したホテルで登山電車の強羅駅前に建てるものだった。設計は稲城さんを中心にして、今井さん、松村さん、私、全員が当った。郡さんは徳川邸の設計に専念していた。森田良夫さんは後から家具の設計を受持つことになった」とか、「工事は十二年の春から始まって翌年の夏近くに竣工した。現場には松村さんが常駐した」（四九－五〇頁）とあるからだ。

昭和一二年、つまり一九三七年といえば、松村が土浦事務所にはいって三年目であり、一定の経験を積んだスタッフとして現場常駐が命じられたと想像できる。

この建物ついて松村は多くを記してないが、「私の生きてきた道」（『無級建築士自筆年譜』一七頁）に、次のような思い出を書いている。

竣工した宣伝パンフレットに名文が。客の途絶えた季節はずれ、秋から冬にかけての落葉樹の侘しい林の描写、閑散とした宿の風情、いやがうえにも旅情をそそります。筆者は箱根登山鉄道課長、後年、戯曲『王将』でも名をはせた人。人に隠された才能を見抜くことのむつかしさを、ひしひしと身に覚えます。

「後年、戯曲『王将』でも名をはせた箱根登山鉄道課長」とは、劇作家・北條秀司（一九〇二－一九九六年）のことだと思われる。北条は本名が飯野秀二、大阪に生まれ、関西大学を卒業後、上京して箱根登山鉄道に勤めながら、一九三三年から岡本綺堂に師事して劇作家となり、歌舞伎、新派、新国劇に多くの脚本を提供した。「王将」は三部作で、一九四七年から五〇年にかけての作品である★九。

当時、松村が北條に接する機会があったのかどうかは不明だが、パンフレットの文章と隠れた才能に対するコメントはいかにも松村らしい。

河野通祐の『蚯蚓のつぶやき』には、強羅ホテルの敷地が、現在では想像できない辺鄙な場所であり、たくさんの岩の除去や基礎づくりに苦労した工事であったことが書かれている（五〇頁）。そのため、施工業者の大倉土木の設計部にいた加倉井昭夫が常駐派遣され、河野もよく現場に応援に出かけたらしい。ちなみに加倉井昭夫（一九〇九－一九八八年）とは、一九三二年に東京美術学校建築科を卒業した建築家で、俳人としても有名な人物である。松村家のアルバムにも、「A. Kakurai」との書き込みのある写真が残っている。

また河野は、「工事中、松村さんと現場を抜け出して、仙石原までハイキングに出かけた事があった」(五一頁)と書いているが、松村家のアルバムにもそのような機会のものと思われる写真が何枚も残されている。

興味深いのは、それらの写真の上に「元気だった頃　いつ立てるだろう　此の土の上に　願はくば　変わらぬ姿であることを」とか、「箱根は　淋しい思ひ出の土地　忘れられない所　谷の向ふには海が見える」といった松村による書き込みがあることだ。文面からすると、書き込まれたのは当時だろう。

いずれも若者らしい感傷だといえばそれまでだが、前者の「元気だった頃」という言葉からは、その後に松村が「元気」ではなくなったことが想像され、「いつ立てるだろう　此の土の上に　願はくば　変わらぬ姿であることを」という言葉からは、情勢によっては自分あるいは国が変化するかもしれないという戦争への不安も読み取れるだろう。また後者の「箱根は　淋しい思ひ出の土地」という表現の背後には、土浦事務所勤務への違和感があったのではないだろうか。

これ以上具体的なことはわからないが、一九三八年の夏、強羅ホテルは竣工し、松村も約一年半の現場常駐を終える。そして『国際建築』一九三八年一一月号に発表され、そこには森田茂介の文章が掲載された。

森田が土浦事務所にはいったのは一九三七年四月なので(『蚯蚓のつぶやき』五〇頁)、ちょうど現場が始まった時期であり、設計は担当していない。そういうスタッフが掲載誌に、しかも大型物件の解説文を書くのは珍しい。河野は「土浦先生は彼に一目置いておられたようで、彼は事務所で図面をかくというより、あちこち現場見学に歩き廻っていた」と書いているので、土浦がとくに指名したのかもしれない。

それはともかく、森田の文章では、それまで都市の中に建ててきた「フラット・ルーフ」の建物を、初めて自然の風景の中に置いたことへの感慨と、日本人向けの観光ホテルという新しい課題に対する文化史的考察、そしてインテリア空間を家具などによって総合的にデザインすることの重要性が指摘されており興味深い。「フラット・ルーフ」に関する記述は次のとおりである。

東京では方々の屋上でそれぞれの風景を愛した。その中でも朝日新聞社の屋上なんか、丸の内の建築群と、大内山と、さては品川お台場までの取りあはせが程よくて、銀座邊では特に印象に深い様だつたけれど、今新緑を四周にめぐらしたこの屋上の感じは、新鮮な感情の様な氣がする。さう言へば、山の中なんかに建つ建物で、廣々としたフラット・ルーフのものがあつたか知ら。フラット・ルーフといふ人工に安心して、しかも四周の自然とぢかに接觸する。それがこの感情効果なんぢやあ無いか知ら。

「フラット・ルーフ」の意味を、欧米のモダニズム建築思潮との関係においてではなく、それによって獲得された空間の性質や得られる「感情効果」から論じている点

1：強羅ホテルでの記念写真。1938 年撮影。
アルバムの台紙に「箱根を離れる日」の書き込みがある。
同日写したと思われる他の写真の書き込みから、
11 月 30 日と思われる。左奥のサッシュ割りから判断して、
強羅ホテルのロビーだろう。前列右端が松村。前列中央は
森田良夫か。他はホテルのスタッフだろう［松村家蔵］
2：当時の強羅ホテルのパンフレット［筆者蔵］
3：台紙に「A. Kakurai」の書き込みがある。
加倉井昭夫のことだろう［松村家蔵］

1
3　2

1：上半身裸の松村。「元気だった頃
いつ立てるだろう　此の土の上に　願はくば
変わらぬ姿であることを」と書き込みがある
（1937年撮影）［松村家蔵］
2：「吉田君　君は人生のすべての（不明）に
僕より早く経験する」と書き込みがある。
「吉田君」とは大倉土木の社員であった吉田茂樹
という人物と思われる。松村家のアルバムには、
彼の出征祝いの記念写真もあり、
「大倉土木株式會社」名の幟や松村が写っている
3：後ろ姿の松村。「箱根は　淋しい思ひ出の土地
忘れられない所　谷の向ふには海が見える」
と書き込みがある

が新鮮だ。

このようないわば感覚的な視点を、社会派の松村はどう思っただろうか。いずれにしても、東京の土浦事務所における松村の主な仕事はこれで終わり、舞台は満州へと移ることになる。

五　満州へ

日本は中国への侵攻を進め、時代は戦時色を強めていた。松村が武蔵高等工科学校に入学した一九三二年の三月に満州国の建国宣言、五月に五・一五事件で犬養首相が暗殺され、一九三三年二月には日本軍が熱河への攻撃を開始するとともに国際連盟を脱退する。松村が土浦事務所にはいったのが一九三五年で、その翌年の一九三六年二月に二・二六事件、一一月に日独防共協定の締結、一九三七年七月に盧溝橋事件勃発、一二月に南京事件、一九三八年四月に国家総動員法の公布、一〇月には広東・武漢を占領、一九三九年五月にはノモンハン事件、といった具合である。

このような時代の中、中国へ渡り活動する建築家が現れてくる。その全容については、西澤泰彦の一連の研究に詳しいが★一〇、土浦亀城も東京の事務所は残したまま、一九三九年に新京に新たな事務所を開設した。河野通祐の『蚯蚓のつぶやき』にその経緯が書かれている。まずは次のように、土浦から、事務所閉鎖か満州に仕事を求めるかという選択肢が所員に示され、後者が選ばれた。土浦の妻・信（信子）の父・吉野作造の実弟・吉野信次が商工官僚で、当時、満州重工業の副総裁を務めていた。土浦はその関係を利用して設計活動をおこなったといわれており★一一、満州での仕事の獲得には一定の勝算があったのだと想像される。

> スタッフは家族のような連帯感で結ばれていた。しかし不況の嵐はこれだけの家族が生きていく上にも困難が予想された。土浦先生の決断は速かった。事務所を解散するから、今のうちに君達の転職を斡旋しようと申し出られた。私達はその申し出に対して何度か協議を重ね結論を出しておそるおそる先生に報告した。それは、設立して間もない土浦亀城建築事務所を簡単に閉鎖するのは残念である。集ったスタッフにとって解散は皆の心をバラバラにすることであり、事務所運営の費用を減らしても細く長く存続させたい、そのために我々の給料も初期まで戻し、家庭から援助が得られる者はさらに減らしてもよい。という内容のものであった。

先生は黙って聞いておられたが、そこまで君達が考えるのなら満州に仕事を求めようか、と今までになかった仕事上の相談を我々にされた。私達は仕事がある所なら何処にでも先生について行くつもりだったので賛成した。昭和十二年、一九三七年の秋深き頃だった。満州から帰られた先生は満州軽金属の厚生地域の都市計画と社宅の設計依頼を受けたことを報告され、私達は早速手分けしてその計画に入った。煉瓦一枚半の壁厚を持った二階建てのテラスハウスであった(『蚯蚓のつぶやき』五四頁)。

そして、東京の土浦事務所で設計が始まるが、次のような問題がおこる。

満州の気候風土や建築材料、施工方法などの現状について全く知識が無かった私達は、建築学会の資料をたよりに即席勉強を始め、わからないままに原案をつくった。

先生はその原案を持って再び満州に行かれたが大きなショックを受けて戻って来られた。私達がつくった原案が満州の事情とかけはなれていたことのショックだったのである(『蚯蚓のつぶやき』五五頁)。

そこで土浦は現地に事務所をつくることを決意し、一九三九年、スタッフが新京へ渡る。その様子は次のとおりだ。

そこで現地に事務所を設けて、現地で設計すべきである。と決心され、私達は即座に移住する決意をした。昭和十四年二月、第一陣として、郡さんと松村さんが東京をはなれた。続いて私と今井さん、森田良夫さんが第二陣として出発した。三月十八日春とはいえ、未だ寒さが残っていた(『蚯蚓のつぶやき』五五頁)。

東京を出て京都に立寄り、下関から関釜連絡船で釜山に着き、大陸鉄道の特急アジア号で新京入りをした。二日間の長旅であった。玄界灘では死んだようになって船室で寝たきりだった(『蚯蚓のつぶやき』五五頁)。

新京は、自らの傀儡政権として満州国を成立させた関東軍司令部が、その首都とした都市である。もとの名は長春で、関東軍司令部が名前を新京と変えた。西澤泰彦によれば、一九三二年の「満州国成立直後からはじまった計画立案は、関東軍特務部から依頼を受けた満鉄経済調査会と、満州国政府の部局で首都建設を担当する国都建設局が、それぞれの案を比較検討しながら進められ、一年後の一九三三年には国都建設計画としてその全容が公表された」★一二という。

その特徴は、格子状街路に円形広場と斜路を組み合わせたもので、都市全体の軸線として二本の幹線道路が設定された。そのうちの一本が、長春駅からまっすぐ南にのびる中央通りをさらに南に延長したもので、満州国の年号である大同という語を用いて大同大街と命名され、その通りの途中には、外周一キロにもおよぶ巨大な円形広場（大同広場）が設けられた★一三。

河野によれば、新京の土浦事務所は、最初は旧市街の中の「五十嵐ビルという曖昧な表情をした二階建ての一階」（『蚯蚓のつぶやき』五七頁）にあり、その二階が宿舎で、そこで郡と松村が暮らしていたらしい。その後「三ヶ月程して、大同大街に面した東拓ビルに移転した」（『蚯蚓のつぶやき』五八頁）とある。東拓ビルとは、国策会社であった旧東洋拓殖株式会社の建物であり、当時の地図や絵葉書から判断すると、新京駅から延びる大同大街を南下し、大同広場に達する手前の東側で、三中井百貨店の斜め向かいにあったと思われる。

土浦事務所の仕事の内容とスタッフについて、河野は次のように書いている（『蚯蚓のつぶやき』五八－五九頁）。

> 私達の仕事は、撫順炭坑、満州軽金属、満州重工業、吉林人造石油、舒蘭炭坑など民間企業の従業員厚生地域の都市計画と社宅をはじめ、その地域の厚生施設全般の設計監理を主に、新京市内に建てる市長会館、満業会館などであった。事務所のスタッフは、現地にいた高谷隆太郎さんをチーフに郡菊夫さん、松村正恒さん、今井親賢さん、森田良夫さん、私、の六人だった。しかし、これだけのスタッフではとても仕事はこなせなかった。それは急ピッチで進められている国の建設と運営にかかわることだったので、私達の仕事にもスピードが要求されたからでもあった。仕事の分担は、新京市内の市の公館と満業公館を郡さんが担当し、軽金属関係と重工業関係、それに、撫順炭坑の地域計画は高谷さん、松村さん、吉林人造石油関係は今井さん、森田さん、が担当した。そして一番辺鄙なところにあった舒蘭炭坑関係は私が担当する事になった。地域計画から社宅、クラブハウス、共同浴場、学校、劇場、駅舎などの建築設計、それに景観施設全般を短期間にこなさなくてはならなかった。設計は凍結期に新京の事務所で行ない、地面の凍結がゆるむと建設工事が始ま

当時の絵葉書。土浦事務所のあった東拓ビル屋上から昭和 15 年に写したと思われる大同大街。左角の建物が三中井百貨店、そこから右へ三菱康徳会館、ニッケギャラリー、児玉公園、新京神社と続き、2km 先の突き当たりが新京駅（中村芳満氏のサイト「新京・わが心のアルバム」http://manshusite.hp.infoseek.co.jp/index.htm から）

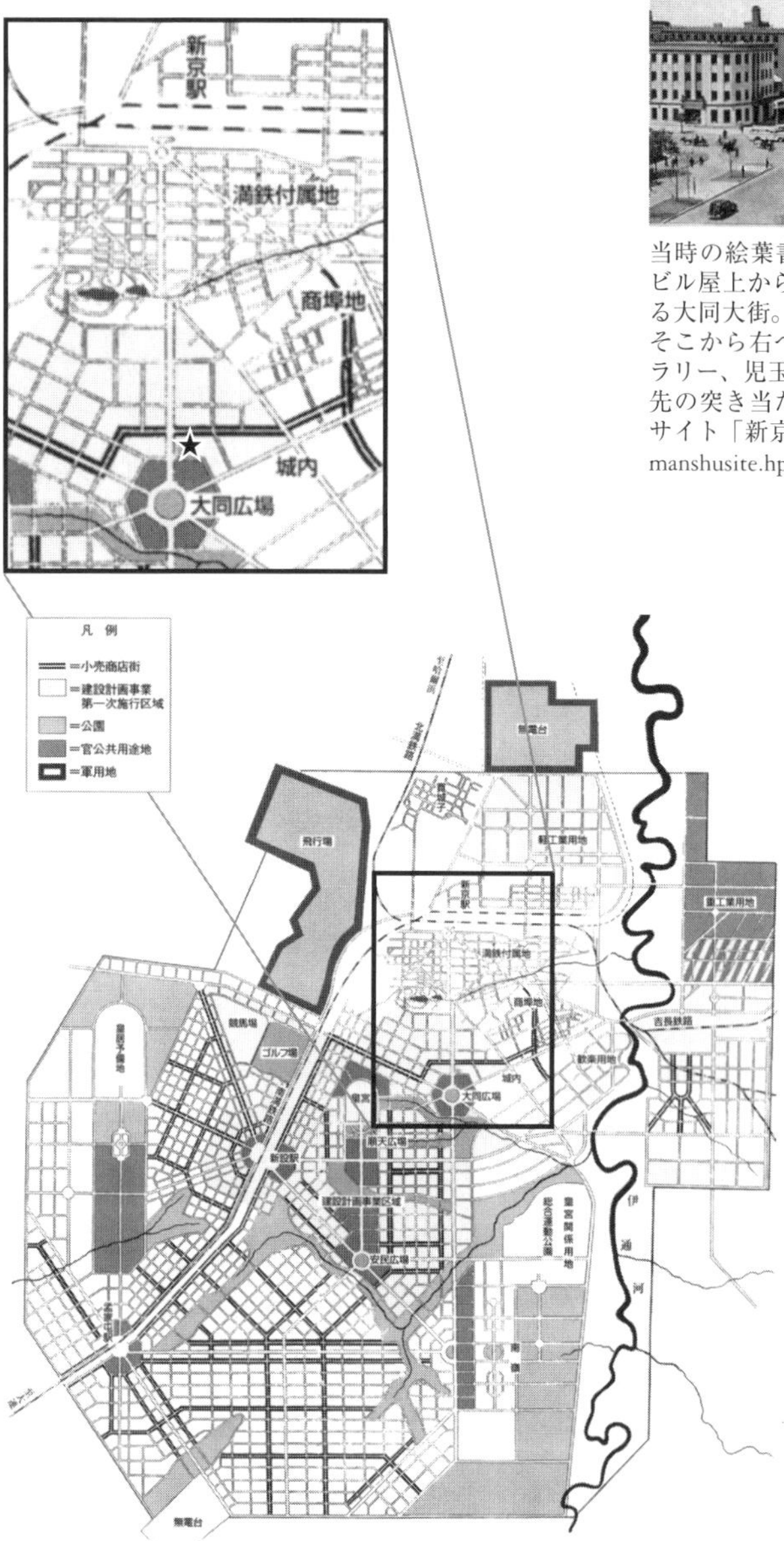

国都建設計画用途地域分配並びに事業第一次施行区域図。★印は東拓ビルの位置（太平洋戦争研究会編『写説 満州帝国』［ビジネス社、2005 年、170 頁］を利用）

るので、現場に出て監理をするのであるが、このスタッフではとても手におえなかった。そこで東京より村田政眞さん、笹原貞彦さんを呼び、現地から宮迫俊廣（現富田俊廣）さん、平田実さん、旗手貞雄さん、石川さんが加わった。旗手さん、石川さんはその後召集され戦死された（『蚯蚓のつぶやき』五八－五九頁）。

　松村家のアルバムには、新京時代の写真が残っている。その中に、一九三九年と裏に書かれたスタッフでの記念写真があり、これは河野の『蚯蚓のつぶやき』にも掲載され各自の名前も記録されている。

　それ以外にも鮮明な集合写真がある。土浦事務所の看板の前写真の裏には一九四〇年との書き込みがあるので、後ろが東拓ビルではないだろうか。

　新京時代の仕事について松村は多くを語っていない。すでに述べたように、河野は、「撫順炭坑の地域計画は高谷さん、松村さん」と書いている。撫順炭坑は、広大な露天掘りの炭鉱の町で、日露戦争以来、貴重なエネルギー供給源として日本が侵略した。抗日ゲリラによる攻撃も激しく、また、多くの中国人を強制労働に就かせたとし

1：スタッフの記念写真。
後列左から、河野通祐、平田実、郡菊夫、今井親賢、旗手貞雄、森田良夫。
前列左から、宮迫俊廣、松村正恒、土浦亀城、高谷隆太郎
2：土浦事務所の看板の前で。
左から、松村正恒、高谷隆太郎、郡菊夫
3：円卓の宴席。左から、宮迫俊廣、郡菊夫、平田実、松村正恒
［いずれも松村家蔵］

て、後に批判された場所でもある。当時、松村たちの耳に、そのような情報ははいっていたのだろうか。

松村自身は、『素描・松村正恒』の中で、小学校を設計したと次のように述べているが（五〇－五一頁）、これ以上の詳細はわからない。ただ、戦後の八幡浜市での松村の設計姿勢を暗示するようなエピソードであり、興味深い。

新京へ行ったときも、私、小学校をやらされよりましたがね。そのときに、あそこの教育長の言葉が忘れられないのは、「昼間はきみと打ち合わすことができないから、夜、ぼくの家にこい」言うんですよ、官舎にね。行きますと、「きみ、思いつきで、これ、設計してるんじゃないか」言うんですよ。「思いつきは駄目だよ。科学的に根拠がある、合理的な設計をせい」と。あれは忘れないですな（『素描・松村正恒』五〇－五一頁）。

新京時代についての松村の発言はこれ以外に目立ったものがない。松村家に残るアルバムには新京時代の写真が残っており、当時の雰囲気を想像する助けになると思われるので、一部を掲載する。

まず次頁上・中の二枚は、新京に着いた後発のスタッフを松村が迎えている様子ではないかと想像できる。上の写真では左端の、中の写真では左から四人目が松村だと思われる。国防服のようなものを着た彼以外は背広やコート姿で荷物をもち、上の写真の中央にはT定規も見えるからである。

下段の二枚は、新京の土浦事務所内の様子である。東拓ビルと思われる。右の写真は松村の製図風景、左は休憩中に皆で雑誌を読んでいる（左からふたり目が松村）。

八二頁の上・中の二枚はいずれかの工事現場での写真だろうか。上の写真では中央が、中の写真では左が松村である。

新京での宿舎について河野は、「新京では高谷さんが探してくれた二戸建住居が合宿所となった。小さい一戸を村田さんの住居にあて、もう一つの大きい方を合宿所にあてた。そこに郡さん、松村さん、森田良夫さんと私、ハウスキーパーのお里さんの五人が住むことになった」と書いている（『蚯蚓のつぶやき』六一頁）。その部屋と思われる場所で松村が写った写真が何枚かある（八二頁下段の二枚）。和室で家具らしい家具もなく殺風景な部屋だ。同じ部屋で、森田良夫、河野通祐、そしてこれがハウスキーパーだろうか、「chichan」と書かれた女性が写った写真なども残っている。いずれにしても、日本を遠く離れた地で過ごす二〇代後半の若者たちの不安が表われているような気がする写真ばかりだ。

また、次頁、写真3の台紙には「一九四〇 満州 Photo Sakamaki」とあり、武蔵高等工科学校の同級生・酒巻芳保のことだろう。すでに述べたように、酒巻は軍に就職して満州で働いており、松村は彼を国境近くに訪ねている。その時に撮影したものだろう。酒巻の思い出を書いた文章の中には、「国境近くの街に酒巻君が住んでいる。はるばる訪ねて行った。ポプラ並木が果てしなくつづく荒涼とした風景であった。すでに一家を構えていた。軍服にサーベル姿が身について楽しい夜であった。奥さんはすこし弱々しく、寂しい感じの人であった。その時が最初で、二度と会えない人になられた」(『老建築稼の歩ん

1：新京に着いた後発のスタッフを松村が迎えている様子と想像できる。左端が松村か
2：同上。四人目が松村か
3：新京の土浦事務所内の様子。休憩中に皆で雑誌を読んでいる
4：同上。製図風景

1

2

5 | 4 | 3

1：工事現場だろうか。
中央が松村である
2：同上。左が松村
3：台紙に
「1940 満州 Photo Sakamaki」
との書き込みがある。
満州にいた友人・
酒巻芳保を
松村が訪ねた際の
写真ではないか
4、5：新京の宿舎と
思われる場所での松村

だ道』二八三頁）という記述がある。

土浦事務所辞職

満州から引き上げてきた松村は、土浦事務所を辞める。『素描・松村正恒』の年譜には、「昭和一五年（一九四〇）土浦事務所退く」とあり、彼はその理由を次のように語っている。

松村　辞めた理由というのはね、土浦事務所へ入ってからも、ずうっと思っていたんですけれども、建築事務所というのは、それこそ朝に事務所、夕べにホテル。頼まれた仕事は、いちおうなんでもやるわけですね。そういうのが、どうも、こんなことを一生やって、どうするんだと。

それと、土浦先生は、私にはドラフトマンじゃ、ドラフトマンじゃと。一生ドラフトマンなんて、いかんなあ。足を洗いたいなあと、常々思っていたんですよ。土浦先生、悪い方じゃないんですけれどもね。そういうところがある。それと、私、建築事務所にいて、個々の建築を設計しよっても、意味がない。少なくとも都市計画を考えるべきじゃと思いよったんですよ。都市計画と、計画原論と両方やらんといかん。だからもういっぺん勉強しなおそうと思ったんですけれども、だけど私のように、いい加減な学校を出ているから、そういう機会がなくて、それは、もう夢に終わりましたけれどもね。ただ、その頃、藤井厚二さんね。

宮内　京都の。はい。

松村　あの先生の本と、もう一つ、大阪市役所に、建築技師で伊藤正文という方がいたんですよ。これも早稲田だったと思いますけれどもね。《建築保健工学》という本を読んで、非常にこの方の考え方に共鳴しまして（『素描・松村正恒』五一－五二頁）。

このように、松村の中には、土浦への違和感とそれに代わるものが芽生えていたことがわかる。それぞれを明確に言語化することは難しいが、前者については、土浦の現実主義的な建築観に対する反発が大きな要因だといえるのではないだろうか。藤岡洋保は、土浦亀城と谷口吉郎を比較した論考の中で、土浦の特徴を次のように書いているが、これは、松村が当時感じていたものに近いといってよいだろう。

土浦は理想の実現をめざして邁進するタイプの建築

家ではなく、当時流行の「モダンボーイ」のひとりだった。モダンであること、スマートであることが彼の信条である。彼の建築が普遍性を志向していたとしても、実際にはその適用範囲はモボ・モガのサークルに限定されていた。

土浦が自分の社会的地位やそれを許容する日本の社会状況に不満を抱いていたとは思われない。彼は基本的にコンフォーミストであり、既存の社会システムを所与として受け入れ、その枠内で新しいことをやろうとした。それは例えば、自邸の設計においてトロッケン・バウやグリッドシステムという最新の手法を採用しながら、日本の建築工事の現実にあわせてそのモデュールを三尺にしている点にうかがえるし、満州に新たな活躍の場を求めたのもそのような性向によるものだろう（藤岡洋保「土浦亀城と同時代建築家たち６　谷口吉郎－自邸にうかがえる近代建築に対する姿勢の違い」『ＳＤ』一九九六年七月号）。

土浦の存在に代わるものとして、松村が計画原論という言葉や、藤井厚二、伊藤正文という名前を挙げていることは、まさに戦後の八幡浜市役所での設計活動につながる要素として興味深い。

藤井厚二（一八八八－一九三八年）はいうまでもなく、「和風」と「洋風」の合体を、環境工学的な視点も重ねることによって実現しようとした最初期の建築家である。

伊藤正文（一八九六－一九六〇年）は、周知のとおり、日本インターナショナル建築会で活躍し、「インターナショナル」であることと「ローカリティ」の関係を考察しつつ、大阪市役所の技師として学校建築等を設計した建築家である。松村が挙げた『建築保健工学』という書物は一部と二部の二冊からなり、それぞれ一九三八年と一九三九年に工業図書株式会社から出版された。そこでは、太陽高度や日照などの環境工学的理論に基づき、遮光庇による教室への均質な採光やホッパー窓による換気などの提案がおこなわれている。

ともに、近代化する日本が直面した建築の意匠上の問題を、科学的、合理的な思考を介することで解決しようとした建築家であり、土浦事務所時代の松村は、彼らの問題意識への共感を覚え、自身の中の欠乏感を埋めてくれるものとして認識したに違いない。

また松村は満州での生活について、「軍が、もうじつに威張りくさる」こと、「日本人が傲慢」であること、一方「満人、悠然と歩いている」ことなどから、「日本なんていうのは、いつか彼らにやられる」と判断し、「満州国なんていうけれども、これは長続きしないと、もう私は見切りをつけ」て帰国したと語っている（『素描・松村正恒』五三頁）。

ところで、松村の帰国と土浦事務所を辞めた時期が確定できない。本節の冒頭で述べたように、『素描・松村正恒』の年譜には、「昭和一五年（一九四〇）土浦事務所退く」とあるが、それとは矛盾するように思える事実があるからだ。

松村は、土浦や設計実務に関するさまざまな悩みを蔵田周忠に相談していたようで、「半生回想」という文章（『老建築稼の歩んだ道』七七頁）の中に、満州時代の記述に続けて次のように書いている。

> やがて生意気にも建築事務所なるものの実態に疑問をいだき、出直したい、と蔵田先生に訴えました。思い直せ、お前の思慮は浅い、と親切な切々とした便りを続けざまに頂いたにもかかわらず我儘を押し通してしまいました。

このとき蔵田から送られたと思われる手紙が松村家に残っている。約一メートルの巻き紙に筆で書かれた手紙で、日付は「昭和十六年九月三日」だ。前半は蔵田夫妻の「人生の一つの記念」に松村が送った祝いで本を買ったという礼状であるが、後半に「二伸」として、次のように松村への忠告がしたためられている。

> 二伸
> 度々速達のお便り有難ふ　一信毎にわかっていってくれる経路がわかって喜ばしく思ってゐる
> 後藤君にも　大矢先生にも　度々會ふやうにし給へ
> 一度や二度會って其人内容がわかったやうに思ふのは君の「我《ガ》」が強いせいであって　そんな簡單な人達ではないと僕はこの人たちを信じてゐる　特に大矢先生は表面には表はさなくても心の豊かな人で友情にも篤い人だから　屢々會って　人間的に君が知己を得る事を祈ってゐる　在満中　大矢先生を僕と思ひ　話してみるとよい
> 土浦先生もその意味で　君が見直すやうになってくれるとよいと希ってゐる
> 君はまだ苦労が足りないのだ　とにかくもうしばらく我慢して　自己及自己の周囲を研究してみ給へ
> これ等の件に就てはまた別に手紙書こう
> 今日は遅れ乍ら
> 御禮を主として一筆啓上
> 再拝

師・蔵田の教え子に対する言葉の厳しさと、弟子・松村がその手紙を大切に保存していたことからは、両者の厚い信頼関係が想像されるが、ともかく文面からすると、「昭和十六年九月三日」の頃に、まだ松村は土浦事務所員として満州にいたことになり、「昭和一五年（一九四〇）土浦事務所退く」という記述と矛盾するというわけだ。

また、河野の『蚯蚓のつぶやき』にも、松村の帰国や退所時期を曖昧にする別の記述がある。河野は、一九四一年六月一八日に満州での生活を終えて東京に戻った。その頃の様子を次のように書いているが、「事務所は私と事務を扱っていた荘司さんという女性の二人で留守を守」ったとあり、少なくとも松村はいなかったと想像される。退所していたからとも理解できるが、まだ満州に残っていたとも考えられる。

> 渋谷に下宿を見つけて、京橋にあった土浦事務所に戻った。私と交替して稲城さんが満州に発った。事務所は私と事務を扱っていた荘司さんという女性の二人で留守を守ることになった。東京では秋山邸の設計が待っていた（『蚯蚓のつぶやき』六六頁）。

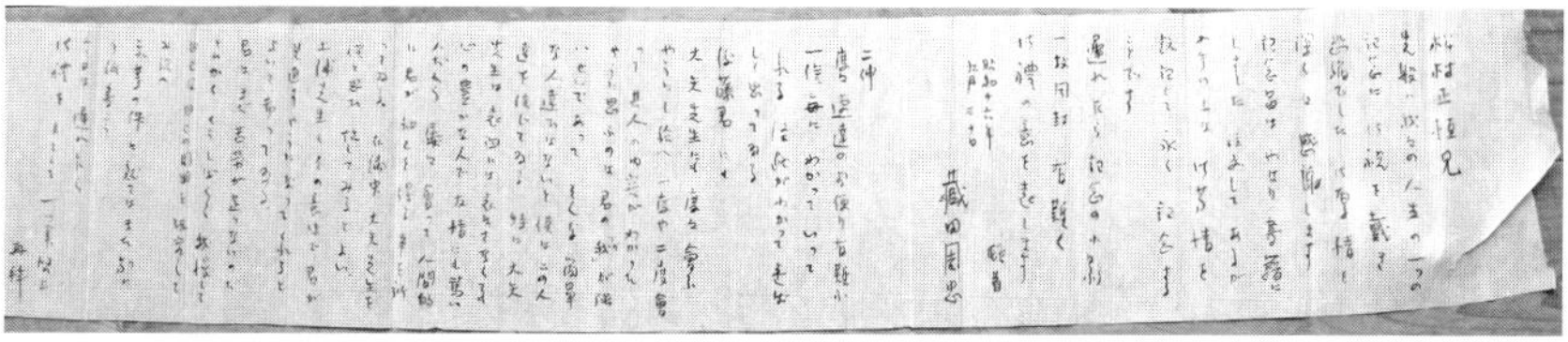

蔵田周忠から松村に送られた巻き紙の手紙［松村家蔵］。日付は「昭和十六年九月三日」

そして、満州からスタッフ全員が引き上げてきた後、一九四三年、日泰文化会館の仕事が来る。丹下健三が一等、前川國男が二等をとった有名なコンペだ。その実施設計は二等の前川案に基づき土浦事務所で進めることになったというのであるが、河野によるその顚末記に松村の名前が登場する。

実施設計は、審査員でもあった東大教授の岸田日出刀先生が委員長となって土浦建築事務所で進めることになり、郡さんが担当することになった。ところが、実施設計は前川案が採用されるというので私達スタッフは反発した。学生であった丹下案を採用するなら、土浦事務所が実施設計を行っても抵抗はなかったが、前川国男氏は建築家であり、設計事務所を持っている方であるから、応募された案には前川氏の思想があるはずである。実施設計はその思想をつらぬく責任があるので前川氏でなくてはならない、と土浦先生に進言した。松村さん、今井さん、森田良夫さんも同じ考えであった（『蚯蚓のつぶやき』七〇頁）。

しかし土浦は、「コンペで原案に賞金をかけ、支払ってあるのでそれはそれで清算されている。実施設計は原案には関係ない」という考えであり、「何か腑に落ちなかった」河野たちは、事務所の顧問であった小野薫（一九〇三―一九五七年）に相談したという。小野は構造学者であり、一九四二年から東京帝国大学第二工学部の教授になっている。その前には一九三九年に大陸科学院主任研究者として渡満し、新京大学教授も兼ねているから、土浦とも何らかの関係があったのだろう。

いずれにしても河野はその結末を次のように書いており、最後まで松村は土浦事務所に在籍していたかのような印象だ。

先生はしばらく考えておられたようだったが、私も君達と同じ考えなので土浦さんにその考えが無いのなら、事務所を辞めろ、あとは私が引き受ける。といわれた。しかし結局、辞めたのは松村さんと私だけだった（『蚯蚓のつぶやき』七〇頁）。

日泰文化会館のこういった事情については、藤森照信も『丹下健三』（新建築社、二〇〇二年）の中でふれている（一〇四頁）。そこでは、丹下健三、前川國男、河野通祐、佐々木喬の証言を総合し、「どうも、岸田は、丹下の辞退を受けて、もしくは辞退を進めて、前川案をもとに土浦亀城に実施設計をやらせ、立面において丹下案を参考にさせたようなのである」と推察している。日泰文化会館は結局実現せず、これ以上の情報はない。

こういったトラブルの後、河野は小野薫の勧めに従い、一九四四年の春に日立製作所に入社し安来工場へと旅立つ。したがって、河野の記述からすると、松村が土浦事務所を辞めたのは一九四三年頃ということになり、松村自身が年譜に記している一九四〇年とは一致しない。しかし一方で、後述するように、松村は一九四一年から農地開発営団に勤務していることもほぼ間違いない事実であり、本書では松村自身による記述どおり、一九四〇年に土浦事務所を退いたと考えるものとする。少なくとも、松村は、日泰文化会館を巡る土浦の判断に接する機会があり、その余りに現実主義的な姿勢に失望したことは間違いないだろう。

土浦事務所外での学習活動

土浦事務所時代の松村は、そこでの仕事以外に、いろいろな個人的活動をおこなっている。語学の学習とその応用としての翻訳作業、保育問題への関与、海外情報の蒐集と独自の学習ノートの整理などである。いずれも土浦事務所での仕事に対する不満を埋める自己満足的行為であっただろうが、より長いスパンで見れば、戦後の八幡浜市役所での仕事の基礎となる重要なものだったといえるだろう。

一　語学の学習と翻訳

学生の頃から英語が好きだった松村は、土浦事務所在職中にアテネ・フランセに通いフランス語も学んでいる。松村によれば、土浦事務所は土浦の方針で残業がなく、時間的な余裕があったと次のように述べている。

松村　土浦先生のいいところは、六年間、残業が全然なしだったんですね。
宮内　あっ、そうですか。定時ですか。
松村　アメリカ式で。時間中働いたら、残業はせんでええ。パッと帰る。ということは、それからの自分の私生活のスケジュールがたつわけですね（『素描・松村正恒』四五頁）。

ただし、河野通祐は元の所員たちとの座談会で、たしかに残業はしないことになってはいたが、実際には土浦がいなくなってから鍵のかかった事務所にドアの欄間からはいって残業や徹夜をしたと述べているので（『ＳＤ』一九九六年七月号、五六頁）、松村の話は、事務所での仕事に対し、彼がやや距離をおいた関わり方をしていたことのあらわれかもしれない。

松村はアテネ・フランセで、当時、早稲田大学助教授だった著名なフランス文学者・山内義雄（一八九四―一九七三年）の授業を受けた。松村は箱根の強羅ホテルの現場に行くまでの半年ほど通ったという（『素描・松村正恒』四五頁）。また河野通祐もアテネ・フランセと高等工芸学院に通ったと書いており（『蚯蚓のつぶやき』四〇頁）、いずれも若者の知的好奇心を満たしてくれる場所だったのだろう。

アテネ・フランセでの成果を生かし、松村は『建築知識』にフランス語のマダガスカルの民家についての論文を翻訳し掲載したという（『素描・松村正恒』四六頁）。

また松村は、武蔵高等工科学校卒業後も、小山正和および『国際建築』との関係を維持し、何編かの翻訳を担当した。彼は、「小山さんのところに出入りして、翻訳を少し始めて、小遣いをもらえますからな。その頃、ノイトラがね。写真と小さな説明文を送ってくるんですね。翻訳をやったということは、私はひじょうに勉強になったと思いますな」（『素描・松村正恒』三五頁）と述べている。『国際建築』誌において、松村正恒訳と明示がある記事は別表のとおりである。原著者名は、邦訳されていればそれを、邦訳されていなければ原語の表記を示した。

署名原稿の方では、松村の担当した記事は、ノイトラやグロピウスからハイポイント２の設計者であるリュベトキン、そして革命後のソビエト建築の情報まで、実に多岐にわたっている。しかも、ちょうど四年間で二六本の記事であるから、その数もたいへんに多い。このように松村は、得意の語学を通して海外情報との接点をもち続けた。それらは松村の視野を土浦事務所での実務の世界に閉ざすことなく、外部世界へと開かせ続ける役割を果たしたといえるだろう。

二　保育問題研究会など

松村は、託児所研究のために、児童問題の専門家たちの研究会に参加していた。彼はそのことをあちこちに書いている。

その頃、だから私は日曜ごとに、東京の託児所――愛育会というのがありました。いまでもありますわね。そこへ行ったり、社会事業研究所へ行ったり。それから保育問題研究会というのがありまして、そこの会があれば、だいたい日曜ごとですわな、保母さんの会だ

松村正恒が『国際建築』に翻訳した記事一覧

・「工業デザインと建築家」Harvey Wiley Corbett（1936 年 4 月号）
・「バウハウス理論とリ大學の實践」（1936 年 7 月号）
・「建築家の養成に就て」ワルター・グロピウス（1936 年 7 月号）
・「オリムピック キャラバン」Pay Christian Carstensen（1937 年 1 月号）
・「ハーバード大學に於ける建築」ワルター・グロピウス（1937 年 7 月号）
・「アメリカは如何に建築するか」ノイトラ（1937 年 7 月号）
・「創造的設計教育」ワルター・グロピウス（1937 年 8 月号）
・「創造的設計教育 2」ワルター・グロピウス（1937 年 9 月号）
・「英國に於ける建築家とパトロン」J. M. Richards（1937 年 9 月号）
・「Bexhill 娯樂場の懸賞競技評」（1937 年 9 月号）
・「博覧會技術」Walter Dorwin Teague（1937 年 11 月号）
・「ソヴエト聯邦の建築と生活」フランク・ロイド・ライト（1937 年 12 月号）
・「第 1 回ソヴエト建築家會議」Simon Breines（1937 年 12 月号）
・「住む為の建築へ」ワルター・グロピウス（1938 年 3 月号）
・「住む為の建築へ［2］」ワルター・グロピウス（1938 年 4 月号）
・「建築の機械化」Jules Korchien（1938 年 3 月号）
・「MARS グループ展覧会」ル・コルビュジェ（1938 年 5 月号）
・「装飾としての音響學的型態」（1938 年 6 月号）
・「装飾としての防音材料」（1938 年 7 月号）
・「1938 年グラスゴー博」J. M. Richards（1938 年 10 月号）
・「アルバート・カーン」（1938 年 11 月号）
・「ハイゲートの集合住宅　"HIGHPOINT NO. 2" の出来るまで」（1939 年 1 月号）
・「アパートメント "HIGHPOINT NO.2"」（1939 年 1 月号）
・「借家人はアパートメントに何を要求するか」Thyrsa W. Amos（1939 年 1 月号）
・「瑞典に於ける現代建築の發達」Arnold Tucker, Miss Gun Sjödin（1939 年 4 月号）
・「英国に於るヴィレッヂ　カレッヂのアイディア」Arch. Review・Dec.・1939（1940 年 3 月号）

ノイトラ関係の紹介で訳者名が書かれていない記事としては以下のようなものがあり、確認はできないが、松村が担当した可能性もある。

・ノイトラの作品紹介（1936 年 3 月号）
・ノイトラの学校建築（1936 年 10 月号）
・ノイトラ「建築のリーヂョナリズム」（1939 年 4 月号）
・ノイトラ近作解説（1939 年 4 月号）
・ノイトラ「美術家は建築を探索している」（1940 年 5 月号）

から。そこへ行きましたり（『素描・松村正恒』四九頁）。

この翻訳も内職、本命は児童保護問題の勉強。とりあえず託児所建築をと、暇さえあれば都内の施設を尋ね、乳幼児の生活状況をつぶさに見学。保育問題研究会の会合にも、つとめて出席。社会事業研究所が全国の託児所を調査された資料を見せられましたが、建築として検討に値するのは東大セツルメントのみ、他は貧弱きわまる。乳児保育所で、ここは病院ですかと、つい口に出るほど悲惨な状態でありました。一九三六年の頃。

農業季節保育所についても、優れた実績ありと聞けば、秋田県の寒村に出掛け、長野県に慈母の如き保姆ありと知れば夜行列車の旅も苦になりませんでした。児童問題を扱った名著ひもとき礼を尽して著者に教えを乞う。私にとりまして児童問題とは、教育、心理、予防医学、社会政策、英才児と鈍才児、遺伝か環境か、及ぶところでないと知りつつも、手を染め頭を悩ませました（『無級建築士自筆年譜』一七－一八頁）。

私が建築技術者になりましたのは身すぎ世すぎのため、もっぱら児童保護問題、生まれる子、育つ子の幸せを考える事に最大の関心をはらっておりました。

昭和の初め世に出ましたが、児童虐待防止法がやっと日の目をみる頃、矯風会や救世軍の活動が目立ちました。とりあえず託児所と乳児保育所に取りくむことにしました。これらが貧苦にあえぐ階層の人々にとって、どれほど役立っていたか計りしれませんでした。暇さえあれば施設を見学し、そこでの生活をつぶさに観察しましたが、ある時、ここの乳児はみな病気ですかねと尋ねたけど、まだまだ恵まれぬ状態でした。社会事業研究所を訪ね浦辺史氏、塩谷アイ女史の知遇を得、内藤寿三郎先生を愛育会に尋ねたのも其の頃です。すすめられて入会した保育問題研究会では、城戸幡太《まんた》郎《ろう》先生が会長、同じく東大心理学教室の三木安正先生、それに浦辺さん塩谷さん達がリーダーで、保母さん達の熱心な講習会には胸うたれる思いでした。先生たちのご指導で理想の託児所案を練りましたが、実現するには時期尚早でした（『老建築稼の歩んだ道』二六九頁）。

二番目の引用文中に「一九三六年の頃」とあることから、一九三五年に土浦事務所に就職した後、一九三九年に満州に渡るまでの時期だと思われる。その間に松村は、自主的にさまざまな児童施設を見学するうちに愛育会、社会事業研究所、保育問題研究会を知り、そこへ出入りするようになり、彼が名前を挙げている研究者や活動家と知り合ったようだ。

ちなみに、城戸幡太郎は、一八九三年に愛媛県松山市で生まれ、東京大学で心理学を専修した後、東京大学助手となり、さらにドイツのライプチッヒ大学に私費留学し、帰国後、法政大学教授になった児童心理の専門家である。一九三六年に保育問題研究会を結成し、一九三七年には、精神薄弱児施設小金井学園園長に就任するとともに（法政大学教授と兼務）、教育科学研究会を結成した。その後、ファシズムの脅威が強まる中、活動を守るために大政翼賛会に加入したが、政府は民間教育研究運動を敵視し、治安維持法違反の疑いで城戸を検挙拘置した。戦後、一九四六年には、城戸は国立教育研修所所長や教育刷新委員会委員になり、民主教育の確立に尽力した。しかし、戦前に大政翼賛会へ加わっていたため一旦公職を解かれることになり、一九五一年に工学院大学教授になった後に、北海道大学教育学部創設のため北海道大学教授となった★一四。

浦辺史は、戦前にさまざまな社会事業の現場に身を置き、戦後は日本福祉大学の教員として教育・研究に携わった人物である。昭和初年に小学校教員として東京の多摩地区などで自由主義的な教育をめざしたが、特高警察などの圧力により挫折を余儀なくされる。一九三三年から東京帝大セツルメントの職員に転じたが再逮捕され、保釈後、東京市社会局を経て、社会事業研究所にはいり、戦時下でのさまざまな弱者に対する社会事業に取り組んだ。また同研究所参与であった城戸幡太郎とも活動を共にした。松村が接したのはこの時期だろう。その後、一九四三年五月二六日に特高に逮捕され、一九四五年一〇月まで拘留された。戦後は、日本生活問題研究所などを経て、一九五五年に中部社会事業短期大学に転じた。同短大は一九五七年に日本福祉大学に昇格し、浦辺は教授を勤めた。妻の浦辺竹代も東京帝大セツルメント以来の同志であり、児童問題や社会事業に生きた人物である★一五。

塩谷アイも戦前からの保育運動の指導者であり、特高による逮捕経験もある。戦後は共産党員として東京都議員を長く務めた。

ところで、こういった人や組織の間での松村の具体的な動きを知る資料はほとんどないが、城戸幡太郎が一九三六年に発足させた保育問題研究会についての松本園子による詳細な研究書『昭和戦中期の保育問題研究会——保育者と研究者の共同の軌跡／一九三六－一九四三』（新読書社、二〇〇三年）の中の「第七節　一元化構想と施設標準」に松村正恒の名前が登場している。

保育問題研究会はさまざまな保育施設の調査をおこなったが、その最終目的は、「施設標準の作成」であった。同書（四五六頁）によれば、浦辺史は一九四二年一〇月、社会事業研究所主催の「第二回厚生事業研究発表会」における討論会（第二部会、座長城戸幡太郎）で保育施設標準について一時間にわたり報告をしたが、その際に、「戦時保育施設標準設定のために」と題された資料を事前に掲載した『厚生問題』（二六巻一〇号、一九四二年一〇月号）が参加者に配布されたという。

松本は、この施設標準は調査結果にもとづいて浦辺史と塩谷アイが原案を作り、保育問題研究会の三木・松村・秋田・阿部・村瀬諸氏の意見を参酌して作成されたものであり、浦辺の名前で発表されてはいるが保育問題研究会の成果であるといってもよいと判断している。同書には浦辺の文書が再録されており（六九〇－七一一頁）、たしかにその「まえがき」にこのことが明記されているのが確認できる。

松本もこの部分に関する注において、「保育問題研究会の松村とは、『保育問題研究会月報』五号（一九四二・二）の新人会員名簿欄にある松村正恒であろう。建築家の松村は、論文「新託児所建築」『国際建築』一五巻九号、一九三九・九、を発表している。浦辺は松村論文を、自身の論文「保育施設の地域性について」で引用している（『国民保育のために』四三三頁）。他は、三木安正、秋田美子、阿部和子、村瀬登女子と思われる」（四六六頁）と指摘している。

『保育問題研究会月報』は復刻版が出ているが（白石書店、一九七八年五月）、それによれば、第五号は、昭和一七年二月二〇日に法政大学児童研究所保育問題研究会から発行され、Ａ５版八ページのガリ版刷りで、最後のページの新入会員名簿欄に、「松村正恒　深川区佐賀町　農地開発営団興農部建築課」とある。つまり、松村は新京から帰国して土浦事務所を辞め、一九四一年から農地開発営団に勤めたと考えられるが、まさにその時期に保育問題研究会に入会していたということになる。

いずれにせよ松村は、保育問題を軸にした戦前の活動家や組織と接していたことがわかる。松村家には浦辺史からの書簡が残っており、彼とは戦後も交流があったことがわかる。

三　「特集・新託兒所建築」

蔵田周忠の紹介で『国際建築』編集長の小山正和と縁ができた松村は、小山の元へ通い、かわいがられていた

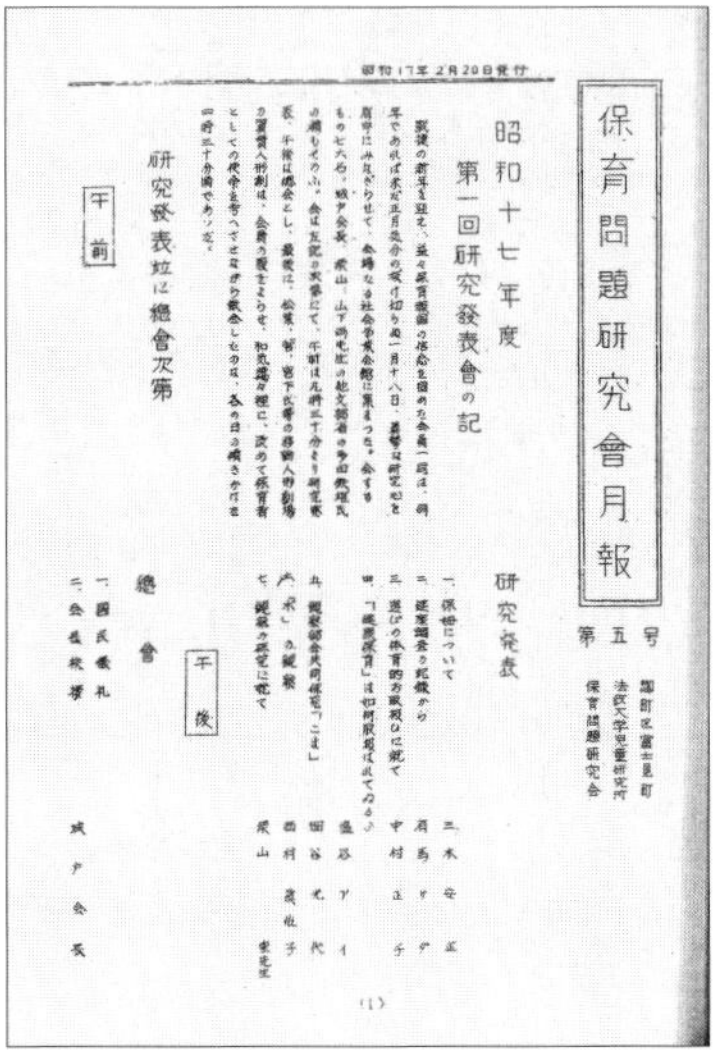

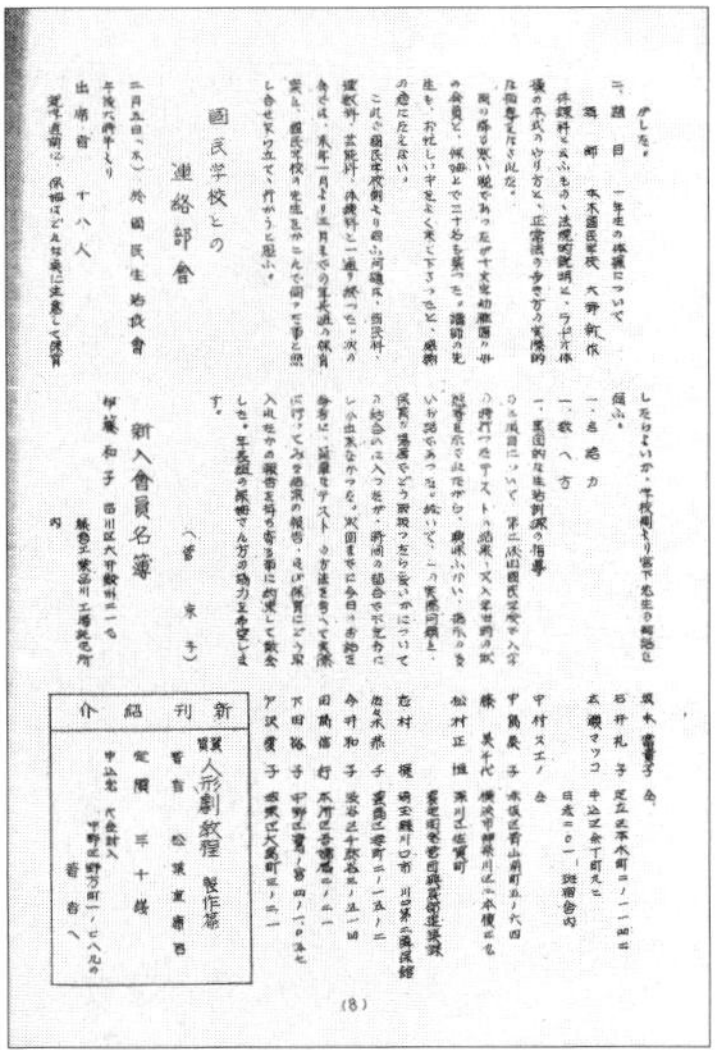

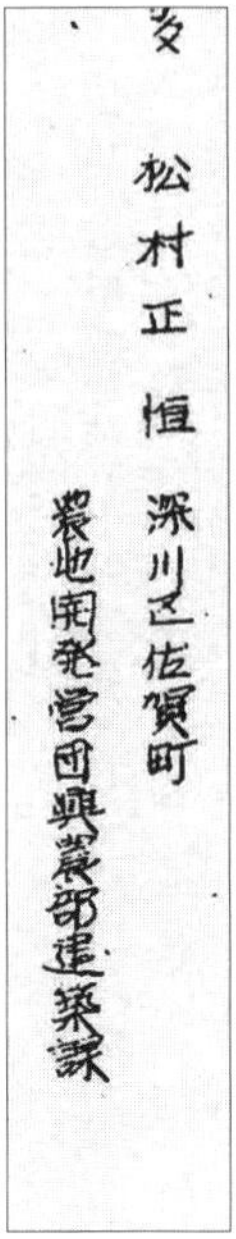

3 | 2 | 1

『保育問題研究会月報』第五号（昭和 17 年 2 月 20 日）の復刻版（白石書店、1978 年 5 月）。1 が表紙、2 が新入会員名簿欄のある最後の頁、3 が松村の名前の部分の拡大である

ようだ。

松村　その頃、〈国際〉の小山さんのところにも、よく行きましたね。行くと、夕食をたびたび御馳走になるんですよ。

宮内　その頃、小山さん、どのへんにお住まいだったんですか。三鷹？

松村　三鷹じゃない。街の中。大使館なんかがだいぶあるところですよ。

宮内　麻布。

松村　そう。麻布。

宮内　麻布市兵衛町。そうですか。戦前の〈国際〉の所在地ですね（『素描・松村正恒』四七－四八頁）。

小山正和の自邸は今も三鷹にあり、当時のコンクリートシェルの門や「国際建築協会」の門標が残っている★一六。しかしこの話によれば、当時の『国際建築』に記されている発行者と発行所の住所「東京市麻布區兵衛町二丁目四六」が小山の自宅であり、「国際建築協会」の場所でもあったと思われる。

松村は、『国際建築』一九三九年九月号で「特集・新託児所建築」をまとめる機会を与えられた。特集記事は五六頁からなり、雑誌全体の六割を占める大きな扱いだ。はじめに写真と図面で構成された一四頁にわたる海外の保育施設の事例紹介がある。出典には、“Architectural Record”誌、“Architectural Review”誌、“Moderne Bauformen”誌の名前が記されている。その後に松村による「新託児所建築」という三〇頁の論文がきて、さらに一二頁の海外事例紹介で構成されている。

冒頭で松村は、この特集のねらいを次のように書いている。

> 舊來の幼稚園はともすれば子どもに無用な偏知的形式教育に堕し易く、叉現在の託兒所は一定時間の間、生業の爲に多忙な兩親の子供を預つて安全に保育するに止まり、彼等を心身共に圓滿に發達せしむる爲の施設としては完全とは言ひ得なかつた。これは從來保育に從事する者が兒童心理に關する知識に乏しく、個性觀察も充分でないため、幼兒の性格建設上最も大切な時期が全く自然に放任され、甚しきは惡用されてゐたのによる。叉設備においても遊戲場の狹隘な爲、運動慾の最も旺盛なる生活期にある幼兒の欲望を充し得ず、他の不充分なる所遇と相俟つて、性僻の粗野、情緒の劣惡を來す傾向が多かつた。こゝに於て託兒所に適當なる教育分子を豊かに備へ、幼稚園に對しては社會的意義を採り入れんとする機運が醸成されつゝある。依つて幼稚園託兒所の内容を改善充實し、幼兒の教養保護の實を擧げしむる爲の參考資料として、英米諸國における保育學校に關する最近の研究調査の紹介を試みることゝした。

松村の卒業計画についてはすでにふれたが、「託兒所」に対する彼の熱い思いは同じである。卒業計画がその性急な具体化であったとすれば、この特集は、いわばその思いに一定の理論武装をする試みだといえるだろう。松村の論文の各節のタイトルは次のような構成になっている。

> 保育學校の意義
> 保育學校の具備すべき條件
> 　保育學校の教育のもたらす利點
> 　保育學校で行はれる日課
> 建築家の立場から保育學校を考察
> 保育學校の設計において繰返される代表的な失敗
> 　保育學校の平面計劃
> 敷地

玄關
廊下
更衣室
便所・洗面所
遊戯室（保育室）
遊戯室の廣さ
室の一般的要求
床の構造
壁
戸棚
幼兒の遊戯と遊具
幼兒の身長體重發育表
ホール
戸外運動場
午睡室
休息設備及び管理事務室
食事
臺所
醫務室
觀察室
乳母車置場
小使室

洗濯室
ボイラー室
住宅計劃に含まれた保育學校
煖房換氣法
採光照明
構造
煉瓦造
木造
鐵骨と鐵筋コンクリト造
組立構造
工費に就て
託兒所の實例——圖版及びグラフ參照

そしてそれぞれの節において、各空間に求められる機能の概説、建築から家具までの寸法や仕上げ材料などの日安、規模算定の根拠などが詳しく記されており、きわめて建築計画学的な内容になっている。また、「室の一般的要求」の項のホッパー窓の性能に関する部分では、「伊藤正文氏——建築保健工學第一部」に拠ったとの注記もある。

松村は論文の最後に、それを書くために「取材した」ものとして、次の文献を挙げている。

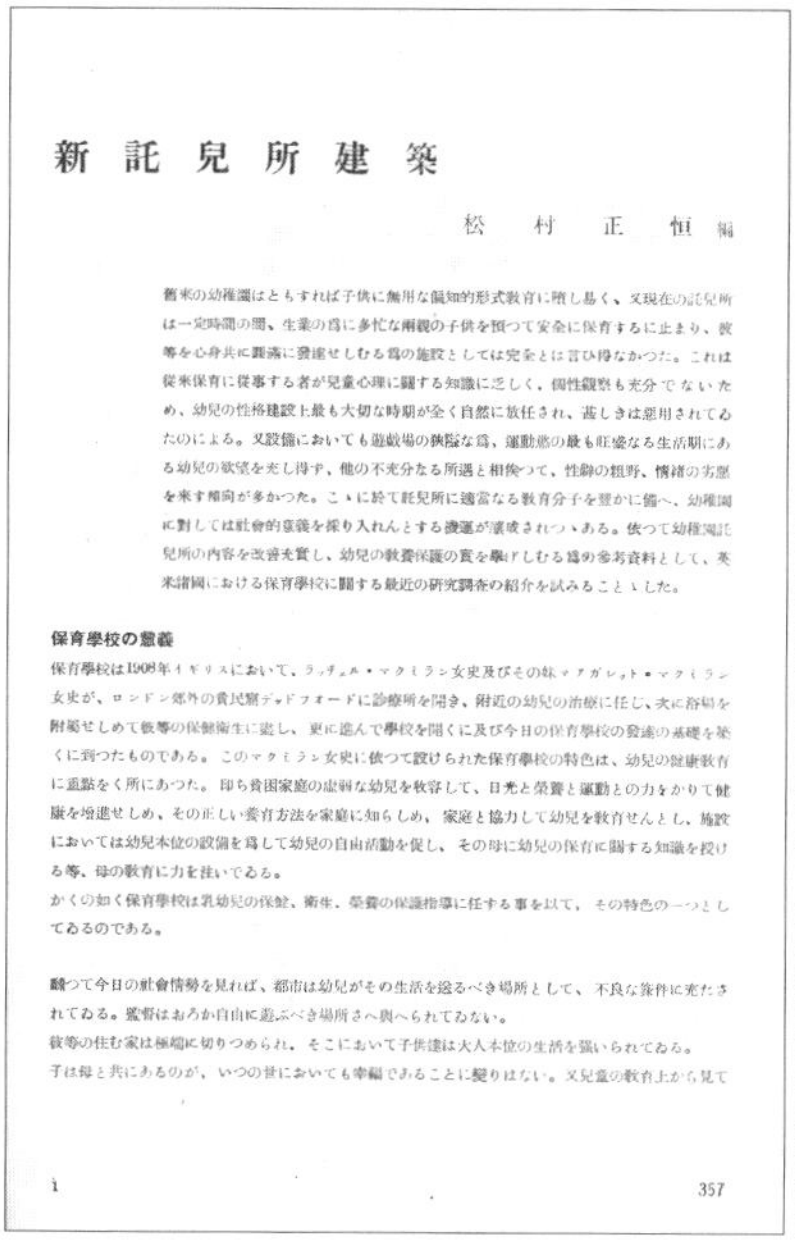

新託兒所建築

松村正恒編

舊來の幼稚園はともすれば子供に無用な偏知的形式教育に陥し易く、又現在の託兒所は一定時間の間、生業の爲に多忙な兩親の子供を預つて安全に保育するに止まり、彼等を心身共に圓滿に發達せしむる爲の施設としては完全とは言ひ得なかつた。これは從來保育に從事する者が兒童心理に關する知識に乏しく、個性觀察も充分でないため、幼兒の性格建設上最も大切な時期が全く自然に放任され、甚しきは惡用されてゐたのによる。又設備においても遊戲場の狹隘な爲、運動慾の最も旺盛なる生活期にある幼兒の欲望を充し得ず、他の不充分なる所遇と相俟つて、性癖の粗野、情緒の劣惡を來す傾向が多かつた。こゝに於て託兒所に適當なる教育分子を豐かに備へ、幼稚園に對しては社會的意義を採り入れんとする機運が釀成されつゝある。依つて幼稚園託兒所の內容を改善充實し、幼兒の教養保護の實を擧げしむる爲の參考資料として、英米諸國における保育學校に關する最近の研究調査の紹介を試みることゝした。

保育學校の意義

保育學校は1908年イギリスにおいて、ラッチェル・マクミラン女史及びその妹マアガレット・マクミラン女史が、ロンドン郊外の貧民窟デッドフォードに診療所を開き、附近の幼兒の治療に任じ、次に浴場を附築せしめて彼等の保健衛生に盡し、更に進んで學校を開くに及び今日の保育學校の發達の基礎を築くに到つたものである。このマクミラン女史に依つて設けられた保育學校の特色は、幼兒の健康教育に重點をく所にあつた。即ち貧困家庭の虚弱な幼兒を收容して、日光と榮養と運動との力をかりて健康を增進せしめ、その正しい養育方法を家庭に知らしめ、家庭と協力して幼兒を教育せんとし、施設においては幼兒本位の設備を爲して幼兒の自由活動を促し、その母に幼兒の保育に關する知識を授ける等、母の教育に力を注いでゐる。

かくの如く保育學校は乳幼兒の保健、衛生、榮養の保護指導に任ずる事を以て、その特色の一つとしてゐるのである。

翻つて今日の社會情勢を見れば、都市は幼兒がその生活を送るべき場所として、不良な條件に充たされてゐる。驚嘆はおろか自由に遊ぶべき場所さへ與へられてゐない。

彼等の住む家は極端に切りつめられ、そこにおいて子供達は大人本位の生活を強いられてゐる。

子は母と共にあるのが、いつの世においても幸福であることに變りはない。又兒童の教育上から見て

1　357

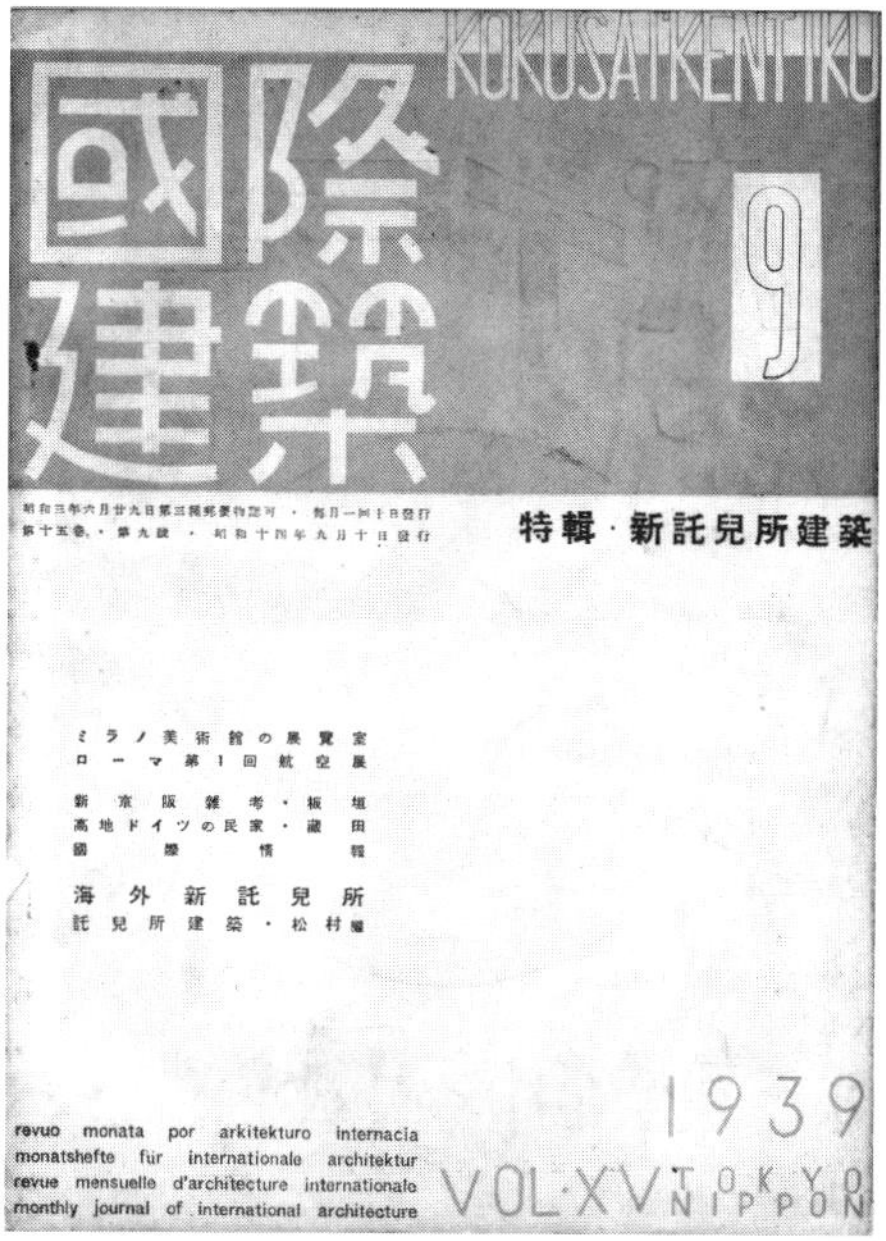

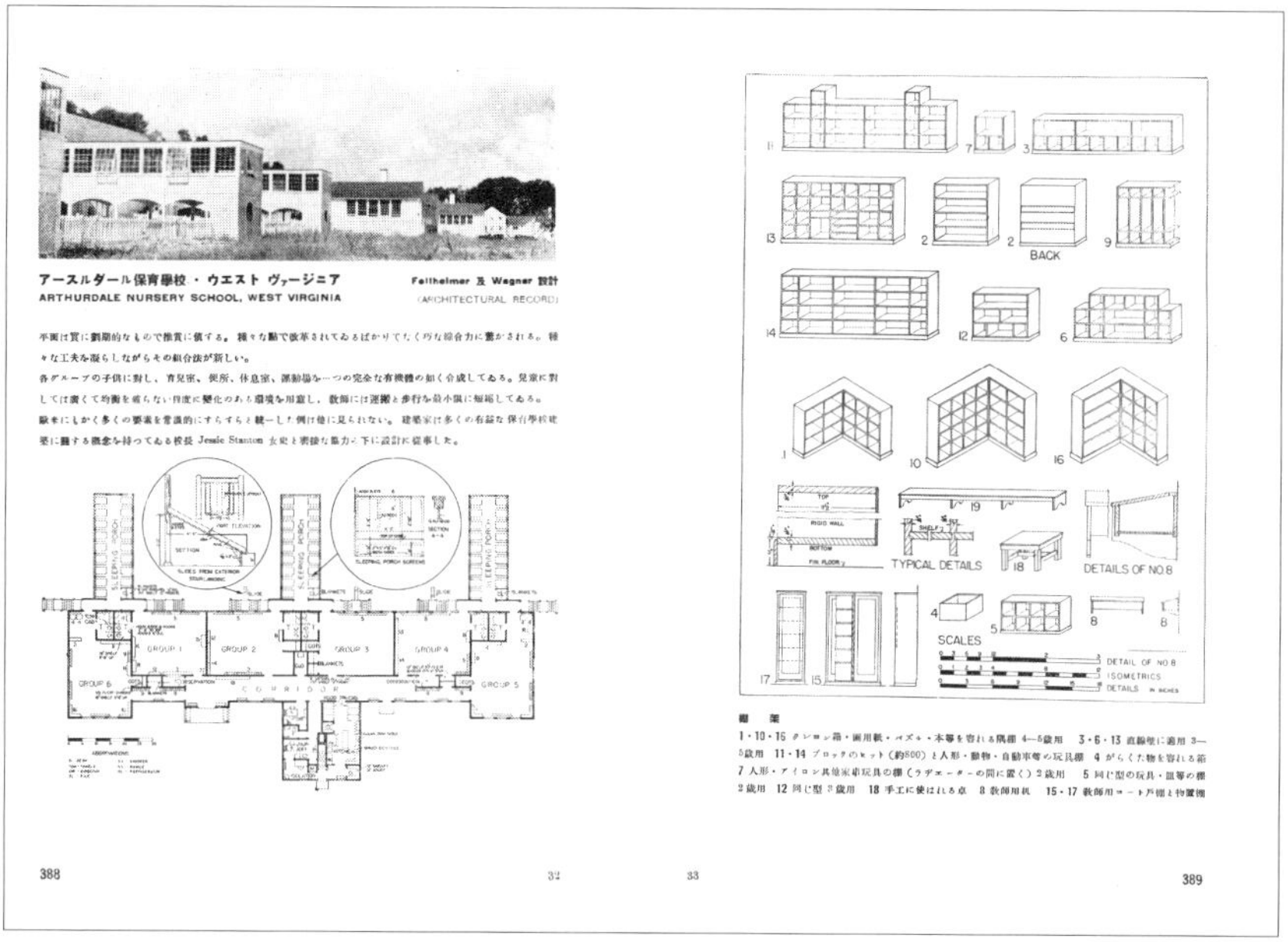

アースルダール保育學校・ウエスト ヴァージニア　Fellheimer 及 Wagner 設計

ARTHURDALE NURSERY SCHOOL, WEST VIRGINIA　(ARCHITECTURAL RECORD)

平面は實に劃期的なもので推賞に價する。種々な點で改革されてゐるばかりでなく巧な綜合力に驚かされる。種々な工夫を凝らしながらその組合法が新しい。

各グループの子供に對し、育兒室、便所、休息室、運動場を一つの完全な有機體の如く合成してゐる。兒童に對しては廣くて均衡を破らない程度に變化のある環境を用意し、教師には運搬と歩行を最小限に短縮してゐる。

歐米にもかく多くの要素を意識的にすらすらと統一した例は他に見られない。建築家は多くの有益な保育學校建築に關する概念を持つてゐる校長 Jessie Stanton 女史と密接な協力の下に設計に從事した。

棚　架

1・10・16 クレヨン箱・圖用紙・パズル・本等を容れる隅棚 4—5歲用　3・6・13 直線壁に適用 3—5歲用　11・14 ブロックのセット（約800）と人形・動物・自動車等の玩具棚　4 がらくた物を容れる箱　7 人形・アイロン其他家事玩具の棚（ラヂエーターの間に置く）2歲用　5 同じ型の玩具・皿等の棚 2歲用　12 同じ型 3歲用　18 手工に使はれる卓　8 教師用机　15・17 教師用コート戸棚と物置棚

388　32　33　389

2	1
3	

1：『国際建築』1939年9月号表紙
2：松村の論文「新託兒所建築」1頁目
3：海外事例の紹介頁

・Douglas Haskell, "The Modern Nursery School," Architectural Record 3, 1938
・N. L. Engelhardt, "Elementary Public School Design-Nursery School," Architectural Record 2, 1939
・H. Myles Wright and R. Gardner-Medwin, "The nursery and elementary school," Architectural Press, 1938（誌面では "The nursery and elementary school" となっているが、著者名、出版社名、出版年から、"The design of nursery and elementary schools" の間違いだと思われる）
・青木誠四郎『兒童心理學』
・丸山良二『幼兒の心理』
・朝厚梅一『社會教育學』（誌面では朝厚梅一となっているが、朝原梅一の間違いだと思われる）
・上村哲彌『子供研究講座第六巻（家庭と保育學校）』

まず海外文献については、タイムラグの少なさに驚かざるをえない。一九三九年九月号の『国際建築』に、およそ一年半前の Architectural Record 誌の記事を転載したり、前年に刊行された洋書を参照したりしているからだ。"The design of nursery and elementary schools" という本

H. Myles Wright and R. Gardner-Medwin, "The design of nursery and elementary schools," Architectural Press, 1938

は、その前書きによれば、「ハドウ報告書★一七が出された結果、地方の教育専門家によって次第に実践に移されつつある教育政策の主要な流れを建築家に解説し、この政策が学校建築やその敷地に求めるものを示し、そしてそういった要求はいかに満たされるべきかを示唆すること」を意図して書かれたものである。保育所、幼稚園、小学校、中学校の新しい計画手法が、建築から家具にいたるまで、多くの事例によって具体的に紹介されており、たいへんによくまとまっている。

なお、同書(一二三頁)には、松村が『素描・松村正恒』(七二頁)の中で、「あの頃、グロピウスがちょうどイギリスに亡命して、田舎の学校を設計したのが出ておりまして、昼間は学校ですけれども、村民の学校でもある、というふうにやっておりました」と述べた学校と思われる建物が掲載されている。八幡浜市役所に奉職後、松村が故郷・大洲市の新谷中学校の設計を依頼され、その特別教室群を充実させることによって学校を生涯教育の場にもしようとしたという意図を語っている部分である。

図面によれば、たしかに計画名称は「Project for a Village Collage」、つまり「村の学校」であり、また、キャプションには「An all-age school (necessary in dispersed rural areas) for children from 2 to 15. It is designed to serve also as an adult community center.」、つまり大人のための地域施設としても設計されたと書かれており、松村の細かな読み込みぶりがよくわかる。新谷中学校が完成するのは一九五五年であり、この本を松村が手にしてから十数年後だ。

また同書には、後に松村が導入し注目されたいわゆる「クラスター型」教室配置の中学校の事例や、さまざまな教室配置パターンの模式図が掲載されている。その中には、後に松村が設計した、神山小学校の教室配置を彷彿とさせるものや、クラスター型(同書にはこの言葉は登場せず、Square 型の Elbow Access と呼ばれている)を示す図がある。

実証することはできないが、これらが八幡浜市役所における松村の作品に何らかの影響を与えたと考えることは可能だろう。戦後、いわゆる建築計画学的な研究が日本において始まる前に、市井の一設計者が、一九三八年から一九三九年の段階でこのような最新の海外情報に接していたことは驚きである。また、建物のスレンダーなプロポーションが松村作品を彷彿とさせることも興味深い。

一方、松村が参照した和書の概要は次のとおりである。

青木誠四郎の『兒童心理學』は、一九三六年五月に賢文館から刊行された本で、児童から青年期までの心理について、情動から知的な面などさまざまな視点から論じ

INTRODUCTION **13**

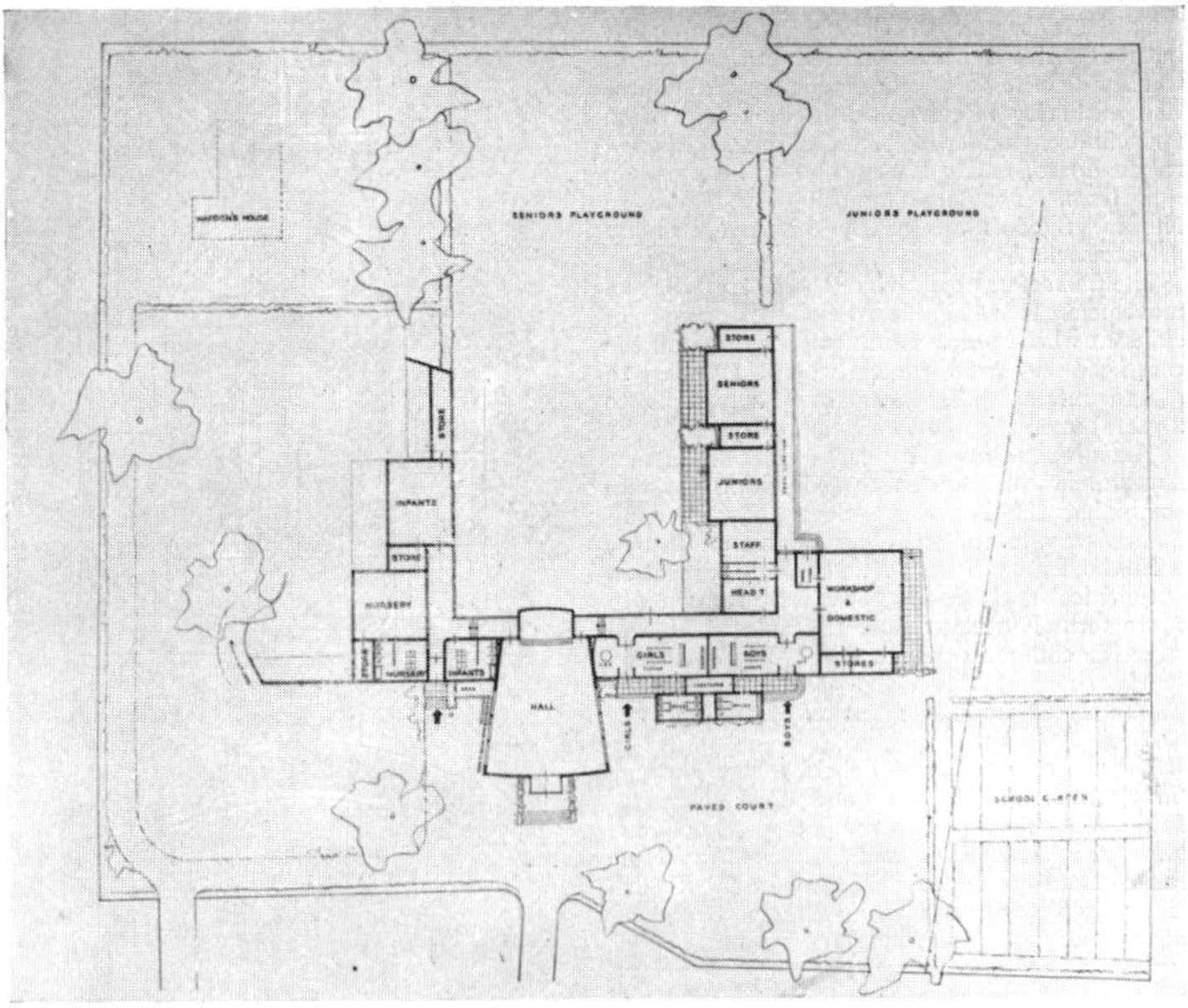

Project for a Village College in Cambridgeshire, by Walter Gropius and E. Maxwell Fry. An all-age school (necessary in dispersed rural areas) for children from 2 to 15. It is designed to serve also as an adult community centre.

"The design of nursery and elementary schools" の中に紹介されているグロピウスによる計画案
(Project for a Village Collage in Cambridgeshire, by Walter Gropius and E. Maxwell Fry.)

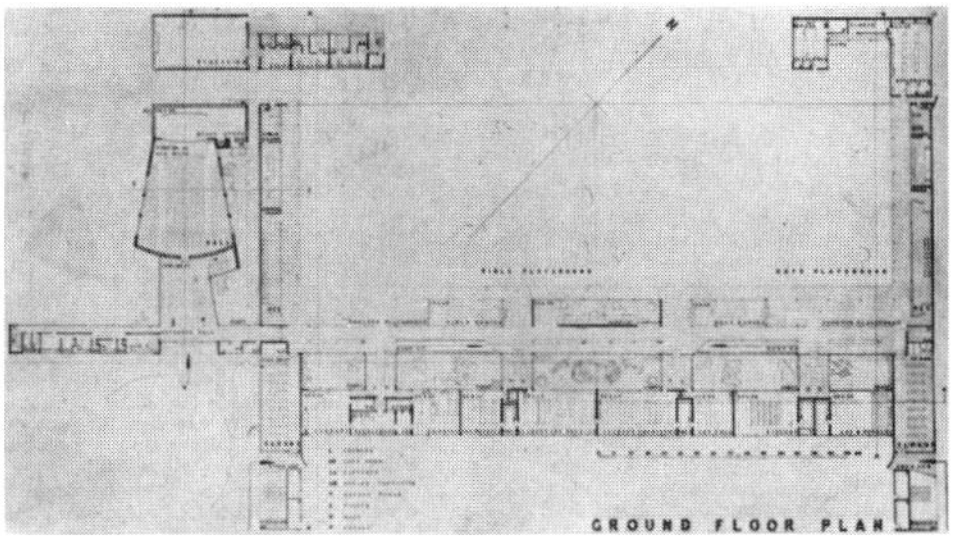

1937年の「Newss Chronicle」のコンペ入賞案。設計者はDenis Clark-Hall。
廊下と教室の間に中庭があり、二教室がひと組になった「クラスター型」のプランである

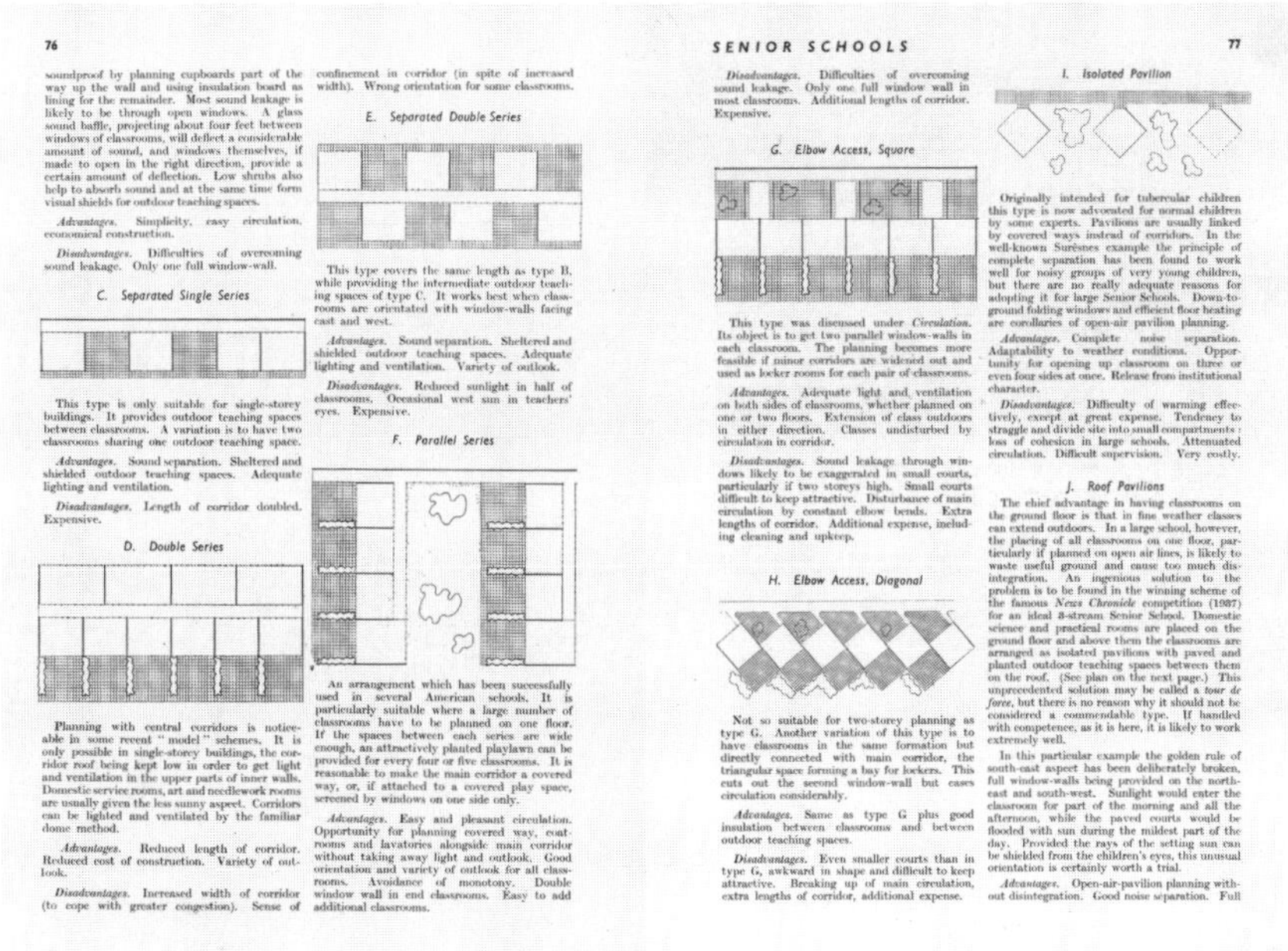

76

soundproof by planning cupboards part of the way up the wall and using insulation board as lining for the remainder. Most sound leakage is likely to be through open windows. A glass sound baffle, projecting about four feet between windows of classrooms, will deflect a considerable amount of sound, and windows themselves, if made to open in the right direction, provide a certain amount of deflection. Low shrubs also help to absorb sound and at the same time form visual shields for outdoor teaching spaces.

Advantages. Simplicity, easy circulation, economical construction.

Disadvantages. Difficulties of overcoming sound leakage. Only one full window-wall.

C. Separated Single Series

This type is only suitable for single-storey buildings. It provides outdoor teaching spaces between classrooms. A variation is to have two classrooms sharing one outdoor teaching space.

Advantages. Sound separation. Sheltered and shielded outdoor teaching spaces. Adequate lighting and ventilation.

Disadvantages. Length of corridor doubled. Expensive.

D. Double Series

Planning with central corridors is noticeable in some recent "model" schemes. It is only possible in single-storey buildings, the corridor roof being kept low in order to get light and ventilation in the upper parts of inner walls. Domestic service rooms, art and needlework rooms are usually given the less sunny aspect. Corridors can be lighted and ventilated by the familiar dome method.

Advantages. Reduced length of corridor. Reduced cost of construction. Variety of outlook.

Disadvantages. Increased width of corridor (to cope with greater congestion). Sense of confinement in corridor (in spite of increased width). Wrong orientation for some classrooms.

E. Separated Double Series

This type covers the same length as type B, while providing the intermediate outdoor teaching spaces of type C. It works best when classrooms are orientated with window-walls facing east and west.

Advantages. Sound separation. Sheltered and shielded outdoor teaching spaces. Adequate lighting and ventilation. Variety of outlook.

Disadvantages. Reduced sunlight in half of classrooms. Occasional west sun in teachers' eyes. Expensive.

F. Parallel Series

An arrangement which has been successfully used in several American schools. It is particularly suitable where a large number of classrooms have to be planned on one floor. If the spaces between each series are wide enough, an attractively planted playlawn can be provided for every four or five classrooms. It is reasonable to make the main corridor a covered way, or, if attached to a covered play space, screened by windows on one side only.

Advantages. Easy and pleasant circulation. Opportunity for planning covered way, coat-rooms and lavatories alongside main corridor without taking away light and outlook. Good orientation and variety of outlook for all classrooms. Avoidance of monotony. Double window wall in end classrooms. Easy to add additional classrooms.

SENIOR SCHOOLS 77

Disadvantages. Difficulties of overcoming sound leakage. Only one full window wall in most classrooms. Additional lengths of corridor. Expensive.

G. Elbow Access, Square

This type was discussed under *Circulation*. Its object is to get two parallel window-walls in each classroom. The planning becomes more feasible if minor corridors are widened out and used as locker rooms for each pair of classrooms.

Advantages. Adequate light and ventilation on both sides of classrooms, whether planned on one or two floors. Extension of class outdoors in either direction. Classes undisturbed by circulation in corridor.

Disadvantages. Sound leakage through windows likely to be exaggerated in small courts, particularly if two storeys high. Small courts difficult to keep attractive. Disturbance of main circulation by constant elbow bends. Extra lengths of corridor. Additional expense, including cleaning and upkeep.

H. Elbow Access, Diagonal

Not so suitable for two-storey planning as type G. Another variation of this type is to have classrooms in the same formation but directly connected with main corridor, the triangular space forming a bay for lockers. This cuts out the second window-wall but eases circulation considerably.

Advantages. Same as type G plus good insulation between classrooms and between outdoor teaching spaces.

Disadvantages. Even smaller courts than in type G, awkward in shape and difficult to keep attractive. Breaking up of main circulation, extra lengths of corridor, additional expense.

I. Isolated Pavilion

Originally intended for tubercular children this type is now advocated for normal children by some experts. Pavilions are usually linked by covered ways instead of corridors. In the well-known Surêsnes example the principle of complete separation has been found to work well for noisy groups of very young children, but there are no really adequate reasons for adopting it for large Senior Schools. Down-to-ground folding windows and efficient floor heating are corollaries of open-air pavilion planning.

Advantages. Complete noise separation. Adaptability to weather conditions. Opportunity for opening up classroom on three or even four sides at once. Release from institutional character.

Disadvantages. Difficulty of warming effectively, except at great expense. Tendency to straggle and divide site into small compartments: loss of cohesion in large schools. Attenuated circulation. Difficult supervision. Very costly.

J. Roof Pavilions

The chief advantage in having classrooms on the ground floor is that in fine weather classes can extend outdoors. In a large school, however, the placing of all classrooms on one floor, particularly if planned on open air lines, is likely to waste useful ground and cause too much disintegration. An ingenious solution to the problem is to be found in the winning scheme of the famous *News Chronicle* competition (1937) for an ideal 8-stream Senior School. Domestic science and practical rooms are placed on the ground floor and above them the classrooms are arranged as isolated pavilions with paved and planted outdoor teaching spaces between them on the roof. (See plan on the next page.) This unprecedented solution may be called a *tour de force*, but there is no reason why it should not be considered a commendable type. If handled with competence, as it is here, it is likely to work extremely well.

In this particular example the golden rule of south-east aspect has been deliberately broken, full window-walls being provided on the north-east and south-west. Sunlight would enter the classroom for part of the morning and all the afternoon, while the paved courts would be flooded with sun during the mildest part of the day. Provided the rays of the setting sun can be shielded from the children's eyes, this unusual orientation is certainly worth a trial.

Advantages. Open-air-pavilion planning without disintegration. Good noise separation. Full

右：Square型のElbow AccessとDiagonal型のElbow Access（77頁）
左：図版内右のSeparated Double Seriesと呼ばれるパターンは、神山小学校を連想させる（76頁）

ている。青木は、大正デモクラシー期から活躍を始め、戦後はプラグマティズムの立場から新しい心理学を提唱し、文部省における戦後教育の推進役のひとりとなった児童心理学者である。

丸山良二の『幼児の心理』は、一九三一年七月に三友社から刊行された本で、幼児の行動から感情や生理まで細かく記されている。丸山は同書によれば、愛知県児童研究所所長を経て、東京聾唖学校や東京高等師範学校で教鞭をとった社会教育論者である。

朝原梅一の『社會教育學』は、一九二九年に高陽書院から刊行された本である。

『子供研究講座』は一九二八年九月から一九二九年七月にかけて、日本両親再教育協会の編集で先進社から刊行された全一〇巻の講座で、子どもの教育について多方面から論じたものである。松村が参考にしたという論文の著者・上村哲彌は、一八九三年に生まれ（一九七八年に没）、一九一九年に東京帝国大学法学部を卒業後満鉄に入社し、一九二四年に満鉄から欧米留学を命ぜられ、シカゴ大学で社会福祉行政・教育学・心理学などを学び、ロンドン大学で成人教育、労働問題などを研究した人物で、帰国後一九二八年に日本両親再教育協会を創立した★一八。

和書の文献とその著者たちは、いずれも教育、児童心理、社会教育などの分野における当時としては定評のある本と人物であり、松村の熱心な勉強ぶりがしのばれる。

この特集号が発行された一九三九年といえば、松村は新京にいる。そのような状況の中、この特集がどういう経緯で小山から松村に依頼され、どうやって制作されたのかは不明である。しかし松村にとってそれは、戦時下における外地という厳しい環境の中での数少ない励みであっただろうし、何より自分の資質とこれからなすべきことの方向を確認する貴重な機会となったのではないだろうか。

四　満州でのノート

松村が編集した『国際建築』の託児所特集号が完成すると、編集長・小山正和は、その抜き刷り一〇〇部を満州へ送った。そしてそれを手がかりにして松村はさらなる勉強を続けたようで、次の発言がある。

それを別刷にしてもらいまして、百部、ちゃんと厚紙の表紙をつけて。満州におるときに送ってもらいまして。あれ、助かりましたがね。私はそれをもとに、託児所を、ずうっと細かく、本になるぐらいつくったんですけれども――本にはならなかったですわね（『素描・

松村正恒』四八－四九頁）。

満州でのこの作業の成果と思われる三冊の手作りノートが松村家に残っている。いずれも、雑誌の図面や写真をインクでトレースしたトレーシングペーパーを台紙に貼ったもの、万年筆で松村が文章を記したシート、『国際建築』の誌面の切り抜きなどが金属リングで束ねられ、そこに厚紙の表紙をつけたもので、大きさはA４サイズ程度である。コピー機のなかった時代の勉強の仕方と、何よりも松村の熱意を実感させる貴重な資料だ。

三冊は、建築用語関係、病院関係、託児所関係と、テーマ別にわかれている。

建築用語関係のノートは三二五頁あり、そのとびらには、「1941－4 SINKYO」という書き込みがある。一九四一年四月に新京にて完成したという意味か、一九四一年から四四年にかけて作成したという意味か不明だが、いずれにしても、満州時代に取りかかったことは間違いない。

内容は、構造、構法、材料、設備などに関する一六〇の言葉を集めて解説をつけたもので、目次はあいうえお順になっており、たとえば「あ」の項では、網代張、上げ下げ窓、雨戸、亜鉛鉄板、アスファルト・モルタル、アスファルト・床、アスファルト・タイルという七つの言葉が並んでいる。一種の建築用語辞典のようなものをめざしたと思われるが、必要に応じて図版、表、計算式なども示されている。単純計算でも一語あたり二頁となり、かなり詳しい解説といえる。

病院について松村は、『素描・松村正恒』で次のように語っている（四九頁）。

私、その頃は、イギリスというのは託児所なんかもひじょうに進んで、それから病院もイギリスが。私、イギリスというのを高く買っているんですけれども、すべてが、あの当時は進んでおりましたね。病院でも、盲人の専用病院がすでにあったくらいですよ。だから私、病院も、その当時の資料をぜんぶあさって、一冊の本になるぐらいに勉強したんですよ。やっぱりそれがあとになっていろいろ役に立ちましたけれどもね。病院はどんどん進みますのでね、あんまり手に負えんようになりましたけれどもね。

ここで「一冊の本になるぐらいに勉強した」と言っている成果が、この病院関係のノートのことではないだろうか。それは二一四頁あり、目次は次のようになっている。それぞれにたいへん詳しい情報があり、後に八幡浜市役

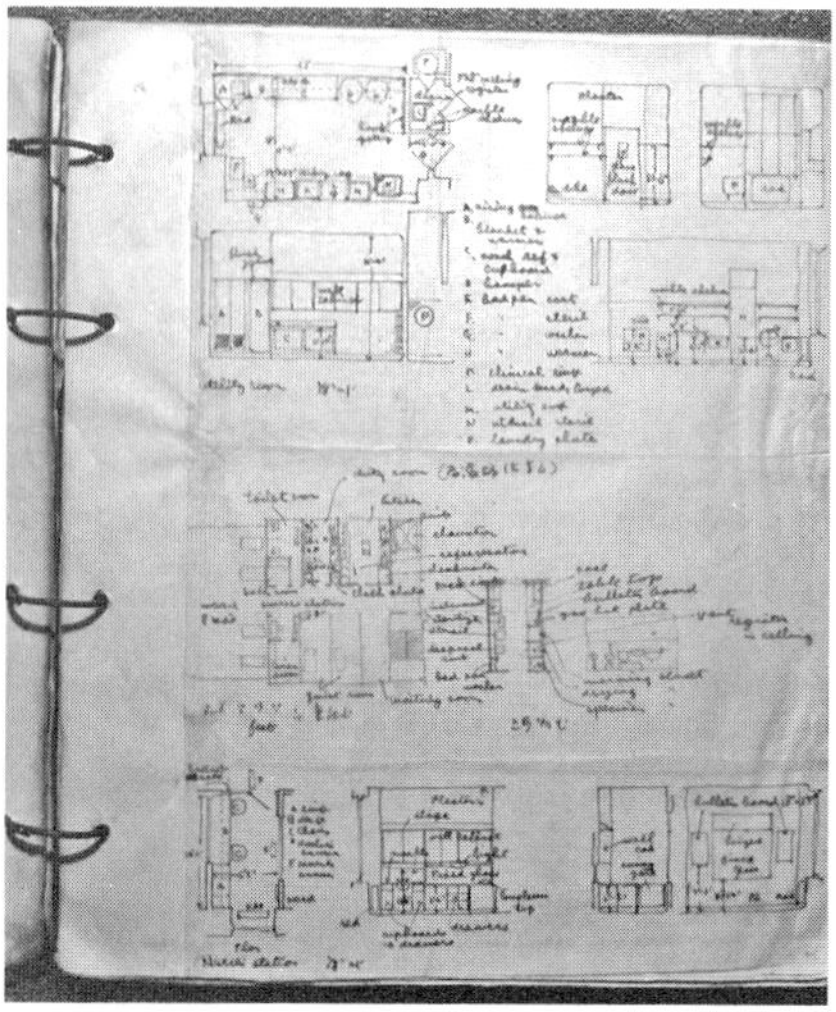

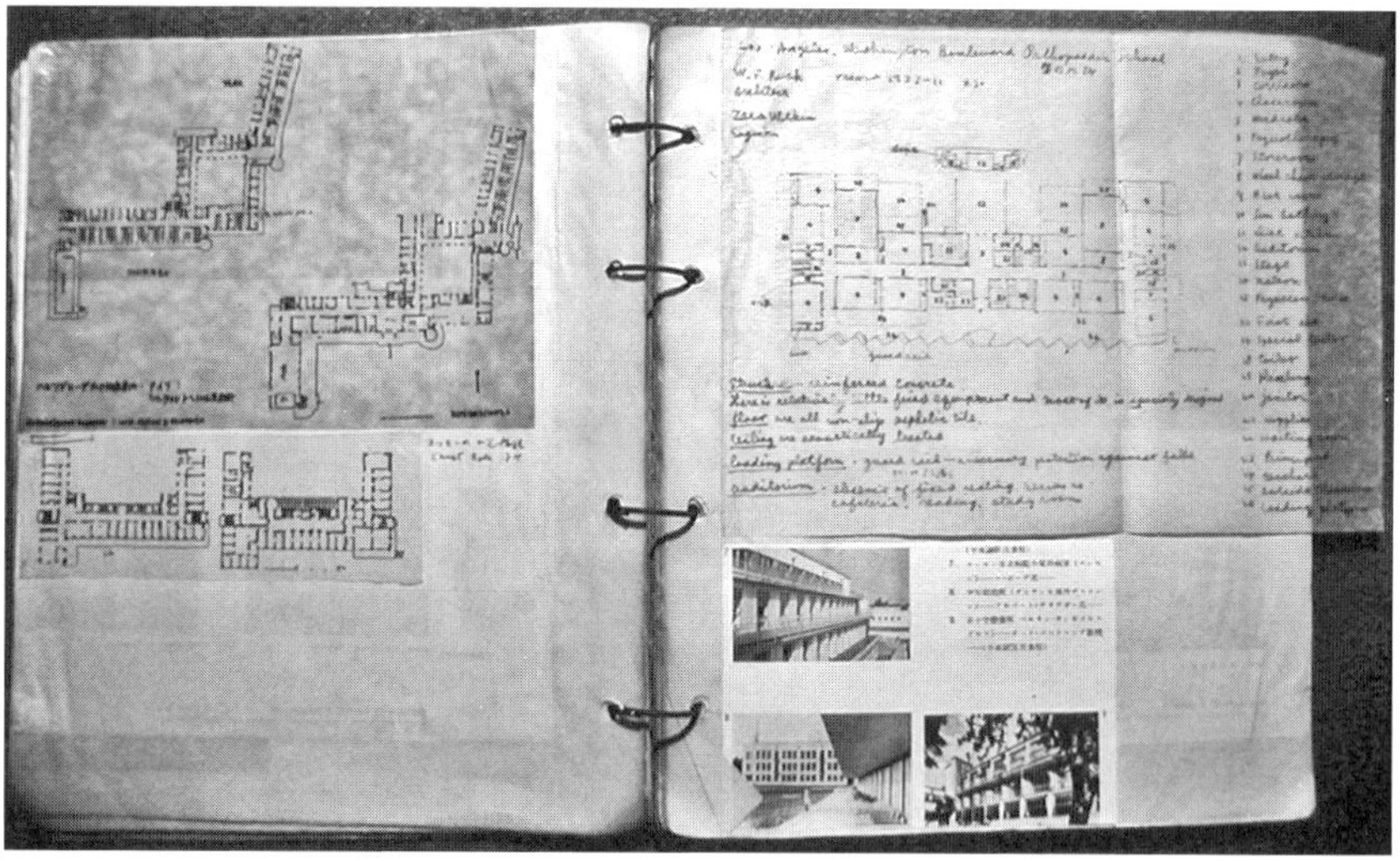

2 | 1
3

1：3 冊のノート。左上が託児所関係、下が病院関係、右上が建築用語関係
2：病院関係のノートの一部。ナースステーション等の詳細を海外雑誌からトレースしている
3：病院関係のノートの一部。エッセン市立病院小児科病室に関する雑誌記事の切り抜き、
平面図のトレースなどが貼られている
［いずれも松村家蔵］

所において多くの病院関連施設の設計を担当する際の基礎知識は、このときに蓄えられたと考えられる。

一、　一般計画
二、　事務室並びに管理部
三、　薬局
四、　病室部
五、　手術室
六、　産室部
七、　レントゲン部
八、　研究部
九、　厨房
一〇、洗濯室、消毒室、機械室
一一、discharge unit
一二、day camp
一三、看護婦寄宿舎
一四、伝染病棟
一五、サナトリウム
一六、公衆衛生相談室
一七、clinic

託児所関係のノートは一八五頁あり、目次構成は次のとおりだ。

保育所　目次
一、　保育所の必要について
二、　保育所で行はれる日課
三、　保育所の平面計画について
四、　設計各論
イ、　敷地
ロ、　玄関
ハ、　廊下
ニ、　便所、洗面所、浴室
ホ、　更衣室
ヘ、　遊戯室、ホール
ト、　戸外運動場
チ、　午睡室
リ、　食事の設備
ヌ、　観察室
ル、　医務室
ヲ、　休養設備
ワ、　保母のための設備
カ、　洗濯室、小使室
五、　住宅計劃に含まれた保育学校

六、　暖房、換気法、採光、照明
七、　構造について　外観について
八、　幼稚園について

ところどころに『国際建築』の託児所特集の記事の切り貼りもあり、それに基づきながら、さらに改訂を加えた内容となっている。手書きの文章、雑誌の切り貼り、トレーシングペーパーによるトレース図版で構成されているのは他の二冊のノートと同じだが、手書きの文章が多いのが特徴であり、松村が最も力を注いでいたことが想像される。

印象的なのはその序文である。次に再録する。

序にかえて
幼きものの幸福を考へれば、身をこなにしても努力する覚悟でゐる。子供をいぢけさしてもならないし、みぢめな思いをさしてもいけない。日本に生まれたことのしやはせを思ふ存分味は丶せてやりたいのだ。

低能児や不具児のことも考へてやらねばならないし、病弱な子の身の上にも思をいたせねばならない。農村の子供も放任してはおかれない。都市の子供は田舎へ連れ出さねばならない。

母は家事に疲れ切ってゐる。都市及び住宅の改造が思い切ってなされない限り、不幸なのは母と幼い者達だ。強い母を作らねばならない。

生まれる子供に何の罪があろう。彼等は不公平に育てられることを望んではゐなかったろう。天眞爛漫だった子供達の頃から、何故悪人が生れるかを考へても見るがよい。

何も知らない子供達の姿を眺め、そして自らの幼い日のことを思ひ出して見たならば、こぶしをにぎりしめて、世の不合理をたたきつぶさんものと、涙せざるものがあろうか。

ぢっとしてはゐられない。しかし、
五〇年先のことを考へてゐる。

青年がめさきの小さいことなどに目をうばはれてはいけない。


本文は、託児所幼稚園の区別を考えないで、就学前の教育を保育所で行ふものとして筆を進めた。しかし、就学前の教育は、幼児の精神発達から考へて満三才以上の保育と、それ以下の保育とに区別し、前者を幼稚園、後者を身体の養護を主とする保育所で行ひ、身体並びに精神の発達に障碍のある問題児に対する保護教育を拡充整備すべきであるとの意見もある(城戸幡太郎氏)。何れにしろ現在の教育制度には不満がある。根本的に改革する必要がある。

考へねばならないことが無限にある。努力が足りない。けれど根本精神を養ふことを瞬時も怠ってはならない。

昭和十六年四月二十八日朝、新京にて

弱者に対する慈愛の情と、それに流されることに抵抗する理性とがせめぎ合っており、当時の松村の思いが素直に吐露された文章といえるだろう。建築のデザインや歴史などへの言及はなく、社会問題に対する苦悩や憤りばかりが書かれていることが印象的だ。

新京における一九四一年四月二八日という日付が何を意味しているかは確認できない。松村が土浦事務所を辞めた時期についてはいろいろな可能性があることはすでに指摘したが、松村は自身の年譜で、一九四〇年に土浦事務所を退き一九四一年から農地開発営団に勤務したと書いており、少なくとも一九四一年には日本にいたことは間違いないだろう。そうすると、このノートの「序にかえて」という文章は、日本へ戻る直前に書かれたのかもしれない。

一・四　農地開発営団時代

松村は新京から戻り土浦事務所を辞めた後、一九四一年に農地開発営団に勤めた。武蔵高等工科学校時代に知り合った竹内芳太郎が同営団の課長になり、彼から声がかかったと思われる。この時期の松村の活動を具体的に伝える資料は少ない。松村家にも当時の写真や書き物は残っていない。そこで、後年に松村が書いた文章と、営団での上司であった竹内芳太郎の文章から、松村の足跡を追ってみたい。

農地開発営団へ

松村は、武蔵高等工科学校を卒業してからこの時期までの自分について、後に次のように整理して述べたことがある。

民家研究の目を開かれながら私は、違った道を歩むことになりましたが、時の勢い、世の流れに棹さしながら自分の志は曲げまいと夢中でした。気まぐれに選んだ建築学の実務は身すぎ世すぎに役だて、本命は、恵まれぬ立場の人々に味方すること。貧民窟は当時の東京に珍しくもなく、不思議なことに山の手、昔の大藩の跡に違いない大邸宅の裏には、必ずと言って良いほどスラムがありました。日本いたるところ住宅事情は劣悪きわまり、特に東北農村での乳幼児死亡率は異常に高く、娘の身売りは日常茶飯事でした（『老建築稼の歩んだ道』二一四頁）。

「気まぐれに選んだ建築学の実務」には、土浦事務所への就職も含まれているのだろう。そういった仕事は「身すぎ世すぎ」に過ぎず、松村は「恵まれぬ立場の人々に味方すること」を自分の本来の仕事と感じていたというわけだ。松村一流の語り口とはいえ、少なくとも当時の松村の中では「建築学の実務」の位置づけは低く、より社会的な活動の方を重要視する意識の方が強かったといいたいのだろう。そしてすでに述べたように、土浦事務所での仕事と並行して託児所研究や社会事業にも関わり続け、ついに土浦事務所を辞して農地開発営団に移ることになった。松村はそこでの四年間の生活を、この文章に続けて次のように要約している。

とかくするうち七年が過ぎ、竹内先生が農地開発営団建築課長に就任されたのを機に鞍をかえ、農山村の民家と生活にかかわることになりました。仕事の内容は開墾地に農民の家を建てること、その土地は、いずこも雪が深く一晩で一メートル、積雪五メートル、屋根から降ろした雪で街はふさがり、向かいの家とはトンネルをうがって連絡、雪の凸凹道を踏みはずせば屋根の上に落ちて危険きわまります。半年間を雪に閉じ込められる暮らしに慣れるまでの四年間、まことに得がたい経験、戦争が始まって終わるまでの期間と重なり、人々の暮らしぶり、心の在りようも社会秩序も、目に見えて変わってゆきました。いや崩れてゆきました(『老建築稼の歩んだ道』二一四―二一五頁)。

営団とは、日中戦争を遂行するためにつくられ、国からの統制管理を受けた特殊法人で、経営財団の略である。一九四一年三月に関連法制が制定され、同年からさまざまな営団(帝都高速度交通営団、食糧営団、樺太食糧営団、交易営団、住宅営団、産業設備営団など)が設立されたが、そのひとつが農地開発営団である。

竹内芳太郎の『年輪の記　ある建築家の自画像』の年譜によれば、彼は一九三六年に同潤会技師となり東北地方の農村調査や住宅改善運動に力を注いでいた。また同年には、大熊喜邦を会長とし、今和次郎、蔵田周忠と民家研究会も組織した。しかし戦時体制にはいったため、一九四一年に同潤会は解散を命じられ、職員はすべて新設の住宅営団に吸収されたが、竹内に関しては、「東北地方の事業は調査報告書の作成と、標準住宅の設計ならびに、素人を対象とした住宅間取りの懸賞設計当選図案集の印刷等、多くの残務があったので、身柄だけは一応住宅営団東京支所勤務ということで残った」(五八四頁)らしい。

そして竹内は、設立されたばかりの農地開発営団の理事長・村上竜太郎に一九四一年五月呼び出され、興農部の建築課長就任を打診され快諾した(五三四―五三五頁)。竹内を推薦したのは石黒忠篤である。彼は一八八四年生まれの著名な農政官僚であり、当時竹内とは関係が深く、農地開発営団の話の直前には満州拓殖公社行きの話ももちかけられたが、竹内は断っていた。

理事長・村上竜太郎が戦時下での農地開発営団の意味について述べた文章、農地開発営団の組織の要綱、部内誌「営団だより」などを合本した『農地開発営団の使命と其の運営』（一九四三年発行、農地開発営団、一五〇〇部非売品）という本があるが、その中に掲載されている組織図によれば、農地開発営団は中央組織と地方組織に分かれ、前者は秘書課、総務部、企業部、開発部、興農部、財資部から成り、後者には七つの地方事務所があったことがわかる。

竹内の主な仕事は、開拓地に入植する人たちへの住宅供給だった。「開拓地の移住施設の建設」(『年輪の記』五三五‐五四一頁)という文章の中に、戦時下での資材調達や僻地での工事請負業者探しの苦労が書いてある。また岡山事務所では、実用化にはいたらなかったようだが、組み立て式宿舎の試作品を作ったらしい★一九。

松村は一九四一年、まずは東京事務所に配属され竹内の部下となった。すでに述べたように、昭和一七年二月二〇日発行の「保育問題研究會月報」第五号(法政大学児童研究所保育問題研究会)には新入会員名簿があり、そこに松村正恒の名前があるが、その所属は「農地開発営団興農部建築課」となっている。ちなみに住所は「深川区佐賀町」となっているが、『農地開発営団の使命と其の運営』によれば、農地開発営団の本部および東京事務所の住所は「東京市深川区佐賀町一‐三〇日本米穀株式会社深川分市場内」であり、松村はこの住所を書いたと思われる。

新潟へ

その後松村は新潟事務所に転勤になった。その時期は確定できないが、竹内は「開拓地の移住施設の建設」の中で、松村の新潟への配属についても次のように書いている(『年輪の記』五三七頁)。竹内が営団にはいったのが一九四一年で、その後「二年目」ということは、松村は一九四二年から新潟に転勤したと考えられる。

(筆者註:竹内が営団にはいって)二年目ぐらいになると、各地方事務所においても建築工事が気がかりになり、その地方の建築家を捜し出して来て、建築係を設けたところもあった。札幌にはそういう技術者が早くからいたが、ついで岡山にもある時期は技術者がいた。そこで建築本部直轄制を改め、本部の人員を割いてその他の地方を充実させることにし、たとえば仙台には本多修★二〇、新潟には松村正恒、東京には平英三、名古屋には内田穆、熊本には佐々木嘉彦★二一の諸君を配属することにした。あの時代に地方に赴任させられることは、かなり苦痛であることは十分に推測されたが、そうにでもして、彼等の力量を発揮してもらうより仕方がなかった。

一方、松村は次のような発言をしており、彼が新潟に行くことになった背景には、雪国の農民の生活を見ようという自らの意図があったのかもしれない。

東北大の佐々木嘉彦さんって、ご存じですか。あの人も一緒におったんですよ。私はこっちだから、雪国を知らん。あの人は仙台の方。だからあの人には九州に行ってもらって。私は新潟に行ったんですよ。そして雪国を経験したんですがね（『素描・松村正恒』五七頁）。

農地開発営団、とくに新潟事務所において松村が具体的にどのような仕事をしたのかはわからないが、少なくとも彼は担当する各県内を動き回り、各地の暮らしと建物を調査した。自らの「守備範囲」は、次に示すように、新潟および「秋田、山形、長野、富山、石川、福井」であったと書いているが、『農地開発営団の使命と其の運営』によれば、新潟事務所の業務地域は、秋田、山形、新潟、富山、石川、福井であり、長野県は含まれていない。松村は自主的に訪問したということであろうか。また松村は、その調査結果を「雪国の農家」という原稿にまとめ

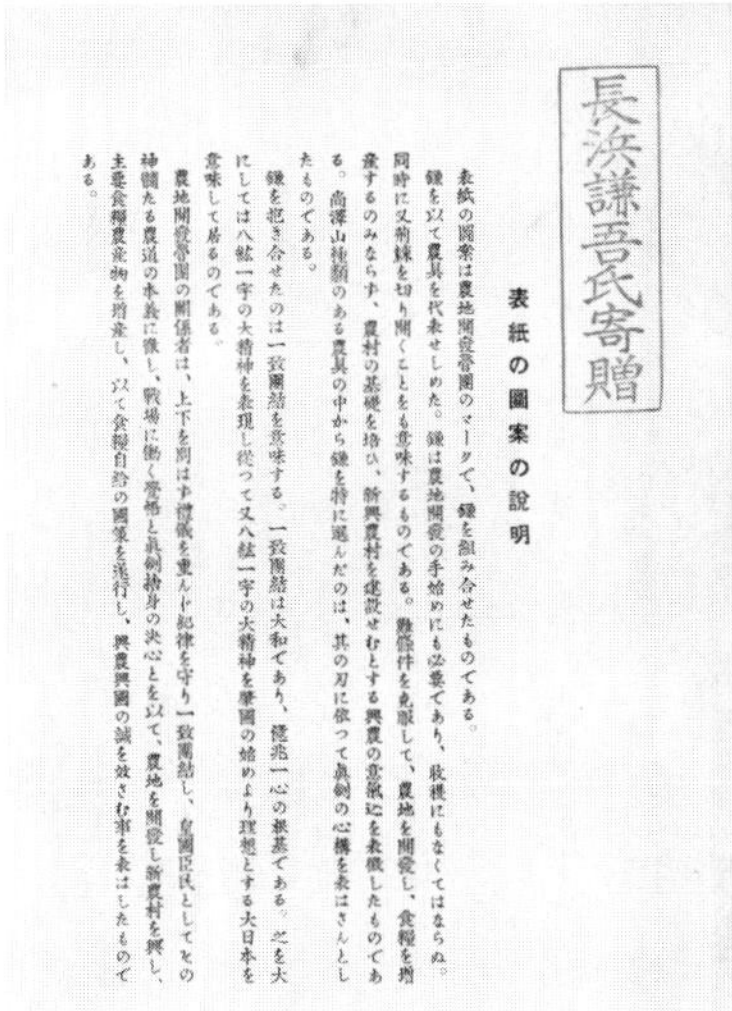
長浜謙吾氏寄贈

表紙の圖案の説明

表紙の圖案は農地開發營團のマークで、鎌を組み合せたものである。
鎌を以て農具を代表せしめた。鎌は農地開發の手始めにも必要であり、收穫にもなくてはならぬ。同時に又荊棘を切り開くことをも意味するものである。難條件を克服して、農地を開發し、食糧を増産するのみならず、農村の基礎を培ひ、新興農村を建設せむとする興農の意氣込を表徴したものである。尚澤山種類のある農具の中から鎌を特に選んだのは、其の刃に依って眞剣の心構を表はさんとしたものである。
鎌を抱き合せたのは一致團結を意味する。一致團結は大和であり、億兆一心の根基である。之を大にしては八紘一宇の大精神を表現し従って又八紘一宇の大精神を肇國の始めより理想とする大日本を意味して居るのである。
農地開發營團の關係者は、上下を問はず禮儀を重んじ紀律を守り一致團結し、皇國臣民としてその神髄たる農道の本義に徹し、戰場に働く將帥と眞剣捨身の決心とを以て、農地を開發し新農村を興し、主要食糧農産物を増産し、以て食糧自給の國策を遂行し、興農興國の誠を致さむ事を表はしたものである。

上：『農地開発営団の使命と其の運営』の表紙
下：表紙の裏面。
表紙の図案は農地開発営団のマークで、鎌を組み合わせたものである。
それは一致団結を意味し、「一致団結は大和であり、億兆一心の根基である」など、戦時色の強い説明がある

たらしいが、出版にはいたらなかった。

農地開発営団へ、建築課長竹内芳太郎先生の膝下。新潟に移住、秋田、山形、長野、富山、石川、福井が守備範囲、域内に日本三大豪雪地帯あり、『雪国の農家』編む。武蔵工大図書館・蔵田周忠文庫に保管★二二（『無級建築士自筆年譜』一四六頁）。

当時の調査旅行の中で松村が見た雪国の人々の暮らし、風習、農家の間取りなどについて、彼はあちこちに書いている。まず彼が驚いたのは、当時の農村部の貧しさである。

深い雪の山道で、出稼ぎに行く娘たちの群れに出合ったこともあれば、旅芸人の一座に売られてゆく少女、教科書をつめたカバンが只ひとつの荷物、幸せを祈るほか成す術もありませんでした（『老建築稼の歩んだ道』二一六頁）。

一方で、戦争も末期を迎える中、松村は次のように、戦後社会へ向けて日本の農村部の暮らしが変化していく様子も敏感に感じ取っている。戦争によるさまざまな「移動」が人々の意識を変えたという指摘は興味深い。

戦争がだんだん、末期になっていくでしょう。社会秩序が目にみえてみだれていく、崩壊していく時代でしたな。社会秩序がみだれるにつれて、本家・分家の長いあいだのつながりが壊れていく。人々の心がすさんでゆく。

どうしてこうなったか、農村から労働者の徴用があったでしょう。あれで農民は自覚していきましたね。労働運動の芽がみえてきました。農地改革の地ごしらえも出来つつありました。もうこれで、農村は都市の失業者を受けいれる場所では無くなった、と淋しくも思いました。

人が動きだしたというのは戦争のお陰でね。外地を知り、徴用であちこち行く、動く癖がつきました。私が始めて雪國に行った頃は、汽車に乗りましても、お客はほんとうに少ないんですよ。鈍行でしたら一人か二人。それが、どんどん動きだしたのは、そういう習慣がついてから（『素描・松村正恒』六一－六二頁）。

兵役にとられることなく松村は新潟で終戦を迎える。長崎の次に原爆が落とされるのではないかという噂があり、昼間は事務所で仕事をし、夜になると命令で四キロ以上遠い場所へ避難するということを繰り返したりもしたらしい（『素描・松村正恒』五七頁）。なお松村は、一九四三年、妙子夫人と結婚し、新居を新潟市内のアパート・白柳荘とした。その後一九四四年、妙子夫人は出産のために一時大洲市新谷の松村の実家に戻った。

敗戦となり、松村は東京の農地開発営団に戻る。同営団は一九四七年まで存続したから、望めばそのまま勤務することも可能だったと思われるが、松村はそこを辞め、故郷・大洲へと引き上げた。その間の事情を彼は次のように説明している。松村らしい反骨精神の表れともいえるし、戦争が終結した中での軍国主義体制への最後の抵抗、あるいは一種の喪失感のようなものの反映だったかもしれない。

松村　それから私、敗戦で、新潟におってもどうにもしようがないから、帰ってきましたんですけれども、農地開発営団を辞めたのは、それとなんですわ、軍人が帰ってきましてな。上の偉いやつが、そして、私、グニャッとしているから、怒るんですよ。きちんとせんと。（笑）帰った途端の軍人上がりだから。

宮内　営団にですか？

松村　所長がね。きちっとして、復唱せんと怒りそうな奴が。私みたいにグニャグニャしているのは気に入らんのですよ。こんな奴の下におれるかと思って、逃げ出してきたんです（『素描・松村正恒』六二頁）。

付記――農地開発営団時代の松村の活動を知る手がかりは松村家からは見つかっていない。ところが本書の入稿直前、東京都市大学図書館の蔵田周忠文庫に、これらに関する資料が存在していることが確認された。そこには、「雪國の農家」をはじめとして「雪國の民家」「開墾地の家」「東北の旅」「雪國の思い出」と題された手書き原稿、相模書房の引頭百合太郎に宛てた手紙、松村から蔵田に宛てた手紙などがあった。また調査地を記した地図や採集した農家の平面図などもあり興味深い。調査にご協力いただいた同大学の岡山理香准教授に感謝する。

一・五　まとめ

このように松村は、愛媛県の小さな村から上京して一九三二年に武蔵高等工科学校に入学して以来、一三年間ほどの出郷期間の後、一九四五年に故郷・大洲へと戻ってきた。その間、彼は実にさまざまな経験を積み、多くの知識と人脈を得たが、それらをあえてまとめるなら、次のようになるだろう。

(1)欧米のモダニズム建築とその思想への共感および反発
(2)反モダニズム的世界との出会い
(3)社会的弱者への眼差しの獲得
(4)「父」との出会い
(5)建築を計画的・論理的にとらえる姿勢への共感

(1)については、まずは蔵田周忠、小山正和、川喜田煉七郎らといった人々を通して、松村は、欧米のモダニズム建築やデザイン思潮に初めて接し、しかもそれらに関する最新情報を得る機会を手にしたということである。松村がモダニズム建築をどう理解し継承したかは本書全体のテーマであるが、武蔵高等工科学校時代に限定するならば、モダニズム建築そのものではなく、まずは、モダニズム建築という最新の思潮に身を投じている蔵田らの生き方に魅かれたのではないかという印象が強い。当時の思い出を記した彼の文章には、具体的なモダニズムの建築作品や建築家への言及がほとんどなく、蔵田らの一種の弟子として仕える自分の描写がほとんどだからである。

もちろん、造形的な影響が全くなかったとは思えない。判断材料は卒業制作のアクソノメトリック図しかないが、それはまさにモダニズム建築のヴォキャブラリーの影響下にあるということができる。しかし他の学生の卒業制作も同様の傾向であり、意図的に選ばれた結果というよりは、武蔵高等工科学校の教育および時代の産物というべきだろう。ただし、他の学生よりも複雑な構成やバランス感覚からは、松村の優れた造形力を感じ取ることができる。

一方、土浦事務所に勤めてからは、土浦の人柄もあったのだろうが、松村はモダニズム建築がスタイリッシュに扱われる状況に違和感を感じ続けたと思われる。しかしそれは、造形上の問題というよりは、設計行為に対する松村の倫理観のようなものからの反発であったと思われる。

(2)については、今和次郎や竹内芳太郎という農村や民家研究の大家との出会いがその中心を占める。ただし学生時代には、具体的な調査などへの参加は確認できない。また民家への造形的な興味についても、松村による明確な記述はない。むしろ、土浦事務所を辞めた後に今や竹内の世界に接近したことから判断すれば、武蔵高等工科学校時代における彼らとの接触は、スタイリッシュなモダニズム建築家に対する批判的視点の無意識的な発露であったのかもしれない。

(3)については、父母との関係の薄い生い立ちや正義感の強い気質も背景にあるだろうが、松村は児童問題への自主的勉強を在学中に熱心におこない、社会活動家たちとの交流をもったことによく表われている。そこには、後に彼が設計する学校や病院で具現化された、弱者に対する深い配慮の萌芽があるといえるだろう。

(4)については想像の域を出ないが、父親を早くなくした松村にとって、しかも受験に失敗し精神的に不安定になっていた松村にとって、蔵田、今、小山、竹内といった人々は、父親不在の欠落感を埋める存在だったのではないかということである。松村家には、彼らから届いた多くの封書や葉書や写真が松村によって整理されて残っており、それぞれの晩年まで松村が弟子として仕えたことがよくわかる。松村が武蔵高等工科学校時代に得た最大のものは、こういった「父」ともいえる人々との出会いによる精神的な安定だったのかもしれない。

(5)については、彼が満州時代につくった三冊のノートに象徴的だが、建築の決定根拠を論理的に語ることへの指向性が、松村の中には強く芽生えたということである。しかもそれは、観念的な建築論によるのではなく、人と空間の関係をとらえる建築計画と、自然と建築の関係をとらえる環境工学を介した視点であった。

地方から東京に出、学び、そしてそこで職を得るというパターンは、いうまでもなく明治以降、日本の近代化を支えた人口移動の最大のポイントだ。つまり、立身出世という野望を秘めた出郷である。しかしそのような約束された未来が必ずしもすべての出郷者のものであるはずはなく、社会学者・吉見俊哉の言葉を借りるなら、多くの人々は、「東京に出たからには必ず成功しなければならないという至上命令と、下層労働力としてこの都市に吸収されたのだという現実の間で宙吊りに」★二三なっていったに違いない。

もちろん、愛媛県の小さな村から上京した松村もその例外ではなかっただろう。彼が見た一九三〇年代の東京とは、そのような人口移動による都市のアノミーが、戦前におけるピークを迎えた時期にあったのだから。

松村の東京における活動や彼が東京において獲得した人脈は、モノの「近代」化をめざした蔵田周忠や土浦亀城との交流から、社会そのものの「近代」化を裏で支えた植民地体験や貧しい農村の調査・研究まで、実に広範囲に及んでいる。二〇代の出郷青年による修業期間の行動としては、十分に貪欲かつ見事なものだったといえるだろう。

社会学者・見田宗介の言葉を借りるなら、多くの出郷者の行動は、「絶望の相互的な増幅によって状態としてのアノミーを二次的に昂進させることもありうるし、逆に新しい〈家郷〉を未来に創造することをとおして、アノミーの克服に立ち向かわせることもありうる。しかしまた、この両者のアイマイな妥協の道として「外の世間」のアノミーをシニカルに肯定しながら、〈群化社会〉のただ中で「小さな家郷」をひっそりと形成する道をえらばせることもある」★二四と分類されるが、松村はそのいずれをも巧みに避けて通ることに成功したのである。つまり彼は、一三年間ほどの出郷体験のあいだに、落伍者にも革命家にもそして従順な月給取りにもならなかったのだ。

むしろ松村は、愛媛→東京→満州→東京→新潟→愛媛という移動によって、都市と農村と植民地によって成立していた日本の近代化の本質を自らの目で確認したといえるだろう。そしてその経験の中から、世界に対する自分なりの価値観を手にしたのである。もちろん、終戦による郷里への引き揚げにはさまざまな思いがあったことと想像される。望んだ帰郷ではなかったかもしれない。しかし、松村が手にしたその価値観は、戦後の八幡浜市役所での設計活動を展開するうえで、きわめて重要な手がかりとなったのである。

第二章　八幡浜市役所における建築設計活動

本章では、八幡浜市役所における松村正恒の建築設計活動の全貌を把握し、その特徴を分析する。なおこの時期に、松村が個人的に設計を依頼された他自治体の三つの建物があるが、松村の思考を追ううえでは区別する理由はなく、それらについても取り上げる。

用いる資料は、八幡浜市役所と松村の自宅に残された実施設計図、専門家が撮った竣工写真、松村などの撮影と思われる写真、松村の書いた文章、松村作品の掲載文献や掲載雑誌、関係者の証言、現地調査によって収集した図面や写真などである★一。後述するように、八幡浜市役所の工事台帳によって松村が担当した物件はすべて特定することができた。本章では、鉄柵の設置といった附帯工事や共同便所などのごく小規模なものを除き、そのすべてを取り上げることによって、八幡浜市役所に勤務していた時期における松村の仕事の全容を把握するとともに、そのデザインの変化と確立のプロセスを明らかにする。

二・一　八幡浜市役所での設計活動の背景と作品リスト

まず、戦後、松村が故郷・大洲に戻り、八幡浜市役所に勤務することになった経緯や、当時の八幡浜市の教育・行政組織の状況について記述し、彼が設計活動をおこなっていた環境を概観する。次に、同市役所において松村が設計した建物を工事台帳の記録を手がかりにして整理し、そこに松村が個人的に設計を依頼された他自治体の三つの建物も加え、八幡浜市役所に勤務していた時期における松村の設計した建物のリストをつくる。

八幡浜市役所へ

農地開発営団を辞めた松村は、ひとまず高松に戻り、一軒家の二畳の間を借りて生活したという。その後、大洲市新谷の実家に戻り、宇和島市に職を得るが「弁当を食べに行っただけで」続かず、さらに大洲市柳沢地区の新制中学校の教師にという話もあったが、学校の保守的な雰囲気が肌に合わず、歓迎会の翌日だけ行って辞めてしまったらしい★一。

いずれも硬骨漢の松村らしいエピソードであるが、その結果、暮らしぶりは厳しかったようで、この浪人期間について、「故郷に帰る。放浪の身、二度つづけて胃痙攣、自宅にて一週間断食、快癒。されど貧縮」（『無級建築士自筆年譜』一五〇頁）と記したり、「それから三年間、私、空白があるんですけどね」とか「売り食いですなあ」（『素描・松村正恒』六二－六三頁）と語っている。

そのような不遇の時期があった後、「これではどうにもならんからというので、一九四八年、私、三十五歳のときに、親戚の者の口利きで」（『素描・松村正恒』六三頁）、松村は八幡浜市役所土木課建築係の職員となった。

しかし、松村の八幡浜市役所での在職期間については、八幡浜市役所総務課の人事記録によれば、採用が「昭和二二年一〇月一五日」であり、退職が「昭和三五年 九月三〇日」となっている。

後に詳しく述べるように、八幡浜市役所の工事台帳に記録された松村の最初の仕事である「八幡浜第一中学校増築工事（現・愛宕中学校）」の建設工事の「契約日」は「昭和二二年一二月一六日」となっており、もし松村のいうように「一九四八年」（昭和二三年）に採用されたのならこの仕事はできなかったことになるが、「昭和二二年一〇月一五日」なら矛盾がない。したがって人事記録の表記を正とし、松村は一九四七年一〇月一五日から八幡浜市職員であったと判断する。

新学制下の教育

一九四五年の敗戦により、戦時教育には終止符が打たれ、新たな体制づくりが始まった。いうまでもなく、松村が八幡浜市役所で学校建築などの設計に従事し始めたのは、まさにこの新しい戦後教育の実践という背景のもとであった。まずは、『八幡浜市誌』（八幡浜市誌編纂会、一九八七年。以下『八幡浜市誌（市制五〇周年記念版）』（八幡浜市誌』と略記）の「第三節　新学制下の教育」によって、八幡浜市と国の教育界の変化をまとめておく。

八幡浜市では、まず一九四七年一月一五日、八幡浜市教育審議会の第一回会合が開かれた。それは、教育者側と民間人側とから選出された委員が、市教育の諸問題について市長の諮問に応え、意見を陳述して教育の発展に資する極めて民主的な会議であった。

政府は、一九四七年三月、教育基本法を公布し、男女共学や教育の民主化を促進しようとした。同時に、学校教育法、同施行規則も公布され、学校体系、教育課程、単元学習などが規定された。それによって、学校体系はそれまでの国民学校を廃止し、六・三制の小学校と中学校に改め、九年間の義務教育となった。教育課程も改訂され、修身・歴史・地理の課目が廃止され、社会科・家庭科・自由研究が新設された。単元学習は、新教育の目標を達成するには、児童・生徒の生活体験に基づく自主的な学習活動がおこなわれるべきという考え方に基き、児童が自分の生活の中から問題をとらえ、教師の指導のもとに学習活動を進めようとするものであった。

さらに一九四八年七月一五日、教育委員会法が公布され、一九五六年一〇月五日には、愛媛県教育委員会と八幡浜市教育委員会の選挙が同時におこなわれた。

新制中学の設置については、愛媛県の各市町村とも校舎が間に合わず、小学校校舎の一部を借用しての不便な出発であった。たとえば、八幡浜市立第一中学校は、旧愛宕国民学校（高等科）校舎で、全市内の新制中学一年生を就学させ、八幡浜市立第二中学校は、本部を千丈小学校に置き、分校は白浜小学校、神山青年学校校舎を間借りして新制中学二・三年生を受け入れた。

八幡浜市内で一九四七年に発足した中学校は、県立八幡浜中学校併設中、同八幡浜商業学校併設中、同八幡浜

高等女学校併設中、市立第一中、第二中、村立双岩中、同真穴中、同大島中、同川上中、同日土中であった。

翌一九四八年四月、八幡浜市は中学校の校区を変更し、第一中学校を愛宕中学校、第二中学校を八代中学校（舌田、神山小学校区）、松柏中学校（千丈、川之内、長谷小学校区と江戸岡小学校区）に決定して体制を整え、新しく発足させた。そして、これらの学校の校舎建設が、まさに松村の八幡浜市役所での初期の仕事となったのである。

新制中学における学習活動も多様な展開が求められ、『八幡浜市誌』には、「教材は、単に教科書にだけ求めるのではなく、学校生活や地域のあらゆる種類の経験が内容となった。学習活動には、読書・話し合い（討論）・問答・見学・調査・実験観察・資料の収集分類・記録・製作・図表化・劇化・報告などの諸活動、技能の反復練習そのほかさまざまな形態がその目標に応じて取り入れられるようになった。特に新しく奨励されたのは、視聴覚教具と学校図書館の整備である」と書かれている（八二一頁）。まさに戦後民主主義的な息吹が伝わってくる記述である。こういった教育のソフト面での変化が松村の設計した学校建築に直接影響があったかどうかはわからないが、少なくとも、新しい空間を提案する際の後ろ盾になったのではないだろうか。

八幡浜市長・菊池清治との関係

八幡浜市役所時代の生活については、『無級建築士自筆年譜』と『素描・松村正恒』にいくつかのエピソードが語られている。

「あの頃の役所というのはお通夜みたいに静かなんですよ。あれ、みんな眠りよったのかもしれませんけどね。（笑）」（『素描・松村正恒』六三頁）という雰囲気の中で松村の仕事はスタートした。とくに学校建築においては、旧態依然とした市議会、教育委員会、教員、ＰＴＡなどとの攻防があったようだが、松村の心の支えとなったのが当時の市長・菊池清治だった。

『八幡浜市誌』によれば、菊池は一八八六年に八幡浜に生まれ、一九四七年四月七日、すなわち松村が市職員になる半年前に初めての公選で八幡浜市長に就任し、一九五五年四月三〇日の任期満了までの二期八年を務めた人物である。宇和島中学校、第一高等学校を経て東京帝国大学理科大学物理学科を一九一一年に卒業した。一九一四年に二八歳で八幡浜町長に就任し、一九一八年の米騒動の解決に力を尽くして辞任、その後、第一高等学校講師、松山高等学校教授、広島高等学校長、松山高等学校長を歴任した後の市長就任であった。『八幡浜市誌』にも、「初めての公選によるもので、住民から多くの期待を集め、また、学者市長として県下でも名声が高かった」と記されている（三一一頁）。

松村によれば、菊池は中央官庁への陳情を、「陳情の必要なし、全国を勘案して財源を分配すべきだ、それが中央政府の義務である」といって認めず、「背のびするな、分をわきまえよ、大局を見あやまるな」といった信念に徹するような人物であったらしい。松村は彼を心から敬愛していたらしく、「私が仕えた市長であります。もともと学者、学識経験ゆたかにして高潔、趣味の巾ひろく、凡てに一家言を持っておられました」とやや古風な文体で記している（『老建築稼の歩んだ道』一九五頁）。

松村は市議会でも自分の考えを通した答弁で反発を買い、市会議員が松村の辞職を求めて市長室へ談判に来ることがあった。しかし菊池は、「松村くん、やっぱり少しは聞かんといかんよ」とたしなめる程度だったらしい（『素描・松村正恒』六六頁）。

また松村は、当時の助役（『八幡浜市誌』によれば高田重二という人物）についても、「神戸高商を出ておりまして、如才のない、なかなかしっかりした方」と高く評価し、「私を絶対信頼してもらえた」と述べている。学校に対する古いイメージしかないPTAの役員からクレームがついたときも、調整役になってくれたらしい（『素描・松村正恒』六四頁）。

『八幡浜市誌』の「菊池市政」の項（三一一―三一二頁）によれば、菊池の市長就任当初の一九四七年は、六・三制教育制度が発足したばかりであり、教育予算は三〇パーセントにも達したが、市税収入は歳入の二八パーセントに過ぎず、翌一九四八年度には二〇パーセントにまで低下するという厳しい財政状況であった。しかし、「愛宕中学・八代中学・市立図書館を建設して文化の向上に努めた」とある。

さらに一九五一年度には、シャープ勧告による税制改正により市税は歳入の三三・三パーセントにまで持ち直し、「同年度には八代中学校第二期工事や市立病院結核病棟の建設、翌年度には、母子寮・養老院など七二三〇万円の建設事業を実施し」、「一九五三年（昭和二八）年一月一日焼失した松蔭小学校を同年一〇月復旧、また、魚市場、合併四村のほかに喜須来村を加えての一市五村組合立の伝染病棟を建設するなど、一九五五（昭和三〇）年度には、周辺四か村の編入合併を実現した」。

本章で述べていくように、『八幡浜市誌』に菊池の業績として記録されたこれらの建物のうち、「母子寮・養

1

3 | 2

1：市役所の製図室で（1958年頃）。トレーシングペーパーにT定規で手書き。
机の右端には鉛筆を研ぐ紙が見える
2：左端が柳原、右端が松村（1955年撮影）
3：現場に立つ松村（年代不明）
［いずれも松村家蔵］

老院」以外は松村の設計によるものである。
つまり、まさに菊池市政のインフラ整備部門を松村は担っていたわけであり、松村と市長や助役との間の信頼関係の強さが想像できる。すぐれた為政者とすぐれた建築家の出会いがもたらすものの大きさを実感する稀有な事例のひとつだろう。

八幡浜市役所での日常

松村の当初の身分は土木課建築係の係長で、スタッフは三名ほどいたが、とくに松村の下で働いたのが柳原亨だ。一九三四年に愛媛県温泉郡中島町で生まれ、愛媛県立松山工業高校建築科を卒業後、一九五三年四月に八幡市役所の職員となった。一九九五年三月に定年退職した後、八幡浜市で自身の設計事務所を営んでいる。

松村は大洲市新谷（当時は喜多郡新谷村）の自宅から、国鉄の列車で八幡浜市役所へ通勤した。現在なら各駅停車で二〇分ほどの距離である。柳原によると、市役所でふたつの海外建築雑誌（ひとつは『AR』（The Architectural Review）、もうひとつは不明）を購入していたとのことであり、往復の列車の中ではそれを読んだりして勉強を怠らなかったようだ。その雑誌から得られる海外情報や、恩師・蔵田周忠から依頼された翻訳仕事、あるいは東京の内田祥哉ら研究者や建築ジャーナリズムとのやり取りが、地方都市の市役所で孤独な設計作業をおこなう松村の支えになっていたのではないかと想像され、これらについては第三章で詳述する。

当時の職場の様子を知る資料はほとんどないが、松村家に残るアルバムに職場で撮った何枚かの写真がある。また、当時の八幡市役所の庁舎（旧八幡町役場）と、その横に建つ洋風木造建築の写真が残っており、この木造の建物の二階に土木課がはいっていたとのことである。

いずれにせよ松村は、このような環境の中で、一九六〇年の九月末に退職するまでの十三年間、市役所の一職員として設計の仕事に身を捧げたのだ。

上：当時の八幡浜市役所の庁舎
下：この建物の2階に
土木課がはいっており、松村は
そこで仕事をおこなっていた
（いずれも1965年7月30日、
旧庁舎の解体に際し撮影）
［山田勝利氏蔵］

二・二　八幡浜市役所時代の作品リストと分析方法

第二章で分析対象とする作品リストの作成過程と、その分析方法は次のとおりである。

作品リストの作成

分析対象とする建物は、八幡浜市の工事台帳に基づいてリストアップした。工事台帳とは次頁のようなものであり、昭和二二年から平成三年までは紙ベースで作成されている。

まずは、「設計者名」の欄に松村正恒の名前があるものをリストアップすると、四七件あった。しかしそれらはあくまでも発注上の「工事」による区別であるので、その中から、本研究に大きな影響を与えないと思われる次のもの、すなわち附帯工事的なもの、現存せずしかも小規模であり結果的に何ら資料が見出せなかったものは除外した。

・白浜小学校附属工事（契約日：一九五〇年三月二四日、内容不明）
・神山小学校補修工事（契約日：一九五〇年五月八日、内容不明）
・市立病院医員住宅新築工事（契約日：一九五三年一一月三日、面積：九坪）
・市立病院ボイラー室新築工事（契約日：一九五四年二月一〇日、面積：二〇坪）
・市立病院洗濯実習室改造工事（契約日：一九五六年八月一三日、面積：三三坪）
・市立病院看護婦寄宿舎増築工事（契約日：一九五六年八月一三日、面積：一二三・八二坪）
・伝染病棟周囲鉄柵工事（詳細不明）
・市立病院手術室及附属工事（詳細不明）
・市立病院便所改築工事（契約日：一九五九年三月一三日）
・市立病院渡り廊下増築工事（契約日：一九五九年三月一三日）
・共同便所新築工事（契約日：一九四八年一〇月四日、面積二・五坪）
・松柏水源揚水場新築工事（面積：二〇坪）

棟ごとに別「工事」として発注されていた江戸岡小学校の最初の工事（管理棟と教室棟二棟）はひとつにまとめた。また、工事台帳にはないが、実施設計図と建築雑誌でのスケッチの発表が確認できた神山小学校計画案、および松村のサインのある実施設計図が見つかった舌田小学校改修工事も加えた。さらに、松村が個人的に設計を依頼された大洲市の新谷保育所と新谷中学校、明浜町の狩江小学校の三件を加え、最終的に三七件の建築工事を松村の仕事として確定した。

各建物の分類項目は次のようにした。［　］で示したのは工事台帳に記されたままの項目である。なお大洲市の新谷保育所と新谷中学校、明浜町の狩江小学校については、適宜別資料による情報を記入した。

・［工事名］：原則として工事台帳の表記に従った。ただしわかりやすくするために、本書で用いる呼称としては、「新築工事」という表記の省略、現在の学校名の使用、病院関連施設での通称の使用などをおこない、別表の中に太字で示した。また同一施設の中での増築工事による建物は、ひとつにまとめて扱っている。

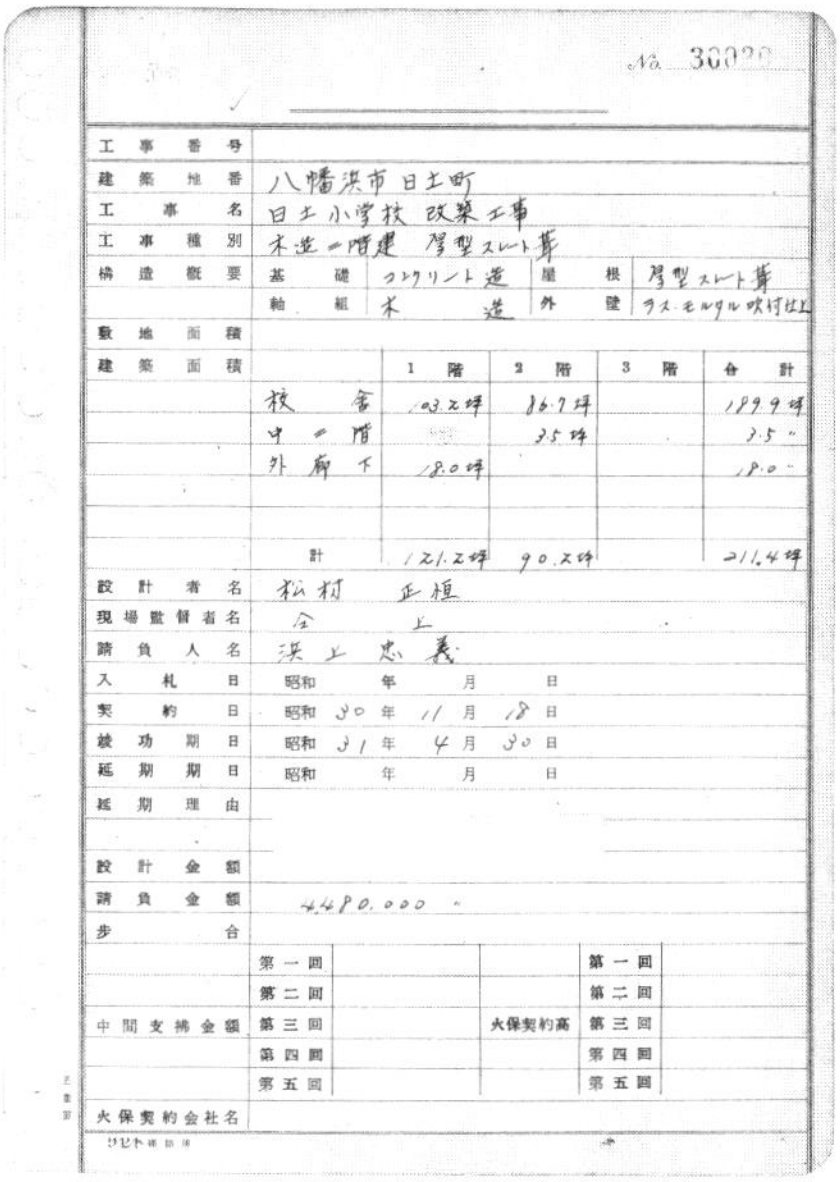

工事番号
建築地番　八幡浜市日土町
工事名　日土小学校 改築工事
工事種別　木造二階建 厚型スレート葺
構造概要　基礎 コンクリート造　屋根 厚型スレート葺　軸組 木造　外壁 ラスモルタル吹付仕上
敷地面積
建築面積　1階／2階／3階／合計
校舎　103.2坪　86.7坪　189.9坪
中2階　35坪　3.5
外廊下　18.0坪　18.0
計　121.2坪　90.2坪　211.4坪
設計者名　松村正恒
現場監督者名　仝上
請負人名　浜上忠義
入札日　昭和　年　月　日
契約日　昭和30年11月18日
竣功期日　昭和31年4月30日
延期期日　昭和　年　月　日
延期理由
設計金額
請負金額　4480,000
歩合
中間支払金額　第一回　第二回　第三回　第四回　第五回
火保契約高　第一回　第二回　第三回　第四回　第五回
火保契約会社名

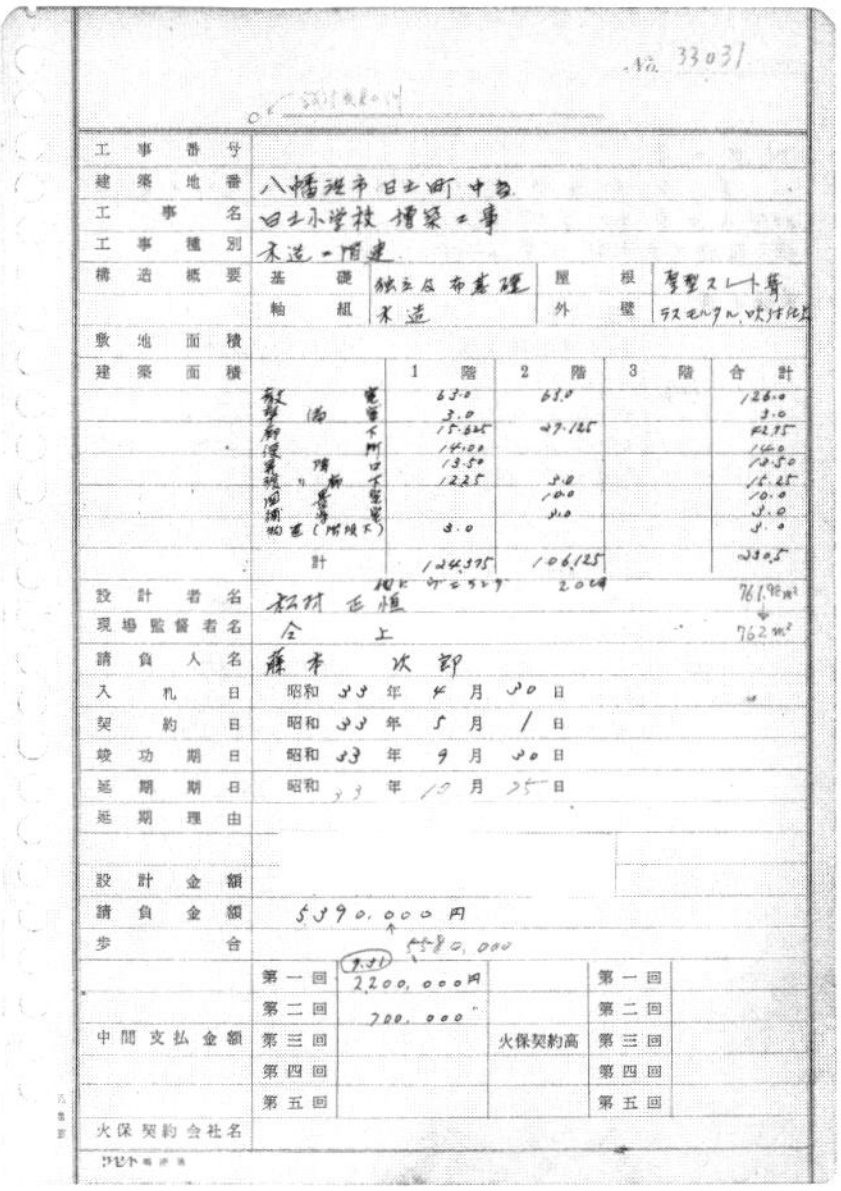

工事番号
建築地番　八幡浜市日土町
工事名　日土小学校 増築工事
工事種別　木造二階建
構造概要　基礎　屋根 厚型スレート葺　軸組 木造　外壁 ラスモルタル吹付仕上
敷地面積
建築面積　1階／2階／3階／合計
計　124.375　106.125　230.5
設計者名　松村正恒
現場監督者名　仝上
請負人名
入札日　昭和33年4月30日
契約日　昭和33年5月1日
竣功期日　昭和33年9月30日
延期期日　昭和33年10月25日
延期理由
設計金額
請負金額　5390,000円
歩合
中間支払金額　第一回 2200,000円　第二回 700,000　第三回　第四回　第五回
火保契約高　第一回　第二回　第三回　第四回　第五回
火保契約会社名

上：日土小学校中校舎の工事台帳
下：日土小学校東校舎の工事台帳

・所在地：現在の表記にした。
・［契約日］：建設業者と八幡浜市との工事契約の日。
・［竣功期日］：工事台帳には「竣功期日」とあり、そのままの表記としたが、契約上の竣工日のこと。
・［延期期日］：事実上の竣工日のこと。
・用途：適宜簡潔に記入した。
・構造概要：工事台帳の表記に従いつつ、構造形式、階数、屋根材、外壁材を記入した。
・施工業者：工事台帳に代表者氏名が書いてある場合は、わかりやすくするために建設会社名に変更した。
・床面積：工事台帳の表記に従い、附属屋については適宜まとめた。
・実施設計図の所在：八幡浜市役所、松村家、不明の三つに分類した。
・現存状況：二〇一〇年一二月時点の状況を書いた。

次に、本書の目的は松村の設計手法やデザインに対する考え方の変化を追うことなので、最も知りたいのは設計の時期である。しかし、一部の実施設計図に書かれた日付だけでは確定することは不可能だ。そこで、リストアップした建物を、［契約日］の早い順に並べた。

工事契約が成立したということは、少なくとも設計は完了していたということである。しかも、インフラ整備を急いだ当時の状況下では、どの建物の設計期間も短く、設計作業と建設工事との間の空白期間もない。したがって、建物の規模の違いなどによる設計期間や工事期間の長短とは無関係に、契約期日の順序関係は、設計完了日の順序関係と相似であり、さらにそれが「設計の時期」の順序関係にも概ね対応すると考えた。

以上の判断のもとで出来上がったのが、別表に示す作品リストである。

分析方法

以下、作品リストの順に従って分析を進める。すなわち、建築種別や規模によらず、「契約日」から類推した設計の完了順という時系列に沿って分析をおこなうということである。

その方が、一九四七年から一九六〇年までの一三年間という必ずしも長くはない時間の中での建築家の思考を追跡しやすいと考えるからだ。また資料的価値もあると判断し、作品リストの全作品をとりあげる。

さらに一種の仮説として、全体をあらかじめ次の三つの時期に分けて論じていく。これは前記の時間軸に沿っ

八幡浜市役所時代の松村正恒の作品リスト

番号	工事名 太字部分は本書中での呼称	所在地	契約日	竣工期日	延期期日	用途	構造概要	施工業者	床面積	実施設計図の所在	現存状況
1	八幡浜第一中学校 増築工事 （現・**愛宕中学校**）	八幡浜市 字西海寺 325	1947 年 12 月 16 日	1948 年 3 月 31 日	1948 年 7 月 30 日	校舎	木造 2 階建 一部平家建 セメント瓦葺 外壁：下見板張	大林組	1 階：270.0 坪 2 階：212.0 坪 便所：17.5 坪 計：499.5 坪	不明	解体
2	**神山公民館** （神山小学校雨天体操場）新築工事	八幡浜市 五反田 1-154	—	1948 年 3 月	—	公民館 兼 雨天体操場	木造平家建 セメント瓦葺 外壁：下見板張	予洲土建	本館：102.0 坪 廊下：37.5 坪 計：139.5 坪	八幡浜市役所	解体
3	**松蔭小学校** 新築工事	八幡浜市 広瀬 3-4-3	—	1949 年 3 月	—	校舎	木造 2 階建 一部平家建 セメント瓦葺 外壁：下見板張	大林組	本館 1 階：258.0 坪 2 階：215.0 坪 便所：15.0 坪 廊下：38.5 坪 計：526.5 坪	不明	解体
4	**白浜小学校** **増築工事**	八幡浜市 向灘 3063	—	1949 年 3 月	—	校舎	木造 2 階建 日本瓦葺 外壁：横羽目板張	浜上建設	本館 1 階：83.0 坪 2 階：83.0 坪 便所など：35.0 坪 計：201.0 坪	不明	解体
5	**神山小学校** **計画案** （工事台帳に無し）	八幡浜市 五反田 1-154	1949 年 3-5 月 （設計図中の日付）	—	—	校舎	木造 2 階建 瓦葺 外壁：横羽目板	—	—	八幡浜市役所	—
6	**八代中学校** 新築工事	八幡浜市 八代 1-2-1	1949 年 3 月 8 日	1949 年 3 月 31 日	1949 年 11 月 24 日	校舎	木造 2 階建 一部平屋建 セメント瓦葺 外壁：下見板張	堀本組	本館 1 階：252.0 坪 2 階：252.0 坪 便所など：60.0 坪 計：564.0 坪	不明	解体
7	**川之内小学校** 新築工事	八幡浜市 川之内 1-182	1949 年 10 月 15 日	1950 年 3 月 31 日	—	校舎	木造 2 階建 粘土瓦葺 外壁：竪羽目	井上組	本館 1 階：121.0 坪 2 階：96.7 坪 便所など：27.8 坪 計：245.5 坪	不明	現存
8	**八幡浜市立図書館** 新築工事	八幡浜市 浜田町	1951 年 3 月 31 日	1951 年 12 月 20 日	—	図書館	木造 2 階建 一部平家建 厚型スレート葺 外壁：ラスモルタル、 セメント吹付	堀本組	本館 1 階：33.8 坪 2 階：32.0 坪 附属家他：19.28 坪 計：85.08 坪	八幡浜市役所	1954 年に 片山町へ移 設され現存
9	**松柏中学校** 新築工事	八幡浜市 松柏甲 734-1	1951 年 3 月 31 日 （竣工日かどうか不明）	—	—	校舎	木造 2 階建 セメント瓦葺 外壁：ラスモルタル、 セメント吹付	堀本組	本館 1 階：168.0 坪 2 階：168.0 坪 便所他：220.86 坪 計：556.86 坪	不明	解体

10	**舌田小学校** **改修工事** （工事台帳には無し）	八幡浜市 合田	1951年 10月5日 （設計図中の日付）	—	—	トップライトの設置	—	—	—	八幡浜市役所	解体
11	八幡浜市立病院 増築工事 **（市立八幡浜総合** **病院東病棟）**	八幡浜市 大平	1952年 3月31日	—	—	病室他	木造2階建 アルミ板葺 外壁：ラスモルタル、 セメント吹付	宇都宮組	病室1階：44.25坪 2階：40.87坪 配膳室：5.00坪 渡廊下：2.25坪 計：92.37坪	八幡浜市役所	解体
12	**長谷小学校** 新築工事	八幡浜市 高野地716	1952年 7月15日	1953年 1月20日	—	校舎	木造平家建 セメント瓦葺 外壁：竪板張り	前田工業	1階：151.0坪 計：151.0坪	八幡浜市役所	現存
13	**魚市場増築工事**	八幡浜市 沖新田	1952年 8月21日	1952年 12月31日	—	魚市場	木造2階建 （1階鉄筋コンクリート造） アルミ板葺	浜上建設	1階：135.0坪 2階：81.6坪 計：216.6坪	不明	解体
14	市立八幡浜総合病院 結核療養所 新築工事 **（市立八幡浜総合** **病院結核病棟）**	八幡浜市 大平	1952年 12月11日	1953年 3月31日	1953年 4月5日	病室他	木造2階建 一部平屋建 亜鉛鍍鉄板瓦棒葺 外壁：ラスモルタル、 セメント吹付	松山土建	1階：119.910坪 2階：108.435坪 計：228.345坪	八幡浜市役所	解体
15	**八代中学校** **増築工事** （大平女学校の 移築工事）	八幡浜市 八代1-2-1	1953年 5月13日	1953年 9月30日	1953年 12月21日	校舎	木造2階建 瓦葺 外壁：ラスモルタル、 セメント吹付	堀本組	移築校舎 1階：150.00坪 2階：150.00坪 新築渡廊下他：50.85坪 計：350.85坪	不明	解体
16	**江戸岡小学校** 新築工事	八幡浜市 江戸岡1-7-1	1953年 7月9、11、12日 （分離発注による）	1953年 12月15日	1953年 12月15日	校舎	木造2階建 一部平家建 厚型スレート葺 外壁：ラスモルタル、 セメント吹付	浜上建設 （管理棟＋教室棟） 瀬戸口建設 （教室棟＋便所棟） 藤堂建設 （教室棟＋便所棟）	浜上建設部分 1階：508.085坪 2階：313.960坪 計：822.045坪 瀬戸口建設部分 1階：158.195坪 2階：88.820坪 計：247.015坪 藤堂建設部分 1階：146.695坪 2階：88.820坪 計：235.515坪	八幡浜市役所	解体

17	**国体施設** 建設工事	八幡浜市 愛宕	1953 年 9 月 5 日	1953 年 10 月 15 日	1953 年 10 月 20 日	競技施設	木造平家建 亜鉛鉄板瓦棒葺 外壁：竪板張	久保建設	本館：28.3 坪 便所：8.3 坪 廊下：1.5 坪 計：38.1 坪	不明	解体
18	**市立八幡浜総合病院給食棟** 工事	八幡浜市 大平	1953 年 9 月 5 日	1953 年 12 月 15 日	1954 年 3 月 20 日	給食室	木造平家建 大波スレート葺 外壁：ラスモルタル、セメント吹付	松山土建	本館：114.0 坪 廊下：24.875 坪 計：138.875 坪	八幡浜市役所	解体
19	**市立八幡浜総合病院伝染病棟** 新築工事	八幡浜市 大平	1954 年 2 月 28 日	1954 年 7 月 30 日	—	伝染病棟	木造 2 階建 一部平家建 厚型スレート葺 外壁：ラスモルタル、セメント吹付	前田工業	本館 1 階：51.850 坪 2 階：132.300 坪 廊下：18.675 坪 計：202.825 坪	八幡浜市役所	解体
20	**新谷保育所** 〈松村個人としての仕事〉	大洲市 新谷甲 259-1	1954 年 5 月 5 日 -28 日 （設計図中の日付）	—	—	保育所	木造平家建 厚型スレート葺 外壁：ラスモルタル、リシンかき落し	不明	1 階：153.05 坪	松村家	解体
21	八幡浜市立図書館移転工事 **（八幡浜市立図書館）**	八幡浜市 片山町	1954 年 7 月 31 日	1954 年 11 月 15 日	1954 年 12 月 24 日	図書館	木造 2 階建 一部平家建 厚型スレート葺 外壁：ラスモルタル、かき落し	宇都宮組	1 階：46.518 坪 2 階：44.328 坪 計：90.846 坪	八幡浜市役所	現存
22	**新谷中学校** 〈松村個人としての仕事〉	大洲市 新谷甲 266-1	1954 年 8 月 1 日 -11 月 27 日 （設計図中の日付）	1955 年 5 月落成	—	校舎	木造 2 階建 アルミ板葺 外壁：ラスモルタル、セメント吹付	鹿島建設	本館 1 階：807.18 坪 2 階：356.94 坪 他：28.50 坪 計：1192.62 坪	松村家	解体
23	**市立八幡浜総合病院看護婦寄宿舎** 増築工事	八幡浜市 大平	1955 年 1 月 14 日	1955 年 3 月 31 日	1955 年 7 月 6 日	看護婦寄宿舎	木造 2 階建 亜鉛鉄板瓦棒葺 外壁：ラスモルタル、セメント吹付	藤堂建設	1 階：54.625 坪 2 階：33.660 坪 計：88.285 坪	不明	解体
24	**川上公民館** 新築工事	八幡浜市 川上町	1955 年 1 月 29 日	1955 年 8 月 31 日	1955 年 12 月 20 日	公民館	鉄筋コンクリート造、一部木造（3 階部分） 波型スレート葺 外壁：白セメント吹付	浜上建設	1 階：212.0 坪 2 階：23.0 坪 3 階：69.0 坪 計：304.0 坪	八幡浜市役所	解体
25	江戸岡小学校増築工事 **（江戸岡小学校特別教室棟）**	八幡浜市 江戸岡 1-7-1	1955 年 2 月 3 日	1955 年 3 月 31 日	1955 年 7 月 6 日	特別教室棟	木造 2 階建 厚型スレート葺 外壁：ラスモルタル、白セメント吹付	前田工業	1 階：102.80 坪 2 階：94.05 坪 軒下・中 2 階：9.75 坪 計：206.60 坪	八幡浜市役所	解体

26	**尾の花保育園** 新築工事 （現・日土東保育所）	八幡浜市 日土町 6-2125-1	—	— （1956 年 4 月開園）	—	保育園	木造平家建 粘土瓦葺 外壁：板張	道岡組	1 階：75.5 坪	不明	解体
27	**日土小学校** 改築工事 （**中校舎**）	八幡浜市 日土町 2-81	1955 年 11 月 18 日	1956 年 4 月 30 日	—	校舎	木造 2 階建 厚型スレート葺 外壁：ラスモルタル、吹付	浜上建設	1 階：121.2 坪 2 階：90.2 坪 計：211.4 坪（廊下など含む）	八幡浜市役所	現存 2009 年に保存再生工事完了
28	**市立八幡浜総合病院** **結核病棟増築棟** 増築工事	八幡浜市 大平	1956 年 2 月 1 日	1956 年 5 月 25 日	1956 年 6 月 1 日	病室	木造 2 階建 波型スレート葺 外壁：ラスモルタル、吹付	前田工業	1 階：98.860 坪 2 階：105.954 坪 計：204.814 坪	八幡浜市役所	解体
29	**川上中学校** **増築工事**	八幡浜市 川名津	1956 年 2 月 14 日	1956 年 8 月 31 日	—	校舎	木造平家建 波型スレート葺 外壁：ラスモルタル、吹付	藤堂建設	本館：80.75 坪 廊下など：8.00 坪 計：88.75 坪	八幡浜市役所 （構造図 1 枚のみ）	解体
30	**真穴中学校** **増築工事**	八幡浜市 真網代戌 162	1956 年 2 月 14 日	1956 年 8 月 31 日	—	校舎	木造 2 階建 粘土瓦葺 外壁：板張	菊池菊市	1 階：28.30 坪 2 階：25.00 坪 計：53.30 坪	不明	解体
31	**中津川公民館** 新築工事	八幡浜市 中津川	1956 年 2 月 24 日	1956 年 5 月 31 日	1956 年 6 月 30 日	公民館	木造 2 階建 厚型スレート葺 外壁：竪板すかし張	双岩土建	1 階：58.39 坪 2 階：44.25 坪 計：102.64 坪	八幡浜市役所	現存
32	**江戸岡小学校** **便所** **増築工事**	八幡浜市 江戸岡 1-7-1	1956 年 8 月 15 日	1956 年 10 月 15 日	—	便所	鉄パイプ煉瓦造 平家建 波形スレート葺 外壁：煉瓦	二宮金次郎	便所：9.533 坪 渡廊下：4.600 坪 計：14.133 坪	八幡浜市役所	解体
33	**神山小学校**校舎 新築工事	八幡浜市 五反田 1-154	1957 年 2 月 11 日	1957 年 8 月 15 日	—	校舎	鉄筋コンクリート造 2 階建 外壁：エマルリシン吹付	堀本組	1 階：181.325 坪 2 階：158.825 坪 計：340.150 坪	八幡浜市役所	解体
34	**日土小学校** 増築工事 （**東校舎**）	八幡浜市 日土町 2-81	1958 年 5 月 1 日	1958 年 9 月 30 日	1958 年 10 月 25 日	校舎	木造 2 階建 厚型スレート葺 外壁：ラスモルタル、吹付	藤本組	1 階：124.375 坪 2 階：106.125 坪 計：230.50 坪	八幡浜市役所	現存 2009 年に保存再生工事完了
〈35〉	**狩江小学校** 〈松村個人としての仕事〉	明浜町狩江 （現・西予市明浜町）	1958 年 8 月 10 日 -30 日 （設計図中の日付）	1960 年 7 月落成	—	校舎	木造 2 階建 厚型スレート葺 外壁：ラスモルタル、吹付	—	1 階：768.24m² 2 階：466.56m² 計：1234.80m²	松村家	解体
36	市立八幡浜総合病院 改築工事 （**市立八幡浜総合病院本館**）	八幡浜市 大平	1959 年 4 月 25 日	1960 年 3 月 31 日	—	診察棟	鉄筋コンクリート造 地下 1 階・地上 2 階建 外壁：リシン吹付	鹿島建設	地下：198m² 1 階：1455m² 2 階：1136m² 計：2789m²	八幡浜市役所	現存
37	**白浜小学校** 改築工事	八幡浜市 向灘 3063	1960 年 4 月 1 日	1960 年 10 月 31 日	—	校舎	鉄筋コンクリート造 2 階建	西部建設	1 階：463.353m² 2 階：290.070m² 計：753.423m²	八幡浜市役所	現存

た三つの区切りにすぎないが、デザインの変化にうまく対応していると思われる。もちろんその正当性については、全体を分析した後に再度論じる。

第一期　旧来のシステム内での抵抗

愛宕中学校
神山公民館
松蔭小学校
白浜小学校増築工事
神山小学校計画案
八代中学校
川之内小学校

第二期　新しい建築的ヴォキャブラリーの実験と習得

八幡浜市立図書館
松柏中学校
舌田小学校改修工事
市立八幡浜総合病院東病棟
長谷小学校
魚市場増築工事
市立八幡浜総合病院結核病棟
八代中学校増築工事
江戸岡小学校
国体施設
市立八幡浜総合病院給食棟
市立八幡浜総合病院伝染病棟
新谷保育所

第三期　松村スタイルの完成

新谷中学校
市立八幡浜総合病院看護婦寄宿舎
川上公民館
江戸岡小学校特別教室棟
尾の花保育園
日土小学校
市立八幡浜総合病院結核病棟増築棟
川上中学校増築工事
真穴中学校増築工事
中津川公民館
江戸岡小学校便所増築工事
神山小学校
狩江小学校
市立八幡浜総合病院本館
白浜小学校

二・三　第一期――旧来のシステム内での抵抗

第一期は、松村が八幡浜市役所に奉職した一九四七年から一九五〇年頃までとする。その間に彼は、五つの学校とひとつの公民館を竣工させ、実現しなかったひとつの小学校の設計をおこなった。

戦前にさまざまな経験を積んで帰郷した松村とはいえ、市役所に就職と同時に学校建築を中心にした多くの物件を担当する中で、いきなり独自の設計手法を示せたわけではない。まずは悪戦苦闘の時期があった。

この節で取り上げる作品の多くは、意匠的には当時の文部省による標準的な下見板張りの木造建築の範疇を超えるデザインではない。しかし松村としては、地方都市の旧態依然とした学校観に苛立ち、それへの批判として設計をおこなっていたのである。

以下、この時期の松村の作品や思考は、八幡浜市役所における彼の設計活動の中の、一種の助走期間として位置づけられることを明らかにする。

愛宕中学校

一　建築の概要

八幡浜市役所における松村の最初の竣工物件である。工事台帳によれば、工事契約日が一九四七年一二月一六日で完成が一九四八年七月三〇日、『八幡浜市誌』では一九四八年八月落成とある。松村の八幡浜市への就職が一九四七年一〇月一五日だから、まさに着任早々の慌ただしい設計だったと思われる。

また、この建物と後述する松蔭小学校は『建築文化』一九四九年九月号に掲載されており、初めて建築雑誌に発表された松村作品でもある。実施設計図は見つかっていないが、『建築文化』に発表された図面や写真により空間構成はよくわかる。この後に続く同様の意匠の学校の先駆けになったものであり、八幡浜市役所における最初期の松村の活動をよく伝える建物といえる。

この学校の沿革は、『愛宕中学校創立五十年記念誌桜と夕日につつまれて』（八幡浜市立愛宕中学校創立五十年記念誌編集部、一九九八年四月）や『八幡浜市誌』によれば、一八七二年に設立され、翌年に第四大学区三三中学区一〇四番学校と称した。その後、改称、合併、移転がお

2 1
3
4
5

1：1934 年の八幡浜高等小学校全景
（『八幡浜市誌』）
2：同玄関（『愛宕中学校創立五十年記念誌』）
3：現在の愛宕中学校（2007 年 12 月 20 日撮影）
4：航空写真。奥の外壁が白っぽい
コの字型校舎が旧校舎。
手前の L 型部分が松村の設計（『愛宕中学校
創立五十年記念誌』）
5：松村が設計した校舎の拡大写真

こなわれ、一九三〇年に愛宕尋常高等学校となった。そして一九三三年に、現在の場所、すなわち八幡浜市の中央部にあり市内はもとより宇和海や遠く九州をも一望する愛宕山山腹に、新校舎が完成した。さらに一九三四年に八幡浜高等小学校、一九四一年に愛宕国民学校と改称され、一九四七年に八幡浜市立第一中学校となって、一九四八年四月に現在の八幡浜市立愛宕中学校へと校名が変更された。

松村が設計したのは、このときに増築された一六学級を収容する校舎で、一九四八年八月に落成式がおこなわれた。その後、一九六七年一二月の火災で旧校舎とともに全焼し、現在のコンクリート校舎へと建て替えられた。『愛宕中学校創立五十年記念誌』に掲載された航空写真(一九六三年撮影)により、配置計画や外観が確認できる。写真奥にある一九三三年に建設されたシンメトリカルで両翼をもった旧校舎に対し、市内を見下ろす側の敷地境界沿いにL字型に建ち、全体として中庭を囲む構成を生み出しているのが松村の設計した校舎である。

木造二階建てでセメント瓦の切妻屋根、ふたつの突出した部分が階段室である。外壁は下見板張り、開口部は、一・二階とも上下二層に窓がわかれ、中間に日除けの小庇が確認できる。こういった意匠は、後の松蔭小学校や八代中学校の基本となったものであり、戦前から戦後しばらくの時期にかけて、多くの学校建築で見られるものでもある。

二　保守的学校観との戦いと「ひろいもの」

この建物が掲載された『建築文化』一九四九年九月号の記事(二六―三〇頁)は次頁のような構成である。右開きなので、表紙から左へ、下段も右から左へと頁が進んでいる。愛宕中学校の構成と案の変遷だけでなく、八幡浜市役所に勤務した直後の松村の状況や考えていたことがわかる貴重な資料なのに、なぜか松村の文章やインタビューなどで全く触れられていない。第三章で詳述するが、蔵田周忠からの紹介で実現した記事と思われる。

松村の文章の冒頭には、「人口四萬たらずの小都市の學校建築である。貧弱な市の財政状態に應ずるため、最小限の要求をみたしたにすぎない。／愛宕中學校、松蔭小學校、いづれも在來の校舎に増築。既に収容人員は度をすぎ、設備がそれにともなっていない。市の學校配置計畫をあやまつたため、とゆうよりも、戰後における急激な人口移動のためにそごをきたしたのである。間にあわせである」と辛口の言葉が並んでいる。

『八幡浜市誌』によれば、校舎完成の年の四月に松蔭・白浜両小学校の卒業生を収容し、生徒数一三〇一名、二七学級、教員四二名とあるから、戦後のベビーブーム世代を受け入れたかなりのマンモス校であったことがわかる。

校舎の平面計画には別案があった。次々頁上図が『建築文化』一九四九年九月号に載っている当初案である。斜線が旧校舎、図面の左が北だ。

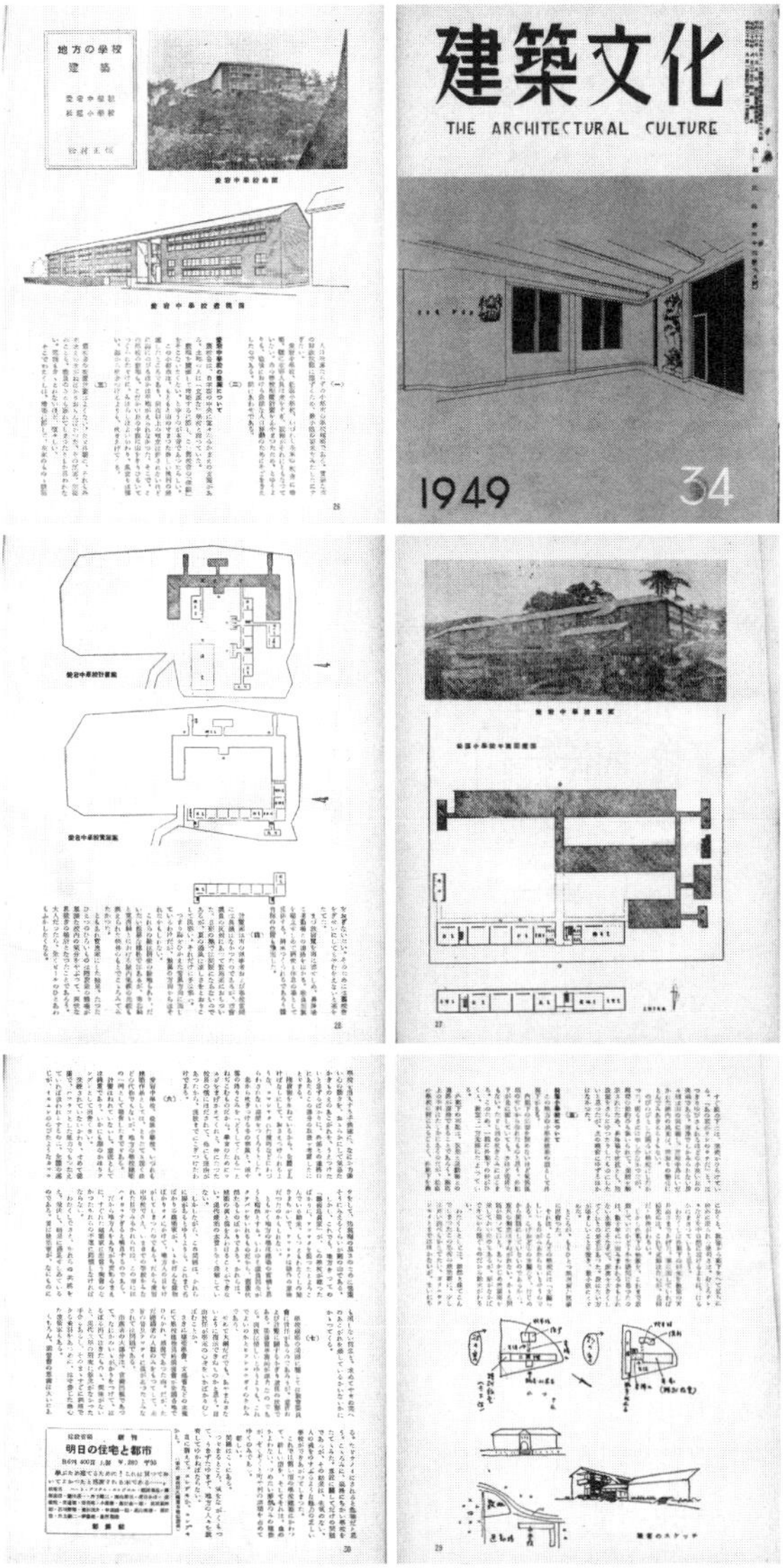

2	1
4	3
6	5

1：『建築文化』1949 年 9 月号表紙
2：上は愛宕中学校南面の写真。下は「愛宕中學校透視圖」とあるが、後述するように松蔭小学校の間違いである（26 頁）
3：上は愛宕中学校の西面写真。下は松蔭小学校の平面配置図（27 頁）
4：愛宕中学校の計画案と実施案（28 頁）
5：校舎配置と外観について「村の案」と「私の案」を比較したスケッチ（29 頁）。神山小学校の初期案と思われる
6：地方の学校建築を巡る問題についての批判が書かれている（30 頁）

松村はまず旧校舎について、「中央に堂々たるかまえの玄關がある。土地の人は「立派な」學校と誇つていた」とその権威的な外観を取り上げ、それは「たゞ外観に、それも外來者えのきがねばかりおもんばかつた、その反面、生徒のことも、職員のことも忘れてしまつたとしか思われない」ものと批判し、それを「ぎせいにしてもやむをえないと案をたてた」という。それがこの当初案である。

南面させた教室棟が旧校舎に突き刺さるように配され、隙間にさまざまなスケールの中庭が生まれている。そして、理科室・準備室、便所、昇降口がそこから腕を延ばすように分離され、職員室も旧校舎から同様の手法で増築されている。全体として、イギリスの学校建築の平面計画に似た雰囲気があり、戦前からの松村の勉強の成果が滲み出ているように思われる。

この案は「市の理事者および學校當局には異議はなかったのであるが、市會議員の反對にあつて實施案におちついた」とある。批判のポイントは海からの冬の風だったようだが、文面からすると松村はあまり納得をしていない。

しかし松村は別案をつくり、それが実現した。次頁下図が『建築文化』一九四九年九月号に載っている実施案だ。敷地境界に沿ってL型に教室を配し、旧校舎と共に中庭を大きく囲っている。教室棟の向きが当初案とは九〇度違えてあり、風対策だと思われる。L型のコーナー部に昇降口を設け、一階では、教室と理科室・準備室とを分離している。ふたつの階段室が外側に突き出し、外観写真とよく対応している。

松村は、「ともあれ實施案にした結果、たつたひとつのひろいものは階段室の踊場が單調な校内の氣分をやぶつて、爽快な息抜きの場所になつたことであろう。大人だつたら、全くビールのひとあわもふかしたくなる」と感想を書いている。市会議員との調整に苦労した疲労感と安堵感の表現でもあろうか。

階段室を教室棟から突き出させ、切妻屋根がそのままのびてくる印象的なデザインは、その後、松村はいくつかの学校で用いている。「階段室の踊場が單調な校内の氣分をやぶ」り、「爽快な息抜きの場所」になれたのは、いうまでもなく三方が外壁だからである。外観写真からそこに大きな窓がとられていたことがわかる。それによって、片廊下形式の教室ゾーンとは違う空間性を階段室に与えたのである。

当初案では階段室は教室ゾーンに取り込まれており、松村の文章から判断する限り、別案を考える中で登場し

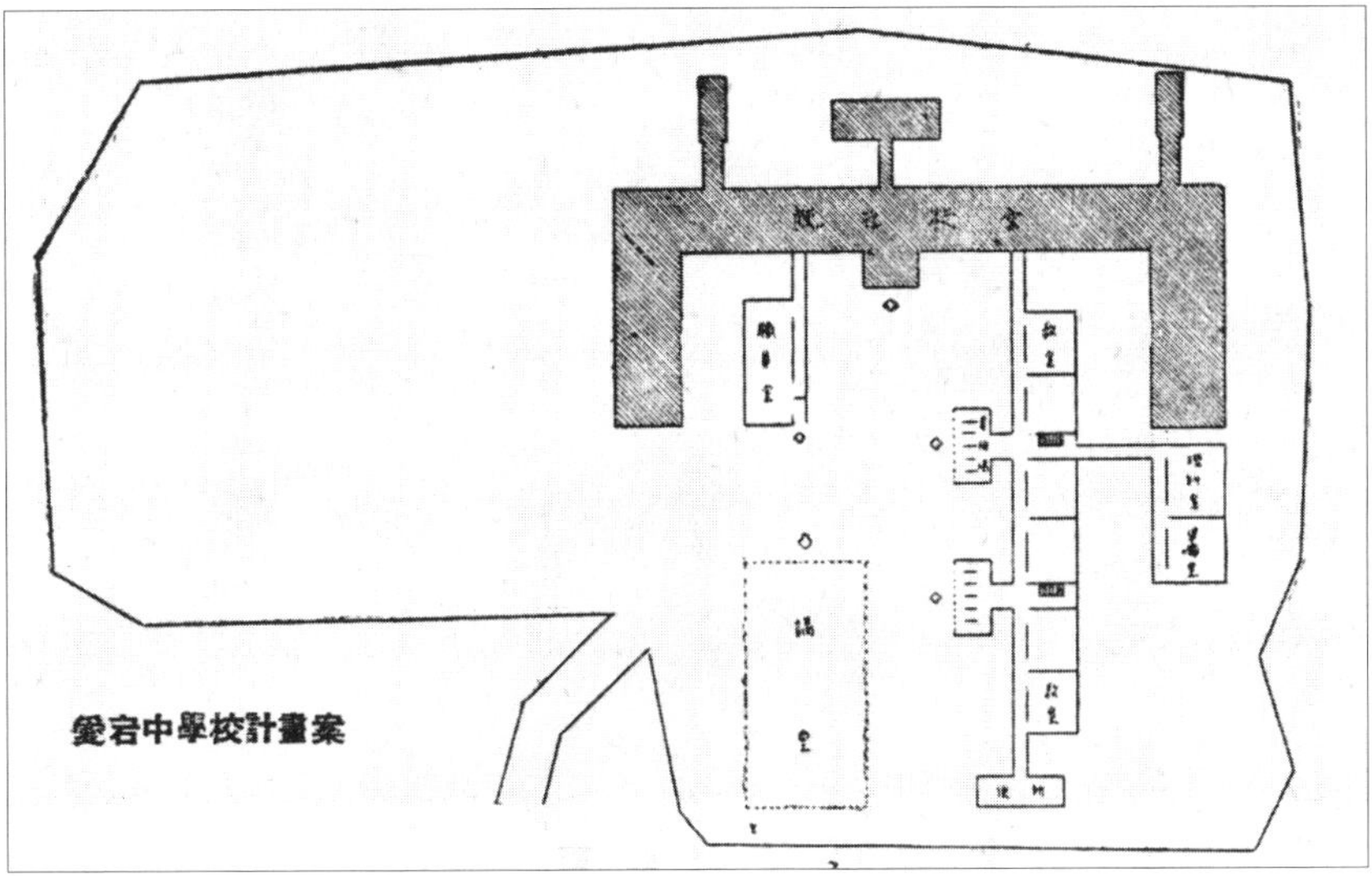

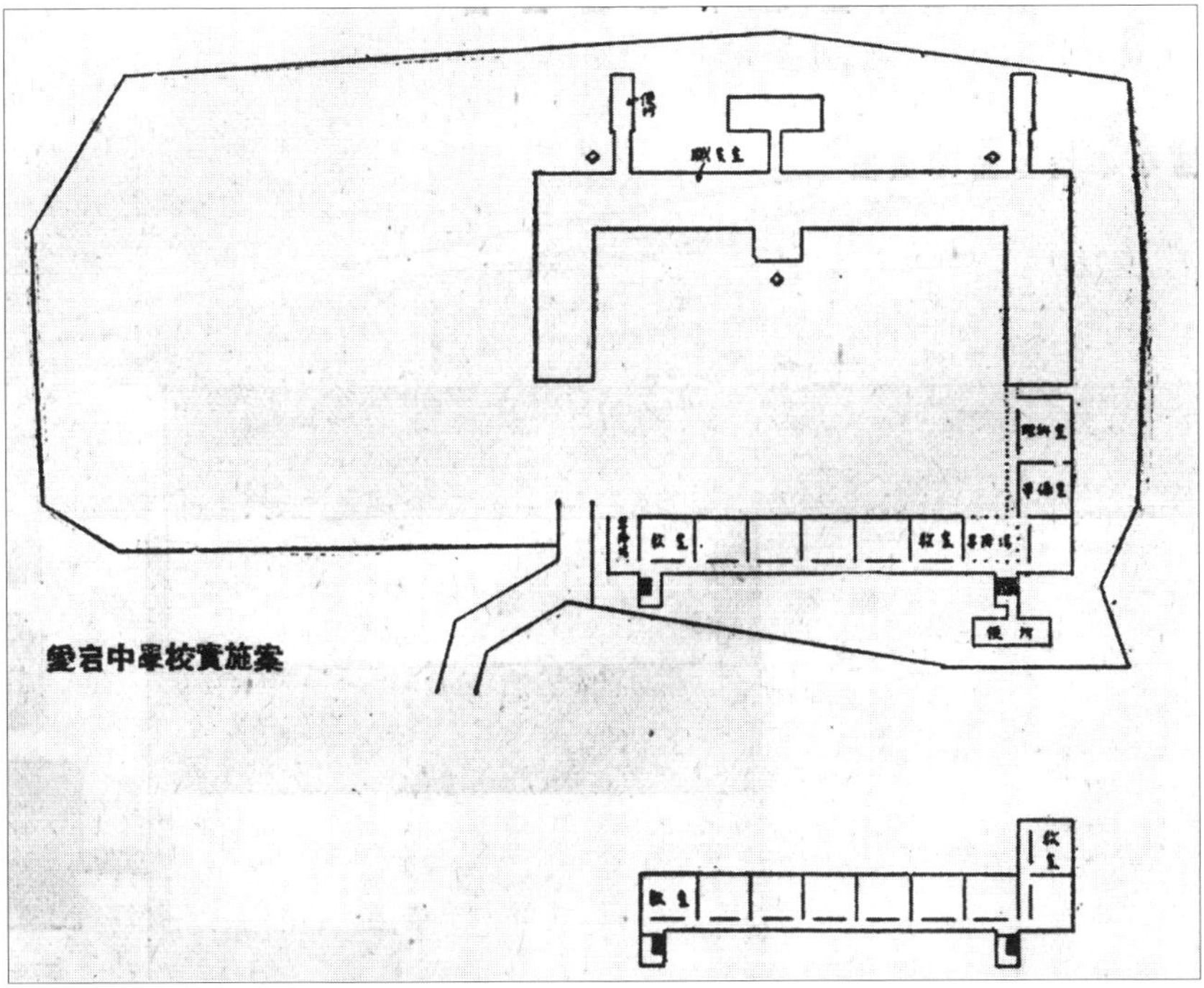

上：愛宕中学校の当初案
下：愛宕中学校の実施案。下の平面図は２階（いずれも『建築文化』1949 年９月号）

上：愛宕中学校西面
下：愛宕中学校南面
（いずれも『建築文化』1949 年 9 月号）

愛宕山から松村の設計した愛宕中学校越しに宇和海を望む［松村家蔵］

たアイデアと読み取れる。しかしその後、階段、廊下などを単に動線としてではなく、子どもたちのさまざまな行為を誘発する空間としてデザインしていった松村にとって、たしかにこれは大きな「ひろいもの」だったといえるだろう。

松村は敷地について、「すぐ眼の下には、港街がひらけている。「あの家がワシのウチだ」と、はつきりゆびさゝれるほどの小高い丘の突端である。南豫でしかみられない段々畑は山の頂に達し、三崎半島にいだかれた港内の風光は、時おりの變化にとんでみあきることもない」と描写している。

また、『建築文化』一九四九年九月号には、山の途中から校舎を見上げた写真が二枚掲載されている。いずれも松村側から提供したものと思われ、建物もさることながら、周辺環境との関係や地域の暮らしぶりを、写真でも伝えようとしたのかもしれない。

そこには、敷地の地形の特徴を取り込んだ建築によって、地域で暮らす人々の生活へ介入しようとする意志が感じられる。これは松村が最後までもち続けた姿勢であり、愛宕中学校にはその萌芽がある。

松村は最後に、「のびのびとした明るい學校にしたかつた。明るさには申し分なかつたが、經費の節約のみ強いられて、面積を制限されたため、昇降場を吹抜とし、階段室をさらにゆつくりしたものにしたいと思つたが、次の機會にゆずるほかはなかつた」と、設計の意図、結果、展望を書いている。「吹抜けの昇降場」は後に新谷中学校で本格的に実現するが、松村の中のイメージとしてすでに書かれていることが興味深い。

松村家のアルバムには、愛宕山から松村の設計した愛宕中学校越しに宇和海を望む写真が残っている。撮影者は不明だが、彼がこの敷地に抱いたイメージを表した写真であることは間違いない。

なお、『建築文化』一九四九年九月号の記事の最初の頁には、「愛宕中學校透視圖」という透視図があるが、これは、外観から判断して、松蔭小学校の間違いであると考えられるので、同校の分析でとりあげる。

神山公民館

建築の概要

実施設計図が残る最も古い作品である。八幡浜市神山地区にある神山小学校（後に松村の設計の校舎にかわる）内に建てられ、地区の公民館や同校の体育館として使われた。現存せず詳細はわからないが、『神山小学校開校百周年記念誌　かみやま』（八幡浜市立神山小学校開校百周年記念誌編集委員会、一九九一年）に全体配置のわかる写真（一九五三年撮影）および外観のわかる写真がある。

またこの建物の工事名称は、八幡浜市の工事台帳では「神山公民館（神山小学校雨天体操場）新築工事」となっているが、『創立八〇周年記念誌』（神山小学校、一九七一年）に掲載されたかつての校長・甲野賢義の「おもい出」という文章には、「着任した年の一一月に今の講堂が建ちました。その時代は講堂や体育館は建築が許可されぬ、公民館であったら許可になるという時代でしたので、名目上公民館として建築されそれを学校の講堂に使う、勿論公民館としても使うということになったのです」と書かれており、当時の事情がわかる。

ただし「着任した年」は不明だ。工事台帳では完成年が曖昧で、おそらく後の書き込みで「市誌では昭和二三年三月　学校の記録では昭和二四年」とある。しかし『八幡浜市誌』では、一九四八年一一月に「神山公民館としても使用することとして、講堂新築落成」となっている（八五四頁）。さらに、次に示す矩計図に「昭和二三・五・二〇」と日付の書き込みがあり、工事期間を考えれば、やはり一九四八年一一月に竣工というのが妥当だと思われる。

実施設計図によれば、梁間六間、桁行一六・五間、軒高一八・八間の一室空間であり、そこに奥行九尺の映写室がついている。小屋組みは木造トラス、外壁は下見板張り、屋根は勾配が一〇分の四・五でセメント瓦葺きである。構造図もきちんと書かれており、壁の中の筋交いや小屋組の水平面内の筋交いなども明示されている。内部仕上げは、腰が下見板張り、上部はペンキ塗りと書かれている。

建設位置は、後に松村が設計した神山小学校のコンクリート校舎（一九五七年）の配置図に「講堂」として示されている部分である。なおこの建物は、コンクリート造の体育館建設のために壊される一九七五年七月まで使用

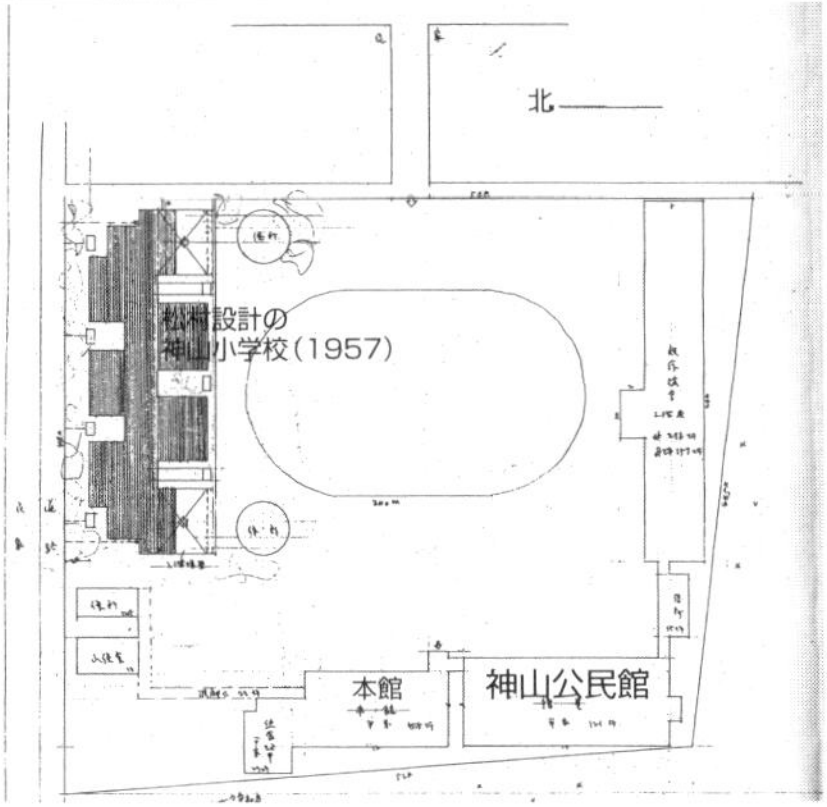

1：奥の右からふたつ目の建物が松村の設計した神山公民館
2：外観［共に『神山小学校開校百周年記念誌 かみやま』］
3：後に松村が設計した神山小学校（ハッチング部、1957年竣工）の配置図の中に書かれた神山公民館。文字は筆者記入

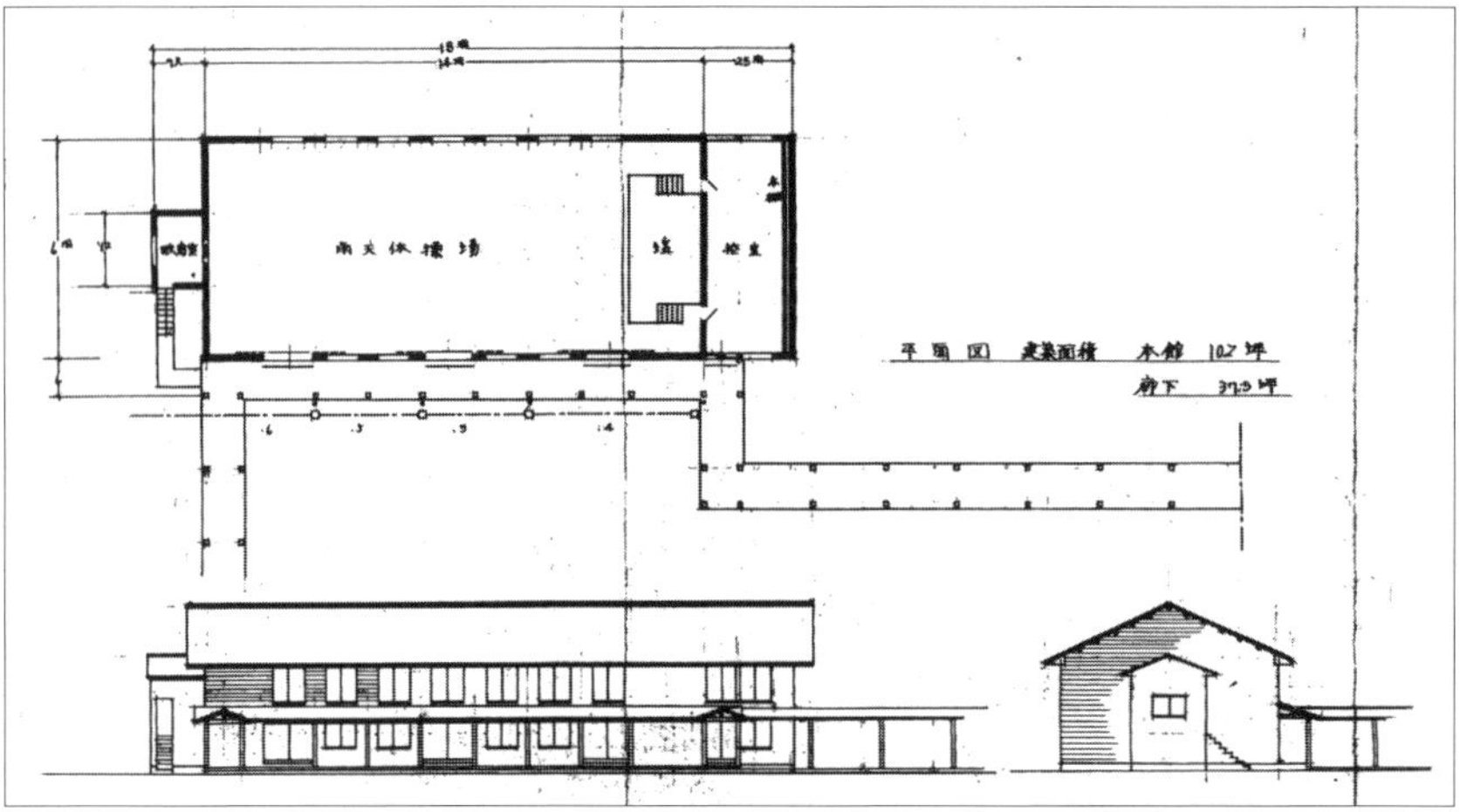

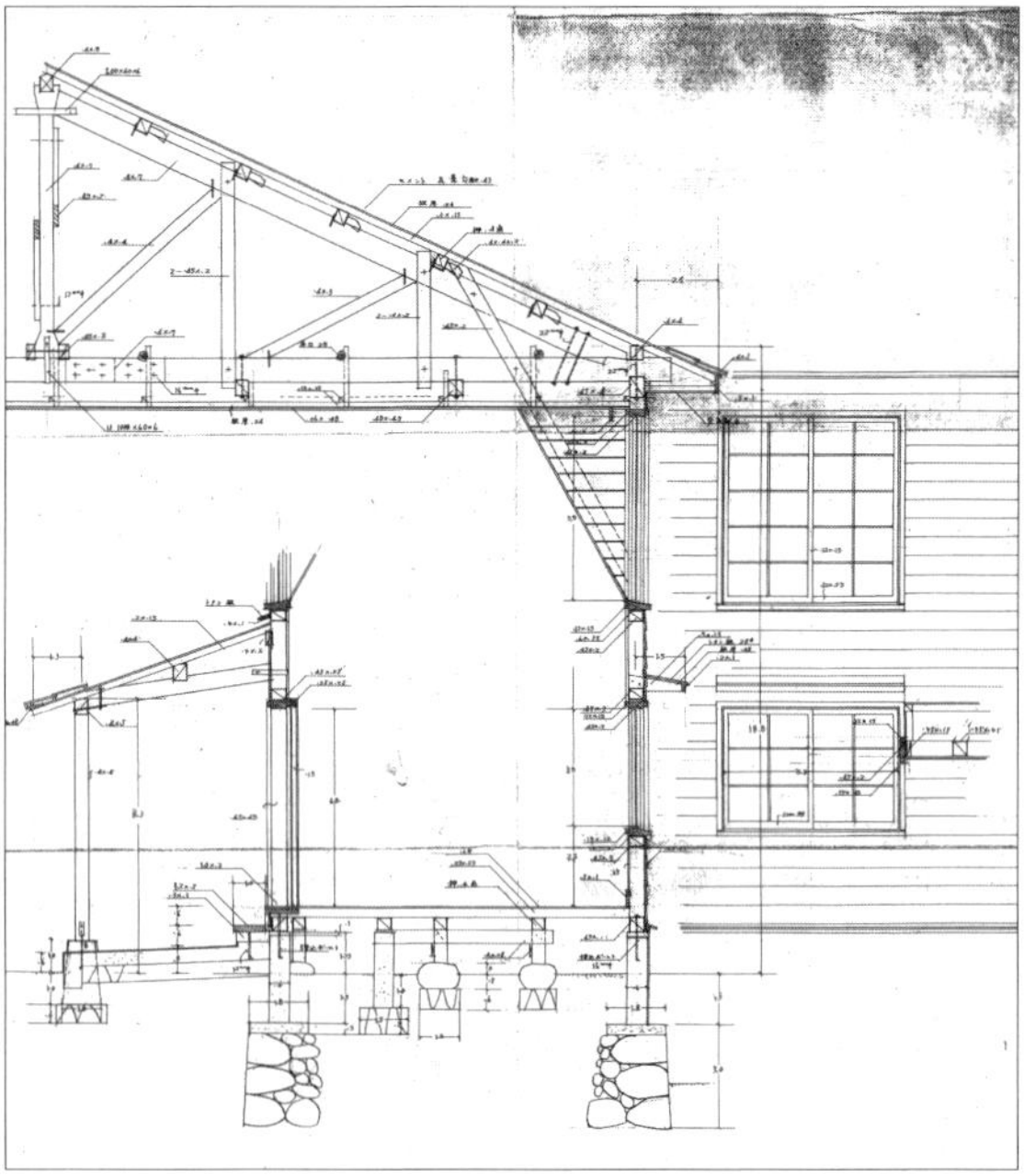

上：神山公民館の平面図と立面図
下：同矩計図。図面の名称枠欄に「昭和 23.5.20」という日付の書き込みがある

された。また配置図では隣に「本館」という建物があるが、既存建物が移築されたもので、渡り廊下の増設なども松村の担当でおこなわれたことが別の設計図でわかる。

特筆すべき内容があるとはいい難い建物ではあるが、次の特徴を指摘しておきたい。

・戦前からつくられていた標準的な木造建築である。当然のことかもしれないが、松村もこういうデザインから出発したということである。
・細かなことであるが、プロセニアムアーチのない大きな空間を確保したうえで、演壇の幅を梁間よりも短くすることによってオブジェのように扱っている。すなわち、明快な空間単位を設定したうえで、その秩序を崩さないように下位の要素をデザインする姿勢を読み取ることができる。
・控室の扉と演壇の階段位置を揃えることによって、控室から登壇する動線がうまく処理されている。より良い平面計画への指向性を読み取ることができる。

松蔭小学校

一　建築の概要

八幡浜市の中心部・広瀬地区にある小学校だ。学校要覧と『八幡浜市誌』によれば、一九二三年に八幡浜町立八幡浜第二尋常高等小学校として創立され、一九三四年に八幡浜市立松蔭小学校に校名変更し、一九三九年に現在の場所へ移転した。戦時中は兵舎として一部を使用し、一九四六年に奉安殿を取り壊した。八幡浜市の工事台帳によれば、一九四九年三月、戦前からの校舎に松村の設計した校舎が増築されたはずであるが、学校要覧と『八幡浜市誌』には記載がなく、落成の日は確認できていない。一九五三年には児童数二一九六人のマンモス校であったが、現在は二〇〇人に満たない。

松村の設計した校舎の実施設計図は見つかっておらず詳細はわからないが、『建築文化』一九四九年九月号に愛宕中学校とともに掲載され、平面配置図と透視図（誌面には「愛宕中學透視圖」というキャプションがあるが、平面などから判断して、松蔭小学校のものに間違いない）が発表されているので概要が把握できる。また、現在の松蔭小学校資料室に残された写真から外観なども確認できる。

全体の配置は『建築文化』の平面配置図のとおりで（図の下方が北）、斜線で示された戦前からの旧校舎と平行に敷地の北端に置かれ、旧校舎とは渡り廊下でつながっていた。松村の設計した校舎は木造二階建ての切妻屋根、外壁は下見板張りである。開口部は、教室、廊下側とも途中に遮光庇がある二層の窓で、外光を巧みに取り入れる設計となっている。外装の窓枠と建具枠には明るい色のペンキが塗られていたようだ。基本的に、愛宕中学校に準じたデザインであったと思われる。

特徴的なことは、平面配置図と透視図から明らかなよ

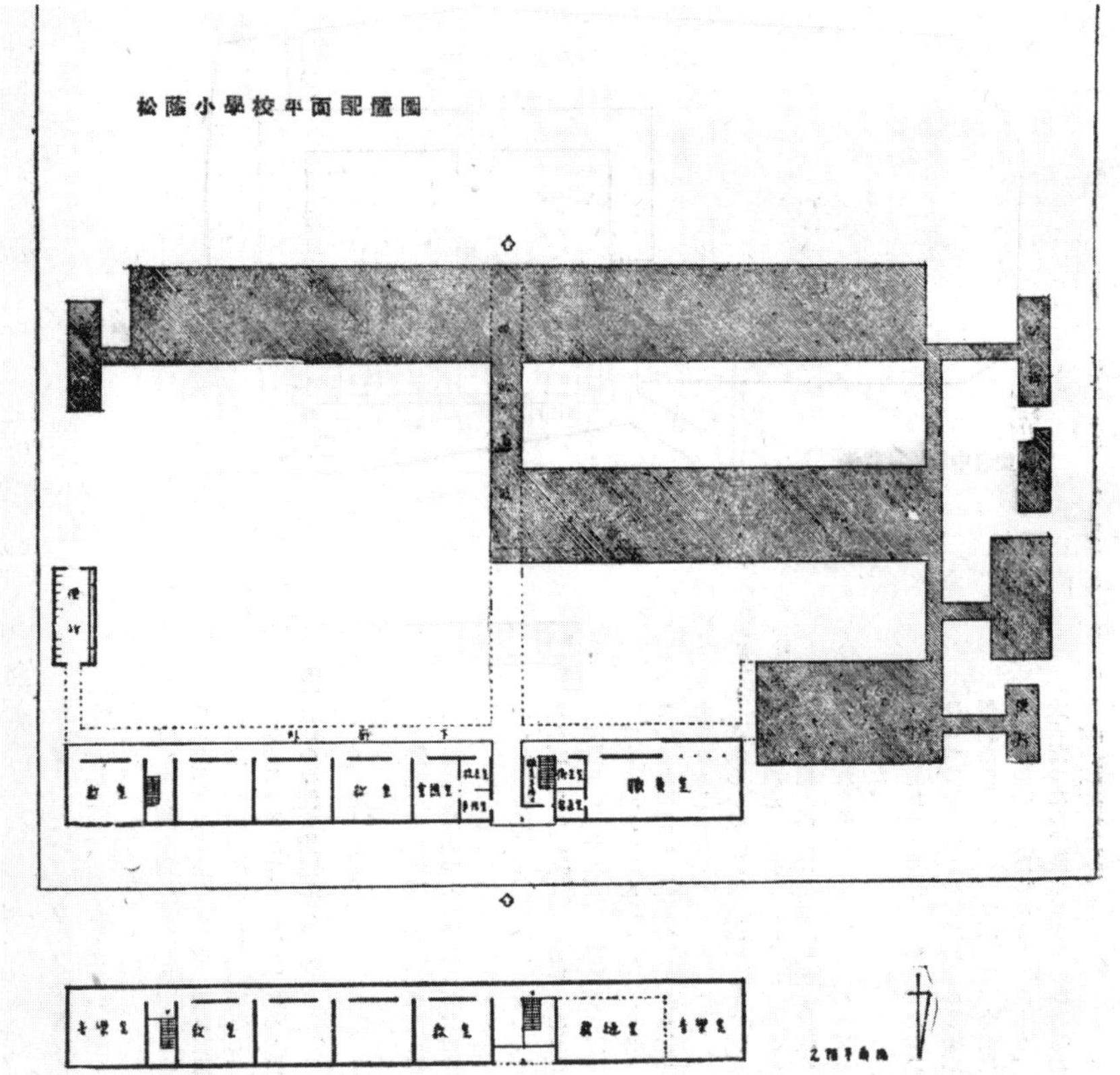

上：松蔭小学校平面配置図（『建築文化』1949 年 9 月号）
斜線部が旧校舎で、一番上が南校舎、その下が中校舎と呼ばれていた。記入された部屋名は、1 階左から、教室、会議室、［校長室、事務室］、職員昇降口、［衛生室、宿直室］、職員室、および便所、外廊下。2 階左から、音楽室、教室、教室、裁縫室、音楽室である
下：松蔭小学校透視図。北側の道路から描いたもの（『建築文化』1949 年 9 月号）

うに、中央西寄りに運動場へ続くピロティがあり、そこを抜けると左右に昇降口の下屋が延びるという構成である。透視図は北側の道路から描いたもので、ピロティの入口は中央に独立柱があり二層分の高さがある。

通り抜けの空間の横には職員昇降口があり、二階への階段がある。二階床があるから完全な吹抜けではないが、

1952年7月、内庭での集会。西尾実校長先生の告別式［松蔭小学校蔵］

愛宕中学校における「昇降場を吹抜とし、階段室をさらにゆつたりしたものにしたいと思つたが、次の機會にゆずるほかはなかつた」（『建築文化』一九四九年九月号）という反省を、わずかとはいえ具体化したデザインといえるだろう。

教室棟は一、二階とも運動場側に廊下がある。一階の廊下沿いには、図面で「外廊下」と記された下屋があり、そこが昇降口になっていたと思われる。一九五二年七月に撮影された集会の写真の奥に写っているのが松村の設計した校舎である。学校要覧には一九五三年一月一日に「火災にかかり、南と中の二校舎全焼」とあり、この写真左手にあるのが「中」校舎で、さらにその左隣りに「南」校舎があったと思われる。昇降口の下屋と旧校舎への渡り廊下の様子がよくわかる。

さらに学校要覧によれば、一九五三年九月一八日に「新校舎落成　西校舎二棟」、一九五五年七月七日に「新校舎落成　東校舎一棟」、一九五六年一一月二日に「講堂落成」とあり、これによって運動場をコの字に囲む現在の配置が完成した。航空写真の下（方位は北）の左右（東西）に長い校舎が松村作品である。右翼の二棟が西校舎、左翼が東校舎と講堂であり、現在も残っているが、これらは八幡浜市役所の別の担当者の設計である。

1
2
3
4

1：1967 年撮影の航空写真
［松蔭小学校蔵］
一番手前が松村の設計した校舎
2：1955 年度運動会の様子
（撮影：菊池貞一）［松蔭小学校蔵］
3：「昭和 32 年卒業写真」の一部。
南側立面［松蔭小学校蔵］
4：現在の東校舎
（2007 年 2 月 20 日撮影）

二　「外廊下」への着目と両面採光への萌芽

『建築文化』一九四九年九月号で、松村は松蔭小学校について設計のポイントをふたつあげている。そのひとつが「外廊下」だ。

松村は、「この地方の小學校建築の型として外廊下がある」と書いている。そして、「内廊下の必要を認めないほど氣候温順のせいから生れたものと思う。外廊下が北に面していても、さほど苦痛でもない。たゞし雨の吹きこみにはこまる。このため、一般に外廊下の軒がひくゝ、教室は一方光線にたよっている」という。つまり気候風土への対応はできているが、教室の採光には問題が生じるというわけだ。

昭和32年卒業写真の一部。中央右に、外廊下の屋根を支える柱と方杖が見える［松蔭小学校蔵］

一方で外廊下の利点を、「教室と運動場との連絡が圓滑であることであろう。構造上の不利はたしかにあるのだが、松蔭小学校の例にみるごとく、外廊下を南におくと、教室から廊下をへて直ちに屋外に出られる便利さは、むしろテレスなどを不自然に設けるよりは、はるかにまさっていると思う」と指摘する。

そしてこのふたつの短所と長所を両立させた案として、松蔭小学校では、「外廊下の軒先を教室の天井高さまであげた」と説明している。たしかに当時の写真を見ると、外廊下の傾斜屋根の上部と二階窓の下端が揃っており、たとえば「昭和三二年卒業写真」では、方杖で補強された柱が外廊下の屋根を支えている様子がわかる。松村は「外廊下の軒先を教室の天井高さまであげた」と書いているが、二階腰高が二尺五寸、一階天井懐が二尺としても、それは十分に可能だったと思われる。

下屋形式の昇降口を設けて運動場との関係を強め、しかもその下屋が教室への採光を妨げないようにするという考え方は、後の両面採光へとつながる問題意識があったことの証拠であり、興味深い。

昭和 50 年度職員写真の一部。
外廊下に建具が入れられて内部化されている
［松蔭小学校蔵］

なお、「昭和五〇年度職員写真」を見ると、この外廊下に建具や壁が取りつけられ、内部化されていたことがわかる。いずれかの時期に学校の判断でおこなわれたのであろう。

三　保守的学校観へのヴォイドな解答

『建築文化』一九四九年九月号で、松村が松蔭小学校について挙げたもうひとつの設計ポイントは「玄関」だ。松村は「もうひとつ無理解な抗議に出會つた」という。それは「こんどの學校には「玄關らしい」ものがみあたらない」という指摘である。「こけおどしの玄關など、はじめから問題にしていないのであるから、意見の對立はまぬがれない。かゝる問題が起つてはと、あらかじめ透視圖を示しておいたのであるが、形がなかばできてから騒ぐものだから始末がわるい」という状況だったようだ。

『素描・松村正恒』によれば（一一八－一一九頁）、建設資金を寄付したPTA会長から、「真中に堂々とした玄関がない、われわれの学校のイメージと違う、設計変更しろ」とか、「玄関の代わりにぽかっと大きい穴があいとる」とクレームが出たが、松村は「そういう権威の象徴である堂々たる玄関はやめたい。左右相称もあまりしたくはない」という考えで、「奥歯にものがはさまった程度の設計変更をして」その場をおさめたと述べている。すでに紹介した正門から運動場へと抜けるピロティ部分のことである。

その部分のデザインについて松村は、『建築文化』一九四九年九月号では、「わたくしとしては、雑然と建てこんでしまつたこの學校の建築群に、少しは高い調べもかなでたい、ガリユウテンセイとまではゆかないが、まいにち學校を出入する子ども達に、なにか力強い心の動きを、おゝらかにして氣品たかきものえのあこがれを、うえつけたいと念ずるばかりに、外部との連絡口にあたることの部分の取扱を考慮したにとゞまる。／階段室をかねているから、全體をあけぱなしにして、おさえつけられるような、コマシャクれた技巧などにわづらわされない空間をつくろうとした」と書いている。

透視図と単線の平面図だけしかないので詳しい空間構成はわからないが、松村に抗議をした人々にとっての「玄関らしさ」を体現した本校の前身である八幡浜第二尋常高等小学校と比べると、松村のデザインは、彼らが期待したものの対極にあったことがよくわかる。

つまり、前者が建物の中心にヴォリュームとして玄関を付加しているのに対し、松村案は、建物の中心をはずした位置にヴォイドな空間をえぐり取り、それを玄関と

上：松蔭小学校の前身である八幡浜第二尋常高等小学校の玄関（1937年4月撮影）［松蔭小学校蔵］
下：松村案の玄関回りの透視図（『建築文化』1949年9月号）

見なしているからだ。独立柱はややシンボリックではあるが、その奥の階段室は一方に寄っているし、ヴォイドの左右の外壁の開口部も左右対称の構成を崩されている。それらの構成が全体として「堂々としたところのなさ」を実現しているのだ。

『素描・松村正恒』で松村は、「八幡浜市役所におりまして一番最初に設計したのが松蔭《まつかげ》小学校というのでありますが」と語っているが（一一八頁）、すでに述べたように、この時期には愛宕中学校と神山公民館が彼の設計で竣工している。したがって「一番最初」という表現が、設計作業自体は松蔭小学校が先行していたという意味なのか、あるいは自分がやったといえるのは松蔭小学校からという意味なのかは、はっきりしない。

しかし松村は、後に設計した学校でも、PTA、教育委員、市会議員らの古い学校観と戦ったことをしばしば回想しており、松蔭小学校がその最初のケースという意味で、「一番最初に設計した」と言ったのだろうか。

白浜小学校増築工事

建築の概要

一八九三年、八幡浜港や八幡浜市役所に近い現在の地

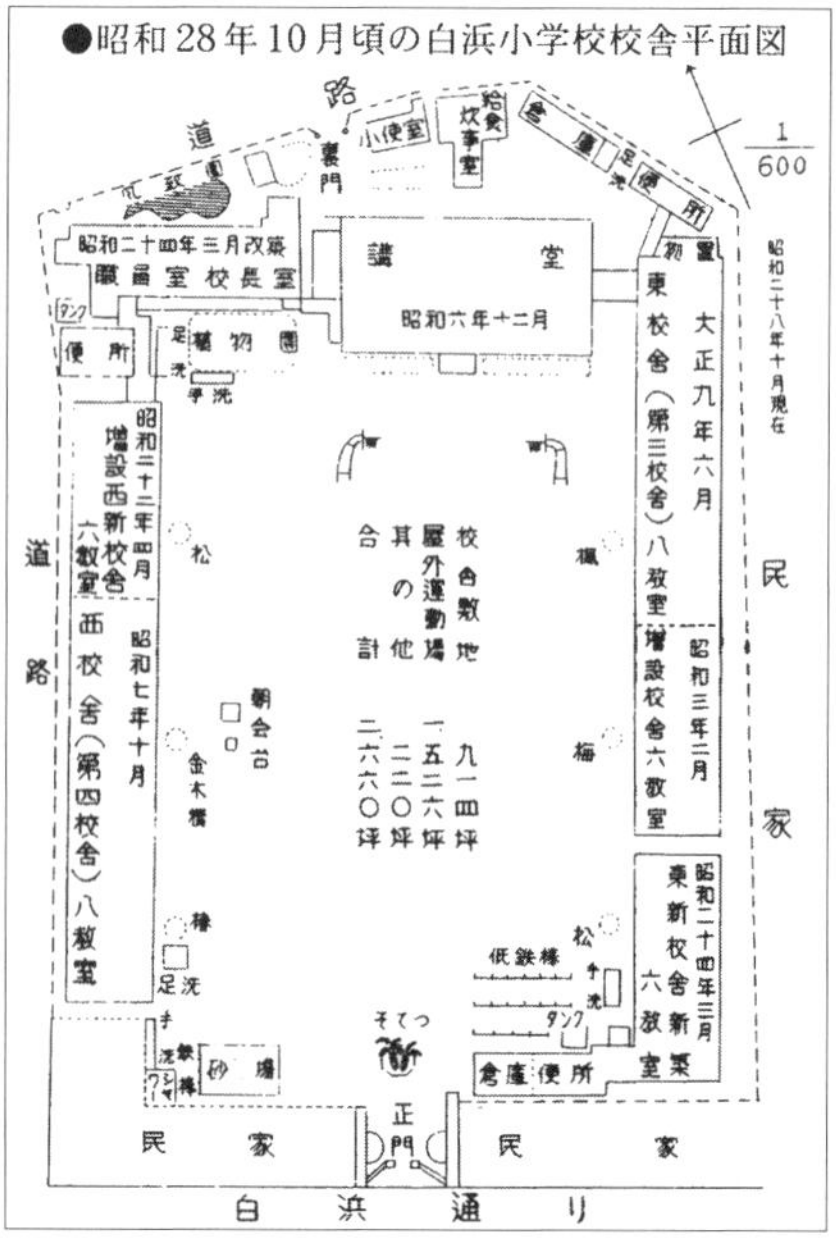

右：昭和 28 年 10 月頃の校舎配置図
（『八幡浜市立白浜小学校　創立六十周年記念誌』（1954 年））
左：昭和 30 年頃の航空写真
（『八幡浜市立白浜小学校　創立百周年記念誌』（1994 年））

に、矢野崎第一尋常小学校として創立され、その後、建て替えや増築が繰り返された。一九五〇年代の状況は、配置図（上が北）と航空写真が示すとおりである。このうち松村が担当したのは、一九四九年三月に竣工した南東角の部分である。

一九三七年の写真と『創立六十周年記念誌』に掲載された一九五三年の写真を比較すると、松村が設計した校舎の増築が確認できる。実施設計図は見つかっておらず、これらの写真資料しかない。

『創立六十周年記念誌』の写真を拡大すると、木造二階建てで端部に階段室がついた愛宕中学校と同様の構成で、六教室あることがわかる。一階には下屋が見えるが、

1

2

3

1：1937 年の校舎。右奥が空き地である［白浜小学校蔵］
2：1953 年の校舎。右奥が松村の設計した校舎
（『創立六十周年記念誌』）
3：松村が設計した校舎（『創立六十周年記念誌』掲載の写真の拡大）

これは松蔭小学校と同様に昇降口だったのだろう。当時の松村の設計手法で素早くまとめた建物といえる。

神山小学校計画案

一　実現されなかったスケッチと実施設計図

八幡浜市役所に保管されている松村担当物件の実施設計図の中に、建物名称が記入されず、日付から昭和二四年三月から五月にかけて描かれたと思われ、松村の確認印が押された木造校舎のものがある（A1サイズで一三枚）。構造図、矩計図、詳細図、室内展開図からなり、平面図は見つかっていない。しかし、構造図からおよその平面形は想像できる。特徴的なことは、床伏図に建物沿いの「水路」が描かれていることである。それを決め手として、水田を埋め立てた敷地のため水路が運動場の真ん中に残っていた神山小学校の計画案だと判断した。

愛宕中学校と松蔭小学校を掲載した『建築文化』一九四九年九月号には、この床伏図と同じ形状の輪郭をもつ建物スケッチがある。図面の日付ともつじつまが合い、『建築文化』の原稿を書いている時期に計画中であった建物を紹介したのではないかと考えられる。

このスケッチについては、『建築文化』の記事では全く触れられていない。愛宕中学校と松蔭小学校についての説明の後、松村は地方における学校建築の設計や建設を巡る問題点を批判しているが、その参考図といった気持ちで載せたのだろう。

スケッチの上段のふたつの絵は、左が「村の案」、右が「私の案」である。「村の案」は、外来者用の立派な玄関のある二階建ての校舎で敷地が二分され、生徒はその脇をすり抜けて裏側の昇降口からはいっている。その下に描かれたのが立面図だ。「私の案」は、二階建ての教室棟と平屋の特別教室棟を分離し、敷地に表裏をなくすとともに、その隙間を昇降口として生徒の動きを第一に考えた配置計画である。入口からの外観スケッチが、人を誘い入れるような空間構成をよくあらわしている。

二　「規格に近い学校」

この建物の実施設計図が示す内容は、同時期の愛宕中学校、松蔭小学校、白浜小学校増築工事、そしてこの後につくられる八代中学校に共通する仕様であると判断でき、それらの学校の様子を知る貴重な手がかりである。

矩計図によれば、教室の外壁側の開口部が垂れ壁なしで二層になり、その間に遮光庇がある様子や、教室の屋根がそのまま延びた階段室の意匠などがよくわかる。しかし、廊下側の間仕切り壁や外壁には特別な工夫はなく、建具の割り付けのプロポーションも戦前からの木造建築に準じた印象であり、松村独自のデザインはまだ登場していない。

『建築文化』一九四九年九月号の記事の最後には、松村による自己批判、および地方における学校建築批判が展開されている。まずは掲載した自分の作品について、「愛宕中學校、松蔭小學校、いづれも建築作品としては、とりたてゝ説くほどの代物でもないが、地方の學校建築の一例として報告したまでゞある。／計畫はねれていないし、意匠としては鈍重であり、いかにも潮のかほりフンプンとして田舎くさい。／洗練されていないかわり、

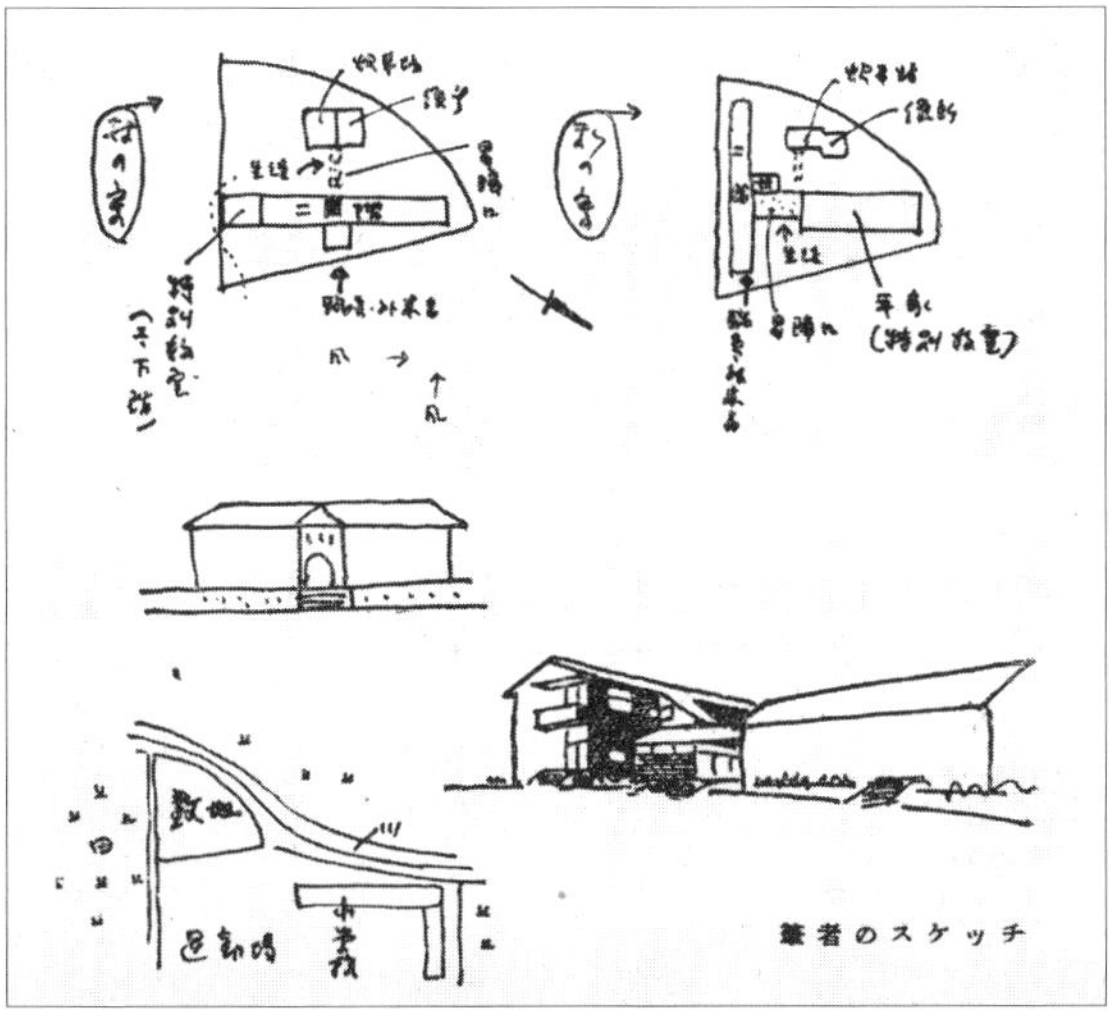

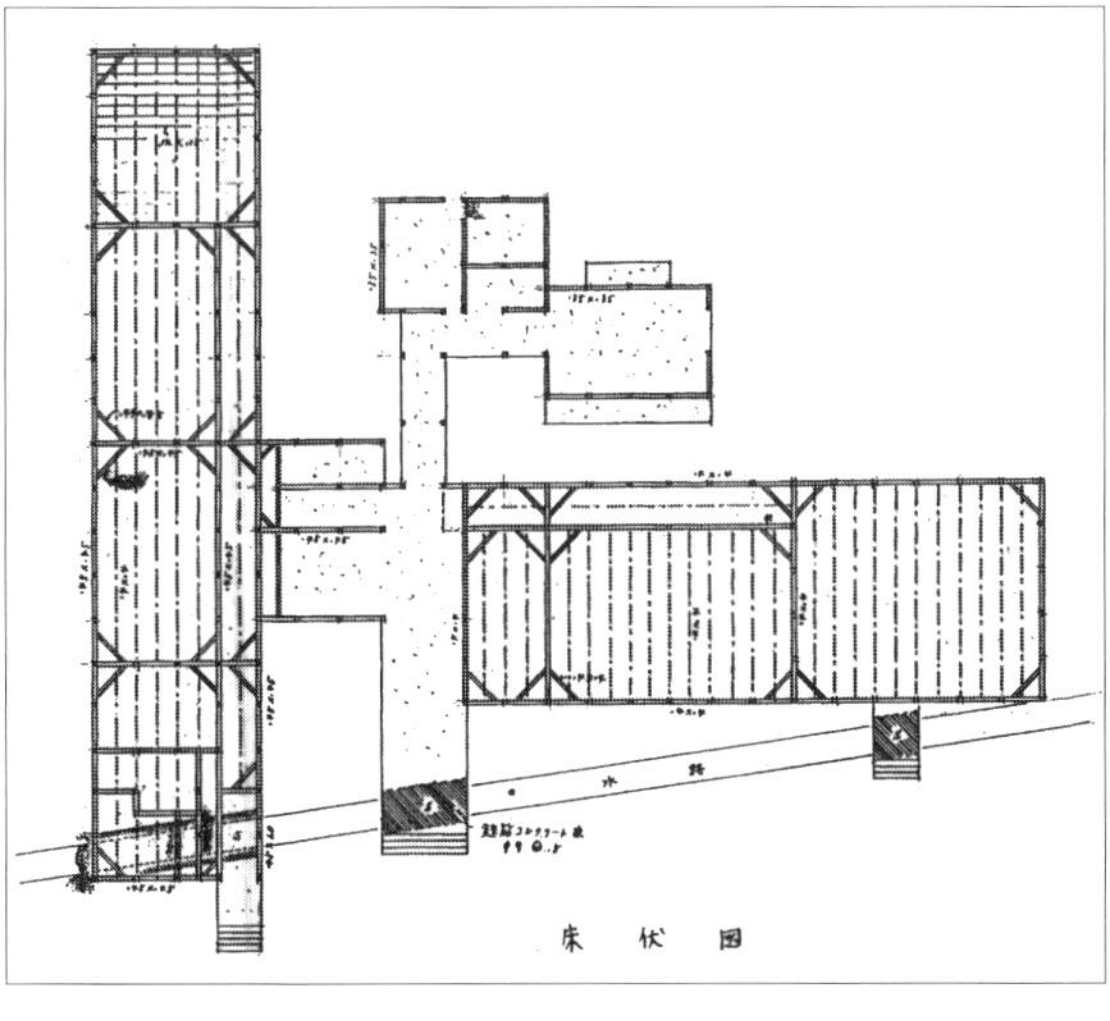

上：『建築文化』1949 年 9 月号に掲載されたスケッチ。「筆者のスケッチ」と書かれている
下：神山小学校計画案と思われる実施設計図の床伏図。建物の下方を斜めに横断するのが「水路」

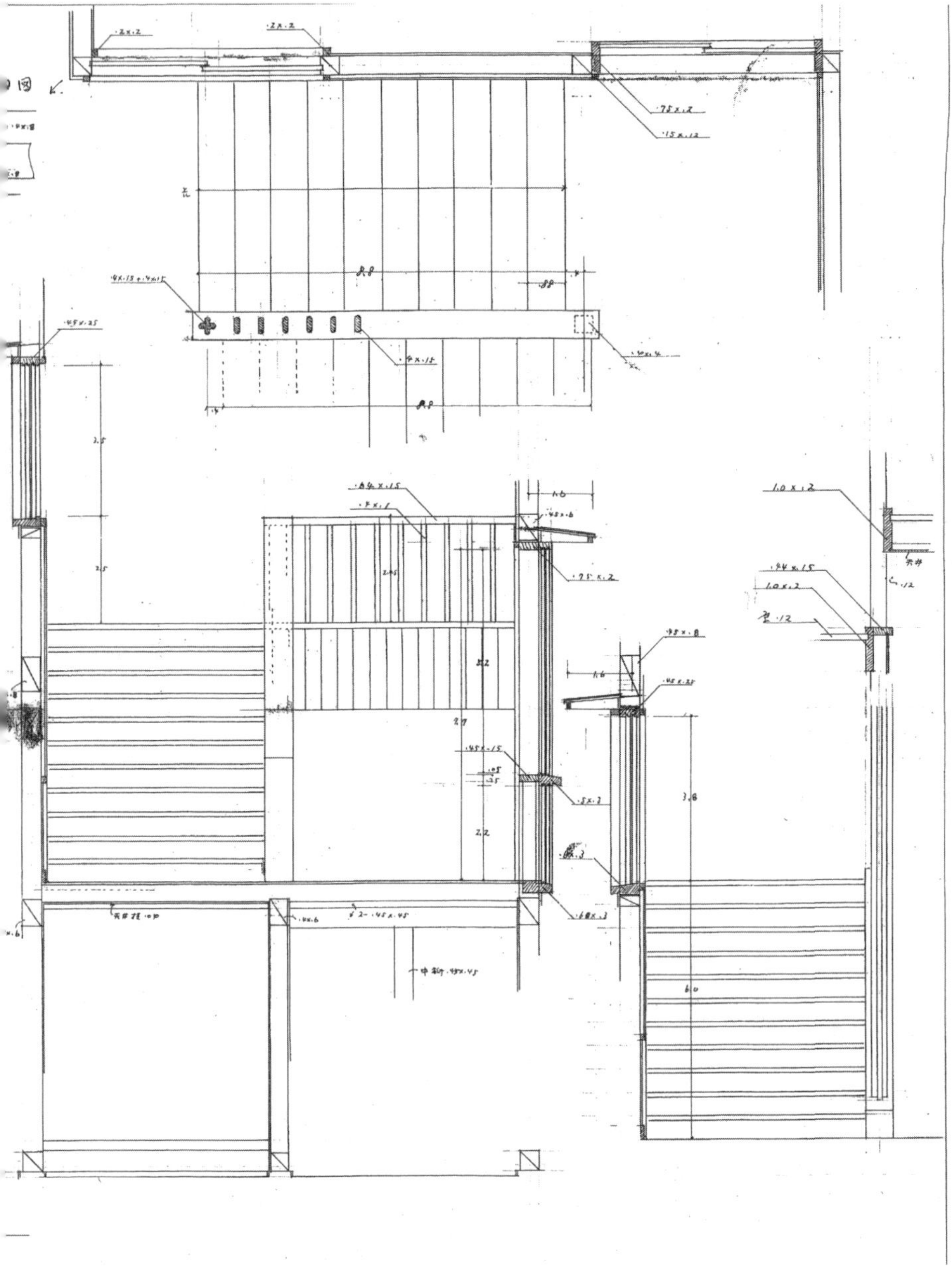

.2x.2
.2x.2
.75x.2
.15x.12
2.8
.45x.25
1.0x.12
.44x.15
1.0x.2
.45x.8
.45x.15
3.6
6.0
中桁.45x.45

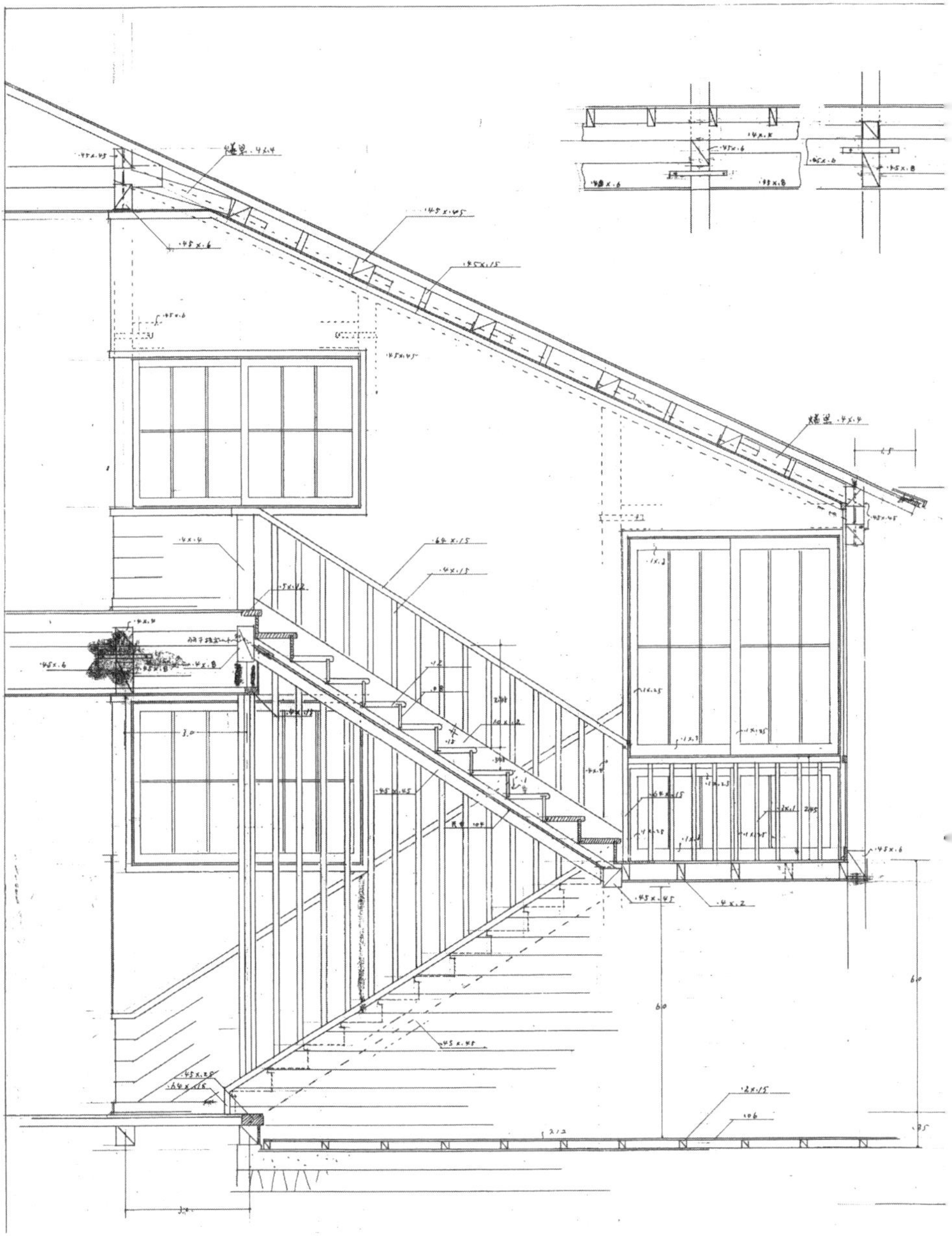

神山小学校の計画案と思われる図面の矩計図（階段室）

せめて健康で、ハツラツとした底力でもつたえていれば救われもするのに、全體の感じが、イモムシののびたようなカッコウをして、防腐剤の黒さのために健康そうにみえるくらいが關の山である」と手厳しく自己批判している。

次いで、学校建築に関わる他のさまざまな主体も批判される。まずは地方議員批判である。「ともかく地方の學校建築の實情を思うと暗然とする。いわゆる議員諸公がクチバシをいれるものだから、舊態依然たるものばかりできる。かれらは、建築の眞と僞をみわけることができない。現代建築の本質を全く理解していない」と。

しかしその責任の一端は建築家にあると松村は考えており、「これまで名ばかりの建築家が、いゝかげんな建物ばかりオメにかけて、地方人の目をけがしてしまつたのである。だから愛宕中學校でさえ、いままでの學校をみなれた目でみるかれらには、この市にはハイカラすぎると嘆息するのである」と、建築家への批判も忘れない。

教育委員会批判もある。「學校建築の問題に關しては教育委員會に責任があるのであろうが、意匠および計畫に關するかぎり放任の状態である。委員會事務局が無力なのである。現状は惜しいとゆうよりも、これでよいのかとヒフンコウガイのきわみである」と。

建築学会も槍玉にあがっている。「さきに建築學會、文部省などの主催にて學校建物規格講習會が全國各地でひらかれ、盛況であった由。だが、ただ聽講者人數のみをもつてして、主旨の普及テツテイに效があつたとみなされては問題である」と。松村も出席したのだろうが、「出席者の大部分は、官費出張であつて、なにかのいゝがかりをつけて、はるばる出てはきたもの、、興味がないと、現代文學の研究に餘念がなかつた手合もあるし、そのまゝすぐに利用できる資料をあつめに、はせ參じた熱心な技術家もある」と、現場の実態を嘆いている。

そして、興味深いのは次の記述だ。建築学会と文部省による講習会について松村は、「もちろん、講習會の意義は大いにある。たゞウノミにされると危険だと思う。こゝろみに、規格に近い學校をたてゝみた。意匠に關してだけの問題であるが、その結果は、生氣のない、人の魂をゆすぶるような魅力の乏しい學校ができあがつてしまつた」と書き、文脈からすると、「こゝろみにたてゝみた規格に近い學校」とは、自らが設計した愛宕中学校、松蔭小学校、白浜小学校、そして実現しなかった神山小学校の計画案ということになる。たいへんに厳しい自己批判だ。これらの学校は、議員や教育委員会との戦いを経たデザインではあっても、「魅力の乏しい學校」でし

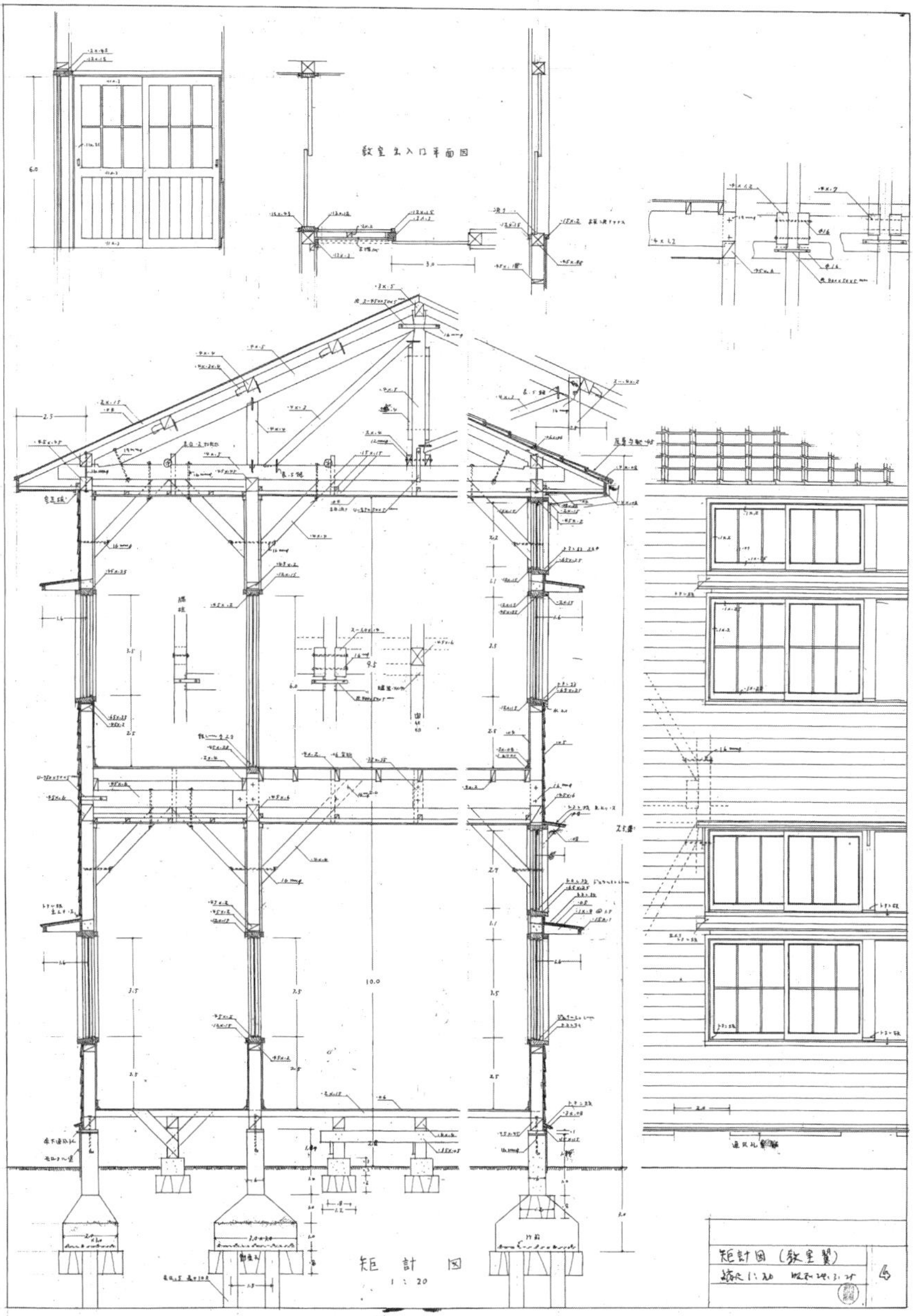

神山小学校の計画案と思われる図面の矩計図（教室棟）

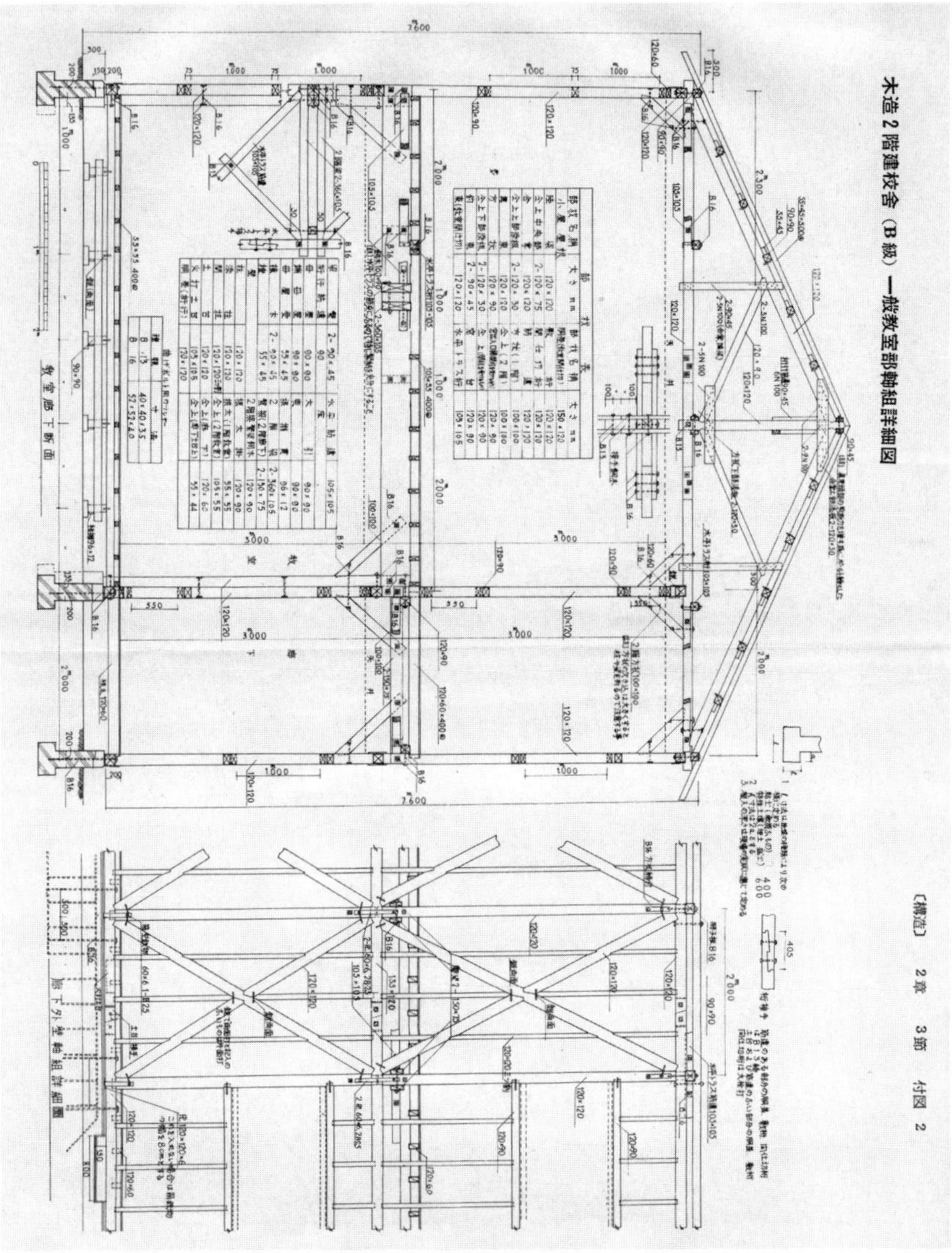

『學校建築技術』（日本建築学会、1954年）の中に掲載された「木造二階建校舎（B級）一般教室部軸組詳細図」

かないと自らが位置づけているのだから。

ちなみに、この計画より少し後になるが、学校建築講習会のテキスト・『學校建築技術』（日本建築学会、一九五四年）の中に掲載された「木造二階建校舎（B級）一般教室部軸組詳細図」を見れば、神山小学校の計画案の図面とよく似ていることがわかるだろう。

最後には、「これでは舊い型の學校建築にかわつて、新しい型を、そしてそれは、血のかよわない、つめたい形骸のみの建物が、ぞくぞくと町や村の空間を占めてゆくのみである。／悲しい。／問題はこゝにある。／つゞまるところ、氣をながくもつて、うまずたゆまず、地方の人々を教育してゆかねばならない。／目に訴えて。コレデモか、コレデモかと」と、松村がその後歩んだ道が予言されている。いずれにせよ、この段階で松村は、神山小学校計画案に代表されるデザインには満足しておらず、新しい建築的ヴォキャブラリーの発見の必要性を感じていたと想像できる。

八代中学校

一　建築の概要

戦後の学制改革にともない、一九四八年四月に創立された中学校である。『八代中学校創立五〇周年記念誌』（八幡浜市立八代中学校創立五〇周年記念実行委員会編、一九九八年三月）によれば、当初の生徒数は、神山小学校と舌田小学校の二校区から通う三七五名であり、翌一九四九年度には、松蔭小学校の学区も加え、さらにベビーブームによる生徒数増や校区変更により、一九六三年には最大一四九七名を擁する大規模校となった。最初は神山小学校と県指導農場の一部を借りていたが、松村の設計による新校舎が現在の敷地に完成し移転した。

工事台帳によれば、工事契約日が一九四九年三月八日で完成は一九四九年一一月二四日だが、『八幡浜市誌』には一九五〇年一月落成とある。

実施図面が見つかっておらず詳細は不明だが、『建築文化』一九五〇年九月号に、三頁にわたり平面図と写真と松村の文章が掲載されており、概要は把握できる。また、松村家に残るアルバムに、裏側からの外観写真と玄関回りの内外を写した五枚の小さな写真も残っている。

この平面図には、教室棟以外に特別教室棟や講堂などの増築予定の部分も描かれているが実現しなかった。生徒数増加への対応は、松村の設計した校舎裏手に、大平女学校の校舎を移築し（一九五三年）、さらにその裏へ二棟の校舎を増築して対応した（一九六〇－六一年）。

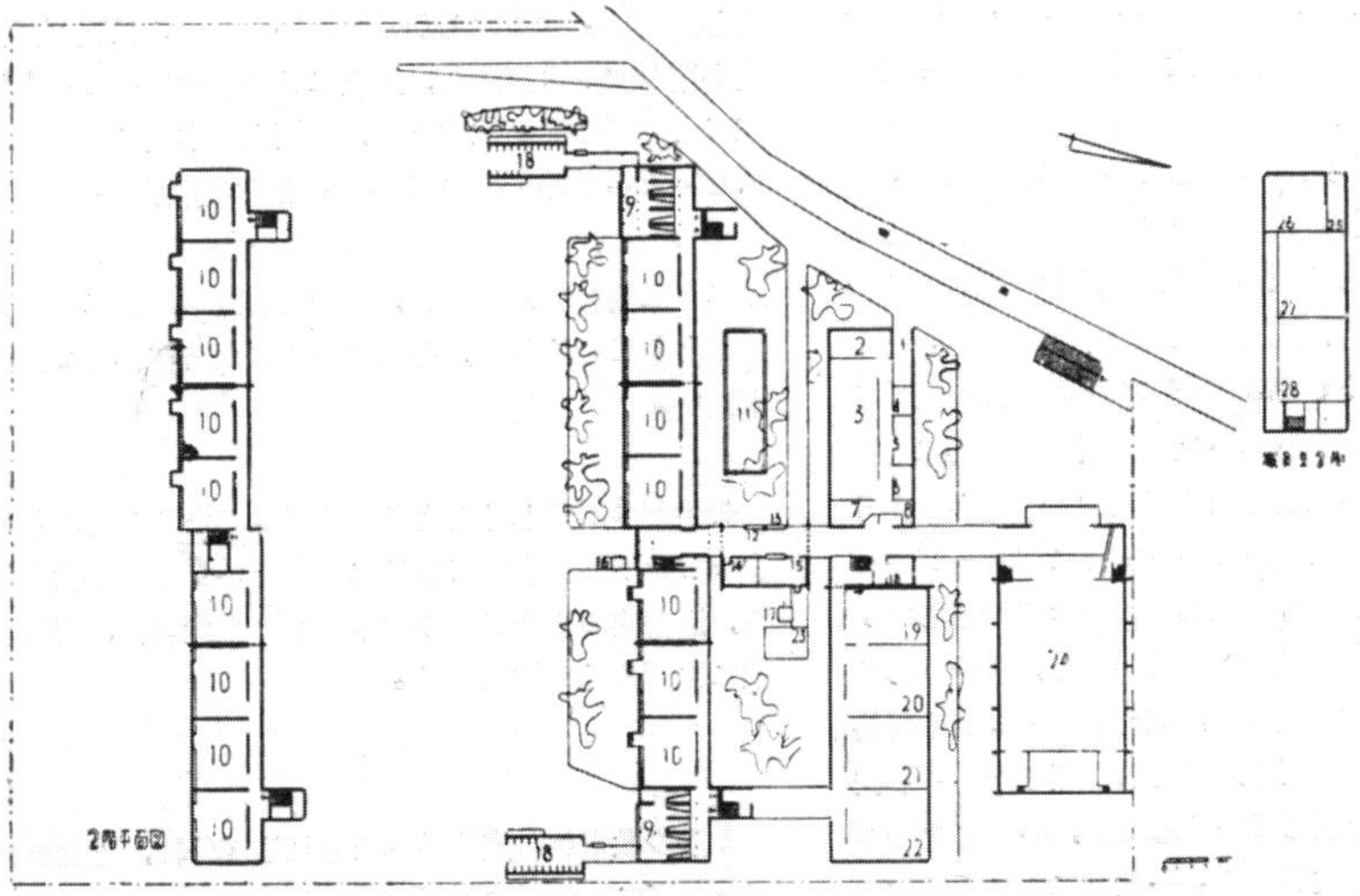

八代中學校平面圖　設計　松村正恒　施工　堀本萬喜男
南，東，北は田，西は道路，河を距てゝ山

上：全体平面図（『建築文化』1950 年 9 月号）
運動場側の教室棟および便所以外の特別教室棟や講堂は実現しなかった
下：1961 年の航空写真。一番手前が松村の設計した校舎である。
その後方は、松村の担当で移築・転用された大平女学校の校舎（1953 年）、および別の担当者の設計で
増築された 2 棟の校舎（1960 ～ 61 年、現存）（『八代中学校創立 50 周年記念誌』）

上：外観（『八代中学校創立 50 周年記念誌』）
左半分の 2 階バルコニーと右半分の 1 階昇降口のリズム、左右の便所と校舎との関係がよくわかる
下：校舎の裏側（北側）からの写真［松村家蔵］

2	1
4	3

1：西半分の外観。
昇降口、2 階バルコニーがわかる
2：階段室
3：東半分の外観。
中央部のずれや遮光庇がわかる
（いずれも『建築文化』
1950 年 9 月号）
4：手前の平屋が便所敷地沿いに
角度が変更してある
（『八代中学校創立 50 周年記念誌』）

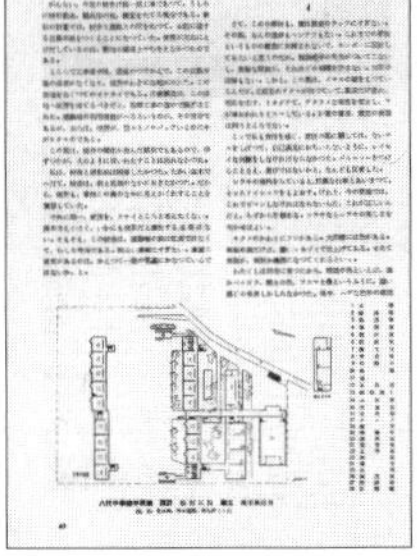

『建築文化』1950 年 9 月号の表紙と八代中学校の掲載頁

松村が設計したのは、一六教室を擁する木造二階建ての細長い校舎である。中央部分に玄関と大きな階段室があり、そこで平面形が廊下幅分ずらされていて、長い片側廊下の単調さが破られている。教室の大きさの単位空間が、西半分に五ユニット×二、東半分に四ユニット×二あり、一階両端の二ユニットは昇降口になっている。昇降口からは、二階への階段室と廊下でつながった便所が配され、運動場に対しては腕を広げたようなコの字型の形状をしている。

なお、松村家のアルバムに残る裏側（北側）からの写真によれば、松村が特別教室棟と講堂の増築を構想した敷地は、当時は未だ水田であったことがわかる。

外観は、下見板張りの外壁、二層で途中に遮光庇がある窓、教室から屋根が連続する階段室など、基本的には愛宕中学校や松蔭小学校と同じ構成である。

しかし、八代中学校にはいくつかの新しい試みがある。中央の階段室を境に西半分（運動場側から見れば左側）では二階の教室にひとつずつバルコニー、東半分では一階の教室からの出入り口階段が設けられ、それらによって運動場側の外観デザインにリズミカルな変化が生まれている。また、外壁は下見板張りのままだが、バルコニーの腰壁、外装の窓枠や建具枠、玄関および昇降口の壁柱、そして二ヵ所の防火壁には白っぽいペンキが塗られており、これも外観に明るい印象を付け加えている。

また『八代中学校創立五〇周年記念誌』には、この校舎の外観写真や建設中の写真が掲載されており、それによれば、西側の便所は平面図のように校舎に直角ではなく、敷地形状に合わせて斜めに配されていたことがわかる。いずれにせよ、片隅に追いやられがちな便所を、南側の明るくて多くの人の目に触れる場所に置くという配置計画は、その後の学校建築作品で便所に必ず工夫を加えた松村デザインの出発点であり、旧態依然とした学校建築に対する批判精神の象徴であるといえよう。

二　継続する保守的学校観との戦い

彼の考えたことを知るうえで興味深いのは、『建築文化』一九五〇年九月号に寄せられた「八代中學校の建築」という文章だ。

「このたびも、こまつた質問になやまされた」で始まるその文章は、古い体質の教育界や議会からの要望や指摘をかわしながらこの建物を実現した顛末記である。松村独特の自由闊達な文体で書かれている。それによれば、八代中学校の設計においても、愛宕中学校や松蔭小学校以来の保守的学校観と松村との戦いが続いていたことがわかる。

外部からの批判、つまり「こまった質問」は、まさに松村が意図的にデザインした部分に集中した。「バルコニーつて、いつたい何のことだ」「そんなものが何で必要なんだ」「何のために建物をズラしたか、バルコニーをボコボコ突出さしたか」といった質問が松村を「面喰わし」、松村は、「これは、氣分テンカンのためであると答えておいた」らしい。

そもそも当時の学校建築がつくられる状況と松村の立場について、彼は、「敷地の廣さをきめるための原案は、教育家アガリの老視學がつくるのだが、正門を入つて本館があり、その中央に玄關、シンメトリーの平面に室をおしこんでゆく寸法である。それは、モッパラ職員の活動を中心にした考え方であり、先生の威厳を示すに建物の力をかりようとするコンタンが、みえすいている。それにモージューしないものだから、老先生、わたしが目のカタキらしい」と書いている。

中央の吹抜けの階段室の空間が「遊んでいるのがおかしい、これを室でうづめてくれとのナンダイ」や、「バルコニーが、ちょうど五つあるから都合がよい、この横バラえ一文字づつ、八代中學校とかいてはどうでせうと、マジメくさつての口上」も教員からもちかけられた。「廊下は一直線のほうが長ければ長いほど、學校らしくて偉観だ」という意見も出た。「一階の教室から直接外へでられる部分は、芝生かクロバーの原にしたかつたのだが、先生の手にわたつたら、小さく區切つた花畑になつてしまうにちがいない」と、教員の美意識の欠如に対する警戒も披露している。

工事中には市会議員から便所の位置についてのクレームが出て、「便所の位置でヒトモメした」とある。それについて松村は、彼らの「本心は、便所が、堂々とノサバッテいるのにキがヒケルのである」と評し、自分は「便所を、クサイところと考えたくない。隅の方え小さく、いかにも便所だと廣告する必要はない。そもそも、この校舎は、運動場の側は正面ではなくて、むしろ背面である。明るい裏庭にすぎない。裏庭に便所があるのは、かえつて一般の常識にかなつているではないか」と「言いわたすことは忘れなかった」という。松村と旧勢力との間にさまざまな攻防戦があったことが想像される文章だ。

三　建築的論理の内部における展開へ

このように、前作の愛宕中学校や松蔭小学校のときと同様に、松村は旧態依然とした議員や教育委員会との戦いを余儀なくされた。しかし、こういった批判やそれとの戦いは、松村にとっては予想していたもののはずである。むしろ、旧勢力からのそのような批判が出る部分にこそ建築的な問題があると考え、彼はデザインを集中させたはずだ。

　つまり、権威の象徴としての外観の対称性をなくし、管理しやすい直線廊下を曲げ、便所を独立して配置するといった作業である。

　しかしそれらは、いわば建築外の世界に対する松村の嫌悪感をかたちにしただけのものであり、形態操作上は、さまざまな「反転」という単純作業でしかなかったともいえる。ところが、八代中学校が興味深いのは、松村がより複雑な建築的操作をおこない、それまでのわかりやすいデザインから一歩先へ進む変化の兆しを感じさせる点である。

　松村は、「八代中學校の建築」の中で、「さて、この中學校も、實は教室のラレツにすぎない。その點、なんの進歩もヘンテツもない」が、「こゝで私も責任を感じ、意匠の點に關しては、ないチエをしぼつて、自己満足におちいらないように、レイセイな判斷をしなければならなかつた。バルコニーをつけることさえ、遊びではないかと、なんども反省した」と書いている。

「自己満足におちいらないようなレイセイな判斷」の結果が外観デザインであり、運動場側の立面には、対称性を巡る複雑な操作が込められている。

　外観写真で明らかなように、全体としては一〇スパンの構造からなり、そのうち同じ長さの九スパンが教室と両翼の昇降口、中央の短いスパンが吹抜けの階段室という構成である。そしてそこでは次に示すように、さまざまな建築的要素が対称性を強調する役割とそれを崩す役割の両方を担っており、全体として非常に微妙なバランスの立面構成が生まれているのだ。

スパン割り

・運動場側から見ると、一〇スパンのうち、教室、階段室、教室が、それぞれ五、一、四スパンとなっており、左右対称が崩れている。

・防火壁によって区切られた部分ごとに見れば、それぞれ三、二、二、三スパンとなっており、実長は異なるが、スパン数において対称性を感じさせる。

壁の配置

・各教室は桁行五間で、そのうち四間が窓、一間が壁であるために、校舎全体の両端部と中央の階段室の左右に袖壁の有無の差が生じ、対称性が崩れて見える効果がある。

・部分的に見ると、四間の窓の両側には一間の壁があり、対称性を感じさせる。

昇降口

・両端部の一階はともに昇降口であり対称性を感じさせる一方、端部における袖壁の有無の差が対称性を崩している。

バルコニーと昇降口の階段

・運動場側から見ると、左半分の二階教室の五つのバルコニーと、右半分の一階教室の三つの昇降口の階段は、それぞれ片方にしかないことによって対称性を崩

す一方、全体としては一定のリズムを生み、中央の階段室の左右の対称性を感じさせている。

松村家のアルバムに残る右の小さな三枚の外観写真は、バルコニーまわりを中心に撮られている。おそらく松村自身による写真と思われるが、彼のデザインの意識がそこに集中していたことを感じさせる。なおバルコニーには生徒の姿も写っていることから、バルコニーの後ろはいわゆる掃き出し窓になっており、運動場との関係を強化するきっかけになっていたと想像できる。

外観写真［いずれも松村家蔵］

中央の階段室［松村家蔵］

八代中学校において、松村には色を巡る葛藤もあったようだ。「八代中學校の建築」(『建築文化』一九五〇年九月号)には、「シラキの室内をみていると、粗雑な仕事とあいまつて、そゞろアイシュウをもよおす」が、「モクメのかわりにフシがある。大津壁には色がある。黒板の側だけは、濃いゝネヅミで仕上げてある。せめて黒板が、黄板か緑板になつてくれるといゝ」という記述がある。そして、「田舎だけしかしらない先生は、色についてはオクビョウで、調和はよいが對照はもつてのほか、たまに目につく色を塗つたりすると、教育上にこまると抗議する」というような不満も書いてあるので、松村は各所に着色を試みたのではないだろうか。彼はその後、木部へのパステルカラー系のペンキ塗りをおこなうが、ここにはその前兆がある。

松村家のアルバムには、中央の階段室の写真も残っている。明るい吹抜けの中をゆったりとした階段が昇っている。踊り場も広い。これは、愛宕中学校における「昇降場を吹抜とし、階段室をさらにゆつくりしたものにしたいと思つたが、次の機會にゆずるほかはなかつた」(『建築文化』一九四九年九月号)という反省への答えであり、その後、階段をさまざまに演出していく松村の出発点と考えられる。

このように八代中学校は、松村独自のデザインが開花していく前の興味深い習作といえるだろう。

松村は「八代中學校の建築」の中で、自分自身の設計姿勢について、「ところで、私はこれまで學校建築の設計に際しては、私も亦、教育者であるとの氣概をもつてあたつているととと放言している。教壇には立たないが、私の設計した建築が、そこで學ぶ生徒に、いかなる影響をおよぼすかにシンタンをくだいている」と述べたうえで、八代中学校については、「これは威儀を正して威壓する態のものではない。ほゝえみかけている。あわよくば大慈悲心がほのめいているはずだがと大ミエをきつておいた。／そう言いながら内心、單調をおそれたり、技巧を弄したり、平凡にだするのを、さけんとする下心がみえすく間は、まだホンモノではない。設計などとはオコガマしい。罪を重ねているようなものである。こんな私に、仕事をさしてくれている人に感謝しなければならないと思つている」と自戒の言葉も記している。

しかしそこには、神山小学校の計画案を「規格に近い學校」と呼んだときのような自己否定ではなく、わずかとはいえデザインに可能性を見出そうとする前向きな姿勢を読み取ることができるだろう。保守的学校観への単なる抵抗から、建築的論理の内部における展開へと、松村の目が向き始めた気配の漂う文章である。

川之内小学校

一　建築の概要

八幡浜市の東部に位置する小規模校だ。『八幡浜市史』によれば、一八七五年に啓蒙学校として創立され、現在の敷地には、一九三三年に千丈尋常高等小学校川之内分教場として移転してきた。一九四七年に川之内小学校と改称され、松村が設計した現在の校舎は一九五〇年六月に落成した。工事台帳によれば、工事契約日が一九四九年一〇月一五日で、竣工日は一九五〇年三月三一日となっている。いずれにしても、現存する最も古い松村の設計した建物である。残念ながら実施図面は見つかっていない。

一学年一クラス、外部廊下方式の単純な平面構成の校舎である。敷地の裏側は、この地域特有の蜜柑のだんだん畑が聳えており、運動場を少しでも広く確保するために、校舎は山に寄せて建てられている。木造二階建て、下見板張り、屋根は寄せ棟の瓦葺きだ。

正面から見ると基本的には左右対称の構成であるが、一階では中央のスパンの片側に入口を寄せ、しかもそこ

1
2
3

1：現在の運動場側の外観
（2006年8月27日撮影）
2：1950年5月に
撮影された外観
3：1950年6月8日の
落成記念写真
［2、3川之内小学校蔵］

1	
3	2
5	4

1：吹きさらしの昇降口
（2006 年 8 月 27 日撮影）
土間と廊下の天井高を変え、
その隙間をトップサイドライトとした
2：運動場と昇降口を結ぶ通路
3：教室内から昇降口の明かり取り窓を見たところ
4：入口部分。三角の庇は後に設けられた
5：昇降口上部の明かり取り窓
（下 4 点は 2005 年 8 月 7 日撮影）

1	1：北東側からの外観（2006 年 8 月 27 日撮影）
3 | 2	2：2 階廊下。垂れ壁のない天井までの窓が開放的な空間をつくっている（2005 年 8 月 7 日撮影）
	3：北側立面の詳細。柱の間に建具がはいっているのだが、上下枠が連続し、水平連続窓のような印象だ（2006 年 8 月 27 日撮影）
4	4：北側の立面。1 階の細い窓が昇降口上部のトップサイドライト（同）

を昇降口への通り抜け空間とすることで微妙なバランスの外観となっている。松蔭小学校と似た構成だが、運動場と校舎の位置関係は逆転している。現在はそこに三角の庇がついているが、竣工時の写真を見ると庇はなく、板張りペンキ塗りのシンプルな造りである。学校のシンボリックな正面性を消そうという松村の意図がよくあらわれたデザインだといえるだろう。愛宕中学校、松蔭小学校、八代中学校の外観も同様の仕様であり、それらの雰囲気を想像する手がかりになる建物である。

二　両面採光というテーマの発見

昇降口へ抜けるための通路は、二階への階段の段裏でもある。その下を通り抜けると開放形式の昇降口へ出る。

そこは、松蔭小学校において松村が、「内廊下の必要を認めないほど氣候温順のせいから生れた」「この地方の小學校建築の型」（『建築文化』一九四九年九月号）と説明した吹きさらしの外廊下になっている。しかし単なる廊下ではなく、廊下部分の高い天井と昇降口の土間部分の低い屋根との間にトップサイドライトを設け、そこから廊下への採光を取る断面構成の空間なのだ。

さらに、教室の廊下側の壁は天井までが開口部となっており、廊下上部の窓からはいった光は、さらに教室へと射し込むようになっている。そのことによって、教室への採光が、運動場と廊下の両面から確保されているのだ。松蔭小学校においては、外部廊下の軒先を教室の天井まで上げるという工夫があったが、長谷小学校ではさらに新しい試みがなされたというわけだ。

この吹きさらしの昇降口と廊下に建具がはいり内部化されれば、後に松村が江戸岡小学校や日土小学校で確立した両面採光形式と同じ構成になるわけで、松村はその基本的なアイデアをこの建物でつかみ、それが建築的テーマになることを実感したに違いない。

三　水平連続窓という美学への予兆

外観についても新しい試みがある。正面側はこれまでの作品と似た壁の多い構成であるが、裏の廊下側立面では、外部廊下上部のスリット窓が水平に連続して軽快な印象を生んでいる。いわゆるカーテンウォール形式ではなく柱間に建具を入れてはいるが、窓の上下枠を水平に走らせることで水平連続窓に近い印象となっている。これは、後の松村作品の外観を特徴づけるデザインの萌芽であり、それまでの作品から脱却した建築的ヴォキャブラリーの発見といえるだろう。

二・四　第二期——新しい建築的ヴォキャブラリーの実験と習得

第二期は、松村が、独自の建築デザインのヴォキャブラリーを見出し、それを自在に使いこなしていくようになる時期である。その最初の兆しが見られる八幡浜市立図書館、洗練過程としての市立八幡浜総合病院の病棟群、そして大規模な応用事例としての江戸岡小学校などが代表作だ。

この時期の松村は、構造から家具まで、建築に関わるあらゆるスケールのことがらについてデザインを試み、独自の建築的ヴォキャブラリーを発見し、習得した。以下の分析によって、これらのことを明らかにする。

八幡浜市立図書館

一　建築の概要

八幡浜市中心部を流れる新川沿いに建てられた小規模の図書館である。

一階に児童閲覧室や事務室、二階に閲覧室のある本館と、和室や便所のある別館からなる小規模な建物だ。しかし設計の密度は高く、しかもその後の松村の建物に特徴的な建築的ヴォキャブラリーが一気に登場しており、彼がそれまでのスタイルから抜け出し、独自のデザインを見出した瞬間を示す重要な建物といえる。

工事台帳によれば、工事契約日が一九五一年三月三一日で竣工日が一九五一年一二月二〇日である。したがって設計完了まで、この前の仕事である川之内小学校の台帳上の竣工からなら一年、『八幡浜市誌』の落成日からでも九ヵ月ほどあり、設計期間が少しゆったりとれたのかもしれない。実施設計図の密度も高く、また玄関庇や階段まわりについては、複数案の詳細図が残っており、松村はかなりスタディを重ねたと考えられる。

当時の姿を示す写真は、松村家のアルバムに残る次頁の二枚しか見つかっていない。それによれば、二階のバルコニーの位置や開放性から、川を望む眺望を意識した計画であることがよくわかる。また、玄関のキャノピーは実施設計図には三種類の図面があるが、この写真によって最終案が確認できた。

本館は木造二階建て、切妻屋根、外壁はラスモルタルにセメント吹き付けである。別館は木造平屋、寄せ棟屋

上：新川の対岸から。
川への眺望を
意識していたことがよくわかる
下：南側外観。
1階の玄関やテラス、
2階のベランダの様子が
よくわかる
［いずれも松村家蔵］

根、外壁は本館と同じだ。本館と別館は矩折れに配され、それによって生まれた南東角の部分は書庫予定地となっている。コンクリート造で四層の書庫の基本設計図も残っているが実現されなかった。

この建物は、『八幡浜市誌』によれば（八九六頁）、二度にわたり移築がおこなわれている。

まず、最初の敷地が八幡浜郵便局新築用地の一部となったため、一九五四年に市内本町へ松村の担当で移築された。それに伴う「八幡浜市立図書館移転工事」の実施設計図が八幡浜市役所に残っているが、新築時の実施設計図と比べると、次頁および次々頁に示すように、平面形を左右反転して再建するというアクロバティックなことがおこなわれたことがわかる。

架構や下地に関わる部材、そして建具などはそのまま使われた。しかし、左右が逆転する階段や敷地形状の違いにより変更せざるを得ない玄関回りなどは設計変更がおこなわれ、詳細図が新たに描かれている。

なぜそのようなことがおこなわれたのかについては想像するしかないが、移築を前提にするなら、新しい敷地にはこの向きにしか建物はおさまらず、しかも角地であるために、将来の書庫予定位置を交差点から遠い位置に確保するために反転するという決断をしたのではないかと考えられる。

ちなみに書庫については、「一九五一・六・三」の日付入りで平・立・断面を描いたA1サイズの図面が一枚だけ八幡浜市役所に残っている。耐火性を重視したのであろうが、平面形が五メートル×一四・五メートルのコンクリート造のボックスで、内部は吹き抜けをはさんだ四層の書庫になっている。もし実現していれば、木造の本体との対比がたいへん興味深い建物になっていたように思われる。

そしてさらにこの敷地が、現在も使われている市民会館建設用地の一部になるに伴い、一九七一年に、北へ約二〇メートル離れた現在の片山町の敷地へ再移転されたのである。

片山町に移築された建物は現存する。その後、新しい八幡浜市立市民図書館が本町に建設されたため図書館機能はそちらに移り、現在は「八幡浜児童クラブ」という市の施設として使われている。

一階を中心に部屋の増築がなされ、また別館はすでに存在しないが、当初の姿を想像する手がかりとしては十分だ。以下、最初の実施設計図、移転工事の実施設計図、そして現況を比較しながら、新しく登場した建築的ヴォキャブラリーについて分析を行なう。

二　新たな建築的ヴォキャブラリーの出現

この建物は、前項で書いたように、設計にかける時間がやや多くとれたように思われる。

実施設計図に記された日付を追うと、一番古いのが「一九五〇・一二・二七」と記入された一般図と展開図であり、その後、構造図や各所の詳細図へ進み、少しゆったりしたペースになって、翌一九五一年の五月頃にほぼ設計が完了している。しかし夏から秋にかけて再度見直したようで、「一九五一・八・二九」付けの上げ下げ窓とホッパー窓の詳細図、「一九五一・一〇・二」付けの階段まわりが大幅に書き改められた断面詳細図、「一九五一・一〇・五」付けの便所・湯沸室詳細図がそれぞれ追加されている。ただし工事台帳では、竣工日が一九五一年一二月二〇日なので、現場変更対応用の図面かも知れない。

いずれにせよ、前作の川之内小学校の完成から時間的な余裕があり、その間に松村がさまざまなことを考えたとしてもおかしくない。

それが直接の要因であるという証拠はないが、しかしこの八幡浜市立図書館では、少なくとも第一期とは大き

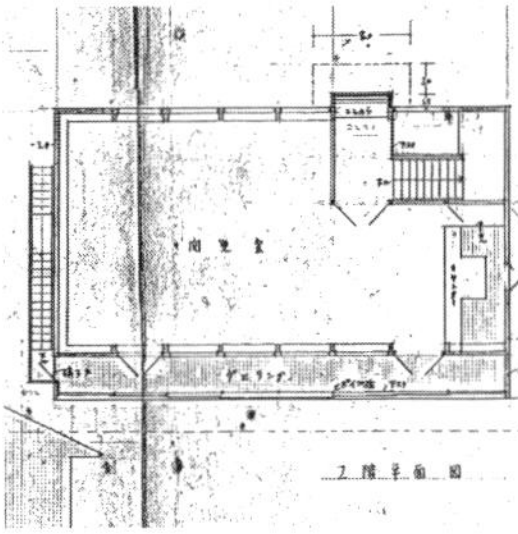

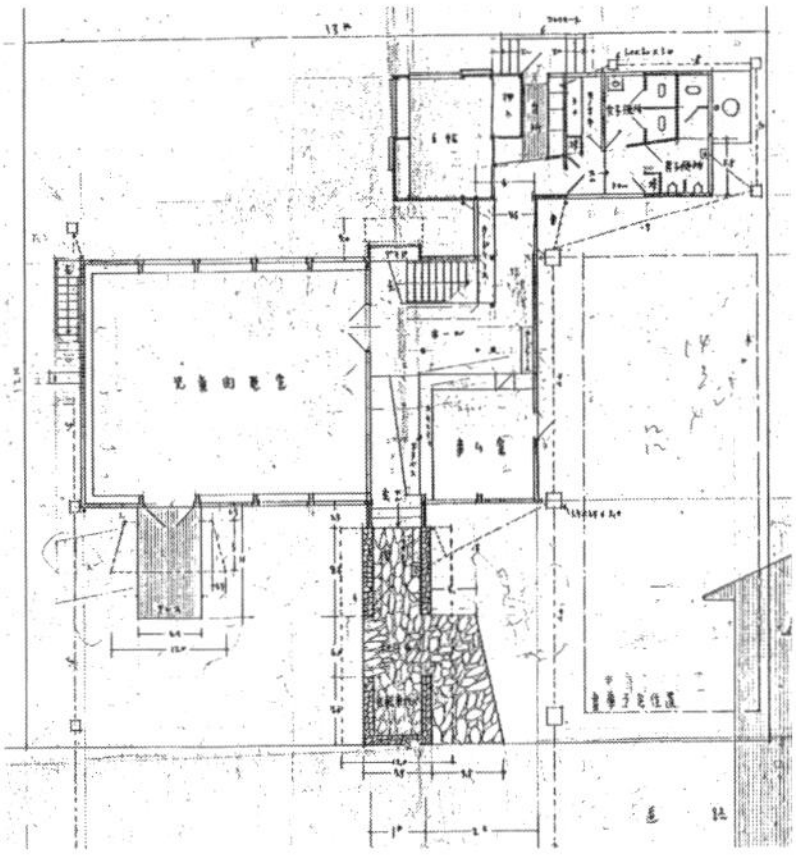

1 / 2 / 3

1：1951 年の実施設計図の 2 階平面図
2：同 1 階平面図
1 階平面図の中央部分が本館（児童閲覧室と事務室）、その奥が別館。
右の空地が書庫予定位置である。
図面上が北。道路は南側の前面道路のみ。
さらにその南に川があった
3：同正面図

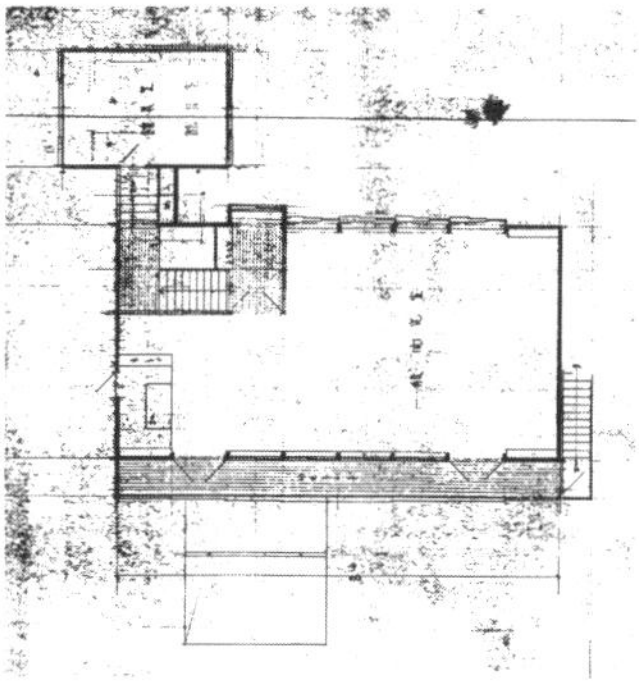

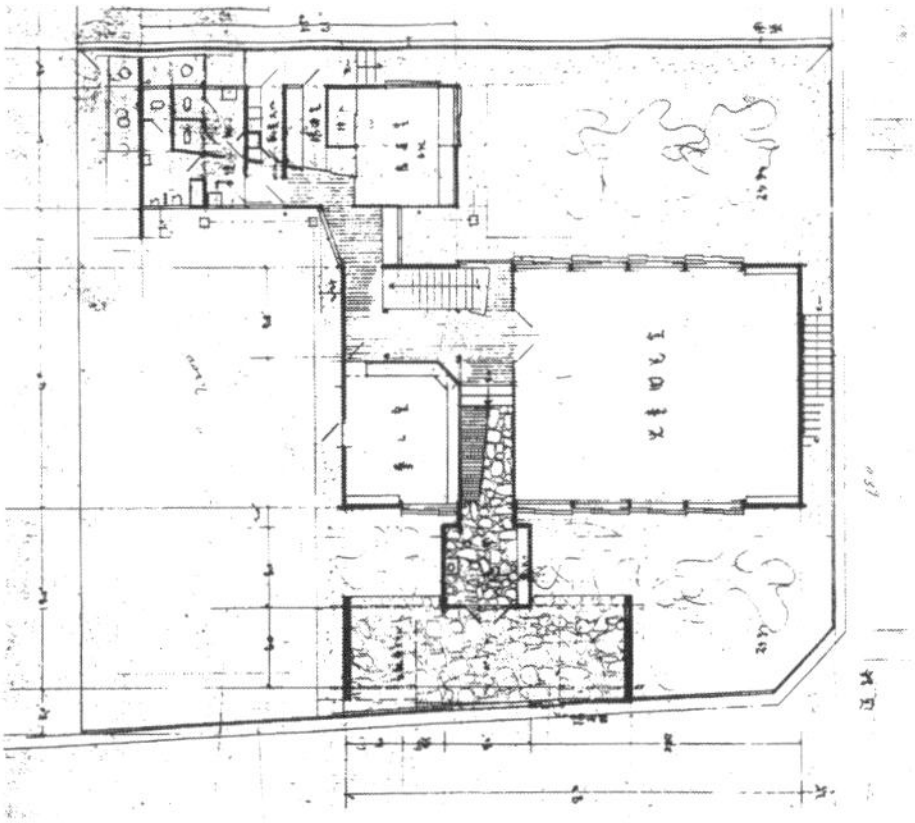

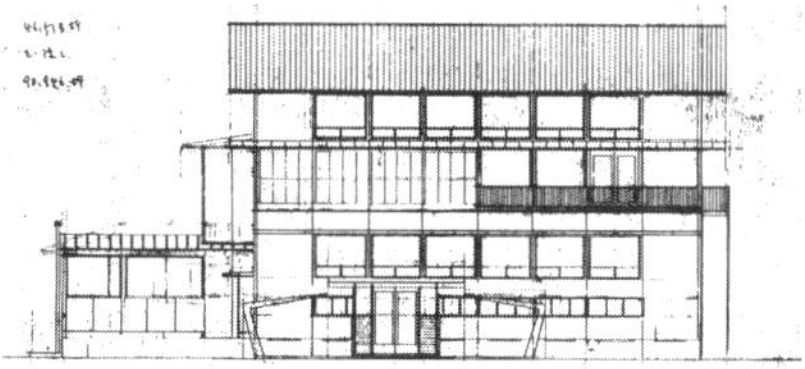

7
8
9

7：現在の入口側の外観。1 階まわりは部屋が増築されるなどの改造がおこなわれている
8：2 階バルコニーまわり詳細。バルコニー下の 1 階の部屋は後に増築されたもの
9：裏側の立面。移築時に左右が反転している（いずれも 2005 年 8 月 5 日撮影）

4
5
6

4：1954 年の移転工事の 2 階平面図
5：同 1 階平面図。
図面右が北。新しい敷地は角地である
6：1954 年の移転工事の正面図。
左右が反転したことがよくわかる

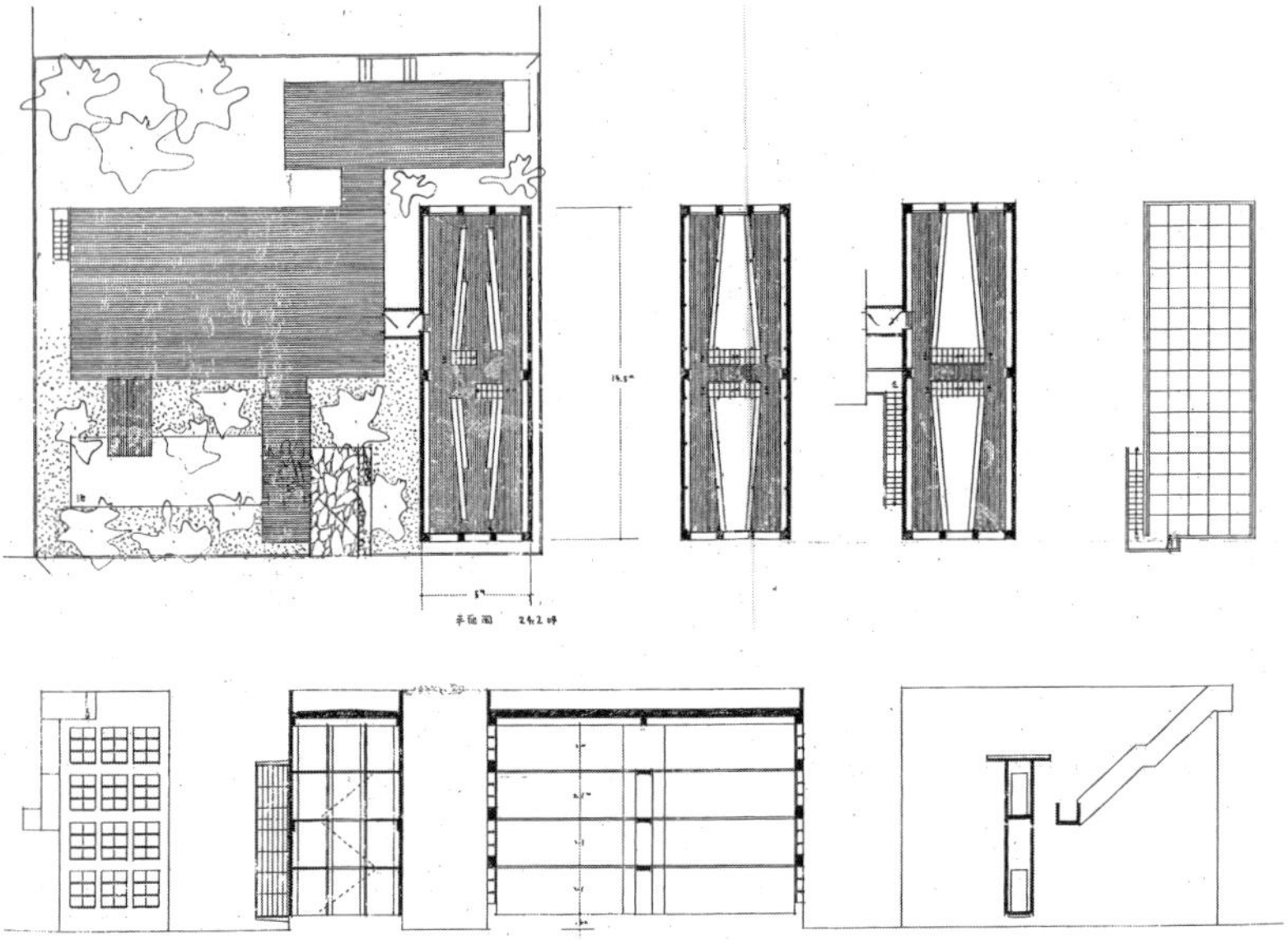

書庫案の各階平面図（上）および書庫案の立面図と断面図（下）

く様相の異なる新しい建築的ヴォキャブラリーが多数出現し、これ以降の松村のデザインの基本となっていった。以下、その特徴を整理し分析する。

二―一　平滑な外壁と勾配屋根

第一期の作品の外壁はすべて下見板張りであったが、八幡浜市立図書館において初めてラスモルタル仕上げが用いられた。採用の最も大きな理由は、一九五〇年五月に施行された建築基準法によって防火性能の向上が求められたことによると考えられる。工事台帳によれば、下見板張り外壁の最後の作品である川之内小学校の竣工が一九五〇年三月三一日、その次の作品であるこの図書館の工事契約が一九五一年三月三一日であり、建築基準法の施行時期はちょうど両者の間になる。

松村はそれを、八代中学校での「規格に近い學校」の雰囲気を脱したいという思いを満たす良い機会ととらえたかもしれない。いずれにせよ、下見板張りとは全く違うこの平滑な面が、これ以降、松村の木造建築における定番の外壁仕上げとなる。

同時に、そのような外壁とはいささか趣を異にする勾配屋根は、引き続き松村の木造建築には使われ続けた。しかもその形はさまざまで、切妻、寄棟、片流れが自在に登場する。

　そしてこのふたつ、つまり平滑なモルタル塗の外壁と勾配屋根は必ずセットで用いられたが、松村はそれについてとくに書いたり語ったりしていない。当然のことながら、見る者は、後述する水平性を強調する窓や庇とも相まって、平滑な外壁から戦前のインターナショナル・スタイルの建物を連想し、陸屋根ではなく勾配屋根がかかっていることには違和感をもつ。そして、たとえばインターナショナリティへのローカリティの付加といった具合に、それを解釈する言葉を探ろうとする。しかし松村自身は特別な説明をおこなっていない。

　むしろ松村には、この国の気候風土を前提にすると、勾配屋根を採用しない理由が見出せなかったというべきではないだろうか。そして彼は、その先端の水平性によって外観のプロポーションを整えたり、異なる勾配の屋根を組み合わせて両者の隙間を採光や立面のデザインに利用することによって、有効なヴォキャブラリーのひとつとして使い切ったのである。

二―二　水平性の強調

　八幡浜市立図書館は、全体としては正方形に近い立面をしているにもかかわらず、とくに川側の立面は、たいへんにシャープな印象を生んでいる。これは明らかに、持ち出されたバルコニー部の屋根の先端、建物全体の屋根の先端、窓枠、建具枠などによって水平方向のラインが何本も通って見えるからである。とくにバルコニー部は構造体から分離され、水平に連続する開口部が実現している。ここでも、戦前のインターナショナル・スタイルの建物への連想を喚起する効果が生まれている。これ以降の松村の作品では、そういったエレメントによる水平性の強調が徹底的におこなわれ、さらに外壁全体が構造体から分離されたカーテンウォール形式にいたることで、完全な水平連続窓が達成されるのである。

二―三　環境工学的な配慮

　第一期の建物にも窓部分には遮光庇が取りつけられていたが、八幡浜市立図書館の外装では、それ以外にも、光や空気を制御するさまざまな仕掛けが工夫されている。

　二階は南側にバルコニーが跳ね出しているが、その屋根から上部の軒裏までの開口部からはいる直射日光を制御するため、次に示す装置が取りつけられている。
・回転式ルーバー：内部に取りつけられた紡錘形断面

の木製ルーバーで、「金物ハンドル調整弁ツキ」との記入のある棒も図示されており、これで角度調整をしていたと思われる。
・固定式ルーバー：外部に三寸幅の木製ルーバーが二枚固定されている。
・幅の広い窓枠：固定式ルーバーと同じ高さに幅の広い窓枠を設け、遮光効果をもたせている。

矩計図には、二階軒先と回転式ルーバー上端を結ぶ方向に平行な線が何本か引かれており、全体として入射光線を制御できることを松村が確認していたことがわかる。また換気のために、上部の引き違い窓の下の開口部はホッパー窓としている。ホッパー窓とは内倒し窓のことであり、伊藤正文が戦前から推奨している(伊藤正文『學校建築小論』、相模書房、一九四一年)。松村も第一章で述べたように伊藤のことはよく知っており、影響を受けたものと思われる。また軒裏と外壁、および三角形の組柱の側面には換気口が設けられており、建物全体の外壁を利用した通気計画がある。

このような環境工学的配慮は、これ以降もさまざまに工夫され松村の建築の外観を特徴づけていく。

移築後の建物の2階閲覧室。
柱の形状は変更され回転式ルーバーなどは取り外されている。
ホッパー窓などの建具は転用されている
(いずれも2005年8月5日撮影)

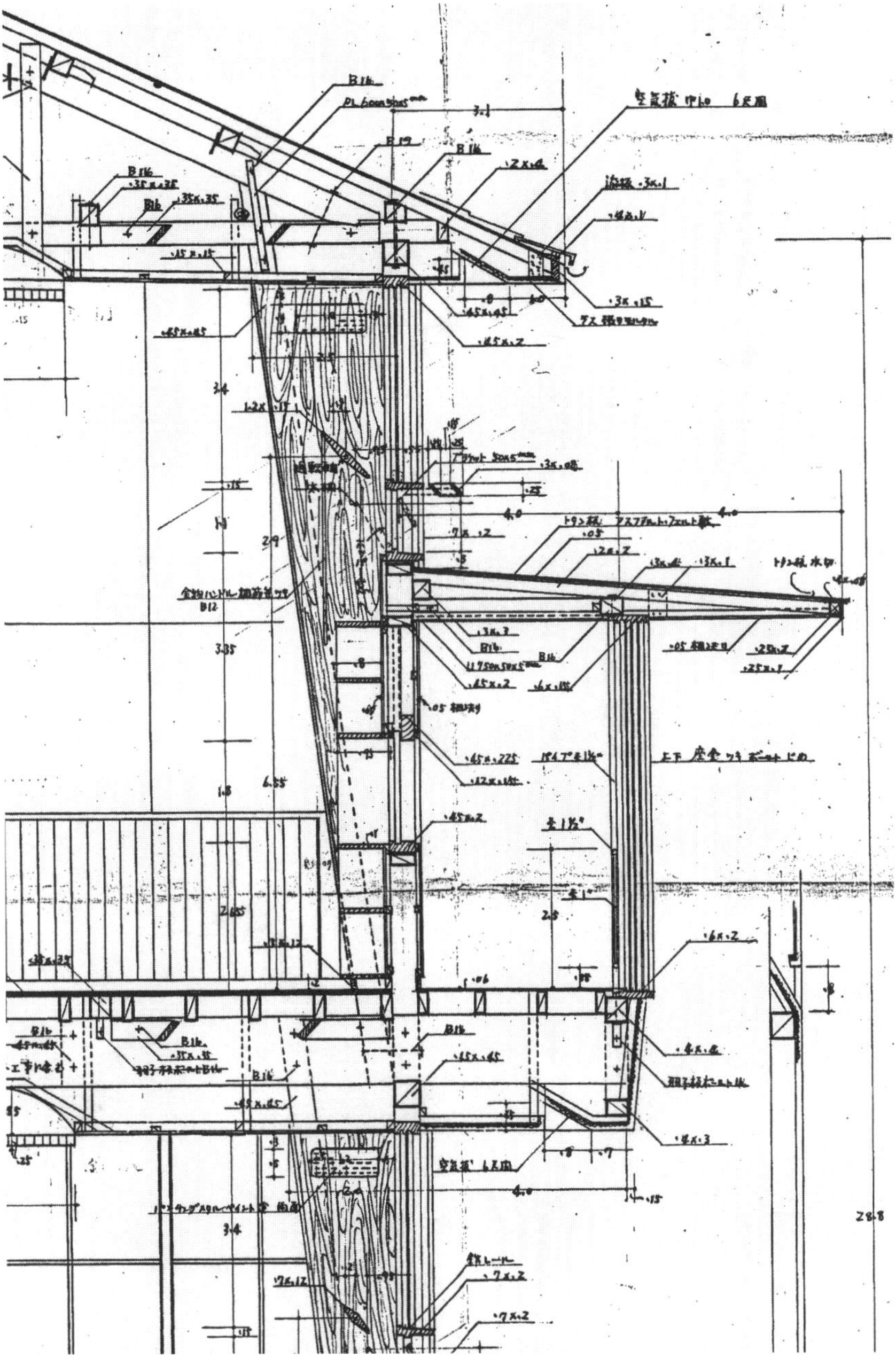

南側外装の矩計図の一部。突出部分が川側のバルコニー。引き戸で開閉できる。
上部開口部の回転式ルーバーなどがよくわかる

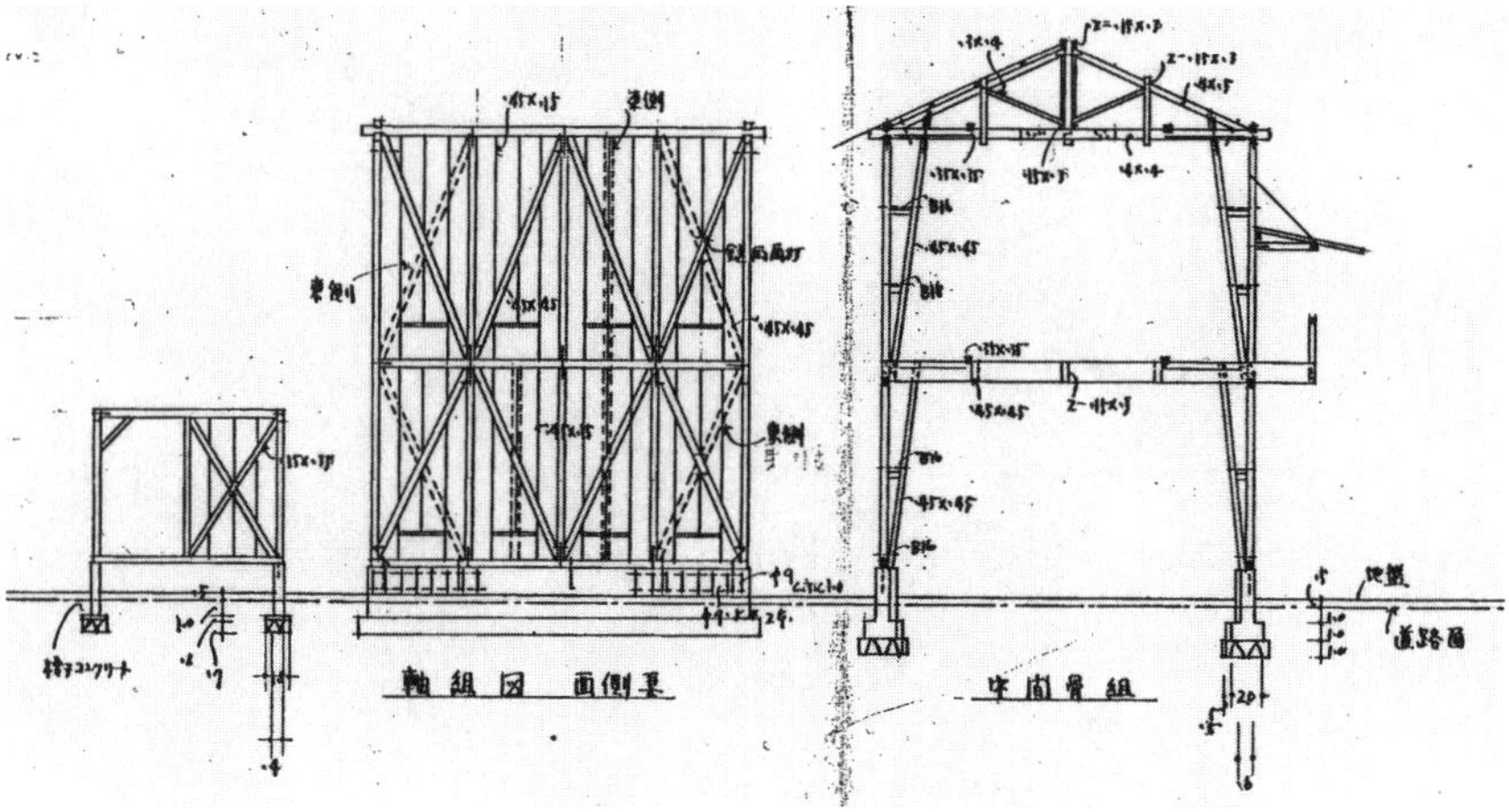

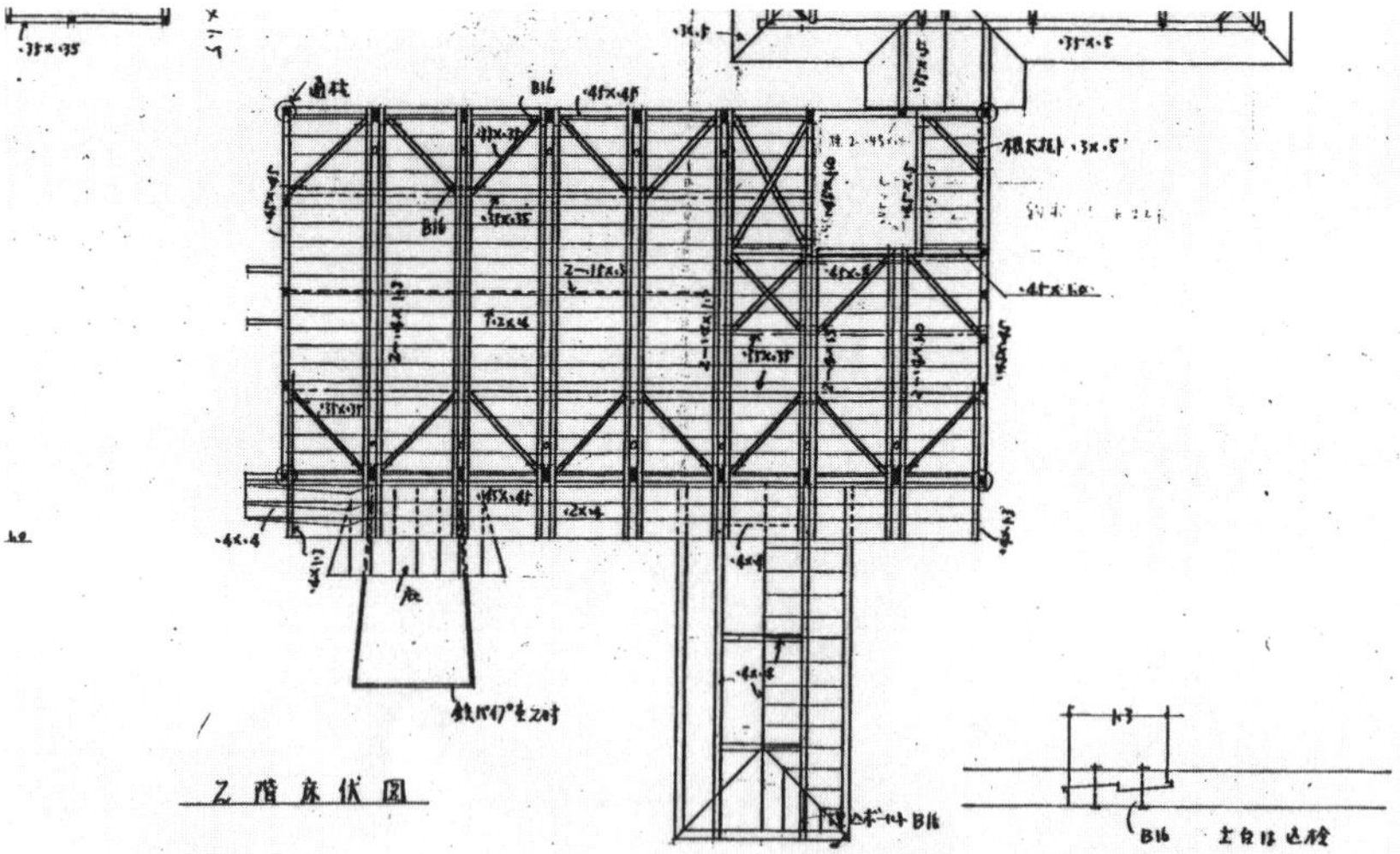

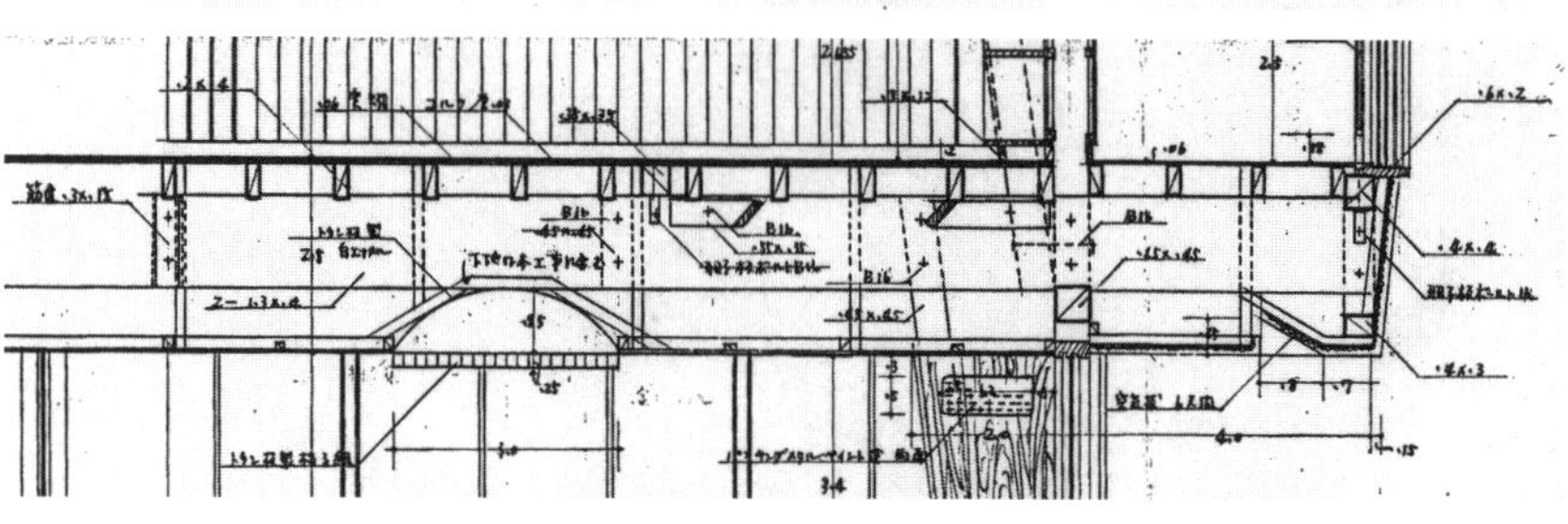

1：妻面軸組図と中間軸組図。小屋組と柱組を一体につくった2ピンアーチがよくわかる
2：2階床伏図。妻壁以外の7列が合わせ梁になっていることがわかる
3：2階床下の詳細。ボルト締めされた合わせ梁がわかる

1
2
3

二―四　構造の明快性

八幡浜市立図書館は、一、二階閲覧室の無柱空間と二階バルコニーから構成されている。前者は梁間四間の一スパン、後者は四尺の片持ち空間である。それらを実現するために松村は、梁間方向の断面を小屋組と柱組を一体につくった二ピンアーチとし、二階床梁を合わせ梁（四寸×一尺三寸×二）としている。空間構成と構造計画を緊密に関係づけた構成であり、松村の合理的な思考の一端をうかがうことができるだろう。

二―五　階段まわりの細やかなデザイン

八代中学校について、「ともあれ實施案にした結果、たつたひとつのひろいものは階段室の踊場が單調な校内の氣分をやぶつて、爽快な息抜きの場所になつたことであろう。大人だつたら、全くビールのひとあわもふかしたくなる」（『建築文化』一九四九年九月号）と感想を書いていた。以来、松村には階段へのこだわりが芽生えていたが、八幡浜市立図書館においては、その意識がデザインとして具体化されている。そして、これ以降の建物においては、さらにさまざまな展開がある。

実施設計図には階段室の詳細図が二枚ある。それぞれ日付が「一九五一・二・二八」と「一九五一・一〇・二」であり、筆致から、前者はスタッフが、後者は松村自身が描いたものと判断できる。

両者を比較すると、実施された「一九五一・一〇・二」の案は、次のような点において、明らかにデザインが細やかになっている。これらの工夫は、いずれもその後の建物の中にも繰り返しあらわれ、しかもさらに洗練されていったものである。

・蹴上げ部分の塞ぎをなくして踏み板を独立させ、空間の連続性を強調した。
・踏み板は三角形断面とし、エッジのシャープさを強調した。
・手摺子を、二五φのスチールパイプから、紡錘形断面の木製のものに変更した。
・一段目を階段と床の双方から独立させ、広い台形状のものにした。
・二階の踊り場の手摺部分にベンチを設け、階段室の空間に身を乗り出すような場所を設けた。

二―六　ガラススクリーンによる空間の連続性の確保

八幡浜市立図書館では、ガラススクリーンが多用されている。一、二階の閲覧室と玄関ホールや階段室との境

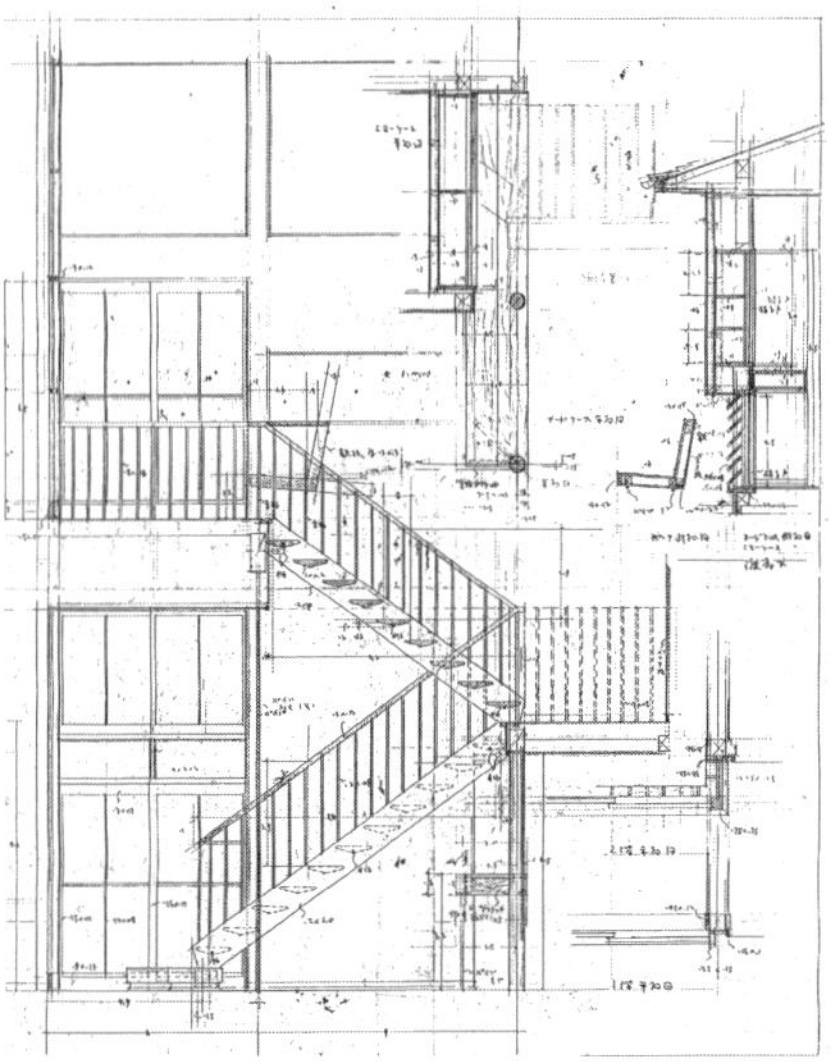

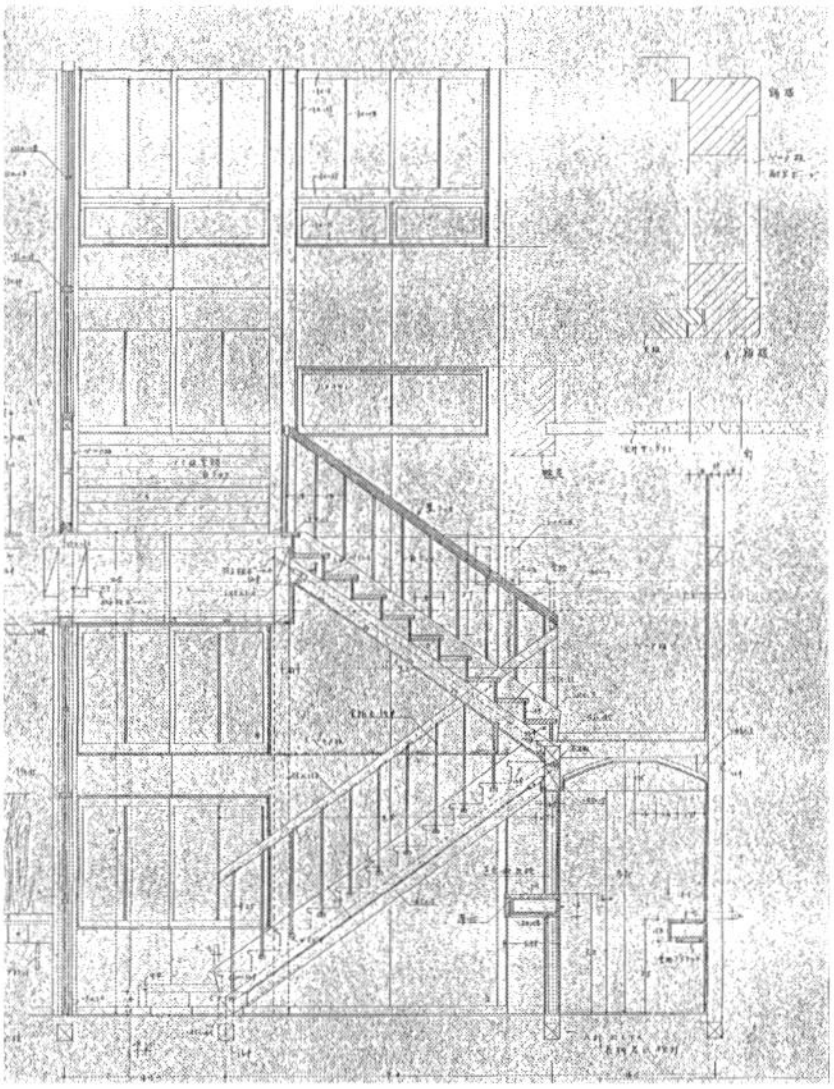

1：「1951.2.28」付けの図面
2：「1951.10.2」付けの図面
3：移築後の建物の階段。当初とは左右を逆にして作り直されている。
1段目の大きなステップも当初の反転形。蹴上げ部分は後に塞がれたもの。
手摺は当初の実施設計図の中に現況のようなパイプ手摺への変更図がある
4：同2階踊り場。現在は物が置かれているが、ベンチの様子がわかる。
部材は当初のままと思われる

2	1
4	3

界部分、玄関のキャノピーの両袖などである。とくに閲覧室のスクリーンは、幅木、框扉の枠、ガラス部分の枠という順に小さくなる見付寸法や、縦長のガラス割付けのプロポーションが美しい。

図面によれば、閲覧室の仕上げは、一階床が板張り、二階床は音を考慮したのか板張りの上にコルク、天井は一、二階ともモデュールのテックス貼りである。それはいかにもモダニズム建築的な素材であり、そこに垂れ壁なしでガラススクリーンが立つことによって、いっそう空間の透明感や明るさが強調され、読書のための大らかな場が実現していたと思われる。

松村は、このようなガラススクリーンを、その後病院関連の建物で多用する。

二―七　外部との接続

八幡浜市立図書館には、一階の児童閲覧室の前に小さな木製テラスがある。両開きの扉を開けると出られる場所で、南側を流れる川の方向を向いている。子どもたちがくつろいで本を読むことをイメージしたのだろう。日土小学校の川側のテラスを思い出すまでもなく、内外の空間を接続するための、松村のその後の重要な手法の萌芽といえるだろう。

またこのテラスは、直径一・五寸のスチールパイプで組まれたフレームに囲まれ、その三分の一ほどの範囲にルーバー屋根を載せるという不思議な構成になっている。スチールによるこのような繊細なデザインも、松村がその後しばしば用いる手法である。

二―八　柔らかなディテール

八幡浜市立図書館の実施設計図にはさまざまなディテールが描き込まれているが、そのうちでも印象的なことは、木製・ペンキ仕上げの手摺、手摺子、建具枠・額縁などのコーナーなどに丸面取りが指示されていることである。これはその後の松村建築でも徹底されるディテールだ。光の回り込みによって物体のエッジが曖昧になり、精密に考えられた空間でありながら見る人に柔らかな印象を与える効果をもつ。

また、柱や梁の角にも丸面取りがあるので、そこに取り付く壁は必ず柱や梁の面より後退し同面とはならない。したがって、壁面を完全にフラットにすることができず、幾何学的形態の組み合わせによる抽象化をめざした欧米のモダニズム建築とは異なる質の空間が誕生しているのである。

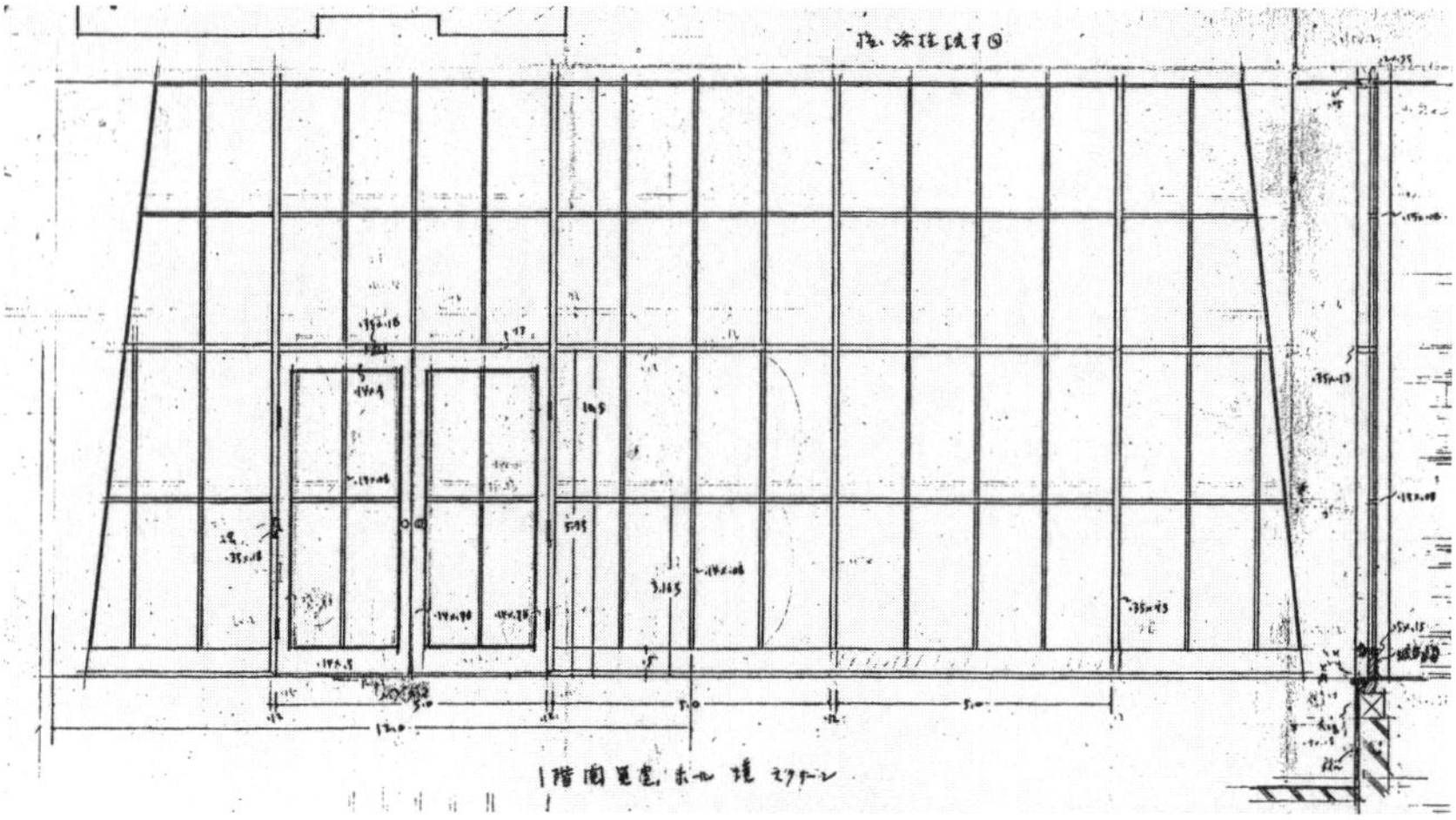

1
2
3

1：1 階閲覧室と玄関ホールの間のガラススクリーン
2：移築後の建物の 2 階閲覧室と階段室の間のガラススクリーン
3：当初の玄関キャノピー。石積み壁などの案も設計図には残るが、開放的なガラス窓案が実施された
［松村家蔵］

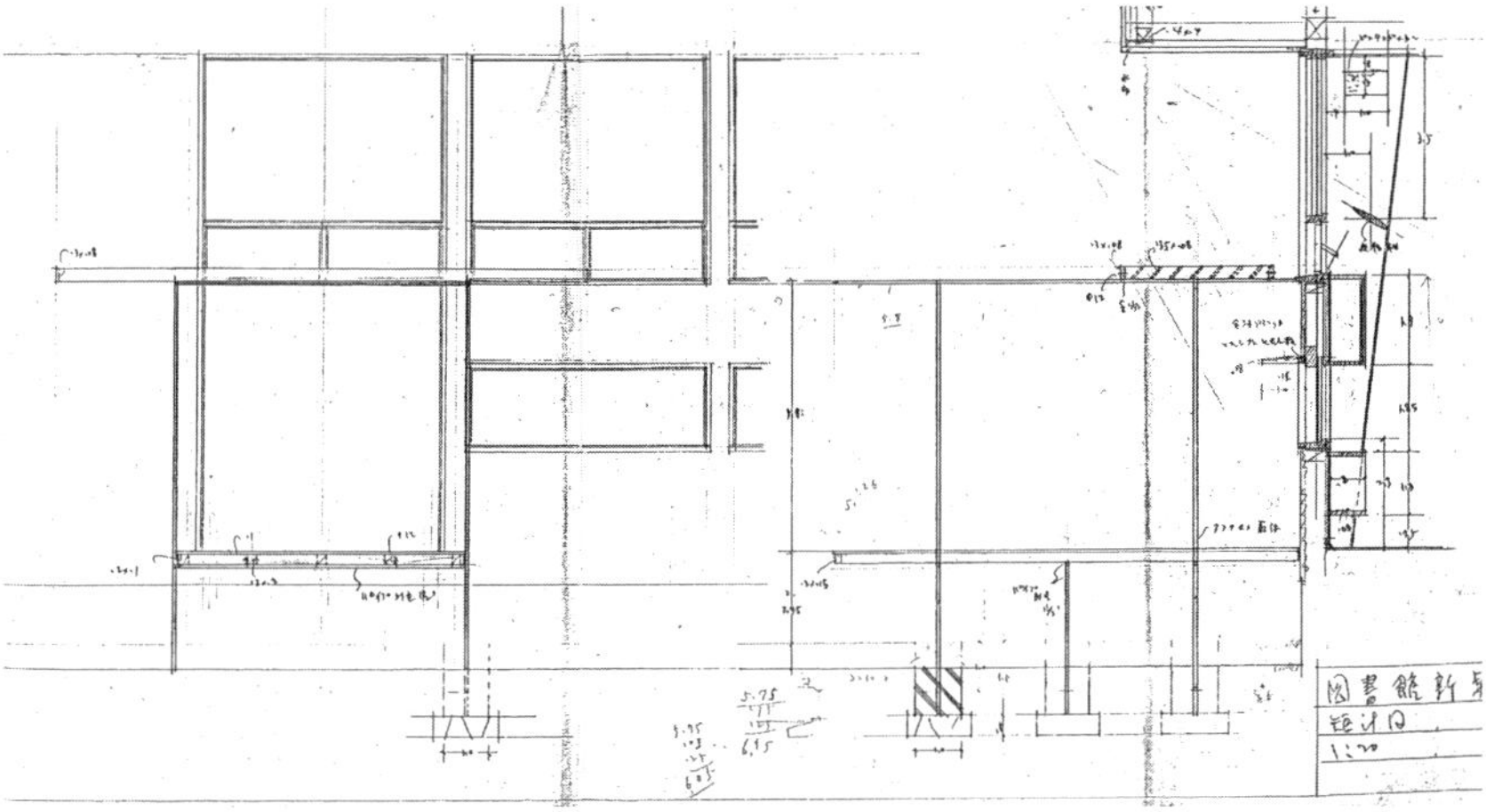

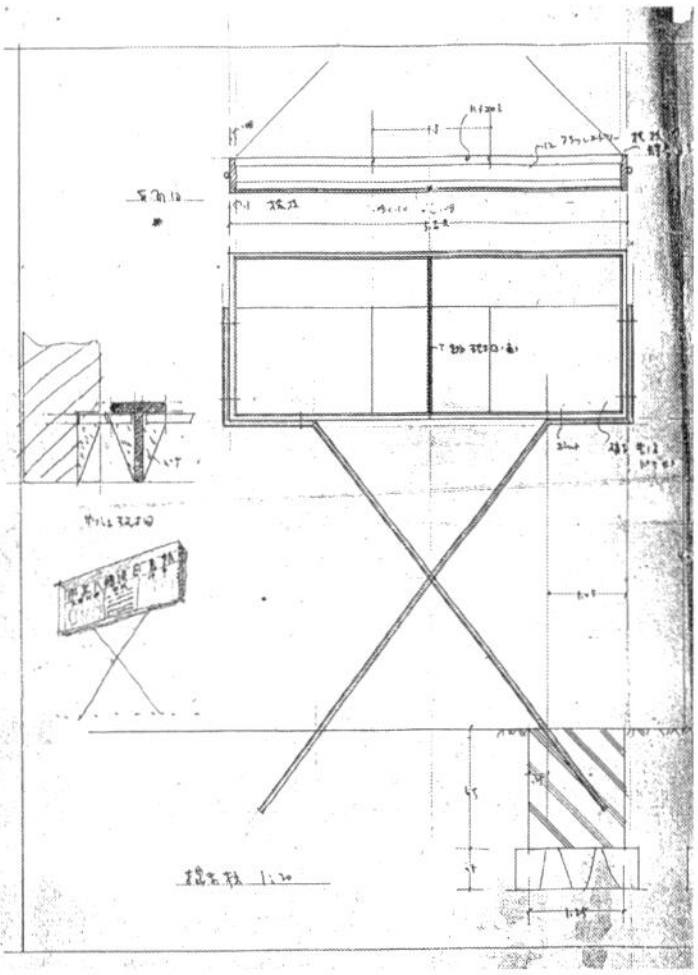

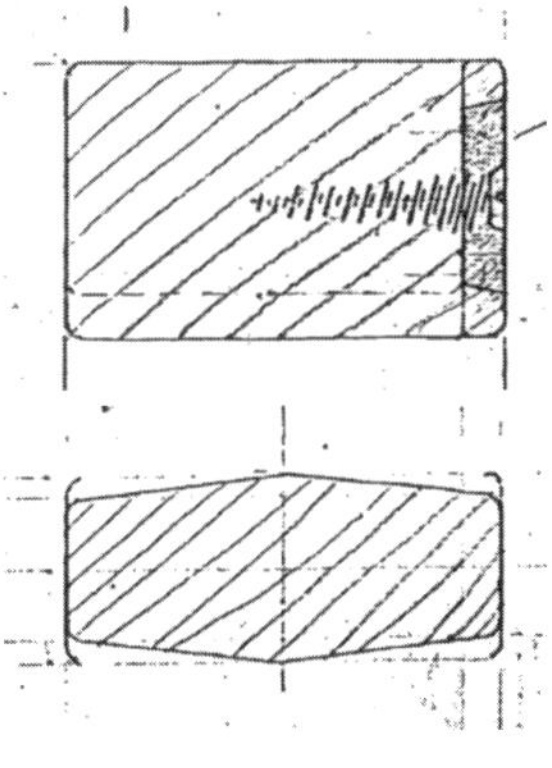

4
6 5
7

4：テラスまわりの詳細図
5：外部用掲示板の設計図。
外径 0.1 尺のスチールパイプで脚と枠をつくり、
ガラスケースの掲示板を支えている。高さは 6.1 尺
6：テラス（松村家蔵の写真の拡大）
7：手摺（上）および手摺子（下）の詳細。
コーナーには必ず丸面取りがある

二-九　設計対象の広さ

既製品の少なかった時代ゆえに当然のことかもしれないが、松村は八幡浜市立図書館の空間を構成する二次的で小さなスケールのものまでを徹底的に自分で設計している。内部の造作家具はもちろんのことだが、外部まわりの門扉、塀、ベンチ、外部階段、自立型掲示板、サインなどのすべてを彼はデザインし詳細図を描いた。

八幡浜市役所にはそういった図面が多く残っているが、図面タイトルのないものも多く、発注用の実施設計図ではなく、現場への指示のために描かれたものではないかと想像される。とくにスチールのパイプ、丸鋼、アングル、フラットバーなどを使った細やかな造形は、これ以降の作品でも頻出する。

松柏中学校

一　建築の概要

『八幡浜市誌』によれば、一九四七年三月、八幡浜市立第二中学校として創立された学校で、一九四八年四月に八幡浜市立松柏中学校と改称し、一九五三年四月、現在の敷地に松村の設計した校舎が完成して移転した。八幡浜市中心部から東へ二キロほど行き、東西に走る国道一九七号線から一筋北へはいった場所である。

校舎は敷地南側に寄せて国道と平行に配され、西側に平屋のウイングがのびていた。現在はかつてとは逆に、敷地北側に新校舎、東側に拡大された敷地に体育館が建っている。

工事台帳では、工事契約日がやや曖昧な書き方（「?」マークが付いている）なのだが「一九五一年三月三一日」とあり、それが正しければ八幡浜市立図書館と同じなので、並行して設計していたとも考えられる。ただし、『八幡浜市誌』の一九五三年四月という移転の日付との間には二年という異例の長い時間があり、設計の時期はやや曖昧である。

建物は木造二階建ての切妻屋根で、外壁はラスモルタルに塗装仕上げと思われ、明るい雰囲気を醸し出している。実施設計図は見つかっておらず、松柏中学校が所蔵する写真のみが手がかりである。

それによれば、東西に長い二階建ての校舎が普通教室棟であろう。コーナー部分のすこしずれた二階建ての棟が職員室や特別教室、小さな平屋は便所だろう。教室棟の両端の一階は列柱が並ぶ大きな開口になっており、第一期の八代中学校などとの類似性から、それぞれ生徒用の昇降口だったと思われる。中央に防火壁があり、一〇

全景。スケールの異なる切妻屋根の微妙にずれた配置が印象的だ［松柏中学校蔵］

教室あったと思われる。工事中の写真も残っている。

二　新しい学校の試作

竣工した写真によれば、この建物は、第一期のスタイルの学校建築の骨格を、市立図書館以降の第二期のデザインが包んだ建物だということがよくわかる。

普通教室棟、特別教室棟ともに、全体の構成は第一期の学校建築と似た印象である。とくに窓の途中に遮光庇がある運動場側の立面構成や、廊下の写真が示す板張りの内装は、第一期そのものである。

また、普通教室棟の両端の一階には、柱の並ぶ昇降口の大きな開口があり、これも第一期の各校と似た考え方といえる。上部のバルコニーも、内部化されてはいるが、八代中学校を連想させる。

このように第一期の名残がある一方で、松柏中学校では、第二期のデザインへの移行を各所に読み取ることができる。

まずは全体に外装がラスモルタルに変わり、平滑な壁面になったことである。当時の地方都市としては大きな建物であり、明るく斬新なイメージで受け止められたのではないだろうか。

なお写真からは、普通教室棟は明るい色で吹き付けら

2 | 1
3
4

1：工事開始直後の敷地の様子。
写真手前の道路が現在の国道
2：基礎工事の様子。
昭和 27 年 9 月 26 日撮影とある
3：建方の様子。
筋交いが確認できる
4：外壁ができた様子
[いずれも松柏中学校蔵]

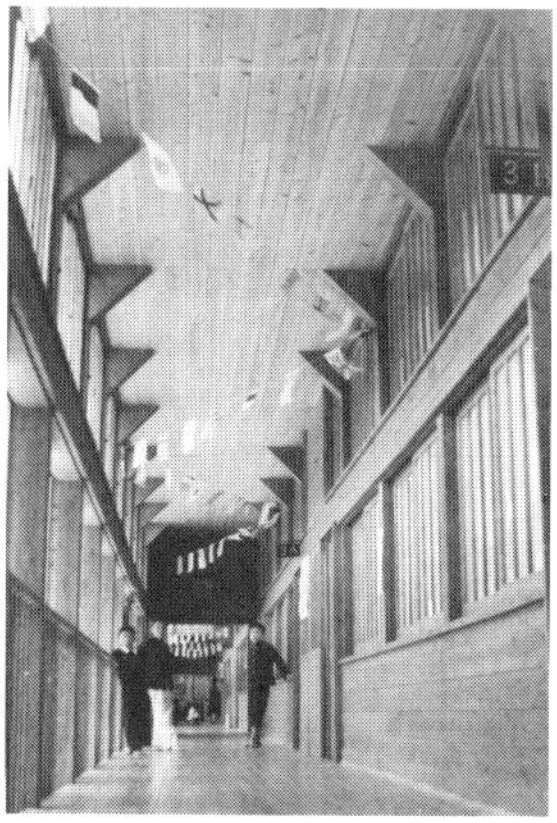

5
6
7

5：運動場側の外観。教室の遮光庇と、端部の昇降口がよくわかる
6：普通教室棟端部の昇降口。
右奥は特別教室棟、手前の平屋は便所だろう
7：廊下。左側が運動場の反対側で、
床から天井までの開口だとわかる。
内部仕上げは、床、壁、天井とも木造の生地のままで方杖がある
［いずれも松柏中学校蔵］

上：南西角からの眺め。左が特別教室棟、右奥が普通教室棟
［松柏中学校蔵］
下：普通教室の廊下側遮光庇と階段室の様子

れ、特別教室棟は濃い別色と想像できる。機能に応じた塗り分けといえばそれまでだが、その後の松村の建築には見られないデザインであり、第一期の板張り外壁の色彩の名残だろうか。あるいはこれだけの規模の建物を、一気に明るい色彩にすることへのためらいがあったのかもしれない。

そのような外装の中に、第一期よりも大きな開口があけられるとともに、そこに繊細なエレメントが付加されていく。

そのひとつが、廊下側の外壁である。腰壁がなく、床から天井までがガラス窓で、途中に遮光庇がはいっている。しかも写真を拡大してみれば、第一期の学校建築のように木下地を組んだ厚い庇ではなく、薄くて上部から斜めに吊られた構造であることがわかり、その後松村が多用した波板であると思われる。この庇の細い水平ラインが、第一期とは異なる表情を生み出し始めている。また階段室の踊り場正面の大きなガラス面も印象的で、床から天井までの開口だったと思われる。

昇降口も、たとえば第一期の八代中学校とは同じ四間スパンであり、高さもほぼ同じと考えられるが、松柏中学校の写真を拡大してみると、さまざまな相違点があることがわかる。

まず、入口の建具やサッシュのデザインが変わり、後退した壁面が大きなガラススクリーン状になっている。そのことによって、手前の外部空間と奥にある階段室がつながる。さらに階段室踊場の大きなガラス面を通して遠くの風景が見えていたはずであり、校舎の前後の空間の連続性が実現されていたと思われる。

また、写真から、列柱の側面や建具枠とそれ以外のサッシュを塗り分けていたことがわかり、建築のデザインを構成的におこなおうという意志の芽生えを感じさせる。ガラス面には丸鋼ブレースがはいっていることがわかり、後のハイブリッドな構造の考え方の萌芽がある。

このように松柏中学校は、第一期の建築的ヴォキャブラリーを大きな学校建築に応用した最初の例であり、松村の中でのデザインの移行状態がうかがえる建物といえる。

舌田小学校改修工事

一　建築の概要

八幡浜市西部、海に面する合田地区にあった舌田小学校の教室に、トップライトを増設したと思われる工事である。現存しないため詳細はわからないが、「一九五一・一〇・五　松村」という署名入りのトップライト詳細図

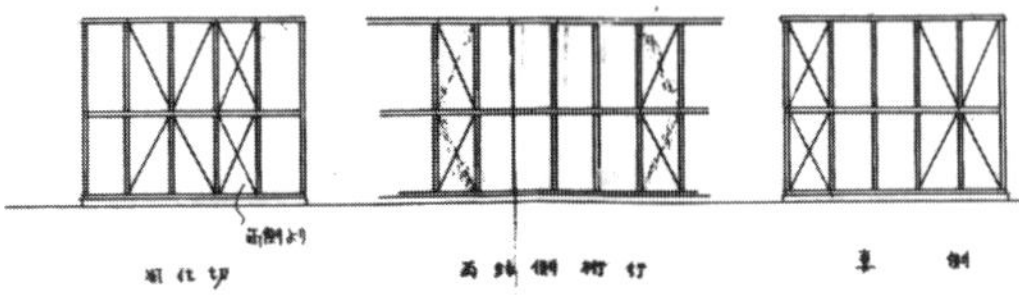

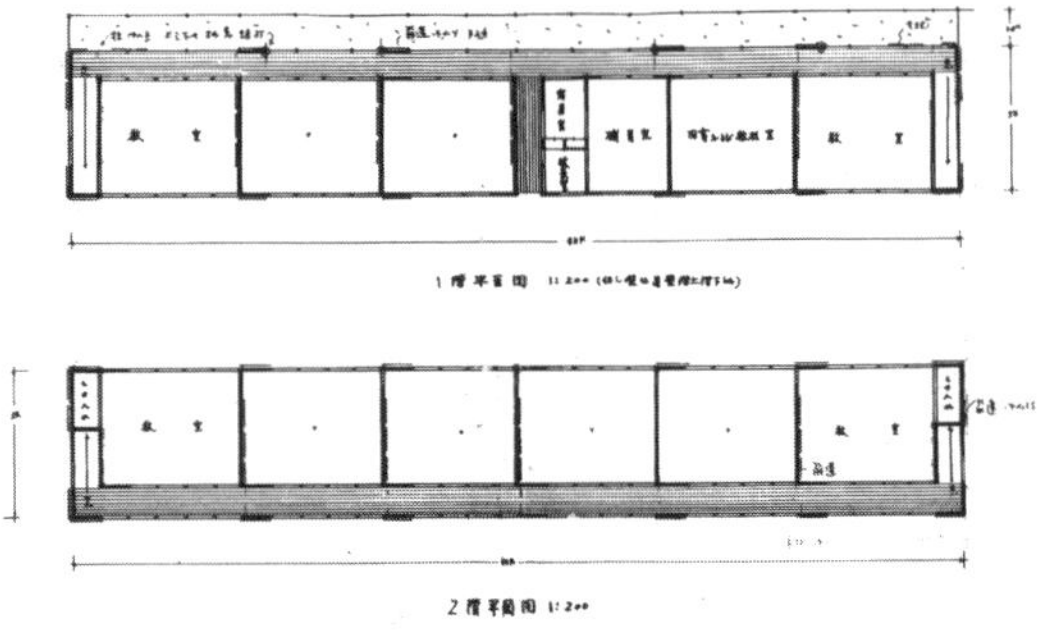

1：1924年から1966年まで建っていた校舎。
この屋根にトップライトが設置された［舌田小学校蔵］

2：現在の様子。
舌田保育所の位置がもとの運動場で、右側の民家群の建つ位置に校舎があった
（2007年12月20日撮影）

3：筋交いの追加を示す設計図

4：1階（上）／2階（下）平面図

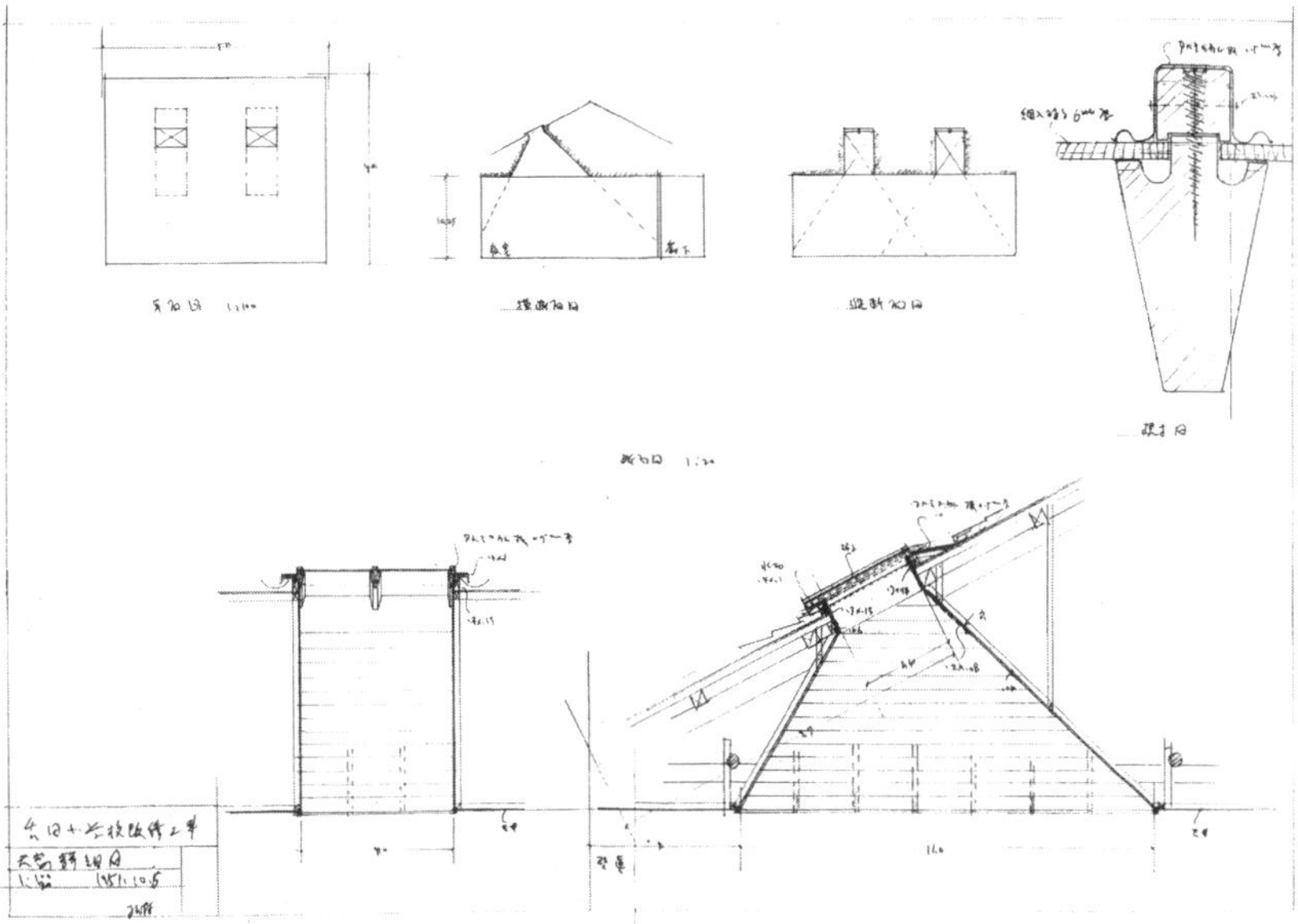

6 | 5

7

5：校舎敷地の裏側。山がすぐそこまで迫っている（2008 年 3 月 27 日撮影）
6：校舎を支えるバットレスがわかる
7：トップライトの詳細図。天井面の開口部の大きさは 4 尺× 11 尺であり、結構な大きさだが一枚と、木造二階建て校舎に追加する筋交いを示す軸組図が一枚、八幡浜市役所に残っている。

現在の舌田小学校は八幡浜市合田地区に隣接する舌間地区にある。それは、『創立百周年記念誌　しただ』（舌田小学校創立百周年記念事業実行委員会、一九九〇年）や『八幡浜市誌』によれば、一九六六年に建設されたコンクリート校舎である。それ以前は、合田地区にある現在の舌田保育所の敷地が校庭であり、現在は民家が並ぶその右側の土地に、一九二四年二月に完成した木造二階建ての舌田尋常高等小学校の校舎があった。松村は、その校舎の屋根にトップライトを設計した。

二　構造補強と採光

その校舎は設計図に示されているように、一階と二階で廊下と教室の位置が逆転しており、教室は一階では海側（北西側）、二階では山側（南東側）にあった。

外観写真を拡大するとわかるように、外部には多くのバットレスが建てられており、構造的に問題のある状態だったと思われる。そのような校舎に対し松村は、梁間方向には二枚の外壁と四枚の内壁の、桁行方向には南北の外壁内の壁部分の、それぞれ一、二階に筋交いを追加している。既存の柱、梁、壁との位置関係や筋交いの取りつけ方法など、詳細は不明である。

そして松村は、構造補強以外に、二階の教室にそれぞれふたつずつのトップライトを設計した。

外光がはいりやすいと思われる二階、しかも教室は南東向きなのになぜトップライトを付加したのか不思議であったが、現地を訪れると謎は解ける。敷地裏側は山の急な斜面が迫っており、通常の採光がとれないのである。おそらくそれもあって、もともと一、二階で廊下と教室の関係が逆転していたのだろう。図面に示された裾広がりのトップライトの断面形状からは、時刻と季節によらず常に教室に外光を取り入れようとした松村の意図が読み取れる。

ガラス中央部の支持材が細く見えるように三角形の断面にしてあるのは松村らしい。ガラスは六ミリメートル厚の網入りガラス、押縁はアルミ板で包み、ガラスの両サイドには樋状の部材を入れ雨漏りを防ぐなど、工夫されたディテールである。

たいへんに小さな工事であるが、旧来の学校建築の教室に科学的な構造補強と採光の工夫を加えるという内容は、学校建築に対する松村の設計思想を象徴しているかのようだ。

市立八幡浜総合病院東病棟

一　市立八幡浜総合病院の概要

八幡浜市には、八幡浜町時代の一九二八年、南予地方の中心的な医療施設として、町立八幡浜病院が建設された。場所は現在の市立八幡浜総合病院の敷地（八幡浜市大平）である。

『八幡浜市誌』によれば（四〇九頁）、当時の京大附属病院をモデルにし、内科、外科、眼科、産婦人科と五七床のベッド、附属隔離病舎も完備した南予地方の中心的医療センターといえる存在であった。建物は三棟で三九七六・八平方メートル、総工費は一五万三四四七円だ。初代院長辻博士をはじめ、各科担当医師もすべて京大出身者で占められていたという。

その後、一九三五年に市政がしかれると同時に市立八幡浜病院と改称し、耳鼻咽喉科、小児科の新設や病棟の拡充をおこない、名実ともに総合病院となった。また、一九五二年四月から准看護婦養成所も開設した。

戦後間もなくの既存施設の様子は、主な建物が一九二八年の写真（パンフレット「市立八幡浜総合病院一九八五」）と東病棟の実施設計図中の配置図とで一致するため、ほぼパンフレットのとおりであったと考えられる。奥の右から二階建ての本館、二階建ての病棟二棟、平屋の病棟一棟、手前に病棟二棟、看護婦宿舎などが確認できる。

二　建築の概要

松村はこの病院に、学校建築と並ぶ優れたいくつかの施設を設計した。その最初の仕事が市立八幡浜総合病院東病棟である（以下、適宜「東病棟」と略す）。位置は配置図の中のハッチング部分である。パンフレット「市立八幡浜総合病院一九六四」によれば、二〇床の結核病棟であり、一九五二年一〇月一日に落成した。

八幡浜市役所に残る実施設計図からは、残念ながら平面図が欠落している。写真は、松村家に残るわずかなもののしか確認できていない。しかしそれらによれば、建物内の概略のゾーニングは把握できる。

ところが、少し後の作品である市立八幡浜総合病院結核病棟を発表した『建築文化』一九五三年一〇月号では、掲載頁とは別に設計者が自作解説を一頁ずつ使っておこなっているが、松村はそこで、結核病棟とこの東病棟を比較して論じているのだ。しかも、雑誌に発表しなかった東病棟を紹介したいという気持ちがあったのだろうか、その平・立面図や構造計画図までをも載せており、幸いなことに、それらによって東病棟の概要が把握できる。

上：1928 年の町立八幡浜病院の全景。写真左が北（パンフレット「市立八幡浜総合病院 1985」）
下：現在の市立八幡浜総合病院の全景。上の写真とほぼ同じ位置から撮影した

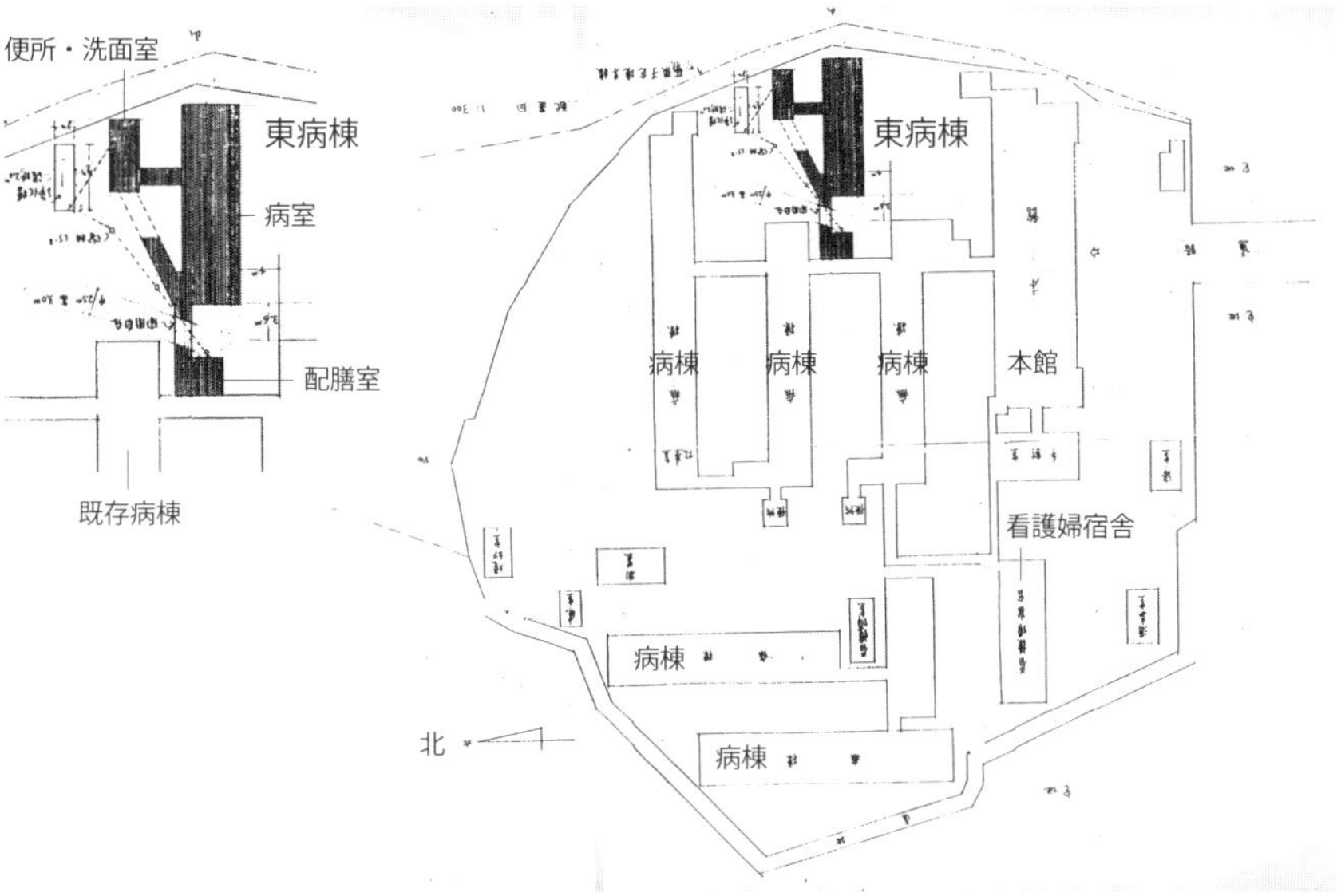

上：東病棟の実施設計図中の配置図（太字の建物名称の追記は筆者による）。図面左が北
下：南側外観写真［松村家蔵］

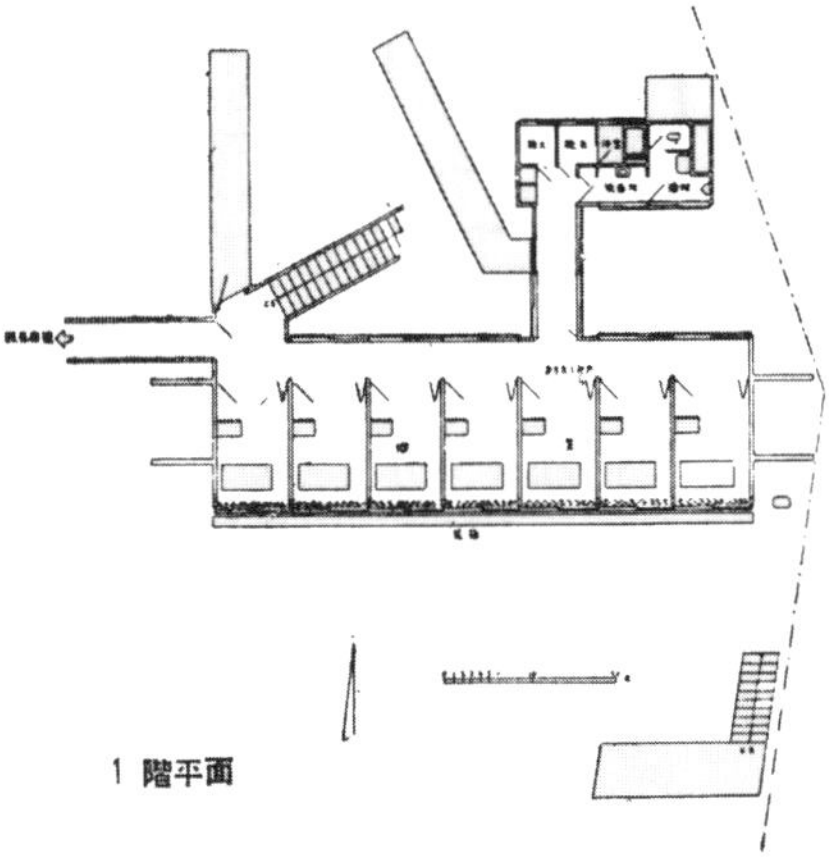

1 階平面

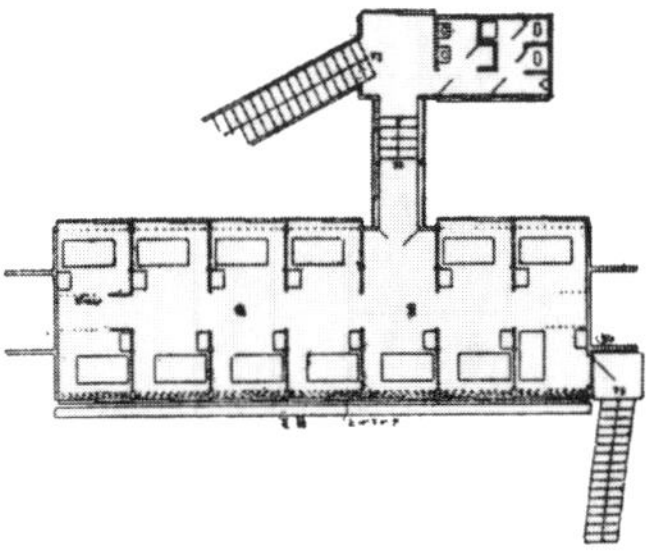

2 階平面

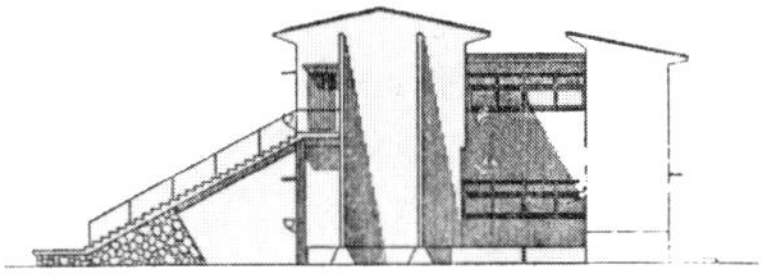

東 立 面

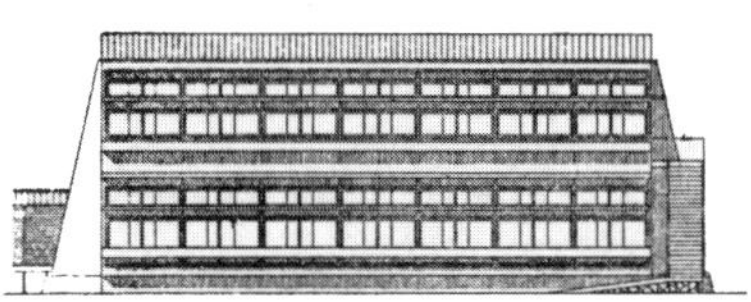

南 立 面

西 立 面

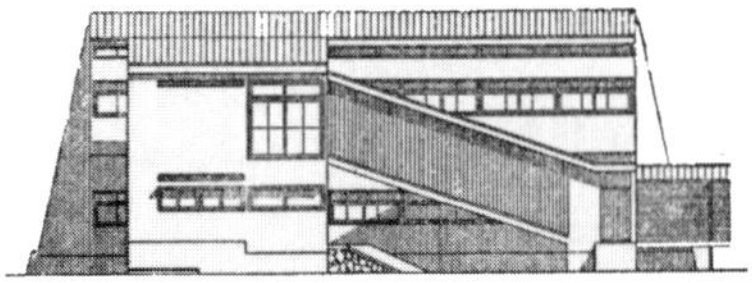

北 立 面

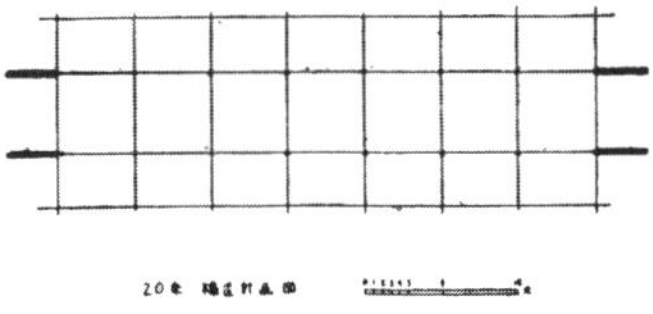

構造計畫圖

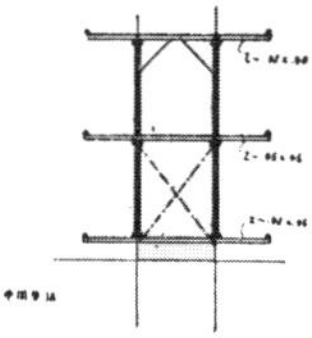

中間骨組

『建築文化』(1953年10月号、35頁)に掲載された東病棟の平・立面図と構造計画図。

バットレスや持ち出し床がよくわかる

いずれも実施設計図とは別に書き直された図面である。

　実施設計図、写真、そして『建築文化』の掲載図面によれば、建物は木造二階建てで、病室、便所・洗面室、そして既存病棟とつながった平屋の配膳室の三つに分かれている。ただし、『建築文化』の図面では配膳室は省略されている。

　それらは渡り廊下や階段でつながれている。病室と便所・洗面室のあいだは二階建ての屋内廊下、病室と配膳室のあいだは、途中に通路が横断するため、開閉自在に工夫された平屋の廊下である。また、病室の一階と便所・洗面室の二階は緩やかな屋内階段でつながっていて、細かな割付の木製サッシュが印象的だ。いずれも外壁はラスモルタルに白セメント吹き付けで、屋根は病室と配膳室が切妻屋根、便所・洗面室が片流れ屋根である。

　また、構造計画図、立面図でわかるように、長手方向は両端のバットレスで水平力に抗し、短手方向は中央に主体構造を集め、外壁側はキャンチレバーではね出している。

　八幡浜市役所には鉛筆描きの透視図も残っており、全体像がわかる。全面ガラスかと思うほどの大きな開口部と、その上を水平に横断する庇や花台のついた腰壁が印象的だ。右側の避難用と思われるスロープは、実施設計

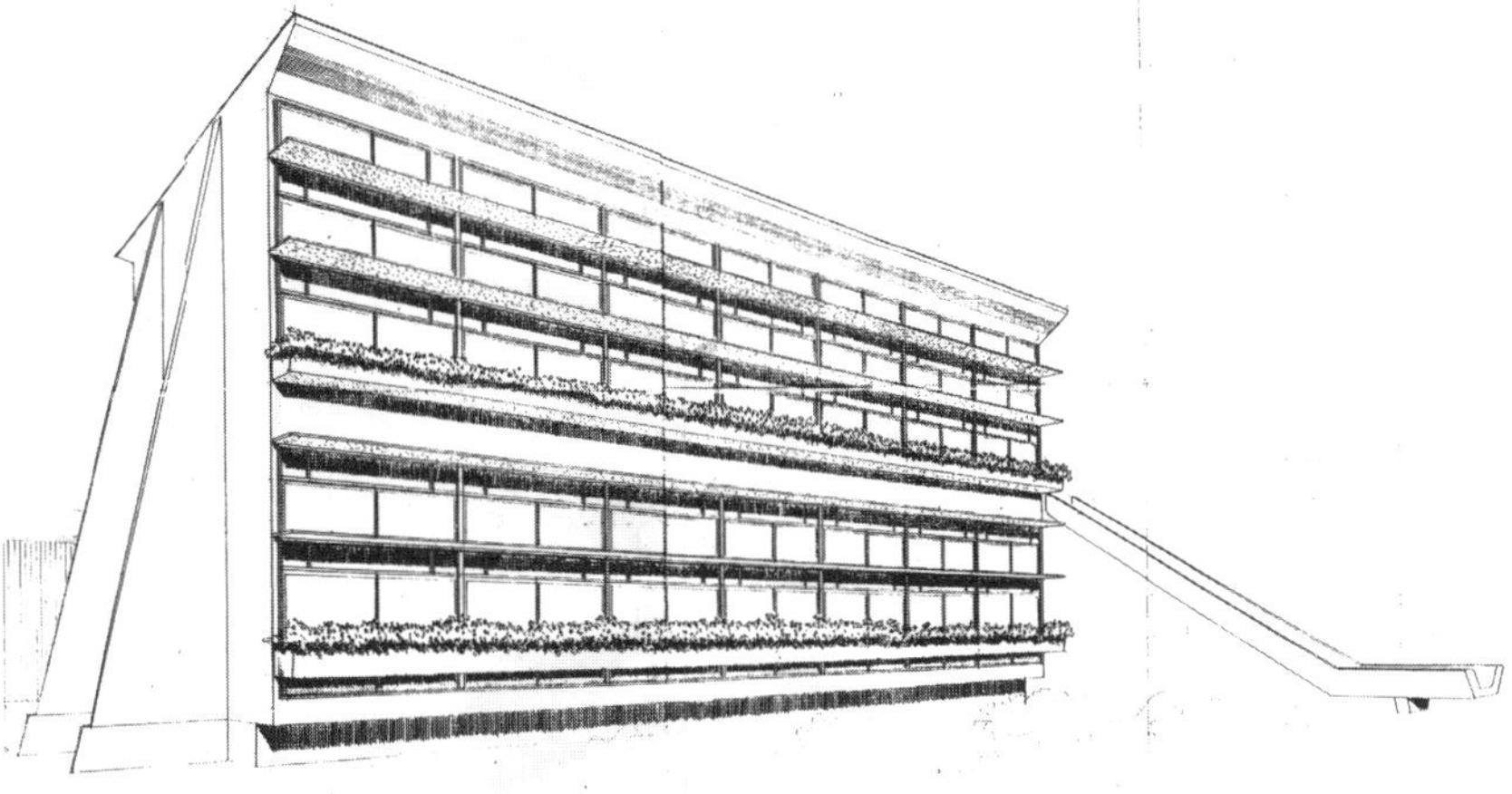

東病棟南側の外観透視図

図ではゆったりとした階段に変更されている。『建築文化』一九五三年一〇月号で松村は、厚生省の補助金の「許可申請したら」「屋外ヒナンカイダンの辷り臺は、規則違反だと突き返してきた」と不満気に書いており、厚生省の指示に従った結果だろう。

三　新しいヴォキャブラリーの噴出

この建物で最も興味深いのは、松村流デザインの主な建築的ヴォキャブラリーが一気に出現している点だ。それらは次のとおりである。八幡浜市立図書館に始まった第二期の展開を、確実なものにした建物といえるだろう。

三―一　重装備の外装

まず何より特徴的なことは、病室の外装まわりのデザインである。実施設計図の中に矩計図は二枚ある。ひとつは一九五一年一二月二日付のものであり、もうひとつは、日付はないが前者を参照することを前提に、材料などの書き込みを一部省略しながら描かれた変更案である。

主な変更内容は屋根の形状で、当初案は片流れ、変更案は切妻である。実施されたのは、写真から判断して後者の変更案だが、変更理由は不明である。結果的には二階の天井が水平になり、全体にシンメトリカルなデザインとなった。これ以降の松村の建物には片流れ屋根はほとんどないので、彼のテイストでもあるのだろう。また、当初案だと南面（矩計図の左側）がかなり高く感じられたはずで、変更案でよかったように思われる。

いずれにせよ、矩計図と外観写真からは、とくに南面の外装まわりに、次のようなさまざまな仕掛けがあることがわかる。

・遮光庇：屋根の軒以外に、三枚の遮光庇が取りつけられている。当初の矩計図によれば、出は一・五寸、アングル下地のアルミ板だが、変更案では、出が二・二寸、トタン板となっている。

・ホッパー窓：各階に二ヵ所ずつ、遮光庇の下についている。

・花台：各階の腰の部分に取りつけられている。当初の矩計図によれば三六ミリメートル厚の石綿スレート板、変更案では力骨の上にラスモルタルとなっており、いずれもアングルのブラケットで支えられている。土を入れたのか植木鉢を並べたのか、具体的な使われ方は不明だ。

・上げ下げ式遮光パネル：南面の窓際には、バランス式

南側外観。遮光庇や花台の様子がよくわかる。立っているのは松村［松村家蔵］

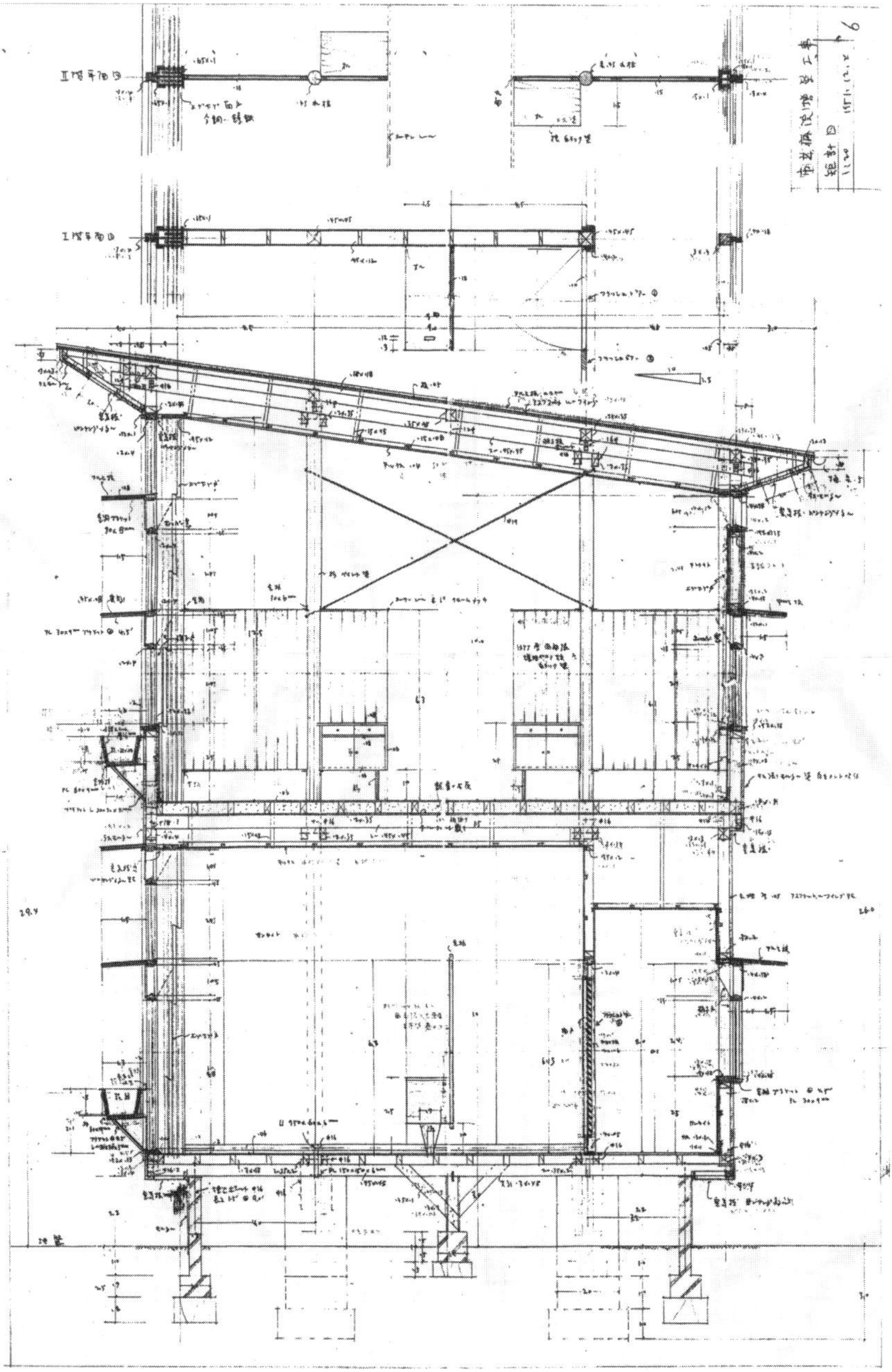

当初の矩計図（1951 年 12 月 2 日付）

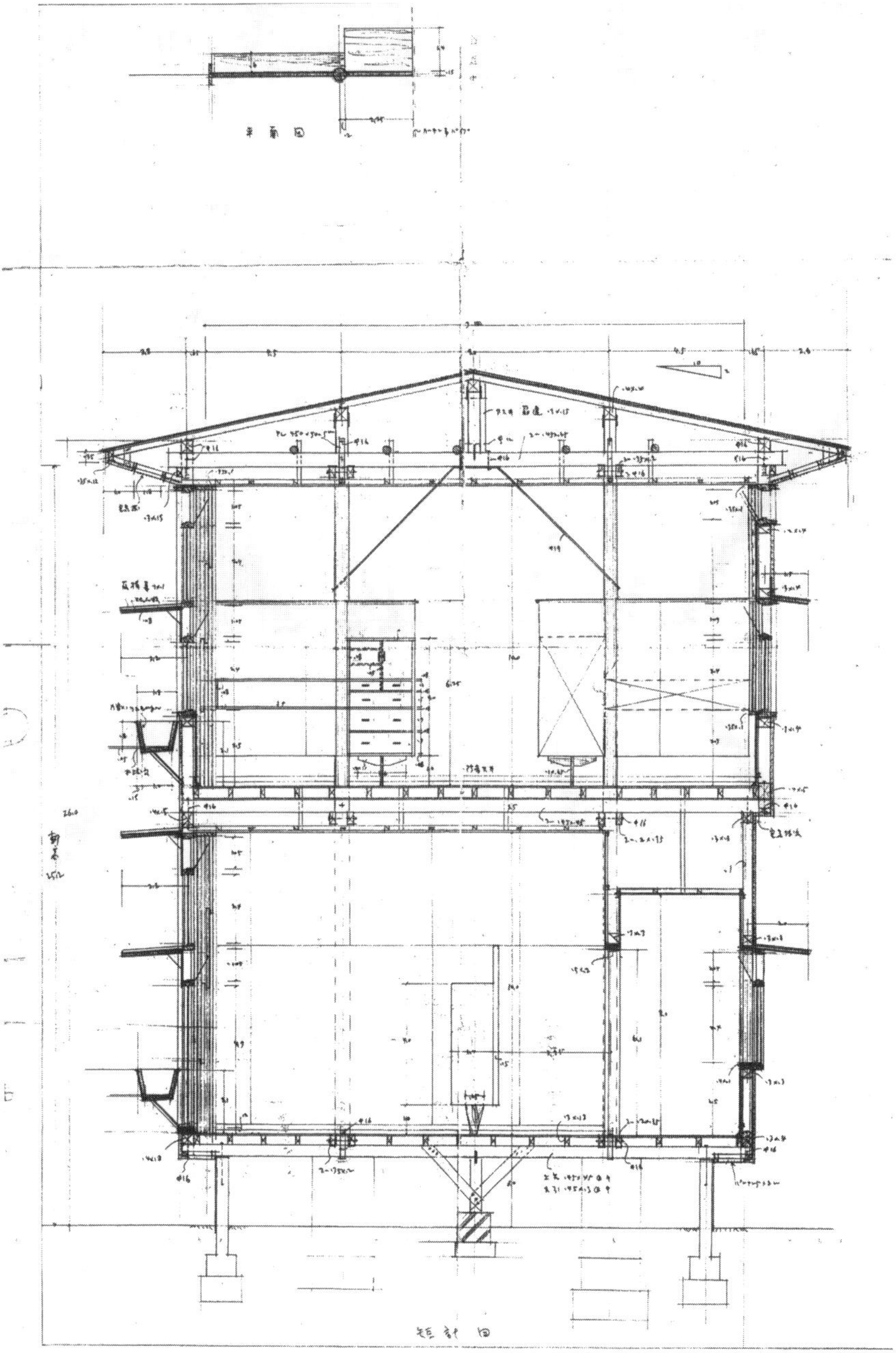

実施された内容の矩計図

で上下する面戸が、一階で四枚、二階で三枚設置してあり、光をコントロールできるようになっている。

これらのエレメントによって、南側外壁には、シャープな水平性が生まれている。

さらに、屋根の軒裏、遮光庇、花台それぞれの奥行が重なり合い、機械にでも喩えたくなるような力強く重装備の外観といえる。そこには、建築の外装を、外界との関係を調整する装置としてとらえようとする意図が感じられる。

なお、『建築文化』一九五三年一〇月号の松村の文章のうち、東病棟に関する部分には、花台が片側にしかないと「その重みで家が傾きはしないかと心配した人がいる」というエピソードや、上げ下げ式遮光パネルは「操作が少し面倒なので」、後の結核病棟においては「庇の出を大きくし、ヨロイ戸紙障子によつてみた」という反省が書かれている。

三―二　全体性をもつ構造

この建物は木造二階建てだが、その構造にはさまざまな工夫がある。

梁間方向は三スパンに分かれているが、矩計図に示さ

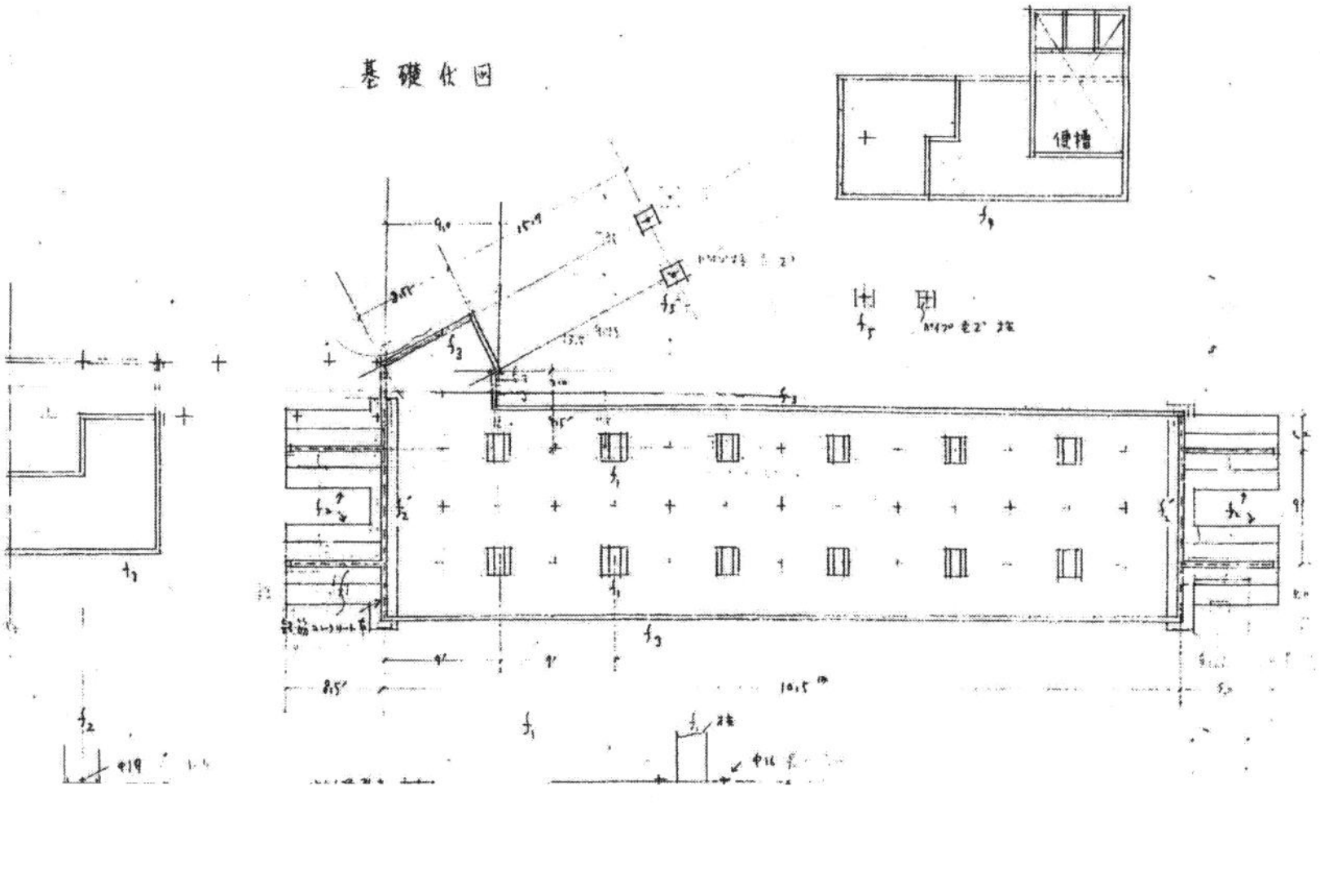

基礎伏図。中央に２列に並ぶのが大きなコンクリート基礎

れているように、中央の一間半のスパンの両端に並ぶ二列の柱の下に大きなコンクリート基礎を据え、そこに土台と柱がアンカーボルトで固定されている。そして、その位置から二階まで柱が通っている。

一方、外壁側の両端は、いわゆる陸建《おかだ》ち柱となっており、持ち出し状態の土台の上に立てられている。土台は建物中央部で下方に引かれ、全体として「やじろべい」のようなバランスの取り方になっている。外周沿いには外壁より後退した位置にコンクリートの壁を回し、土台はそこにもアンカーされている。

二階床梁は合わせ梁である。矩計図で明らかなように、北側の外壁は柱一本分、一階外壁よりさらに外にはね出している。この面の写真はないが、段差部分に陰がつき、水平性が強調されたことは間違いない。また、二階の柱と天井内の梁は露出した丸鋼ブレースで結ばれており、木造と鉄骨造を併用する松村独特のハイブリッド構造の萌芽が見える。

病室は小部屋に仕切らず、大きな一室空間を家具や小壁でゆるやかに分節する計画である。したがって構造壁がとれないため、建物の両端に二列の三角形のバットレスを取りつけて桁行き方向の水平力に対抗させ、仕切りのないワンルームを実現している。

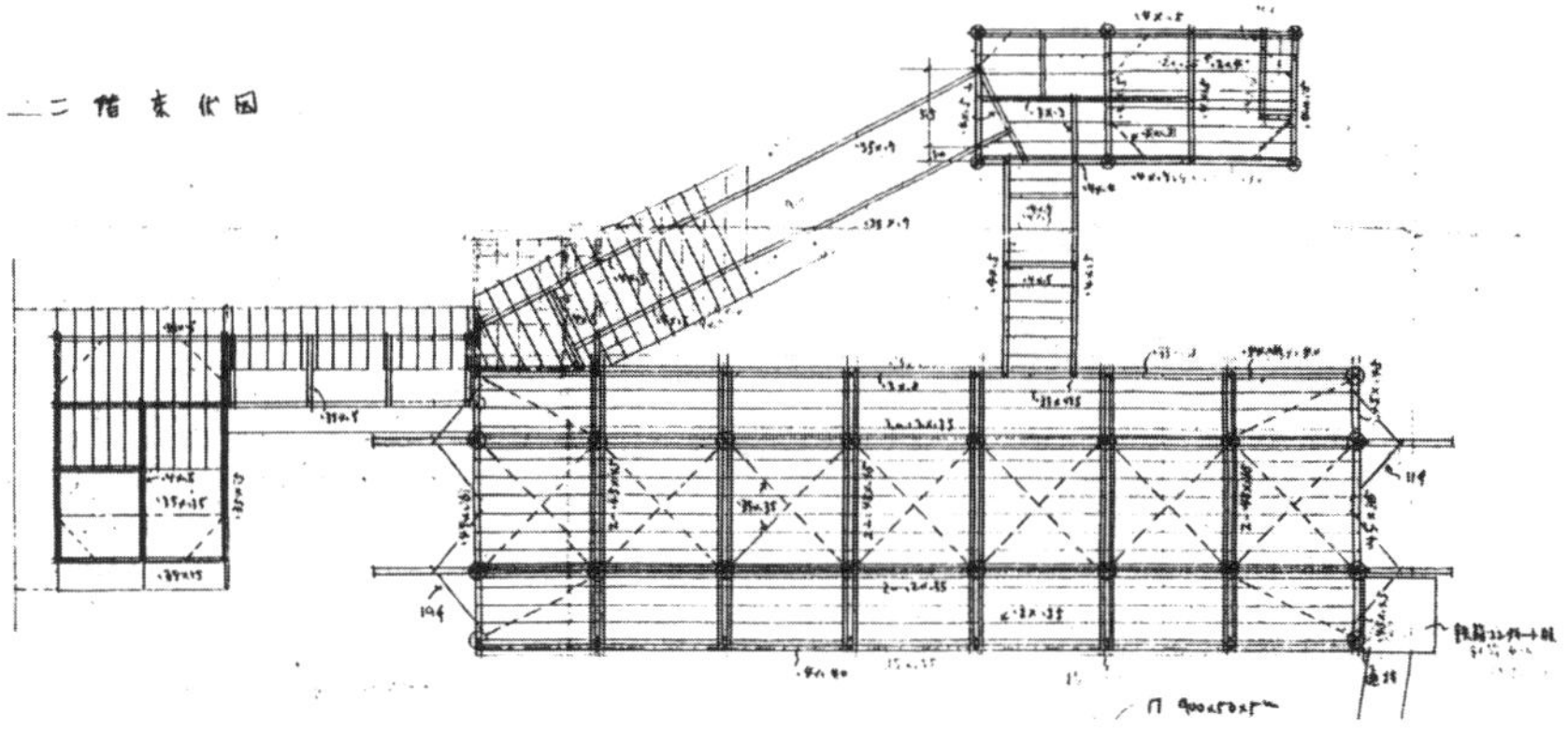

2 階床伏図。2 階床は合わせ梁。病室の両端にはバットレスの壁がある

「やじろべい」式の構造が選択された理由は何だろうか。

大部屋を確保するだけなら、梁間方向を一スパンにすればよい。また外壁を地面から浮かせて見せるだけなら、外壁から少し下がった位置に柱を立てて片持ち梁とすれば十分に可能だ。病室内に小さな空間単位をつくるなら、間仕切り壁や家具で対応できる。

しかし松村が求めたのは、そういったことを個別にではなく、一気に実現する方法だったといえるのではないだろうか。つまり、重厚感すらある外装に包まれた病室棟を軽やかに浮かんだように見せ、しかも、病室内の患者ごとの空間単位の分節のピッチと構造の秩序を一致させるのである。東病棟で採用された構造形式は、確かにそれらの要求を全体的に実現している。松村はここで、構造形式と建築空間との関係の深さを十分に認識したに違いない。

なお『素描・松村正恒』の中で、後に述べる市立八幡浜総合病院結核病棟について、松村と宮内嘉久・横山公男の次のような対話があり（六九－七〇頁）、写真もこの建物のガラス張りの階段室が掲載されているが、内容からすると、結核病棟と東病棟が混乱していると思われる。

松村　それから結核病棟をつくったんです。
横山　八幡浜でですか。
松村　ええ。八幡浜でね。ちょうど法政大学が出来た時分ですよ。
宮内　大江宏さんの、ガラス張りの大学院。
松村　あの当時、私も、これをつくったんですよ。これ、ガラス張りなんですよ。ほんとは、ちょっと見えませんけどね。これが庇ですよ。ここへずうっと横線があるでしょう。あれは花壇なんですよ。構造はこういう構造にして、屋根はこう懸かっているんですけれども、ここへ二階をのっけて、ここへ窓があるんですよ。これ、あまり殺風景だから、ここへコンクリートの花壇をつくったんですよ。
宮内　ここに花壇のグリーンがくるわけですね。
松村　南側も北側も全面ガラス窓、その中間に重いものを取りつける。二階建の木造が傾かないかと、真剣に心配する人がいましてね。この階段、スロープくらい、ゆるい、両面ガラス。病室が全面ガラスですから、幅二米七〇を三枚の板戸の上げ下げで光を調節します。これを造りましたとき、――戦後早い時期ですから、職人なんか、もうとにかく生まれて初めて見るんです。電気がつきますと、みんなびっくりしましてね。

横山　何年でございましたっけ。

松村　五三年頃ですね。

なぜならば、遮光庇や花台があり「ほんとはガラス面」だけど「ちょっと見えない」、「ずうっと横線」状の「花壇」がある、「二階をのっけた」、「コンクリートの花壇」が「二階建の木造が傾かないかと」心配した人がいる、「幅二米七〇を三枚の板戸の上げ下げで光を調節」といった内容は、すべて東病棟に当てはまり、結核病棟には該当する部位がないからである。語り口からは目の前に写真か図面があったと思われるが、事情はよくわからない。いずれにせよ、「電気がつきますと、みんなびっくりしましてね」という言葉に、松村の建築の開放性が、当時の人々に与えた強烈な印象をよく表わしている。

三―三　細やかなディテール群

東病棟には、第二期においては主に病院関係の施設で使われ、第三期においては学校建築へと受け継がれていくさまざまなディテールが登場している。それらは次のとおりである。

・緩やかな階段：松村は階段へのこだわりが強く、可能な限り緩やかな階段を設置するとともに、階段室をその建築の中で特徴的な空間にしようとした。その先駆的な例が、東病棟における病室の一階と便所・洗面室の二階を斜めに結ぶ階段室だ。おそらくこれが『素描・松村正恒』の中で「この階段、スロープくらい、ゆるい、両面ガラス」と松村が言ったものである。

約一〇メートルほどの長さがあるが、段裏に棒状の鉄筋ボルトを貫通させて両側の木製ささらを締め合わせることで剛性を高め、スパンを飛ばしている。途中は中央の一ヵ所に二本の細いスチールパイプが立つだけという構造であり、軽快かつダイナミックな造形である。階段の踏面は一・三尺（＝三九・四センチメートル）、蹴上げは一〇尺÷二六段（＝一一・七センチメートル）と緩やかだ。屋根のけらばもささらと同じ厚さにしてあり、それらと細かいピッチの木製サッシュ割りとの対比も印象的である。ガラスの結晶のようで力強く印象的な階段室だ。

・浮いたオブジェとしての家具：日土小学校など松村の学校建築においては、家具が空間構成において大きな役割を果たしていくが、その先駆けが東病棟にあり、大部屋の病室の中に、家具や軽微な間仕切りによって、

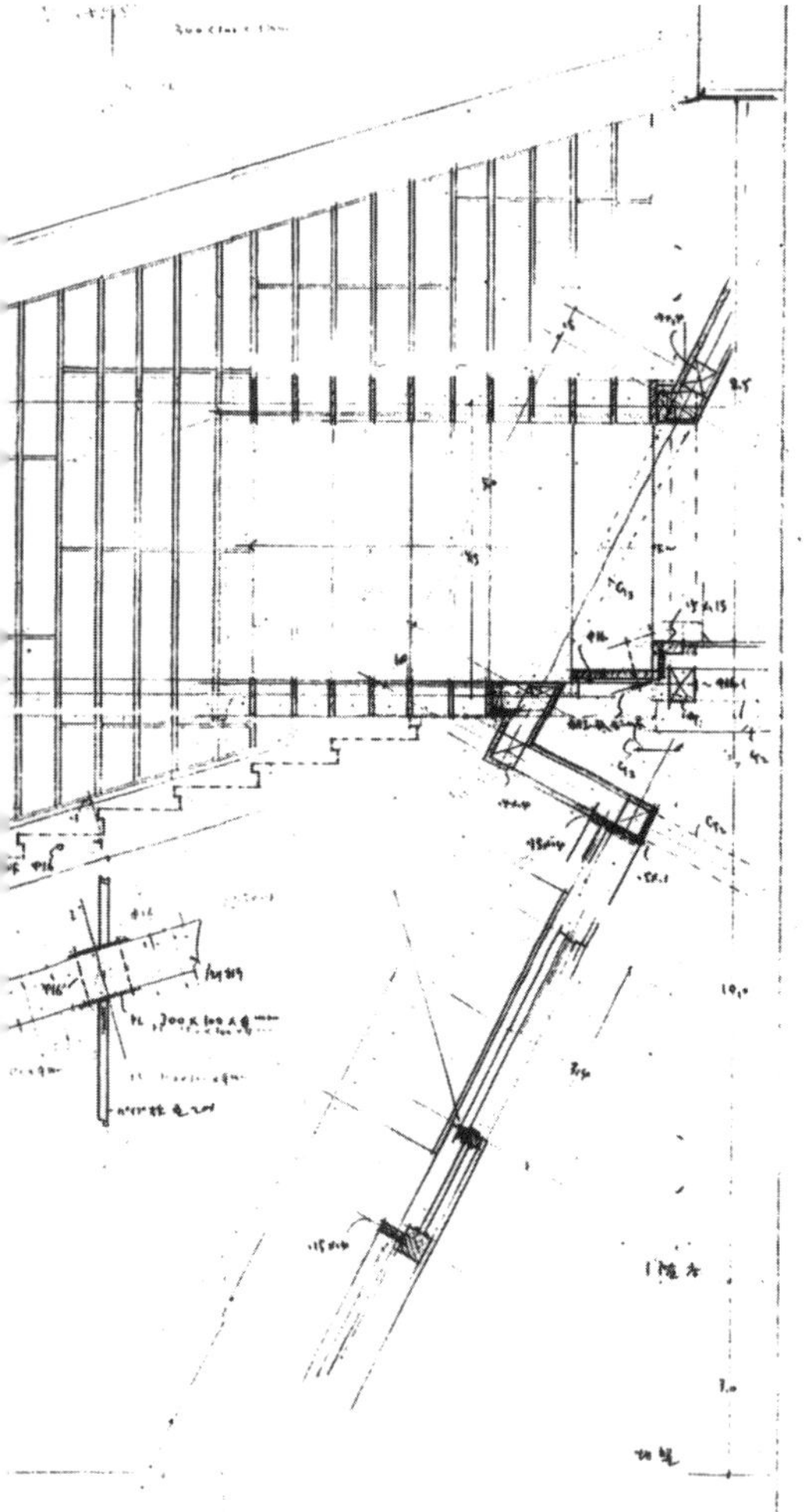

1：階段室。ダイナミックな造形である
2：階段室内部。光の状態が印象的である
3：階段室と便所・洗面室
［いずれも松村家蔵］
4：階段室詳細図。屋根の軒の出と
ガラスの階段室のプロポーションが面白い。
途中のパイプ柱もよくわかる

4	1
	2
	3

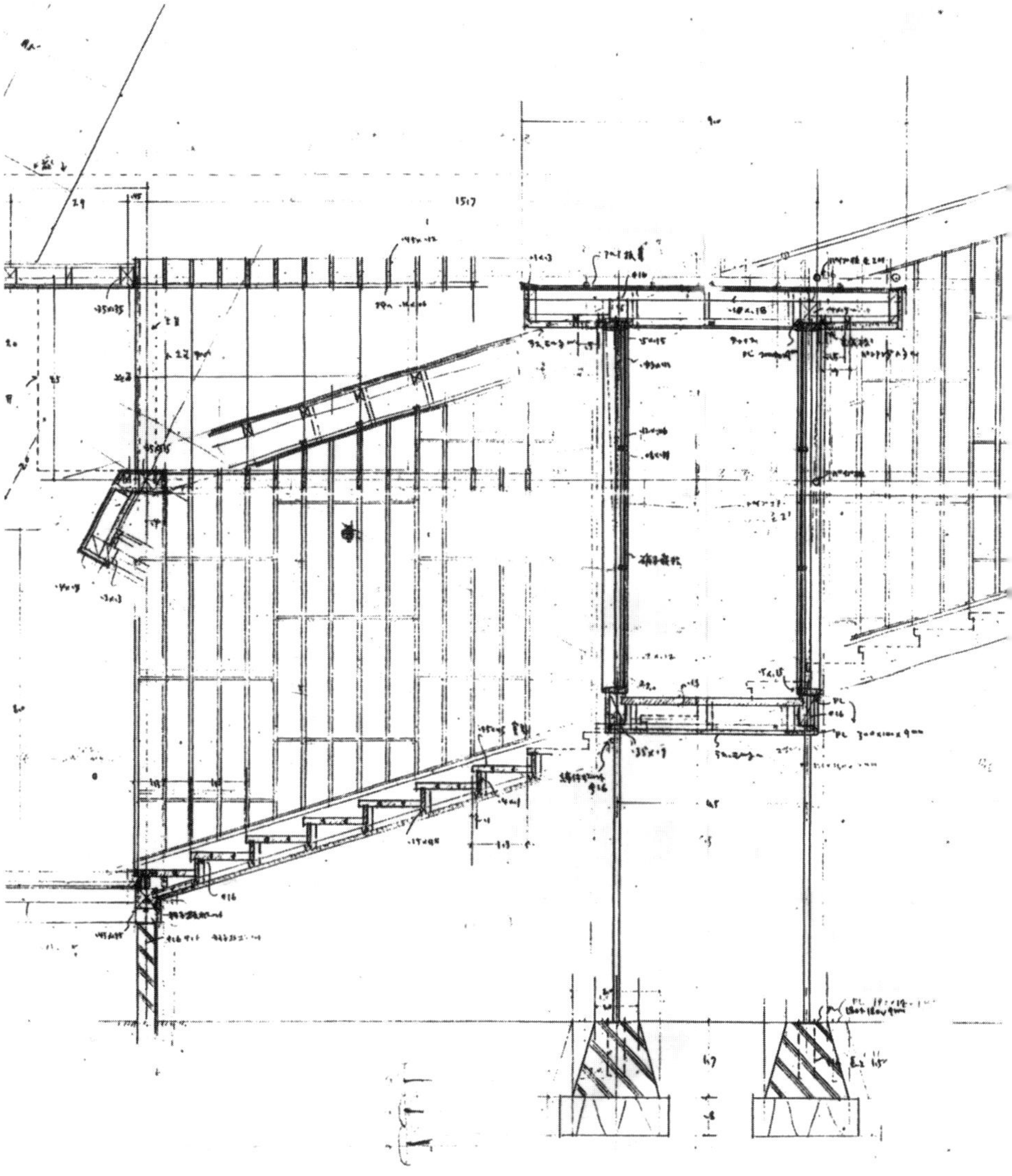

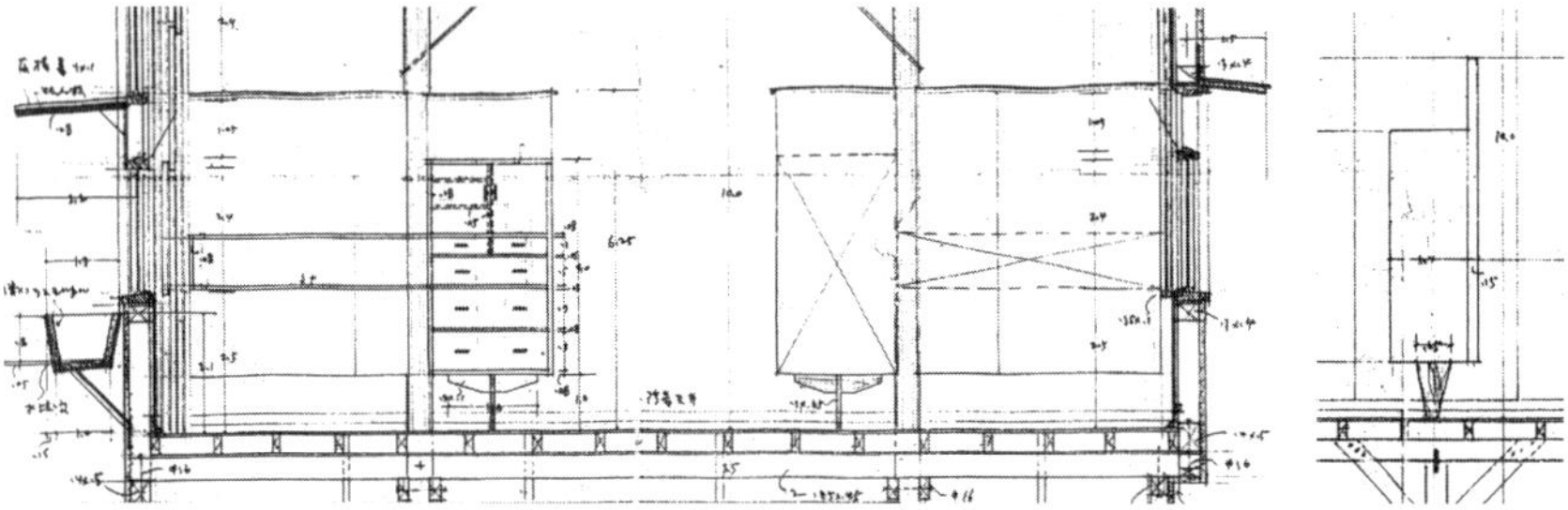

右：1 階病室の家具側面図
左：2 階病室の家具展開図

患者ごとの空間がつくられている。また、第二期の後の病院関連施設においても同様の試みが見られる。

矩計図の中に病室の家具の姿が描かれている。床から一尺浮いた間仕切りが六・二五尺の高さまであり、それに間仕切りよりは高さの低い患者用の引き出しと横長の棚が丸柱を挟んで取りつけられている。脚は先が細くなっており、床と縁を切ろうとする意図がわかる。こういった操作の結果、構造体や床・壁といった建物の主要なエレメントと、間仕切りや家具という二次的なエレメントが区別され、建築的な構成が明快に視覚化されているのだ。

・性能への配慮：建築のさまざまな性能向上に対する松村のこだわりは大きい。それを象徴しているのが二階床である。一階の病室の静寂を保つために、二階床をフラッシュパネル状にし、下方の板の上に「タールフェルト紙」を敷き、「鉋屑＋石灰」を充填している。これは、二階床の振動や共鳴を少なくし、一階を静かに保つための工夫であったと思われる。これ以降の病院や学校でも用いられるディテールだ。

通風についての配慮も多く、軒裏、天井、床下には通気口がとられ、空気の循環ルートが確保されている。

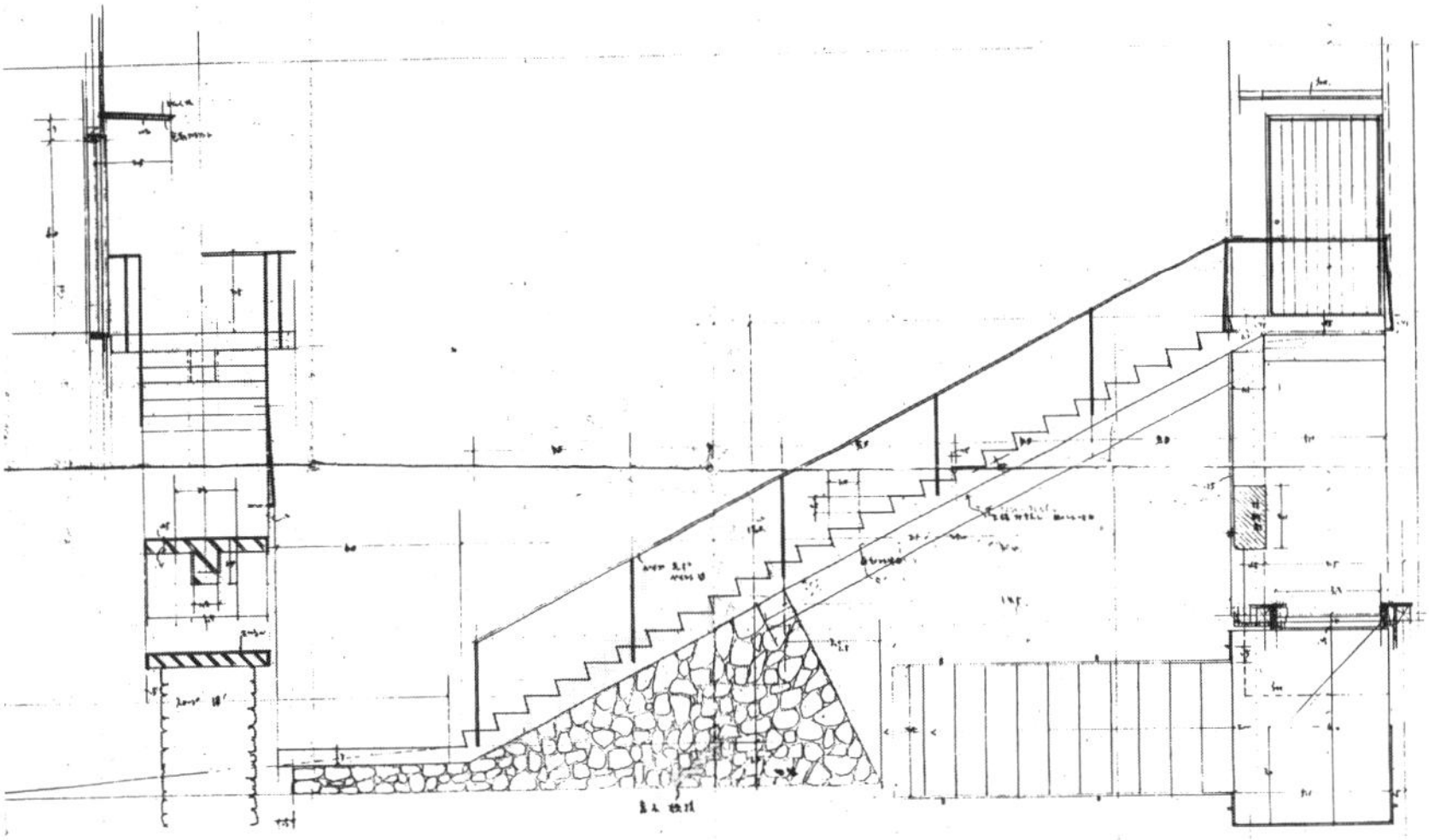

コンクリートの外部階段

・コンクリートの外部階段：東端の妻側に避難用の屋外階段がコンクリートで設計されている。当初はスロープで考えていたものの変更案だ。本体は木造だから、階段最上部の踊り場はコンクリートのキャンチレバーで設計され、本体とは構造的に切り離されている。一部を石張りにするなど全体に力強い造形で、これ以降、外部避難階段のデザインとして松村の中に定着した。ただし写真では確認できず、東病棟では実現しなかった可能性が高い。

長谷小学校

一　建築の概要

標高三〇〇メートルもの高野地という地区にある小規模の小学校である。山頂まで蜜柑のだんだん畑が続き、宇和海や南予の山並みが一望できるロケーションだ。周囲には約五〇戸の蜜柑農家があり、その子弟のための専用の学校といってよい。

『八幡浜市誌』によれば創立は一八七五年で、長谷寺境内に有志児童を集め、今長谷学校という名で住職・長谷恵明が読み書きを教えたことに始まっている。その後、

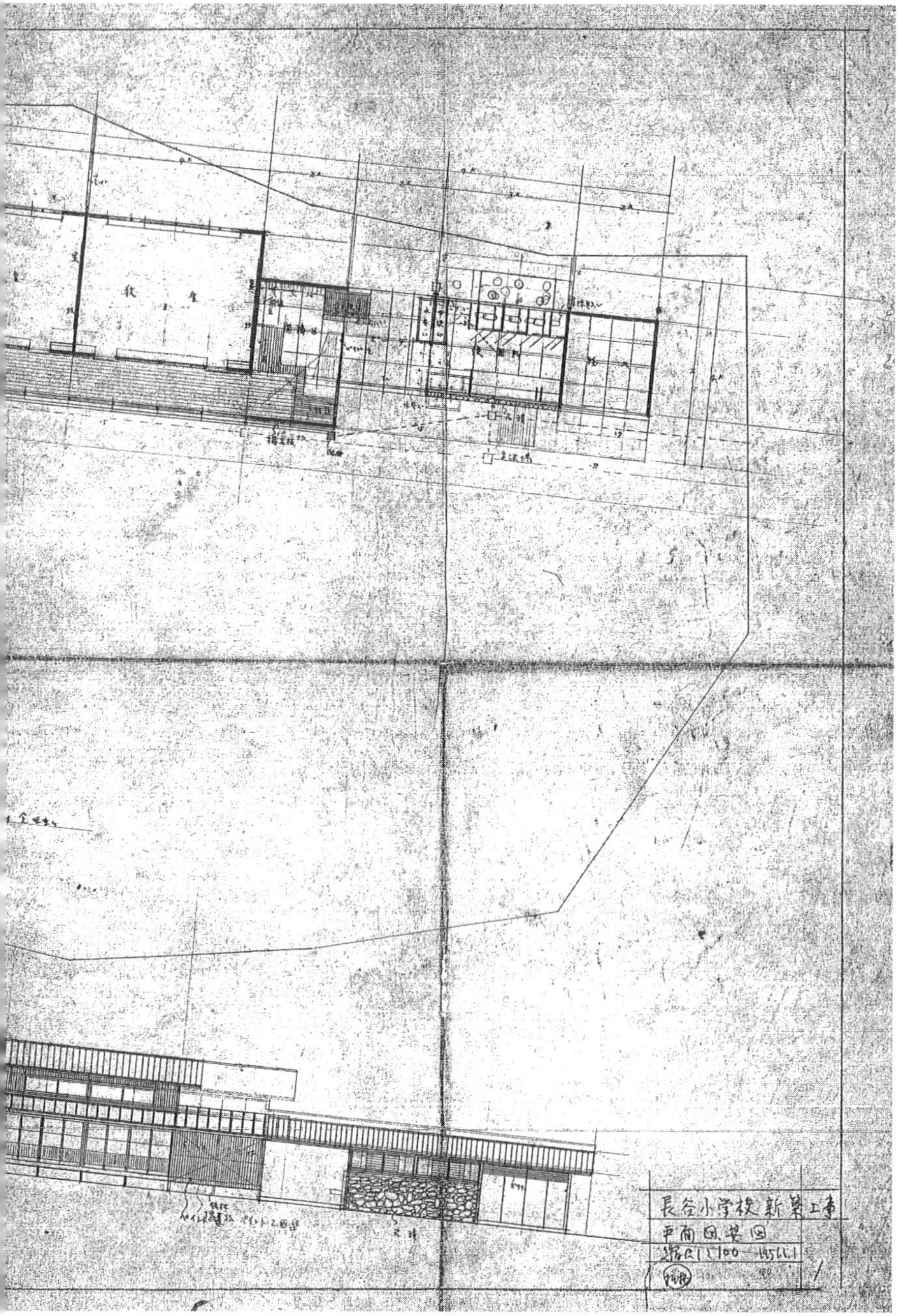

長谷小学校新築工事
平面図、姿図
縮尺1：100 1951.1.1

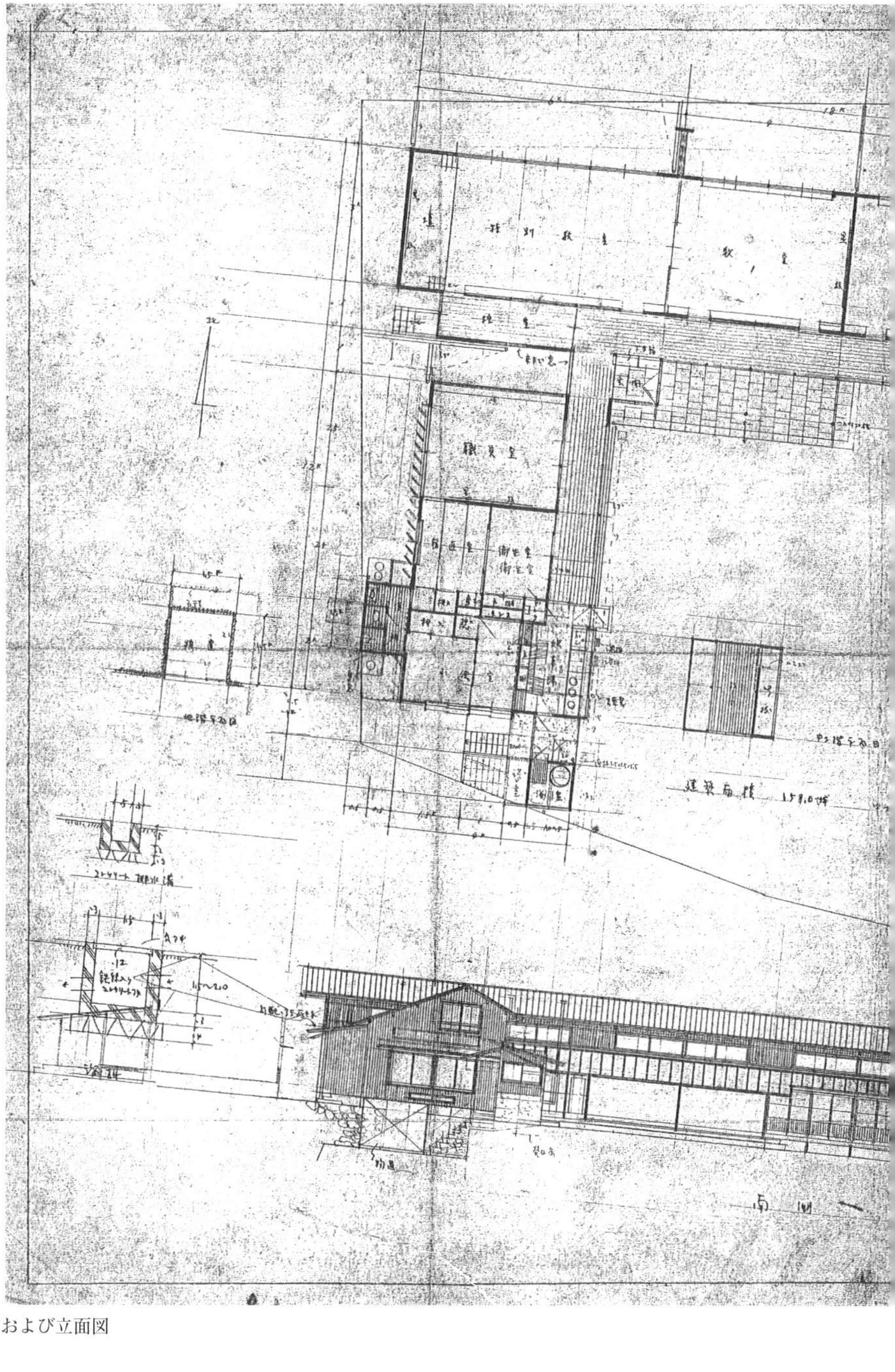

平面図および立面図

1：長谷小学校の航空写真。右端は後に作られた小さなプールである（1970 年 5 月 29 日撮影）
2：竣工直後の写真（1953 年 1 月 10 日撮影）
［いずれも長谷小学校蔵］
3：現在の校舎。屋根の葺き替え、アルミサッシュ化、
玄関まわりの改修などがおこなわれている
（2008 年 3 月 27 日撮影）

1
2
3

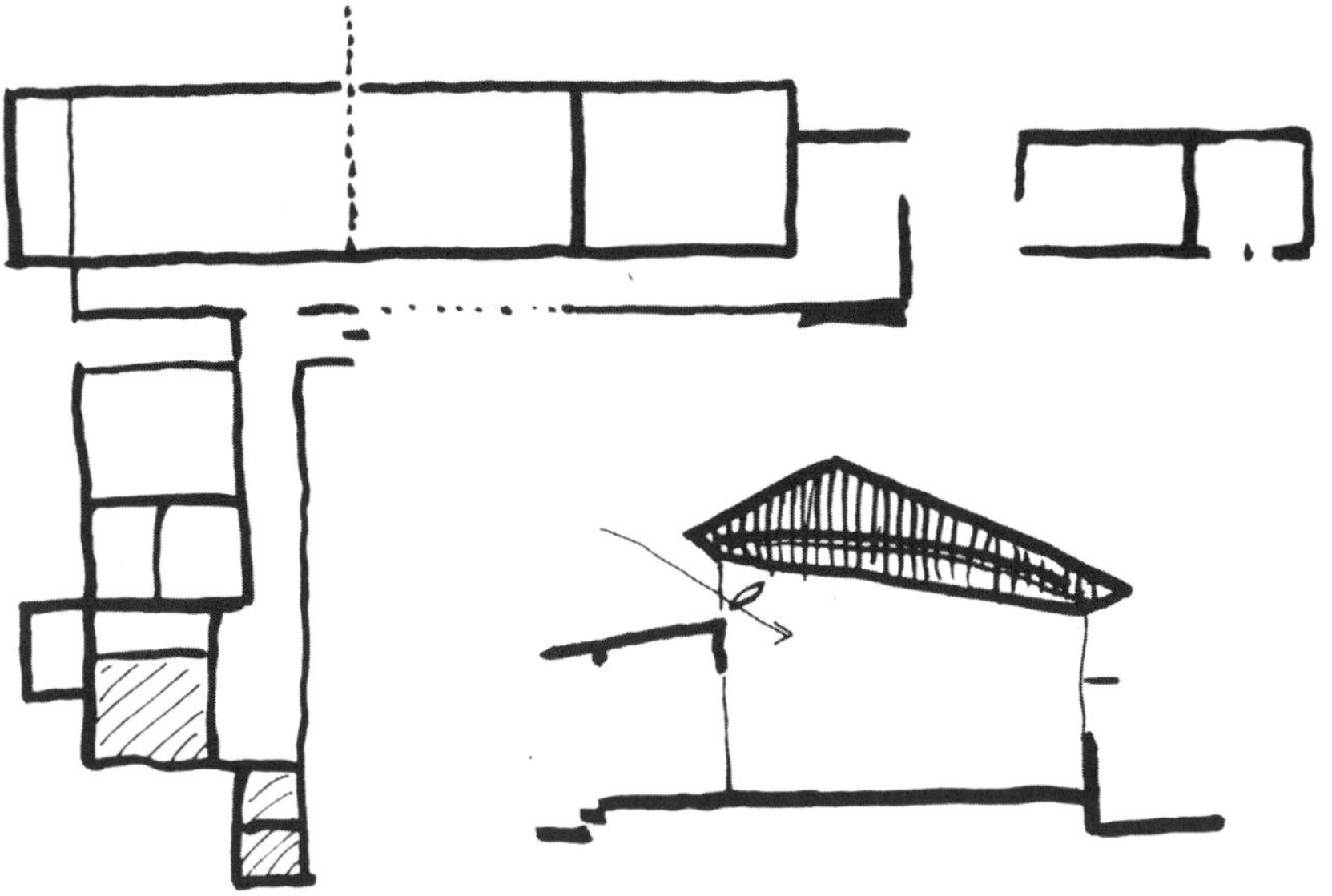

松村が描いた長谷小学校の平面と断面のイラスト。
ただし平面図で教室の数がひとつ足りない（『素描・松村正恒』）

小学簡易科高野地校（一八八七年）、矢野崎第二尋常小学校（一八九二年）、八幡浜町立長谷尋常小学校（一九三〇年）、八幡浜市立長谷国民学校（一九四一年）、八幡浜市立長谷小学校（一九四七年）と校名変更を経て、一九五三年一月、現在の地に移転して松村の設計による校舎が建設された。各所が改修されてはいるものの、基本的な骨格はそのままで現在も使われている。実施設計図はすべて残っている。

長谷小学校は全体にL型の木造平屋の建物で、三つの教室とひとつの特別教室、職員室、宿直室、小使室などからなるきわめて小さな学校だ。もともと低学年用の学校だったために三教室しかないが、現在は児童数の減少に伴い、全学年の子どもたちが複式学級で学んでいる。

二　学校建築としての革新の開始

工事台帳によれば、工事契約日が一九五二年七月一五日で竣工は一九五三年一月二〇日、『八幡浜市誌』にも「一九五三年一月　現在地「シバノハナ」に校舎新築移転」とある。設計の時期からすると、八幡浜市立図書館以降、ラスモルタルで平滑な外壁へと移行していた時期であり、板張りの外装は第一期に戻った感がある。しかし外装以外の点においては、学校建築に対する松村独自の建築的工夫が開始されており、新しい建築的ヴォキャブラ

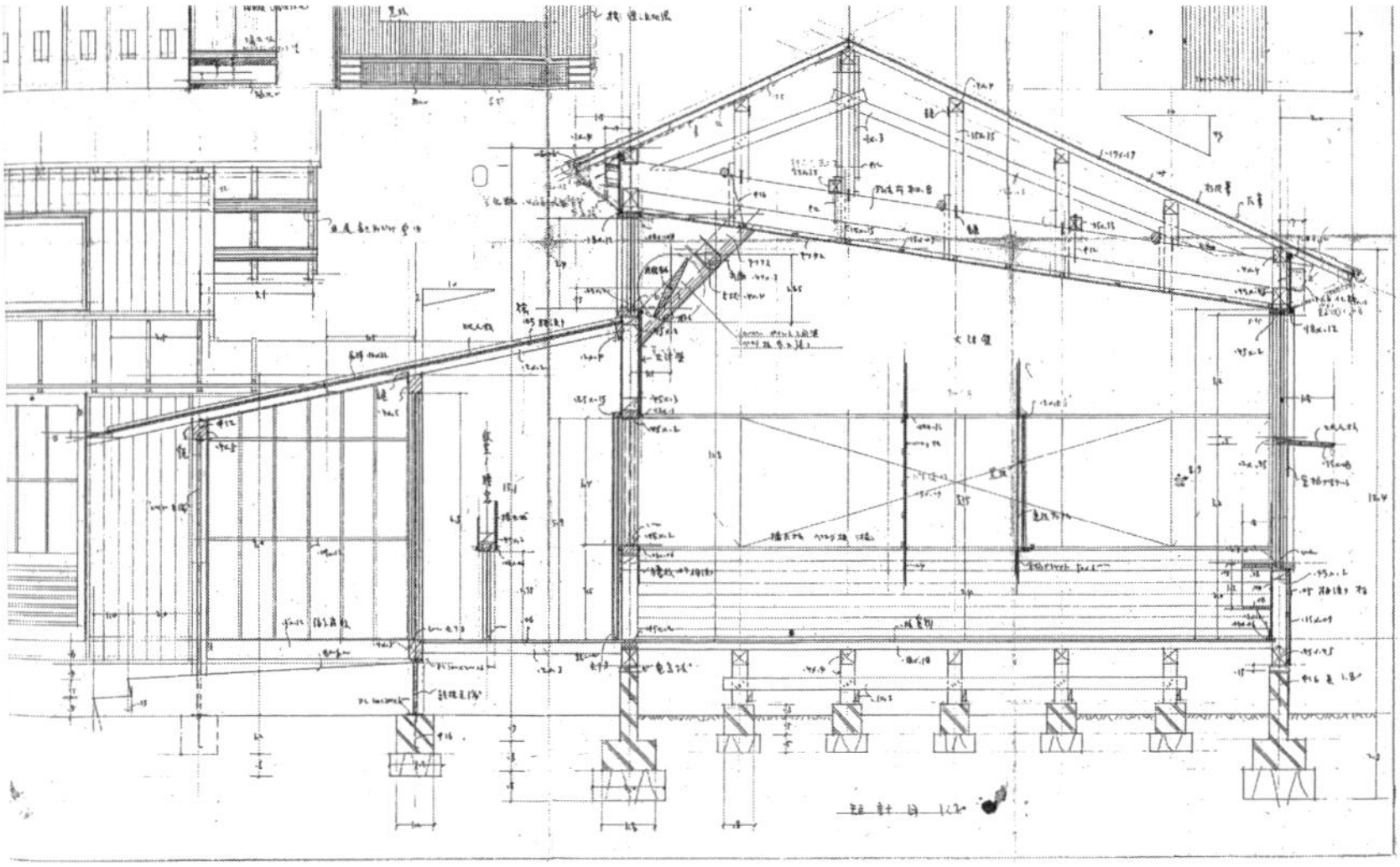

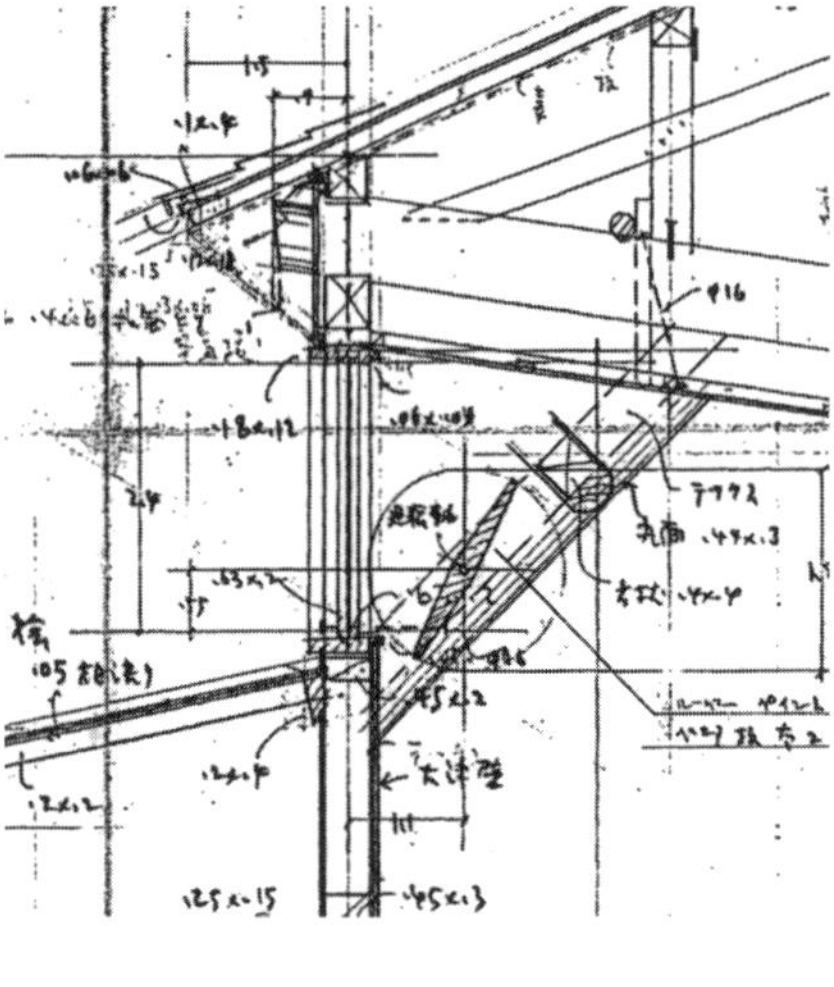

1

3 | 2

4

1：教室の矩計図。回転式ルーバーによって、日射が射し込むのを防ぐことができる
2、3：教室。トップサイドライトの様子がよくわかる。現在は回転式ルーバーは取り外され、ブラインドが設置されている（いずれも2008年3月27日撮影）
4：回転ルーバーの詳細。方杖を包む三角の袖壁を利用して取りつけられている

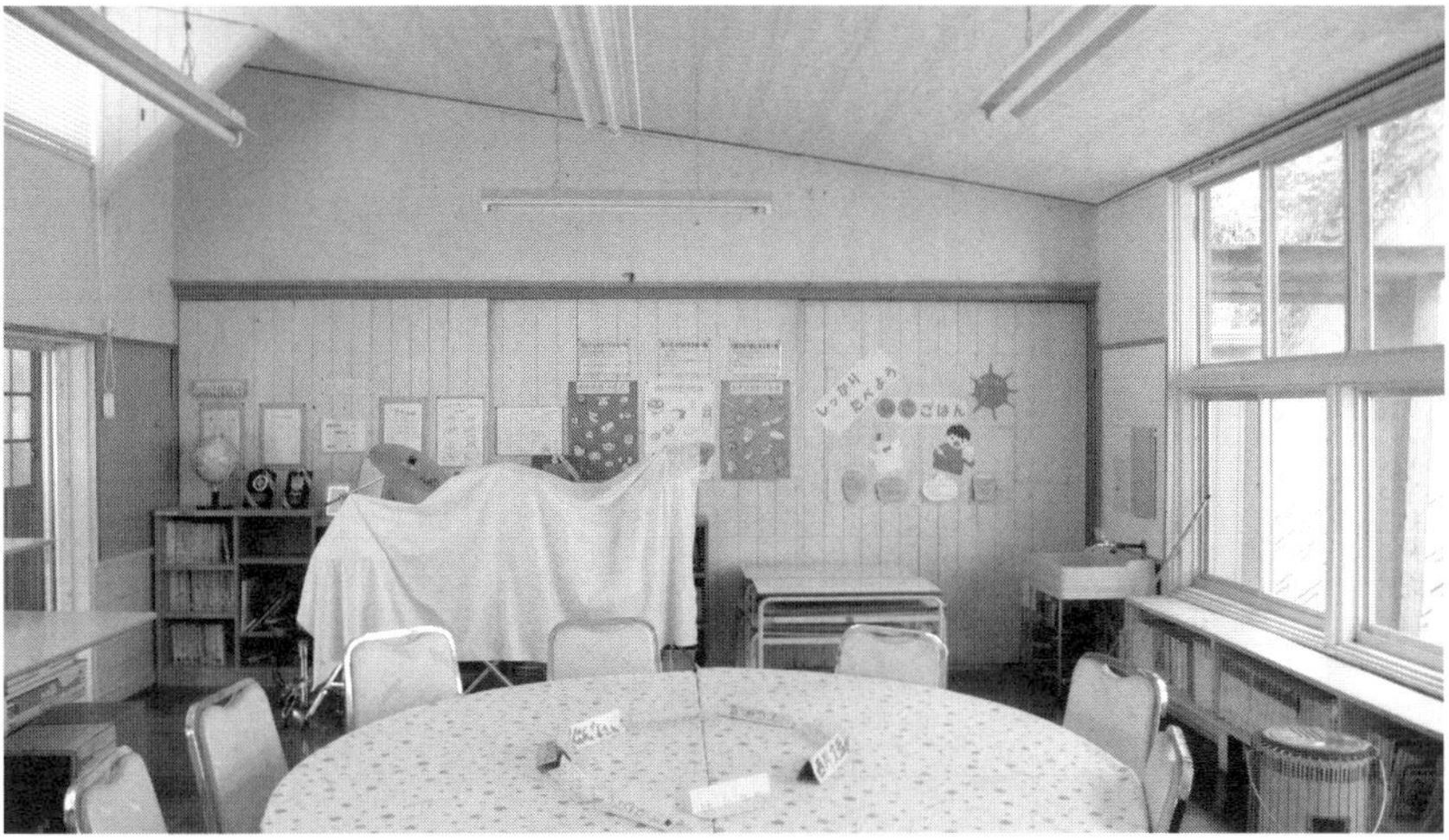

特別教室に隣接する普通教室。正面の 3 枚の板戸が窓の外にある「戸袋」へ引き込まれ、ふたつの教室が一体化する（2008 年 3 月 27 日撮影）

リーの習得に大きな貢献をしたという意味において、やはり第二期に属する建物だといえるだろう。

一九八六年一二月に開催された内田祥哉らによる「木造建築研究フォーラム」での講演「木霊の宿る校舎」（『素描・松村正恒』に再録）で松村は、長谷小学校のことを、「敷地のことで上と下の部落がもめ三年目に、やっと決まりました。三遍まわって此処にしよう。山小屋みたいな学校が山の斜面に、狭い敷地にひっそりと建っております」と紹介している（一二二頁）。また同書の宮内嘉久との対話では、「小学校の一番最初に手掛けられたのは……」という宮内の質問に、「一番最初が長谷小学校で、山のなかで……。私、山のなかの学校は、それは学校だけじゃいかんよと言ったんですよ。村の集会所。公民館といっしょにして……」（六七頁）と答えている。

ただ、松村の「一番最初の小学校」だという発言は不可解だ。これ以前に、川之内小学校を設計しているからだ。敷地がなかなか決まらなかったということで、関わりは早かったのかもしれないが確かなことはわからない。それはともかく、学校は村の集会所や公民館でもあるべきだという発言には、彼の学校観がよくあらわれている。そこには、後に、生涯学習の場として学校を位置づける考え方の萌芽がある。

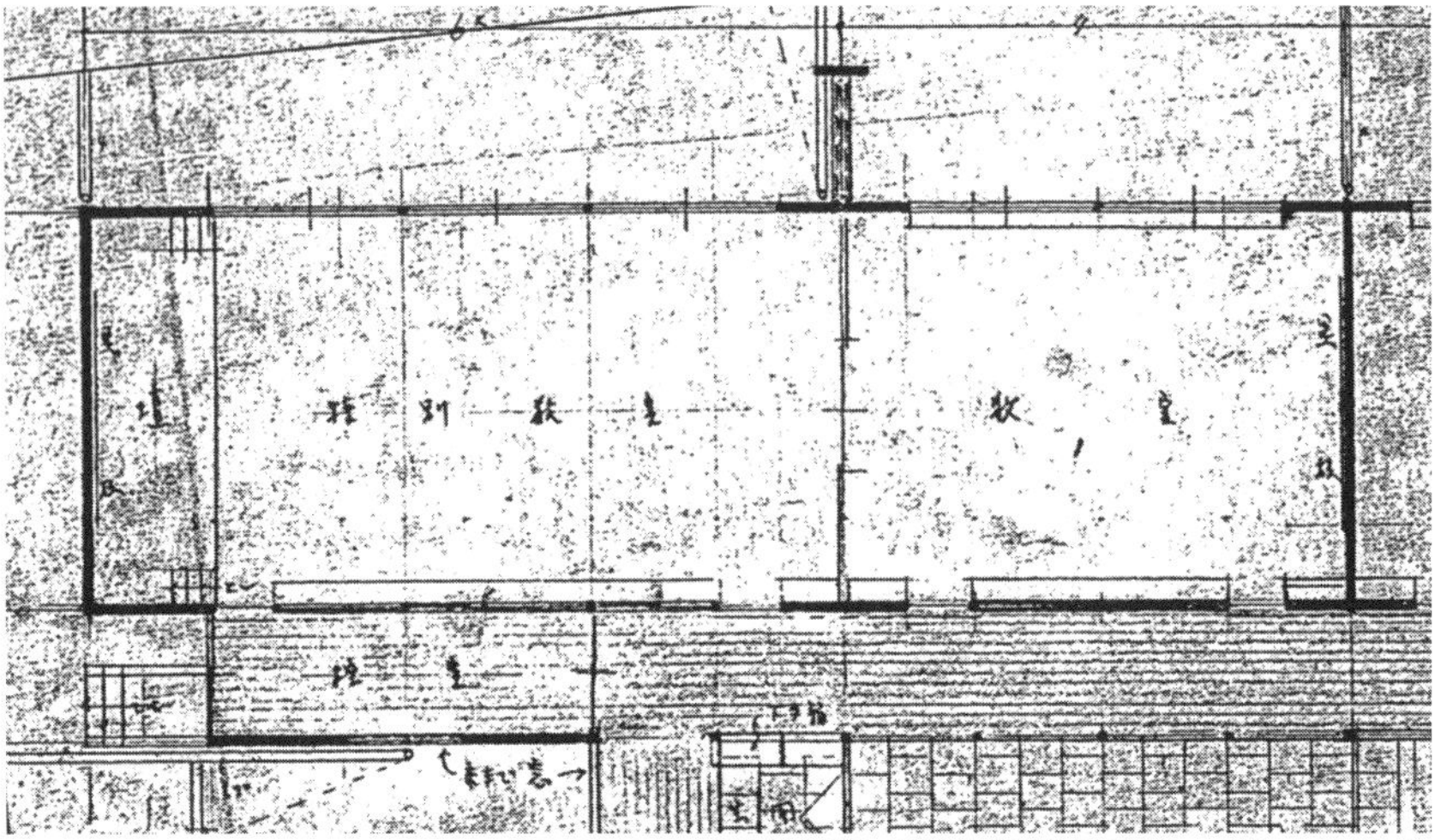

上：可動間仕切りまわりの平面図。
左が特別教室、右が普通教室。
外部の「戸袋」がよくわかる
下：外部の「戸袋」。
外壁に小さな扉がついており、
それを開き上下のレールに沿って
戸を引き出す
（2008 年 3 月 27 日撮影）

松村はさまざまな工夫をこの小さな学校に凝縮している。彼はそれらを、講演「木霊の宿る校舎」において、平面と断面のイラストを模造紙に描き説明した。ポイントは次の二点である。

二―一　光を制御する断面

松村がまず説明したのは、教室まわりの断面だ。「これが断面でございます。梁間は五・四メートル、小屋梁は松丸太で間に合います。高窓から入る光をルーバーで調整します」と彼がいう内容は、矩計図がよく示している。教室の天井が斜めに折り上げられ、廊下の片流れ屋根との間にトップサイドライトが設けられている。方位はほぼ南だ。

そして天窓の室内側には、木製の横軸回転式ルーバーが設置してあり、光の量をコントロールするようになっている。軒先とルーバーの先端を結ぶ線を引けば、教室の奥まで直射光の入射を防ぐことができるのがわかる。八幡浜市立図書館に続く実験といえるだろう。

二―二　フレキシブルな空間

長谷小学校には、三つの普通教室とそれより大きな特別教室があるが、講堂を別に作るような余裕がない。そこで松村は、特別教室と普通教室のあいだの間仕切りを三枚引き戸にし、さらにそれらすべてを校舎の外へ引き出せるようにすることで、ふたつの教室を一体化させ大きな空間を得る工夫をしている。

特別教室の妻壁には大きな黒板が取りつけられ、その手前の床は一段高くしてあった。そして斜め天井下部には、幕を吊るレールとして一六ミリメートル径の鉄筋が渡されていた。つまり、教室が舞台のあるホールに変身できるようになっていたのだ。

松村は、これらの仕掛けによって、単に「学校の講堂」が出現することを望んでいたのではない。松村が工事報告をするのが慣例になっていた落成式で、彼はこの仕掛けについて、「山の学校は、生徒のものであると同時に、部落の集会所であります。此処を十分に利用していただきたい」と挨拶したと述べている（講演「木霊の宿る校舎」）。つまり、空間だけでなく、ビルディングタイプのフレキシビリティも意図されていたということだ。

魚市場増築工事

建築の概要

漁業資源の豊かな宇和海に面した八幡浜市は、漁業、

魚市場の南西側外観。岸壁側１階がコンクリートであることがわかる（[松村家蔵] 部分）

養殖漁業、水産加工業が盛んで、ミカン栽培と並ぶ基幹産業になっている。『八幡浜市誌』によれば、その取引を支える魚市場は明治初年から各地を転々としたが、一九三八年一〇月六日に、現在の位置である八幡浜市沖新田に落ち着いた。戦後、一九四六年に八漁協、日本西海、太陽、玉岡、坂田の五市場の開設が許可され、魚本義若がその代表者となって市場の拡大が実現し、八幡浜市から土地、建物を五市場が借用して市場業務をおこなった。

工事台帳によれば、松村の設計担当で一九五二年に沖新田に魚市場が完成している。「木造二階建（一階鉄筋コンクリート造）アルミ板葺」、床面積は一階が一三五・〇坪、二階が八一・六坪と記録されている。

しかし実施設計図も見つからず詳細は不明だが、松村家には小さな写真が残っており、漁港に建っていること、一階がコンクリート造であること、一・二階の面積比などから、この魚市場であると判断した。連続するガラス面、切妻屋根の軒天井のはね上がりなどにも、第二期のヴォキャブラリーの特徴を見出すことができるだろう。

市立八幡浜総合病院結核病棟

一　建築の概要

病院関連施設の第二弾が市立八幡浜総合病院結核病棟（以下、適宜「結核病棟」と略す）である。パンフレット「市立八幡浜総合病院一九六四」によれば、五〇床（掲載誌『建築文化』一九五三年一〇月号の平面図によれば六〇床と思われる）の結核病棟である。工事台帳には、一九五二年一二月一日が工事契約日で、一九五三年四月五日に竣工と書かれている。一方、上記パンフレットには一九五三年八月一日に落成とあるので、準備期間があったのだろう。一般には「北病棟」と呼ばれていた。

建設位置は、八幡浜総合病院の南北に長い敷地の中央部分である。全景写真の右手が南方向で、古い病棟群が並んでいる。左手は、まだ雛壇状に水田が広がっている。これ以降、結核病棟の南に給食棟が、次に左手奥に伝染病棟が、次に結核病棟と伝染病棟の間に結核病棟の増築棟が松村の設計によって建設されていく。それらの建物すべてが写った写真は見つかっていないが、さながら木造モダニズム建築の展示場のようであり、印象的な光景であったと思われる。

実施設計図は、一九五二年一一月七日付の一般図が三枚見つかっているのみである。しかし完成した建物とは異なる部分が多い。一九五二年一二月一一日の工事契約日も近い日付だが、詳しいことはわからない。

一方、この建物は『建築文化』一九五三年一〇月号で五頁にわたって紹介され、そこには平面図、立面図、矩計図、階段詳細図も掲載されており、概要が把握できる。巻末には、矩計図の青焼き図面（青地に白線）も一頁を使って載っている。また東病棟の項で述べたように、東病棟と比較しながらの松村の解説がある。完成写真は松村家に残っており、その多くは同誌に掲載された写真である。

建物は木造二階建てで緩勾配の切妻屋根が載っている。軒天井が屋根面とはほぼ逆の勾配で貼られており、東病棟に似た印象である。ただし床面積は東病棟の二倍以上の大きさだ。

大きさの異なるふたつの病室棟が東西に配され、その間を南北に広い廊下が貫通している。病室は、東側（平面形が小さい方）が個人病室タイプで、西側（平面形が大きい方）が大部屋タイプだ。南北の廊下の両端に、南側では配膳室や浴室が平屋に、北側では洗面所と物置が階段の踊り場レベルに配され、全体として十字形の平面を構

上：全景。中央の白く写っている建物が結核病棟。その右手は古い病棟群
下：北側外観。正面の壁の部分が階段室レベルにある洗面所と物置。妻面のバットレスがわかる
［いずれも松村家蔵］

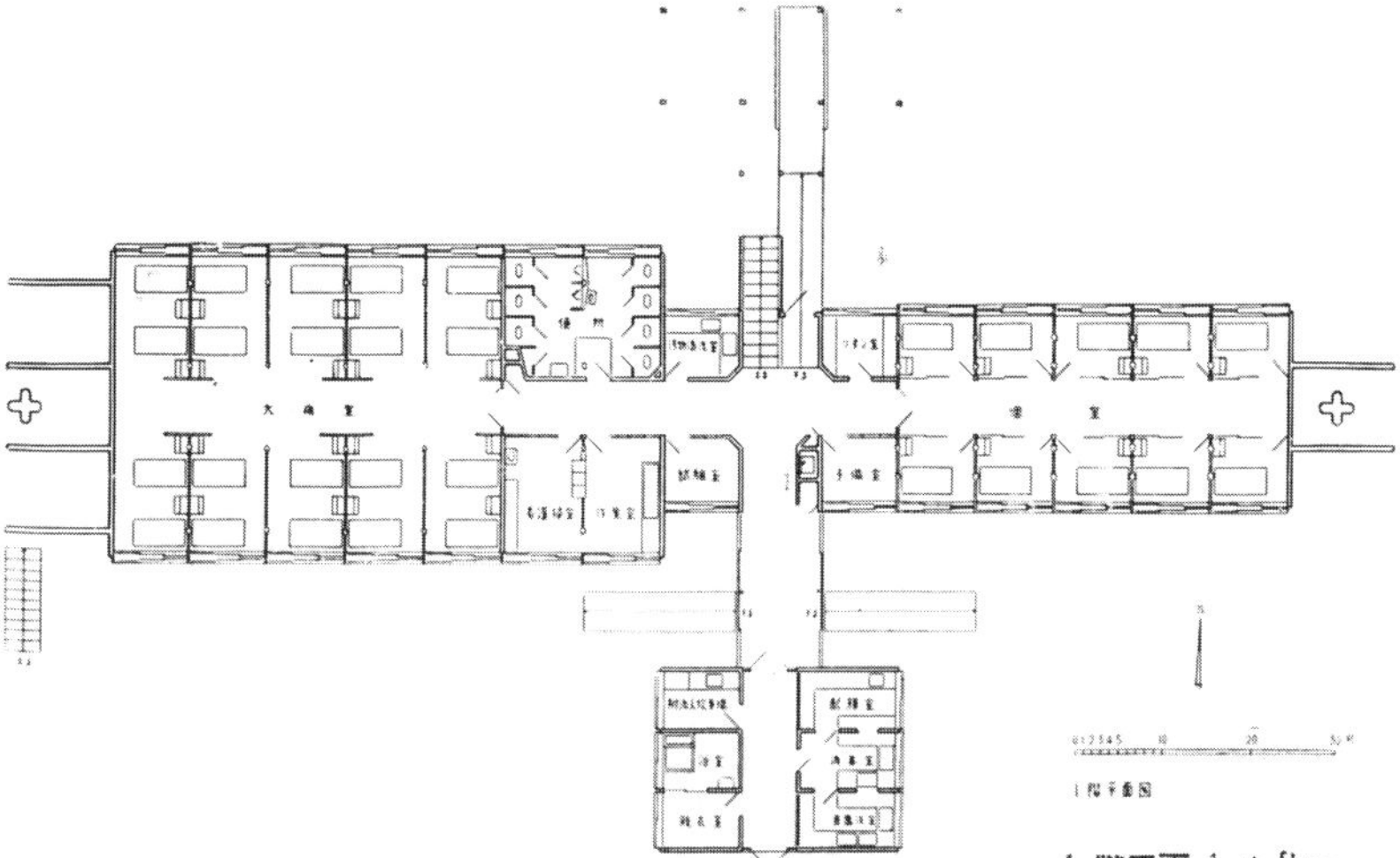

1 階平面 1 st floor

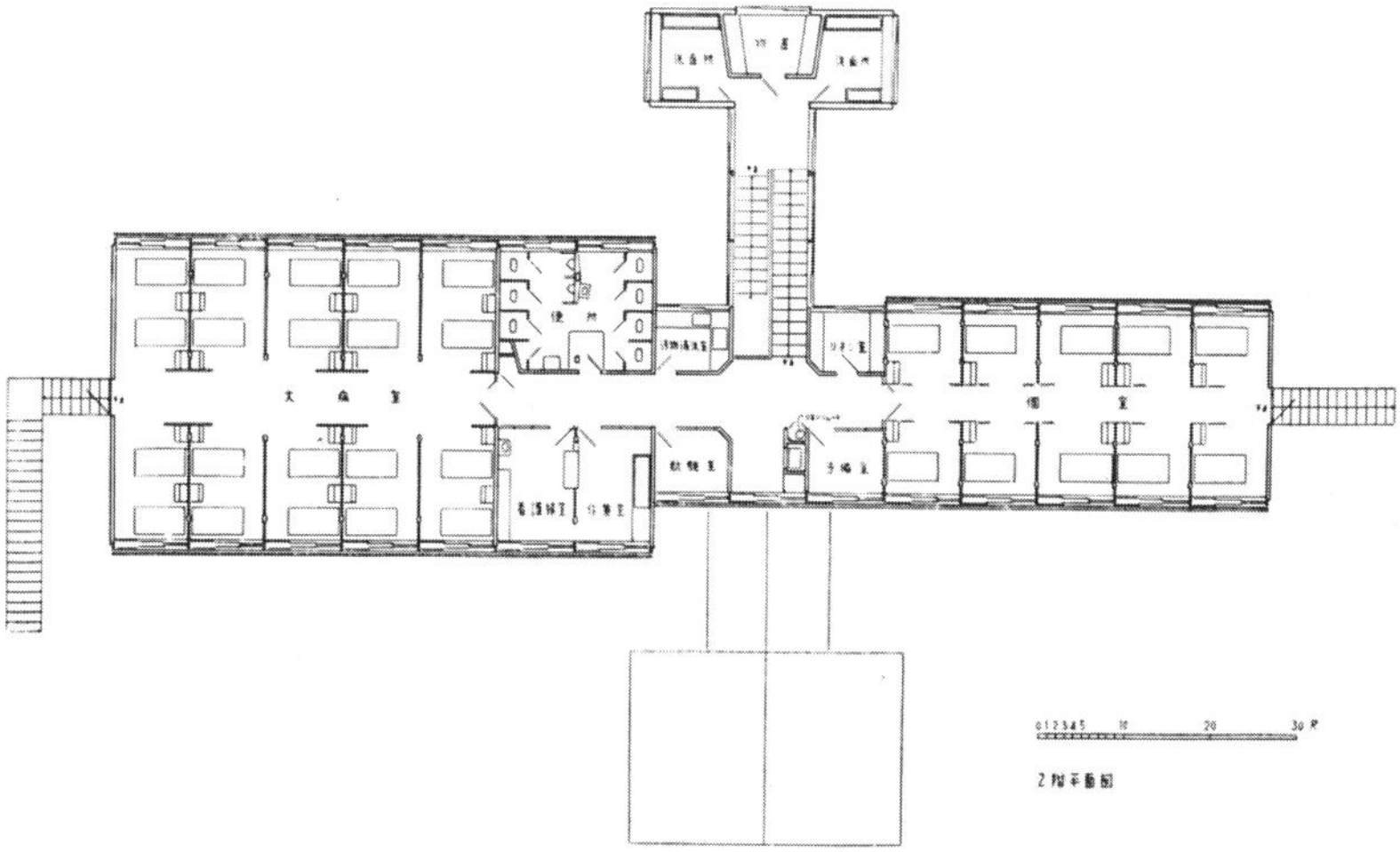

2 階平面 2 nd floor

1、2 階平面図（『建築文化』1953 年 10 月号）

南側のガラス張りの階段室まわり。右端のガラスの内部は洗面所。その奥の壁の中に物置がある
［松村家蔵］

成している。階段はゆったりした勾配で、洗面所と一体になった大きなガラス面が印象的だ。

外壁はラスモルタルで、東病棟に準じている。屋根は亜鉛鉄板の瓦棒葺きだ。構造も東病棟に似た考え方で、外壁より控えた位置に柱を立て、外側に床を持ち出し、妻面のバットレスで水平力に抗している。外装は東病棟ほど複雑な構成ではないが、鎧戸、ガラス引き戸、ホッパー窓、網戸、障子によって、光や風を調整している。

平面計画はよく考えられている。一階は南端部の配膳室などの部屋が、既存の病棟や、後にできる給食棟とつながる位置にあり、運ばれてきた食事が管理されている。北方向への通路は、階段下のピロティに出てスロープとなり、さらに踊り場下のトレンチへつながっている。後に、ここから伝染病棟や結核病棟の増築棟へ渡り廊下が延長された。

病室部分の構成は一、二階同じで、南北の廊下と病室棟の廊下の交点にリネン室、汚物洗浄室、試験室、予備室を設けるとともに、その脇に看護婦室や便所を配し、病棟全体の管理をおこないやすくしている。

一、二階はガラス張りのゆったりした階段で結ばれている。『建築文化』一九五三年一〇月号に掲載された階段の詳細図によれば、踏面が一・三尺、蹴上が〇・三〇九尺である。東病棟の階段は、踏面が同じく一・三尺、蹴上は約〇・三八尺（＝一〇尺÷二六段）だったので、それよりもさらに緩やかになっている。同誌の松村の文章には、「二階へは、スロープで昇りたかったが、ゆるい階段でガマンした」と書かれている。

途中の踊り場には、中央に物置、その両側に洗面所がある。北側の壁以外は階段室から連続する大きなガラス面に包まれており、たいへんに明るく開放的な空間だ。一、二階の入院患者が階段を使って必ず毎日ここにやってくるわけだから、最も日常性の高い空間を印象的にデザインすることにより、病棟での生活に少しでも変化や潤いを与えようという意図を松村はもっていたのではないだろうか。

なお、八幡浜市役所に残る三枚の原図は、松村のサインがはいった一九五二年一一月七日付のものであるが、その一、二階平面図と東立面図は完成した建物とは異なっている。

最も異なるのが階段室まわりだ。二階平面図の踊り場部分は、左半分の小さなブースが並んだ部屋が「物入」、右半分の部屋が「洗面所」、それぞれ東と西面に「出窓」と記入されている。そして東側立面図を見れば、「出窓」

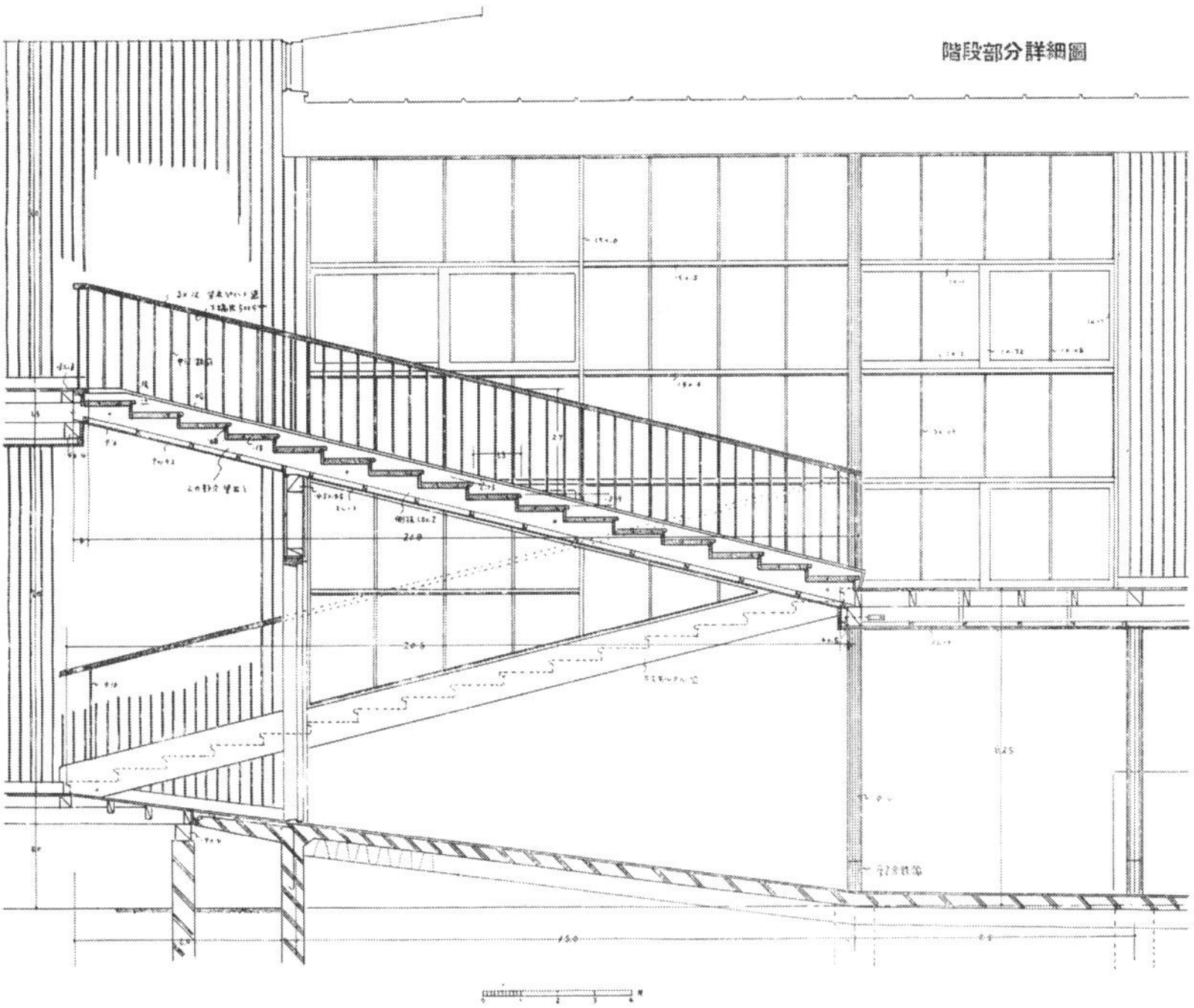

1
3 | 2

1：階段部分詳細図（『建築文化』1953年10月号）
2：1階階段手摺の詳細。
階段右の扉を開くと北方向への通路に出る。
踊り場の下は通路部分が掘り込まれている
3：2階から階段室を見る。
両袖の壁は斜めになっており、
階段室および天窓からの光を拡散する
［2、3 松村家蔵］

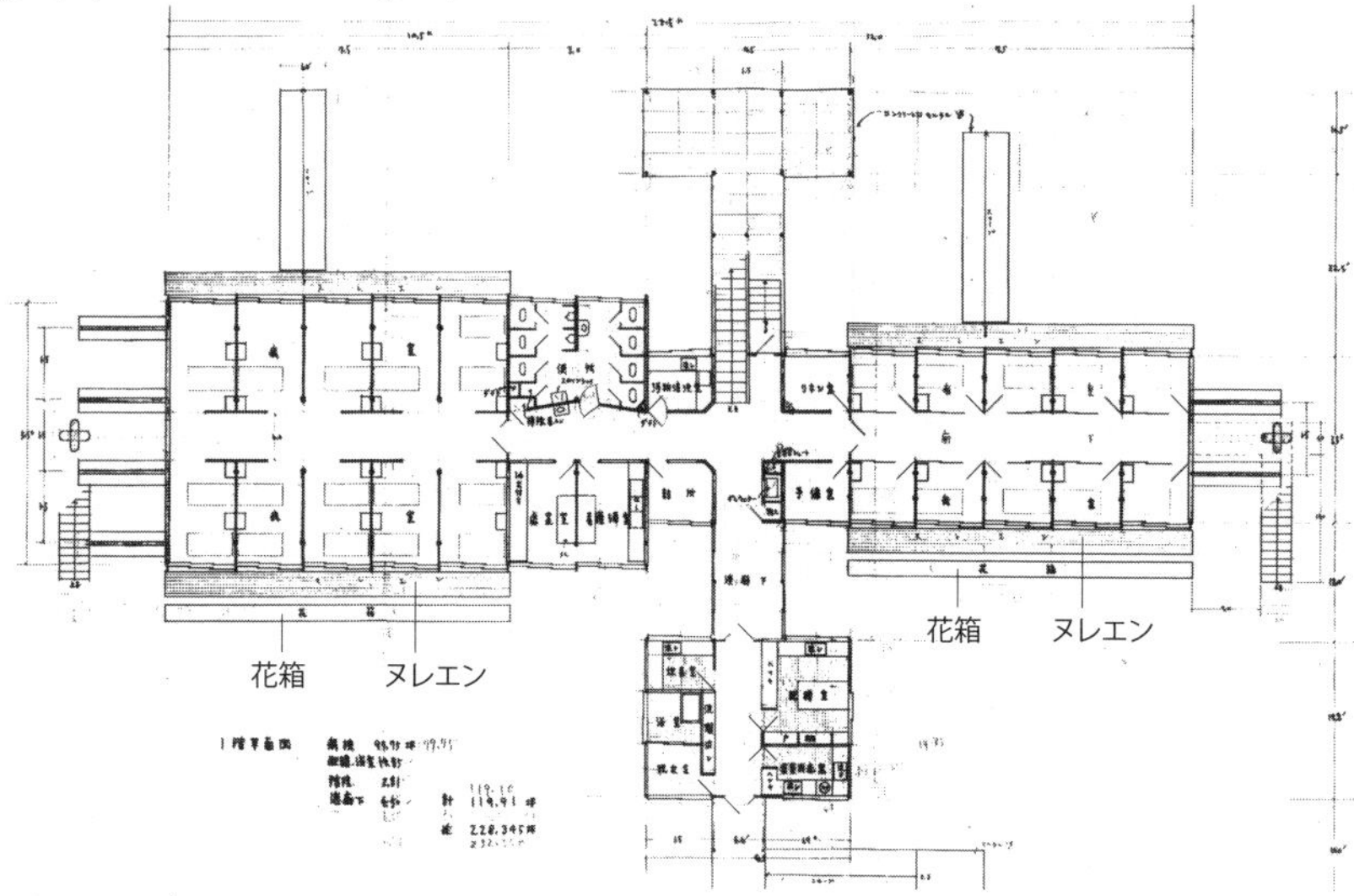

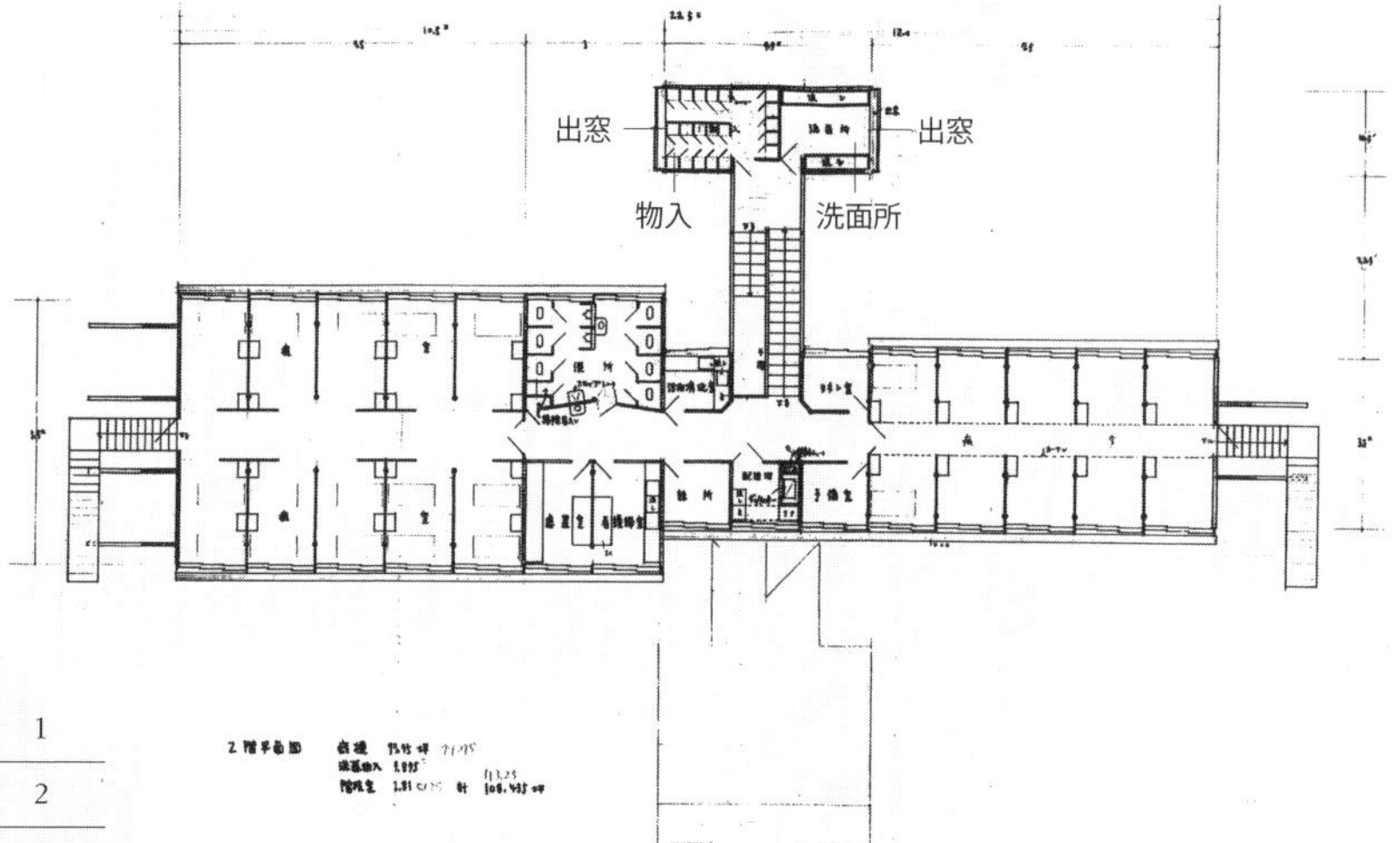

1

2

3

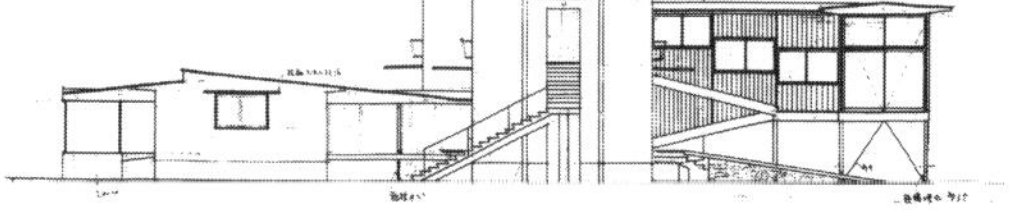

1：1952年11月7日付図面の中の1階平面図。病室の前に、実現しなかった「ヌレエン」と「花箱」がある（文字は筆者記入）

2：1952年11月7日付図面の中の2階平面図。階段室の踊り場にある物入と洗面所が実現されたものと異なる（文字は筆者記入）

3：1952年11月7日付図面の中の東側立面図。階段室の開口部が実現されたものよりかなり小さいは床から天井までのガラス面であり、階段室の側面は三つの単窓である。その後、これらの部分が実施案のように開放的なデザインへと変更されたと考えられる。

二　生活像の空間化へ

第二期の前半の作品、とくに八幡浜市立図書館や東病棟で新しいヴォキャブラリーの実験をすませた後、松村はこの結核病棟においてそれらをバランスよく総合化し、自分がめざすものは、ある種の生活像の空間化であるということに気がついたように思える。それは、次のような点においてである。

二―一　外装の軽装化

松村は東病棟において、遮光庇、花台、さまざまな建具などによって重装備の外装を試みたが、この結核病棟においては、それを簡素化し、より汎用性のあるディテールにたどり着いたように思われる。

実施設計図は見つかっていないが、『建築文化』一九五三年一〇月号に掲載された矩計図で詳細がわかる。左半分が大部屋病室のゾーン、右半分が個人病室のゾーンを示している。

大部屋病室ゾーンでは四列の柱列の端部に、個人病室ゾーンでは中央二列の柱列の端部に、それぞれバットレスがくる。いずれのゾーンも両側に床が持ち出され、外壁は一種のカーテンウォール状態になっている。最後のスパンが短いからであろうか、個人病室は端部の柱が傾けてある。さらに、東病棟の矩計図と比べると、外装部分では次の点が簡素化されている。

・開口部の中間にあった遮光庇の中止：東病棟では一三・五尺だった一階の階高が、結核病棟では一〇・五尺と低くなっている。その結果、屋根と二階床レベルでの庇だけで遮光が可能になり、遮光庇がなくなっている。その結果、立面のプロポーションが変わり、よりシャープな印象が生まれた。

・外装建具の簡素化：東病棟では、窓際に上げ下げ式遮光パネルが一階で四枚、二階で三枚設置されたが、結核病棟では、三枚の引き障子となっている。この変更について松村は、『建築文化』一九五三年一〇月号で、「直射光をさえぎるために、一〇床（＝東病棟のこと：筆者注）では、庇と上げ下げ板戸をとりつけたが、操作が少し面倒なので、五〇床（＝結核病棟のこと：筆者注）では、庇の出を大きくし、ヨロイ戸と紙障子にたよってみた。工費の關係で、ヨロイ戸と硝子戸の三本ミゾ

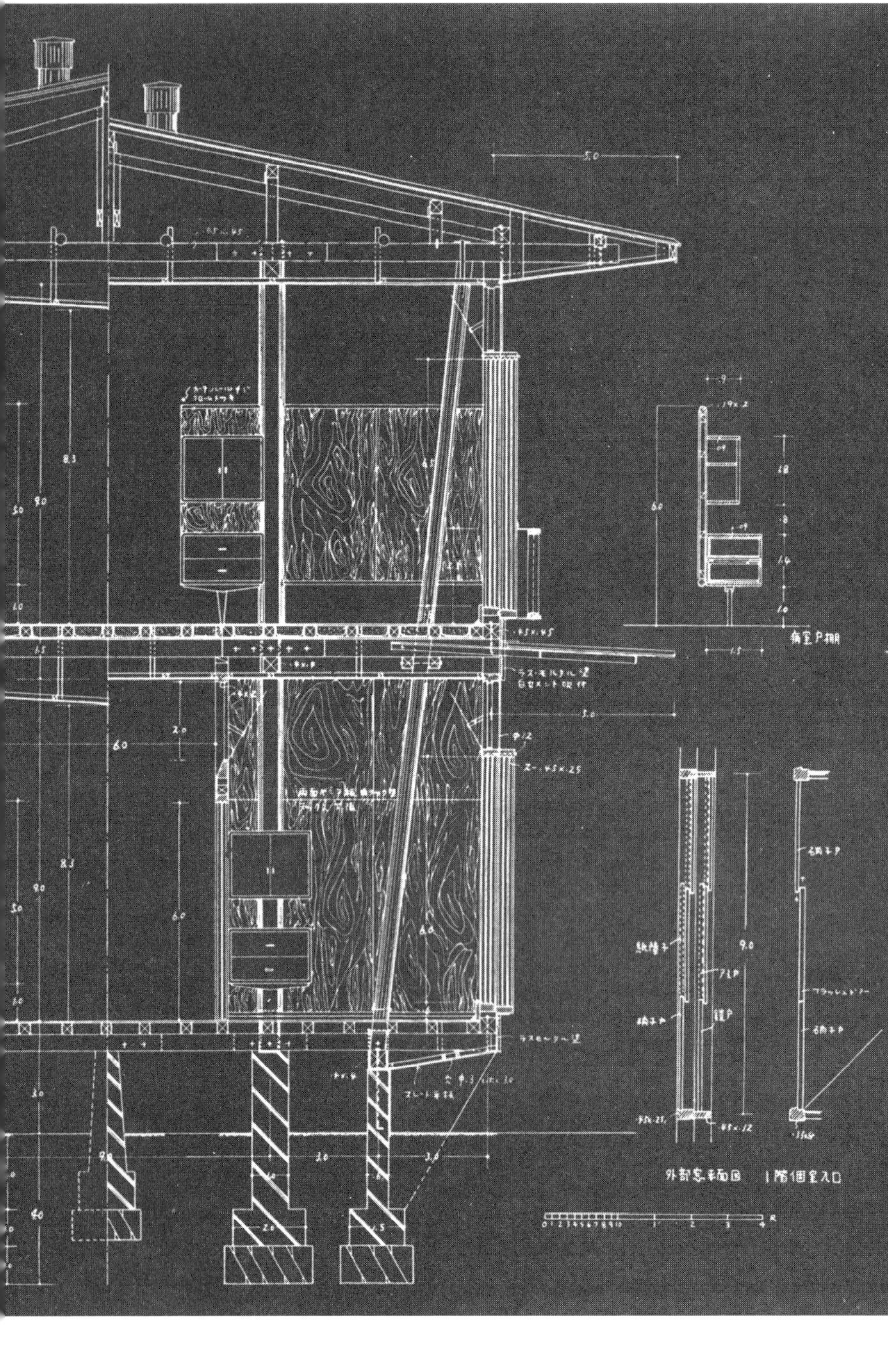

建築文化詳細図（96）oct 1953

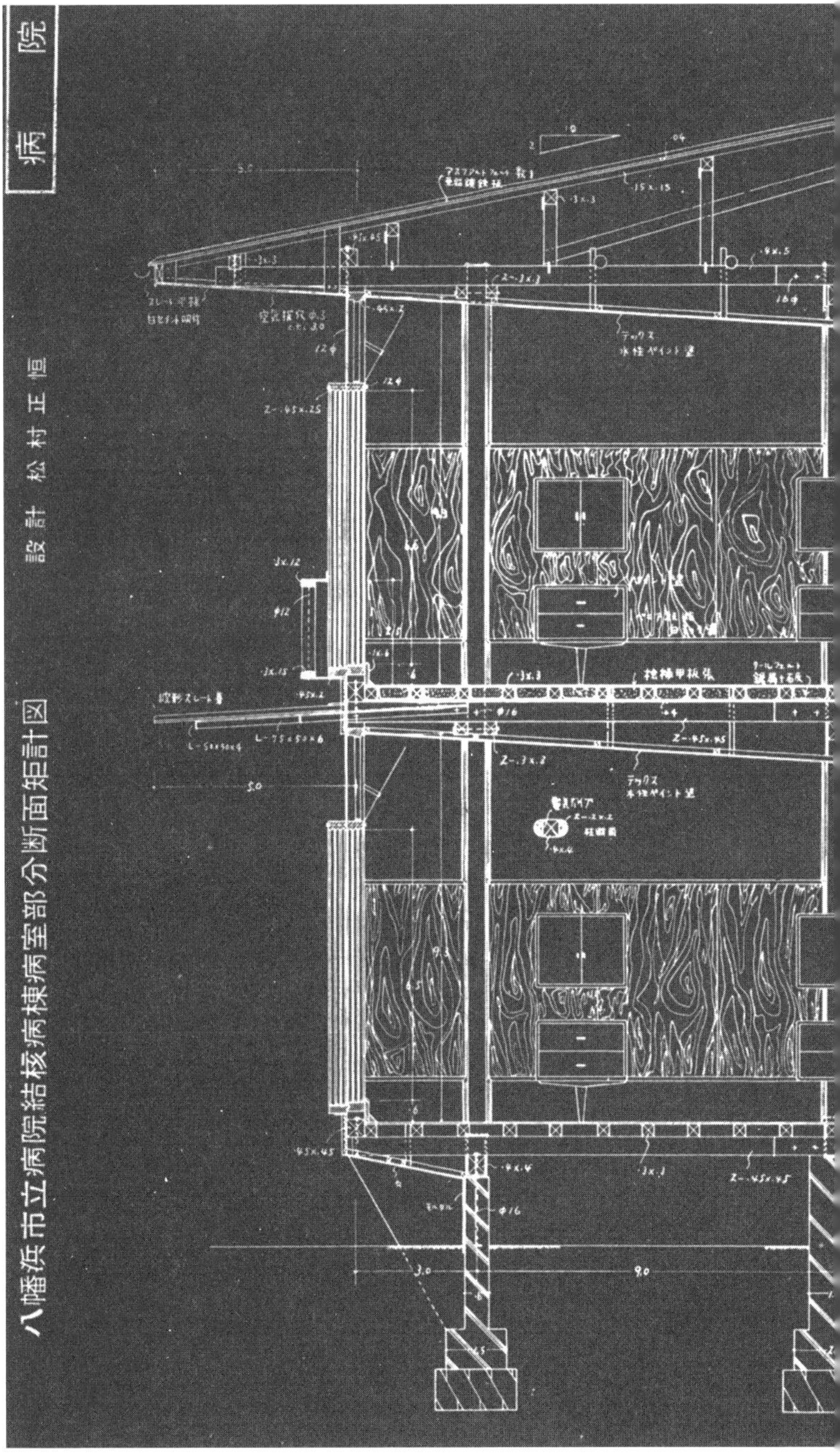

矩計図（『建築文化』
1953年10月号）

上：病室北側外観。
下：同南側外観
［いずれも松村家蔵］

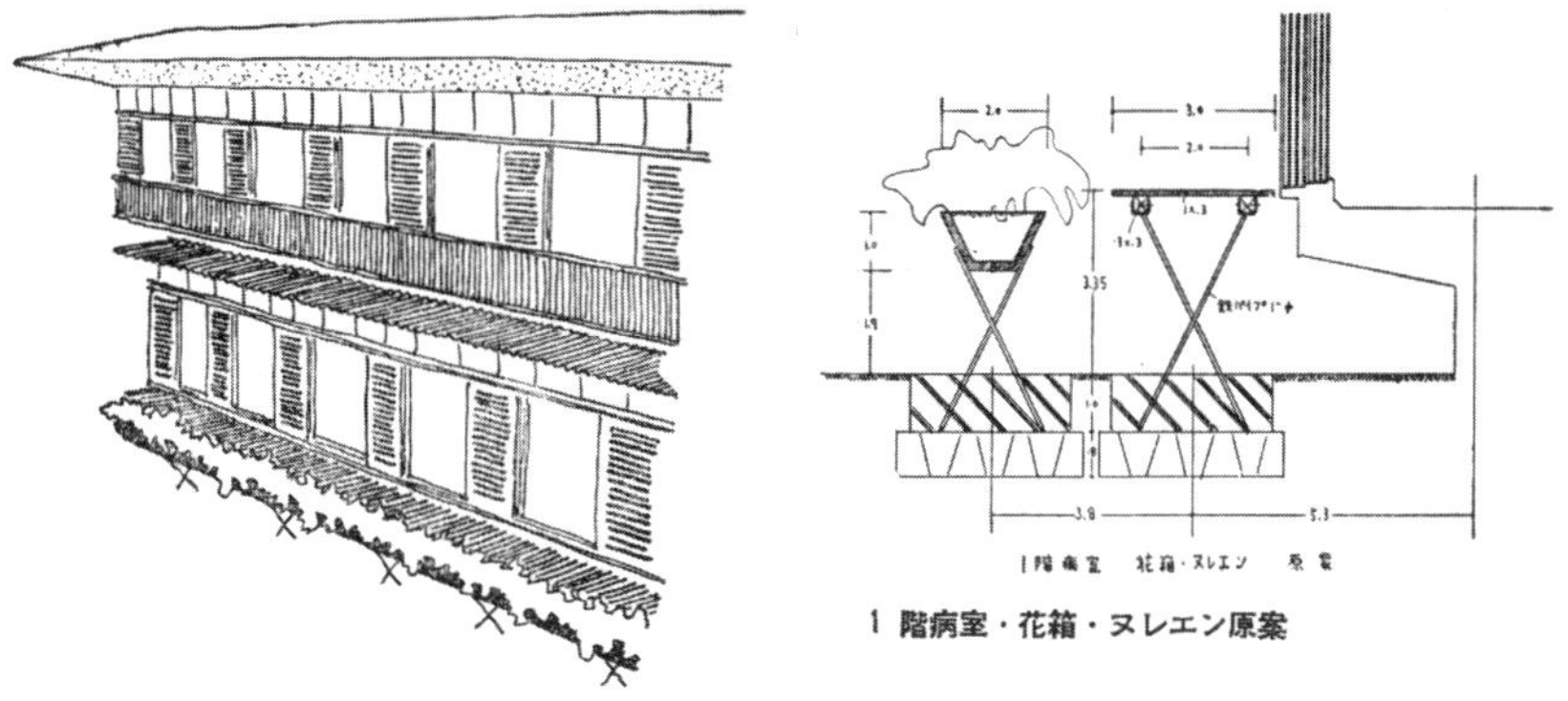

1 階の病室周囲への提案（『建築文化』1953 年 10 月号）

に、アミ戸と紙障子をいれたため、実際には九尺間の三分の一しか開かない。夏は紙障子を、冬はアミ戸をはずしておけるように工夫はしたが、三本ミゾを四つならべておけば問題はなかった」とあり、東病棟からの改良点と更なる反省点が正直に書かれている。

・花台の中止：東病棟の外観の大きな特徴でもあった花台もなくなっている。これについても松村は、『建築文化』一九五三年一〇月号の文章でふれている。それによれば、一階の病室沿いに「ヌレエン」と「花箱」を提案したが、「物のオキバになるばかりだと醫者が反對し」、実現しなかったようだ。ただ、東病棟の花台については、「その重みで家が傾かないかと心配した人」があったということだから、むしろ一般の人の感覚でも受け入れられる提案になったといえるだろう。なおこの花台は、直径一寸のスチールパイプを交差させて脚としたもので、八幡浜市立図書館でも指摘した松村好みのディテールである。

これらのことにより、結核病棟の外観は東病棟に比べるとおとなしくなったといえなくもないが、一方で、設計者の意図が強く表現されたデザインから、より普遍性のあるコミュニカティヴなデザインに到達したともいえる。いわば、「重装備」の実験的なファッションから生活感のあるカジュアルな「軽装」へとでもいう変化だ。これ以降の松村のデザインにはそのような表現が相応しいものが多く、結核病棟の設計を通して、彼はそういった造形感覚をつかんだのではないかと思われる。

二―二　細やかな場のしつらえ

病室内のデザインも特徴的だ。東病棟においてすでに、家具や軽微な間仕切りによって細やかに個別の場をつくることが実践されたが、ここではさらにそれが徹底されている。

個人病室棟一階の病室は廊下から完全に区切ることもできる。九尺の間口が三等分され、硝子入り片開き扉、ガラス戸およびフラッシュパネルの引き違い戸という三枚の建具で仕切られている。それらの使い方に応じて、病室と廊下の関係がさまざまに調整できるのだ。

個人病棟二階の病室は間仕切り壁の高さにレールが走り、カーテンによって閉じるようになっている。ちなみに矩計図によれば、間仕切り壁の高さは六尺で足元の隙間が一尺である。東病棟では、間仕切り壁の高さは六・二五尺で足元の隙間は同じく一尺だったので、少し低くなっている。

大部屋の病室は一、二階ともに同じ形式で、ふたつのベッドごとに間仕切り壁が立ち、廊下沿いにも小壁を設け、そのかわりカーテンはない。仕切り壁や家具の寸法やディテールは個人病室と同じである。

こういった病室のデザインについて松村は、『建築文化』一九五三年一〇月号の文章で、「細部にわたつては、清潔に意を用い、掃除のしやすいように、間仕切や戸棚の下は開放する、戸棚の天端は眼の高さにとどめる、ランマの中敷居は、見込を戸厚にならつた」と書いており、東病棟よりもスケール感をやや小さめに設定しながら、慎重に設計したことがわかる。

また、「二階床は、鋸屑で防音構造とし」、「個室の間仕切はベニア板の間にテックスをはさんだ」とあり、それぞれ重量を増すことによる防振と遮音効果をねらった工夫といえる。

こういった空間の細かなスケールや環境的特性への配慮からは、松村が、建築デザインの目標は単に造形的なものではなく、自分が思い描く生活像や生活の質を空間的に保証することにあると思い定め始めていることが感じとれる。

それを裏付ける証拠というにはまだまだ曖昧な資料ではあるが、松村は、自分の設計した建物で展開される生

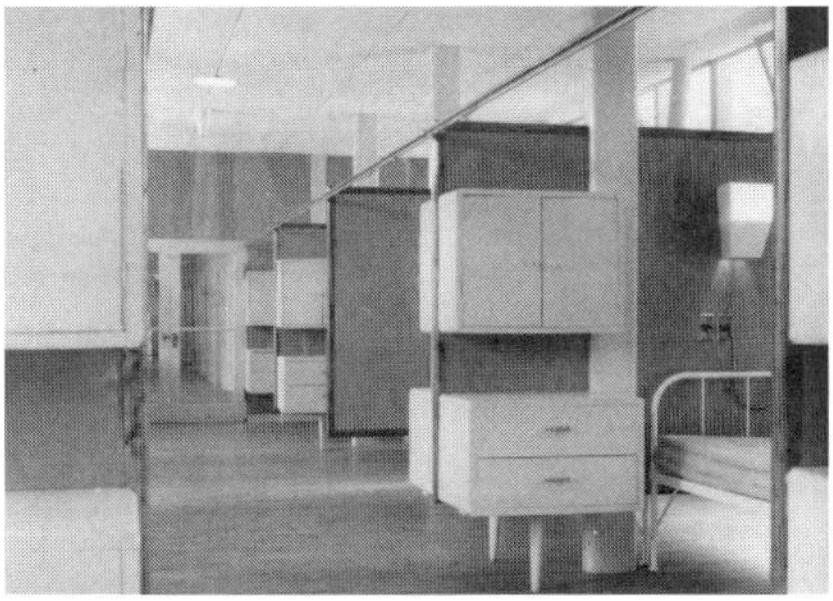

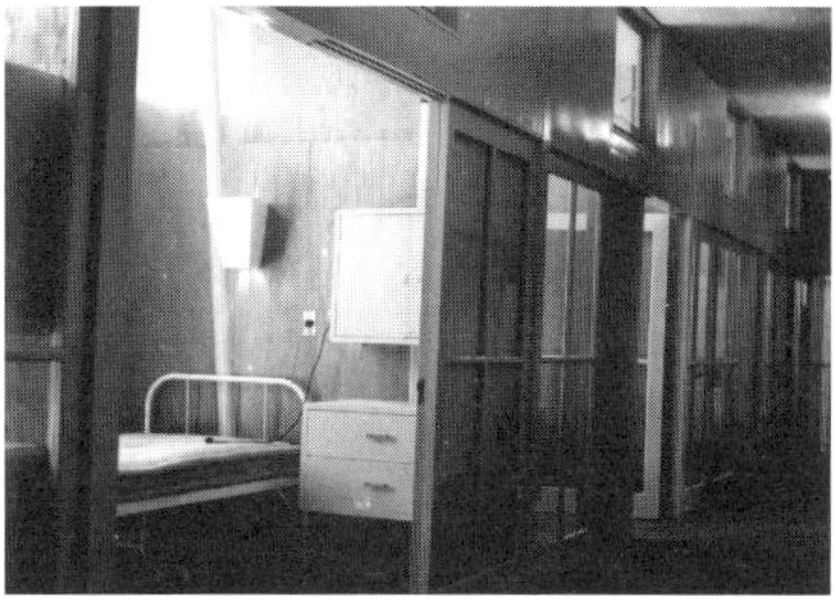

2 | 1
3
5 | 4

1：1階個人病室。3枚の建具で仕切られている
2：2階個人病室。カーテンによって仕切られている
3：2階個人病室。家具、間仕切り、カーテンレール、ガラス戸、障子、鎧戸、ホッパー窓の様子がよくわかる
4、5：2階大部屋病室。ここにはカーテンはない
[いずれも松村家蔵]

活に対する思いを、『建築文化』一九五三年一〇月号に発表した文章の約半分のスペースを割いて次のように述べている。

患者が入つて思つたことは、完全看護をしていないため の不便不満は、いずれ無くなるとしても、長い期間にわたる人々にとつては、最小限の空間は、サゾ息苦しいことだろうと同情する。人によつて、色々なモノをもちこんでくる。アミ戸があるのに、カヤをむりして吊つている。趣味も教養の程度もマチマチだから、大部屋の共同生活は、シンのつかれることだろう。野放圖にしておくと、患者のコレまでの生活のシカタがよくわかる。整頓と清潔の習慣を教えこむのには、日本の貧しさがタタつているのかもしれない。せめて、収納の設備を十分にしてやつたらと思うんだが。患者のひとりに建築家がいる。北側の個室で、窓の外に吊した竹スダレで、小さい中座をつくり、夏のクラシを楽しんでいる。サナトリウムでは、患者に、自由にフルマエル生活の場所を提供したほうがよさそうだ。住い方まで押しつけようなどと考えるのは、ゴーマンフソンのそしりをまぬがれない。もし、私が、ココの住人になつたら、金シバリで、思うようにアタマと手が動かなかつたなどと、イイワケをしている餘裕はなく、ジジョウジバクのウキメをみること必定。

松村独特の批評的かつ自虐的な言い回しだが、ここには、第一期の学校建築の発表に際し書かれた地方の教育委員会などを批判するシニカルな文章とは違い、人間の行為とその容器としての建築との関係に対する謙虚な姿勢がある。松村は東病棟とこの結核病棟の設計を通し、人々の自由を建築が制限してしまうことへの自省と、建築が人々の生活に提供すべきものの本質に対する手がかりを感じとったのではないだろうか。

二―三　色彩による生活像の提示

松村は作品の発表に際し、部材の色を文字で記すことがあった。とくに結核病棟が掲載された『建築文化』一九五三年一〇月号では、各写真の脇に詳しく色と素材が記録されている。誌面の多くはまだモノクロ印刷の時代であり、その細かな記述には、第一期にも垣間見られた色に対する松村のこだわりをいっそう強く感じ取ることができる。

それを読むと、淡色とはいえ、実に多くの種類の色が使われていたことに驚かされる。松村の木造建築というと、モノクロ写真の影響やインターナショナル・スタイルの建築への先入観、そしてその後の塗り替えなどのせいか、白い建物というイメージを抱きがちだが、実際は違うということを忘れてはならない。

　結核病病棟について、松村が『建築文化』一九五三年一〇月号に記録した色彩と素材は次のとおりである。

外部		
屋根	うすいグレー	亜鉛メッキ鉄板瓦棒葺きペイント塗
外壁	淡紅色吹付仕上げ	モルタル塗
腰	うすいブルーの吹付仕上	モルタル塗
外部木部	うすいグレー	ペイント塗
手摺	ブルー	
手摺子	見込は白、見付はブルー	
庇	うすいグレーの吹付	波形スレート
内部		
床	ワックス磨き	檜縁甲板張
壁	白ラック塗	「タモ」ベニア板張
天井		テックス面取つきつけ水性ペイント塗
木部		ペイント塗
病室		
天井・木部	淡いブルー	
避難階段出口の扉	ブルー（枠は白色）	
階段室		
壁	アイボリー色	竪羽目透張ペンキ塗
天井		クリーム水性ペイント塗
階段の踏面	墨色	
側板	ブルー	
笠木	ブルー	
見付	ブルー	
手摺	ブルー	
手摺子	白	
出入口扉	イエロー（枠の見込みはブルー）	

　こうしてみると、外観は、壁面の基調色が「淡紅色」であり、そこに、建具枠・手摺などの線的な要素が「グレー」や「ブルー」でアクセントをつけていることがわかる。後に述べる伝染病棟、中津川公民館、新谷中学校の外壁

は、現況や近年のカラー写真で「淡紅色」であったことが想像されるが、これに似た色ではないかと思われる。

内部は、床が木の自然色のままで、他は「淡いブルー」が主である。扉のアクセント色、扉枠や手摺子の見付と見込みの塗り分けも印象的だ。

色の決定根拠を推察し言語化することは難しいが、少なくとも抽象的な「白い」インターナショナルスタイルの建築とは違う選択を松村がしたことは事実であり、「淡紅色」や「淡いブルー」という色彩が発するイメージと同様、明るくて穏やかな生活像を松村は思い描き、人々に伝えようとしていたのではないだろうか。

八代中学校増築工事

建築の概要

松村の設計で一九四九年に最初の校舎が完成した八代中学校では、松村が当初に考えた全体計画は実現せず、既存の建物を移築して増床がはかられた。工事台帳によれば、この移築工事も松村の担当である。

工事契約日が一九五三年五月一三日で竣工は一九五三年一二月二一日である。『八幡浜市誌』には「一九五三年一二月　第二期工事落成」とある。また『八代中学校

上：左手奥が松村の設計した最初の校舎、中央が移築された校舎、手前は工事中の北校舎（現存。担当者は松村ではない）
下：手前が松村の設計した校舎、中央が移築された校舎、奥が北校舎（いずれも『八代中学校創立50周年記念誌』）

創立五〇周年記念誌』には、「昭和二八年一二月　中校舎移築（元大平女学校の校舎）」とあり、写真が掲載されている。工事台帳によれば、移転に伴い、ポーチ、渡り廊下、便所が新築されている。

なお「大平女学校」という学校名は『八幡浜市誌』に記録がないが、八幡浜市大平にあった県立八幡浜高等女学校のことではないかと思われる。『八幡浜市誌』によれば、同校は一九四八年四月に八幡浜第二高等学校と改称した後、一九四九年九月に他の二校とともに八幡浜高等学校に統合され、一九五三年四月に新校舎が完成し移転した。それに伴い不要となった校舎を、生徒数の増加によって教室が不足してきた八代中学校に移築したものと考えられる。

江戸岡小学校

一　建築の概要

JR八幡浜駅の近くにあり、八幡浜市の大規模小学校のひとつだ。

工事台帳によれば、工事契約日は一九五三年七月九、一一、一二日（分離発注による）、竣工が一九五三年一二月二五日となっている（管理棟と教室棟三棟）。

『八幡浜市誌』によれば、本校は戦後の新設校であり、一九五四年一月から、松村の設計した校舎において松蔭小学校の分校として四・五年生、一四学級の授業が開始された。そして同年四月、校名を江戸岡小学校として開校し、第一回入学式がおこなわれた。一八学級、児童数九〇三名であった。

その後、一九五五年には松村の設計で特別教室棟が完成し、一九五六年には特別教室棟の南に便所も増築された。それらについては第三期の節で論じる。

江戸岡小学校は、松村が初めて全体計画をした規模の大きな学校建築であり、第二期の病院関連施設群と相前後して、しかも同様のヴォキャブラリーで設計された建物である。実施設計図はすべて残っている。

増築された特別教室も含めると、校舎はコの字型に配置され、運動場を囲んでいる。一九五四年に完成したのが、中央の管理棟、その東側（二四六頁全景写真右側）の教室棟と便所、西側のL型に配された教室棟が二棟とその間の便所、そしてこれらをつなぐ渡り廊下である。三棟の教室棟は同じデザインだ。木造二階建て、外壁はラスモルタル・白セメント吹き付け、切妻屋根である。

この学校について松村は、一九八六年一二月に開催された内田祥哉らによる「木造建築研究フォーラム」での

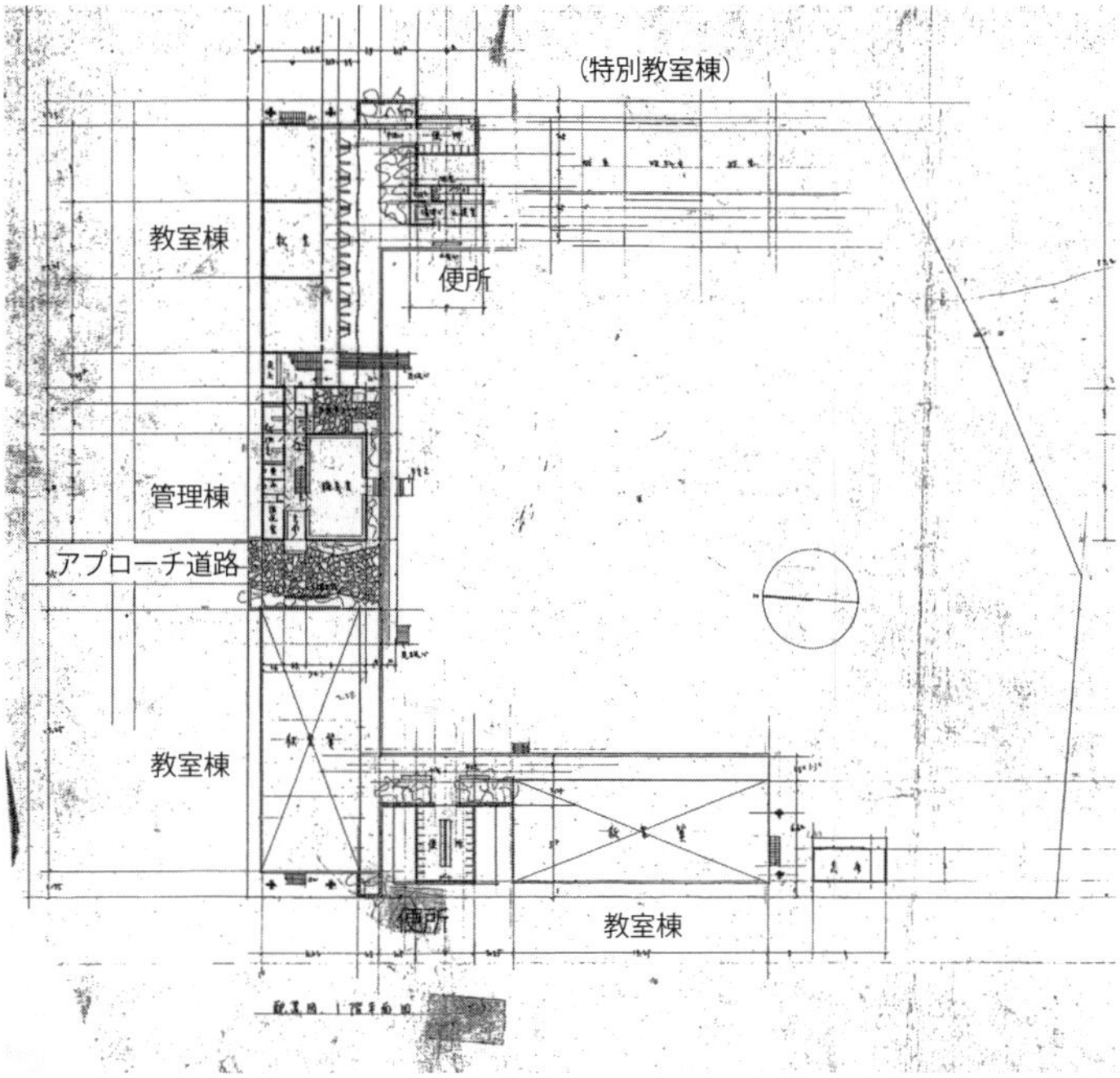

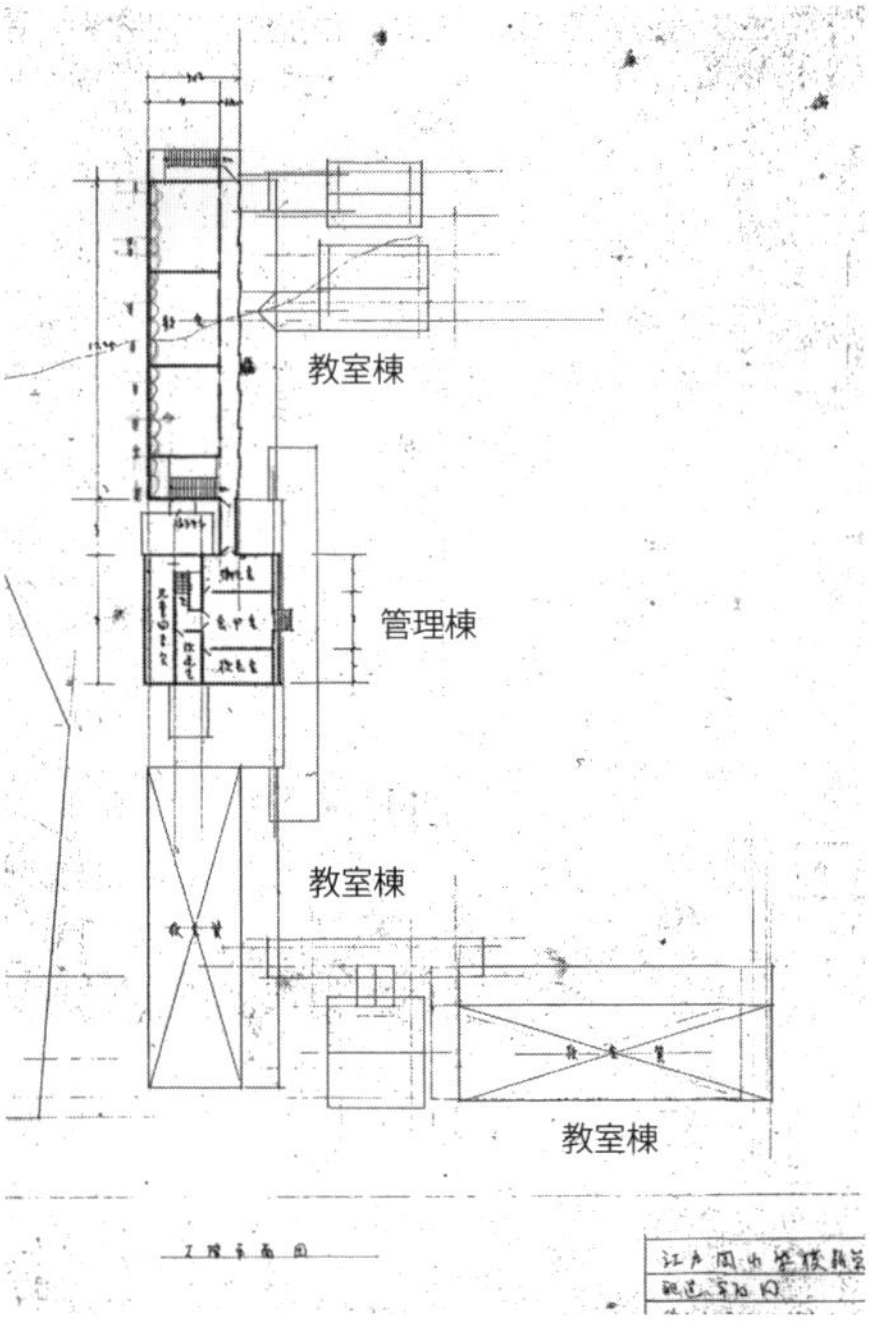

上：1 階平面図。
1954 年完成の管理棟、
教室棟、便所。
1955 年の特別教室棟は
かっこ書きで示した。
図面左が北
下：2 階平面図
(いずれも文字は筆者記入)

講演「木霊の宿る校舎」（『素描・松村正恒』に採録）で、設計の考え方を語っている（一一九頁）。

まず全体計画については、「これは新設校ですからPTAはありません。安心しておりました。やっぱり油断はできませんですな。老練な教育長がおられました。（笑）学校の配置はコの字コ型でないといかんと言われます。聞けばその教育長、子どもさんを3人亡くされました。コの字にこだわられるのは、そのせいです。私も同情いたしましてコに従いました。ここへ管理棟、校長室なんか造りまして、ここへ3つ、同じタイプの校舎を造りました。そしたら教育長、わしの心中よく察してくれた（笑）、とひじょうにお喜びになりました」と説明している。亡くなった三人の子どもに掛けて、三つの教室によるコ（＝子）の字型配置というわけだ。

この説明は喩え話の好きな松村一流の語り口だとしても、北側からの細いアプローチ道路しかないこの敷地で、教室への日照を考慮し校舎全体を北側に寄せて建てるとき、必要規模からしてコの字型配置は合理的な判断であるといえる。また、一旦校舎をくぐり抜けて運動場側からはいるという構成は、この建物以前の大規模校・松蔭小学校に似たやり方であり、松村としても自信があったに違いない。

二「両面採光の決定版」としての教室棟

三つの教室棟は基本的に同じ構成である。五間×四間の教室が二層で六教室、一階には三教室の幅いっぱいの昇降口、二・二五間幅の階段室、そしてコンクリート造の屋外階段が妻側についている。

昇降口と二階の廊下は運動場側にあり、いずれも運動場に対し開放的で連続感のあるデザインだ。これらの構成は、基本的に第三期の学校建築に受け継がれていく。

一方、背面には各教室の窓があるが、こちらは構造的に必要な柱や壁の間に建具を納め、中間部に遮光庇を設けた従来型のデザインである。第三期の学校建築では、この部分に大きな変化がおこることになる。

さて、江戸岡小学校の教室棟の最大の特徴は、その断面構成にある。それについて松村は、「木造建築研究フォーラム」での講演「木霊の宿る校舎」（『素描・松村正恒』に採録）で、イラストを示しながら、次のように解説している（一一九－一二〇頁）。

これが断面でございます。小屋組はトラス、軒の出が90cm。陸梁を延ばして軒を支え、1階は柱を2本合せ、合せ梁もここで止めないで2mはね出します。先に話

はが小児科
旅館

江戸岡小学校全景。左手前から、体育館（松村の担当ではない）、教室棟２棟、管理棟、教室棟。
右側の寄せ棟屋根の建物が、後に松村の設計で増築された特別教室棟。
さらにその手前に松村設計の円形の便所が見える（撮影：村井修）［松村家蔵］

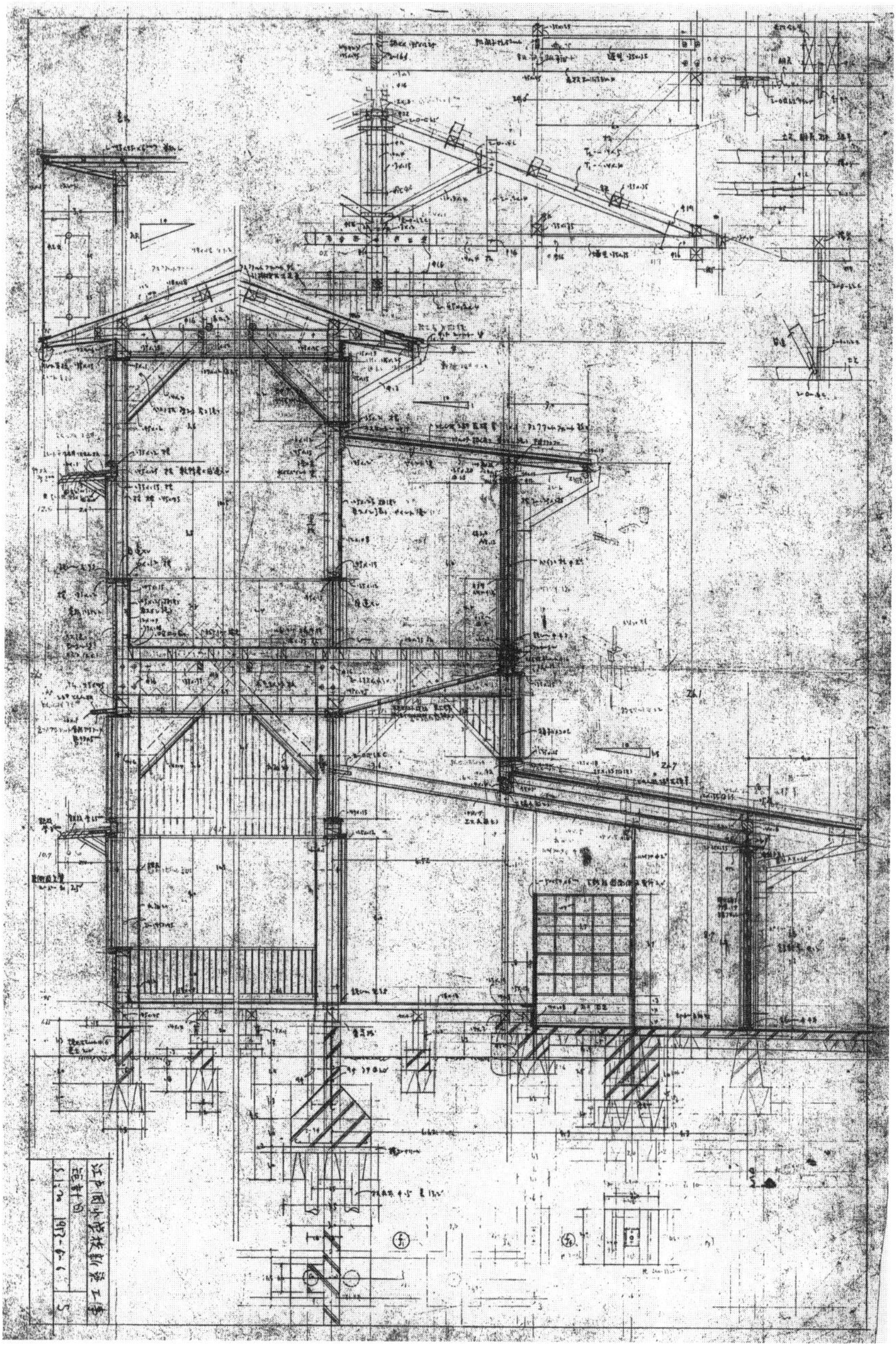

教室棟矩計図。昇降口の上に架けられた大きな梁、2階の床梁が2階廊下を支える様子、
トップサイドライトと2階廊下屋根との関係などがよくわかる

教室棟の昇降口。構造的にフリーになった水平連続窓から光がはいる様子がわかる。
廊下天井から露出した持ち出し梁には中央に柱幅に相当する部材が入れてあり、
合わせ梁であることがよくわかる。梁はいずれも丸面取りで、柔らかな印象である
(撮影：村井修)［松村家蔵］

しました松蔭小学校では、松の大木がございましたから小屋梁は松丸太、2階梁も1本もので間に合ったわけでございます。ところが此の頃には松の大木も少なくなりまして合せ梁。これを2mはね出したというのが味噌でございまして、これで2階の廊下を支えます。こういう昇降口の梁も鉄柱で支え軽く浮いて見えます。こういたしますと光はこう入ってきます。これが、私が何年もかかって解決した両面採光の決定版でございます。

松村の解説は的確で、イラスト、矩計図、そして昇降口の写真を見ながら読むと、その意図と設計内容の関係がよくわかる。

一階の教室両側の柱は、〇・四五尺角の二本の柱をボルト締めしたものである。これを一間ピッチで立てている。二階の床梁は、一・三三尺×〇・四尺の材二本でその柱を挟む合わせ梁で、二階の廊下の下まではね出している。これで二階廊下を支えきり、昇降口の架構には荷重をかけない。一階廊下の天井は斜めに持ち上げ採光を取っているから、この合わせ梁は少し顔を出している。なお矩計図には一階天井に方杖が描かれているが実施されていないと思われる。

昇降口は、教室の廊下側の柱から昇降口の外壁まで〇・四尺×〇・七尺の梁（上下丸面取り）の梁を飛ばし、途中、下駄箱と一体化した直径二尺のスチールパイプでたわみを防いでいる。

このようにして、二階の廊下と一階の昇降口が構造的に切り離される。そのことによって、両者の間の窓を完全な水平連続窓とすることができ、一階の教室に昇降口側からも採光が確保されるというわけだ。二階教室でも、廊下の屋根を教室の天井より下げ、教室上部の窓から光を取り込んでいる。また、一階の昇降口から柱が消え、印象的な大空間となった。

松村が「何年もかかって解決した両面採光の決定版」と呼んだのはこういう断面構成である。そこに至る両面採光に関する彼の挑戦の経緯をまとめると次のようになる。

・松蔭小学校：一階の教室沿いの廊下の外側に外廊下を設け、しかもその屋根の位置を高くして軒先を教室の天井高に揃え、教室への採光の妨げになるのを回避した。
・川之内小学校：一階外廊下脇の昇降口の屋根を廊下天井よりも下げ、そこにできる隙間から教室への採光をとった。

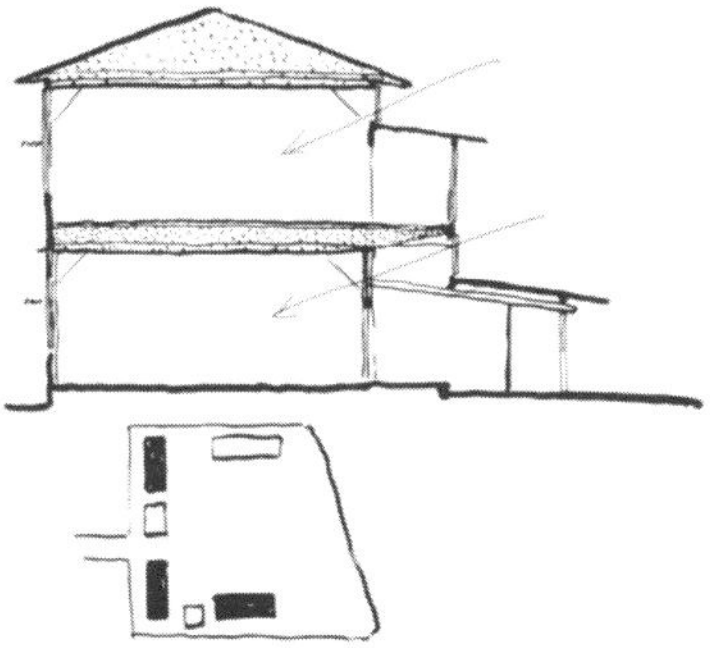

1
2
3

1：西側の教室棟と便所。
1階昇降口と2階廊下の建具が開け放たれている
2：教室棟の背面。
コンクリートの屋外階段や便所がわかる。
市の中心部とはいえ周囲はまだ田圃であった
[いずれも松村家蔵]
3：松村が描いた江戸岡小学校の平面と断面のイラスト
(『素描・松村正恒』)

・長谷小学校：教室沿いの廊下の屋根を下げ、教室の天井との隙間から教室への採光をとった。

したがって江戸岡小学校の教室棟の断面計画は、松蔭小学校に始まった教室への採光に対する問題意識を原点とし、一階は川之内小学校の昇降口まわりを内部空間化したものであり、二階は長谷小学校での試みの応用であるといえるだろう。

しかもそれらを二層に積み上げるに当たり、構造的な工夫によって二階廊下を支える柱を昇降口からなくし、一階昇降口と二階廊下を、両面採光のための装置として完成させたのである。

つまり、どのような施設であれその側面にこの断面をもった空間を付加すれば、一階では入口と動線を、二階でも動線を確保したまま室内に光をもたらすことができるというわけだ。

数年にわたる実践を通して到達した論理的な解答であり、松村が「両面採光の決定版」と自画自賛した気持ちは理解できる。これがさらに第三期では、クラスター型の教室配置と合体していく。

なお松村は、この断面によって得られた教室棟の開放的なガラスの立面を気にしたようで、前記の「木造建築研究フォーラム」での講演で、彩色によってそれを補ったことと、それにまつわるエピソードを次のように説明している（『素描・松村正恒』一二〇頁）。

運動場から眺めますと、全面硝子に見えて軽快です。しかし、いかにも殺風景であります。そこで、廊下の壁に色を、棟別にブルー、グリーン、ベージュの淡い色を塗りました。鉄の手摺りだけ明るい黄色に。これが、退職間近の先生に気に入りまして、こうおっしゃいました。階段を上ってゆく、ぱっと明るい黄色の世界。春は菜の花畑に身を置くような、初夏には熟れた麦畑を連想する。日暮れには月見草の咲き乱れる川の岸辺に立っても の想いし乙女の頃を思い出す。（笑）私の長い灰色の教育生活の最後を色どって下さった。色々ありがとう。（笑）

色については、メンテナンスのために塗り替えられているので、筆者は松村の語る塗り分けを実見していない。ただ、少なくとも解体までの数年間は全体に淡いブルーが塗られており、当初の色のうちのひとつに近いものだったと想われる。運動場側から見て透明ガラスの向こうに淡い三色の壁を見せようというデザイン上の判断

2 階廊下。ガラス戸を引き込んだ開放的な状態。
この手摺が黄色、写っていないが廊下沿いの教室の壁に棟毎に異なる色が塗られていた［松村家蔵］

を、利用者側の物語性あるエピソードによって根拠づける語り口は、いかにも松村らしいといえるだろう。

三　〈局所的な対称性と全体的な非対称性〉という手法

江戸岡小学校全体の計画に見られる造形的なバランス操作について指摘しておく必要がある。

各棟の運動場側の立面は、基本的に左右対称なデザインになっている。とくに管理棟は完全にそうである。しかも、二階中央の会議室には旗竿のついたバルコニー、それと軸をあわせて運動場にはコンクリート片持ち梁形式の演説台が設けられており、対称性が強調されている。教室棟は、一方の端部に階段があるので厳密には対称形ではないが、細かなサッシュ割りによって、全体として均質な図像としてとらえられる。

したがって、管理棟を中心にして両側に同じ教室棟を配した全体の構成も対称的になる。しかし、現地での記憶にも写真の中にも、そのような造形上の強い印象はない。なぜならば、管理棟と東西の教室棟との距離やつなぎ方を変え、全体の対称性を弱める操作がおこなわれているからである。

管理棟は、東側の教室棟とはその廊下の立面と同じデザインの渡り廊下でつながっているために両者の一体感が強く、この二棟全体として見れば、対称性は完全に消えている。一方、西側の教室棟とはアプローチ道路の空間によって切り離されている。しかも、アプローチ道路の隙間の方が、東側の教室棟への渡り廊下の幅よりも広いため、三棟全体として見ても、対称性は消え、むしろ微妙なバランスの造形的な美しさと安定感が達成されている。

また、三棟の間での棟、軒、庇のラインを揃える一方で、管理棟と教室棟の間での開口部と壁の比率を逆転させるなど、さまざまな対比の演出も見事である。

このような状態を、〈局所的な対称性と全体的な非対称性〉と呼ぶことにする。それを生み出す操作は、これ以降の松村の建築作品において、その部分と全体の関係のさまざまな局面の中にも読み取ることができる。

四　教室の基本形の定式化

江戸岡小学校においては、両面採光の形式が確立されるとともに、教室の内部空間でも一定の定式化がおこなわれ、もちろん細部の変化はあるが、これ以降の松村の設計した小学校の基本形となった。

それは、腰の部分は竪板張にペンキ塗り、その上部はベニア板張り、正面には黒板と教師用の棚、背面には

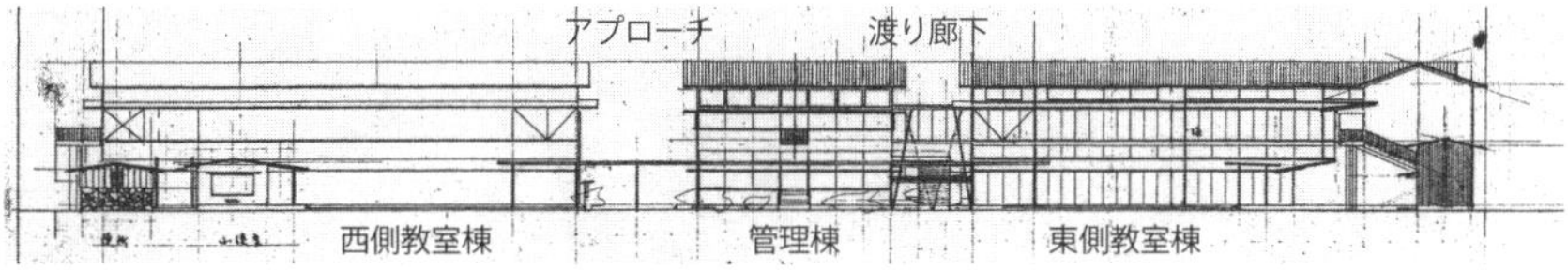

1: 管理棟正面。完全に左右対称の立面である［松村家蔵］
2: 南側立面図。管理棟を中心に、教室棟が両側に並ぶ。
管理棟との距離やつながり方が違い、全体として対称性が弱められている（文字は筆者記入）
3: 竣工直後の外観。管理棟と両側の教室棟の関係がよくわかる［松村家蔵］

生徒用のランドセル入れの棚と流し（周囲はタイル張り）、廊下側の壁は三分割され、上段は引き違いのガラス窓、中段は掲示板（あるいは引き違いガラス窓）、下段は引き違いの板戸というものである。両面採光という前提のもと、廊下側からの採光と通風を確保しやすい構成になっている。

五　手作りのテクノロジー

管理棟と東側の教室棟を結ぶ渡り廊下のデザインが興味深い。二階は東校舎から続くガラス引き戸で室内化され、一階は高いピロティの途中に波板の屋根だけが突き刺さった吹きさらしである。この部分の構造が印象的だ。両側の棟に一二五×六五×八ミリメートルのチャンネルを架け渡して廊下の床梁とし、天井内には六五×六五×八ミリメートルのアングルを通して屋根を支え、地中の基礎にアンカーした七五×七五×八ミリメートルのアングルを二枚合わせた柱を斜めに貫通させて廊下を支えている。

実に華奢な構造であるが、意匠的な緊張感が素晴らしい。二階の建具は鉄骨のフレームに外付けされており、

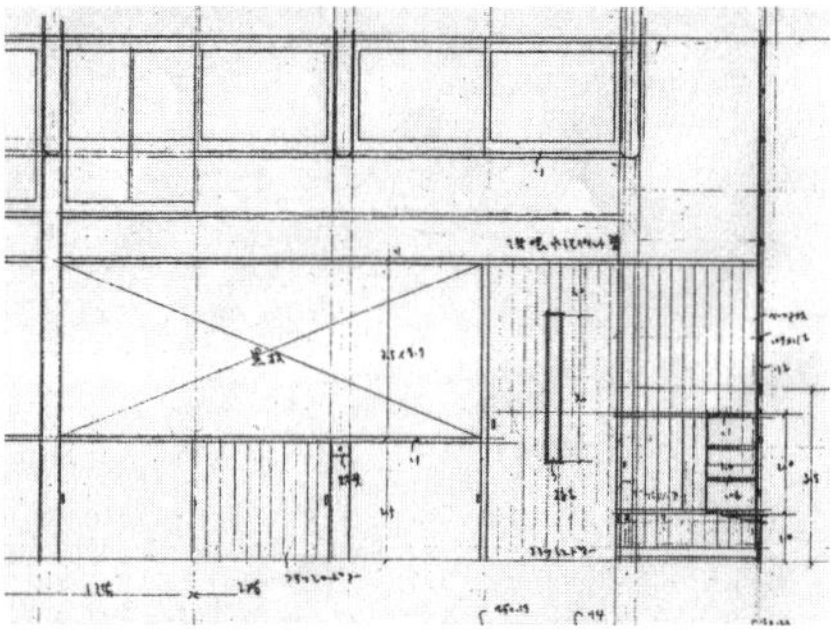

1：教室正面
2：教室背面。ランドセル入れの棚と流し
3：廊下側壁面。中段がガラス窓の例
4：廊下側壁面の展開図。中段が掲示板の例
（写真は 2003 年 3 月 21 日撮影）

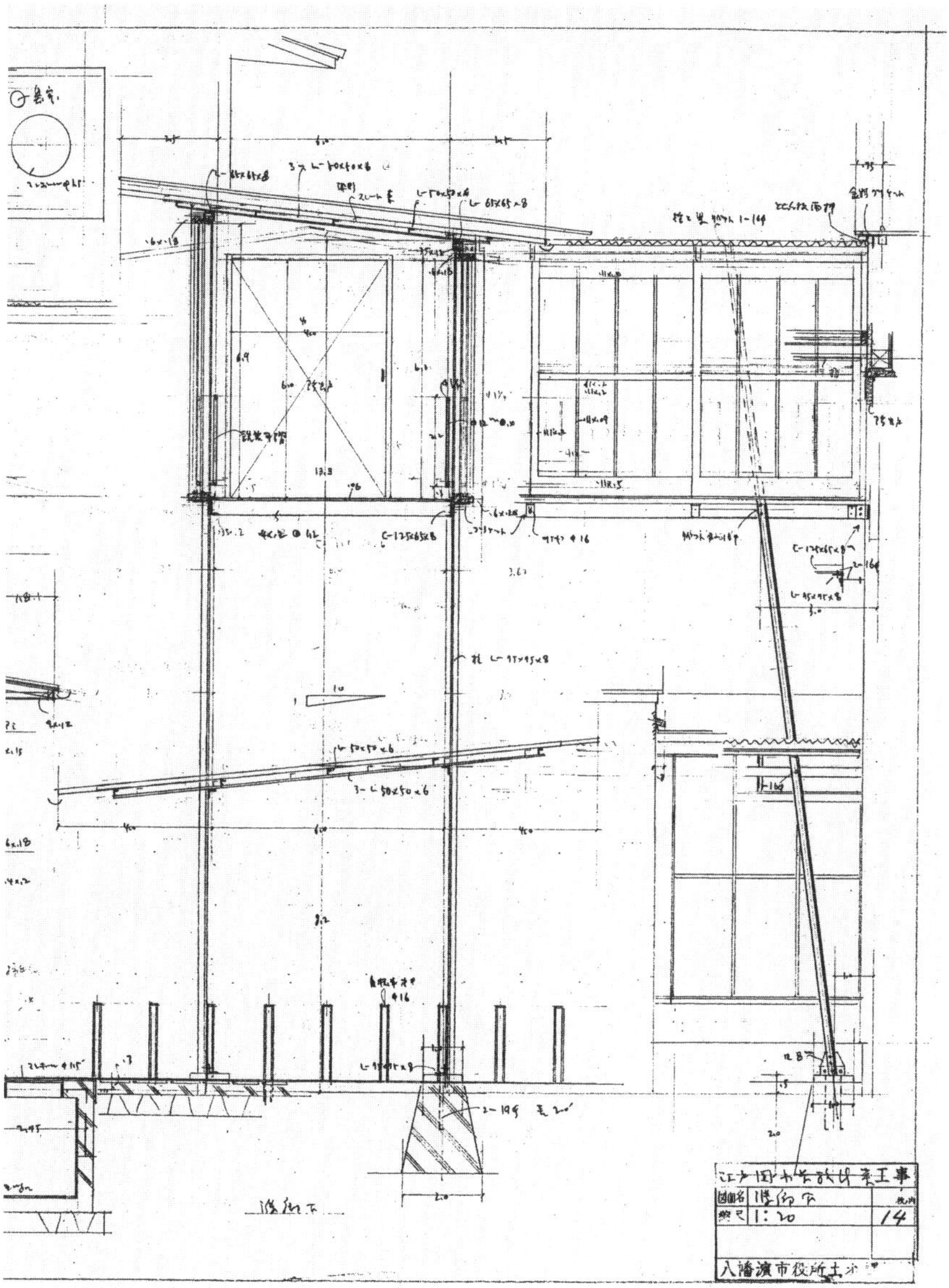

渡り廊下部分の詳細図。細い型鋼を組み合わせた巧みな構成である

カーテンウォール的でもある。ここには、第三期における木造と鉄骨造を組み合わせたハイブリッドな構造への萌芽が感じられると同時に、工業製品を用いながらも手作り的な感覚を達成しようとする松村の意識が垣間見られるように思われる。

六　第二期のヴォキャブラリーや形態操作の結晶

具体的に指摘し始めるときりがないが、江戸岡小学校においては、第二期の他の建物に登場する次のようなヴォキャブラリーや形態操作をまとめて見出すことができ、それはまさに第二期を代表する建物だということができるだろう。

・ラスモルタルに白セメント吹付けという平滑な外壁と勾配屋根が組み合わされて外観の基本形ができていること。
・庇、窓などによって水平性が強調されていること。
・外装まわりに環境工学的な工夫があること。
・階段まわりのデザインにさまざまな工夫があること。
・構造的な工夫によって新しい空間をつくりだしていること。
・光を制御する断面計画であること。
・家具や色彩で細やかな場をしつらえていること。

教室棟の階段。実にゆったりした勾配であり、光に満ちている（2003年3月21日撮影）

国体施設

一九五三年、第八回国民体育大会・四国大会が四国四県を会場に開催された。そのうち愛媛県では、一〇月二二日から二六日まで、松山市、新居浜市、今治市、西条市、八幡浜市、宇和島市のさまざまな会場に分かれて競技がおこなわれた。八幡浜市はボクシングの担当ということで、愛宕山にボクシング会場が新設されることに

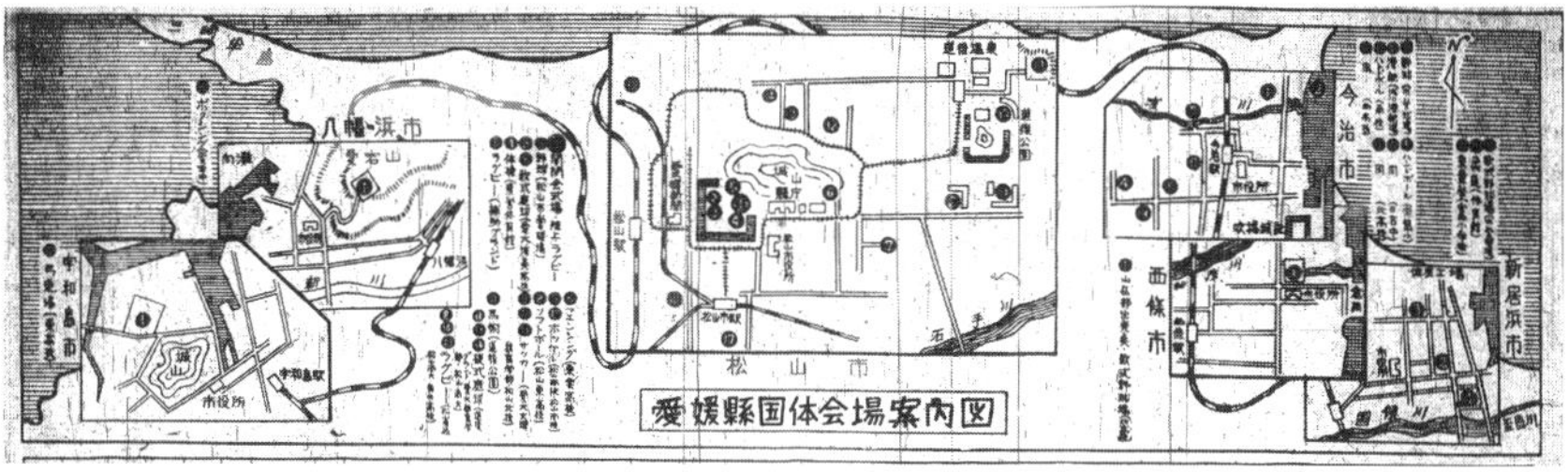

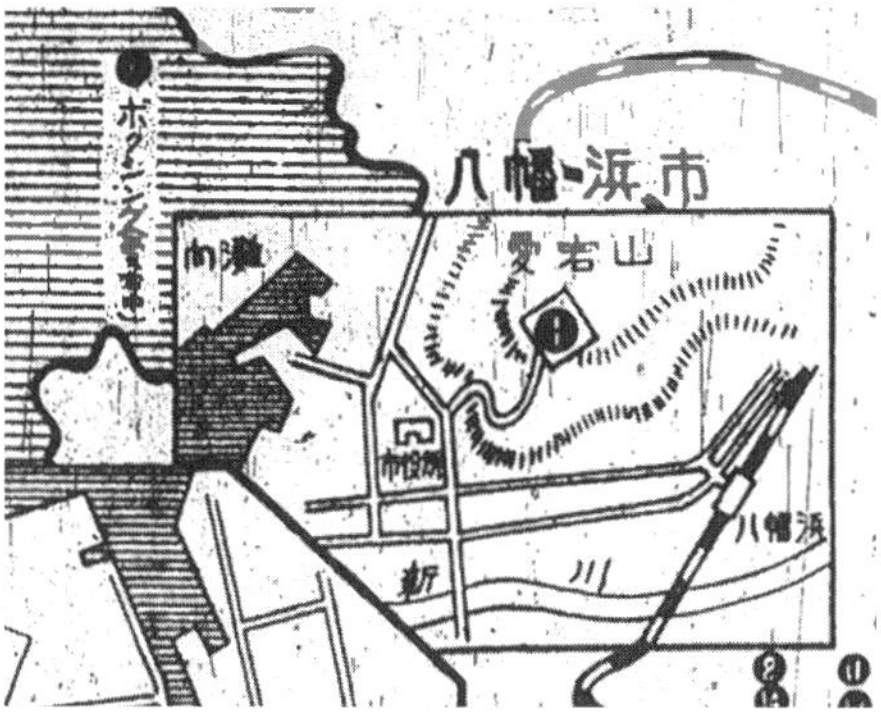

上：『愛媛新聞』（1953年10月21日）の
競技日程表の一部に載った
愛媛県内の会場の地図
下：同上記事の八幡浜市の部分。
愛宕山にボクシング会場があるのがわかる

なり、それを松村が設計した。

工事台帳によれば、木造平家で亜鉛鉄板瓦棒葺、外壁は竪板張りである。床面積は、本館が二八・三坪、便所が八・三坪、連結廊下が一・五坪、計三八・一坪とある。ただし、その図面や写真は見つかっておらず、詳細は不明である。場所は、かつて松村の設計した愛宕中学校の上方で、現在テニスコートがある場所であろうとの証言は得た。

一九五三年一〇月一七日の愛媛新聞には、「国体　喜びの人々」という記事の中で「懸ボクシング連盟副会長坂本源太郎氏」へのインタビューがある。それによれば、彼は八幡浜市の市議会議員でもあったようで、八幡浜市へのボクシングの誘致を進めたらしい。ボクシング会場の工事を見守る写真は掲載されているが、肝心の建物は写っていない。

市立八幡浜総合病院給食棟

一　建築の概要

結核病棟の南側に建てられた建物で、病院全体の給食を賄う施設だ。調理・配膳関係の設備機器が並ぶ諸室、ここで勤務する人々のためと思われる休憩室、食堂、浴室、宿直室などからなる。北側にある松村が設計した結核病棟と、南側の旧来の病棟との間に建ち、それぞれと廊下で結ばれて給食サービスがおこなわれた。工事台帳によれば、竣工は一九五四年三月二〇日である。

木造の平屋で、片流れの屋根が二枚組み合わされ、その狭間が連続するトップライトとなっている。外壁は基本的にラスモルタルにセメント吹付けで、東西の妻側の壁(西面は上半分のみ)には波型スレート板が張られている。屋根も同じく波型スレート葺だ。

周囲には松村が設計したものも含め切妻屋根の建物が並ぶ中で、片流れ屋根の組み合わせを選んだのは、病棟との機能的な違いを示すためだったのではないだろうか。

平面形は出入りのないシンプルな長方形だが、その周囲には、波型スレート板の渡り廊下や庇が、細いスチールパイプで支えられて取り付けられ、躍動感のある構成となっている。また、丸鋼あるいは木造のブレースがある壁以外は、すべて窓あるいは通路への出入り口が設けられており、内部は開放的で明るい空間であったと思われる。窓枠は、基本的に構造体の柱や壁に外付けされており、いわゆる水平連続窓の意匠だ。

実施設計図はすべて残っている。図面に書き込まれた日付から約三ヵ月の設計期間と思われる。厨房機器など、設備関係の調整も多かったはずの建物だが、構造から意匠までを素早くまとめあげている。写真は一枚しか見つかっていない。

二　同一断面の中の多様な展開

いうまでもなくこの建物は、学校や病室棟と違い、空間性が重視される建物ではなく、機能性を第一に考えてつくる必要があっただろう。実際その平面は単純な長方形であり、その中にパズルを解くかのように必要諸室が配されている。そのような前提の中で、しかし松村は実に巧妙なデザインをおこなった。

すでに述べたようにこの建物は、片流れの屋根が二枚組み合わされ、その狭間に連続するトップライトが挿入されている。その位置は平面図に記入したアミかけの部分(トップライトの開口部を垂直投影した範囲)であるが、それはたいへんに奇妙な位置といわざるを得ない。その下の部屋の状況と無関係なように思えるからだ。

むしろ松村は、このトップライトに向かって部屋の形状の方を変えている。

平面図の［a］から［d］の線で示したのが、四枚の展開図の切断位置で、それぞれ左側の面を描いている。明らかに、各部屋からトップライトに向かって壁や天井の形状を変形させていることがわかる。［a］は便所、

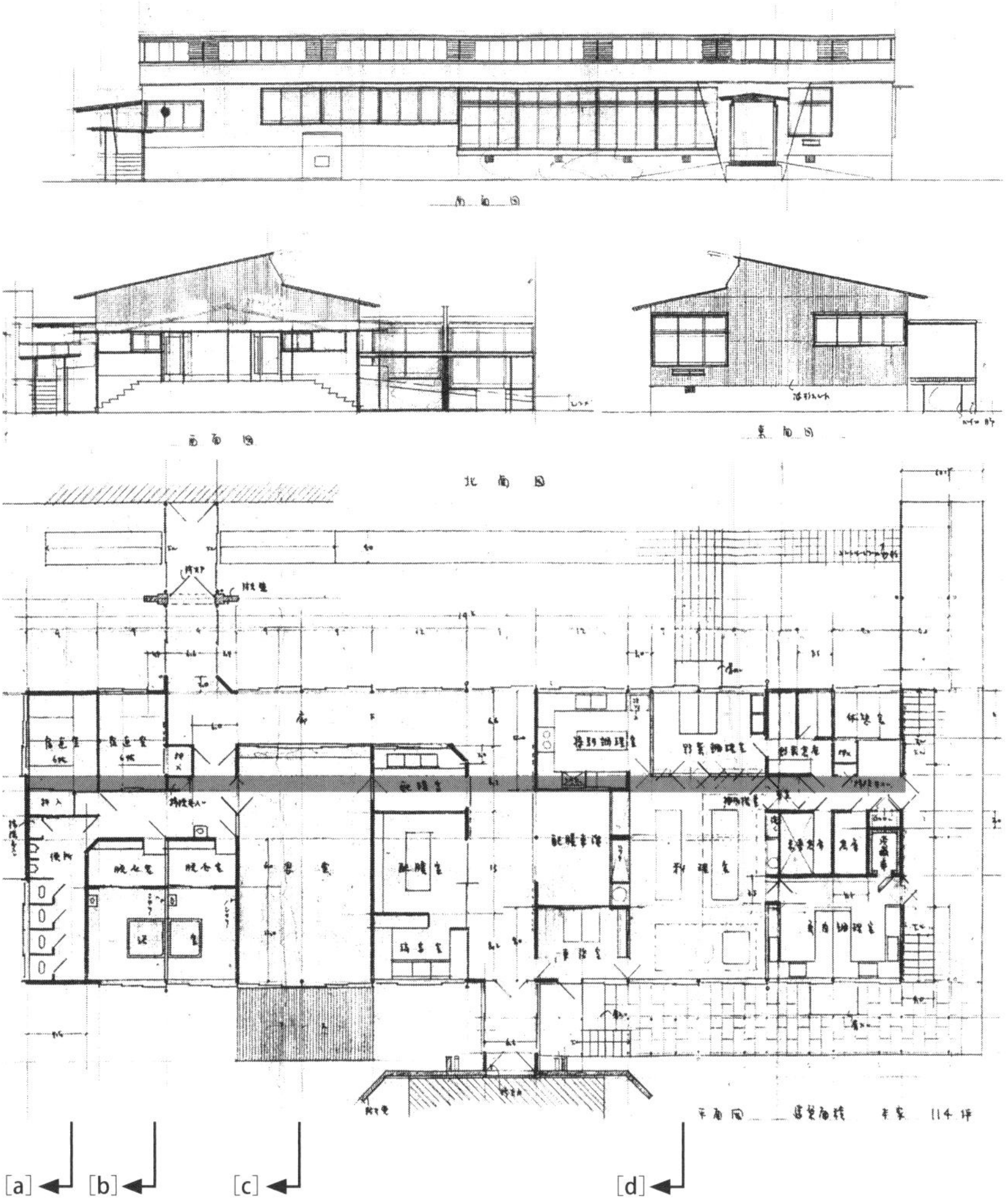

1
3 | 2
4

1：南立面図
2：東立面図
3：西立面図
4：平面図。アミかけ部分（筆者記入）の上部に連続するトップライトがある。
図面の下が北。すなわち、図面下部の斜線部分から結核病棟である。

外観。片流れの屋根、トップライト、下屋を支える華奢な柱などがよくわかる。後方は結核病棟［松村家蔵］

［b］は脱衣室と廊下、［c］は食堂、［d］は料理室の天井を高くし、光を取り入れている。

概ねトップライトの位置から南側に小部屋を、北側に大部屋を配置し、平面図上の間仕切り位置とトップライトの位置のずれを断面計画で吸収し、さらにそれを空間演出に使うという考え方だ。

長手方向には、［天井の低い部分］・［トップライト］・［天井の高い部分］という三つのストライプを、短手方向には、［機能に対応した部屋あるいはゾーン］というストライプを設け、それらの重なり合う部分に偶然生じるずれをデザインに取り込むという、ゲーム的ともいえる設計方法であり、松村の明晰さを感じさせる。また、第三期の日土小学校などにおける複雑な断面操作の前哨戦といえるかもしれない。

市立八幡浜総合病院伝染病棟

一　建築の概要

市立八幡浜総合病院の敷地の一番奥に建てられた、赤痢などの伝染病患者のための施設である。

『八幡浜市史』の「第六章　保健衛生」（三八七－三九〇頁）には、八幡浜でも一八七七年に初めてコレラが発生

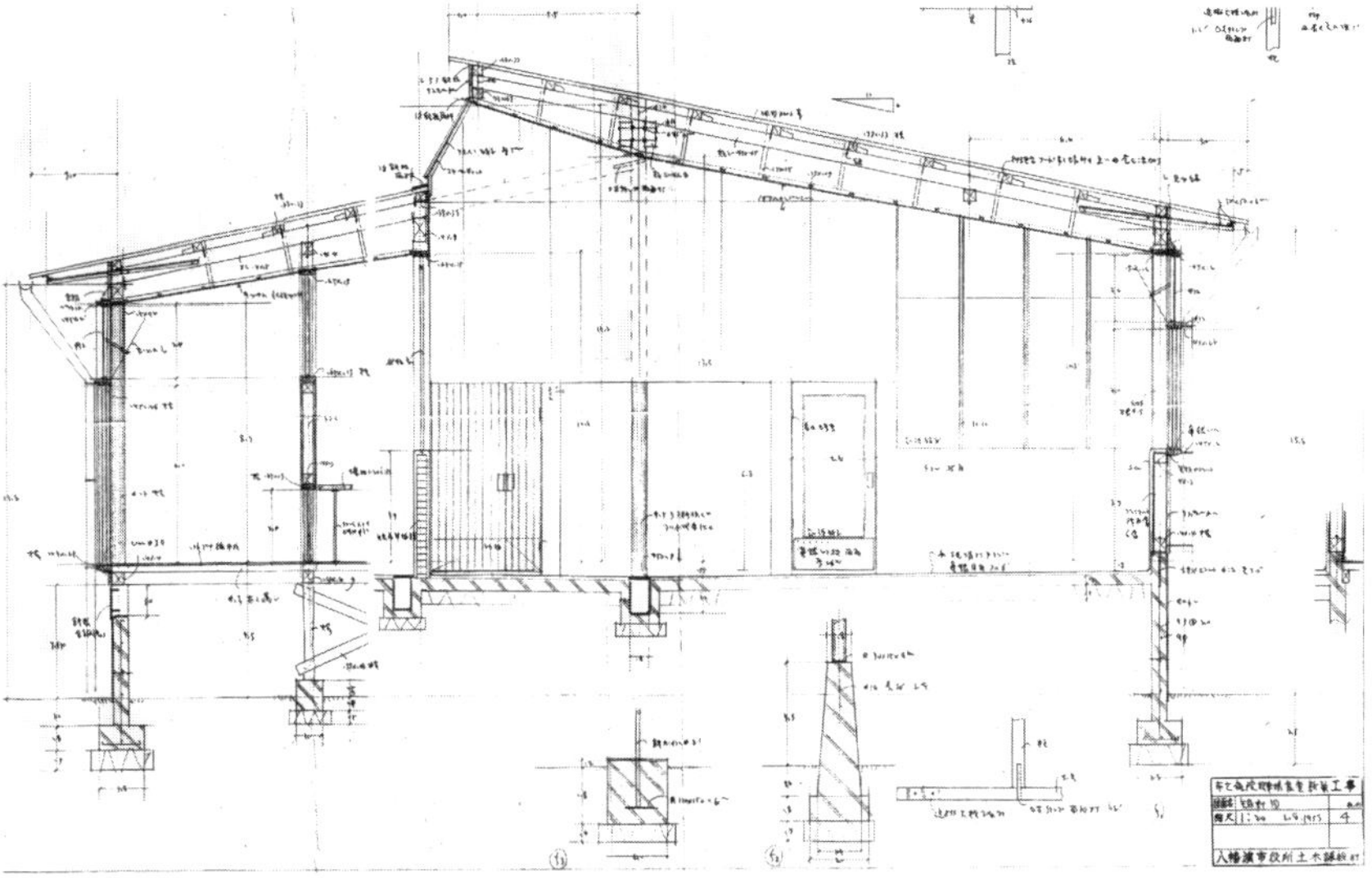

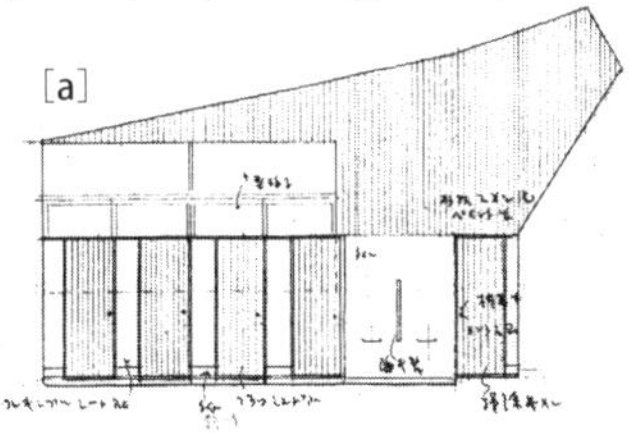

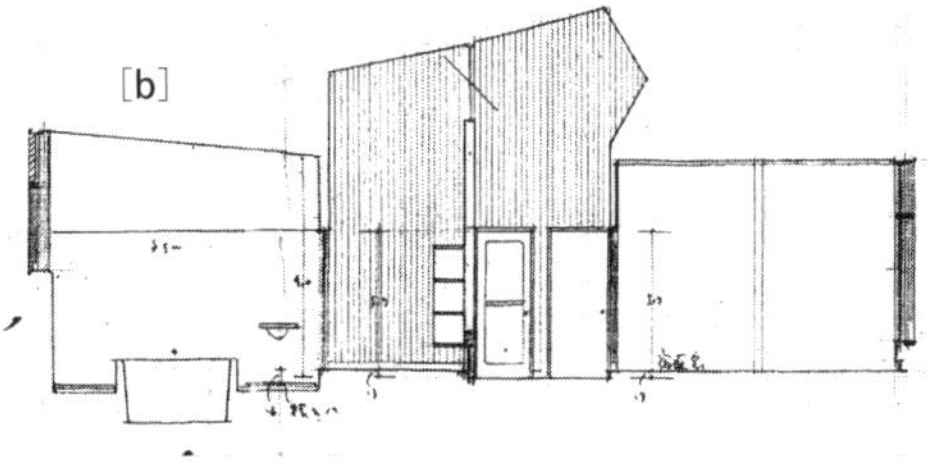

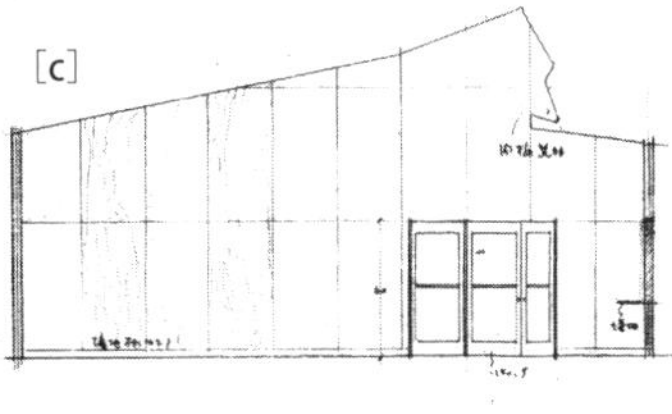

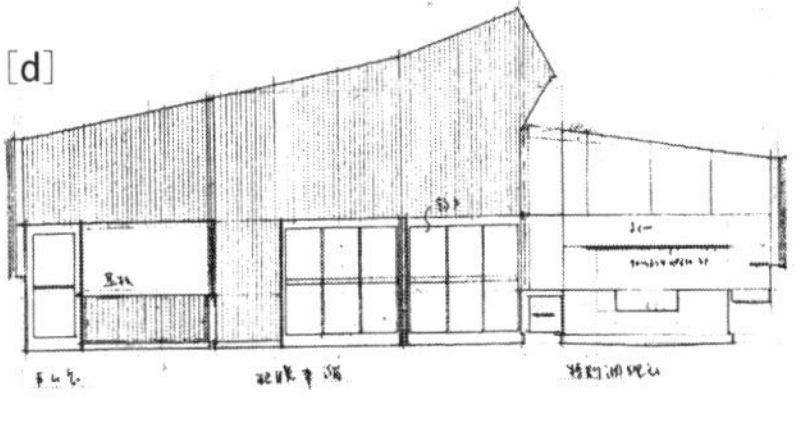

	1	
	3	2
	5	4

1：矩計図。トップライトの様子がわかる
2：左から、浴室、脱衣室、廊下、宿直室の展開図
3：便所展開図
4：左から、料理室、野菜調理室展開図
5：食堂展開図

アプローチ道路側からの外観［松村家蔵］

して以来、ペスト、赤痢、腸チフスなどの伝染病の流行に苦しめられたことが記録されている。当初は伝染病患者の収容施設もなかったが、一八九五年の「避病舎設置基準」（県訓令第二六号）に基づき、隔離病舎が各町村に設置されたらしい。しかしいずれも設備上の問題が多く、一九五五年に八幡浜総合病院の附属施設として建設されたのが松村の設計したこの建物である。

当初は管理人一名と看護婦一名が配置され、一九七九年四月からは西宇和郡五町との組合立による八西施設事務組合隔離病舎となり、さらに一九八三年四月、西宇和郡五町との広域消防の発足などにより、八幡浜地区施設事務組合隔離病舎と名称を変更した。

おそらく管理者がそのような組合であったことが幸いし、松村の設計した八幡浜総合病院関係の木造建築が次々と建て替えられたにも拘わらず、この建物だけは入院患者がいなくなっても現役の状態を保ち、筆者も見学の機会を得た。しかしバイパス建設工事に伴い、残念ながら二〇〇一年に解体された。

実施設計図はすべて残っている。また松村家に残る写真、筆者らの撮影した写真など資料が多く、松村の設計した他の病院関連施設の様子を想像するうえでも貴重な建物である。

伝染病棟全景。三つのゾーンの関係がよくわかる。左端には結核病棟が見える。
その間の土地に、後に松村の設計した結核病棟の増築棟が建った［松村家蔵］

木造二階建てで外壁はラスモルタルにセメント吹付け、屋根はスレート瓦の切妻屋根、薄い庇、水平に走る窓といった構成は、第二期に松村が見出したヴォキャブラリーの集大成ともいえるだろう。とくに二階部分は妻面を除きすべてガラス窓であり、屋根が浮いたかのような軽快な外観は印象的だ。

正面右側に結核病棟からの渡り廊下があり、そこから玄関まで雨がかりのないルートを確保するためでもあったただろうが、一階部分にピロティがある。その部分を含め、一階の壁は柱列から後退していて柱につながった耐力壁はなく、東西の妻面に二ヵ所ずつ計四ヵ所、南面に四ヵ所、北面に二ヵ所、合計一〇ヵ所に丸鋼ブレースが露出で設けられている。なお、二階にも木造の筋交いや丸鋼ブレースがある。

全体の構成は、山上からの全景写真や平面図でわかるように、南北の二棟に分かれた病室を、看護婦室・便所・スロープ・廊下が組み込まれた棟でつなぐという明快な考え方だ。

土地に高低差があり、南の棟は二層（一階に消毒室や配膳室などの諸室、二階に一〇病室）、北の棟は一層（五病室）である。病室はふたりずつの相部屋だ。

平面構成は、すべて二階の病室を規準に考えられており、明快である。

すなわち、ひとつの病室の大きさが間口九尺×奥行一六・二尺、廊下とスロープの幅は病室の幅と同じ九尺、コア部分の幅は病室二室分の幅の一八尺、南の棟の桁行き方向を九尺×一一ユニットとし、それを三病室、階段・宿直室、七病室に分配している。したがって建物全体では、構造が基本的には九尺のグリッドで整い、九尺ピッチで柱が整然と並ぶとともに、階段・宿直室のユニットにバルコニーを設けることで三対一対七のリズムが二階立面にあらわれ、全体として均整のとれた外観を生み出している。

一階には、玄関、消毒室、配膳室などの諸室が並び、四周とも外壁が柱から切り離されてピロティである。消毒室の壁はレンガ積みで、立面のアクセントになっている。

外装は、東病棟や結核病棟に比べるとおとなしいデザインである。二階病室の窓は柱に外付けされ、水平連続窓の意匠となっている。腰壁の高さは、立面のプロポーションからの判断であろうか、二尺と低く、窓の外に床から二・五尺の位置に連続する手摺が取りつけられていて、外観の水平性を強調している。窓の上部の三分の一はホッパー窓、残りは引き違い窓である。中間庇はなく、屋根の下に柱芯から五・五尺の出で波形スレートの薄い庇が設けられていて、これも切妻屋根の存在を消し、外観の水平性を強調している。

外壁の色は、筆者が見学した一九九七年には妻側の壁は薄い紅色、正面側は白であったが、松村の八幡浜市役所での部下であった清水行雄によれば、当初は全体に妻側と同じ色だったとのことであり、結核病棟で用いた「淡紅色吹付仕上げ」であったと想像できる。

病室まわりのデザインは、基本的に東病棟や結核病棟に準じている。出入り口は、小窓付きフラッシュドア、フラッシュパネル、そして鎧戸の引き戸という三枚の建具で構成されており、最大で一間の開口がとれる。欄間部分は三分割されてガラスがはいり、中央はホッパー窓である。

二　第三期への萌芽

以上のようにこの建物は、第二期のヴォキャブラリーを使いこなしながら、巧みにまとめられた建物といえる。その中にあって、第三期の展開へとつながったと思われることがらを二点指摘しておきたい。それは、ハイブリッドな構造という美学の発見と、新たな空間の質感の獲得ということである。

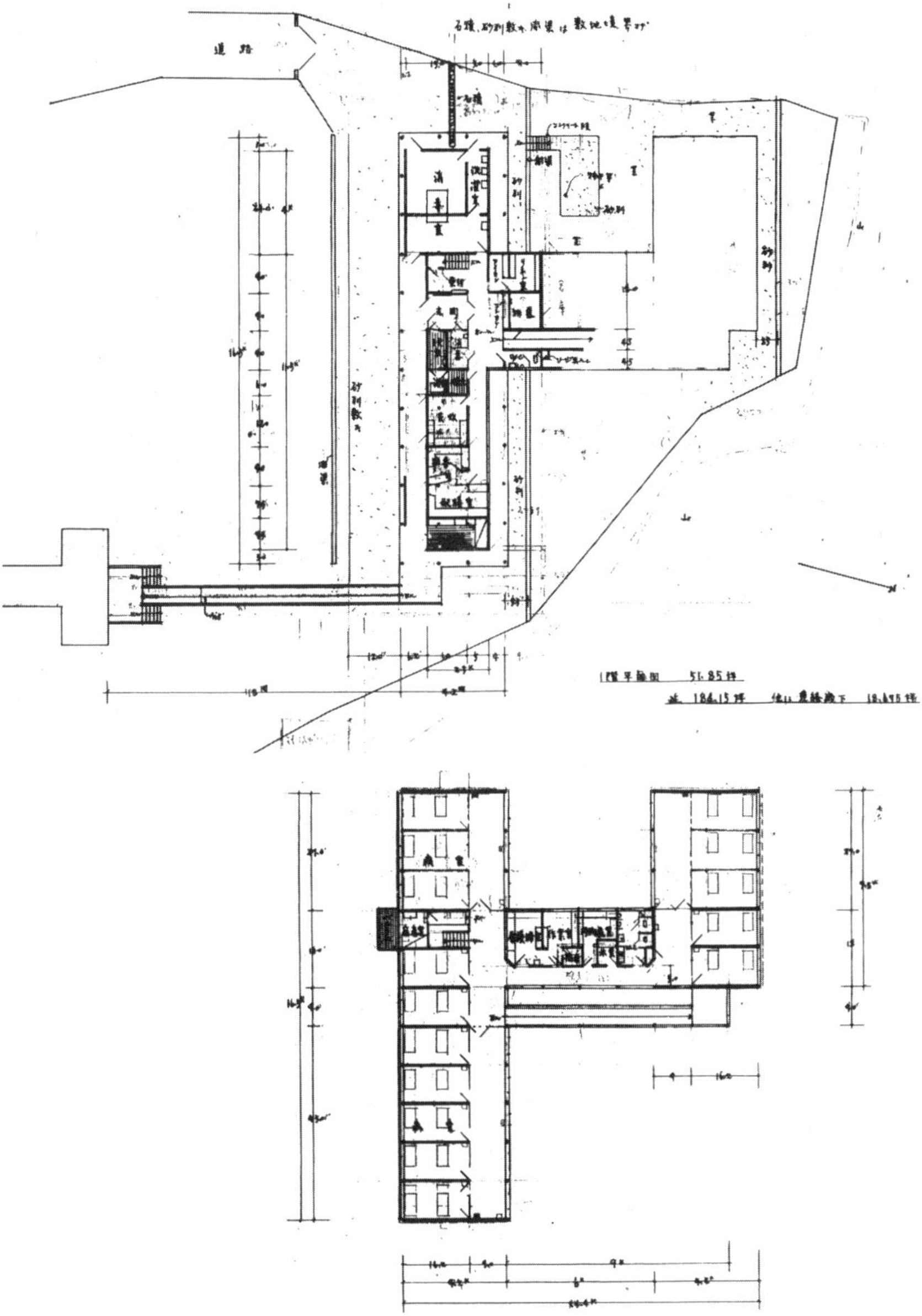

上：1 階平面図。図面の右が北。渡り廊下の左が結核病棟
下：2 階平面図。20 床と 10 床の病棟が、コア的スペースで結ばれている。
北の棟の奥 3 ユニットはひとつの大部屋だったようだ

渡り廊下側からの外観。水平連続窓が美しい。
2階は、左奥から、三つの病室、宿直室、七つの病室が並んでいる［松村家蔵］

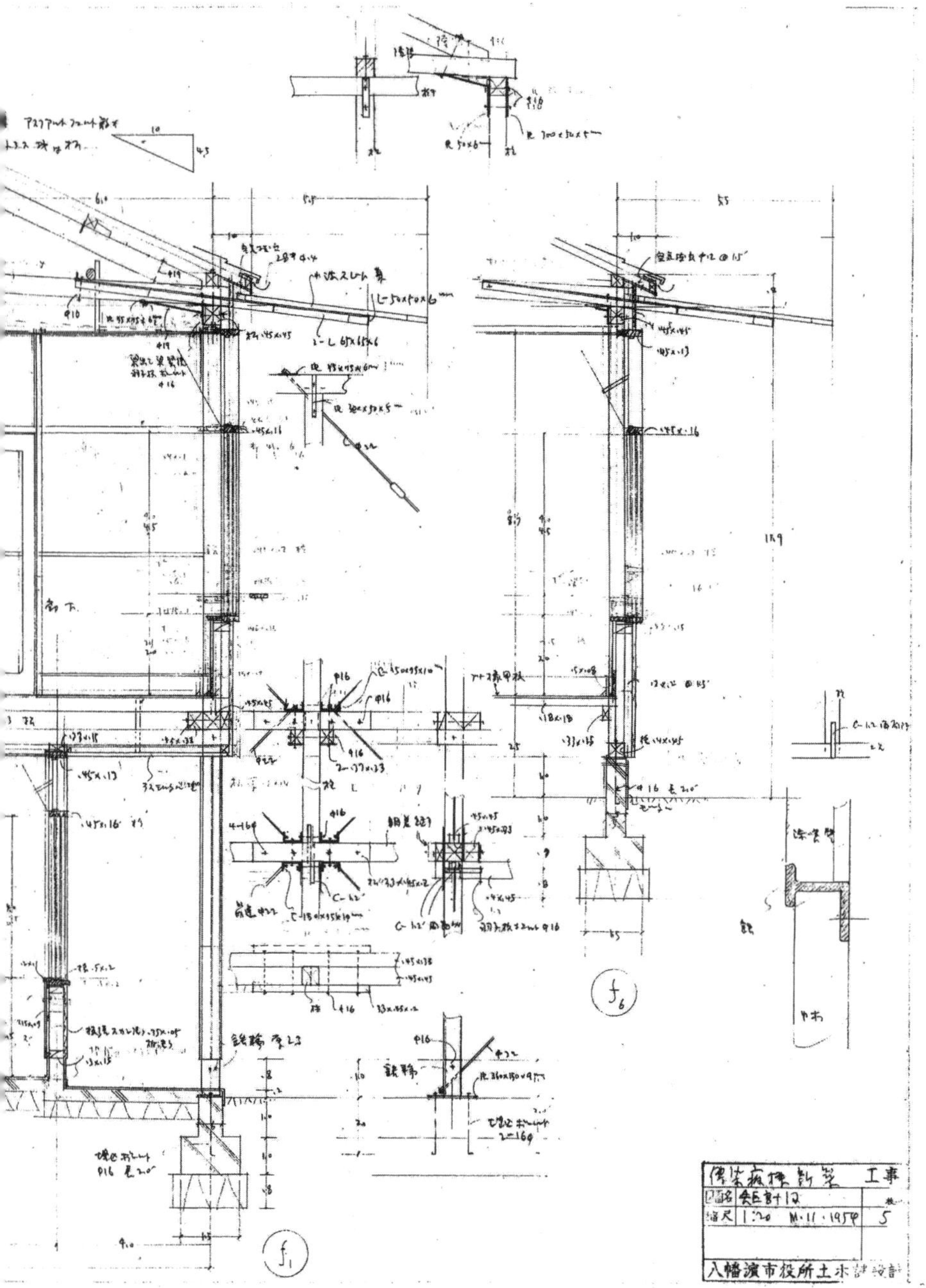
工事
図名 矩計図
縮尺 1:20 M・11・1954
枚 5
八幡濱市役所土木課設計

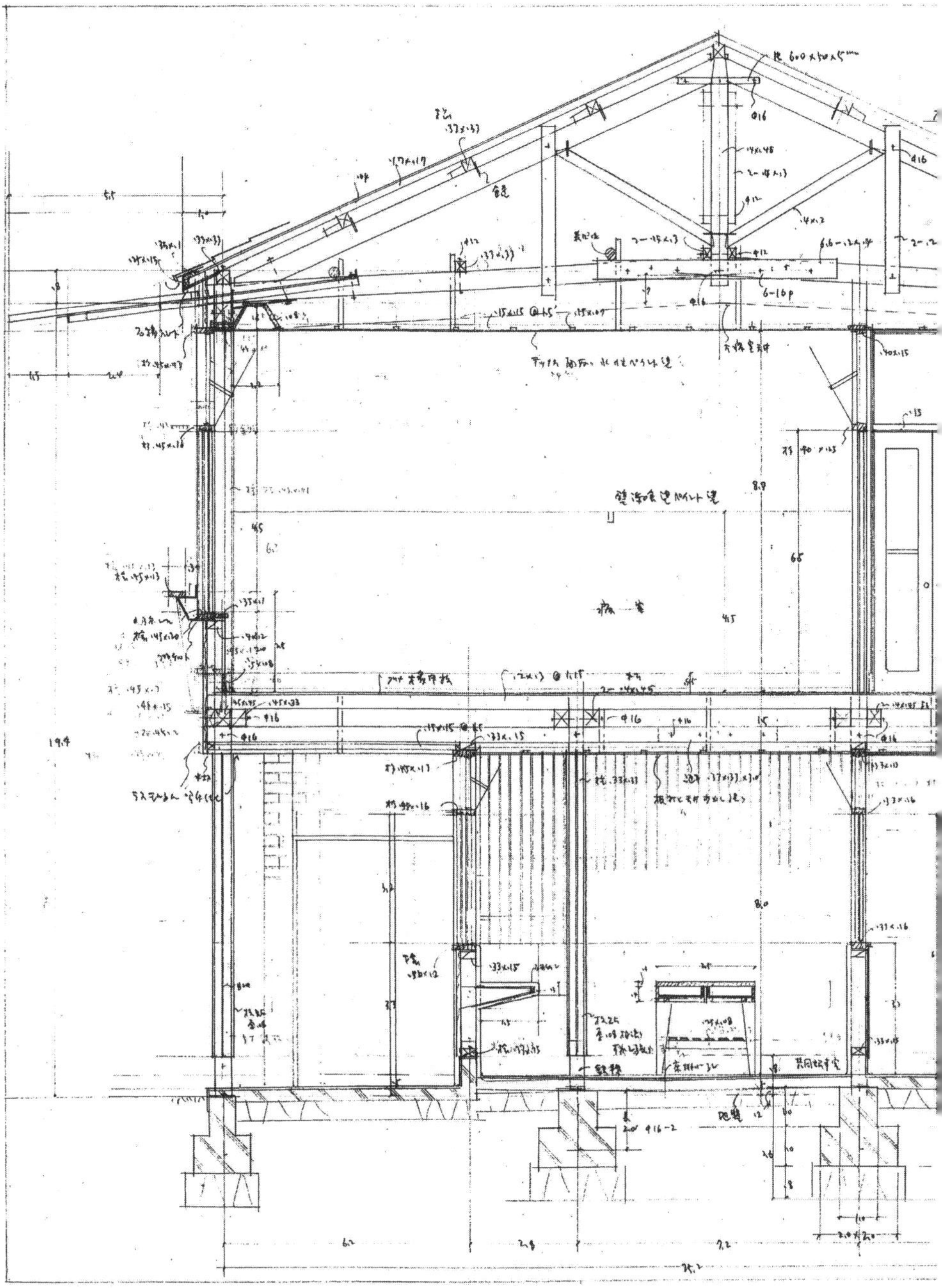

病室まわり矩計図。丸鋼ブレースと木軸の取り合いのディテールが詳しく指示してある

二-一　ハイブリッドな構造という美学の発見

この建物の外観が第二期の他の建物と少し違う印象をもつとすれば、それはピロティの連続する木造の独立柱とその間を結ぶ丸鋼ブレースの組み合わせによって生み出されているといえるだろう。一階は必要諸室が中央にコンパクトにまとめてあり、四周がすべてピロティとなるために外周沿いに水平方向の耐震壁が無く、それを丸鋼ブレースに置き換えているのだ。

仮に一階で必要とされる諸室の面積が現状と同じだとしても、それの位置をずらして柱を取り込んだ耐震壁をつくることはできたはずである。したがって、「木造の独立柱とその間を結ぶ丸鋼ブレース」という構造のハイブリッド性を実現するためにピロティが採用されたという側面もあったのではないだろうか。それまででも、松柏中学校や東病棟において丸鋼ブレースは使われていたが、おそらくこの伝染病棟で松村は、ハイブリッドな構造の美学的な魅力を自覚し、意図的に多用したのである。

実施設計図では、丸鋼と木造の柱・梁の接合部の詳細が細かく指示されている。スチールプレートやチャンネルなどを工夫して丸鋼を受け、柱の根元も補強し、木部へのめり込みなどがおこらないような配慮がある。

また木造部分の構造も、単純な柱と梁の組み合わせではなく、矩計図に示されているように、桁行方向には二列の角材で柱を包み、梁間方向にはさらにそれの上下を角材ではさむという構法がとられていることも指摘しておく必要がある。

二階床は、それらの角材の束が格子状に組まれた剛性の高い「面」として設計されている。水平構面を固めるというこの考え方は、第三期において、屋根や床面での丸鋼ブレースの採用へと展開していく。

二-二　新たな空間の質感の獲得

松村にとって初めて実現したヴォキャブラリーであり、きわめて印象的な空間となっているのが南北の病室をつなぐスロープである。患者の移動はもとより、一階の配膳室から食事を運搬する際の利便性を考慮してのことだろう。

結核病棟を掲載した『建築文化』一九五三年一〇月号では、「二階へは、スロープで昇りたかったが、ゆるい階段でガマンした」と書いた松村であったが、ここで念願のスロープが実現した。垂れ壁のない側面の窓からの光とも相まって、独特の雰囲気の空間となっている。勾配のスロープは約九・三分の一である。

上：病室の入口まわり。3 枚の建具による構成がわかる
下：看護婦室前の廊下
［いずれも松村家蔵］

1：外観。1 階のれんが積み部分、丸鋼ブレースなどがよくわかる。
バルコニーの内部は宿直室
2：スロープの踊り場からの見返し。手摺の位置に立つ柱は先端が細い紡錘形だ
3：妻側外壁。妻面には淡紅色が残っていた
(1997 年 8 月撮影)

1
3 | 2

もちろんこのような空間の質感は、第二期の松村の建物に共通するものではある。しかしここでは、スロープによって獲得された空間の「長さ」と「ゆるやかな連続性」、その「長さ」が実現した柱やサッシュの「反復性」、そして中央に立つ四本の紡錘形の丸柱やスロープ沿いの紡錘形の手摺子の「柔らかさ」などが空間の印象を決定づけている。

おそらくそういった要素に松村自身が自覚的になったと思われる根拠は、やはり中央の手摺に沿って立つ四本の紡錘形の丸柱である。構造力学的に必須とは思えず、また実施設計図にも描かれてはいないこの柱の必要性を松村が結論づけたとすれば、それは、この空間から「長さ」、「ゆるやかな連続性」、「反復性」、「柔らかさ」といった言葉を引き出せるようにするためだったいわざるを得ないからである。そしてそういった言葉が、第三期の松村の建物の空間の質を決定づけていく。

新谷保育所

一　建築の概要

大洲市立の保育所である。敷地は、後に独立後の松村の設計によって一九六八年に完成した大洲市立新谷小学校のすぐ南側だ。現在もそこにこの保育所は存在するが、建物は建て替えられている。

現在では考えにくいことだが、松村は八幡浜市役所在職中に個人的な依頼を受け、大洲市立の公共建築を設計したのである。彼の故郷であり、何らかの縁があったのだろう。松村家には、A1サイズで一二枚の実施設計図が残っており、筆跡からすべて松村自身によるものと判断できる。

なお、この建物の竣工年月日がはっきりしないが、設計図の日付は一九五四年五月五日から同月二八日までなので、その後間もなく着工されたとして、一九五四年と判断する。

木造平屋建てで、遊戯室・保育室の上には切妻屋根、昇降口には片流れ屋根、ガラス張りの明るい便所には緩い切妻屋根が載っている。設計図では敷地いっぱいに建ち、運動場もない。しかし新谷保育所に残る写真によれば、後に南側に敷地が買い足され、L型に乳児室を増築した後、松村が設計した建物の南側に出入り口をつくり、運動場へ出られるようにしたことがわかる。

南側は一九・五間の長い水平連続窓で、その内側に、一八尺×二四尺の保育室が三室、一八尺×三〇尺の保育

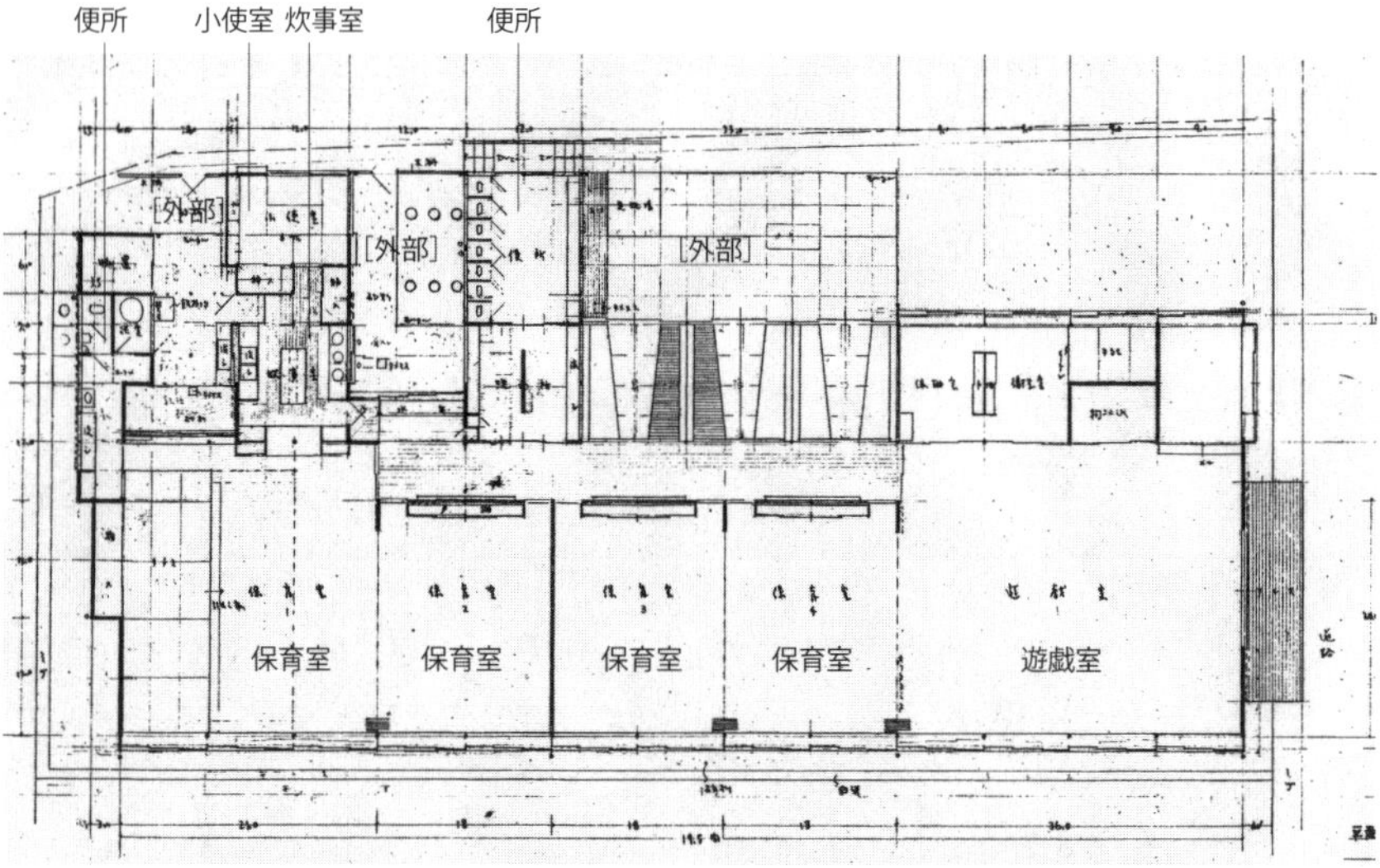

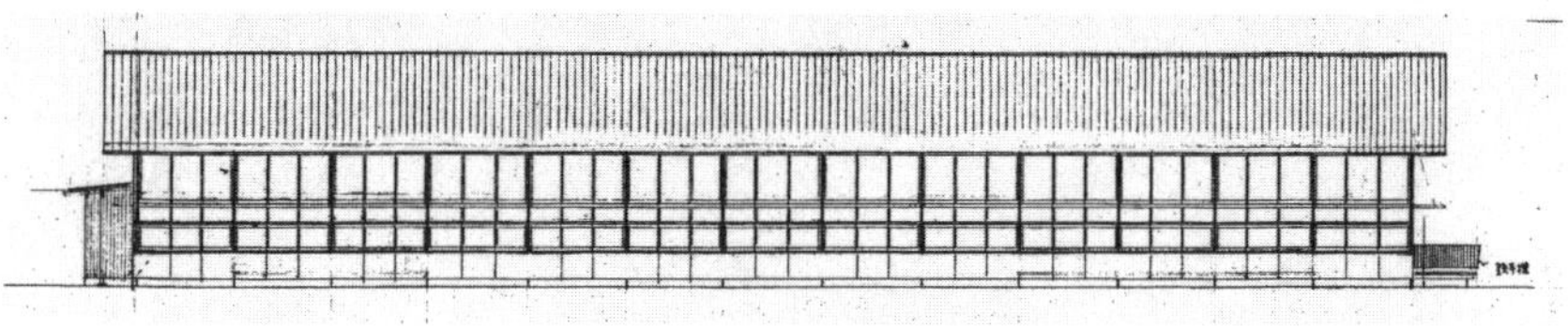

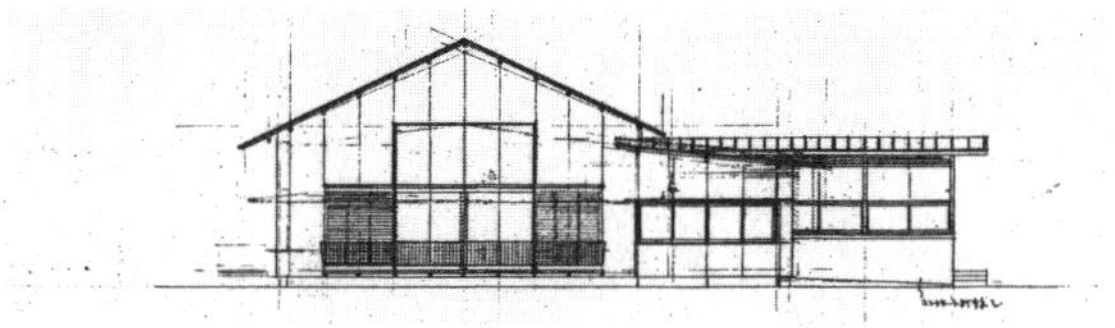

1
2
3

1：平面図。図面の上が北。遊戯室と 4 つの保育室がある。
部屋間の仕切りは、1 ヵ所を除き可動
（文字は筆者記入）
2：南立面図。水平に窓が走る
3：東立面図。屋根の低い部分に昇降口や便所がある
［いずれも松村家蔵］

1：昭和40年代頃の様子。
右が松村の設計した部分。
出入り口と下屋が
つくられている。
左が増築棟
［新谷保育所蔵］

1	
5	2
6	3
7	4

2：松村の設計した建物の南側立面。
奥に増築棟。松村の建物からの出入り口は
まだつくられていないことがわかる
（1963年11月撮影）
［新谷保育所蔵］
3：竣工直後の記念写真。
松村は見当たらない。背後は建物の北側
［松村家蔵］
4：現在の新谷保育所（2008年3月28日撮影）

5～7：北側の玄関／炊事室／保育室。間仕切りは
折畳み戸
［いずれも新谷保育所蔵］

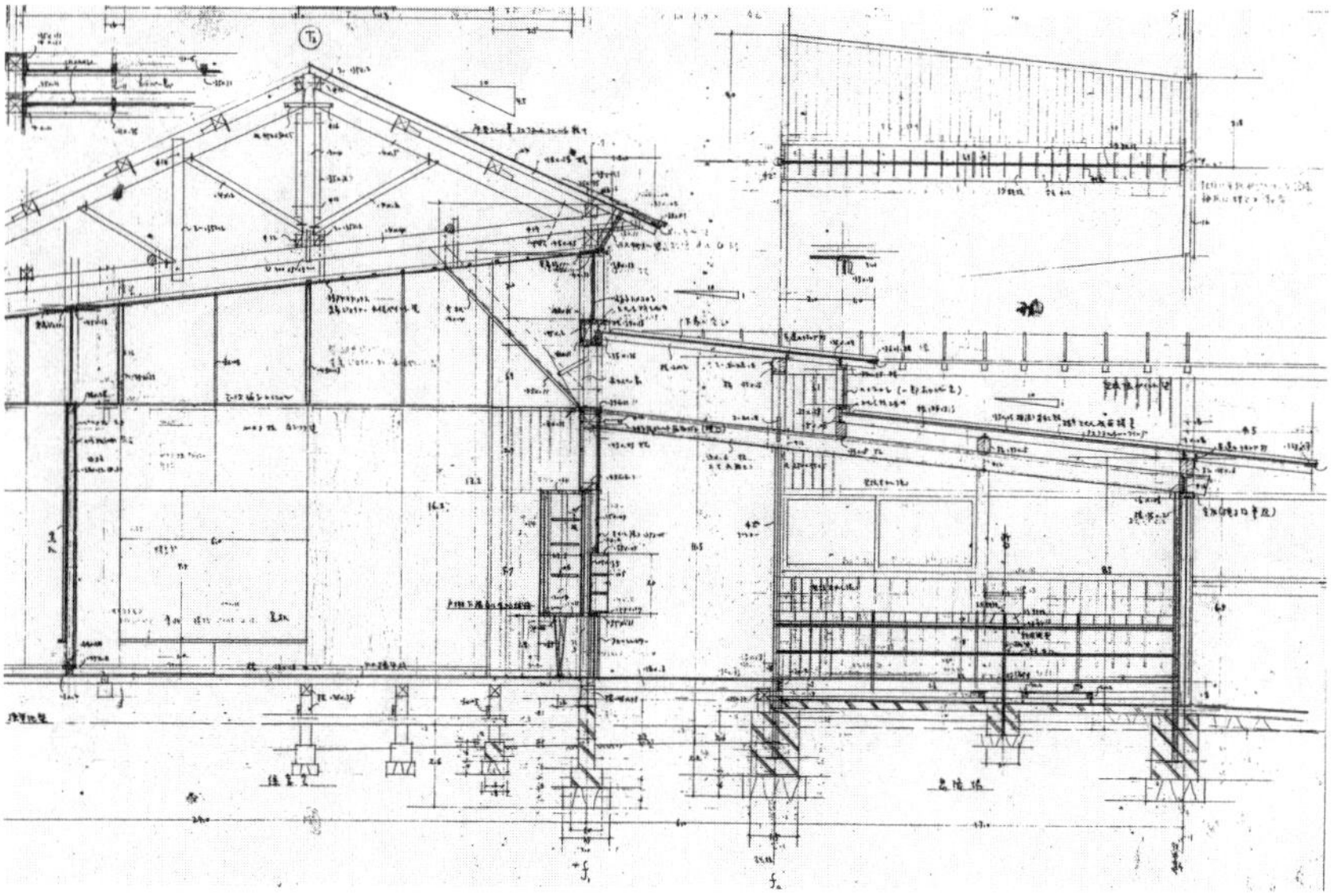

矩計図の一部。昇降口の大きな梁とトップサイドライトの関係がわかる［松村家蔵］

室が一室、三六尺×三〇尺の遊戯室が一室ある。部屋と部屋の間は、一ヵ所を除き可動間仕切りになっている。その北側に昇降口、炊事室、便所、洗面、小使室などの諸室が並び、全体として明快な構成だ。外壁はラスモルタル・リシン掻き落とし、屋根はスレート瓦葺きおよびトタン板瓦棒葺きである。

二　小さな応用と実験

小規模な建物であり、特別な提案はない。しかし、八幡浜市役所での仕事の中で松村が見出したヴォキャブラリーの小さな応用や実験があり面白い。

それは両面採光へのこだわりである。昇降口から保育室まわりの矩計図を見ると、昇降口に大きな梁をかけることで途中の柱をなくすとともに、屋根を二段にしてトップサイドライトを生み出し、昇降口と保育室それぞれへ北側から採光をとっていることがわかる。この断面は、まさに江戸岡小学校の教室棟での試みの応用といえるだろう。

また平面図を見ると、保育室の北側にあるバックゾーン諸室を三つの半島状に独立させ（「子ども用便所と洗面」、「小使室と炊事室」、「大人用便所」）、それぞれの間に外部空間を挿入していることがわかる。通風、採光、サービスな

2 1
3
4

1：参道の現状（2008 年 3 月 28 日撮影）
2：終了記念写真。
参道や鳥居との関係がよくわかる（1961 年 3 月撮影）
3：修了記念写真（一部拡大）ガラス張りの
便所の様子がよくわかる（1962 年 3 月撮影）
［いずれも新谷保育所蔵］
4：便所矩計図
［松村家蔵］

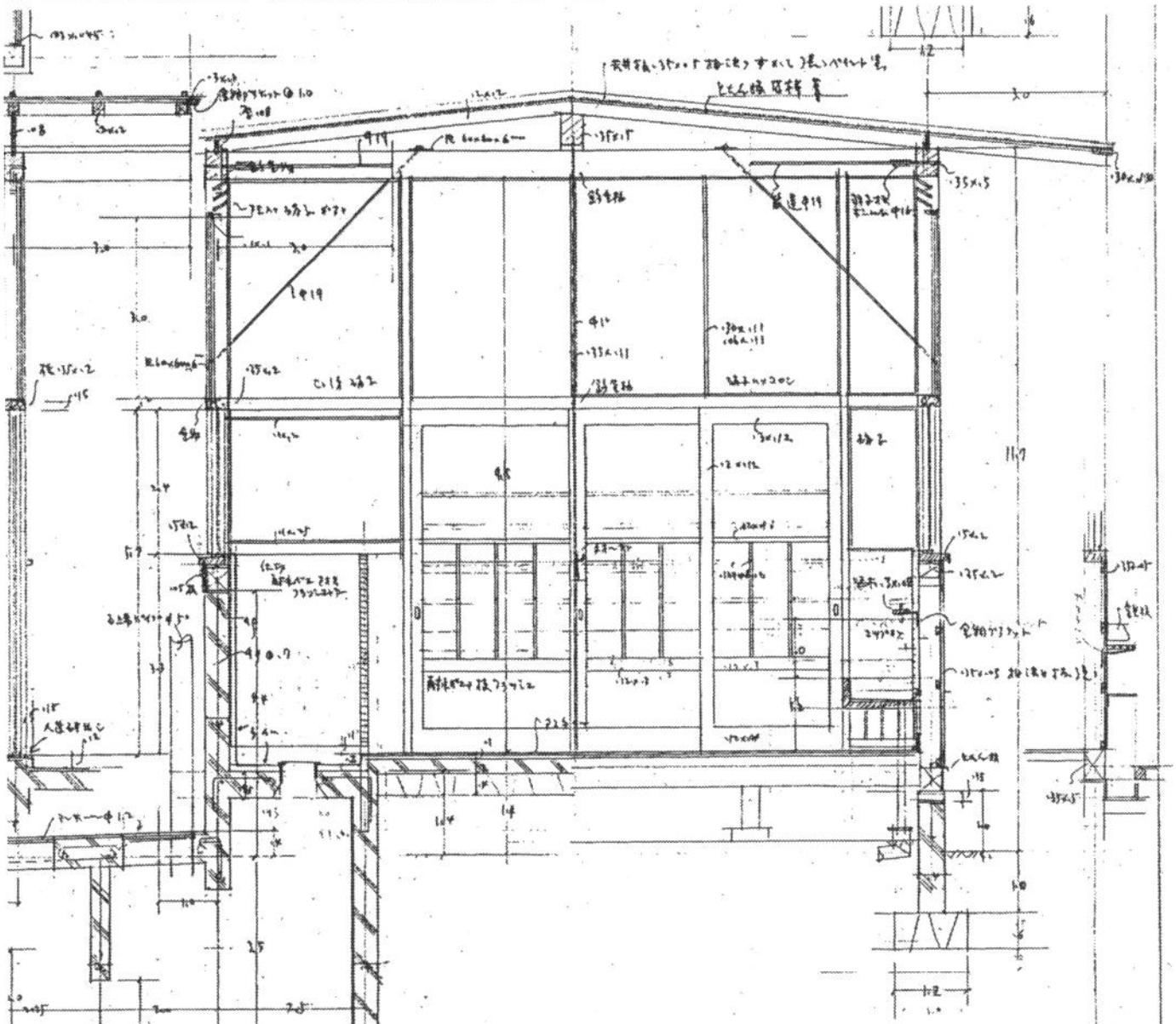

どの点で優れており、松村が学校建築で実践した「両面採光」の応用といえるだろう。また深読みをすれば、この保育所の実施設計から半年ほど後の期間に、クラスター型教室配置の新谷中学校の実施設計が完了しているので、幹（保育室があるゾーン）からクラスター状に空間がぶら下がるイメージが松村の中にあり、それを小さな規模で実験してみたのではないかという想像もできなくはない。

その他、松村の馴染みのヴォキャブラリーが頻出している。昇降口には松村の学校建築にしばしば登場する台形の板の間、遊戯室東側の窓には江戸岡小学校の管理棟を思い出すバルコニーがある。

学校建築において松村は、便所に必ず特徴的な意匠を施し表側に出すよう心がけるが、ここでもガラス張りの開放的な空間にして玄関のすぐ脇に配置した。しかも神社の参道と鳥居のすぐ近くでもあり、ガラス張りの空間と鳥居との対比には、松村の批評精神が隠れているのかもしれない。

なおこの保育所は、新谷小学校正門への南北のアプローチ道路の西側に面しているが、この道路を東へ入ると新谷中学校があり、またこの道路を少し南に下ると、西側に独立後の松村が設計した小さな教会や、彼が晩年に週末を過ごした恒心庵という小さな住宅がある。かつてはこの辺り一帯の土地を松村の実家が所有していた。さらに国道を越えて南に行った山の中腹には、松村の眠る墓がある法眼寺が大洲の町を見下ろしている。松村の先祖が仕えた新谷藩初代藩主・加藤直泰が開いた寺だ。

二・五　第三期――松村スタイルの完成

第三期は、八幡浜市役所に松村が勤務した最後の時期である。

この時期の松村は、八幡浜市の大小の学校建築と市立八幡浜総合病院の総決算となる建物の設計をおこなった。学校建築としては、日土小学校、神山小学校が高い評価を得た。

また、すでに新谷保育所がそうだったが、松村は八幡浜市役所在職中のこの時期に、他の自治体の学校建築を二件設計した。大洲市の新谷中学校と明浜町（二〇〇四年から西予市明浜町）の狩江小学校である。設計を依頼された経緯は不明だが、大洲市新谷は松村の故郷ゆえの関係があったのだろうし、狩江小学校については、後に松村は「町長さんがわざわざ頼んできた」と述べている（『日経アーキテクチュア』一九九一年一〇月一四日号）。新谷中学校と狩江小学校は、当時の地方都市としては規模の大きな学校建築であり、松村が見出した新しい学校建築のアイデアを具体化する貴重な機会となった。

新谷中学校、日土小学校、狩江小学校では、松村はクラスター型教室配置を導入し、その最初の事例である新谷中学校は、当時東京大学助教授であった内田祥哉によって高く評価され、『建築学大系』などに掲載された。日土小学校や神山小学校も同様の評価を得、松村の名前は多くの人の知るところとなった。さらに一九六〇年には、『文藝春秋』五月号の「建築家ベストテン――日本の十人」という記事で、その一〇人のひとりに選ばれた。そして松村は、同年九月に八幡浜市役所を退職し、松山市に自身の設計事務所を開設した。

八幡浜市役所での最後の時期において松村は、それまでに獲得した建築的手法を使いこなし、しかも、新しい建築計画的な構想をそこに加え、独自のスタイルを完成させた。以下の分析によって、それらのことを明らかにする。

新谷中学校

一　建築の概要

松村が、郷里・大洲市の新谷に設計した中学校である。延べ床面積が約一一九二坪あり、松村が八幡浜市役所時代に設計した学校建築としては最大規模だ。

正面全景（撮影：村井修）［松村家蔵］

同校は一九四七年に新谷村立新谷中学校として創立され、一九五一年に大洲市の発足とともに大洲市立新谷中学校となった。

松村の設計した校舎は一九五五年五月に落成した。普通教室が八教室で特別教室も充実している。体育館も同時につくられた。木造二階建てで体育館は鉄骨造、外装はラスモルタルに白セメント吹付けである。外壁の色は、「うすいウォームグレー」(『建築文化』一九五五年九月号)とか「うす茶色」(『建築学大系32 学校・体育施設』)と記されている。

屋根は設計が「アルミ板葺」だが、施行後に台風で吹き飛ぶという事故があり、大波スレートに葺き替えられた。その責任を巡っては、施工者と村長で裁判になり、松村も村人から批判されるということがあったらしく、松村はその顛末を語っている(『素描・松村正恒』七四―七七頁)。

松村家には、A1サイズで図面番号が六六番までの意匠図と構造図(そのうち一番から四番までが欠けている。おそらく二〇〇分の一の平・立・断面図や配置図などである)が六二枚、電気設備図がA1サイズで二枚、特記仕様書や仕上げ表がA4サイズで二〇枚残っている。設計図は、図面のタッチと筆跡から、すべて松村の手によるものと思われる。個人的な仕事であり、自分ひとりで作業をしたのだろう。登録番号と「一級建築士　松村正恒」の名前を記した枠印も押されている。ただ、特記仕様書や仕上げ表は、筆跡が松村のものではない。

ちなみに、新谷中学校を位置づける年代として、松村自身も、また後述する『建築学大系32 学校・体育施設』においても「一九五四年」が採用されているが、実施設計図の日付は、一九五四年八月一日から同年一一月二七日であり、同校の学校要覧でも一九五五年五月に落成と記載されており、完成年ということであれば「一九五五年」とすべきだと思われる。

その後、一九六七年四月に体育館が焼失して建て替えられ(同年一一月に落成。現在も使われている。設計者は松村ではない)、さらに松村の設計した校舎もすべて解体されて、一九九〇年三月に現在のコンクリート校舎が落成した。

新谷中学校は、まず『建築文化』一九五五年九月号に二頁にわたり掲載された。その経緯については第三章で詳しく述べるが、武蔵高等工科学校時代の恩師・蔵田周忠が彰国社に推したのである。

そして、その誌面を見た東京大学助教授(当時)・内田祥哉が高く評価し、編集作業中であった『建築学大系32 学校・体育施設』(彰国社、一九五七年)への掲載許可を求

上：校舎全景（『新谷中学校　第42回卒業アルバム』1989年）
左端の体育館は1967年に建て替えられたもの。松村の設計ではない
下：建て替えられた現在の新谷中学校（2008年3月28日撮影）

める手紙を松村に出し、実現したのだ。これによって新谷中学校と松村の名は広く知られるようになり、建築計画系の他の書物にも紹介されていった。そういった経緯についても第三章で詳しく述べることとし、本章では、建築としての特徴を中心に論じることにする。

二 「本邦の最高峯」の学校

内田は、一九五六年六月二二日付け（消印は二七日で松山発）の松村への手紙で、新谷中学校について、「その内容の充実して居る事に今更驚き　細部に汎る迄の細かい御苦心の程を察し　久しぶりで感激を持って図面を拝見いたしました。今迄　外国の例に比し、国内の各校の未熟さをなげいて居りました私共にとって　この様な良い学校が出来ている事に大きなほこりを持つ事が出来ました。／就きましては、我々の本の中に外国の諸例と並べ本邦の最高峯として是非御作品を入れていただきたいと存じ　お願いいたしたい次第でございます」と述べている。

そして内田は、おそらく彼自身が書いたと思われる解説文とともに、新谷中学校を『建築学大系32　学校・体育施設』に掲載した（三八四－三八九頁）。またその後、『日本建築学会設計計画パンフレットNo.17　学校のブロックプラン』（一九六四年一一月一日発行）にも、解説文とともに二頁を使い大きく紹介されている。解説文は、第三章で詳述するように、当時松村と接点のあった東京大学吉武研究室の大学院生・檜山吉平が書いたのではないかと思われる。

このふたつの解説文が、当時の建築計画研究者による評価の大要だと思ってよいだろう。その論旨に沿いながら、内田をして「本邦の最高峯」といわしめた理由は何だったのかを確認したい。

これらの解説文の中で、新谷中学校が高く評価されている点を整理すると次のようになる。

二－一 「クラスタープラン」の実践

小・中学校の建築計画に対する『建築学大系32　学校・体育施設』の主要な論点は、ひとつが学校の運営方式であり、もうひとつがブロックプランであったように思われる。学校に関するソフトとハードといってしまえばそれまでだが、戦後の学校を改革したいという熱気に溢れる本書の中では、このふたつを変えることの重要さが、欧米の事例をふんだんに示しながら主張されている。

そのうちブロックプランについては、一般的には、普通教室、特別教室、管理部門などの空間的なまとめかた

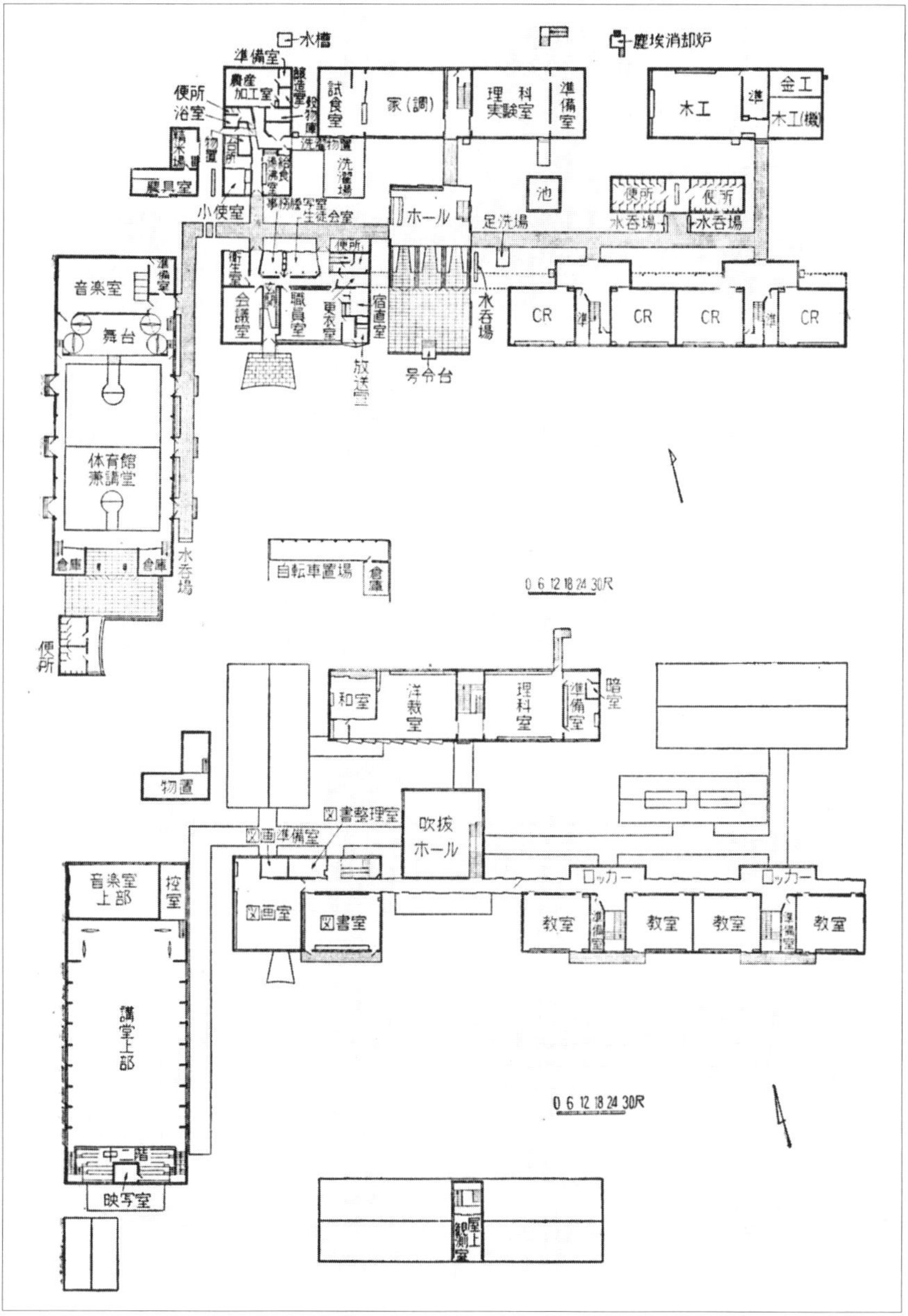

平面図。1 階（上）／2 階（下）（『建築学大系 32 学校・体育施設』、彰国社、1957 年）

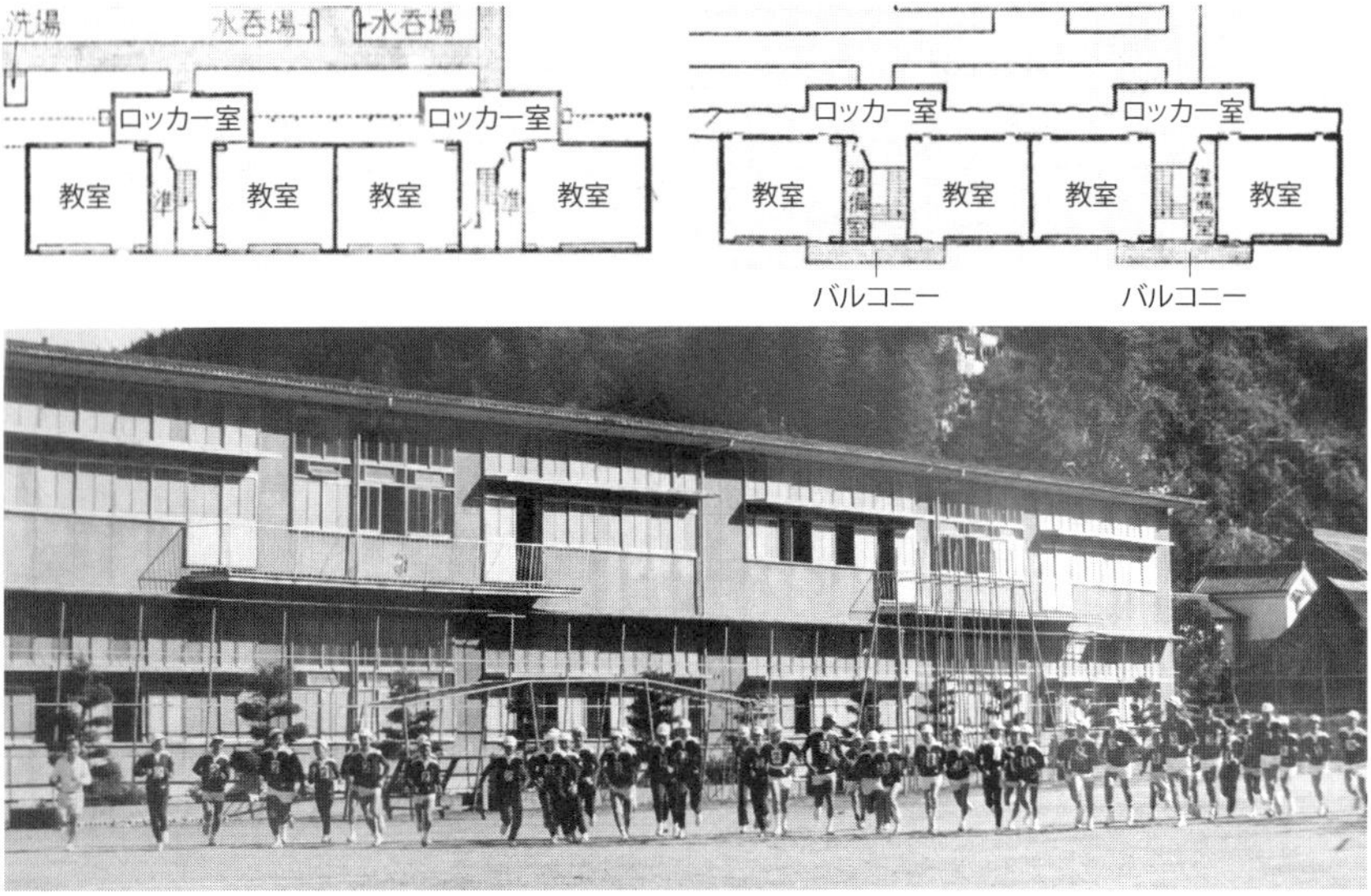

上：教室棟平面図。1階（左）／2階（右）（文字は筆者記入）
下：教室棟外観。バルコニーの両側がクラスターの2教室。
バルコニーの窓の3分の1が準備室で残りが階段室［新谷中学校蔵］

のバリエーションだという結論に行き着くわけだが、同書でも、内田祥哉と青木正夫が担当した「四　中学校」の中の「四・二　ブロックプラン」において、この三つのゾーンの配置についてさまざまなパターンの分類と分析がおこなわれている（二九二―三一七頁）。

その中の「i」の節で、「クラスタープラン（Cluster plan）」という言葉が導入され、「クラスターとは英語で房の意味、クラスタープランとは、一本の柄の先に木の実が房を成すのにたとえ、細かい単位がつぎつぎと集って全体を形作る平面の形式をいう。／学校の場合、具体的には、二〜三の教室を集めて〝ふさ〟の単位として、それらを集めて、全体を形成させるものである」と定義されている。

そして、次のことが結論づけられている（三一七頁）。

・一般教室は、他の諸室から分離されるべきである。
・特別教室は、おのおのの用途により、自由な型、有機的な相互の関連、戸外に対する自由な接触が必要であり、その配置は、一般教室などのスパンや形にわずらわされない自由な位置が選ばれるべきである。
・これらは管理部門と合わせて三つの群をなし、各群は学校組織の運営の型によって、いろいろな扱いが考

2	1
4	3
6	5

1：中庭側外観。ロッカー室や渡り廊下がわかる
2：1階渡り廊下。左に行くとロッカー室
3：1階ロッカー室
4：クラスター内の階段。右の壁の内側が準備室
5：教室。江戸岡小学校型の壁面
6：クラスターの2教室をつなぐ2階バルコニー
［いずれも新谷中学校蔵］

えられる。
・特別教室群と一般教室群が、それぞれ一団として扱われ、相互の接触面が十分大きい場合には、いかなる学校組織に対しても十分な自由度がある。
・そのためにはクラスタープランが有利である。クラスタープランの採用によって、複雑な条件を満足させながら、しかも全体の有機的な結合に導くことができる。

これの結論は、新谷中学校の平面図を見て書いたかと思うくらい同校に当てはまる。

新谷中学校では、一般教室は二教室ごとにまとめられ、ロッカー室、準備室、階段室、バルコニー（二階）を共有し、ひとまとまりの教室棟を構成する。特別教室はそれとは別に、木工の棟、家庭科（調理）室・理科実験室・洋裁室・理科室の棟、図書室・図画室の棟の三棟にわかれている。さらに音楽室は体育館兼講堂の中にある。そして、これらのあいだを廊下や階段が結び、その中心になる位置に玄関ホールや職員室がある。

新谷中学校に対する『建築学大系32 学校・体育施設』の解説文も、「一般教室、特別教室は、おのおの一団として扱われ、接触面は相当大きい。すべての教室はクラスターをなしている」とあり、内田たちの結論に沿った評価を与えている。

また松村は、ロッカー室と教員のための準備室をクラスターごとに用意し、クラスターの自律性を高めようとした。掲載誌『建築文化』一九五五年九月号の自注では、「計劃の主眼は、生徒に昇降ホールを、教師に研究室を与へることだつた。準備兼研究室には、机と戸棚、長椅子を造りつけた」とあり、松村が、教師は休み時間に職員室へ戻るのではなく、クラスター内に留まるシステムを考えていたことがわかる。

二―二　豊かな特別教室

新谷中学校の特別教室は、いくつかのまとまりにわかれ、たいへんに恵まれた空間と設備を備えている。その構成について松村は、一九八六年一二月に開催された内田祥哉らによる「木造建築研究フォーラム」での講演「木霊の宿る校舎」（『素描・松村正恒』に再録）において、次のように説明している。

ここが金工と木工の工作室、設備は万端整っております。ここが理科教室、1階は実験室、2階が講義室。ここが家庭科教室、1階に料理、試食室、2階に裁縫作法室までございます。ここは農業実習室。ここには

上：2 階図画室（撮影：村井修）［松村家蔵］
下：デッサンをする生徒たち（『無級建築士自筆年譜』）

上：2階図書室（撮影：村井修）［松村家蔵］
下：読書をする生徒たち。奥の壁には白と黄色に塗った輪切りの竹が貼られた（『無級建築士自筆年譜』）

上：2階洋裁室［新谷中学校蔵］
下：1階調理室。ガラススクリーンの奥は試食室で、華やかな雰囲気がある（『無級建築士自筆年譜』）

パン焼き釜から精米機械まで置いてございます。計画の段階で先生の希望を聞き、それを全部実現してあげたわけでございます。そのことに対して教育委員会も村会も一言も口を挟みませんでした。見あげた見識でありります。金は一寸出し惜しみしましたけれど。

これ以外にも、職員室の上の二階には、図書室と図画室、体育館兼講堂棟には音楽室もある。一般教室の方が目立たないくらいの充実ぶりだ。

まだ高校への進学率の低い時代である。この中学校が最後の学校となる生徒も多く、一種の職業教育の場という意味があったことと、学校を生涯教育の場にもしたいという松村の思いのあらわれであろう。デザインとしても、ガラスや色彩を多用し、華やかな演出がおこなわれている。

松村は「自然で簡素な建築をつくるのに真剣だった」（『学校建築の冒険』INAX BOOKLET Vol. 8 No. 2. 1988. INAX）と題された談話の記録の中で、新谷中学校について、「当時は中学生の多くは社会に出て行きました。彼らにとって中学校は最終の教育の場でありました。世に処してゆく術を身につけてやりたい、人に恥じない意志の強い人間に育ててやりたい、先生も生徒も村の人も熱心でした。／社会教育施設のない頃です。学校を最大限に活用したい、このことが計画の基本にありました。村民の生涯教育の場でありたいと願いました」と述べている（七一頁）。特別教室の充実ぶりには、この学校に関わるすべての人の思いが込められていたということだろう。

二-三　多機能な外部空間

クラスターごとの多様な使われ方を保証するためには、それぞれのあいだの外部空間も重要な役割を担う。新谷中学校でも、校舎間の外部空間には、池、水呑場、洗濯場、などさまざまな種類の仕掛けが用意されている。『建築学大系32 学校・体育施設』においても、外部空間の写真とキャプションによって、その優れたデザインを伝えようとしている。たとえば家庭科教室の前庭については、「洗濯流しは家庭科のみではなく、職業科の染色などの関連をもてるよう配置されている。コンクリート台は洗濯物置場」とか、池については、「環境を整えるとともに理科教室前庭として自然観察のためにも利用できる」といった説明がある。

平面図で見るとよくわかるが、中庭は昇降ホールで大きくふたつにわけられ、それぞれの中央に洗濯流しと池が置かれている。そしてそのまわりに特別教室が取り巻

上：中庭の様子。池や温室などがある。左がガラス張りの昇降ホール。
右の建物が家庭科室と理科実験室（『日本建築学会設計計画パンフレット No.17』）［松村家蔵］
下：家庭科室前の洗濯場。右奥が農業実習室、左下隅が昇降ホール（『無級建築士自筆年譜』）

くように配され、各教室からのさまざまな使い方を誘発するように考えられている。また、コンクリート製の流しと洗濯物置台および舗装面の向きや範囲は、周囲の建物との関係の中で優れたゲシュタルトを形成している。池も、理科実験室の出入り口や便所と軸線を合わせたバランスの良い位置にあり、中庭の空間構成にも寄与している。さらに、昇降ホールの大きなガラスを通してふたつの中庭は見通すことができ一体感もある。まことに巧みなデザインといえる。

二-四　細部まで考え抜かれた平面計画

『建築学大系32 学校・体育施設』の解説は、最後に「平面計画の細部についても、いくつかの特徴をもっている」として、「たとえばひろびろと取られた昇降口に生徒の社会的活動の場を作り出した」ことを高く評価している。そこは、片流れの天井が、途中にトップサイドライトを取りながら天井高が約三メートルから八メートルまで変化する大きな空間で、そこに昇降口の下駄箱やゆったりした階段がある。おそらく八幡浜市役所時代の松村作品の中で、最もダイナミックな空間といえるだろう。

松村は『建築文化』一九五五年九月号に、「昇降ホールは息ぬきの場所であり、劇中の人物になつた思いにホクそえませる。聞いてる頬がホテルほど、ここはホテルに行つたようだと喜ぶ、可憐な田舎の生徒達である」と書いている。ホールにはカウンターやベンチも設けられ、たしかに、「ホテルに行ったようだ」という感想がでても不思議ではない晴れやかな空間だ。松村にとっても嬉しい感想だったに違いない。

当時の写真には卓球台も写っている。『建築学大系32 学校・体育施設』の写真のキャプションには、「売店　銀行　ピンポン台などがあり、生徒たちの社会生活の中心となりうる。全生徒の集合も可能である。壁は緑」と書いてあり、カウンターが一種の社会教育として生徒運営による売店や子ども銀行として使われるなどして、このホールがいわゆるコミュニケーションスペースとして位置づけられていたことがわかる。松村が特別教室に込めた「彼らにとって中学校は最終の教育の場でありました。世に処してゆく術を身につけてやりたい」という思いが、いわば都会的な雰囲気の空間を体験させておこうとさせたのかもしれない。

以上のように、新谷中学校は、当時の建築計画研究者がめざしていた学校の姿をいち早く具体化しており、内田が「本邦の最高峯」と評したことも理解できるだろう。

なお松村は、『建築文化』一九五五年九月号の文章の

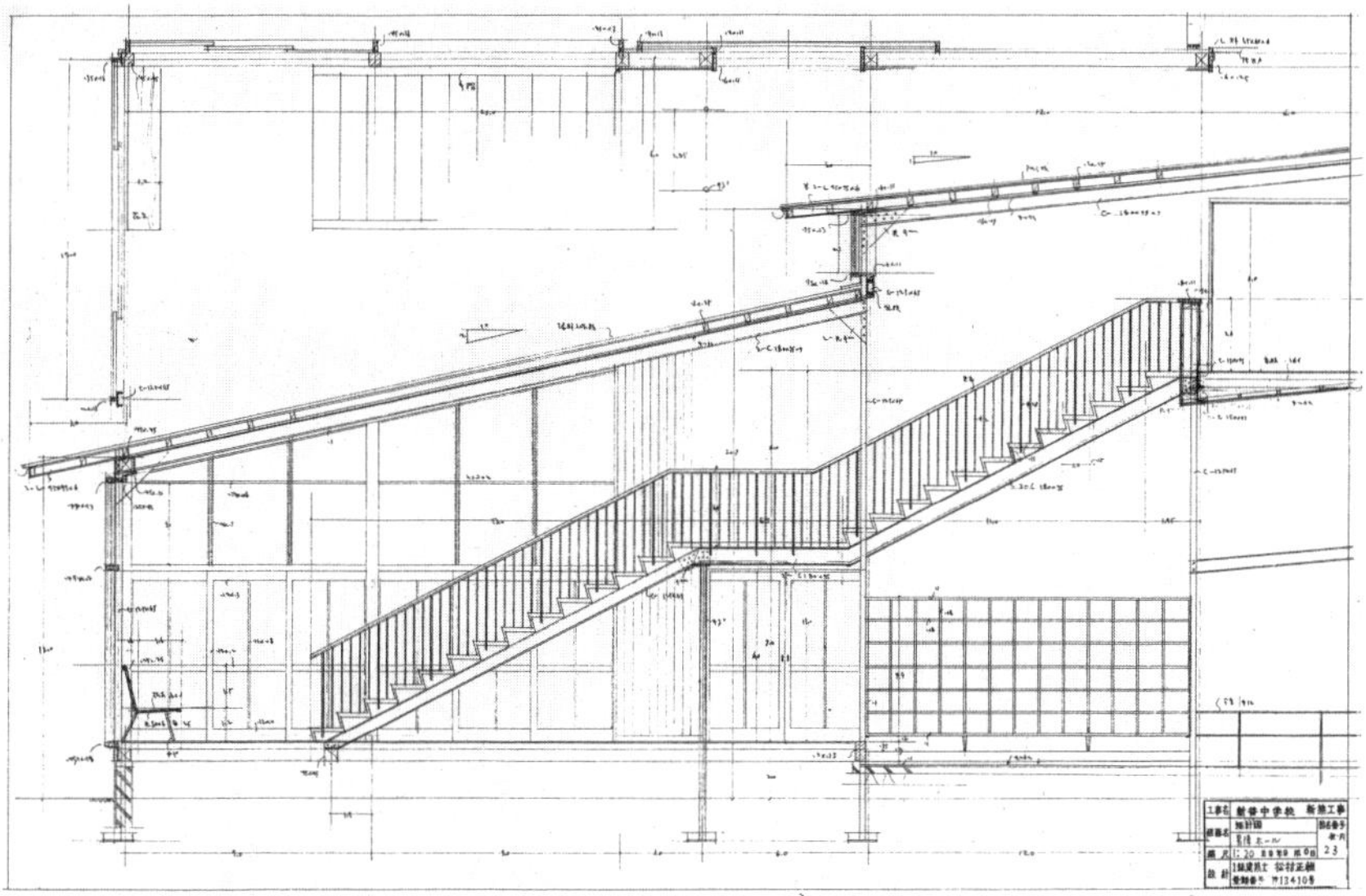

上：昇降ホール矩形図［松村家蔵］

下：ホールの見下ろし。軽やかなデザインの階段が印象的だ。

卓球台も置かれている。ガラスの向こうは理科実験室。

女子生徒の服装が興味深い。白いブラウスだけが指定されスカートは自由だったのだろうか。

開放感に溢れ、いかにも戦後的な風景である（『無級建築士自筆年譜』）

1	
2	3
	4

1：昇降口の見下ろし。
広々したホールと一体の空間である
2：階段の見上げ。宙を舞うようなデザインである
（1、2『無級建築士自筆年譜』）
3：ホール上部廊下からの見下ろし
4：ホール全景。空間の大らかさがよくわかる
（3、4撮影：村井修）

ホールの北西隅を見る。カウンターとベンチが設けられている。
ガラスの向こうは家庭科室（『無級建築士自筆年譜』）

最後に、「鉄筋コンクリート造にすべきであつたとは、今も心のこりに思つているが、すべての要求を、与えられた予算内で充たそうと思えば、体育館を思いとどまらねばならなかつた。周囲の事情から、この際は、待久（タイク）館を敬遠した」と記しており、コンクリート造に対する関心があったことを仄めかしている。

三　断面の微細な進化

新谷中学校の断面構成は、江戸岡小学校で生み出した両面採光型の断面から一階の昇降口部分を取り外し、そのかわりそこに、クラスター型教室配置のための廊下と中庭と前室を設けたものだといえるだろう。なお、構造は木造だが、屋根架構は従来のトラスを全面的には組まず、上弦材と下弦材のあいだに板を打ち付けてパネル状にするという方法を採用している。

運動場側の外装は、建具を柱に外付けして水平性を強調しているが、袖壁が残るのは江戸岡小学校と同じだ。ただし、江戸岡小学校では、各階の中間庇はスレートの波板だったが、ここではホッパー窓と組み合わせ、その上部にルーバー式の庇を入れるという方式に変化している。換気をより細かく調整でき、遮光についてもルーバーの方が鬱陶しさが少ないと判断したのだろう。

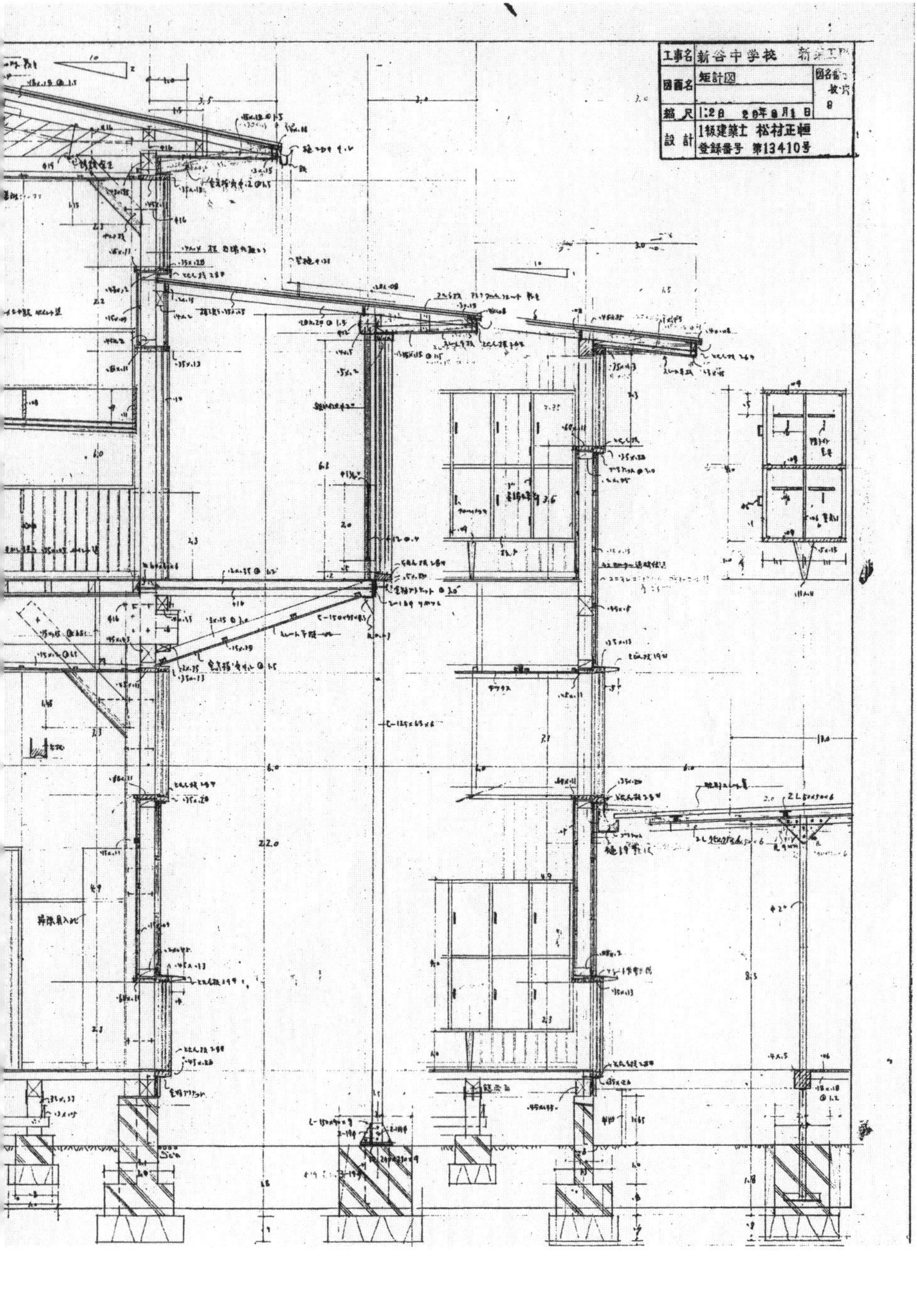

工事名 新谷中学校
図面名 矩計図
縮尺 1:20
設計 1級建築士 松村正恒
登録番号 第13410号

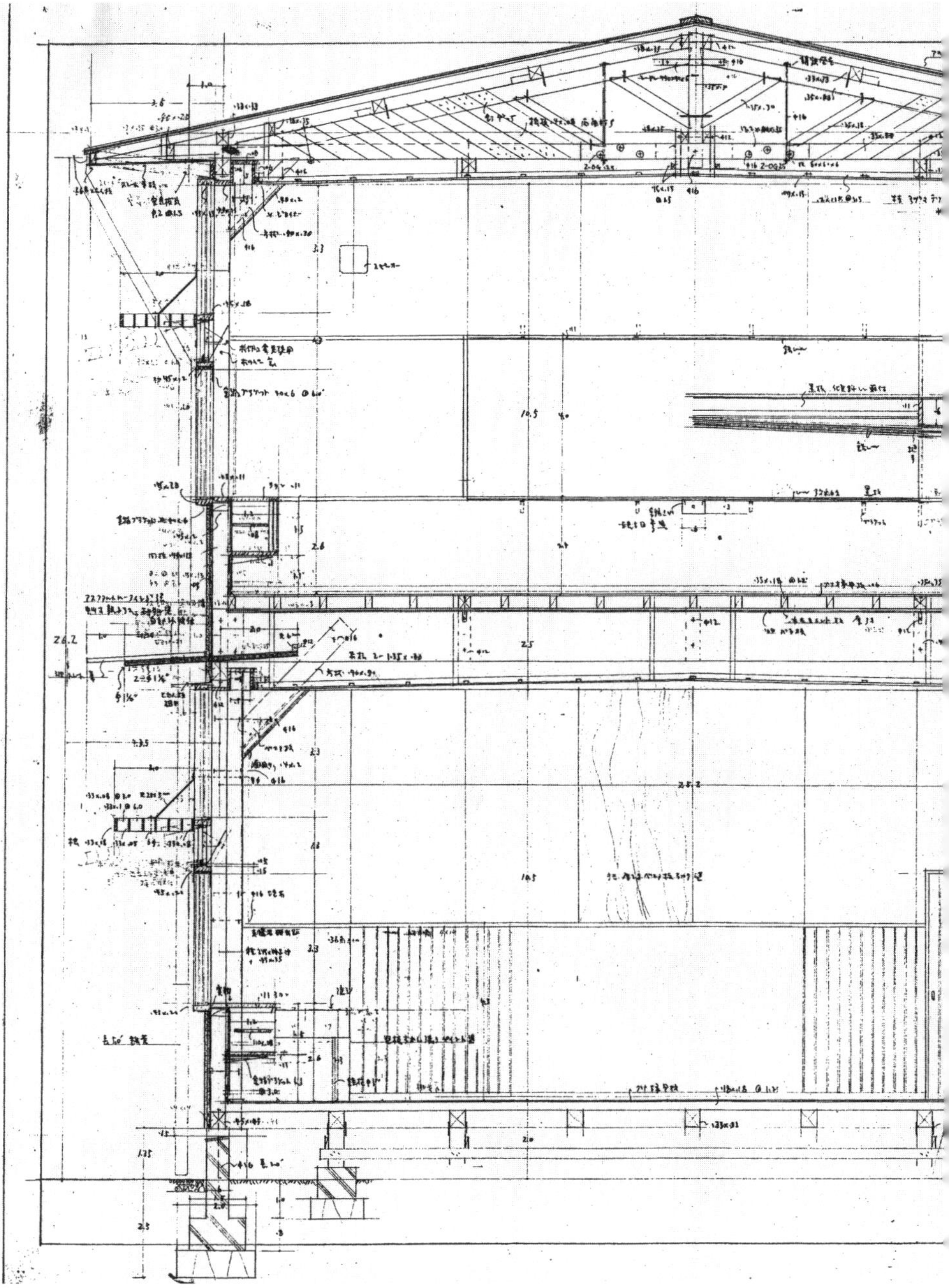

矩計図。クラスターを構成するための廊下やロッカー室、
運動場外外装部分のルーバーなどの装置などがよくわかる［松村家蔵］

中庭側は、廊下のある二階は江戸岡小学校方式の両面採光型、一階は壁面を三分割し中間に掲示板、上下に引き違い窓という同じく江戸岡小学校方式によって採光と換気を確保している。なお、廊下の垂直荷重を負担するC型鋼（一二五×六五×六ミリメートル）の細い柱が印象的だ。江戸岡小学校の渡り廊下部分の応用だろう。

四　松村と「クラスタープラン」の関係

しかし、松村自身はクラスター型の教室配置の採用について、さほど明確な説明をしているわけではない。『素描・松村正恒』では次のようなやり取りがある（七一―七三頁）。

宮内　そうですか。でも松村さんが、オープンプランニングの考え方を、クラスタータイプを考えられたというのは、いつごろから勉強なさってのことでしょうか。戦争中ですか。

松村　満州におるときに小学校をやったと言うたでしょう。あのときは、だいたい、こういうようなプランでしたがね。その頃から。それと、もう一つ、あの頃は学校がたくさん建った時代ですからね。文部省が……。

宮内　文部省基準がありますね。

松村　文部省がたびたび講習会を開いておりましたでしょう。役にたちました。それはそれとして、田舎の学校は、ずうっと、これが一列で、開放廊下なんですよ。暖かいほうだから。だけど、こういう家が建ちますと、一階、これは廊下ですからね。こうやって、ここが外廊下になって、靴ぬいで、傘を置くんですよね。だから、これは暗いでしょう、この教室が。二階も廊下越しですからね。

これが私、気に入らんのでね。なんとかして二面採光にしたいというので、いろいろと、これを上げてみるとか、これを下げてみるとか、いろいろ考えて最後に両面採光するのには、廊下とこれを離さなければいけないということになる。それがまず一つと……。

横山　これも満州の頃から……。

松村　いや、満州は寒いところですから、これは向いていません。それと生涯教育というの――さっきいいましたイギリスというのは生涯教育というのはむかしから盛んなところなんですね。あの頃、グロピウスがちょうどイギリスに亡命して、田舎の学校を設計したのが出ておりまして、昼間は学校ですけれども、村民の学校でもある、というふうにやっておりました。

それで私、一番最初に言いましたように、学校の隣で育ちましたでしょう。ところが、あの頃は、夜になると、青年がきて夜学校をやりよったんですよ。それと、夏休みになりますと、村の青年が、日曜、祭日なんか、修養の道場にするわけですよ。学校というものは、そういうふうに活用するものだという、子供のときからの頭がありましてね。

生涯教育の場にも、学校というものはしなければいけないと考えると、どうしてもクラスタータイプになるわけですよ。すべて独立して利用するようになるというような。そういうことで、結論がそこに行ったわけなんですよ。私はクラスタータイプというのは知らなかったんですよ。内田先生から……。

宮内　あとで知った概念で。（笑）なるほど。

まず、松村が「文部省がたびたび講習会を開いておりましたでしょう」といっているのは、一九四九年度と五〇年度にわたり文部省が全国的におこなった講習会のことと思われる。そこでは、日本建築学会が原案策定に協力した木造小中学校のＪＥＳ（ＪＩＳの前身）や、鉄筋コンクリート校舎の構造設計案などの普及がはかられた。

また一九五一年には、文部省教育施設部からの委託研究を受け入れる機関として、建築学会の中に学校建築に関する委員会が設置された。

さらに、文部省と建築学会とで学校建築に関する研究成果を総合し、新しい学校運関する技術指導書が作成され、一九五四年度に支部共通事業として「学校建築講習会」が文部省や地域教育委員会との共同主催により全国九都市において開催された。

新谷中学校の実施設計図は、一九五四年の八月から一一月にかけて描かれている。したがって松村は、これらのうちのいずれかの講習会に参加したのではないかと考えられるが、確認はできていない。

なお、一九五四年につくられた技術指導書は、『學校建築技術　一九五四』（日本建築学会、一九五四年八月）である。Ｂ５版で三二五頁のしっかりした造りのもので、全体は計画編と構造編のふたつにわかれ、建築計画や環境工学から木造・鉄骨造・コンクリート造の構造設計まで、詳しくかつコンパクトにまとめられている。新谷中学校が掲載された『建築学大系32　学校・体育施設』（彰国社、一九五七年）の中でも参考文献に挙げられており、紹介されている学校の事例には両者の間で重複もある。仮に松村が入手していたとしたら、随分と参考になったと思われる。

さて新谷中学校では、一階の教室はロッカー室以外の部分では廊下と教室が切り離され、教室の両側は外気に面し、クラスターごとの独立性も高い。一方、二階ではクラスターどうしを結ぶ内部廊下が教室に接しており、いわば江戸岡小学校的な断面をしている。後におこなう分析の先取りになるが、これらの構成がさらに進化し、すべての教室が廊下から切り離され、しかも廊下部分も内部空間化されたのが、日土小学校と狩江小学校というわけだ。

つまり、『素描・松村正恒』で「二面採光」について松村が、「これを上げてみるとか、これを下げてみるとか、いろいろ考えて」といっているのは、江戸岡小学校までの試行錯誤のことであり、「最後に両面採光するのには、廊下とこれを離さなければいけないということになる」というのが、新谷中学校で具体化した教室と廊下を分離する平面計画というわけだ。

したがって、両面採光をより効果的におこなうために「クラスタープラン」を導入したというのが松村によるひとつの説明である。

しかし松村は、生涯教育の場としての学校という観点からの説明もおこなっている。

彼は、「生涯教育の場にも、学校というものはしなければいけないと考えると、どうしてもクラスタータイプになるわけですよ。すべて独立して利用するようになるというような。そういうことで、結論がそこに行ったわけなんですよ」と述べている。つまり、学校の中の各施設を、子どもたちの学習以外の目的で、しかも授業時間以外の時間帯に地域住民に使ってもらおうとすると、施設ごとに独立させておく必要があるというわけであり、ここには単に教室配置を越えた「クラスタープラン」理解があり興味深い。つまり、教室だけでなく、学校内のすべての施設をクラスター状に独立させれば、必要に応じて多様な使い方ができるというわけだ。

「私はクラスタータイプというのは知らなかったんですよ。内田先生から……」という部分の解釈は難しいが、仮に「クラスタータイプ」という言葉は知らなかったにせよ、第一章で述べたように、戦前からの勉強を通して松村の中にはさまざまな情報がはいっており、その中から生まれたものであることは間違いないだろう。なお、「グロピウスがちょうどイギリスに亡命して、田舎の学校を設計したのが出ておりまして」というのは、第一章で指摘したとおり、"The design of nursery and elementary schools" の中の「Project for a Village Collage in Cambridgeshire」と考えられる。

五　当時の東京大学吉武研究室の状況

当時の東京大学吉武研究室における学校建築研究の状況を簡単に確認しておきたい。

膨大な蓄積や資料のある分野だが、『季刊　文教施設』の二〇〇三年新春号(〇九号)から二〇〇五年春号(一八号)に八回にわたって連載された「学校建築計画事始め」という座談会記事は、関係者が当時の様子を要領よくかつ生々しく語ったもので、この分野の研究史を要領よくかつ生々しく伝えている。しかも三回目までは「吉武泰水先生を囲む座談会」という形式でおこなわれ、生前の吉武に戦後の学校建築研究の流れを尋ねた貴重な記録である。その一回目の記事(二〇〇三年新春号)の最後に、「学校建築計画年表(吉武先生メモ)」という年表がある。

この中に、戦後、東京大学吉武研究室が中心になって設計し実現した学校建築が記録されているが、新谷中学校に相前後する時期のものといえば、成蹊小学校(一九五二年春竣工)と目黒区立八雲小学校(一九五五年九月竣工)になるだろう。そしてこのふたつの学校の間に、新谷中学校もプロットされている。ちなみに、一九五四年となっているが、すでに述べたように、一九五五年五月が落成である。またこの表には誤植が多く、松村の名前も「村松正国」となっているが、もちろん間違いである。

成蹊小学校は七教室の木造平屋の校舎である。教室は四・五間×四・五間の正方形で、それぞれの前に一・五間×二間の前室があり、オープンな渡り廊下につながっている。廊下から各教室が枝分かれしていくプランであり、まさにクラスター型教室配置の初期的なものといえるだろう。ただし、前室での上下足履き替えがうまくいかなかったといわれている★三。廊下が吹きさらしであることは批判しても仕方ないだろう。むしろ、廊下と教室を切り離しその間に中庭を入れたことや、二教室が屋外テラスで関係づけられていることなどによって、新しい学校に対する構想が、平面図の明快な形式として表現されていることに注目したい。

八雲小学校は、文部省のモデルスクールとして設計された鉄骨造二階建ての学校で、鉄骨校舎の規格の標準化をめざした試作的なものである。ここでもクラスター型教室配置が採用されているが、通路部分に便所を、階段室に手洗いを設け、さらに通路が内部的な空間になるように壁や屋根を設置しており、成蹊小学校からの展開が見てとれる。しかし、実験校ゆえに批判もあり、掲載誌のひとつである『新建築』一九五二年四月号には、「ディテール以前の建築」(鳳立夫)という辛辣な批判や、『建

■学校建築計画年表（吉武先生メモ）

（敬称略）

1872 M5 0805	学制発布
1886 M19 0410	小学校令公布　尋常小学校 4 年を義務教育とする。高等小学校 4 年
1895 M28 0402	学校建築図説明及設計大要発刊
1901 M34 0408	三島通良「校舎衛生上の利害調査報告」を官報に発表
1904 M37	文部大臣官房建築課「学校建築設計要項」を発刊
1907 M41 0401	改正小学校令実施　尋常小学校 6 年を義務教育とする　高等小学校は 2 又は 3 年
1923 T12 0901	関東大震災　佐野利器博士提唱により東京府下罹災全校 RC 復興となる
1934 S9 0921	室戸台風
1939 S14 03	吉武　東京大卒　大蔵省嘱託
1941 S16	西山卯三　都市住宅調査研究了　住み方調査報告　住宅計画学の方法論発表
1942 S17 04	吉武　大蔵省→東大助教授
1944 S19 0120	臨時日本標準規格「国民学校建物」告示
1945 S20 03	柏木健三郎　東大卒→文部省
1946 S21 0407	G. H. Q. 米国教育使節団報告書（6-3 制実施等教育の民主化を勧告）
1947 S22 0331	教育基本法、学校教育法公布（6・3・3・4 制により義教育 9 年となる）0401 新制中学校発足
07	G. H. Q. —C. I. E（民間情報教育局）の勧めにより、学校建築のマニュアル作成のため学校建築研究会を設置。
1943 S23 03	青木正夫　東大卒→大学院
1948 S23 04	建築雑誌「学校建築の基準について」吉武
1949 S24 0320	文部省教育施設局工営課　学校建築研究会編「新制中学校建築の手びき」明治図書出版社
0411	JIS 小学校建物、中学校建物（木造）（建築 1302、1303）制定
10	英 MINISTRY OF EDUCATION「BUILDING BULLETIN 1：PRIMARY SCHOOLS」発刊
10	米 ARCHITECTURAL FORUM 学校特集号
12	文部省　学会に RC 校舎標準設計の作成を依頼（鋼筋コンクリート造学校建物標準設計に関する委員会）'50.0218 最終回
1950 S25 0815	学会「RC 校舎の建築工事」発刊（A, B, C, D 型を発表）
—	西戸山小学校竣工
1951 S26 春	成蹊中学校竣工
0910 ～ 20	BUILDING RESEARCH CONGRESS 1951 LONDON　仲威雄先生　藤田金一郎氏参加
1952 S27 0220	第 I 期　建築設計資料集成 3　学校所収
1952 S27 春	成蹊小学校竣工
	北土中学校設計　青木、大場則夫
0722	JIS S 1021 学校用家具（普通教室用　机・いす）制定
秋	富士吉田市保育園　竣工　担当大坪、広瀬ほか
1953 S28 03	長倉康彦（旧制）、船越徹（新制）東大卒→大学院
1953 S28 0305	吉武、青木、杉森：小・中学校のブロックプランについて—上足・下足の範囲と境界線—日本建築学会研究報告 21、22
	吉武、青木、杉森：小・中学校の block plan について—学年配置について—日本建築学会研究報告 22
0810	吉武、青木、杉森：小学校における管理部門の配置について（1）日本建築学会研究報告 23、24
0810	吉武、高瀬、船越、守屋：建築諸設備の高さに関する—人体寸法の研究—日本建築学会研究報告 23、24
1953 S28 0805	文部省　学校建築研究会（学校施設計画の手びき）教育弘報社　刊行
1954 S29 04	太田利彦　北大卒→大学院
1954 S29 0818	日本建築学会（学校建築技術）講習会テキスト　発刊　平面計画の方針、教室回りの設計を担当　吉武、青木
	新谷中学校（愛媛）設計　村松正国
10、11	吉武、青木、長倉、船越：小学校の雨天体操場（講堂）について　学研 29-2、28-II（5 編）
秋	香川の講習会で　下元連、仲威雄先生と旅館で同室　鉄筋校舎建設推進を話し合う
1225	日本建築学会主催　中学校設計コンペに 2 等入選　長倉、船越、太田等
1955 S30 09	鉄筋校舎試作校　目黒区立八雲小学校分校（現　宮前小学校）竣工　担当：長倉、加藤勉君等
	文部省、東大仲研究室、吉武研究室、学会学校建築委員会、目黒区、鋼材倶楽部
12	英 MOE「BB 8 DEVELOPMENT PROJECTS：WOKINGHAM SCHOOL」
1956 S31 01	文部省、学会主催　鉄骨校舎技術研修会（鉄骨造学校建築のパンフレット作成）
1957 S32 03	谷口汎邦　東工大卒
1957 S32 0705	建築学体系 32　学校・体育施設 II　小学校・中学校：青木正夫、内田祥哉　彰国社
09 ～ 11	吉武渡欧　学校、病院視察
1957 S32 1210	兵庫県八鹿町立青渓中学校開校　渡辺武一校長　担当：長倉ほか
08	英 MOE BB 16：DEVELOPMENT PROJECTS：JUNIOR SCHOOL, AMERSHAM
1958 S32 0930	石川県金沢市　二水高校　竣工　担当：長倉等
1959 S34 04	吉武：学会：調査研究報告書（千里 NT）大阪府

『季刊　文教施設』（2003 年新春号）から再録（誤植と思われるものもそのままにしている）

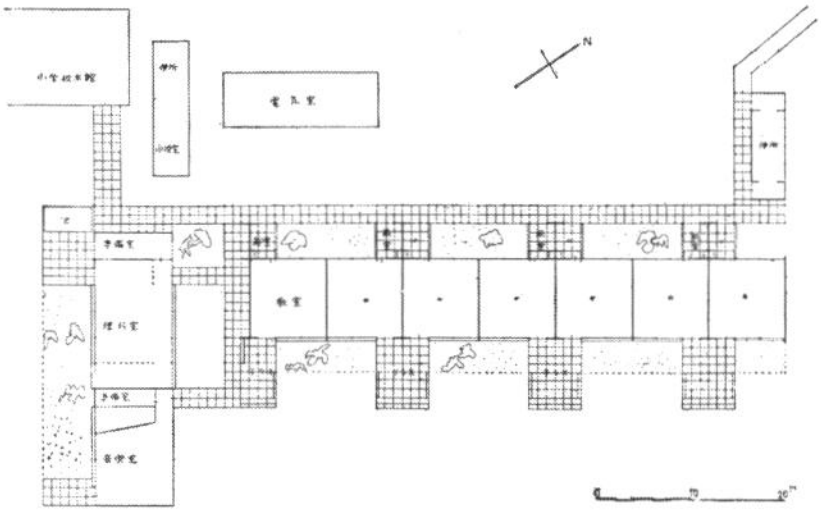

1・2：成蹊小学校平面図とその全景
3・4：教室および吹きさらしの廊下と前室
（『新建築』1952年4月号）
5・6：八雲小学校平面図と外観
7・8：教室と廊下側の外観
（『建築文化』1955年11月号）

3	1
4	2
7	5
8	6

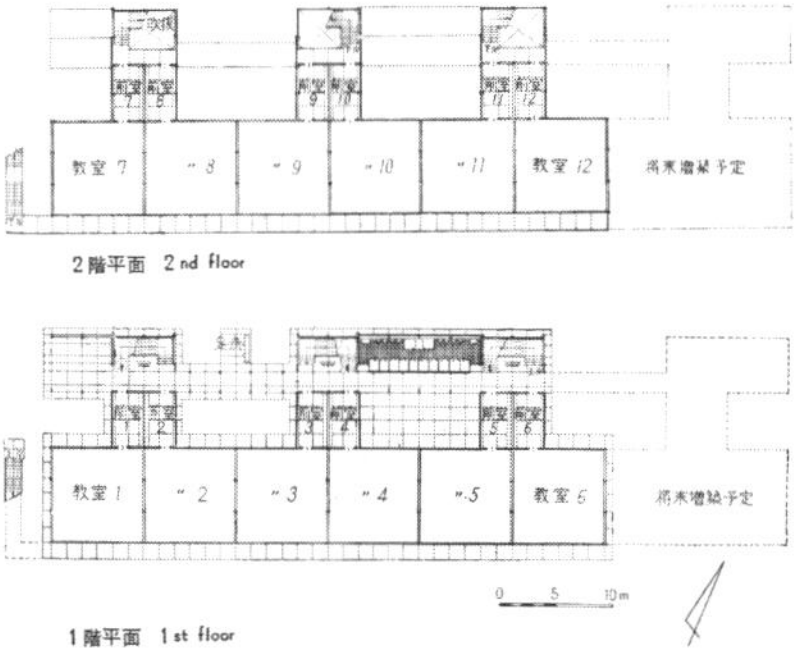

築学大系32 学校・体育施設』には、全体計画についての批判が書かれている（三六〇頁）。

成蹊小学校と八雲中学校は、建築計画あるいは構法計画などの研究に基づいた、当時としては貴重な成果といえるだろう。しかしそれらは、空間的な豊かさや居住性という観点からは、新谷中学校には比べるべくもないだろう。こうしてみると、東京大学でこのふたつの校舎の設計を身近に見、また自身も関わっていた内田祥哉が、新谷中学校を雑誌で知ったときの驚きは十分に理解できるものとなる。またこの少し後に竣工する日土小学校についても同様だ。

市立八幡浜総合病院看護婦寄宿舎

一　建築の概要

市立八幡浜総合病院の看護婦のための寄宿舎であり、病院敷地の南西角に建設された。木造二階建ての小さな建物で、吹抜けのあるホールのまわりに、二間の押し入れがついた六畳の和室が八室あり、一部屋四人の相部屋で使われた。それ以外には一間の押し入れがついた二畳の和室がふたつ、玄関、ふたつの階段、短い廊下を介して平屋の便所と洗面所がある。工事台帳によれば、竣工は一九五五年七月六日だ。

この建物は、『新建築』一九五六年五月号に、平面図、内外の写真、松村の短い文章が掲載されている。その写真のキャプションによれば、外壁は「淡灰色モルタル塗」、屋根は「亜鉛鍍鉄板瓦棒葺青色ペイント塗」である。屋根は二段構えになっていて、コの字型の片流れ屋根に、吹抜け上部のもうひとつの片流れ屋根が差し込まれている。実施設計図は見つかっていない。

二　抽象性の破片

小さな建物であり、しかも女性たちの生活の場であるにもかかわらず、むしろここでは、松村の設計した他の建物以上に、彼の抽象的な思考の痕跡が生々しく残っているように思われ、興味深い。

二―一　形態操作への指向性

そのひとつがさまざまな形態操作だ。まず気づくのが平面や立面の左右対称性である。造形的なシンボリズムを嫌う傾向がある松村にしては、たいへんに珍しい。屋外避難階段を除けば、二階平面図は完全に左右対称であり、一階平面図には若干の非対称性があるが、立面は南北とも完全に左右対称だ。松村が書いたと思われる『新

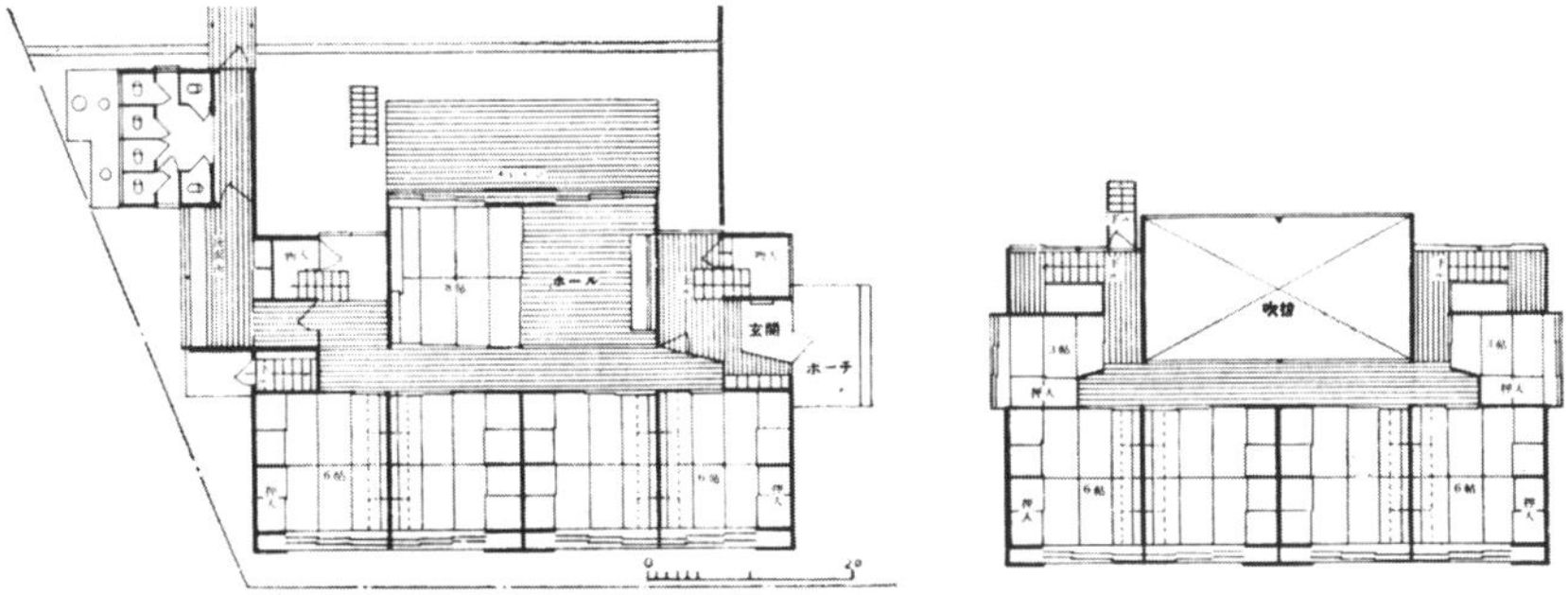

1	
2	
4	3

1：北側外観。屋外避難階段を除けば、完全に左右対称の立面。
壁面と開口部の大きさのバランスに細かい操作がある（『新建築』1956年5月号）
2：1階平面図（左）／2階平面図（右）（『新建築』1956年5月号）
3：東側外観。ヴォイドとマスの対比（『新建築』1956年5月号）
4：南側外観。北側とは対照的な開放性［松村家蔵］

上：ホールの和室部分を見下ろす。畳、炉、置床、棚、聚落壁による和風のインテリア
下：ホールの板の間部分。板の間、飾り棚、ベンチによる洋風のインテリア
［いずれも松村家蔵］

上：2 階の居室。蛍光灯を仕込んだ造り付けの棚と和風のインテリアの組み合わせ
下：ホールから居室を見上げる。
襖や和風のトップライトに現代的なテックスの天井や松村流の紡錘形の手摺子が組み合わされている
［いずれも松村家蔵］

建築』一九五六年五月号の北側外観写真のキャプションには、「避難階段は必要ないと思っていたのに、労働基準監督署の規則で設けさせられた」とあり、対称性を彼が意図していたことがわかる。

また、意識的におこなわれたと思われる造形上の対比も目立つ。まずは、南北の立面における操作である。南側は和室が並び開放的だ。それに対し北側は、吹き抜けたホールと階段室なので開口部の取り方には自由度が高く、二階部分を閉じたデザインとすることで、南側立面との対比が生まれている。また北側立面自体の中にも、一階は開口部を多く取り、二階は屋根の下のスリット窓のみとすることで、対比の構図がある。

妻面においても、玄関のある東立面では、玄関建具、玄関庇、二階の出窓という三つの要素は完全に左右対称の構成である。しかし壁面全体では、右に寄った配置ゆえにそれらは対称性を崩す役割を果たしており、江戸岡小学校の分析で指摘した〈局所的な対称性と全体的な非対称性〉という構図を読みとることができる。しかも、玄関のガラス面から奥を空間がへこむヴォイドとすれば、上部の出窓は空間が突出するマスであり、そこにも対比の構造がある。

このような形態操作には、とくに機能的な意味はない。しかし、第三期の大型の学校建築においては、このような操作が各所にちりばめられており、小さな建物で松村が一種の実験をおこなったといえるかもしれない。

二-二　生活像の空間化の小さな実験

八幡浜市役所において学校建築と病院建築を主に設計していた松村にとって、看護婦の寄宿舎とはいえ、健康な大人がそこで寝起きする居住施設は、この建物が初めての経験である。『新建築』一九五六年五月号での発表に際し、松村は次の文章を寄せている。

> 病院敷地の一隅に、古い寄宿舎と連絡して建ち、増築を予定して、ホールは天窓採光。できれば増築しないで今のまま広いテラスのあるほうが、どんなに楽しいか知れない。
>
> 最初の計画では吹抜に廻廊をとり、親しみのある陽気なフンイキをかもしたいと思ったが、今も紙障子を透してそそぐ昼の光と螢光灯が、静かな軟かい空間を作ってくれる。
>
> 夏の昼、戸を開け放して悠々午睡している夜勤の女人がある。この程度の収納施設では、人が住むには不充分で、一人の持っている履物の数も馬鹿にならぬと始

めて気付いた。六帖に四人とは、少々無茶な話。看護婦の寄宿生活の研究が足りなかつたとは思うが、病院の施設との関係が大いに与つているようだ。ただ望むところは、若い人びとが、生活を明るく楽しむ術を体得してくれることのみ。

松村自身が反省も込めて述べている居室の狭さや収納の少なさは容易に想像がつく。しかし、むしろここで興味深いのは、自らが設計した空間で展開される「生活」への期待を彼が強く語り、しかもその期待を建築化しようとしている点である。内部の写真から想像できるのは、そのために松村が、いわゆるインテリアデザイン的なしつらえを意識したということだ。

中央のホールは、八畳の座敷と板の間が襖で仕切られた吹抜け空間で、襖を開けるとひとつの部屋になる。和室には炉がきられ、『新建築』掲載の写真のキャプションによれば、壁際に「ラワン板黒漆塗の置床」があり、壁は聚落だ。床の横には壁から持ち出した棚も見え、炉には釜が、床と棚には花を生けた花瓶が置かれている。板の間の方は、壁が「ベニア板ペイント模様塗（淡いグリーン）」で、飾り棚と木製のベンチがある。三つに区切られた飾り棚の奥は、「イエロー、レッド、ブルーの順」に塗り分けられ、ラジオ、白い胸像、花を生けた花瓶が置かれている。

居室にも一方の壁に造り付けの本棚がある。四人部屋なので四つに区切られていて、写真ではそのうちのひとつの扉が開かれている。手前に倒し机代わりになるということだろう。棚の中には何冊かの本、柱には額、本棚の上には花、座敷には火鉢と座布団が置かれている。天井は「テックス張、水性ペイント塗」、造り付け本棚には蛍光灯がついている。また片方の壁の押し入れは、「半分は夜具入れ、半分は洋服ダンス」だったとある。

この寄宿舎で暮らしたのは、県内各地の中学校あるいは高等学校を卒業し、看護学校で資格を取った未婚の若い女性たちだったはずである。このようなデザインや、おそらく写真撮影用の小物の演出からは、松村が彼女たちに伝えようとした生活像のようなものが感じ取れる。言葉にするのは難しいが、和と洋がバランスよく同居し、ときには茶道や華道をたしなむような一定の知性をともなう暮らし、あるいは「モダンリビング」という言葉で表わされる生活のイメージとでもいえばよいか。設計の根拠を生活像に求める姿勢は、松村の病院関連施設を貫いている。

川上公民館

一　建築の概要

公民館は、戦後の混乱の中で地方を復興する手がかりとして、一九四六年に文部省が設置を提唱したものである。一九四九年には社会教育法が制定され、住民の生活文化や社会福祉の向上をめざして建設が進められた。八幡浜市は一九五五年に近隣の四つの村が合併し、新しい市域のひとつとなった川上地区にも公民館が建設された。工事台帳によれば、竣工は一九五五年一二月二〇日だ。

竣工当時に地元の方が撮り、現在の公民館に残っている写真がある。中央に見えるのが川上中学校と川上小学校の旧校舎で、その左手の白っぽく写っている建物が川上公民館だ。昭和三〇年代の宇和海に面するのどかな風景の中では、随分と注目をあびたに違いない。

一、二階がコンクリート造、三階は木造で切妻屋根という混構造の建物だ。一階は講堂で二層吹抜け、それ以外に事務室、便所、炊事場、宿直室などがある。中二階に映写室と若干の客席があり、三階には三六畳敷きの広間、可動間仕切りで二室になる教室、図書閲覧室、便所

当時の遠望写真。中央が川上中学校と川上小学校。左手の白い建物が川上公民館。川上中学校の増築棟が建っているので（写真中央の屋根が白く写っている建物）、1956 年以降の撮影である［川上公民館蔵］

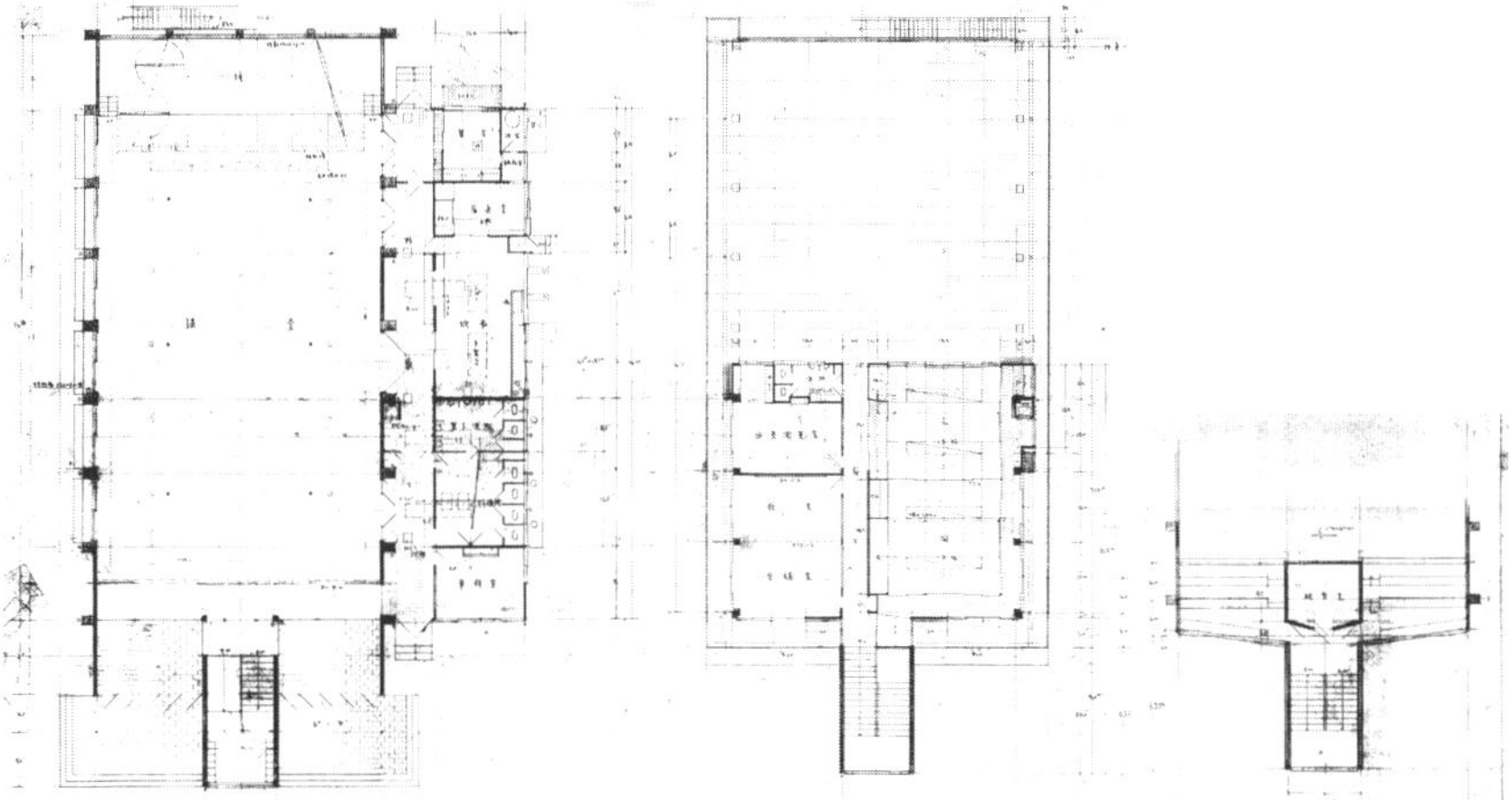

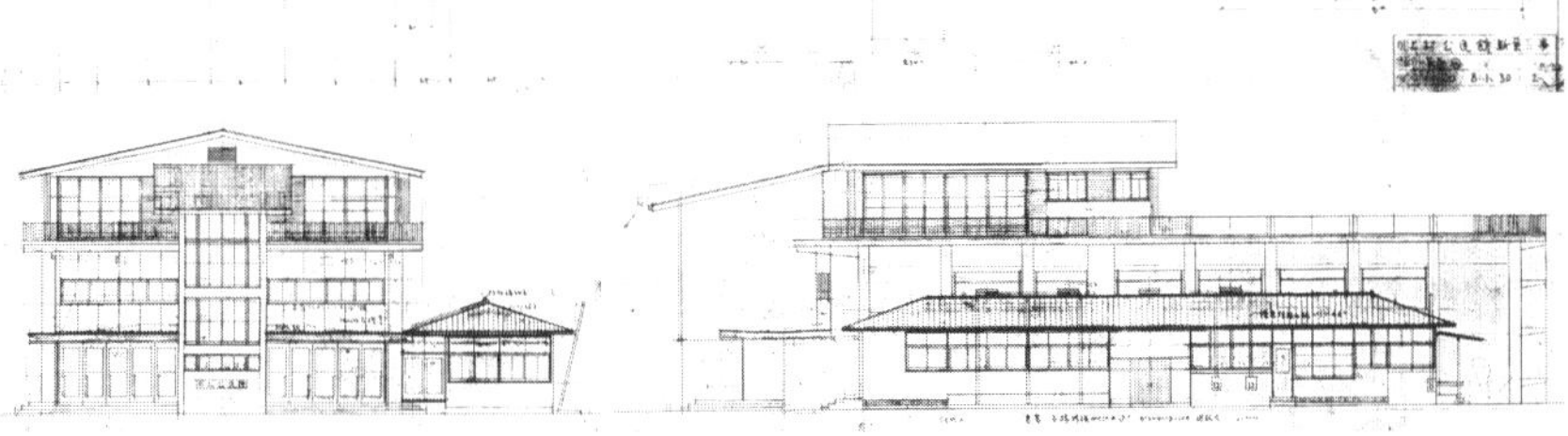

1
2
3

1：外観［松村家蔵］
2：川上公民館平面図。左から 1 階平面図／ 3 階平面図／中 2 階平面図
3：東立面図（左）／北立面図（右）

がある。実施設計図はすべて残っている。

二　コンクリート造への戸惑い

この公民館は、松村にとって最初のコンクリート造の建物である。二層吹抜けで幅八間、奥行一六間の大きな講堂の空間を確保するためにコンクリート造が採用されたと思われる。そして、軽量化のために三階は木造となり、経済性という点から一階の便所などの部分も木造になったと考えられる。

木造部分は、三階は切妻屋根、一階は寄せ棟屋根である。したがって、コンクリート造でフラットルーフの講堂部分との意匠的な違和感は否定できない。階段室部分の片流れ屋根は、それらの間の造形的な調整をとろうとしたのだろうか。ただ、こういったさまざまな意匠の屋根の組み合わせは松村の特徴である。実際、下から見上げれば、三階の切妻屋根は軒先の水平な線しか意識されないだろう。

むしろ気になるのはコンクリート造の部分で、柱が開口部を分断しており、それまでの松村デザインの特徴である水平性が、各所の庇以外には十分に表現できていない。

また全体の造形としても、コンクリート造の部分の対称性が強すぎて、寄せ棟屋根の平屋部分と合わせて見てもそれは崩れず、〈局所的な対称性と全体的な非対称性〉という松村独自の手法は達成されていない。

ラーメン構造にしばられたこういった造形上の不自由さのようなものは、その後の松村のコンクリート造の建物につきまとうものである。

江戸岡小学校特別教室棟

一　建築の概要

松村が設計した江戸岡小学校の中に増築された特別教室棟である。

工事台帳によれば、工事契約日は一九五五年二月三日で、竣工が一九五五年七月六日である。『八幡浜市誌』では一九五五年九月に落成とあるので、夏休み明けから使用したのだろう。管理棟と教室棟が一九五三年一二月に竣工した後、設計完了まで一年以上の時間があいている。その間に松村は、給食棟、伝染病棟、看護婦寄宿舎という病院関連施設と新谷中学校を竣工させた。それらからの影響を読み取ることのできる建物である。

敷地の東側に位置し、既存の教室棟とは渡り廊下でつながっている。これによって、コの字型の全体配置計画が完結した。木造二階建てで、大空間を確保するために、一階天井内に初めてスチールのトラス梁が導入されている。

外壁はラスモルタルに白セメント吹付け、屋根は厚型スレート瓦だ。中央の屋根は一段高い切妻屋根、両端が寄せ棟屋根で、全体としてきわめて対称性が強く特徴的な外観だ。廊下から階段室を包む大きなガラス面が印象的である。

内部は、六つの教室と昇降口、廊下、階段室から構成されている。一階には中央に理科室、その両側に二教室、二階には中央に音楽室、その両側に二教室がある。中央の部屋は五・二五×五間、その両側の部屋は、それぞれ五×四間である。実施設計図はすべて残っている。

この建物は『新建築』一九五六年三月号に掲載されているが、そこに松村が寄せた文章の最後は、「避難階段は未完成、木造校舎は何としても心残りである」と結ばれている。「避難階段」とは立面図に描かれたコンクリート造のキャンチレバー方式の階段であるが、実現はしなかった。建物本体がきわめて対称的なデザインであり、松村はこの階段によって〈局所的な対称性と全体的な非対称性〉をつくろうとしたが、叶わなかったと思われる。解釈に迷うのは「木造校舎は何としても心残りである」という一文で、時代も移り、松村の中にもコンクリート造志向が高まっていたということだろうか。

なお、この建物が『新建築』に掲載されたのは、同誌一九五五年一〇月号で募集された「全国建築作品公募」という企画に松村が応募した結果である。それにまつわるエピソードは第三章で述べる。

二　華やかな空間の実践

松村はこの建物で、学校建築としては稀な、空間の華やかさを創出することに成功した。彼は掲載誌にややシニカルなコメントを寄せているが、謙遜としか思えない。

松村は、まず配置計画について、「この配置は不本意でもあり、決して良いとは思わないが、平家建など思いもよらず、運動場をとるのが精一杯であった」と書いている。しかし二階建てとなることによって、上下を結ぶ階段の空間が傑出したものになったのだ。

昇降口から階段へと続く一階の廊下は、林立する柱が心地よいリズムをつくり、天井の高さを強調する。階段は例によって非常にゆったりした勾配であり、紡錘形の手摺子が雰囲気を和らげている。階段室の三方は総ガラス張りで、あたかも音楽ホールのホワイエのような華やかさだ。

上：西側外観［松村家蔵］
下：全景。左から教室棟、管理棟、教室棟、そして特別教室棟
（2003年3月21日撮影）

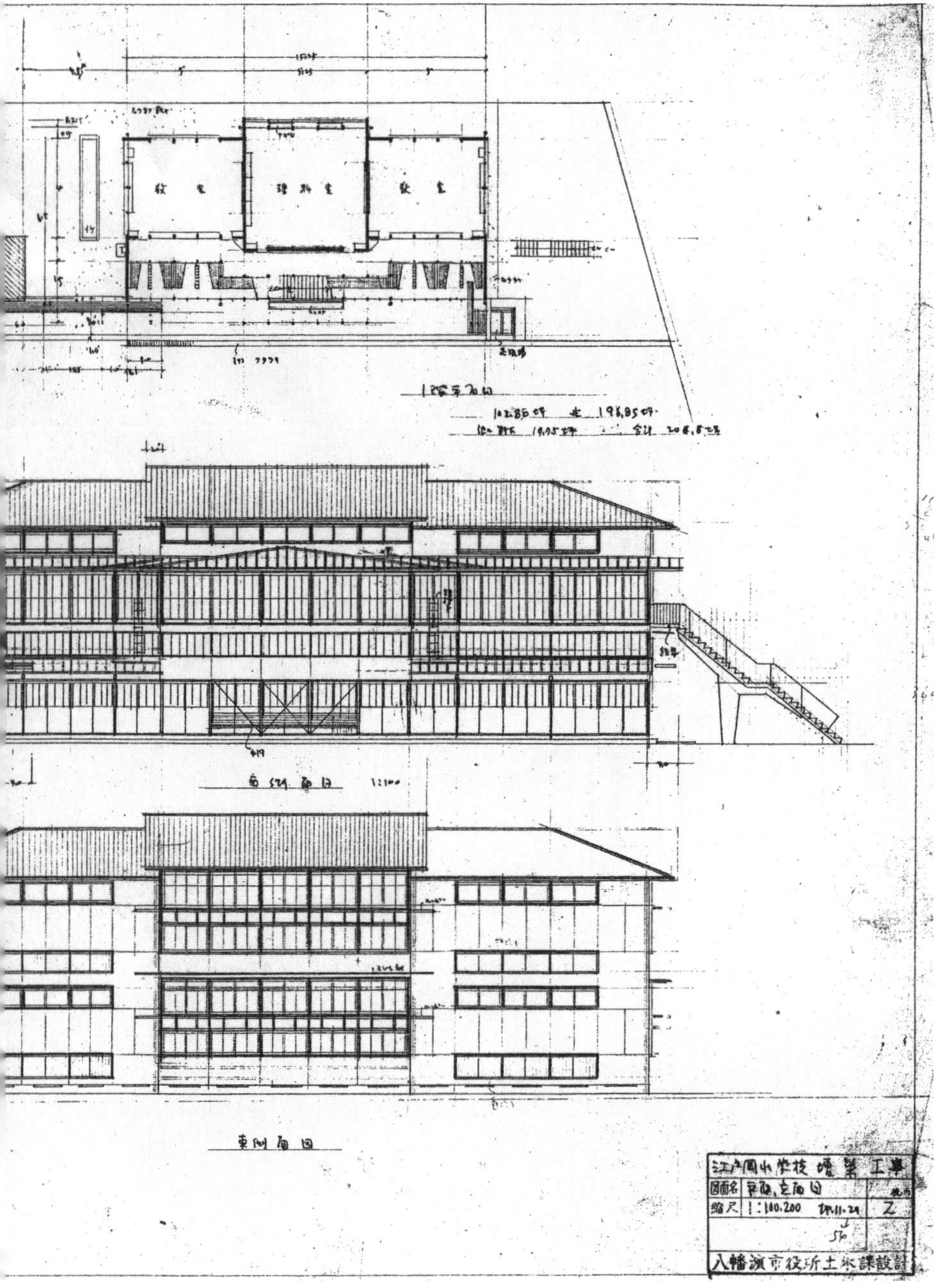

教室
理科室
教室
1階平面図
東側面図
江戸岡小学校 増築 工事
図面名
縮尺
1:100.200
Z
八幡濱市役所土木課設計

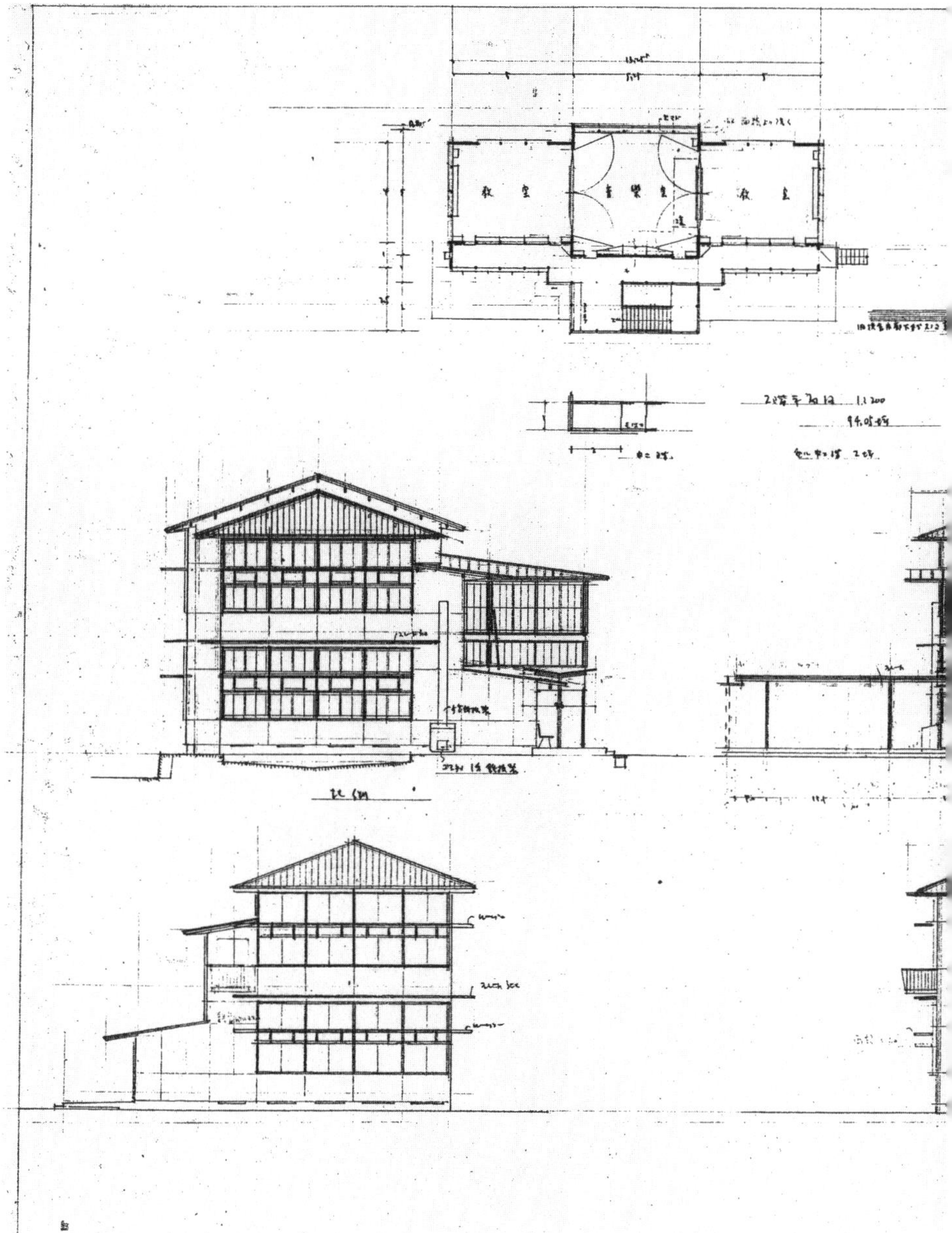

平面図と立面図

松村は、「階段がすこし仰々しいが、一階の吹通しには腰掛を造付けて休み場とし、小さいながらも中二階がとれ、二階ホールも気晴しには良い所である。強い西陽をまともに受けたこの面を見ていると、無性に心がはずむ」と書いており、ねらいどおりの空間だったと思われる。

そして、「このたびの増築校舎は、二階をぶちぬいて小講堂にするという、昔ながらの貧しい建て方をしなければならなかつた」とあり、江戸岡小学校では、一九五九年三月にやっと敷地の西に講堂が落成するので、それまでの間、特別教室を講堂代わりにする必要があったということだろう。

松村はそのために、二階中央の音楽室の両側の壁を、

上：階段室全景
下：踊り場からの見上げ
（1994年6月撮影）

黒板を装備し足元には車輪をつけてフェルトを充填した高さ九尺の大きな両開きの防音扉とし、それを開けば最大で一五・二五間の奥行となる空間をつくりだした。松村は、「中央の音楽室で叩く太鼓の音も授業に差支えるほどではなく、開閉の操作も至極容易である」と書いている。使われている様子を確認できる写真はないが、連続する折板天井やペンダント照明とも相まって、音楽会などでは華やかな雰囲気が演出できたと想像される。

なお、例によって技術的なことと彩色への配慮が慎重におこなわれており、掲載頁のキャプションには、音楽室の壁は吸音と拡散のために「テックス貼堅格子打ち」、防音扉は遮音と吸音のため「フェルト填充、ベニヤ板上

上：夕陽を浴びる階段室。右手に小さなベンチがある（1994年6月撮影）
下：2階廊下から階段室を見る（撮影：村井修）

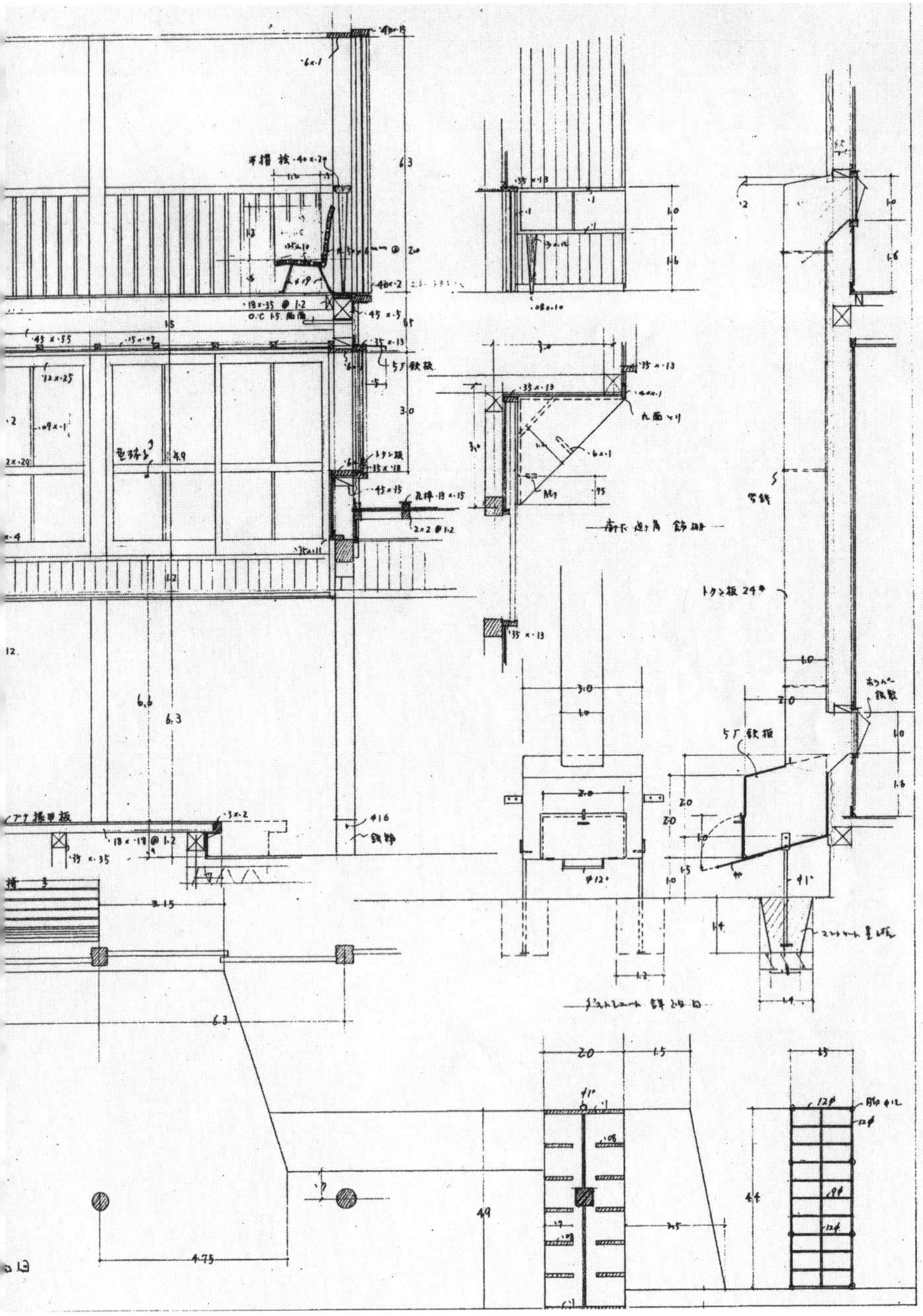

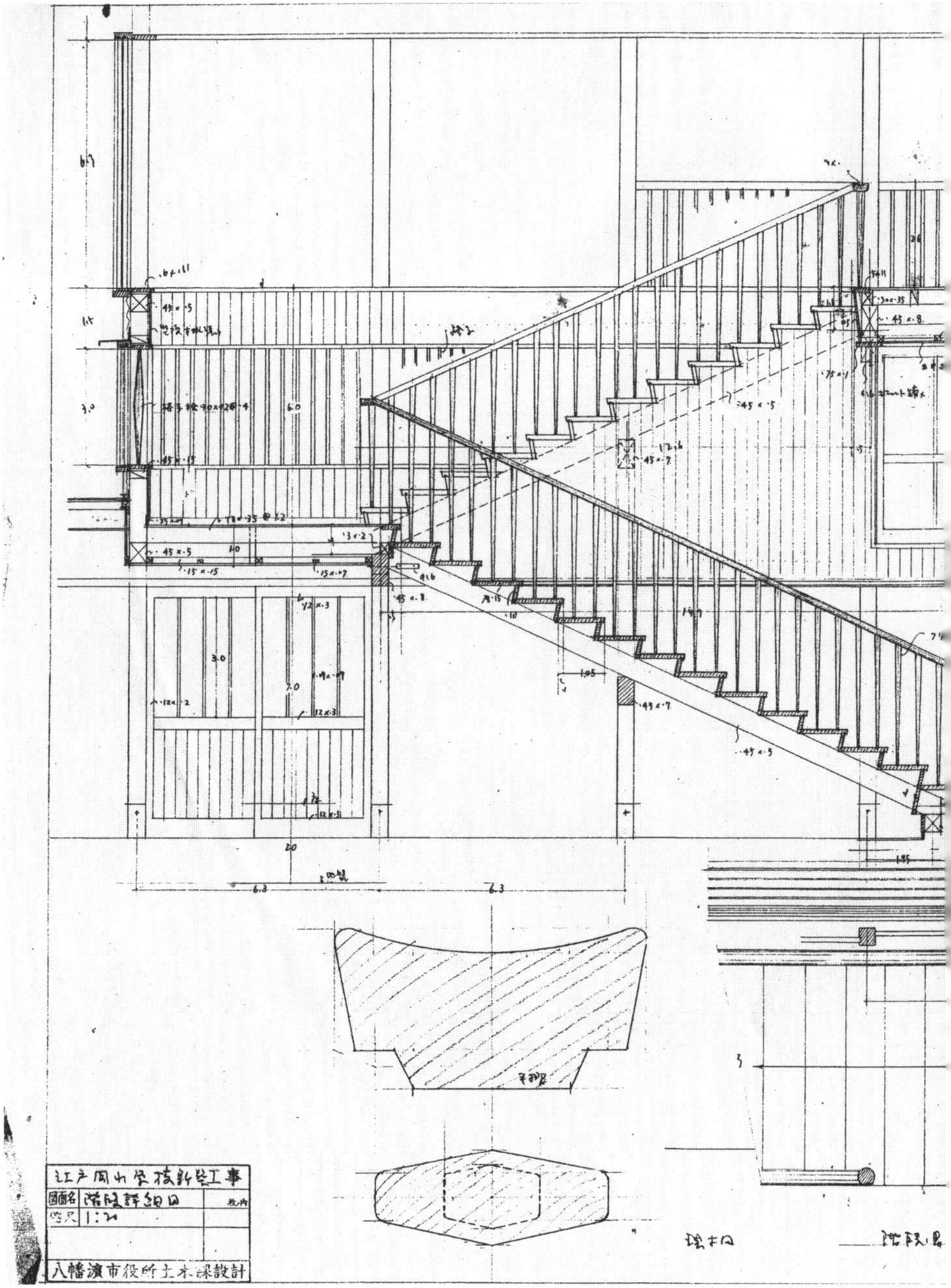

階段矩形図。手ざわりのよさそうな手摺、紡錘形の手摺子、子ども用のベンチなど、細やかな設計がなされている

3 | 1 / 2

1：2 階の音楽室から開いた防音扉越しに教室を見る。妻壁はガラス窓。丸鋼ブレースがはいっている
2：教室から開いた防音扉越しに音楽室を見る。黒板がついた正面の壁も両開きの防音扉だ
3：1 階昇降口から階段を見る
［いずれも松村家蔵］

にベルセード貼、戸当り全部フェルト貼り」である。また「生徒用戸棚の上部は黄・青・緑の色わけ」とある。

　特別教室棟の空間に漂うこういった華やかな雰囲気や大きなスケール感は、第二期の建築にはないものである。もちろん特別教室という比較的自由度の高い用途であることは差し引く必要があるにしても、松村が新たに獲得した空間の質といえる。これが第三期の学校建築においては、建物全体に浸透していった。

三　ハイブリッドな構造の登場

　この建物で、初めてスチールのトラス梁が登場する。一階の三つの教室の大きな空間を確保するため、その桁行方向の中心の位置の二階床梁として、アングルを組み合わせた鉄骨のトラス梁が架けられた。フランジは六五×六五×八（または六）ミリメートルのアングルの二枚合わせ、斜材は五〇×五〇×六ミリメートルのアングルの二枚合わせで、ガセットプレートで接合されている。梁間方向は木造の梁で、トラス梁を両側から挟み、トラス側に用意された受け金物で固定されている。桁行方向の大スパンを確保するとともに、梁間方向の木製梁のせいを押さえる効果をねらったものと思われる。この形式のトラス梁は、第三期において日土小学校や狩江小学校に頻出する。

　また特別教室棟の外壁は東面を除き開口部が多いために壁面が少なく、丸鋼ブレースが多用されている。獲得したい空間性のために構造形式が自由に選択され、木造

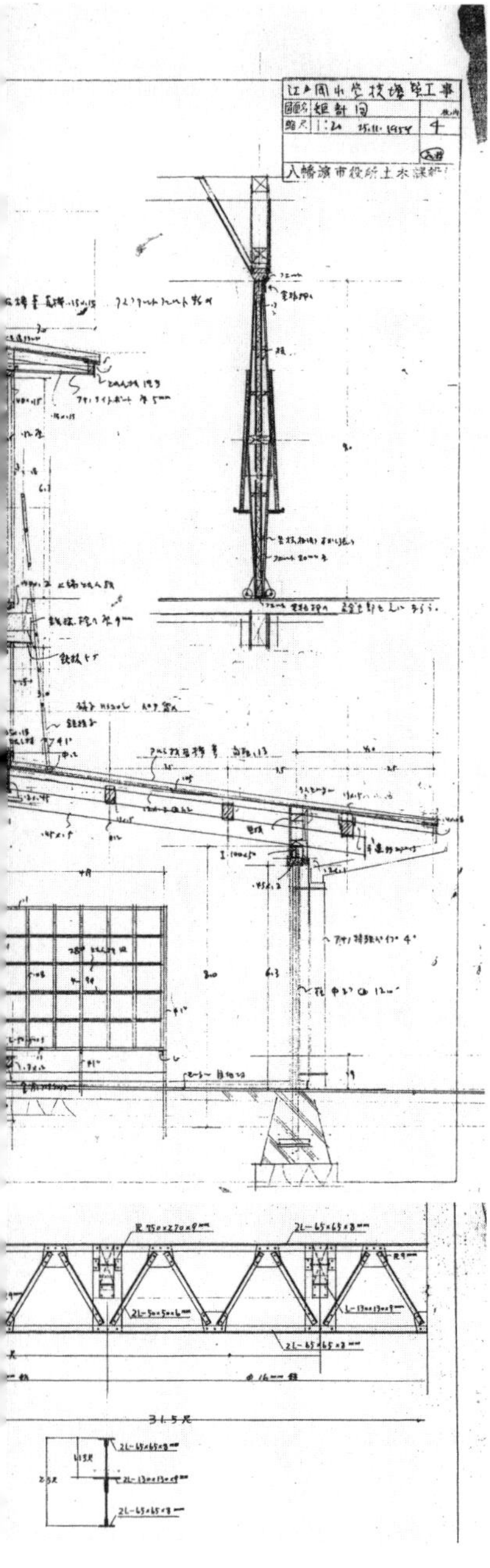

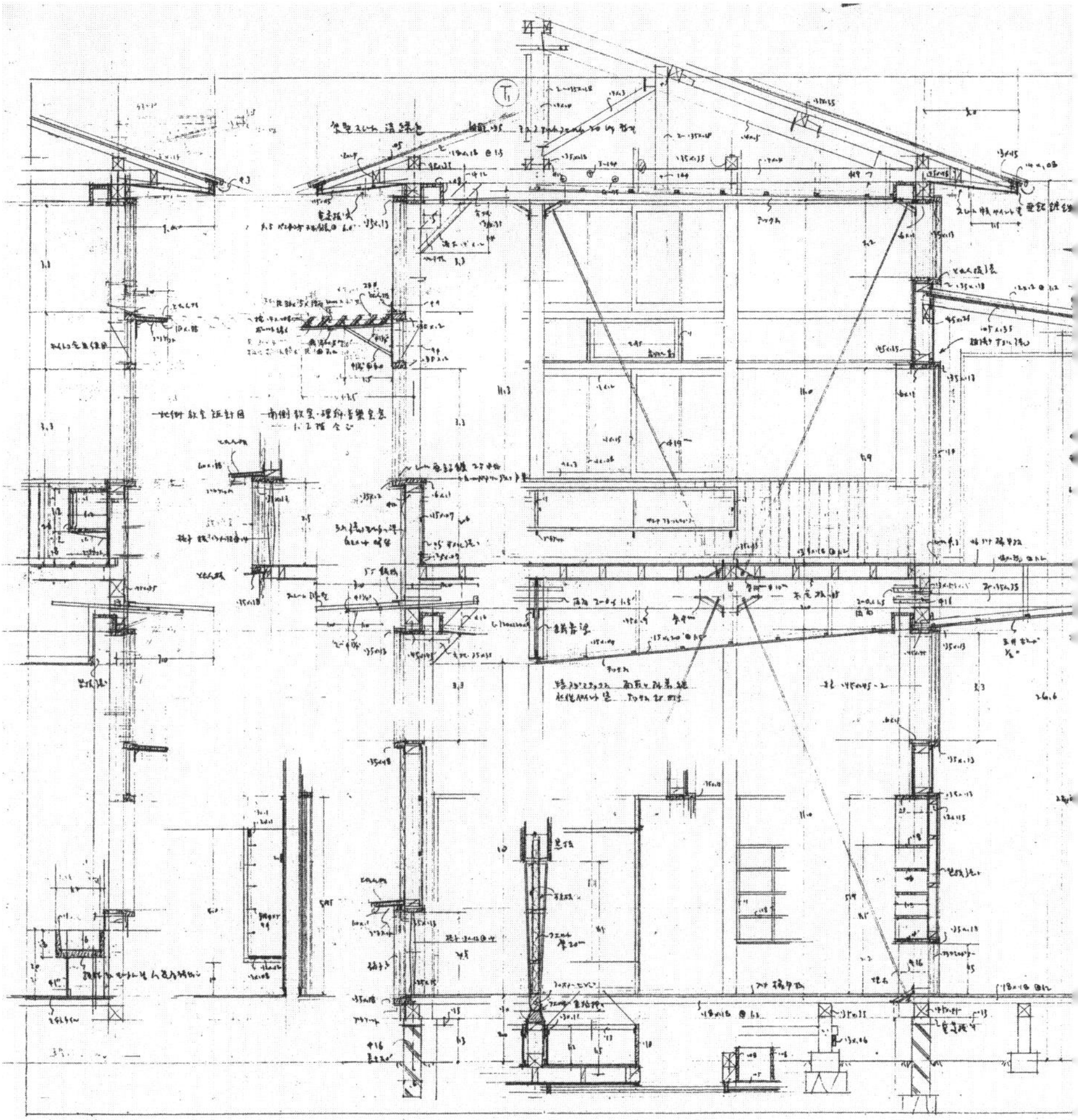

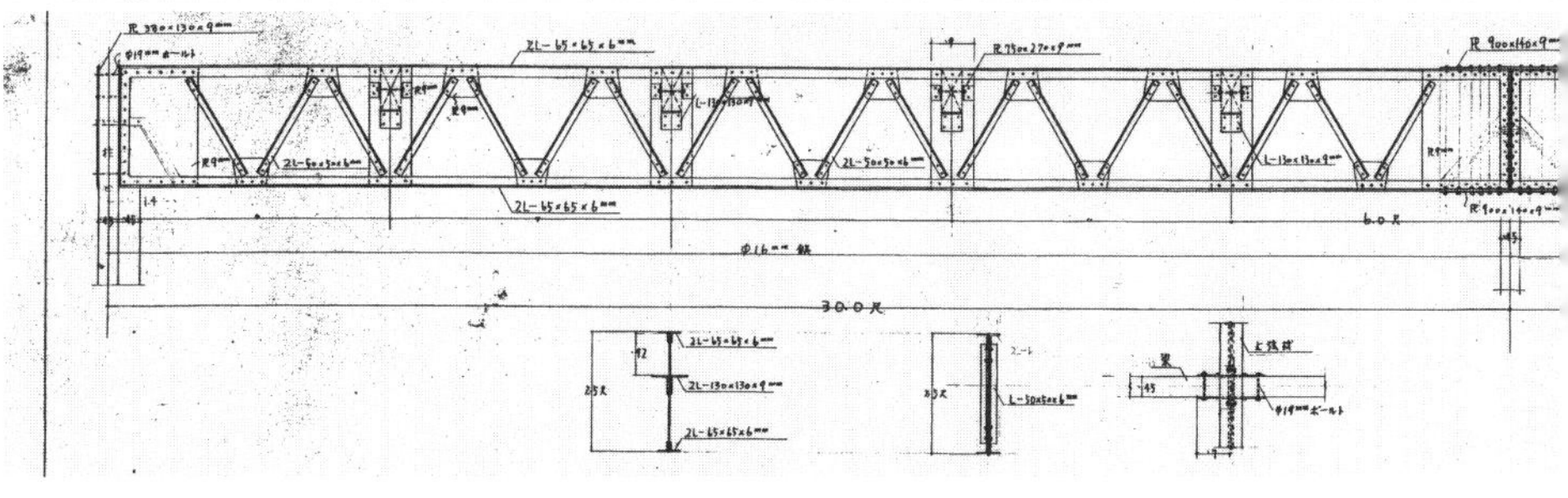

上：矩形図。スチールのトラス梁や丸鋼ブレースがよくわかる
下：2 階床のスチールのトラス梁

と鉄骨のハイブリッドな状態がより進化していることがわかる。

尾の花保育園

一　建築の概要

八幡浜市中心部から一〇キロメートルほど北東の山間部へはいった場所にある保育園だ。途中には日土小学校もあり、そこからさらに川に沿って上流に上った地区である。日土東小学校に隣接した敷地で、現在は日土東保育所と改称され、建物も建て替えられている。

航空写真で、運動場に面した一番奥の切妻屋根の校舎（現存する）と次の寄せ棟屋根の校舎が日土東小学校で、その手前に、L型に並ぶ切妻屋根のふたつの建物が尾の花保育園である。そのうち、日土東小学校側にあり左に下屋がついているのが講堂であり、それに直交した切妻屋根の建物が教室棟である。

工事台帳には契約日などの記載がない。現在の日土東保育所に残る記録によれば、一九五六年四月に最初の園児七八名が松村の設計した園舎に入園した。現在の園舎は日土東小学校の体育館の一部にはいっており、一九九二年の七月から工事を開始し、一九九三年三月三一日に落成した。

実施設計図は見つかっておらず、日土東保育所に残る写真しか資料はない。

それによれば、外壁は竪羽目板張りに薄いブルーのペンキ塗り、屋根はセメント瓦であろう。

講堂は日土東小学校側に配され、小学校とは渡り廊下でつながっていて共同で使用されていたと思われる。保育園の運動場側には下屋がまわっている。妻面と側面の高さ関係から判断して、保育園の運動場の方が、小学校の運動場よりも低かったと思われる。

教室棟の詳細はわからないが、二〜三教室に区切られており、天井までの窓によって採光を確保しようとしているのがわかる。机や椅子も松村のデザインと思われる。

二　小さな工夫

この建物は、松村にとって新谷保育所に次ぐふたつ目の保育所である。彼の戦前の活動や勉強ぶりからすれば念願の機会であったはずだが、とくに目立った工夫は見られない。また、使われているヴォキャブラリーも、第三期というよりはむしろ第一期に近いと感じられる。しかし、こういった事態の理由や背景を推察する資料はとくにない。後にまとめるように、松村は自らのデザイン

上：かつての様子を示す航空写真。写真の上方向がほぼ北
［日土東保育所蔵。撮影年月不明］
下：現在の様子。日土東小学校の新しい体育館の１階が保育所。奥に日土東小学校の旧校舎が１棟残る
（2008年3月26日撮影）

4	1
5	2
6	3

1：右の建物が講堂、左が教室棟
2：講堂の妻面。ガラス引き戸と小学校への渡り廊下がわかる
3：プール側の外観。窓の中段に遮光庇がある
4～6：教室内部
［いずれも日土東保育所蔵］

展開の中で「後戻り」の少ない建築家であるが、この建物は珍しい例外である。

ただ、彼らしい設計だと思われるのは、講堂に込めた小さな工夫である。それは舞台まわりの建具に関するものだ。講堂の妻側には、航空写真によれば、運動場と反対側に平屋の部分がある。したがって、左上の写真はその面を写したものと考えられ、左中の写真がその反対の妻面にある舞台側を写したものと考えられる。そして、舞台の奥には、上部の垂れ壁までを塞ぐ大きな引き戸があったことがわかる。また、外観写真からは、舞台背後はガラス引き戸で外部と区切られていたこともわかる。

つまり講堂の舞台は、その内部側が板戸、外部側がガ

1：講堂後方を見る
2：講堂の舞台側を見る。大きな板戸で舞台が隠されている
3：運動会の様子。講堂のガラス戸を開き、講堂の舞台が観客席として使われていることがわかる
［いずれも日土東保育所蔵］

ラス引き戸で区切られていて、それぞれの開き方によって、舞台と講堂内部の客席部分および運動場との関係が調整できるようになっていたのである。

実際、運動会時の写真を見ると、講堂の舞台が運動場側の観客席として使われている様子がわかる。長谷小学校の可動間仕切り壁を思い出させる仕掛けであり、教育施設をコミュニティ施設ととらえる松村らしい工夫といえる。

日土小学校

一　全体の概要

八幡浜市中心部から北へ六キロメートルほどはいった山間部の日土地区にある小学校だ。

『八幡浜市誌』によれば、一八七五年に日土地区の新堂に開設された啓蒙学校を起源とする。その後、近隣の学校との合併や改称などをくり返し、一九〇九年に日土尋常小学校となり、一九一〇年四月に現在の地に校舎が新築された。一九七六年の百周年記念事業に合わせて刊行された『開校百周年記念誌　ひづち』（日土小学校開校百周年記念事業実行委員会）には旧校舎の写真があり、「三三間の校舎」と呼ばれていたことが記録されている。校舎は現在と同様に喜木川沿いに建っているが、当時は少し距離をおき、何本かの樹木があるのがわかる。

一九三七年七月には講堂が敷地西端に建設された。さらに、敷地の東側には一九四九年一二月に日土中学校ができ、運動場がコの字型に囲まれた。

そして、一九五五年三月に西校舎が講堂の東隣に建てられた後（松村の担当ではない）、中央の旧校舎を解体して、まず一九五六年五月に中《なか》校舎（職員室、特別教室、普通教室）が、次いで一九五八年一〇月に東校舎（普通教室）が松村の設計によって落成した。いずれも木造二階建て、スレート瓦葺きの切妻屋根が載り、外壁はラスモルタル・白セメント吹き付け仕上げだ。

その後一九六五年四月に、敷地の東側にあった日土中学校が青石中学校に統合され、その跡地に、一九六七年九月、プールが落成した。航空写真はその頃の状態を示したものである。さらに、西校舎の北側三分の二および講堂全部を解体して、一九九六年に新しいコンクリート造の体育館が完成した。

中校舎と東校舎とを合わせた日土小学校は、松村作品の中の最高峰といえ、竣工直後から高い評価を得るとともに、一九九九年にはドコモモ二〇選のひとつにも選ばれるなど、再評価の動きが起こった。そして二〇〇八年、残っていた西校舎の一部を解体してそこに新西校舎を建設するとともに、中校舎と東校舎の全面的な保存・再生工事が開始され★四、二〇〇九年六月に完成した★五。

なお本節では、中校舎と東校舎をあわせて日土小学校と呼び、両校舎について分析をおこなう。いずれも実施設計図はすべて残っている。

二 中校舎の建築概要

松村による日土小学校の建て替えは、中校舎と呼ばれる建物の建設から始まった。工事台帳では一九五六年四月三〇日の竣工、『八幡浜市誌』では五月の落成とある。同年の児童数は五八四人であり、かなりの規模の学校で

1：1910年4月の落成記念の式の様子
2：旧校舎の全景。写真手前が南。
喜木川が敷地南端を東から西へ流れている。
左端に半分写っているのが講堂。
右端は1949年12月にできた日土中学校
（いずれも『開校百周年記念誌 ひづち』）
3：航空写真（1975年11月26日撮影）［日土小学校蔵］

4	1
5	2
	3

1：奥が西校舎。手前で中校舎の基礎工事が始まっている
2：左から講堂、西校舎、中校舎、東校舎、プール
3：運動場側からの遠景
［いずれも日土小学校蔵］
4：川側からの遠景。左奥は建て替えられたコンクリート造の体育館
（1999年7月24日撮影）
5：竣工直後の運動場からの全景。左が東校舎、右が中校舎
（撮影：村井修）［松村家蔵］

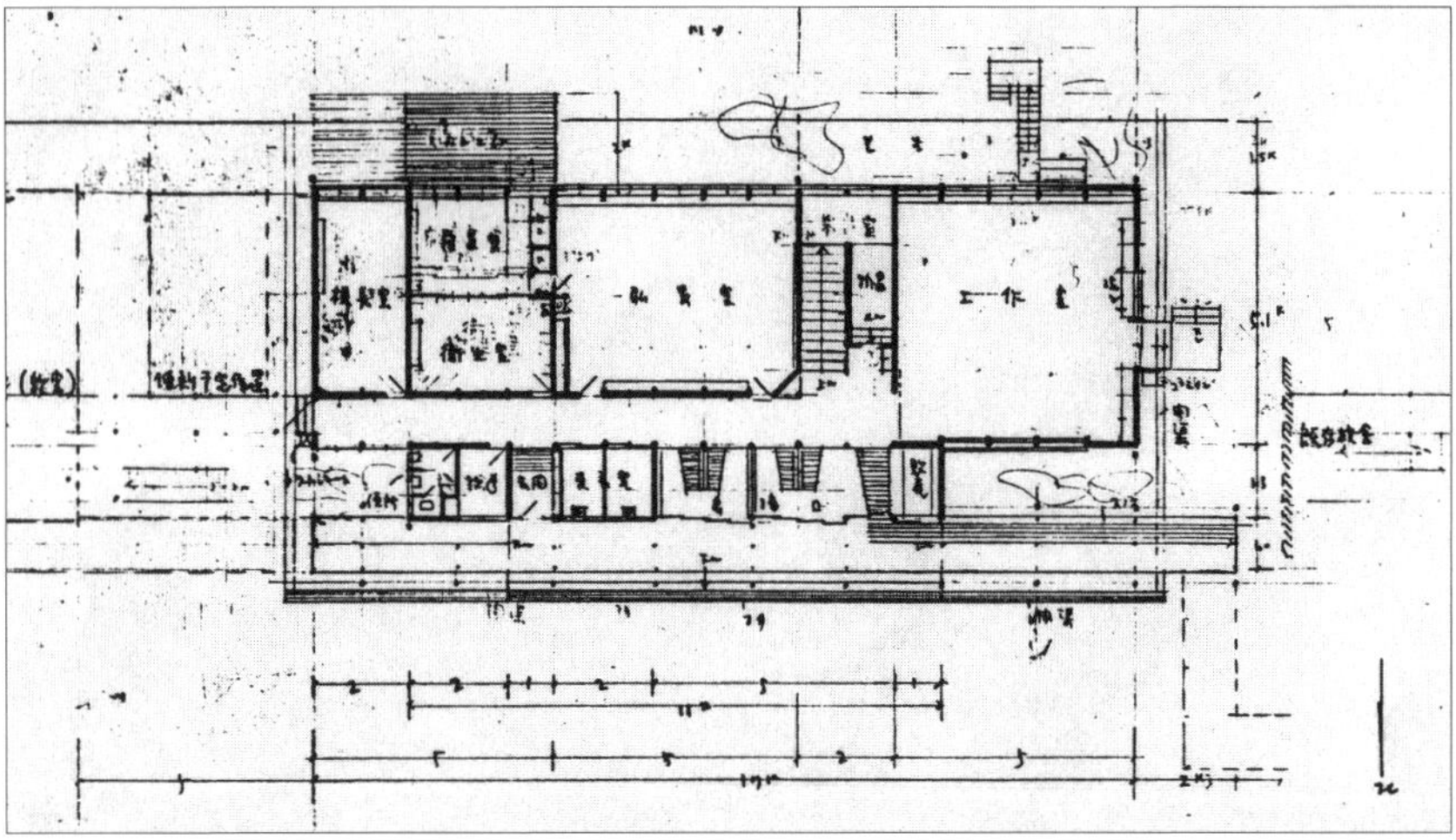

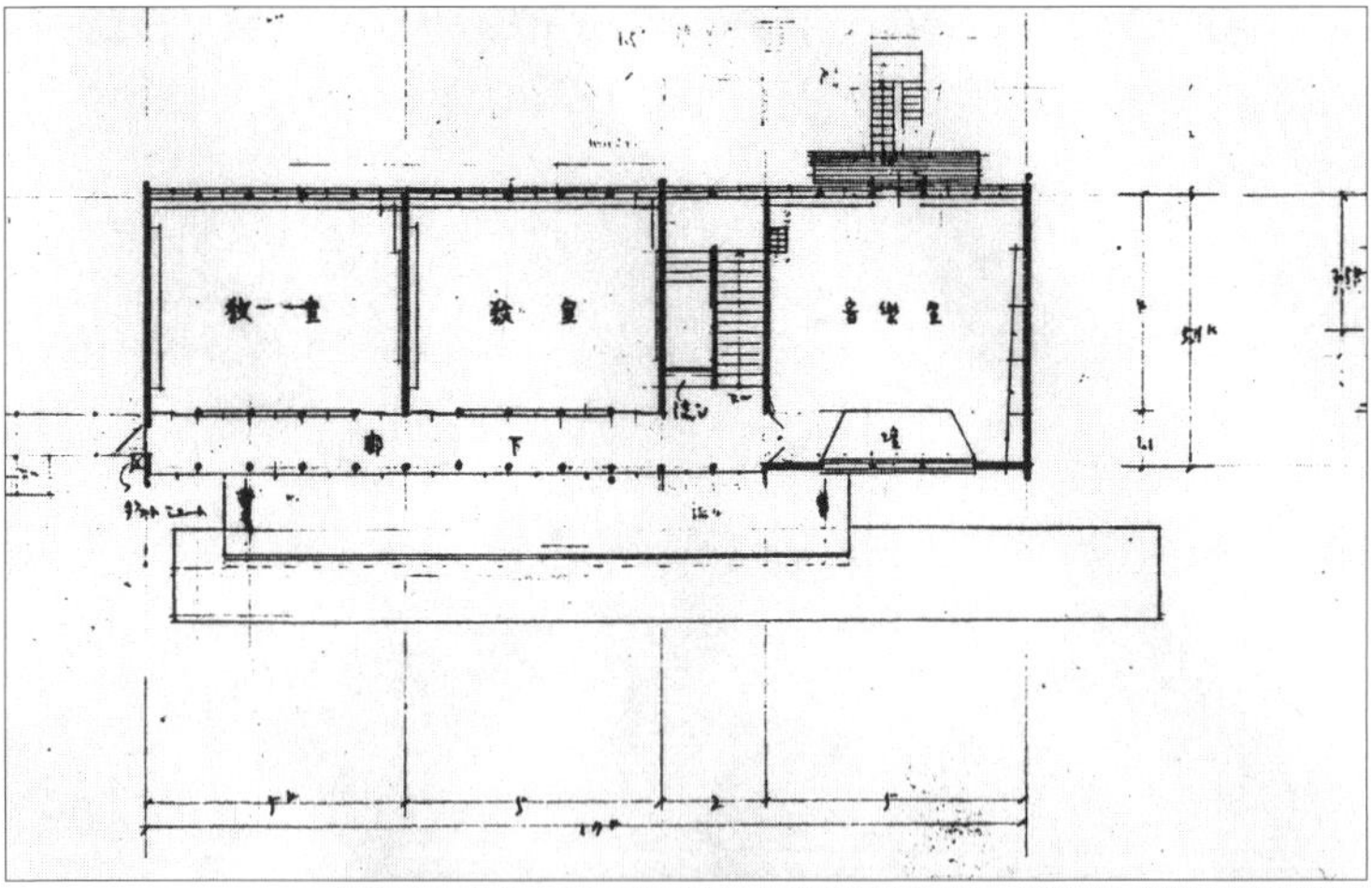

1：中校舎 1 階平面図　1
2：2 階平面図　2
3：中校舎南面　3
（2003 年 3 月 21 日撮影）

ある（ちなみに二〇〇七年は六ふたり）。普通教室は旧来の校舎と前年に増築された西校舎でまかない、まずは、管理・特別教室ゾーンからつくったわけだ。

二―一　一階の構成

一階には川側に、西から工作室・職員室・衛生室・宿直室（和室）・校長室などがあり、廊下を挟んで運動場側には、購買・昇降口・更衣室・教員用玄関・放送室・便所がまとめられている。二階には音楽室と普通教室が二教室あり、運動場側が廊下だ。廊下の突き当たりには、一、二階をつなぐダストシュートもあった。

内外装の基本的なヴォキャブラリーは江戸岡小学校以来のものに準じている。実施設計図によれば、内装の基本は、竪羽目の板張りにペンキ塗り、個別の部屋は腰から上はラワンベニア板にクリアラッカー塗り（「ラック塗り」と表記されている）である。天井は、一般部がテックスに水性ペイント塗り、校長室の天井には「銀モミ紙」が貼られている。

昇降口前にはスチールパイプと波板による軽快なキャノピーがあり、心地よい休憩スペースをつくるとともに、外観のアクセントにもなっている。昇降口をはいった廊下は、両側の壁の上部が窓になっており、両面採光の原則が守られている。

職員室の内部は、天井がV型に折れている。これは、階段室以外の二階中央床下に鉄骨のトラス梁がはいっており、それを隠しているためである。後にも述べるように、この建物では、木造に鉄骨トラスと鉄筋ブレースを加えたハイブリッドな構造が全面的に採用されている。

各室の内壁のデザインは、基本的には江戸岡小学校などと同じ考え方であり、廊下側は三分割されて、上段が採光用の引き違いガラス窓、中段が棚、下段が換気用の引き戸になっている。川側は、腰が収納棚で、開口部分は上から型ガラスの引き違い窓、ホッパー窓、透明ガラスの引き違い窓であり、これもそれまでの松村建築の定番といえる。なお職員室の写真でもわかるように、この建物では柱付きの耐震壁をできるだけなくし、丸鋼ブレースで水平力を処理している。

一階の西端は工作室だ。その後家庭科室になっていたが、オリジナルの内装が維持されており、初期の状態をよく伝えていた。すなわち、普通教室ではその後、壁のベニア板の部分にビニルクロスが貼られたが、この部屋だけはベニヤ板が残り、天井もテックスのままであった。

天井にはアングルを組み合わせた三〇尺スパンのトラス梁があらわしになっている。途中の四箇所で、両側か

2 1
3
4
5
6

1：1 階廊下。右が職員室
2：昇降口前のキャノピー
（いずれも 2006 年 8 月 24 日撮影）
3：職員室の連続写真。左が川側
（2006 年 8 月 6 日撮影）
4：鉄骨トラスとテックスの天井
5：1 階工作室（その後家庭科室に変更）。
ここは鉄骨梁があらわしである
（2006 年 8 月 6 日撮影）
6：工作室の鉄骨梁詳細

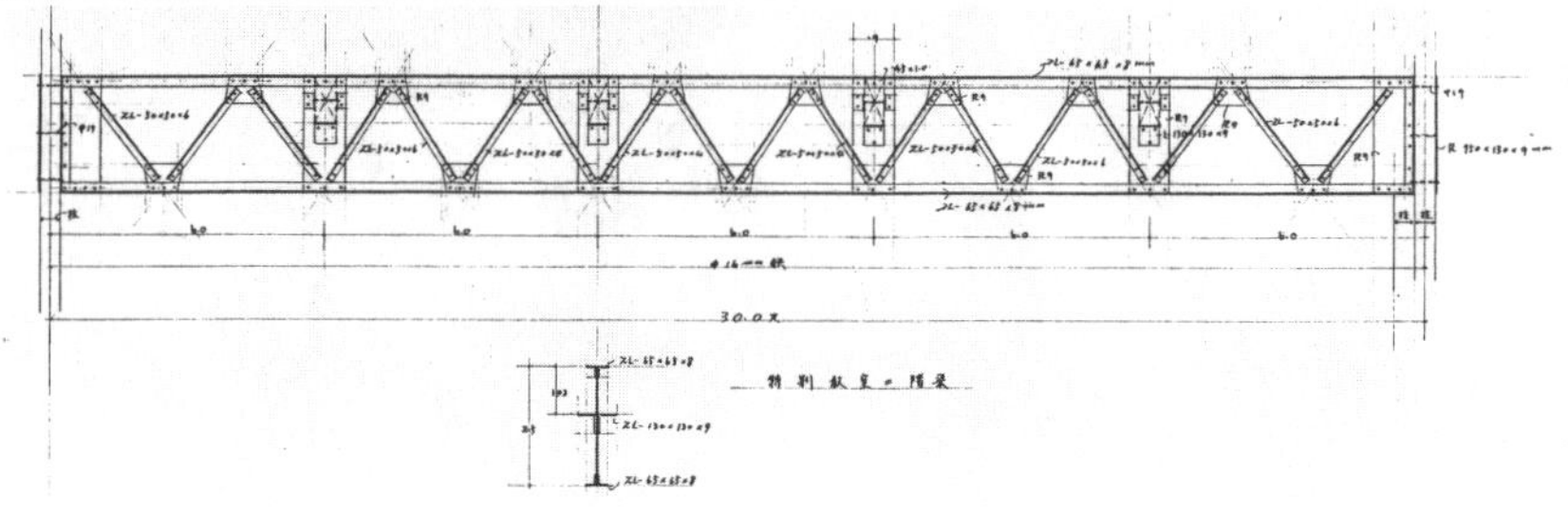

らの木造の梁を受け、西端部では柱を合わせ柱にするなどの工夫がある。

二―二　階段

一、二階を結ぶ階段は例によって緩やかで、気がつくと二階に着いているという印象だ。手摺子は紡錘形で、階段を上がったところには流しが設けられている。踊り場は、川側の外壁で唯一の「壁」的部分なので木造の筋交いが組まれているが、壁の上部は開口とし、立面の連続性と川との親和性を維持している。

また、階段上部には音楽室からはいるガラス張りの小部屋があり、階段室のダイナミックなアクセントになっている。階段をあがったところには手摺代わりにもなる手洗いがあり、階段室に必ず何らかの仕掛けをしてきた松村らしいデザインだ。

二―三　二階の構成

矩計図を見るとよくわかるが、二階廊下は、江戸岡小学校と同様、教室への両面採光のために天井が低く抑えられている。運動場側が引き違い戸だけというのも江戸岡小学校と同じだが、建具が柱に外付けされているので、外観は水平方向の連続感がいっそう強調されている。

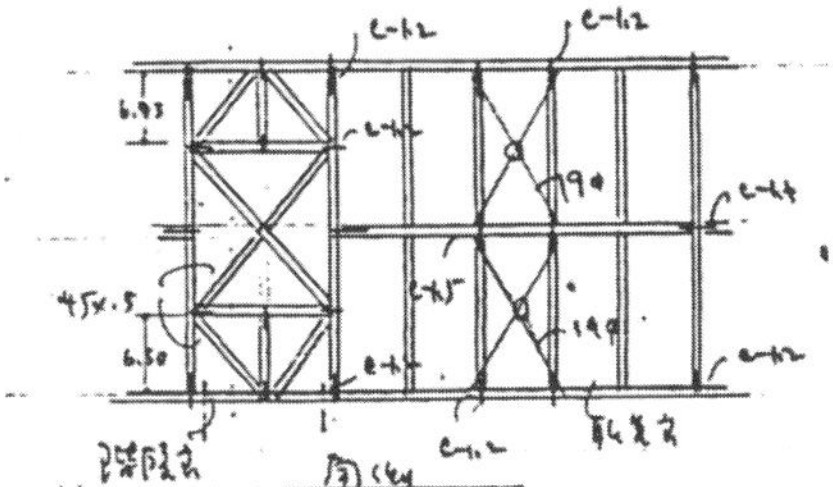

1：階段の手洗いと音楽室から入る小部屋
2：ゆったりした階段
3：階段踊り場の筋交いを示す構造図

上：2 階廊下。教室への両面採光のため
天井が低く押さえられた
下：2 階音楽室（いずれも 2004 年 8 月 6 日撮影）

西端は音楽室である。天井を折り上げ、家具を斜めにし、フラッターエコーを防ぐ工夫がある。

二-四　川側の外部階段とテラス

音楽室には川側へ降りる鉄骨のバルコニーと外部階段がある。アングルで骨格が、鉄筋で踏面がつくられており、透明感に溢れたディテールである。

また実施設計図では宿直室前には木製デッキが描かれている。その後コンクリートスラブに変更されたが、松村家に残る一九五六年の蔵田周忠夫妻訪問時の写真などから、当初は木製デッキをスチールの部材で支えていたことが確認できる。

二-五　断面構成

中校舎の断面構成は、矩計図で明らかなように、江戸岡小学校の両面採光を確保した教室棟を基本とし、川側の外装としては、新谷中学校で採用した方式、つまり、ホッパー窓とルーバー式中間庇の組み合わせが採用されている。ただし、一階のルーバー式中間庇はなくし、一階天井レベルの波板の庇の出を増やしている。また、江戸岡小学校の昇降口のように大梁の架構によって柱を消すことまではおこなわれていない。

一階は、運動場側にまとめられた購買・昇降口・更衣室・教員用玄関・放送室・便所の部分の高さを押さえ、二階床との隙間にできるトップサイドライトから廊下経由で職員室への採光を確保し、二階でも、運動場側の廊下を低く抑えて教室への上方からの採光をとっている。

三　東校舎の建築概要

東校舎は、工事台帳によれば、中校舎の落成から約二年六ヶ月後の一九五八年一〇月二五日に竣工した。六つの普通教室、図書室、補導室、昇降口、便所などからなっ

2	1
4	3
5	

1：音楽室前の鉄骨外部階段。踏面は鉄筋である
2：同上
3：宿直室前のテラス。コンクリートスラブになっている（2003年3月21日撮影）
4：竣工時の木製デッキの写真（一部拡大）
5：蔵田周忠夫妻の日土小学校訪問時の写真（1956年）。木製デッキであることがわかる
［4、5＝松村家蔵］

上：中校舎の川側外観。
ルーバー式中間庇、ホッパー窓がわかる
（2005 年 12 月 9 日撮影）
下：中校舎の矩計図

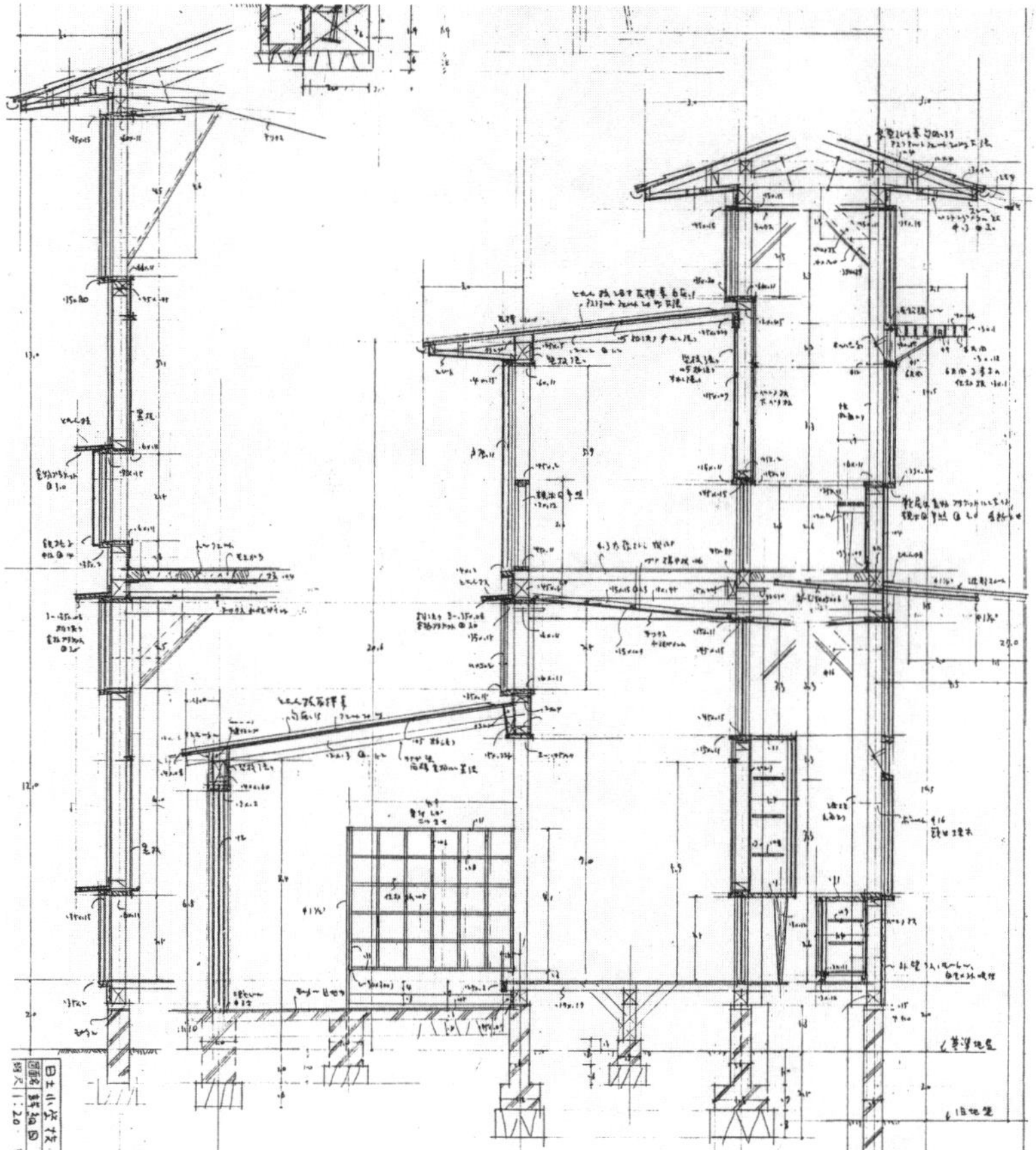

竣工当時の東校舎南面［松村家蔵］

ている。

中校舎の完成以降、東校舎までの間に、松村は多くの仕事をこなしているが、その中で主なものは、後に分析する結核病棟増築棟と神山小学校であろう。しかし、それらが東校舎の設計に直接的な影響を与えているとはいい難い。むしろ、新谷中学校で具体化し高い評価を得たクラスター型の教室配置のさらなる展開を、松村が考え抜いた成果というべきだろう。

東校舎の構成は、江戸岡小学校や新谷中学校から大きく変化した。平面図や矩計図から読み取ることのできるのは次の点である。

・クラスター型教室配置を構成する廊下が、一、二階ともに内部化された。

・二階廊下の床レベルを二階の教室よりも低くし、前室の階段経由で教室にはいるようになった。

・川側の外装は新谷中学校に準じているが、外壁全体を柱から切り離し、カーテンウォール形式となった。

・川側の外壁には耐震壁はなく、各教室に一スパンずつ丸鋼ブレースを入れて対応した。

・一、二階とも桁行方向に鉄骨トラス梁がはいり、小屋組が木造トラスではなく登り梁となった。

竣工当時の日土小学校川側全景［松村家蔵］

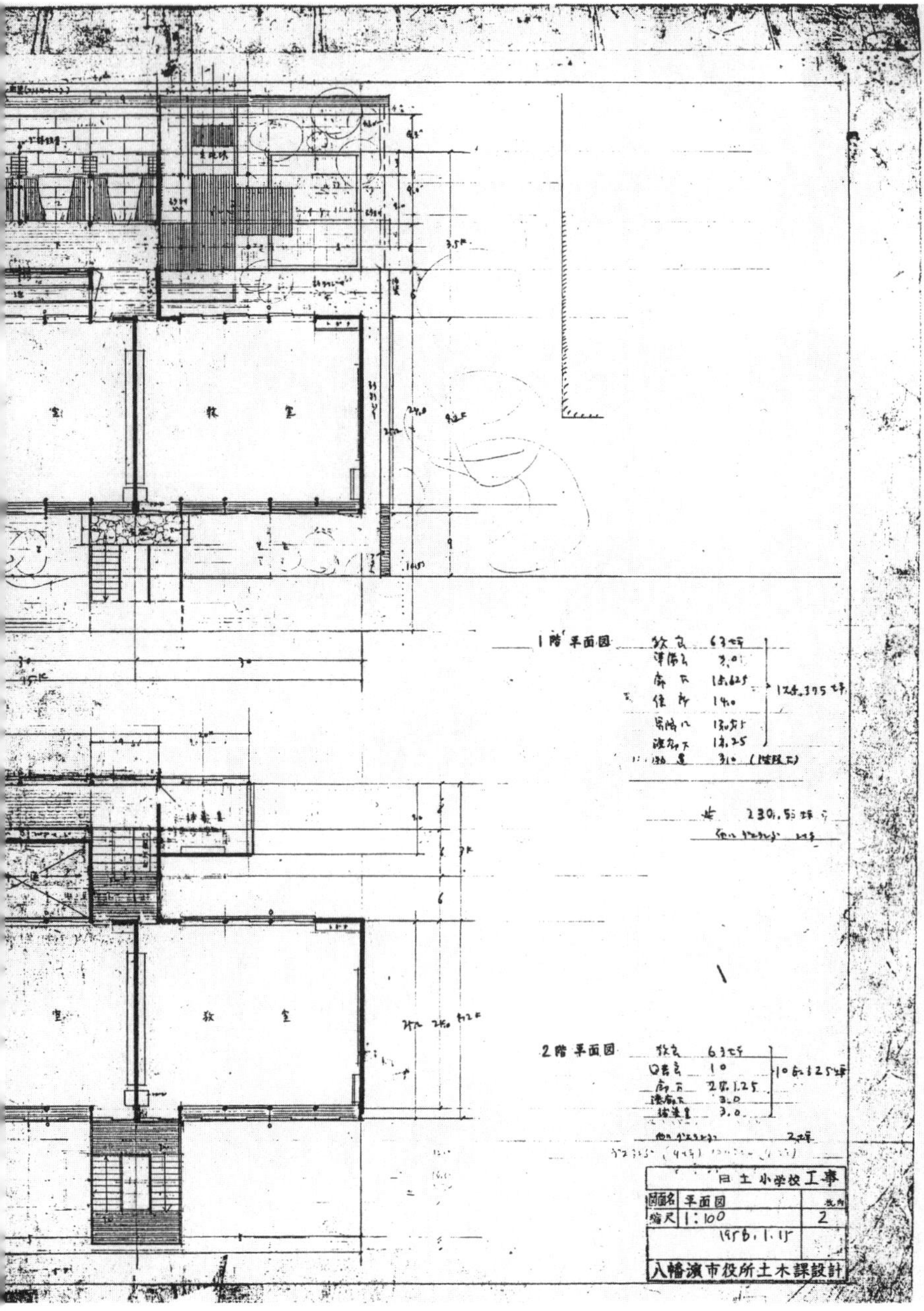
教室
1階平面図
教室
2階平面図
日土小学校工事
図面名 平面図
縮尺 1:100
2
1958.1.15
八幡濱市役所土木課設計

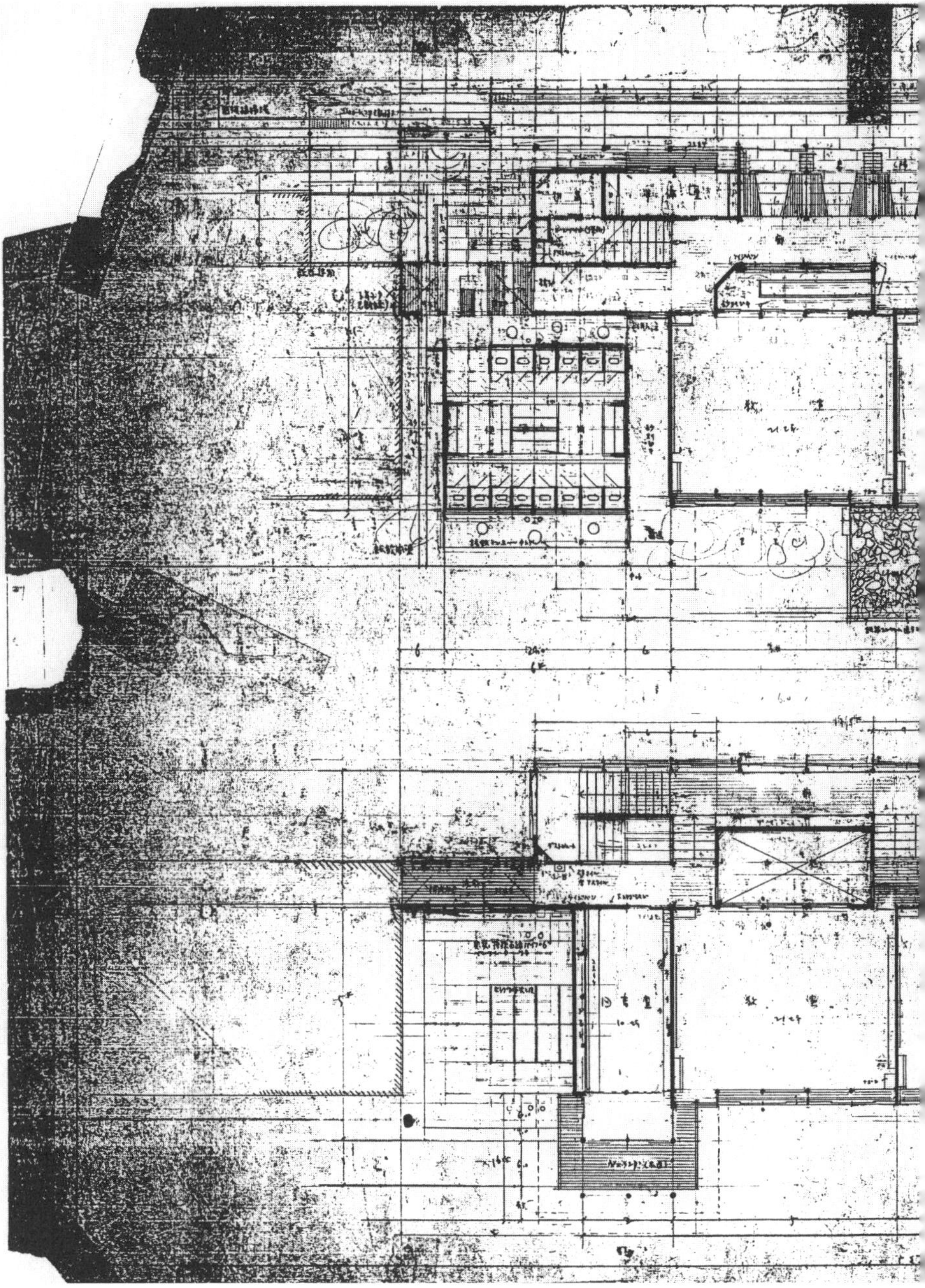

東校舎1階平面図（上）／2階平面図（下）。図の下側が川で、方位は南。1階には昇降口、三つの普通教室、便所、2階には三つの普通教室、図書室、補導室（廊下の突き当たり）がある

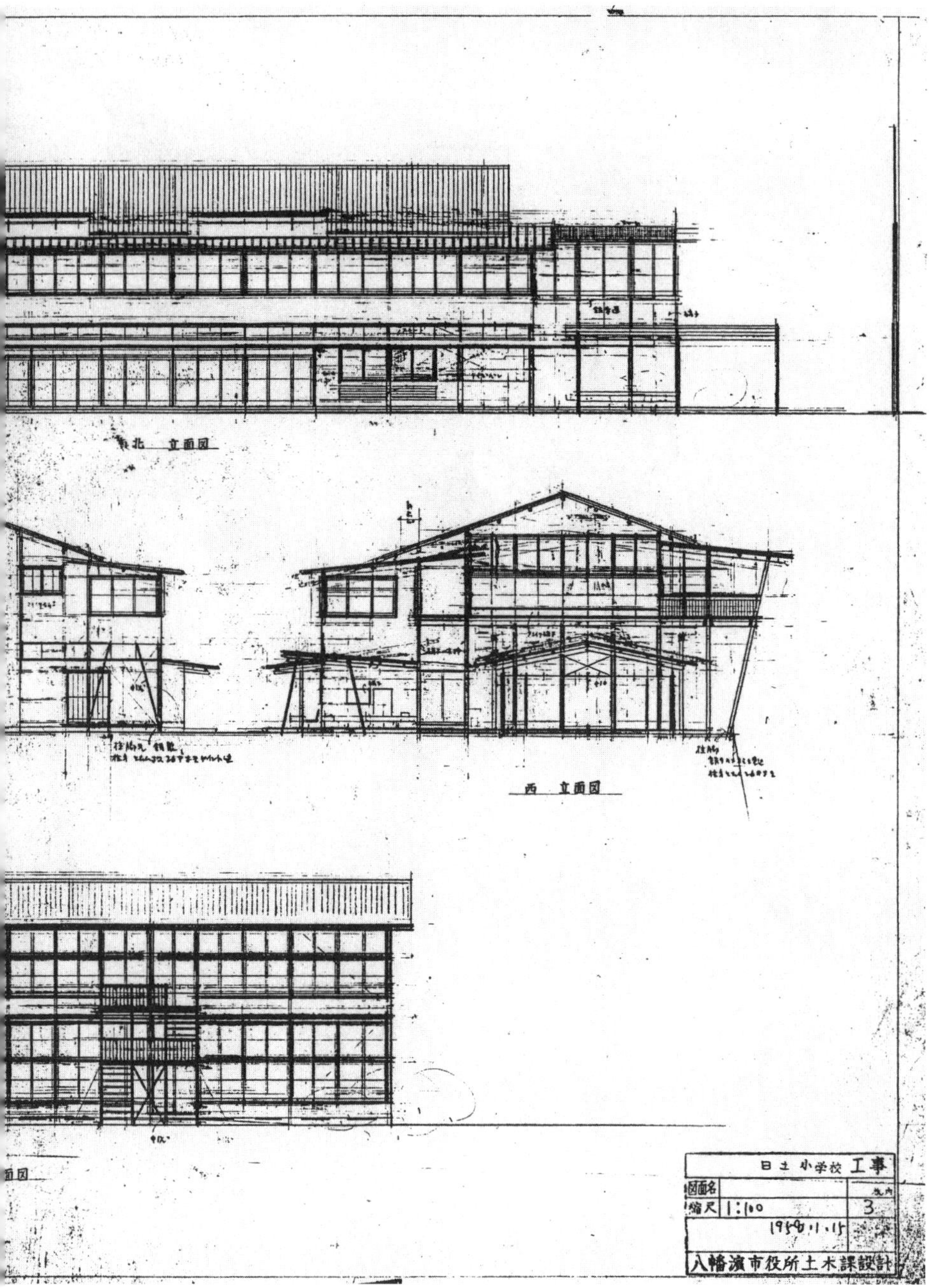
北 立面図
西 立面図
面図
日土 小学校 工事
図面名
縮尺 1:100
3
1958.11.15
八幡濱市役所土木課設計

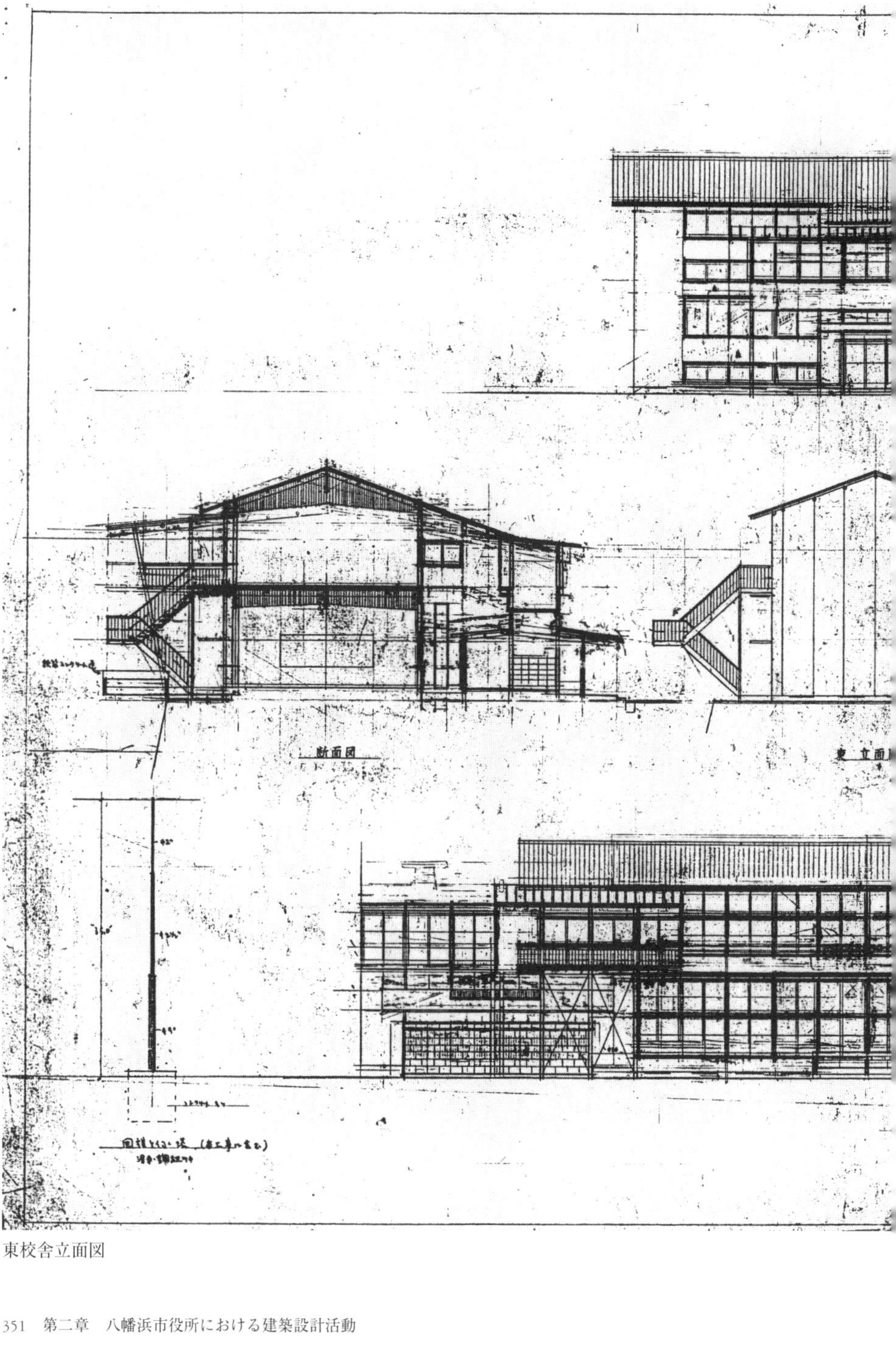

東校舎立面図

以下、こういった特性をもつ東校舎の空間を、より詳しく分析していく。

三-一　進化したクラスター型教室配置

東校舎の平面構成の最大の特徴は、内部空間化されたクラスター型教室配置を実現したことである。

教室を廊下から切り離して隙間を中庭とし、二教室ずつをまとめてクラスター（＝「房」）状にする。そしてそれを「枝」のような渡り廊下で「幹」としての主要な廊下につなぐなら、当然のことながら教室の両側の壁が外気に接することになり、両面採光にとっては最も有利な構成となる。そこまでは、松村の設計した新谷中学校や、東京大学吉武研究室による成蹊小学校と八雲小学校も実現した。しかし、いずれも各クラスターをつなぐ空間は吹きさらしの廊下であった。松村は東校舎において、この連結空間を完全に内部空間化し、学校建築としての完成度を一気に高めたのだ。

三-一-一　仕掛けに満ちた「枝」

東校舎の教室のクラスターをつなぐ「枝」としての昇降口、廊下、前室などは、内部化されるとともに実に細やかに設計された。

一階の昇降口、廊下、前室、中庭まわりの空間には、「透明感」と比喩的に呼ぶしかない気配が満ちている。その特質を生み出す要因として、次のような点を指摘することができるだろう。これらの工夫によって、見る者は文字どおり「視線が抜ける」「遠くまで見える」という視覚的な透明感とともに、「物事の見通しの良さ」というような意味での観念的な「透明感」をも感じ取るのである。

・昇降口の屋根の高さが抑えられ、その上部のトップサイドライトを通した採光と視線の抜けが確保されている。
・下駄箱の中仕切りが低くしてあるために文字どおり下駄箱が「透明」になり、遠くが透けて見える。
・柱、梁、水平ブレースなど多くの構造体があらわしになっており、建築の構成が読み取りやすい。
・前室の中庭側にある縦長窓から中庭や二階が見え、さらに隣の前室の縦長窓越しに遠くまで視線が抜ける。
・柱や梁の丸面取りや柔らかな色彩、そして前室の花台の三角形の天板や脚の繊細なデザインなどが相まって、空間全体のスケール感と質感が抽象的・観念的に

上：1 階昇降口から前室まわり（2003 年 3 月 21 日撮影）
下：竣工当時の 1 階昇降口［松村家蔵］

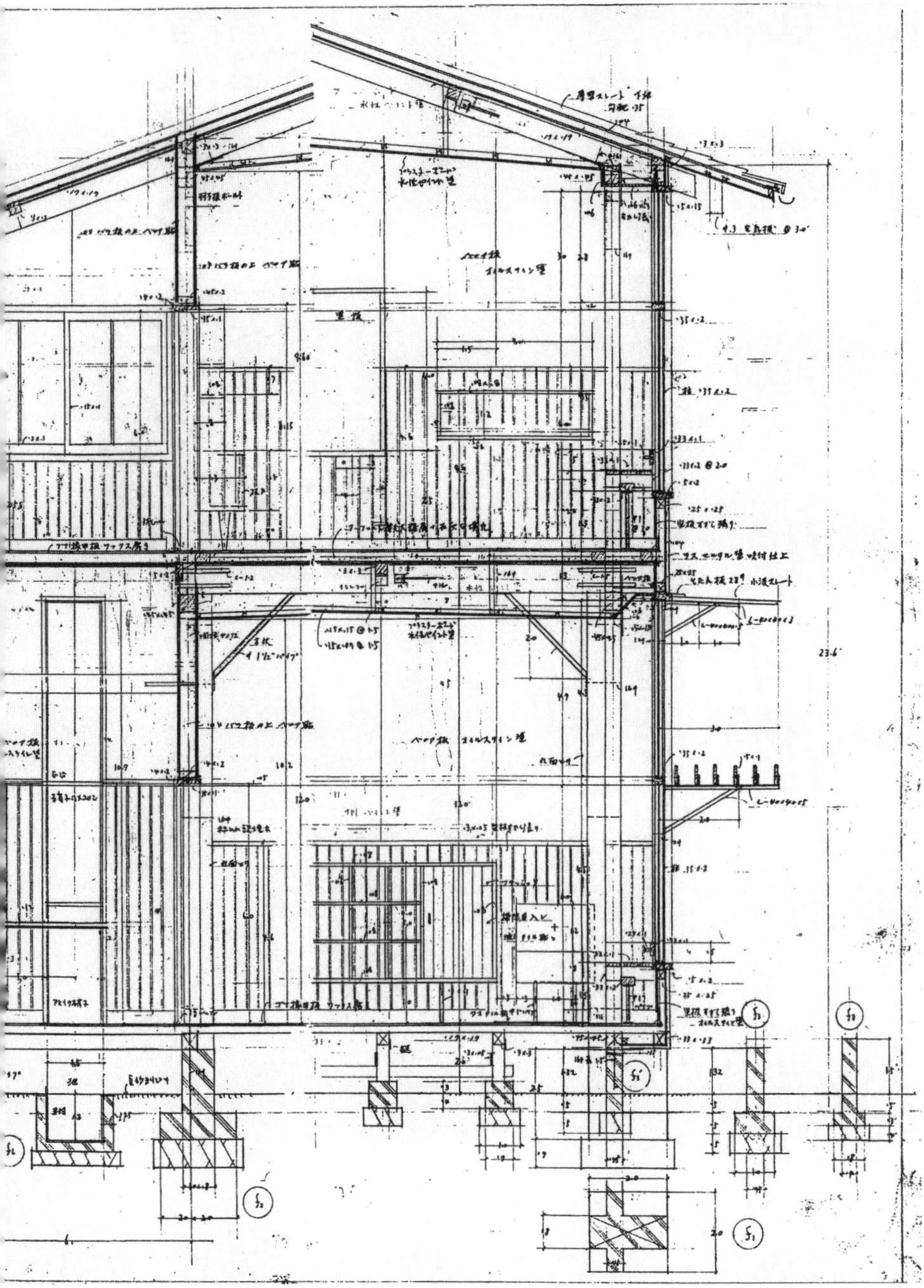

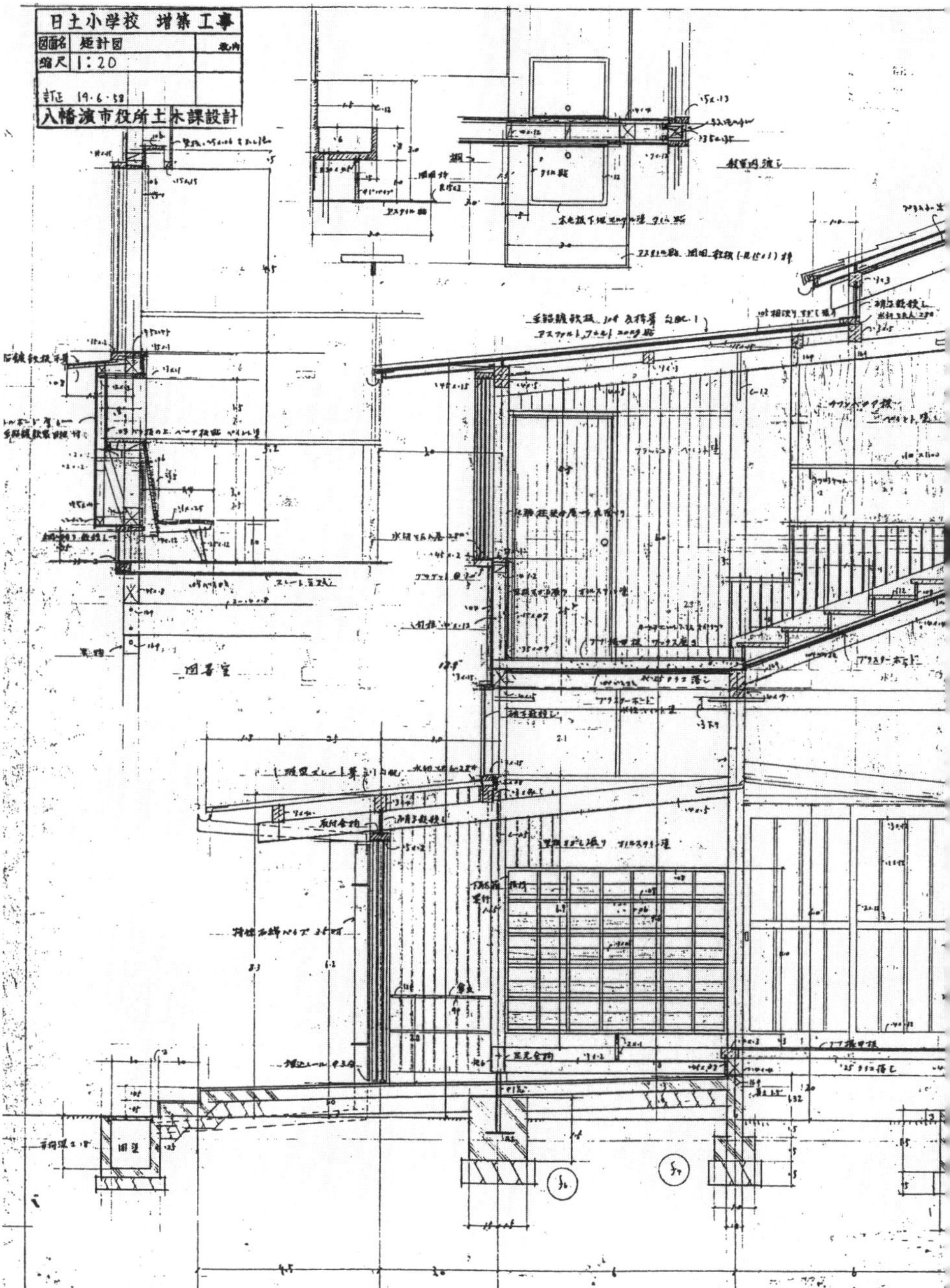

日土小学校東校舎矩計図（前室部分の位置での断面）

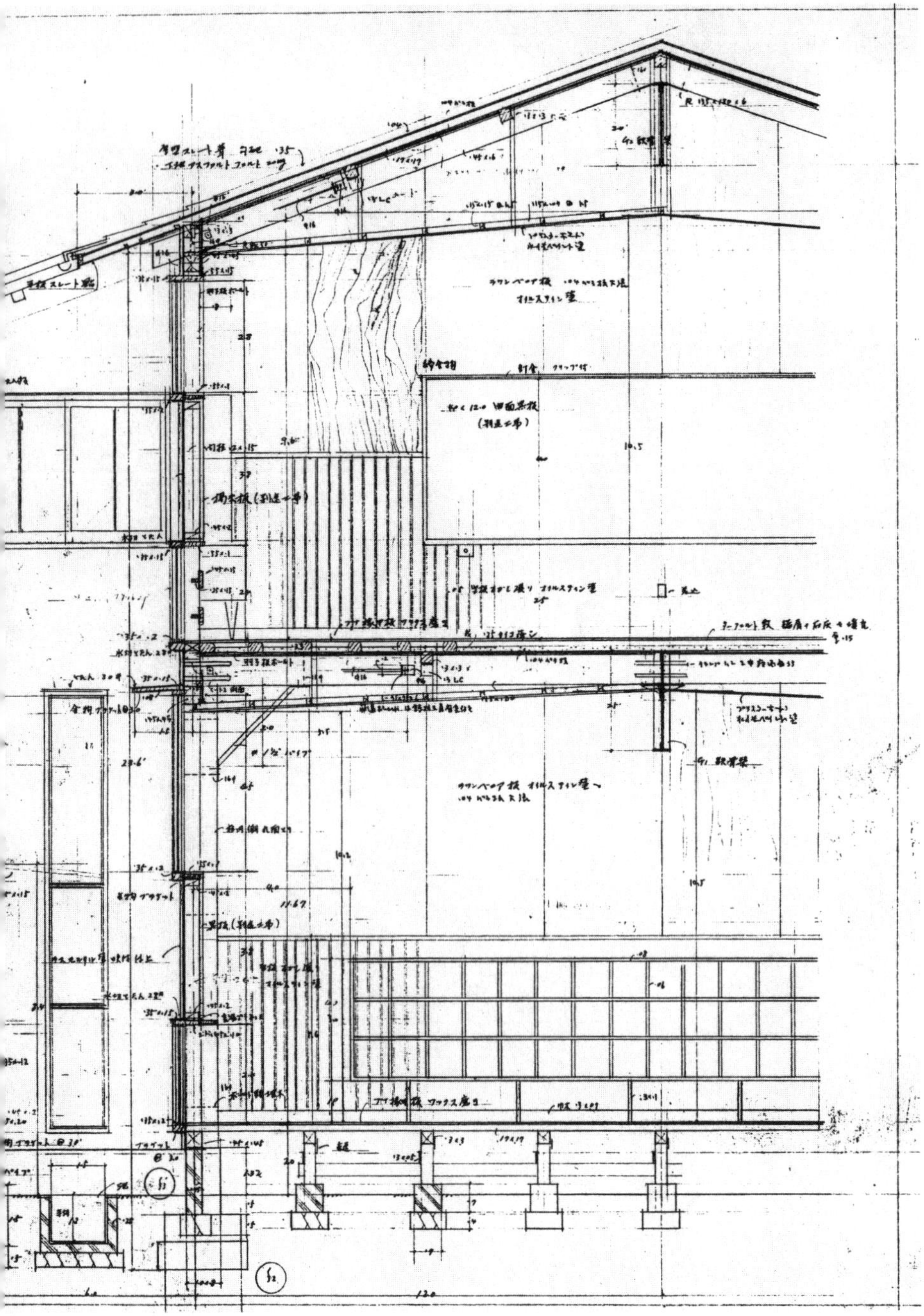

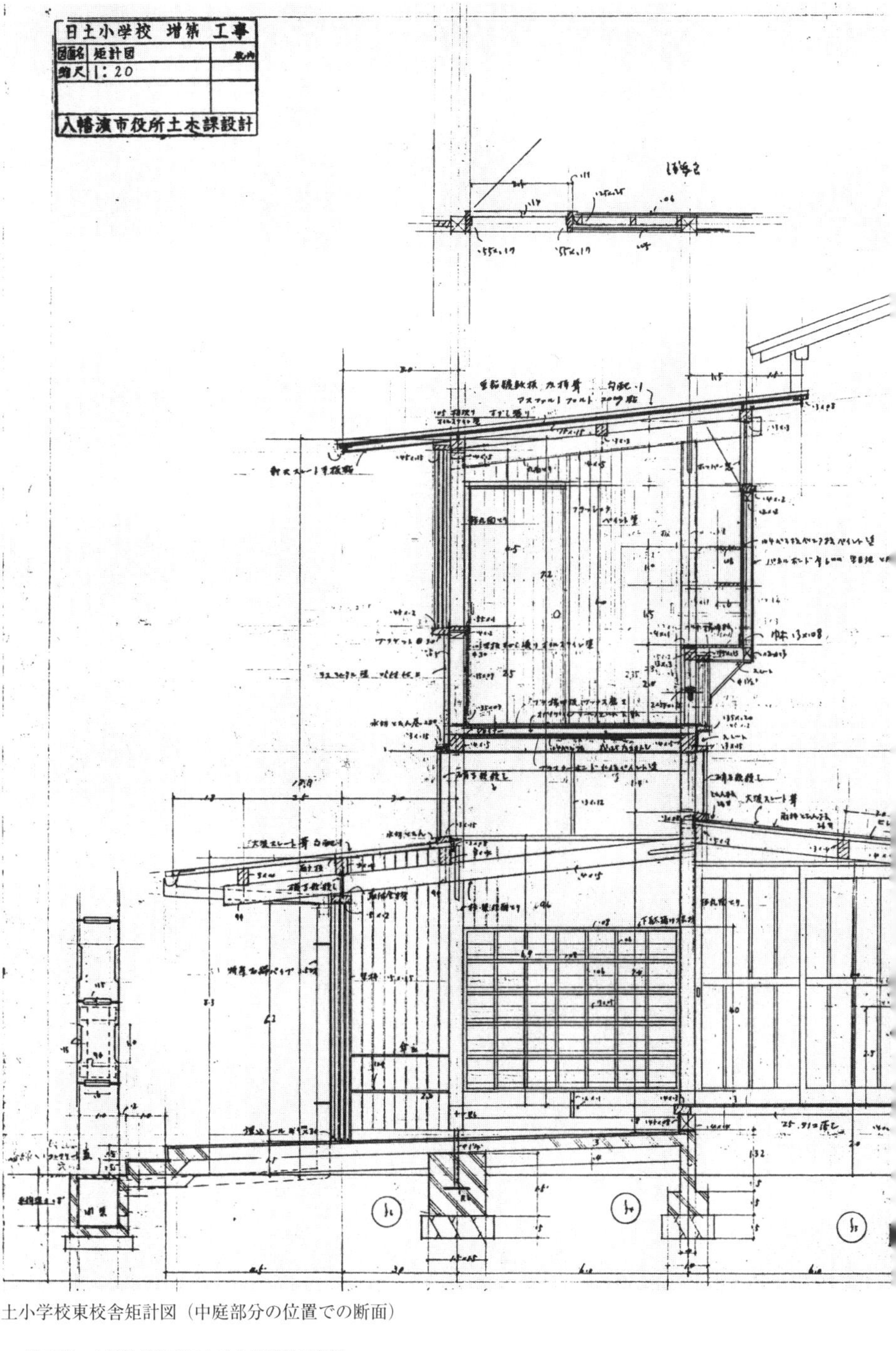

日土小学校東校舎矩計図（中庭部分の位置での断面）

上：向こうが透けて見える下駄箱
下：繊細なデザインの花台
（いずれも 2006 年 8 月 24 日撮影）

なりすぎるのを防いでいる。

二階の廊下にもさまざまな仕掛けがある。中庭側は腰から上の外壁を柱芯から一・五尺中庭側にせり出し、ベンチ状の飾り棚や掲示板を生み出すとともに、その上下の窓からの採光と通風を確保している。運動場側は建具を柱に外付けにして水平性と透明感の強い外観とし、中校舎の細かく縦長に割り付けられた立面との対比を生み出している。廊下を単なる動線に終わらせることなく、教師と子どもたちのさまざまな使い方を誘発する空間にしているのだ。

また、教室の床は廊下より一・四尺高くなっており、教室の手前にある前室内の階段でレベル差を調整している。そこには廊下の棚の延長のような飾り台もある。中庭に面した窓からは、一階の様子や隣の前室の様子などが見え、視覚的な連続感がある。

さらにこの前室は、構造計画的にも有効に使われている。前室の幅は九尺である。前室はこの九尺幅を、三尺ずつの引き戸・壁・引き戸に三等分している。一方、二階の廊下および一階の昇降口の柱割りは九尺ピッチ、教室の柱割りは六尺ピッチである。そこにある三尺のずれが、前室を三尺モデュールで構成することによって、巧みに吸収されているというわけだ。

三－一－二　ハイブリッドな構造と教室の進化の連動

クラスター型教室配置の「枝」が内部化されさまざまな仕掛けがつくり込まれると同時に、東校舎では、「房」すなわち教室のデザインも大きく進化した。

教室内部の仕上げ材料は、新谷中学校までの路線を概ね引き継いでいる。実施設計図によれば、板張りの床、壁は腰の部分（床から四・六尺）が竪羽目板張りでペンキ塗り、そこから上は「ベニア板オイルステイン塗り」と

上：竣工当時の 2 階廊下［松村家蔵］
下：2 階廊下の使われている様子（2006 年 8 月 24 日撮影）

2階教室への前室。正面が、引き戸・壁・引き戸に3分割されている

ある。中庭側の壁面は三分割されており、中央が掲示板、上下がガラス引き戸になっていることも従来と同じである。流し、ランドセル入れの棚も同様だ。教室と廊下が切り離され、廊下側が明るくなったのも当然のことであり、新谷中学校で確認されていたことといえる。これまでと多少異なる点があるとすれば、天井がテックスではなく「プラスターボード水性ペイント塗」と記されていることぐらいだ。

大きく変わったのは、南面、すなわち川側の外壁の扱いである。

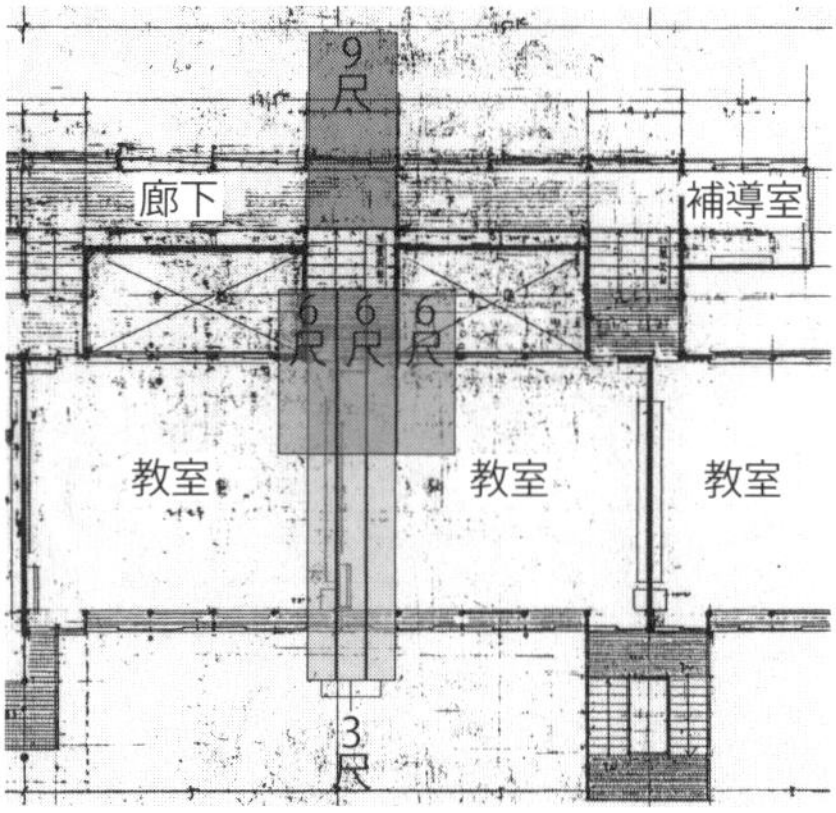

教室と廊下の柱割りの関係

東校舎において松村は、矩計図や写真で明らかなように、南面の外壁から袖壁をなくし、しかも外壁を柱芯から一・二尺だけ外へ出して柱から切り離し、一種のカーテンウォール状態を実現した。したがって、南側の外壁沿いには桁行方向の耐震壁がなくなった。

そのかわりに、各教室の中央のスパンに一ヵ所ずつ丸鋼ブレースが入れられた。直径一六ミリメートルの丸鋼が柱を貫通し、端部はオリジナルの傾斜座金で固定されている。構造力学的な解析は、現況調査後にまとめられた日本建築学会による報告書★六を参照していただきたい。そこでは、日土小学校は工学的に設計されており、当時の構造規準は十分に満たしたものであると結論づけられている。

桁行方向の中央の部分は一、二階ともに鉄骨のトラス梁とし、そこに木造の登り梁や水平梁を架け、屋根面と二階床面は丸鋼の水平ブレースで固め、全体として家型断面のモノコック構造ともいえる状態を実現している。

川側の壁面は構造から解放されることで、高さ一・五尺の低い腰壁以外、天井から床まで、そして教室前後の壁の間すべてがガラス面になっている。そのことによって十分な明るさを確保したうえで、直射日光の眩しさを防ぐために、川側の外装サッシュまわりには、新谷中学校などでも設置された庇や木製ルーバーを取りつけている。そして、一階はルーバーのつく無目から上の引き違い窓を型ガラスにし、二階はルーバーがないので、無目から上だけでなく、無目より下の引き違い窓の上半分も型ガラスとしている。

さらに二階の室内側には、無目に日除けスクリーンが吊されている。これは、当時の外観写真でしばしば千鳥模様風に写っているものである。日土小学校が掲載された『建築文化』一九六〇年二月号の外観写真のキャプションにも、「二階の窓には日除けにビニール製ブラインドを吊す」と書かれている。当時の写真を拡大すると、無目にフックで吊られていることがわかる。当然のことながら、連続して吊らない限り効果は小さいと思われるので、千鳥模様のように見える演出をねらったのか、松村の真意は不明である。なお松村は「ブラインド」と書いているが、写真からはスラット式のものとは思えず、「すだれ」のようなものだったのではないかと想像される。

また、柱と外壁の間にできた隙間には、窓の腰に合わせた連続する低いベンチ状のものと手摺がしつらえてあり、窓際の腰掛けあるいは飾り棚として利用できるとともに、空間のスケールを小学生に合わせることに成功している。三六二頁掲載の写真を見ると、旧校舎時代から

1階の教室から川を臨む。カーテンウォール形式の外壁の構成がよくわかる［松村家蔵］

上：川側の外観。松村のいう「ブラインド」が千鳥状に吊されているのがわかる
下：2 階教室の内観。中間部の白く見える部分が「ブラインド」。
無目から室内側にフックで吊されている
［いずれも松村家蔵］

のものと思われるふたり用の机や椅子が使われているが、何ら違和感がないのは、このスケール感の良さによるだろう。

窓からは、空や山の緑や川面が見え、そこからもたらされる風や光の影響を、外壁に仕掛けられたこれらの装置でコントロールすることにより、建築と自然との優れた関係が生み出されている。

このように、木造と鉄筋あるいは鉄骨を組み合わせたハイブリッドな構造を採用することによって、松村は、教室の開口部の役割を、外部と内部との関係を調整する装置へと純化させ、クラスター型教室配置の学校空間の質を一気に高めたのである。

1：2階の教室・正面（西）
2：背面（東）
3：川側（南）
4：中庭側（北）
（いずれも 2006 年 8 月 24 日撮影）

三-二　居場所としての階段

東校舎の廊下の西端部には、一、二階を結ぶ階段がある。勾配がゆったりとしていることは従来の松村のデザインを踏襲しているのだが、その向きに変化がある。中校舎を含むこれまでの松村の学校では、階段は基本的に廊下と直交する方向に配され、両側も壁にはさまれていたが、ここでは廊下の動線と同じ向きに置かれ、一、二階をきわめて連続的に結んでいる。また、大きなガラス窓に包まれ、たいへん明るい空間だ。

それは階段というよりも、まさに一、二階を一体化し、「階」の存在を消す装置といえる。子どもたちの行動を観察すれば、この階段は単に通過する場所ではなく、居場所のひとつになっていることがよくわかる。さまざまな工夫がなされてきた松村の階段の中でも、最も優れたものといえるだろう。

三-三　川と一体になった図書室

図書室は、この階段を上がった廊下の南側、つまり中校舎と東校舎全体の中心的な位置にある。南北および西側の壁面はブナ縁甲板貼り、竿縁はなぐり仕上げで、いずれも表面が焼いてある。書架のある東側の壁面はベニア板張りで、輪切りにした竹に色を塗って取りつけ星座をかたどっている。天井には校長室と同じ銀紙が貼られ、川からの光が美しく反射する。

東側の壁の書架は、直径一三ミリメートルの丸鋼のフレームと杉の棚板によるシンプルなデザインで、部屋の意匠とよくマッチしている。西側の壁面は上下が窓で、そのあいだに書棚とベンチが備え付けられている。上の窓には障子もはいっている。机と椅子も松村のデザインだ。

また図書室の外にはベランダがある。傾斜した丸柱に支えられ、深い軒に覆われたこの空間は、日土小学校の白眉ともいえるものであり、川と一体になった学習環境への松村の思いが凝縮されている。

ベランダの屋根の一部にトップライトを設け、図書室との境のガラススクリーンの一部に色ガラスを入れるなど、細かな配慮をおこなっている。松村の演出だろうか、竣工直後の写真を見ると、入口上部の壁には石膏像があり、天井からは石油ランプが吊られている。

図書室の下のピロティ部分は、垂直な柱と傾斜した柱が三本ずつ並び、垂直柱の間には丸鋼ブレースが張られ、緊張感のある空間になっている。竣工当時の写真を見ると、垂直の柱は濃い色が塗られ、傾斜した柱との対比が強調されていることがわかる。また、ベランダの手摺の

上：1 階の昇降口からの空間と 2 階の廊下とが一体化している
下：階段は子どもたちの居場所でもある
（いずれも 1994 年撮影）

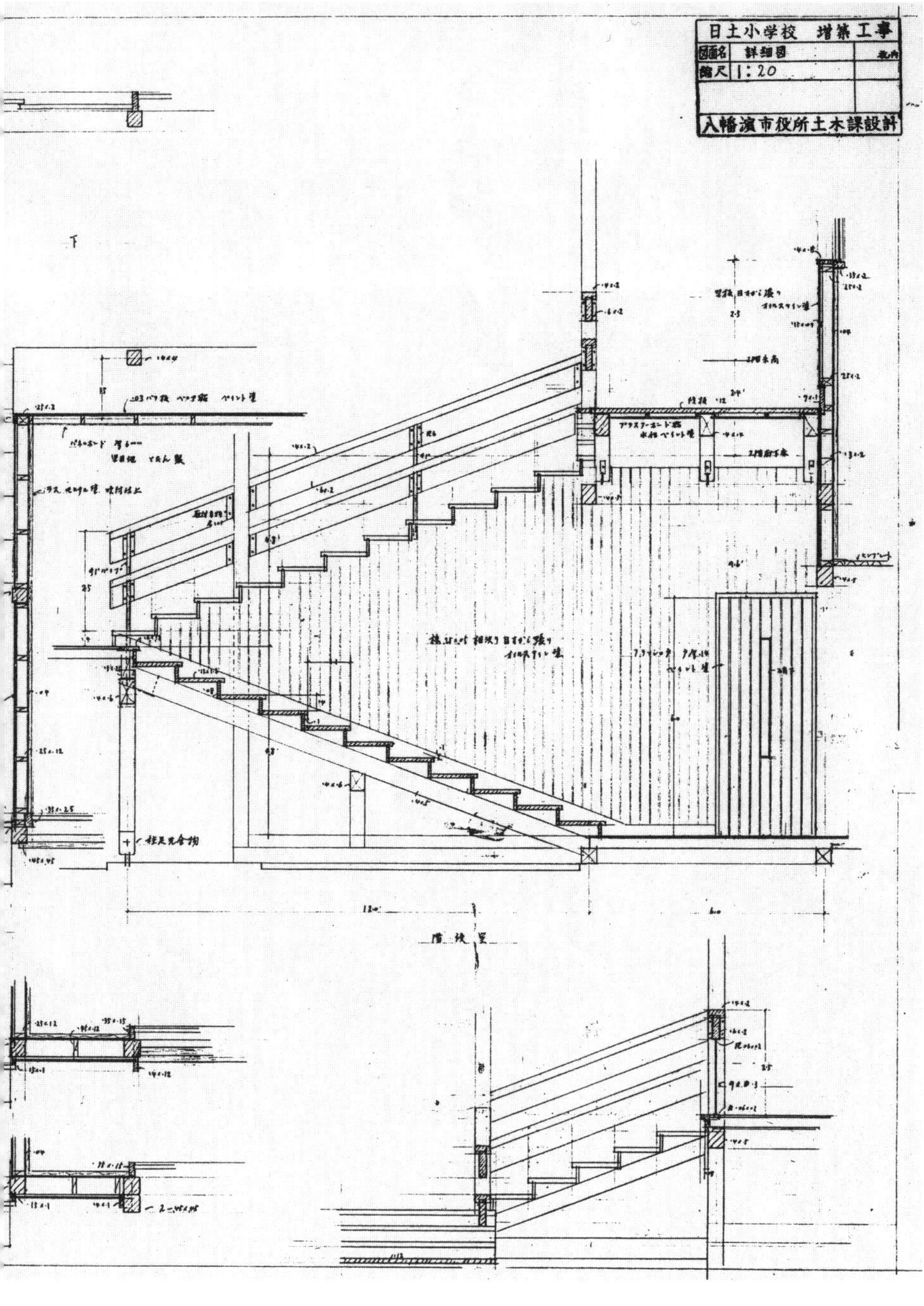
日土小学校　増築工事
図面名　詳細図
縮尺　1:20
八幡濱市役所土木課設計
階段室

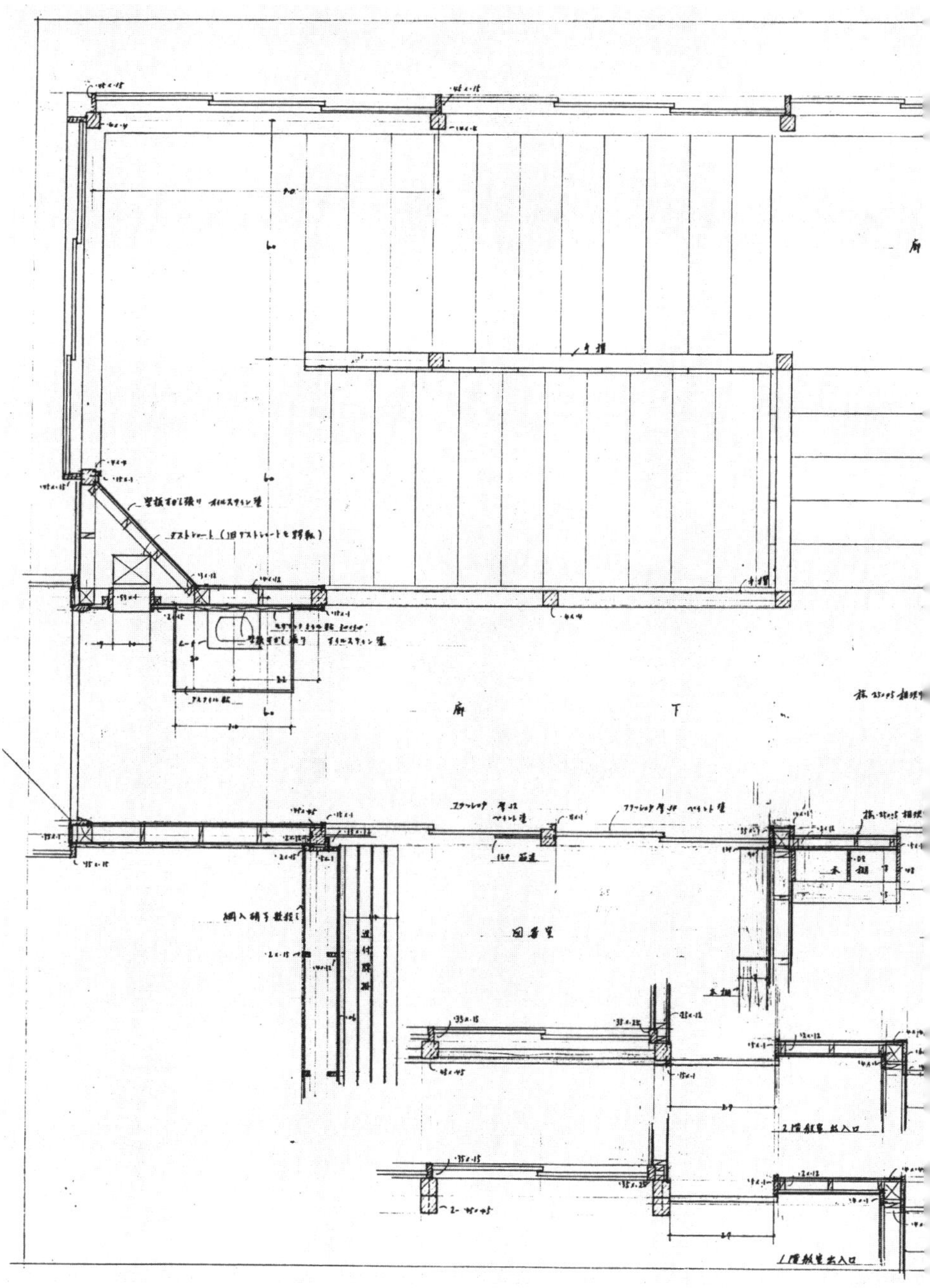

東校舎西端部にある階段の矩計図

上：図書室の入口側を見る
下：図書室の川側を見る
［いずれも松村家蔵］

笠木部分も濃い色に塗り分けられている。おそらく両者は同色であり、階段の手摺などで用いられる深緑だったのではないかと考えられる。

なお、保存再生工事の過程で明らかになった意匠や色彩については、補遺で述べる。

三－四　外部階段とテラス

東校舎の川側には、コンクリート造のテラスと鉄骨造の外部階段がある。いずれも中校舎のテラスや外部階段と同様、特別な機能があるわけではない。しかしそれらによって川や対岸の山との親和性が高まり、子どもたちや教師にとって、教室とは異なる意味を生む特別の居場

上：川側から見た図書室のベランダ
［松村家蔵］
下：図書室のベランダ。
手摺笠木上部のスチール手摺は後に付加されたもの
（2006年8月25日撮影）

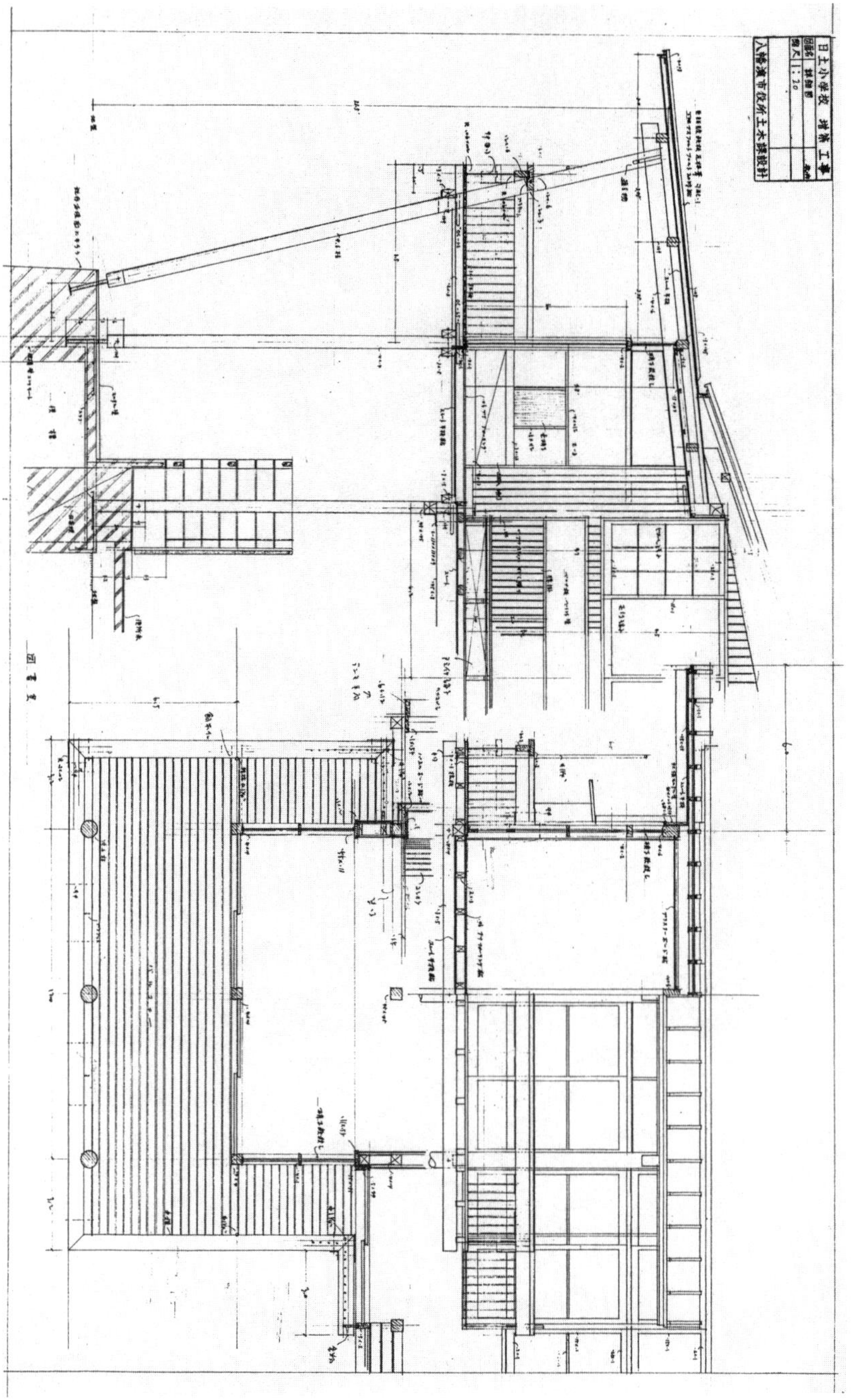

図書室ベランダまわり矩形図

所だったに違いない。

なお川側のテラスや外部階段は、中校舎、東校舎とも敷地境界線を越え川の上に張り出しており河川法に抵触している。そのことについて、一九八六年一二月に開催された内田祥哉らによる「木造建築研究フォーラム」での講演「木霊の宿る校舎」（『素描・松村正恒』に再録）で松村は、中校舎では土木事務所は見過ごしたのに、東校舎の工事中に工事差し止めの指摘が出たと明かしている。しかし、川と一体になったそれらの空間が子どもたちに貴重な記憶や経験を残すことを切々と語り、目をつぶってもらったようだ（一二四–一二五頁）。

三–五　技術の手工業化

東校舎と中校舎をつなぐ渡り廊下がある。一階は吹きさらしのピロティで二階は内部化されている。東校舎側の工事であるが、中校舎の廊下と同じデザインの建具が使用され、中校舎の廊下が延長されたように見せることで、東校舎を際立たせる効果をねらったものと思われる。

この部分の構造は、スチールのアングルによる華奢なフレームであり、松村の技術に対する思想を象徴するようで、きわめて興味深い。

ふたつの校舎は三間離れている。それを三スパンに分け、柱が両側合わせて四本立っている。柱といっても、六五×六五×六ミリメートルのアングルだ。それが二階の屋根まで貫通し、頂部は五〇×五〇×四ミリメートルのアングルでつながれている。二階の廊下部分の床は、柱に溶接された七五×七五×六ミリメートルのアングルの上に六〇×七五ミリメートルの根太が敷かれ、その上に縁甲板が張られている。基本的に垂直荷重のみを想定しているのだろうが、それにしても華奢な架構である。江戸岡小学校の渡り廊下からの展開だろう。

一階のピロティの上部には、雨除けに、傾斜したガラスの垂れ壁が設けてある。それを六ミリメートル厚のプレートを三角形に加工した小さな部材だけで受けているので、まるでガラスが宙に浮いているかのように見える。

二階廊下部分の外壁は、アングルの柱に木枠を外付けし、そこに中校舎の廊下と同じ建具がはいっている。

また、運動場に向かっては、V型の庇がピロティ部分から突き出している。骨組みはすべて直径六〇・五ミリメートルのスチールパイプを溶接して組んだもので、造形的なバランスやスケール感が素晴らしい。これが渡り廊下の細い柱を構造的に補強してもいる。

以上のように、この渡り廊下は、細いスチール部材を組み合わせ、一種の工芸作品といってもよいようなつく

1：東校舎の鉄骨外部階段（2006年8月25日撮影）
2：テラスに佇み遠くを見つめる女子生徒（『建築文化』1960年2月号）
3：テラスに集まって楽しそうに過ごす子どもたち。『建築文化』1960年2月号にも掲載された
［松村家蔵］

2 | 1
3

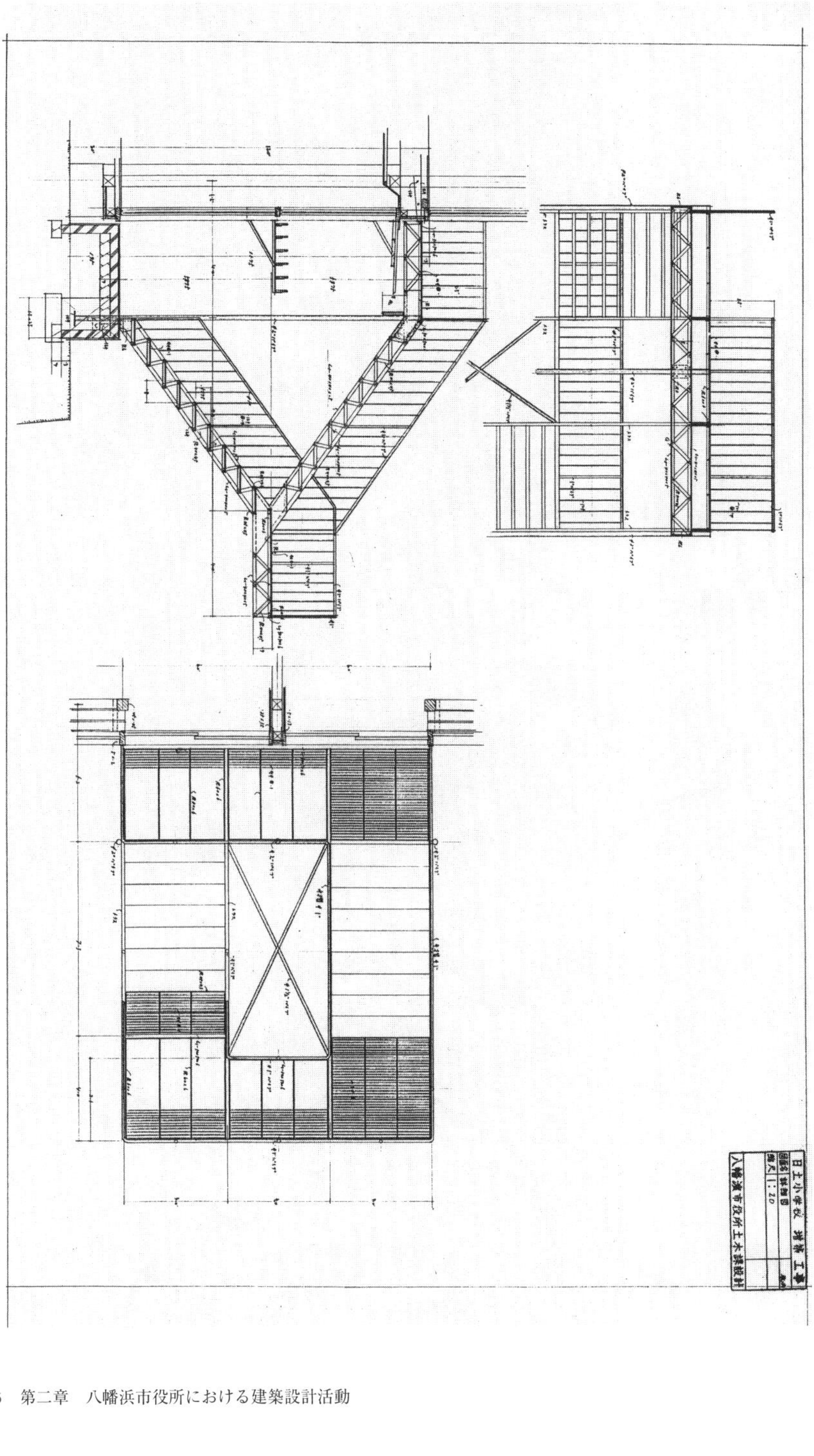

川に迫り出した鉄骨外部階段の詳細図。踏面は直径9ミリメートルの鉄筋である

1：東校舎と中校舎をつなぐ渡り廊下。中校舎の廊下の建具が延長されている
2：渡り廊下の1階部分
（いずれも2004年8月6日撮影）
3：渡り廊下から便所方向を見る。左右の白い壁状のものは開かれた防火扉
（1997年8月撮影）

2 | 1
3

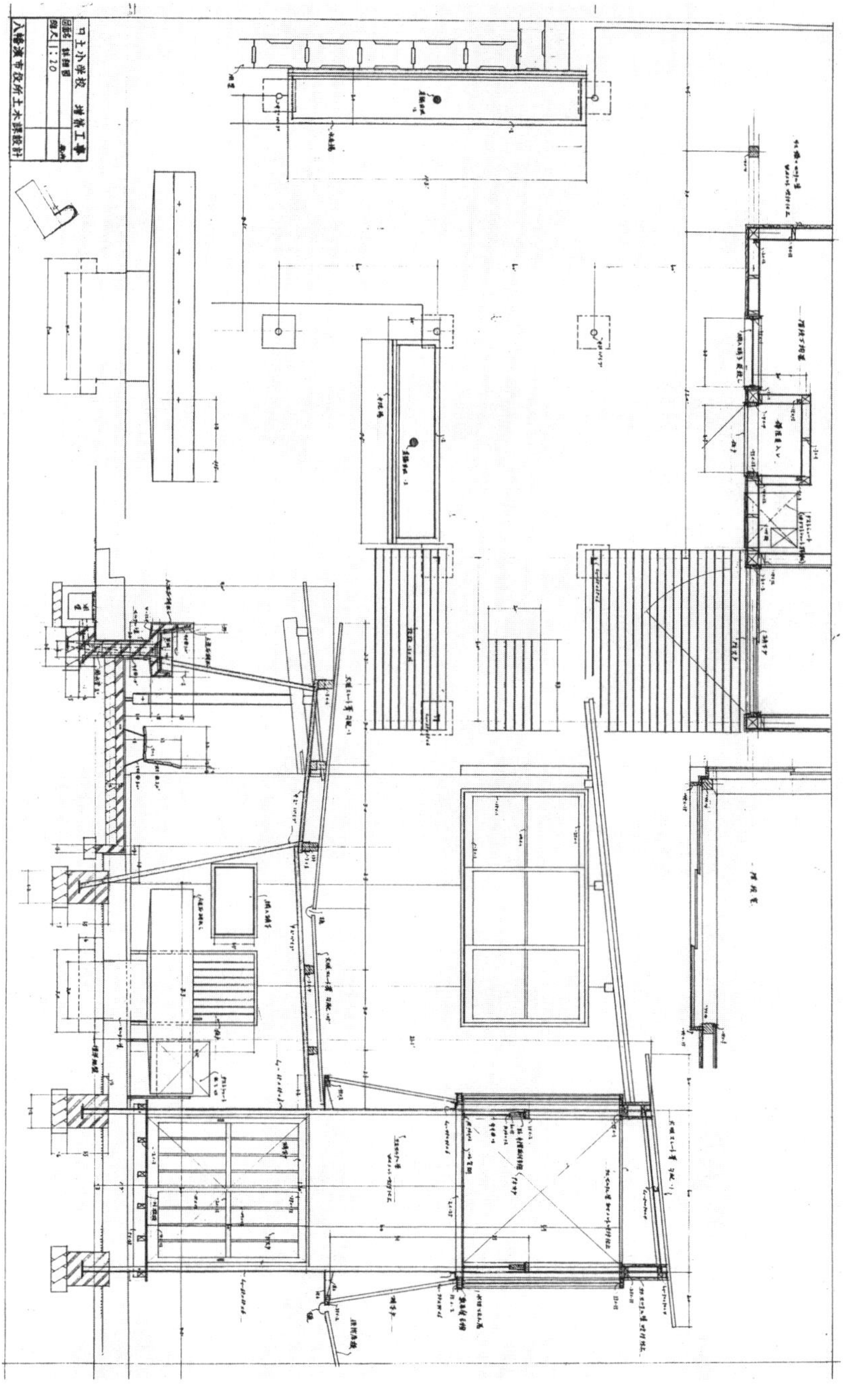

渡り廊下部分の詳細図

られ方をした空間である。建築を構成するあらゆる要素の具体的な見え方を考え抜いた松村の姿勢を象徴するかのようだ。彼は、日土小学校のあらゆる部分をそのような思想でつくったのだ。

四　日土小学校のメディアへの登場

日土小学校を最初に掲載したのは、『建築文化』一九六〇年二月号である。松村は、「使いこなして発表」と書いている（『無級建築士自筆年譜』一五三頁）。そこに載った松村自身の文章と、内田祥哉の文章を確認しておきたい。

日土小学校を見て

内田祥哉

竣工当時、日土小学校について書かれたものは意外なほど少ない。前述の『建築文化』以外には、『建築年鑑』（一九六〇年五月）での内田の言及や、『世界建築全集 一二 現代Ⅲ 文化と厚生』（一九六〇年八月）での神代雄一郎による文章である。これらについては第三章で述べる。

日土小学校が世に出たのが一九六〇年である。その年の秋、松村は八幡浜市役所を辞め松山で自らの設計事務所を開設するが、それ以降、松村の作品の傾向は変化し、建築雑誌などで紹介される機会が減る。日土小学校がメディアで紹介される機会が少なかったことも、そのこと

日土小学校（東校舎）を掲載した『建築文化』1960年2月号（表紙および35−39頁）

と無関係ではないだろう。

また前記の出版物を含め、中校舎と東校舎を一体的に紹介した記事はほとんどなく、東校舎のみの図面や写真をもって日土小学校としている場合が多い。

これはそもそも、最初の掲載誌である『建築文化』一九六〇年二月号において、東校舎のみの写真や図面が載ったからではないかと思われる。その誌面を見ると、中校舎は東側から撮った川側の外観写真の左端にわずかに写っているだけであり、読者がこの記事から日土小学校の全体像を理解することは不可能である。しかしこれ以降、日土小学校が紹介される際には、多くの場合、この東校舎の平面図のコピーと写真のみが掲載され続けたのだ。

四－一　松村自身による評

『建築文化』一九六〇年二月号で松村は、「一年間使っての教師側の苦情」を七項目にまとめ次のように記している。

一、教室で、生徒用には背面の整理棚で十分だが、教師のための戸棚が不十分のようである、掃除用具入れも……。
二、図書室が狭く西に面していること、本棚の高さも生徒の手のとどく範囲にとどめること。
三、谷間の敷地のせいで、予想以上に照度不足、中庭の幅が十分でないのと相まって、一階の教室は多少陰気であり、とくに雨の日は暗く、晴天でも南北で照度が平均しない。これらの欠点が少ない二階は、きわめて爽快である。
四、夏は暑いと訴えている。机の高さから上を風が通らないと涼しさを感じないらしい。
五、黒板は光らないし、色彩計画は好評のようである。
六、昇降口は混雑していない。
七、中庭のあることは、不十分ながらも良い結果をもたらしているようだが、廊下の利用法は、わたくしの考えていたようには活用していない。

具体的な使い勝手に話題を限定する松村一流の語り口である。

クラスター型の教室配置についても、教育効果からの言及ではなく、もっぱらそれによって生まれた中庭による採光と通風の効果だけにふれている（三、四、七）。一、二、六は、松村の関心が単に美学的なものではなく建築計画的な内容にあることを示している。五は、曲面黒板とパステルカラーのことだろう。東校舎の設計図の中には、曲面黒板の図面もある。色彩については、それまでの作品同様、教室や廊下の造り付けの家具を中心に、鮮やかなポイント色が用いられている。こういった新しいデザインが、地方の教育空間に素直に浸透している様子は興味深い。

七の「わたくしの考えていたようには活用していない廊下」とは、東校舎二階の廊下のことだろうか。「わたくしの考え」がどのようなものであったのかは示されてないが、棚や掲示板やベンチといった仕掛けによって松村は、子どもたちや教師の新たな行為を誘発したいと考えていただろうし、そのことへの期待の大きさが感じられる項目である。

しかしもちろん、日土小学校を設計するに当たり、このような細かいことがらだけに松村の関心が向いていたはずはない。むしろこういった問題点以外のことについては相応の自信があったはずであり、どちらかといえば細部にのみ限定した七項目の記述はその裏返しだったのではないだろうか。

松村による自注の冒頭には、次のような詩的な文章がある。「教師側の苦情」の列挙とは対照的な語り口だ。

山のせまった谷あいに、せまい敷地を求めて学校が建っていた。拡げようもない。改築を機に、大木を倒して河に近づけた。惜しかったけど。静かな流れである。テラスに桜の花が散り、糸をたれると魚がはねる。五月の薫風にのって、ミカンの花の香りが教室にただよう。蛍の乱舞する夏の夜、柿の色、ミカンの朱、落葉の沈む冬の河。いつ訪ねても、あきることのない清くすんだ環境である。

ここで松村は、日土小学校が置かれている周辺環境のことを書いているようでいて、実は彼の設計した日土小学校が存在して初めて獲得できる自然との関係が描かれているというべきだろう。すなわち、環境と建築とがこのような関係をつくりだすことこそが彼の本来の設計目標であり、その本質は「いつ訪ねても、あきることのない清くすんだ環境」という言葉に集約されていると考えられる。

四―二　内田祥哉による評

『建築文化』一九六〇年二月号には、内田祥哉による「日土小学校を見て」という文章も掲載されている。内田と松村の関係については第三章で詳しく論じるが、新谷中学校を建築研究者として高く評価した最初の人物である。またこれも第三章で詳しく述べるが、内田は一九五八年一〇月二九日に日土小学校を訪れている。東校舎が完成したのと同時期だ。そのときの実体験に基づいた文章なのである。

内田はこの文章において、日土小学校をきわめて高く評価している。それは、冒頭の次の言葉に象徴的だ。

> かつて、「学校は、物を教え込む所」と考えられていた時は、生徒は訓練されるのであり、校舎は、訓練所と区別がなかった。訓練は月々火水木金々という言葉を生んだが、そこに忘れられていた日と土を校名とするこの学校の校舎は、訓練所とは正反対の雰囲気を持っている。

内田一流のユーモアの中に、日土小学校の本質が見事に表現されている。「訓練所」が教師の子どもに対する権力の行使のための空間だとすれば、日土小学校はその「正反対」、すなわち子どもを中心に据えて考えられた空間だと内田は感じたに違いない。さらに彼は、日土小学校の具体的な空間構成を、次のような比喩的表現によって描いている。

> 運動場に面した校舎の壁は、凹凸のはっきりした面で構成され、その所々には子供達の目を楽しませる色がある。そして凹凸のかげには子供達をだき入れるふところがある。われわれがこのふところに入った時に、自分達が大人であることに気づくのはこの建物が、もっと幼い人達を相手に作られているためなのであろう。もちろん、手摺の高さ、階段の勾配、机、椅子の大いさ《ママ》等からならどんな小学校でもそんな感じはある。だが、大きな空間の下の部分だけを子ども達に与えたという感じとはちがって、大きな空間全体を子供達に与えきっていてわれわれを子供の国にまねかれた大人に仕立ててしまう。ふところを造る壁面の凹凸は、いわゆるクラスタータイプの教室配置でできる廊下の部分である。

「凹凸のかげ」とは二ヵ所の中庭、「ふところ」とは教室へはいる手前の前室のことだろうか。たしかに運動場側から眺めると、中庭部分ではさらにその奥の教室の外壁が透けて見え、建物の中にさらに建物があるかのような不思議な透明感が感じられる。そして実際にその内部にはいっていくと、見事な平面・断面計画によって、学校の中のあらゆる場所に心地よい空間体験が待っている。「大きな空間全体を子供達に与えきっていて」とは、そのことを的確にとらえた描写であるといえるだろう。

内田はさらに、松村が設計した新谷中学校にふれ、それがわが国におけるクラスタータイプの学校建築として先駆的存在であったことを指摘する。そして、松村が設計した八代中学校や神山小学校にも言及し、それらの成果のうえに日土小学校が成立したと分析している。

また内田は、そういった一連の学校建築が発展させたものは、「単にクラスターという形式的要素」や「Detailの面」や「材料の面」ではなく、「作者の学校建築に対する設計態度であろう」と指摘している。

そして、松村の言葉をいくつかとりあげた後、「「国民はひとしくその能力に応ずる教育をうける機会を与えられなければならない」という教育基本法の精神はそのまま建築家としての作者の言葉につながるものである」と絶賛している。

つまり内田は、日土小学校および松村正恒という建築家について、具体的な空間計画から設計思想あるいは設計者としての心構えに至るまでのすべてを、きわめて高く評価したのである。

五　完成形としての日土小学校

以上述べてきたように、日土小学校の中校舎と東校舎は、ともに考え抜かれた建築であるといえる。それらが成し遂げたことがらは、しかし決して突如生まれたものではなく、それ以前の作品に加えられた次のような変形操作によって成立していることをあらためて指摘しておきたい。

・中校舎：江戸岡小学校の両面採光形式の断面に基きながら、川側の外装を新谷中学校の方式へと変更した。
・東校舎：新谷中学校のクラスター型教室配置を進化・完成させたうえで、川側の外装は新谷中学校の方式をカーテンウォール化するとともに、丸鋼ブレースや鉄骨トラスを導入して構造のハイブリッド化を推進した。

さらに、両校舎の間の時期に設計した江戸岡小学校特別教室棟や次に分析する結核病棟増築棟のもつ華やかな空間性が加わり、とくに東校舎の階段や図書室にそれが結実した。したがって日土小学校は、それまでに松村が達成したさまざまなエレメントをさらに昇華させたものであり、彼の仕事の一種の完成形といえるのである。後に再度整理するが、松村の設計は、それ以前の作品へのこのような参照性が強い点に特徴がある。

市立八幡浜総合病院結核病棟増築棟

一　建築の概要

市立八幡浜総合病院において、松村が設計した最後の木造建築である。彼が設計した結核病棟と伝染病棟の間に建設され、それぞれと渡り廊下で結ばれた。実施設計図はすべて残っているが、雑誌への発表もなく、写真も外観写真五枚が松村家から見つかったのみである。

珍しく透視図が残っており、「一九五五・一一・二三松村」のサインがはいっている。実施設計図に書かれた日付は、最初が一九五六年一月一七日で最終訂正が同年の四月五日だから、実施設計にはいる直前のイメージを自分の手で描いたものと思われる。一階病室上部の庇の範囲が少し短いのと、右半分の食堂と看護婦作業室の大きなガラス面のサッシュ割りやサッシュの見込みの雰囲気が違うこと、南北に貫通する通路が外部のままのように見えるが実際には建具がはいり内部化されていたことなどの点を除けば、実現した建物とほぼ同じである。この手前に結核病棟、後方に伝染病棟があった。

木造二階建て、外壁は「ラスモルタル　白セメント吹付」、屋根は「アサノ大波スレート」とあり、おなじみ

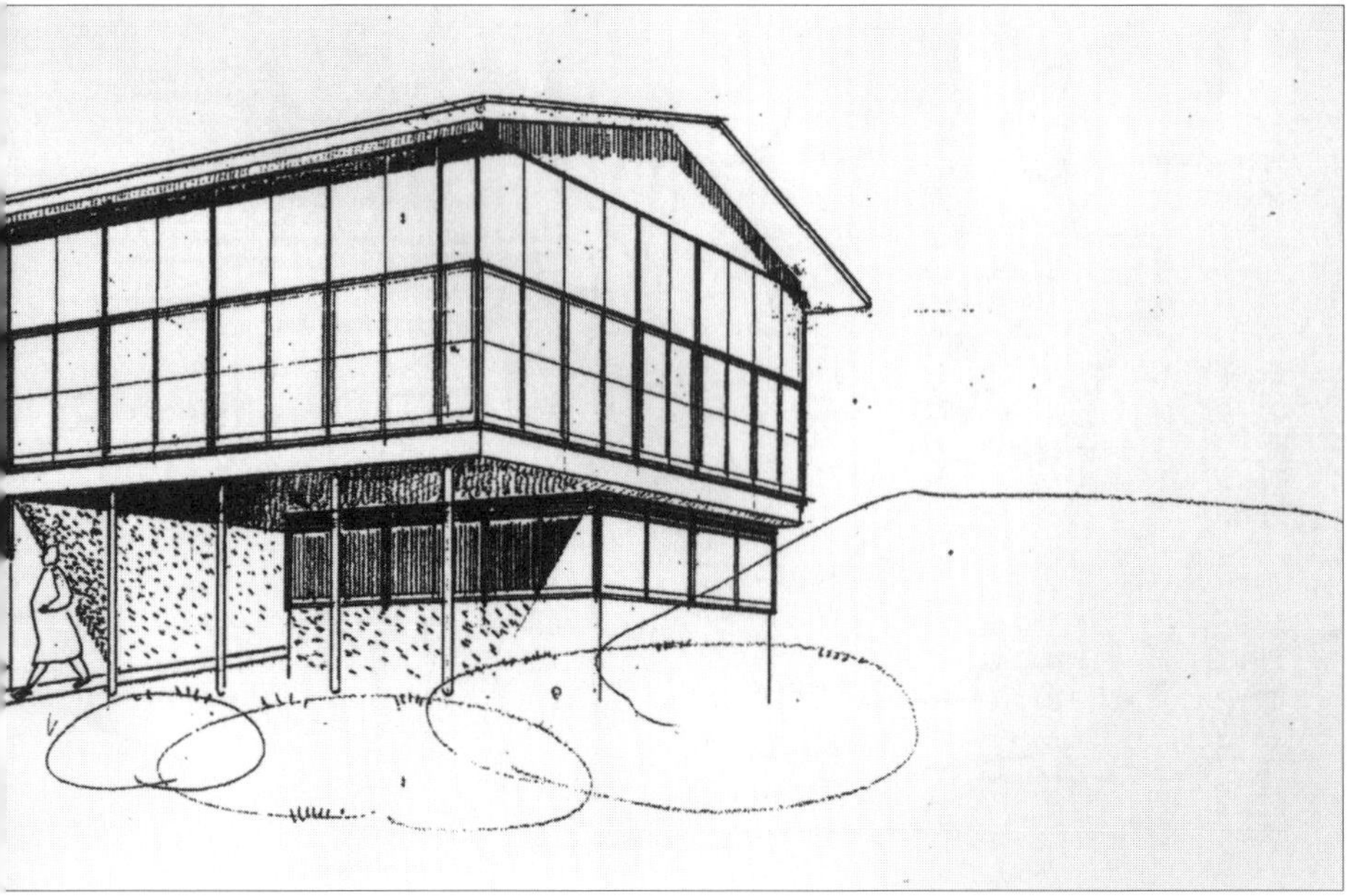

の仕上げである。写真からは、結核病棟や伝染病棟より濃い色が外壁につけられていたように見える。

一階は、結核病棟と伝染病棟を結ぶ通路が東寄りの位置で貫通し、その右側に配膳室、左側に病室ゾーンが配されている。配膳室の周囲はピロティになっている。地形の影響で、南北の貫通廊下の左右で一階の床レベルが違い、病室ゾーンへは短いスロープで上がる。全体に六・五尺のモジュールが使われており、一階には六・五尺×一三尺の個室が八室、一九・五尺×一三尺の大部屋が四室、便所、洗面、洗濯室、物入れがある。ゆったりした階段で二階に上がると、天井が高く全面ガラスの食堂だ。一階の配膳室との間には、食事の上げ下ろし用のリフトも設置してある。

長手方向の断面図を見れば明らかなように、東西のゾーンはスキップフロアの関係にある。食堂のレベルから半階分階段を上がると病室ゾーンとなり、六・五尺×一三尺の個室が二室、一九・五尺×一三尺の大部屋が六室、便所がある。また東側は平面的に巧みに二分されていて、そこから半階下がると看護婦作業室があり、半階上がると、食堂の吹抜けを見下ろす高さの小屋裏に物置がある。

病室の意匠は、基本的には東病棟、結核病棟、伝染病

八幡浜市役所に残る実施設計図の中にあった透視図

南側外観。端部の大きなガラス面のうち、右半分が食堂、左半分は看護婦作業室［松村家蔵］

棟に準じており、床から浮かせた家具や間仕切り、カーテンなどによっている。

病室ゾーンの外装は、上部欄間がホッパー窓になった引き違いのガラス戸、そして引き違いの鎧戸という四列の建具が並ぶシンプルなもので、それらを大枠に納めて柱に外付けし、水平性の強い外観を構成している。一階の窓上部には、四・五尺の出の小波スレートの庇がある。印象的なのは東側の食堂と看護婦作業室の大きなガラス面で、後述するように、これまで以上に透明度が高くダイナミックなスケールの空間になっており、いかにも第三期的である。

なお、東病棟、結核病棟などでは外部避難階段をコンクリート造とし、木造の本体とは異なる力強い造形としていたが、この建物でも、西端部の避難階段がコンクリート造であり、踊り場から先の六段ほどは約八尺のキャンチレバーで、本体とは切り離されている。

二　大きなスケールあるいは華やかさの凝縮

以上のように、この建物は、基本的にはそれまでの病棟に準じた、あるいはさらにシンプルにしたデザインだと位置づけられる中で、他と大きく異なるのが内部空間の断面構成である。

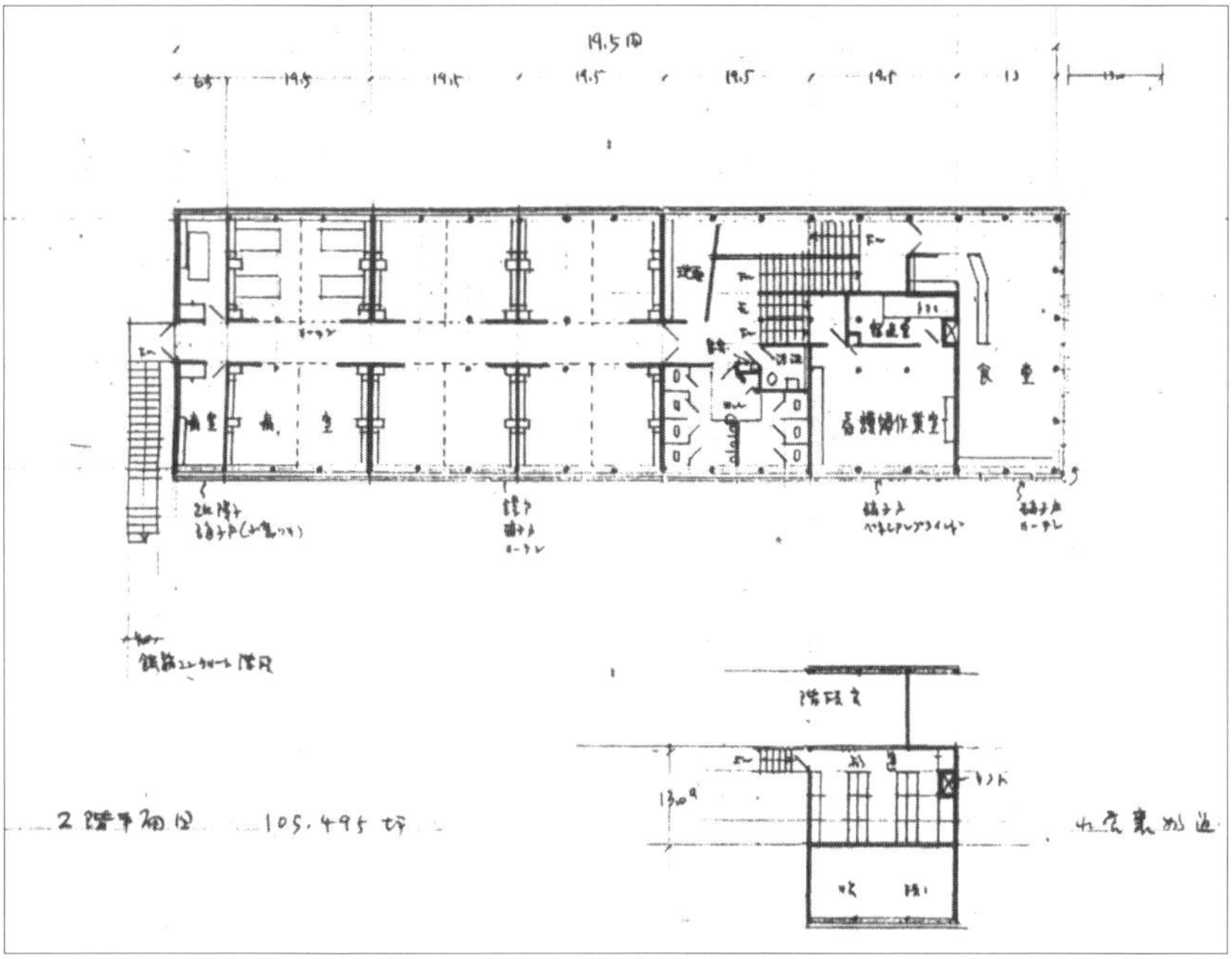

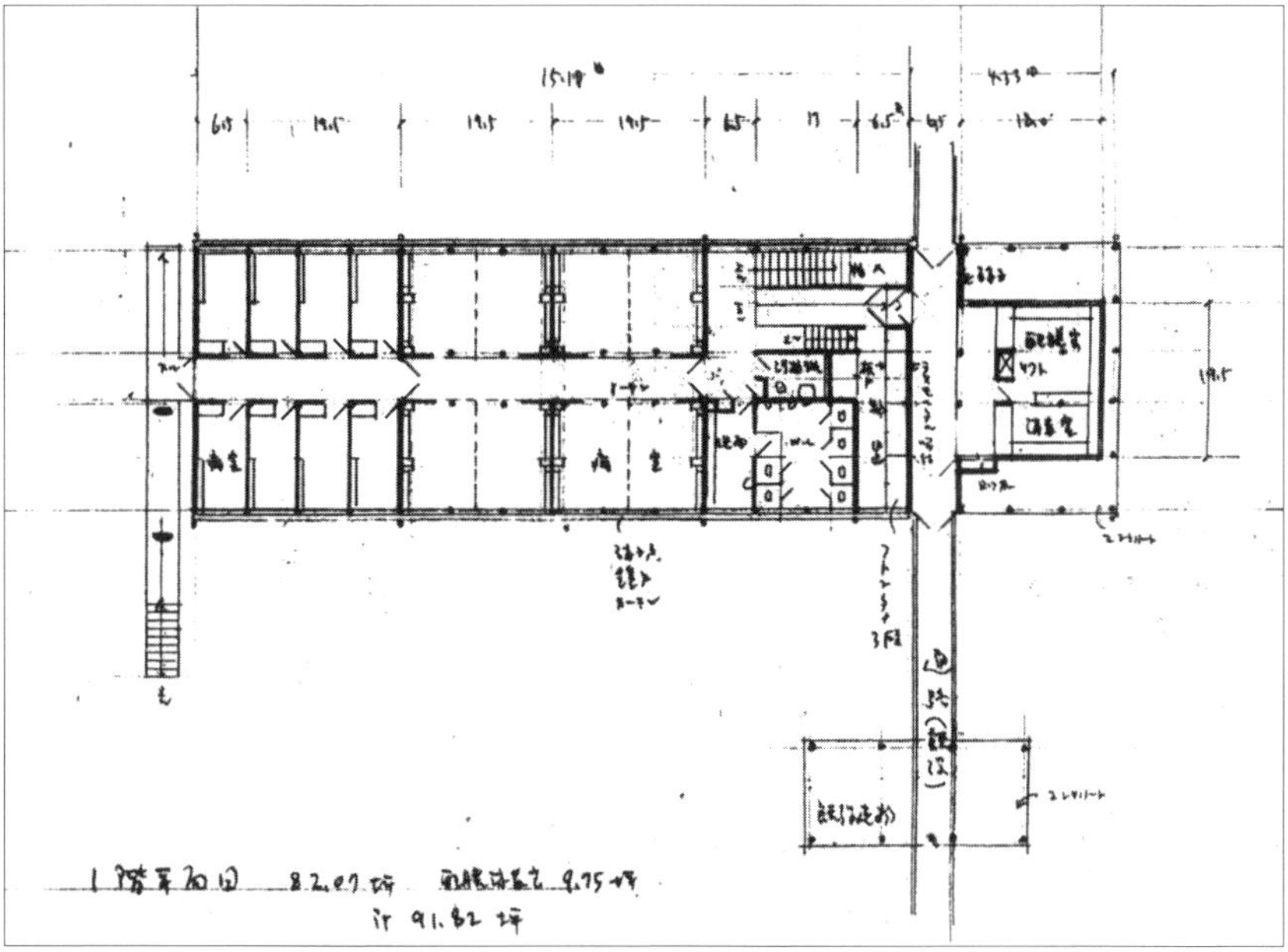

上：2 階平面図。下の平面は看護婦作業室上部の小屋裏にある物置
下：1 階平面図

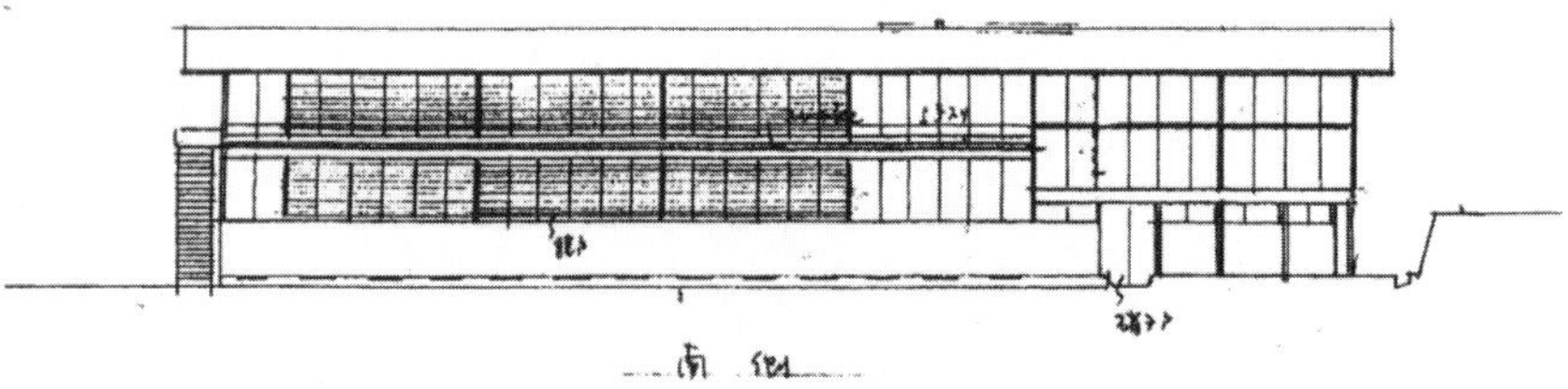

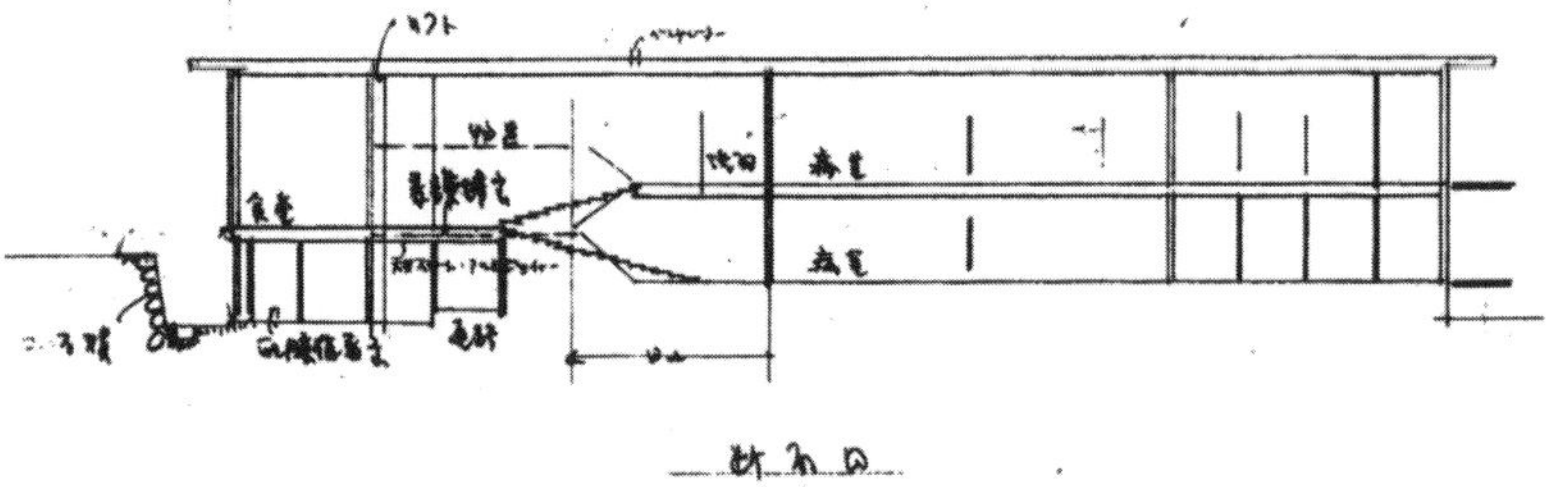

上：南側立面図
下：東西断面図。スキップフロアの様子がよくわかる

写真がないので図面から想像するしかないが、各室の天井形状には、これ以前の松村の建物には見られないさまざまな変化がつけられており、彼がダイナミックな空間演出を試みたと想像できる。

病室ゾーンの短手方向の矩計図を見ると、一、二階とも山型の天井がふたつ南北に連続し、その接点、すなわち谷の部分が建物の中央、すなわち廊下の中央にきている。これまでの病棟が、フラット天井あるいは緩やかな一方向の傾斜天井だったのに比べると、随分と雰囲気の違うデザインだ。

この天井の形が、屋根の架構と連動していることは矩計図を見れば明らかである。すなわち、小屋組みは洋式トラスではなく、いわば伝統的な登り梁形式といえ、中央の二列の柱から方杖で棟を引く方式となっている。他の病棟にはなかった構造形式であり、松村が構造を自在に使いこなしていた様子が想像される。

この架構を前提として病室の天井高を少しでも確保しようとすると、山型あるいは、二階右側の便所で採用された三角形断面になるしかない。しかし松村は、山型天井だけを二連につなぐ方法を選んだ。その理由は、おそらく次の二点だろう。

西側の避難階段。コンクリート造で、踊り場以降は木造の本体とは切り離されたキャンチレバー。
左奥は伝染病棟［松村家蔵］

・三角形断面にすると病室と廊下の間には垂れ壁ができ、廊下の天井形状に依らず、廊下と病室のあいだの分節が明快になってしまう。
・二連の山型天井なら、全体の空間は廊下の中央部分を境にふたつに分節されるだけで、天井形状による病室と廊下の分節はおこらない。

個室タイプの病室の間仕切りは、傾斜した天井の途中の位置にあり、その上部のホッパー窓を通して天井が連続している様子が見える。大部屋の場合は天井よりずっと低い間仕切りなので、二連の山型天井全体が意識される。つまり松村は、病室ゾーン全体の空間の一体感を強調するデザインを選んだといえる。それまでの病棟の空間が「静かな」とか「落ち着いた」といった言葉で形容されるとすれば、この二連の山型天井に覆われた空間は、たとえば「ダイナミックな」とか「華やかな」といった言葉で形容すべきものであり、そのことは第三期の建物の多くに共通する特徴といえるだろう。

さらに印象的なのが二階の食堂である。そこでは、大きなガラス面と高い天井が注目される。

矩計図によれば、病室からふたつの山型断面の天井が続き、その中央に、照明を兼ねたフラットな下がり天井

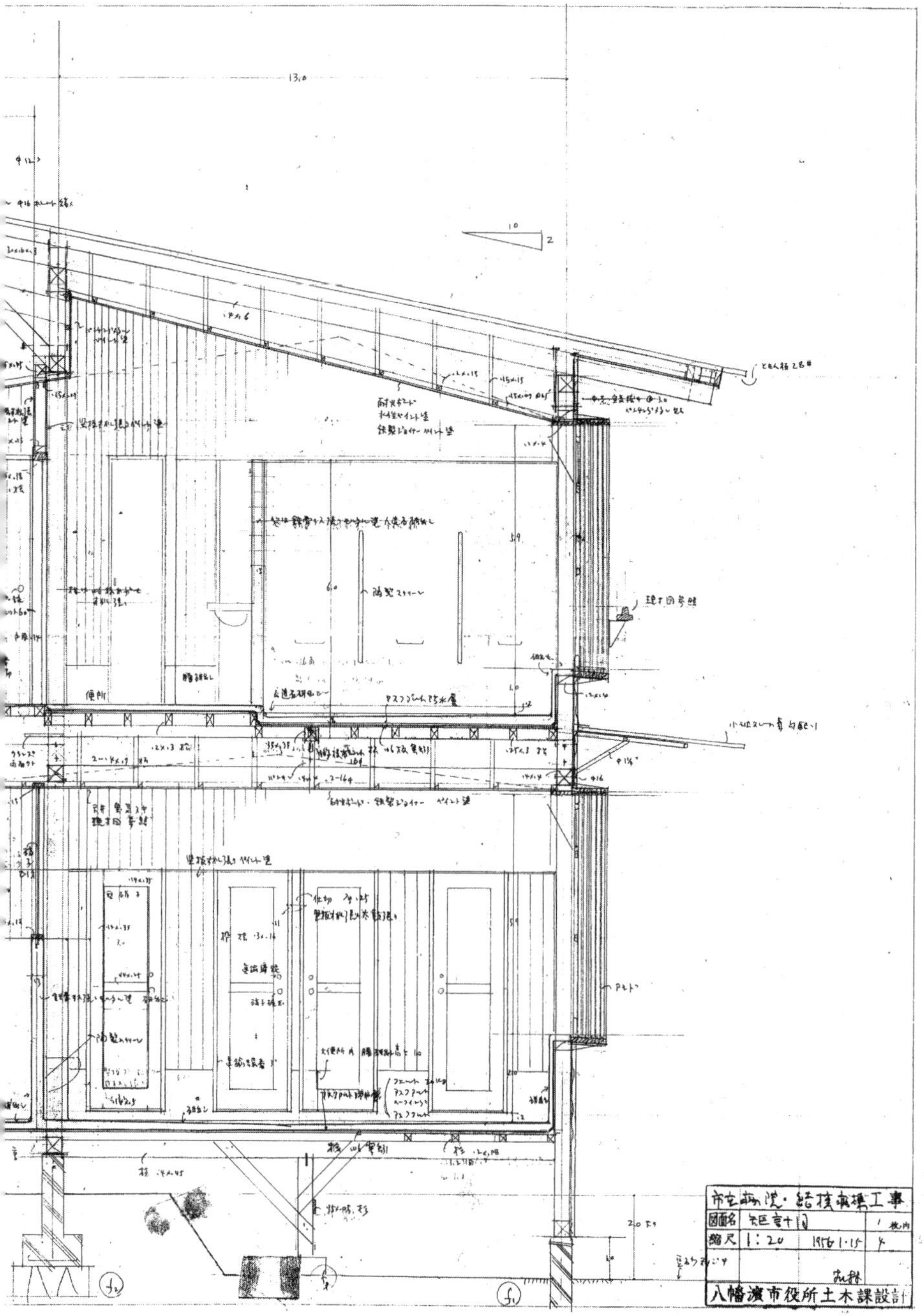

図面名
縮尺
1:20
1956.1.15
八幡濱市役所土木課設計

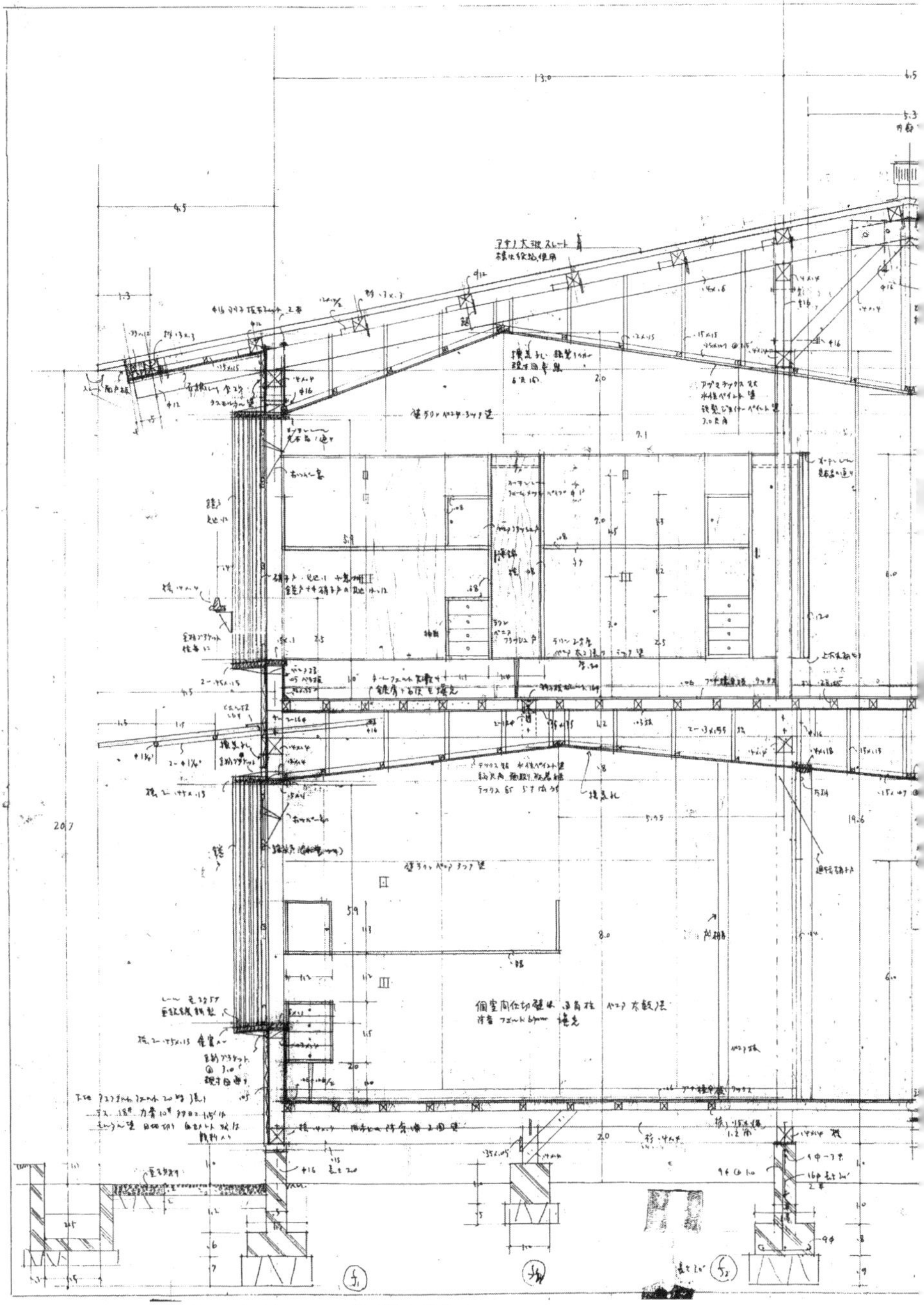

病室ゾーンの矩計図。右半分は便所なので天井形状が違うが、
病室部は点線で表示された山型の天井である

が描かれており、写真でも確認できる。
次々頁の矩形図には、二連の山型天井のラインに沿って緩やかな曲線が描かれているが、食堂の展開図では直線のままであり、また当時のスタッフであった柳原亨氏へのヒアリングでも、曲面ではなかったという回答である。松村が、より優雅な空間をめざしてスタディした跡ではないかと思われる。
また実施設計図の中の設備図によれば、フラットの部分にルーバー付きの埋め込み式照明器具、折り返しの奥の部分に間接照明のための電球九灯（二〇〇ワット）が取

上：2 階食堂外観。
内部の下り天井のエッジが見えている。
ガラス面の上半分は嵌め殺し、
下半分は引き違いである。
丸鋼ブレースもよくわかる
下：食堂の引き違い戸を開けたところ。
両サイドに建具がすべて引き込まれている
［いずれも松村家蔵］

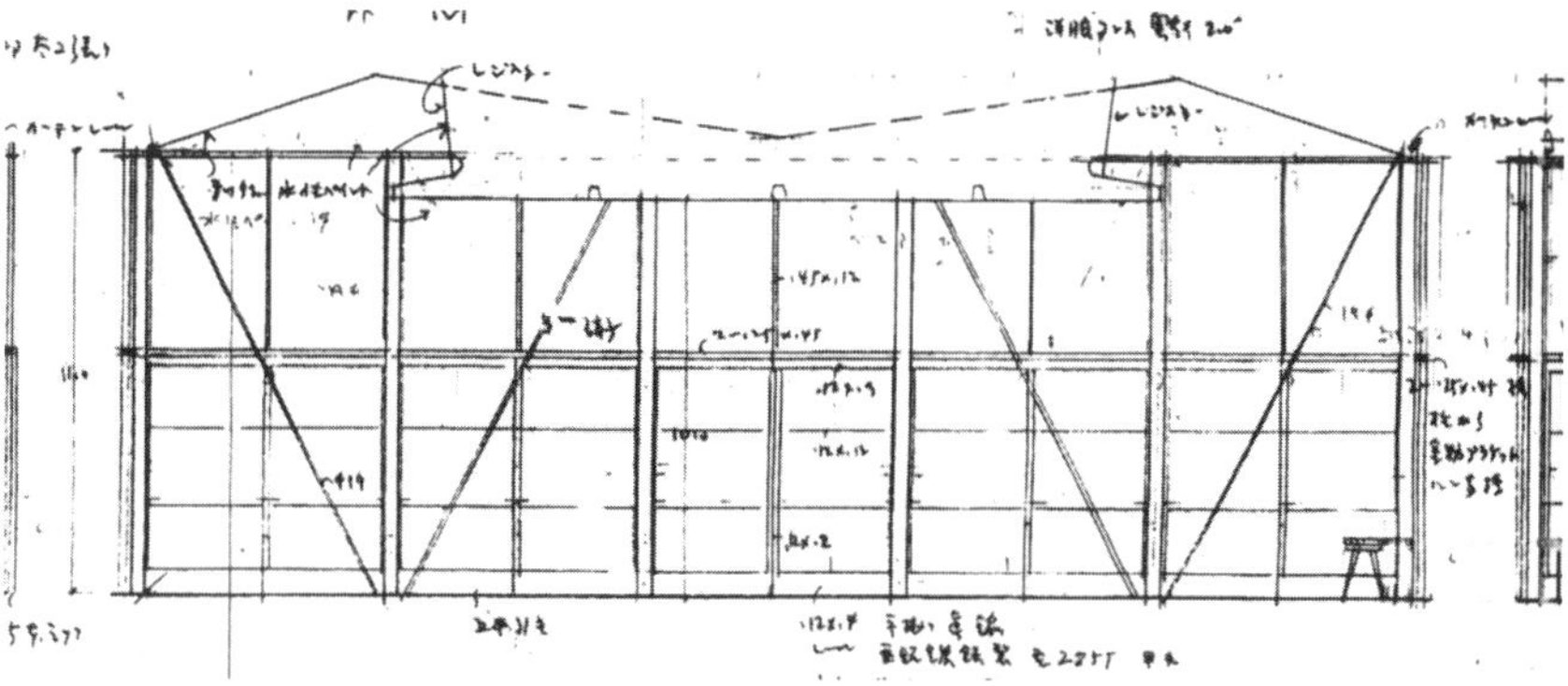

上：食堂東面展開図。天井は矩形図のような曲線ではない
下：北側から食堂を見る。開放的なガラス面が印象的。照明を兼ねた下がり天井が確認できる。
奥に見えるのが結核病棟

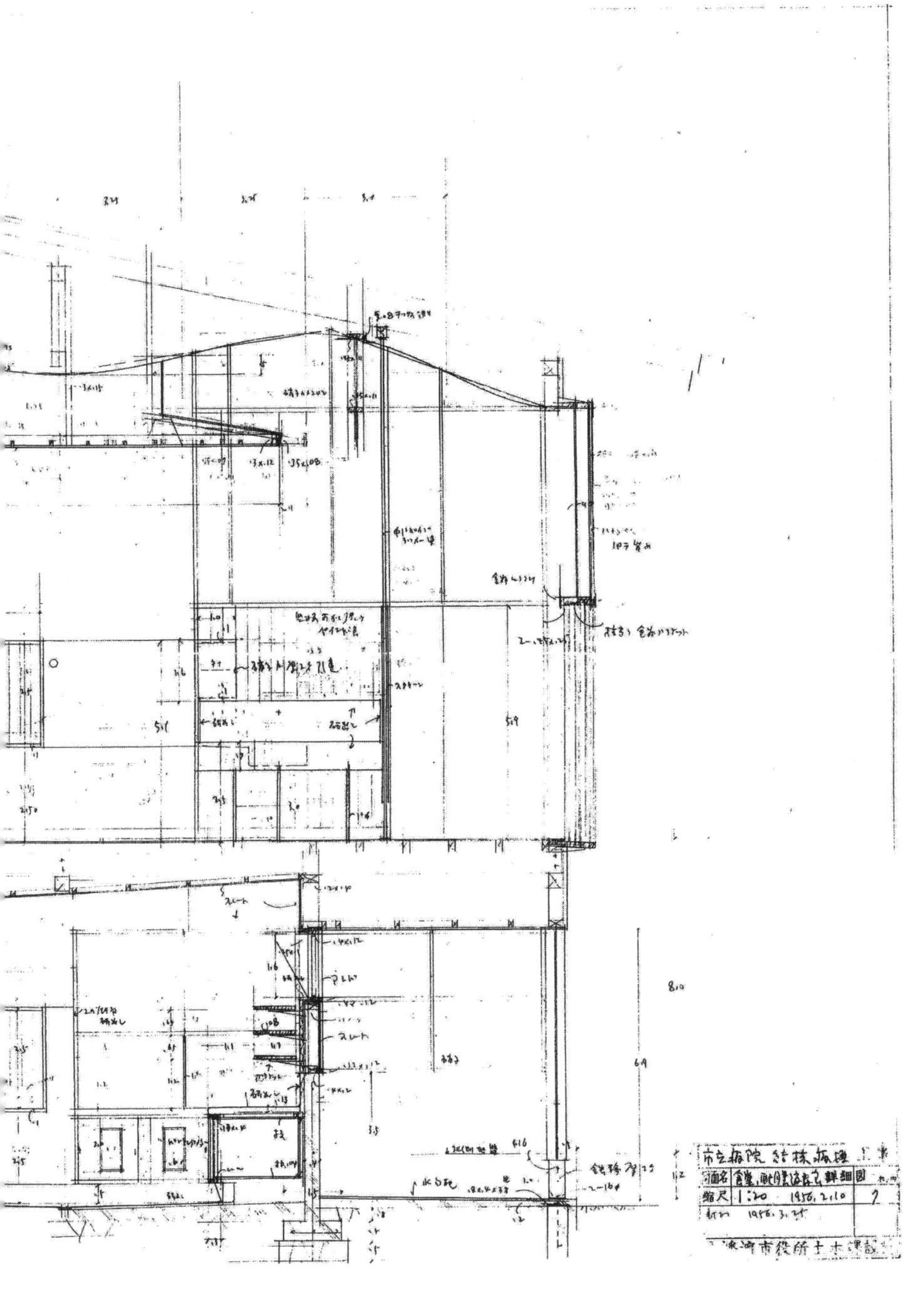
市立病院 結核病棟
縮尺 1:20 1956.2.10
1956.3.25
市役所土木課

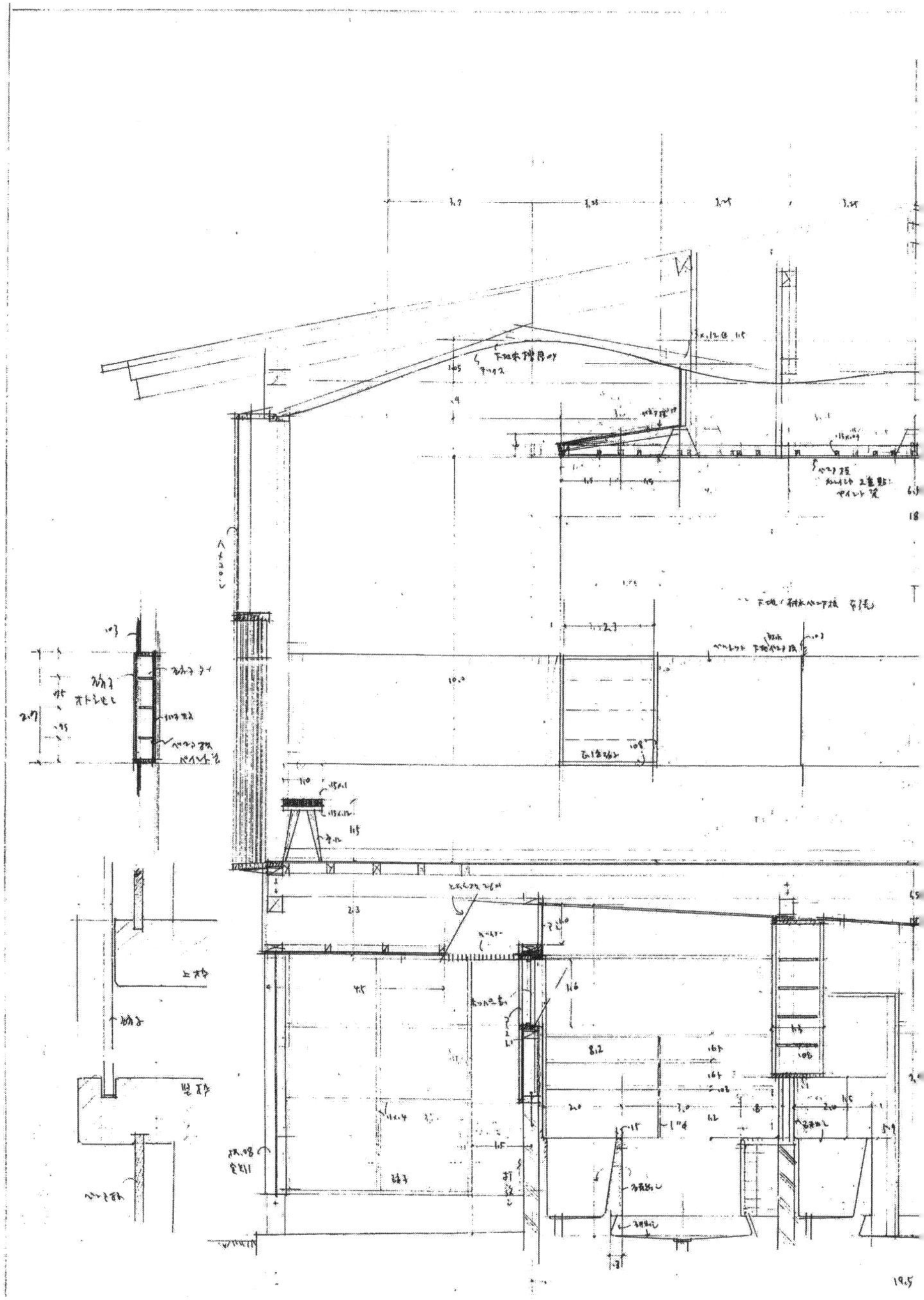

2 階食堂まわりの矩計図

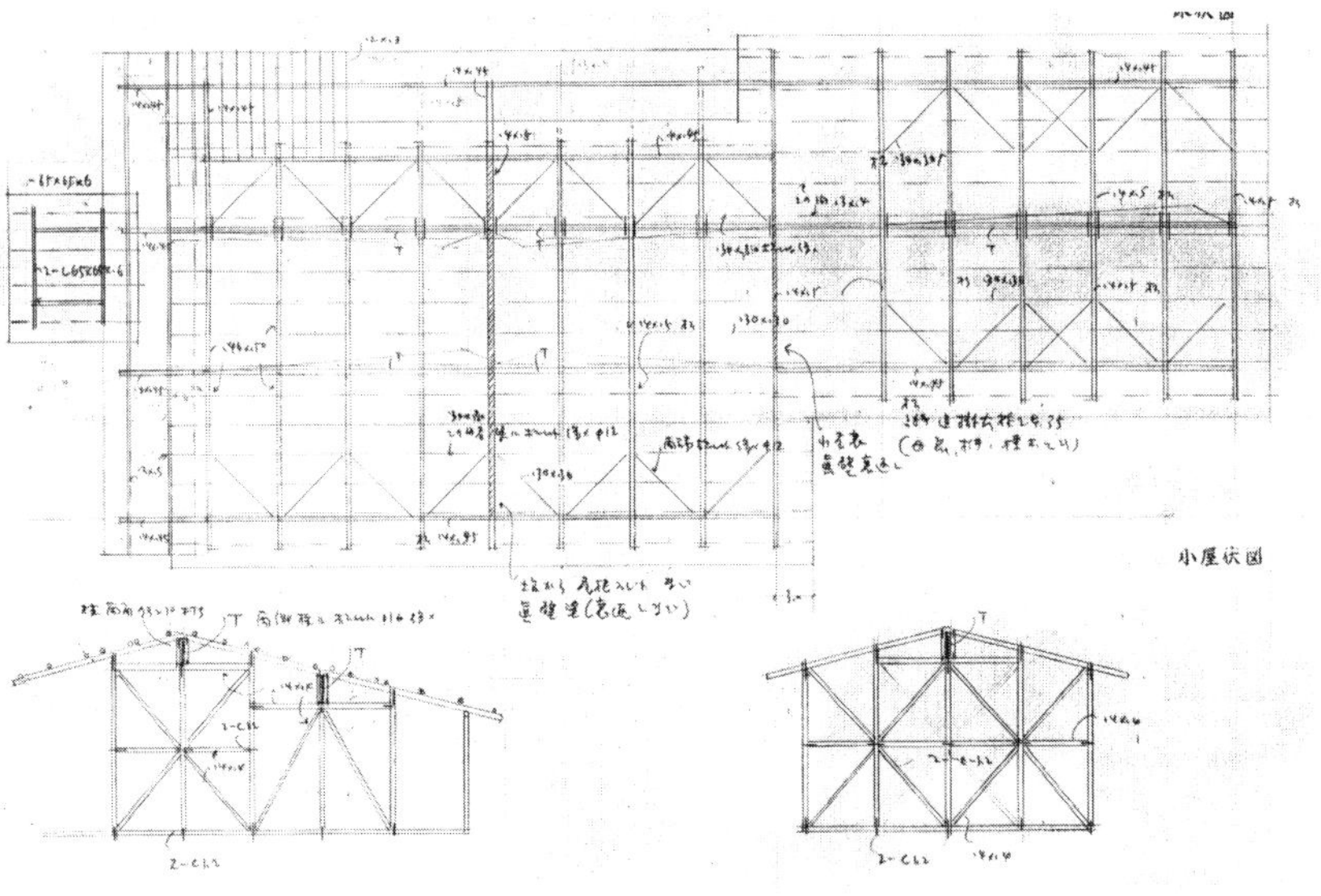

川上中学校増築工事の構造図の一部。小屋伏図（上）と軸組図（下）

りつけられており、点灯時には、当時の地方の建物としては異例の華やかな雰囲気だったと想像される。

眼を引くのは大きなガラスの開口部だ。上部が四・八尺の高さの嵌め殺し窓、下部が五・九尺の高さの引き違い戸だ。嵌め殺しのガラスは枠の一番外側に取りつけられ、ヴォリューム感を生んでいる。また中間の無目は、二分の一スパン毎に上部から鉄筋で吊られている。

ガラスで囲まれた食堂と看護婦作業室を合わせた平面は、一辺が三二・五尺（＝六・五尺×五スパン）の正方形であり、写真から判断すると、東面ではそれを三スパンと二スパンに分けて一ヵ所に引き込んでいると思われる。したがって、かなり見込み寸法の大きな建具枠が、彫りの深い表情をつくっていたに違いない。また妻面にはV型の長い丸鋼ブレースが二ヵ所はいっており、窓枠との対比も美しい。ガラス越しには、北側に伝染病棟、南側に結核病棟が見通せ、まるで松村作品を見るための額縁ででもあるかのようだ。

以上のように、この建物は、第二期で松村がつくり上げた病院建築の手法の上に、第三期の学校建築で見出した空間の大きなスケール感や華やかさといった要素が加味された建物といえるだろう。

川上中学校増築工事

建築の概要

すでに述べた川上公民館の向かいにあった中学校である。

『八幡浜市誌』によれば、一八九八年からこの地に川上尋常小学校があり、一九四七年に川上中学校が創立されるとともに、同じ敷地内に併設された。その後一九五九年に現在の川上小学校のコンクリート校舎が建設され、川上中学校は一九六九年に八代中学校に統合された。

松村が担当した校舎の設計図は、八幡浜市役所に構造図が一枚（A1サイズ）残っているのみであるが、それに

1
2
3

1：1960年頃撮影の航空写真。
左から川上公民館、運動場をL型に囲むのが川上小学校、
右端の白く写っている建物が松村設計の校舎
2：川上公民館蔵の遠望写真の拡大。
右の屋根が白く写っている建物が川上中学校の増築棟
3：1958年度川上中学校卒業生写真（部分）。
背後に見えるのが松村の設計した校舎
［いずれも川上小学校蔵］

よって外形は想像できる。また工事台帳によれば、木造平屋建てで屋根は波型スレート葺き、床面積八八・七五坪の教室棟である。

これらの情報から、一九六〇年頃に撮影された航空写真の右端に示す校舎であると推察できる。

構造図からは、稜線を共有する「へ」の字型および左右対称の切妻屋根がずれて架かった建物であることがわかる。航空写真では、道路側は屋根の先端が揃っているが、川上公民館蔵の遠望写真を拡大すると、屋根の形状は小屋伏図と一致するので、後に屋根が広げられたか増築されたと思われる。

詳細を伝える資料はないが、一九五八年度川上中学校卒業生写真の背後に写っている建物が、屋根伏などの形状から判断して、松村の設計した校舎だと思われる。理科の実験室であったとの証言がある。写真では、立面の上半分を占めるガラス面が印象的であり、内部は天井高の高い空間だったと思われる。

真穴中学校増築工事

建築の概要

八幡浜市中心部から南西方向へ一〇数キロ、宇和海沿いの真網代地区にある学校だ。撮影年月日は不詳だが、少なくとも一九五六年以降に撮られた航空写真が当時の全貌をあらわしている。

同校の『創立五〇周年記念誌』（一九九八年一〇月一日発行）や『八幡浜市誌』によれば、まず敷地奥の校舎が建設されて一九三七年四月に真穴尋常小学校が創立された。その後、左のウイングの校舎が一九五一年一〇月に落成し真穴中学校となった。航空写真右下の平屋の校舎は技術棟と呼ばれる建物で、一九六二年八月三一日の落成である。

八幡浜市役所の台帳には、松村の担当で一九五六年に木造二階建ての校舎（延べ五三・三坪）を増築したとある。当初、どの校舎のことかわからなかったが、真穴中学校のさらに古い写真（年代不詳）が見つかり、それと前記の航空写真を比べると、左のウイングの校舎の端部に、上下二教室分が増築されていることが確認でき、これが松村の担当部分であろうと判断した。設計図は見つかっていない。

航空写真を拡大してみると、増築部分は窓のサッシュ割りが既存部と異なっていることがわかる。窓の中間部に幅の狭い割付があり、おそらく換気用のホッパー窓と思われる。さすがにこれだけ小規模な増築だと大きく外

上：真穴小学校と真穴中学校の全景
下：増築前の真穴中学校。左端部が寄せ棟屋根であり、
上の写真よりも上下 2 教室分だけ校舎が短いことがわかる
［いずれも真穴中学校蔵］

観などを変えることはできない中で、松村が試みた改善提案であろう。

なお、一九八〇年に、現在のコンクリート三階建ての校舎に建て替えられた。

中津川公民館

一　建築の概要

八幡浜市中心部から南西に三・五キロほど山間部にはいった中津川地区の公民館である。戦後、八幡浜市も近隣町村との合併にともない各地区の公民館整備をおこなったが、この建物もそのひとつで、工事台帳によれば、

1：航空写真の拡大。
松村の設計で左端の上下 2 教室が増築された。
サッシュ割りが既存部と異なっていることがわかる
2：宇和海を望むロケーションを示す写真。
コンクリート校舎は、1980 年 5 月に落成した真穴中学校。
その後 1980 年に、松村が増築した校舎も建て替えられ、
真穴小学校となった［真穴中学校蔵］
3：現在の真穴中学校（右）、真穴小学校（左）
（2008 年 3 月 27 日撮影）

1
2
3

川側の外観（2006年8月27日撮影）

一九五六年六月三〇日の竣工である。

のどかな山村の川沿いに建つ木造二階建ての建物だ。二階に広間（五間×六間）と舞台を兼ねた和室があり、一階は約半分が近隣農家の精米や蜜柑の選別の作業場、残りが玄関、炊事室、便所などになっている。一階には「電話室」もあり（現在は放送室）、電話の普及していなかった時代には地区の代表電話の役割であったと想像される。現在も大切に使われており、二〇〇五年八月に開催した「夏の建築学校　八幡浜」（日本建築学会四国支部主催）の会場にもなった。

切妻屋根の本体に片流れや切妻の下屋が取り付いて、複雑な外観をしている。外壁は板張り・ペンキ塗り、屋根は厚瓦スレート葺きである。現在、外壁は淡いピンク色をしているが、当初の色に準じて塗り替えられてきたと考えられ、第二期の病院施設などで使われた色に近いと思われる。

二　即興的コラージュ

八幡浜市役所には七枚の実施設計図が残っているが、日付は一九五六年二月三日が一枚、二月七日が二枚、三月七日が二枚、三月八日が一枚、不明が一枚である。途中の一ヶ月間の空白は、図面の内容から判断して案を見

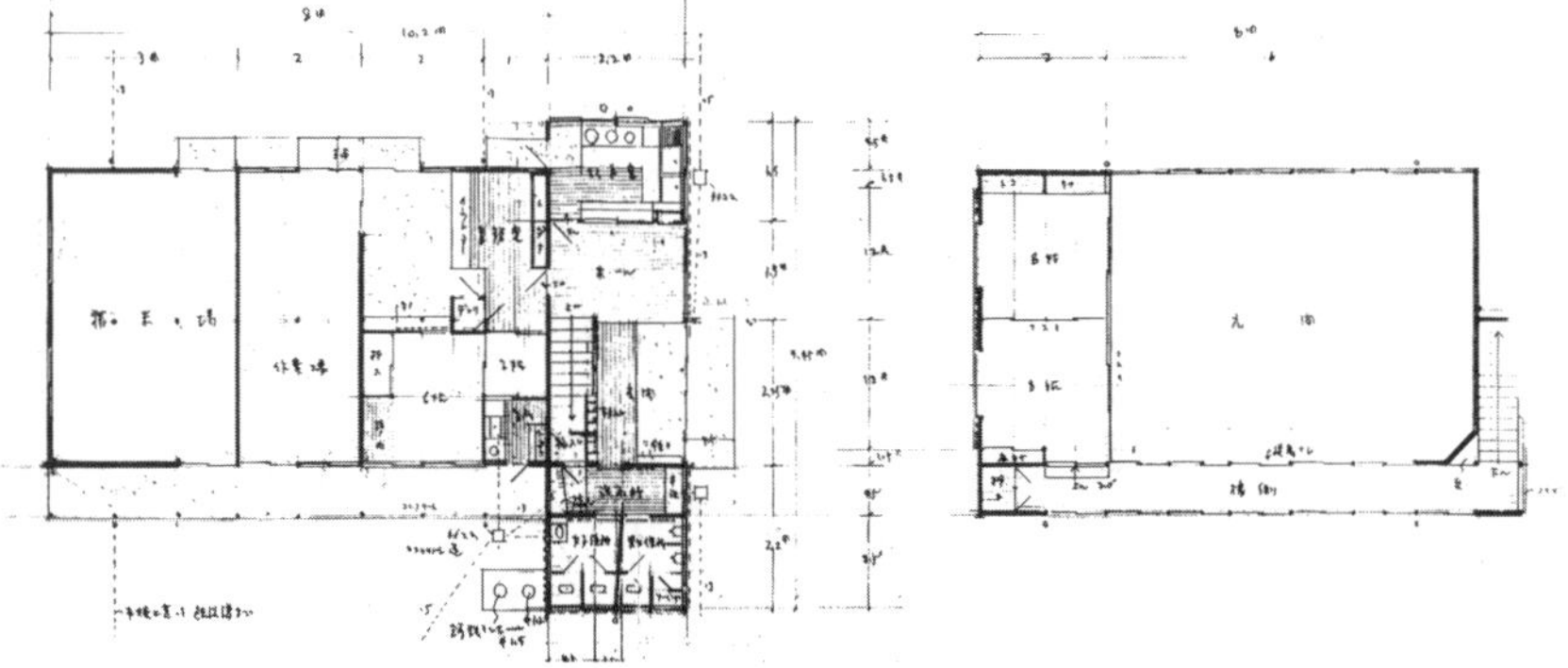

1：1 階平面図（左）／2 階平面図（右）
2：東側外観
3：北側外観
（2、3 ＝ 2005 年 8 月 6 日撮影）

直していたとは思えず、実質的には数日で図面をまとめるという短期間の設計だったと想像される。

一九五六年にしては、同時期の松村作品に比べると、内外ともにシャープさを欠くデザインだ。ただ、全体として不思議な印象の建物であり、むしろ松村が、手持ちのヴォキャブラリーや形態操作の手法を即興的にコラージュしてまとめた建物といえるだろう。

二―一　〈局所的な対称性と全体的な非対称性〉の実践

写真と平面図・立面図を見れば明らかなように、この建物は、広間のある二階建ての部分（＝A）のまわりに、二階の広間前の廊下部分（＝B、設計図では「縁側」）が北側に、玄関や便所のある平屋（＝C）が西側に張り付くという構成である。それぞれのパート、とくにAの東西立面と二階平面、Bの西・北立面はそれぞれ左右対称なデザインであり、Cも西・南・北の立面は概ね左右対称である。

しかし全体としては、各立面も三次元的な形態も非対称的な造形となっており、〈局所的な対称性と全体的な非対称性〉という江戸岡小学校以来の手法が使われているといえる。

二―二　両面採光の転用

中津川公民館の二階広間の北面は、廊下部分の屋根を下げてトップサイドライトから光をとり、いわゆる両面採光の断面をしている。学校建築の教室で考えてきた手法を応用し、基本になる断面構成が決定されている。これも即興的といえる。

二―三　空間のフレキシビリティ

二階広間は五間×六間の広さがあり、小屋組は木造トラスで構成されている。天井はテックス、壁はラワンベニヤ貼で、方杖の三角パネルが一間ごとに並び、どちらかといえば第一期の空間という印象である。

この広間の舞台に相当する部分が面白い。広間から二尺上がり、そこに八畳の座敷がふたつある。両者の間には、設計図では襖がはいっている（現在は取りはずされている）。そして広間との間は、広間側は板戸のままで舞台の座敷側は襖紙を貼った引き戸になっていて、座敷を舞台として使ったり、独立して使ったりできるようになっているのだ。松村は建具によって空間のフレキシビリティを高める工夫を長谷小学校などでやってきたが、その一例といえる。

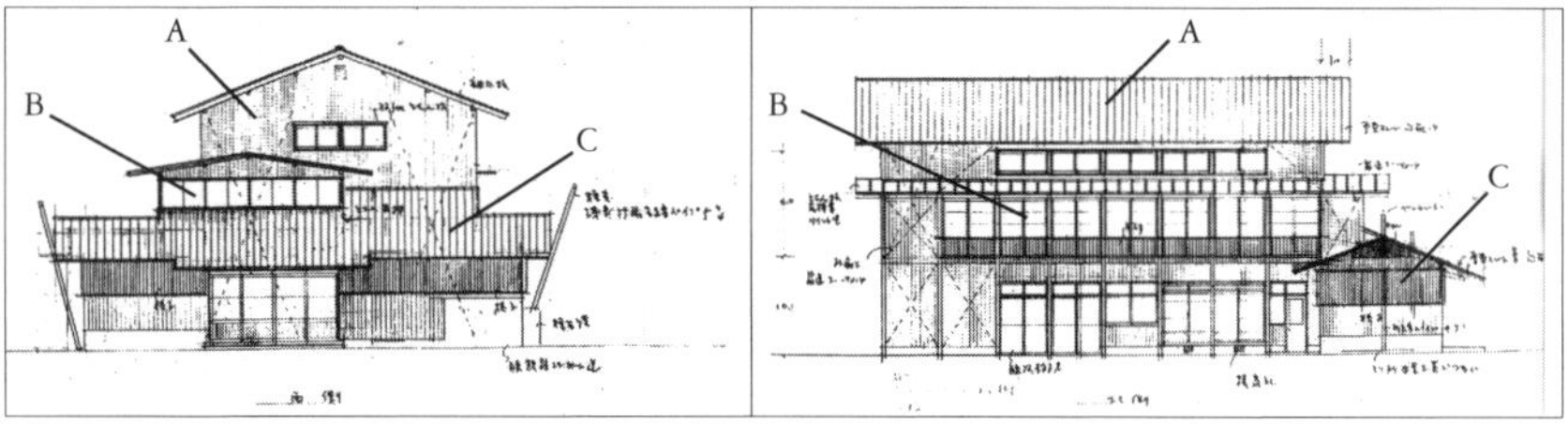

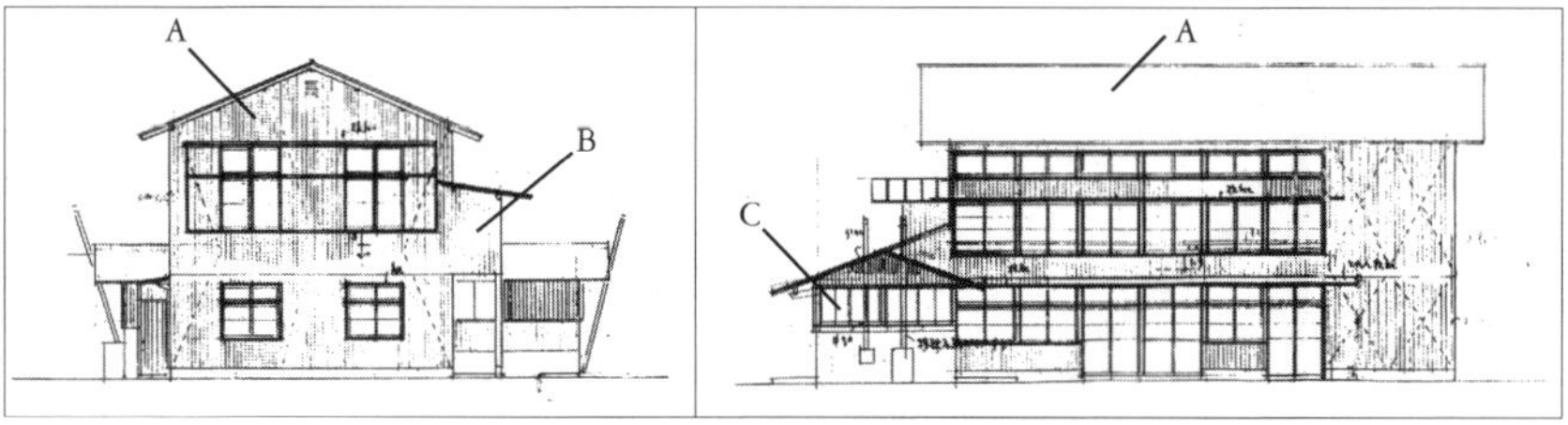

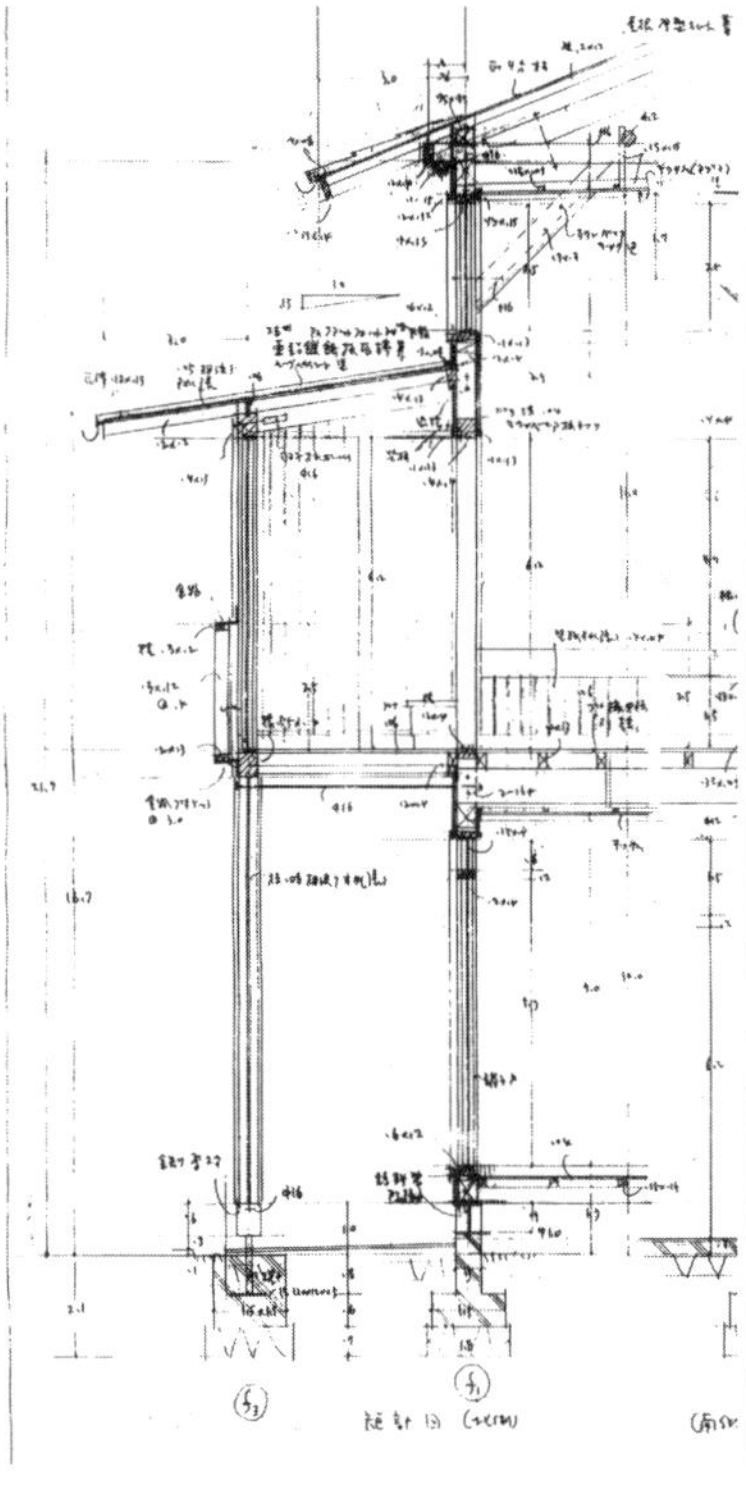

1：西立面図（左）／北立面図（右）
2：東立面図（左）／南立面図（右）
3：北側の「縁側」とピロティまわりの様子（2005 年 8 月 6 日撮影）
4：同矩計図

1

2

3

1：2 階広間。舞台正面の引き戸を開けた状態
2：舞台の座敷。
引き戸を閉じた状態
3：引き戸を開けた状態
（2003 年 3 月 21 日撮影）

江戸岡小学校便所増築工事

建築の概要

江戸岡小学校の特別教室棟の南に増築された便所である。松村はいずれの学校建築においても便所のデザインをさまざまに変え、見ようによっては楽しんでいる。小さな建物ではあるが、その細かな設計ぶりを指摘しておきたい。

レンガを円形に積み、その内外に六本のスチールパイプを自立させて木造架構の屋根を支えている。この次の

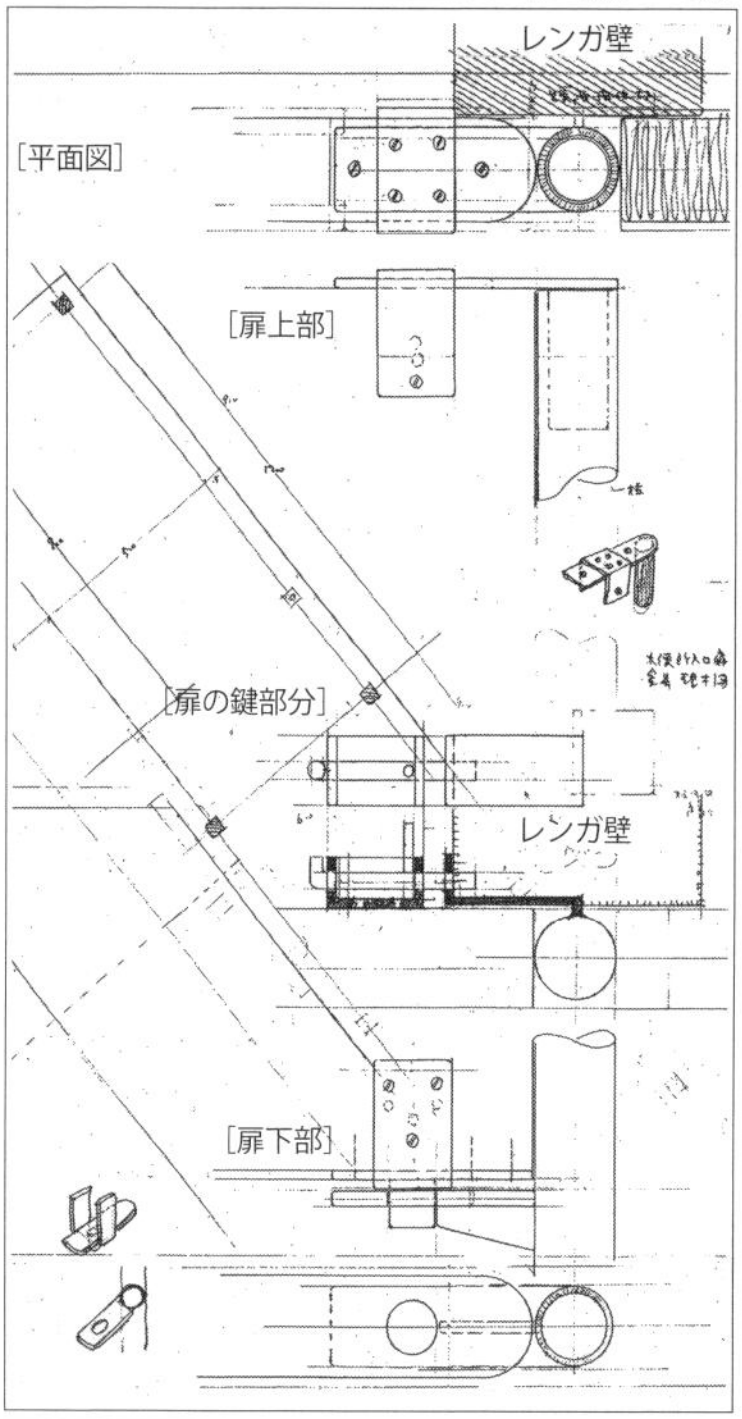

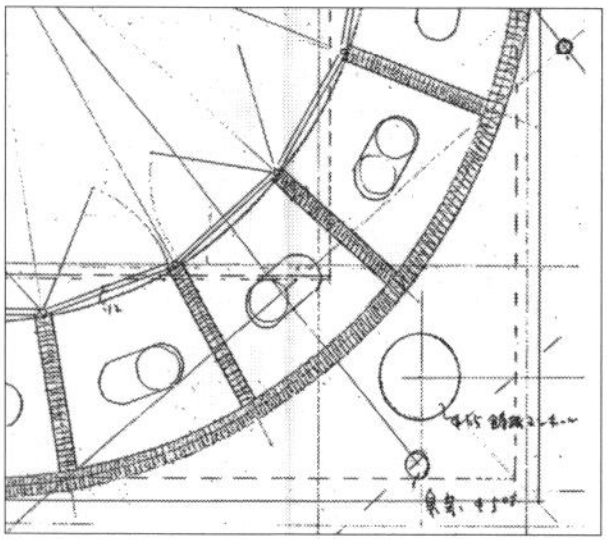

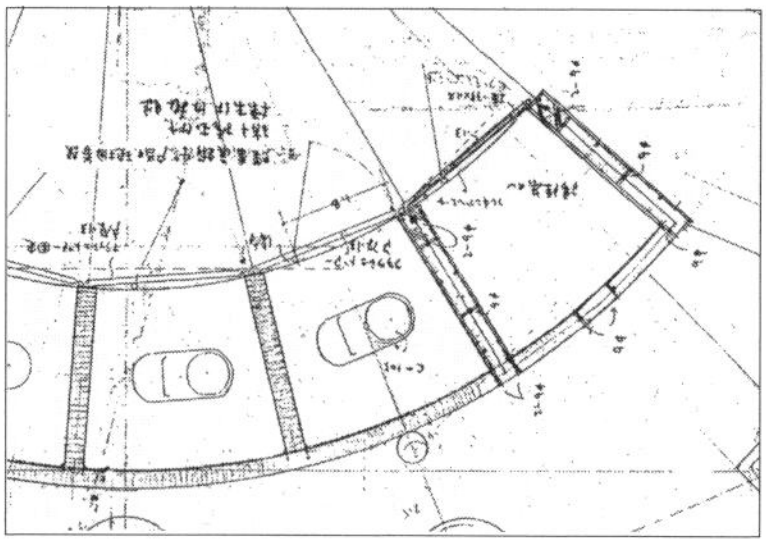

1：入口のアルミ戸は後の工事（1997年8月撮影）
2：江戸岡小学校の屋外便所ブース扉詳細図（文字は筆者記入）
3：江戸岡小学校の屋外便所ブース平面図
4：神山小学校の屋外便所ブース平面図

作品である神山小学校の便所と同じ円形平面である。神山小学校では外壁がブロック積みになり、鉄骨柱の架構が変化したという差があるが、ここで興味深いのは大便ブース扉の納まりの違いである。

詳細図で明らかなように、後の神山小学校では袖壁付きの扉であるのに対し、江戸岡小学校ではブースのパネル全体を扉としている。

レンガの仕切り壁の小口の中央にパイプを立て、スチールプレートとパイプで上下の軸金物をつくり、扉を支持している。袖壁がないから鍵は一般的なものが使えず、丸鋼をレンガ壁に差し込む方式が工夫されている。このような納まりにすると、袖壁を支えるパイプ柱や蝶番が不要になると同時に、扉がつくる円形壁面内の余計な分割線が消え、扉と壁が一体化した状態をつくり出せる。

しかし後の神山小学校では、袖壁付きの一般的な納まりになっており、おそらく江戸岡方式は鍵まわりなどの納まりが難しかったのではないだろうか。微笑ましい変更だが、おそらく松村は、あらゆる部位をこのような細かいスケールで考え尽くしたのである。

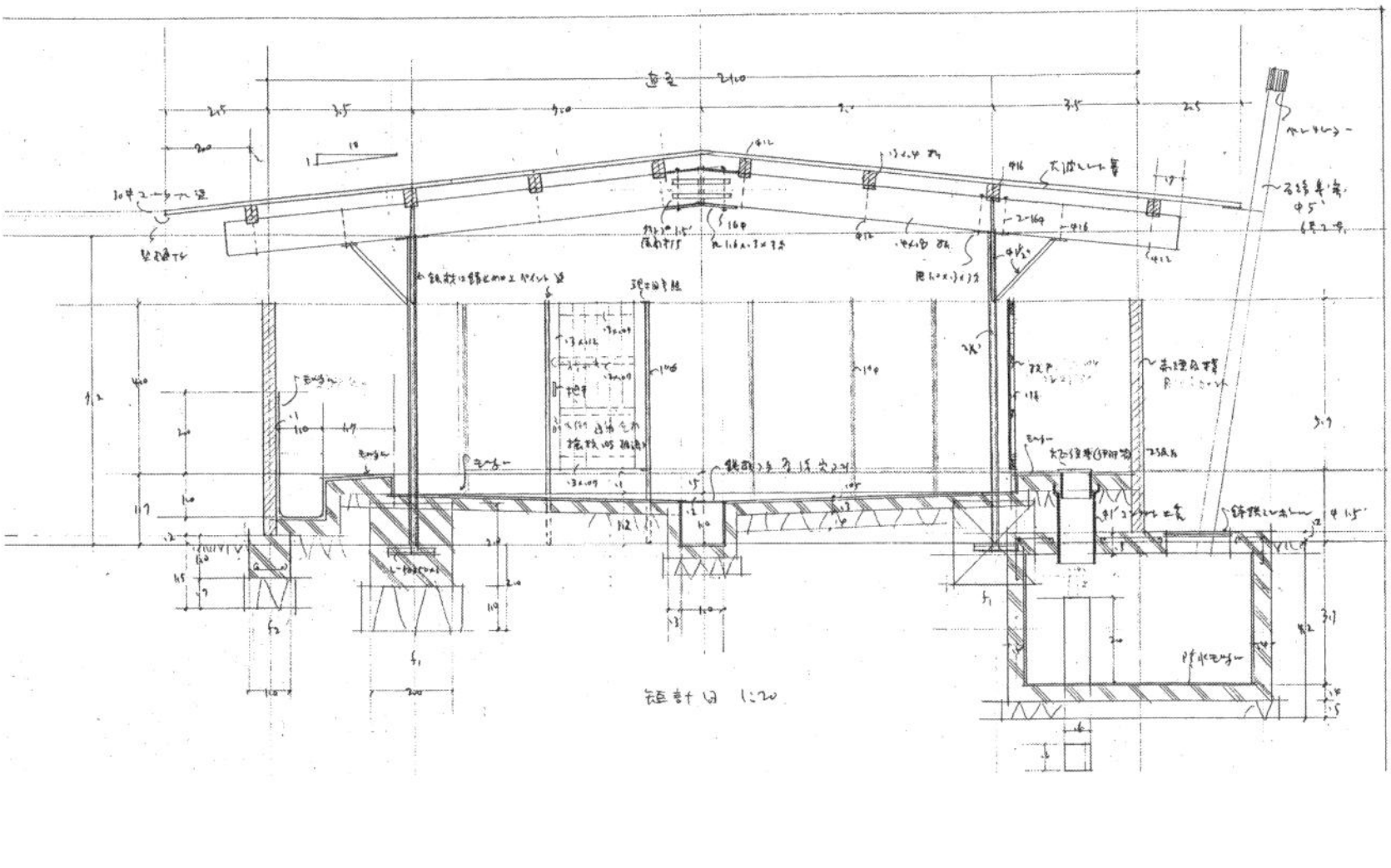

江戸岡小学校便所断面詳細
［松村家蔵］

神山小学校

一　建築の概要

敷地は八幡浜市中心部から少し南に行った神山地区で、一九四八年に、既に論じた神山公民館が松村の設計で建っていた学校である。航空写真の左下の四角く白い建物が松村の設計した校舎、右角隅の切妻屋根の建物が神山公民館だ。

松村の設計した校舎はコンクリート造二階建てである。彼が担当したコンクリート造の建物はこれ以前に川上公民館があるが、さらに規模が大きく、松村としては初の本格的なコンクリートへの挑戦だったといえるだろう。敷地南端に一九四二年に完成した木造二階建ての校舎があり、それと対峙する位置に、既存の校舎を取壊して一九五七年一一月に落成した。

この建物は、『建築文化』一九五八年一二月号や建築学会の出版物に掲載され注目を浴びた。実施設計図は一般図（二〇〇分の一の平・立・断面図）二枚が欠けているが、それ以外は残っている。

松村の設計した校舎は、不思議な平面をしている。東西軸の廊下を挟み、各階に五教室（三〇尺×二五尺）が一五尺の間隔を空けながら北側三教室、南側二教室にわ

神山小学校全景。左下の白い建物が松村の設計した校舎。写真左下隅方向が北。運動場右角隅の切妻屋根の建物が神山公民館［松村家蔵］

かれて並んでいる。教室と教室の隙間は、南側では外部空間、北側では一部が準備室となっている。しかも南北で教室の位置がずらしてあり、中廊下形式ではあるが、各教室の前の採光や通風を確保しようという意図がわかる。両端には昇降口と階段があり、全体として完全に左右対称な構成だ。

構造はコンクリートラーメン構造で、一階の昇降口のみ屋根が木造で組まれている。この部分は、後に述べる全体計画では二階建の昇降口と教室になっているから、その増築を見越してのことだろう。各教室の南北面には、さらに一〇尺ピッチで細いコンクリートの柱が立ち、格子状にコンクリートの梁が組まれている。コンクリートの壁は各教室の東西面のみで南北面にはなく、教室の外壁側と廊下側には、柱と梁のフレームの間に、木製の建具が嵌め込まれている。さらに、東西の内壁にはベニヤ板が貼られ、カラフルに着色された木製棚が取り付けられるなど、内装は木造の建物のようである。スケルトン・インフィルの発想に近いデザインといえる。

外観で印象的なのは、各階の中間にあるコンクリートアーチの庇だ。シングル配筋で厚さ〇・六五尺、そこに直径〇・二尺の穴が縦横〇・五尺ピッチであいている。これが教室への直射日光を防ぐと同時に、通風を確保し、しかも外観のアクセントにもなっている。

なぜこの学校はコンクリート造にしたかということについて松村は、一九八六年一二月に開催された内田祥哉らによる「木造建築研究フォーラム」での講演「木霊の宿る校舎」(『素描・松村正恒』に再録)で、「二階の音がうるさい、これが木造の欠点でございます」と述べ、何より遮音のためだと説明している。また異色の案ゆえに、教育長からの反対意見があったことや、コスト削減に努めたことなども語られている。さらに「コンクリートの固さをどうして補うか、そのことに腐心」し、「間仕切り壁、建具、床、壁、凡て木造」にしたと述べている。コンクリート庇については、「大きい波の形に穴を無数にあけております。太陽の動きにつれて美しい模様が描かれます」と、その意図と効果を述べている。

なお実施設計図は、A1サイズで二四枚あるが、そのうち九枚がコンクリートの躯体に関する図面であり、各階の床伏図、主要断面の配筋図、梁の配筋リスト、鉄筋自体のリストと詳細図、階段などの躯体の部分詳細図などが詳しく描いてある。

『建築文化』一九五八年一二月号には、構造設計者として三井道一という名前が明記され、松村は、「三井道一氏には、勝手なことばかり押しつけてそれを、私の希

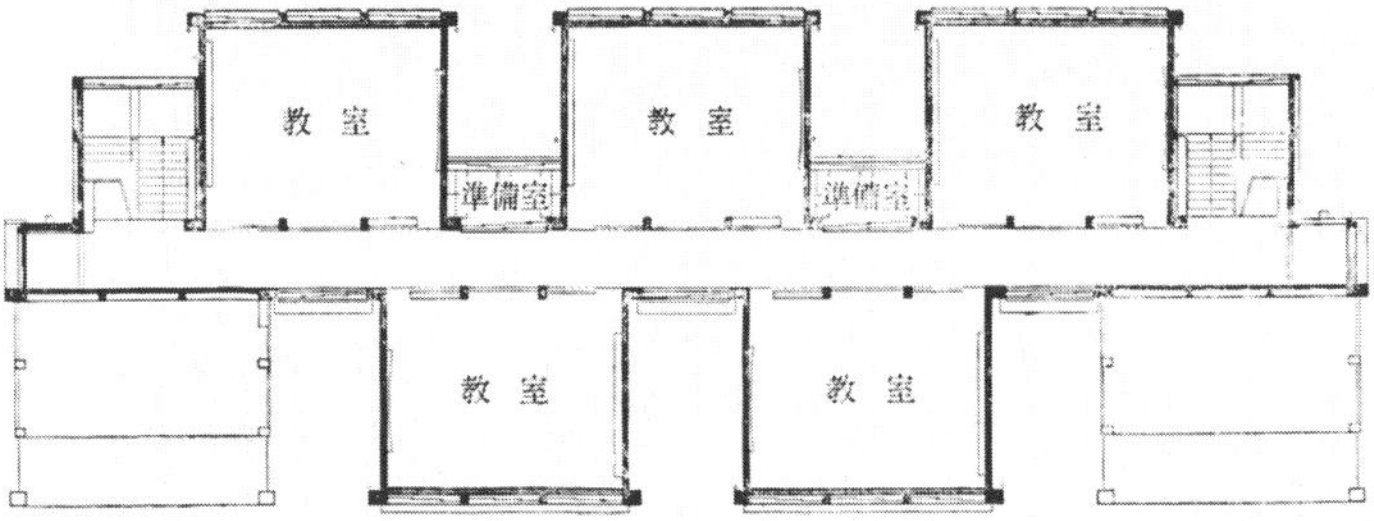

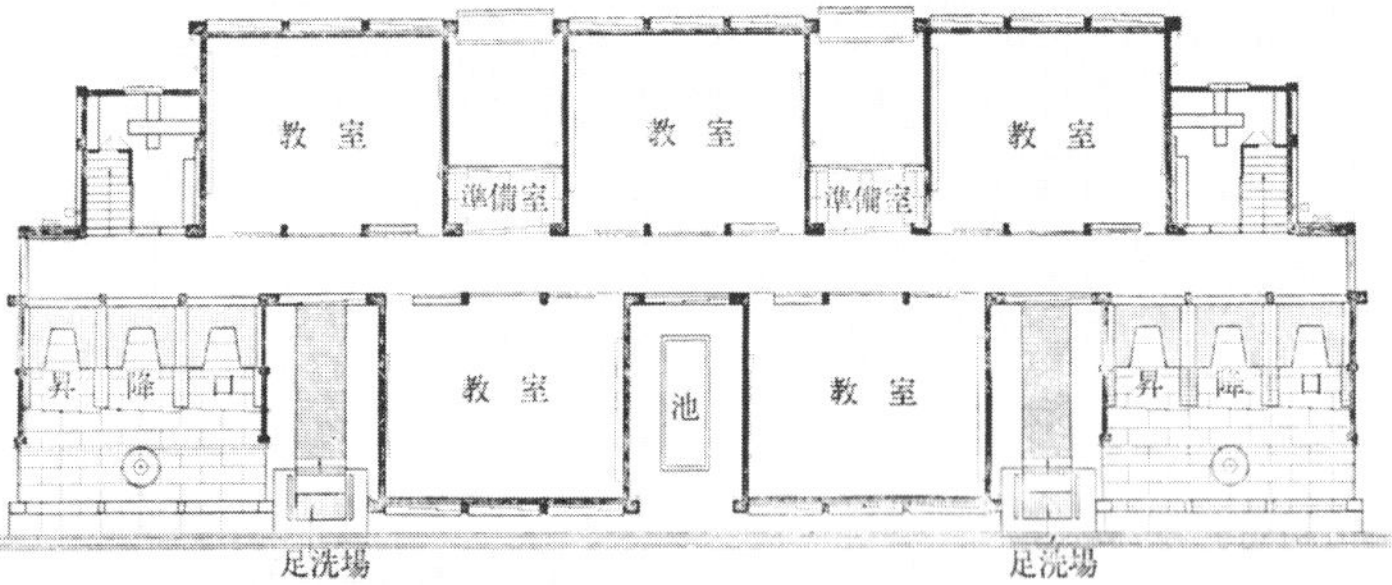

1：南側の外観。右手前に丸便所が見える
2：2 階平面図
3：1 階平面図。図の上が北（1～3『建築文化』1958 年 12 月号）
4：教室内部（1994 年 6 月撮影）
5：教室と廊下の間の壁。通風用の引き戸の裏は傘立てになっている（1994 年 6 月撮影）

1
2
3
5 | 4

2	1
3	

1：コンクリート庇（『建築文化』1958年12月号）
2：コンクリート庇詳細
3：南側外観（2、3＝1994年6月撮影）

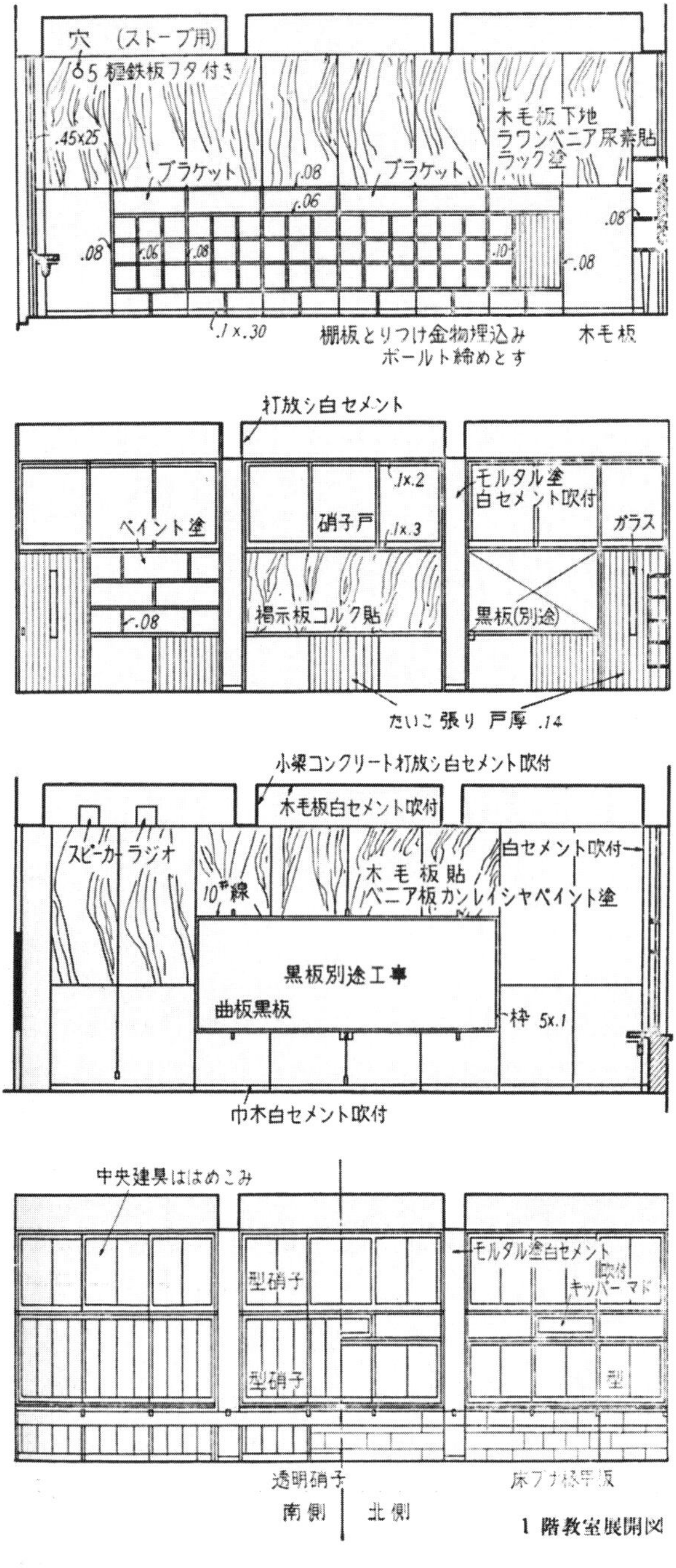

教室の展開図
（『建築文化』1958 年 12 月号）
上から、
背面、廊下側、正面、外部側

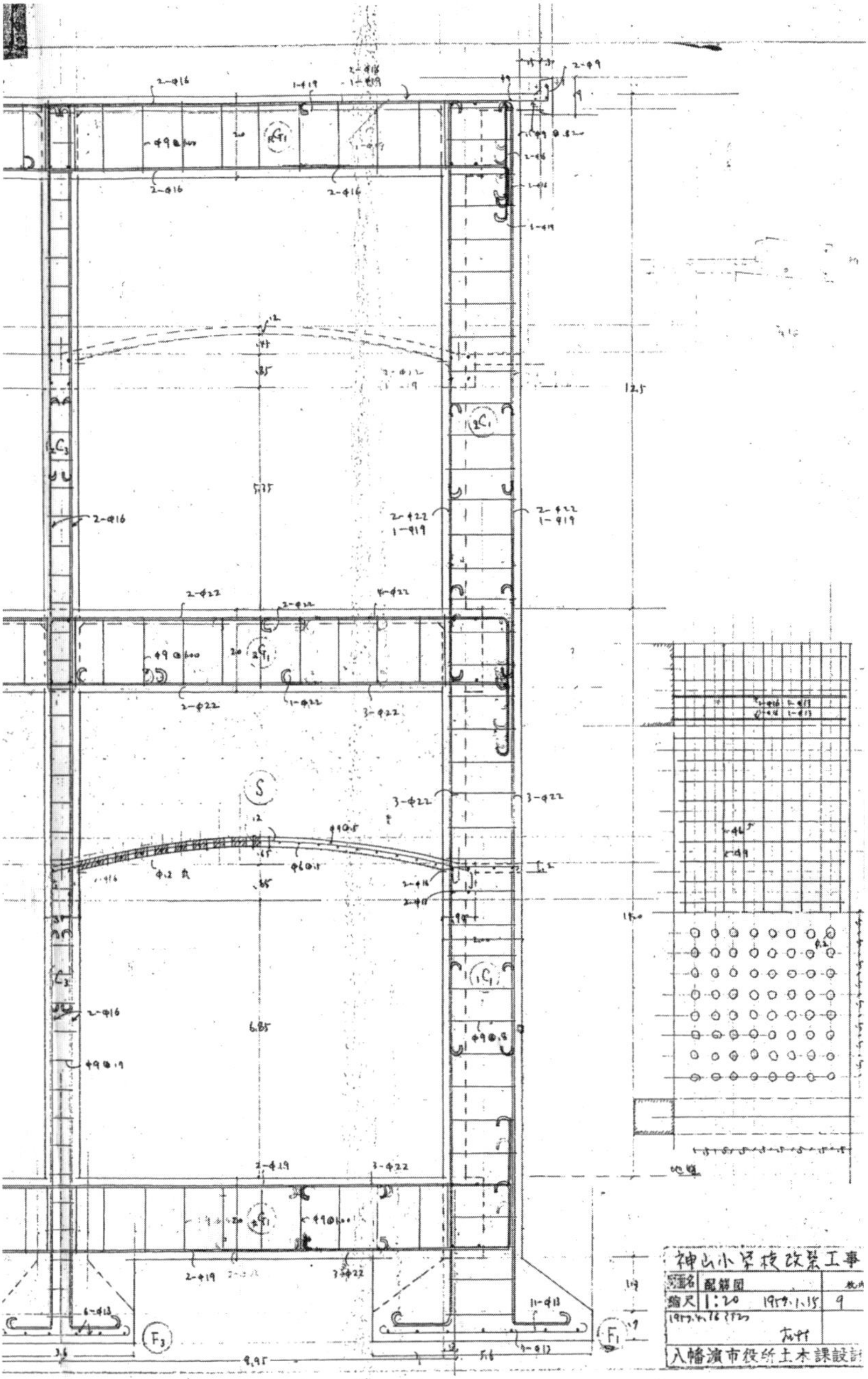

コンクリート庇の配筋も描かれた躯体図

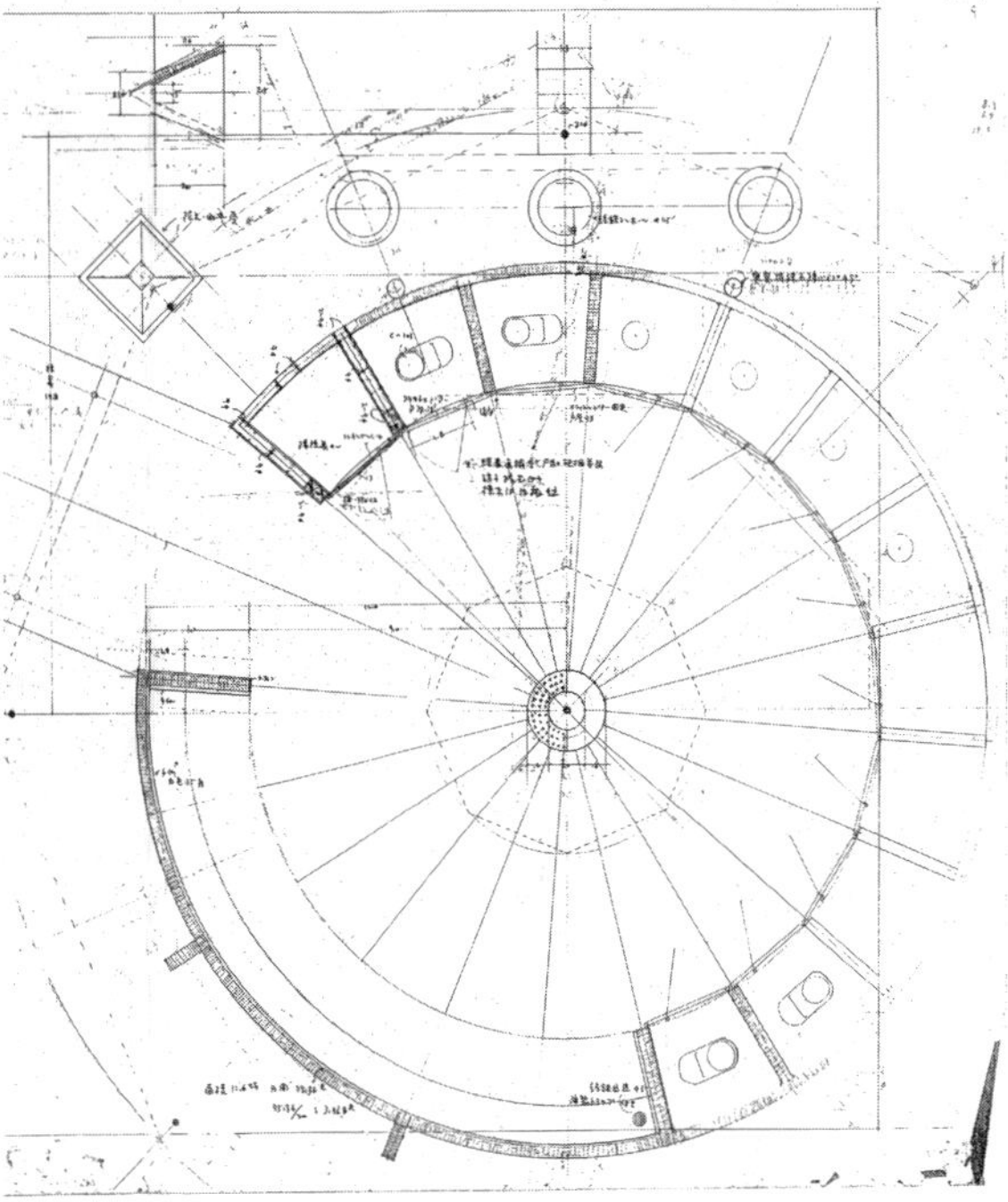

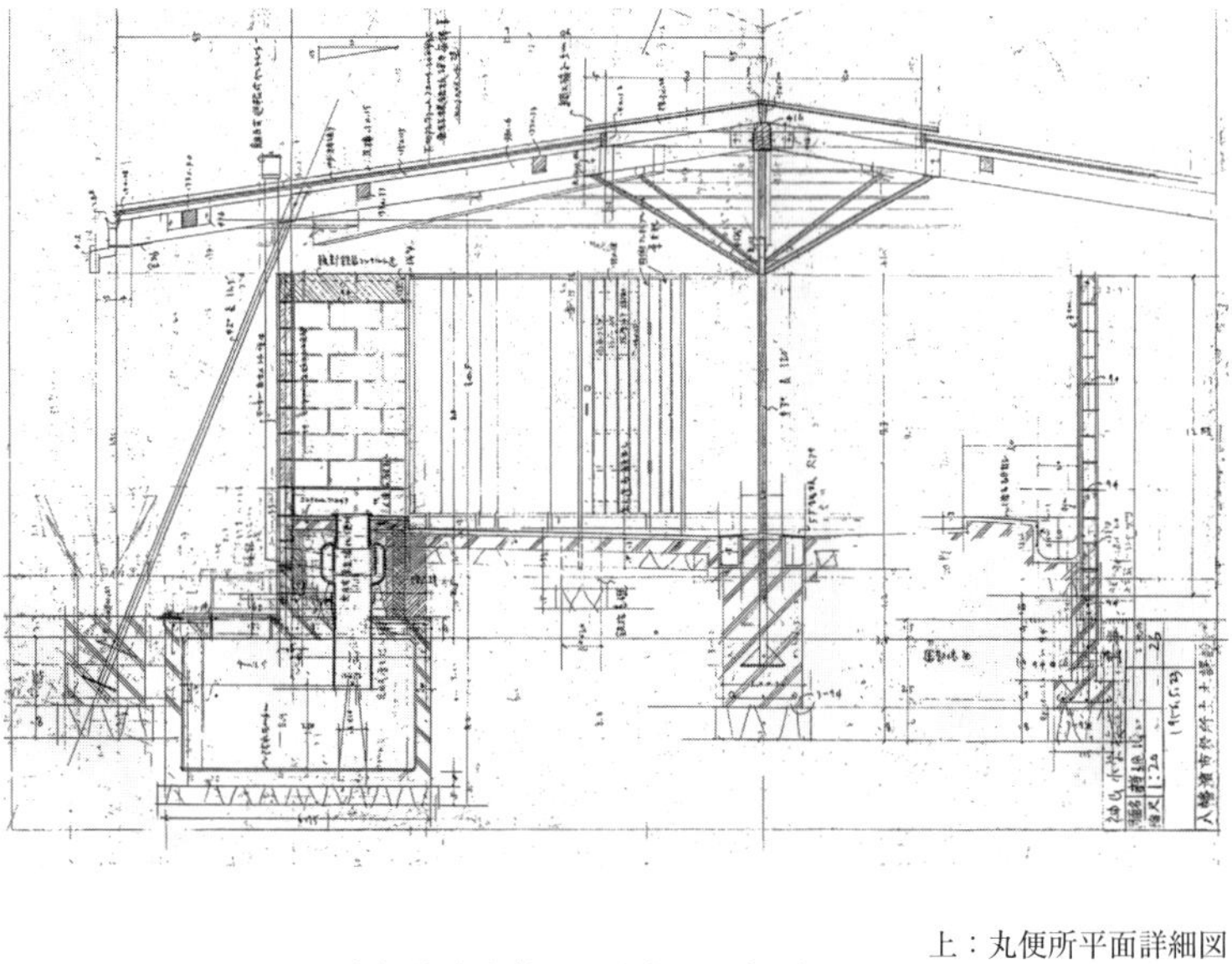

上：丸便所平面詳細図
下：丸便所断面詳細図。屋根は中央の柱と周囲の斜めの柱で支えられ、
ブロック積みの円形の壁とは縁が切れている

望どおりに解決して下さったことを感謝しています」と書いている。三井道一とは外部の構造設計者であり、松村との詳しい関係はわからないが★七、構造設計の専門家を投入したところに、初めて本格的なコンクリート造の設計をする松村の意気込みが伝わってくる。

なお、各学校建築に必ず特徴的な便所をつくった松村だが、ここでは、大便ブースや小便コーナーを円形に並べた便所を設計した。『建築文化』一九五八年一二月号にはその細かい説明がある。

中央に鉄柱を立て、傘を開いたような木造の小屋組を、周囲から斜めのスチールパイプで支えている。その柱の足元にはコンクリートの植木鉢が設けられた。中心には網入りガラスの載ったトップライトがある。大便ブースの扉は学年ごとにカラフルに、中央の柱は黒に、渡り廊下の柱は朱色に塗り分けた。円形の壁はブロック積みで、外部は白セメント吹付け、内部はタイル貼りだ。小さな便所ひとつに、細やかな設計がなされていることがよくわかる。最後に、「子供達は、これをマル便所と呼んでいる」と嬉しそうな松村の言葉がある。

二　建築計画的分析と実践

実は、この建物だけを見ていたのでは、単に特殊な教室配置を実験しただけだろうと松村の意図を誤解する可能性がある。なぜならば、彼はこの校舎の設計に際し、神山小学校全体の将来計画を立案し、それに基づきながらこの校舎のデザインを決定しているからだ。

全体計画図は八幡浜市役所に残っており、『建築文化』一九五八年一二月号にもそれを若干加工したものが掲載された。ここで示すのは市役所に残る原図である。室名は活字に変更した。また全体模型の写真も示す。同誌にも掲載された写真である。市役所時代の部下・柳原亨氏によると石膏模型とのことだ。模型によるスタディなどしなかったという当時としては珍しいことであり、松村の思い入れの強さが感じられる。

この建物が発表された『建築文化』一九五八年一二月号には、この全体計画と、その中での今回の建物の位置づけについて松村自身による解説がある。それはまさに、「このような平面計画が、どうして生まれたか」という文章で始まっており、松村自身も、この建物だけ見ると特異なプランであると思われる危険性を認識していたと想像できる。

松村はまず設計の与条件を、「この学校は、新設ではないのです。古くて使えなくなった校舎を取りこわし、その跡へ新築する。当分つかえる校舎は、そのまま残す。

右：円形平面の便所内部。室名表示も「丸便所」
（1994年6月撮影）
左：同上、外観（『建築文化』1958年12月号）

というわけで、敷地には、ある程度の制限がありました。いろんな都合で、水洗便所にはしない。とりあえず一〇教室とればよい。予算は一五〇〇万円、鉄筋がトン当り六五〇〇〇円の時でした」と説明している。

そして、この前提のもとでつくった全体計画の基本的方針として、次の五つの点をあげている。

Ⅰ　教室・特別教室・管理関係室・雨天体操場の群に分ける

Ⅱ　雨天体操場は、集会の場所として、外部からも使えること

Ⅲ　低学年と高学年を区別し、前者には、独立した遊び場を与える

Ⅳ　教師や外来者より生徒の便宜を主とする。職員室はもっぱら会議と休息用にあて、教室に接近して準備室を設ける。

Ⅴ　今回新築する教室棟に高学年を収容し、第二期工事に含まれる特別教室棟と管理棟の一階を低学年の教室にあてる。かれらの遊び場は、独立して静かである。

教室棟については次の五つの点だ。

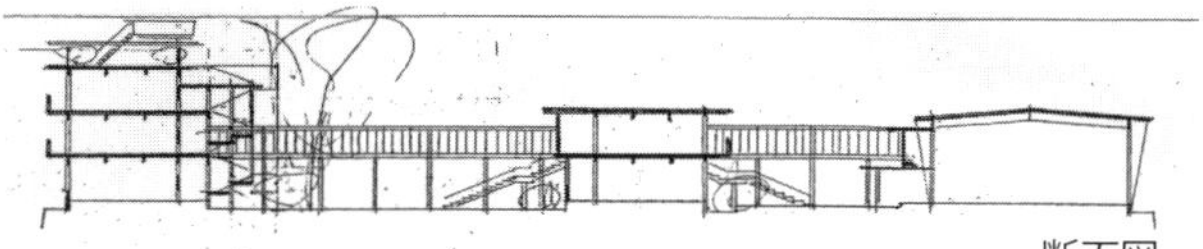

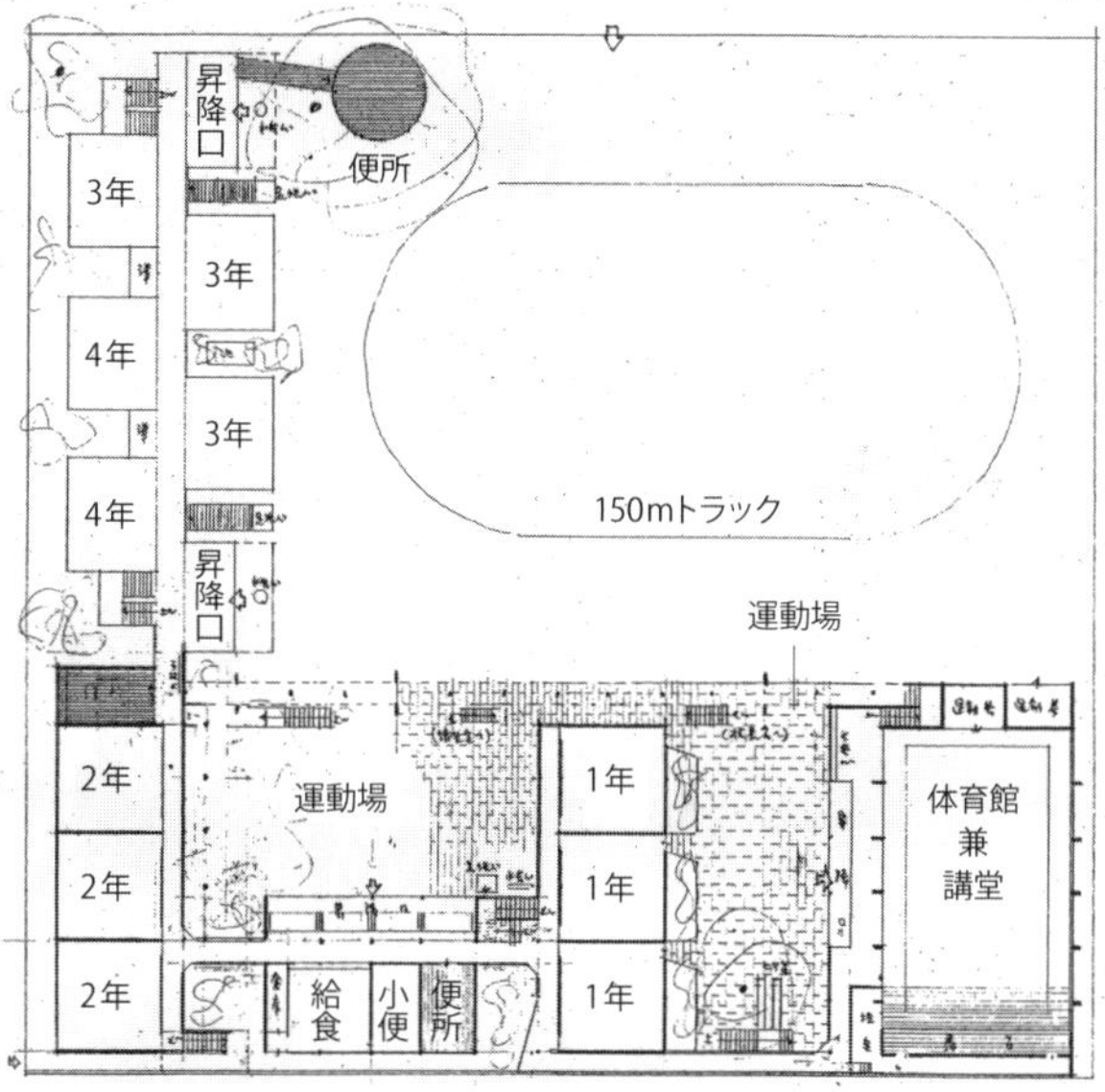

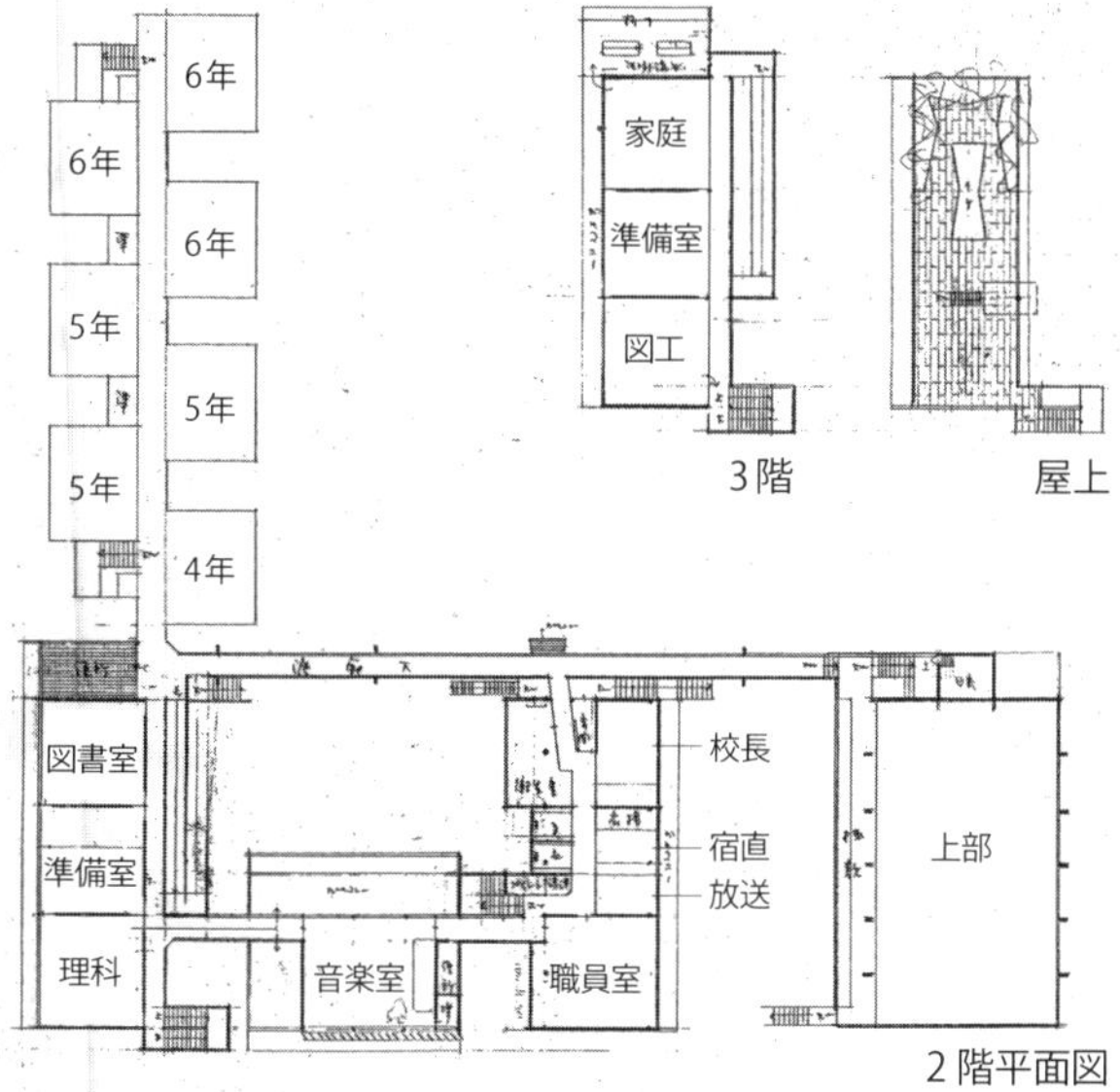

1
2
3

1：全体計画の断面図
2：全体計画の 1 階平面図
3：全体計画の 2・3 階
および屋上平面図

全体計画の模型写真［松村家蔵］

Ⅰ　二階建として、屋上は利用しない
Ⅱ　すべての教室を、できるだけ同じような条件にしたい
Ⅲ　無味乾燥な教室の並列を避けたい
Ⅳ　単調な廊下にしたくない
Ⅴ　工費は、できるだけ安くしたい

松村の解説によれば、これらの条件に基づく「第一案」は「面積が大きすぎテレスはなくてもよいとの理由で中止。それではと、極端に切りつめたら、教師の側から、苦情がでて、結局は実施の案におちつきました」とある。

八幡浜市役所には、実施設計図の束の中に三案のスケッチが残っている。日付はなく、各案の時間的な前後関係はわからない（「A案、B案、C案」という呼び名は筆者による）。A案とB案は、それぞれA2サイズほどの、C案はA1サイズほどのトレーシングペーパーに描かれている。松村作品の設計プロセスを記録した唯一の資料といってよい。

この中で、A案とB案の八角形の教室には、一、二階ともにテラス（「テレス」）が描かれており、これらが松村のいう「第一案」だったのではないだろうか。とくにA案は廊下部分の面積が大きく、街路のようで楽しそうだ。

そこにロッカーも設けられている。

Ｂ案ではその部分を削り込んだと思われる。また、階段を運動場側に向け、床面積を増やさずに賑やかな表情をつくっている。

教室の形は違うが、Ｃ案は昇降口を両側に設けて階段を裏側に回し、実施案と同じ構成になった。スケッチに記入された数字によれば、三案の中でこれが最も床面積が小さい。ゆえに、これが「極端に切りつめた」案だったのだろう。いずれにしても、実施案はさらに教室の形が長方形になり、当初の提案よりはかなり大人しくなったことがわかる。

なお、実施案およびスタディ案は、いずれも運動場側からは左右対称な造形であるが、低学年・管理ゾーンが加わる全体計画は、既に指摘した〈局所的な対称性と全体的な非対称性〉という松村の造形上の特徴をよく体現しているといえるだろう。

さらに松村は、『建築文化』一九五八年一二月号の解説文の中で、実現した建物について、「この案の長所と短所」を列記している。

まずは、自ら気がつく長所と短所が六項目挙げられている。次に、「一年間使用して、先方から、どのような批評がなされたかを列挙してみましょう」ということで、「良い点」として「一・明るくて、空気の流通がよい」「二・教室におちつきがある」など一七項目、「悪い点と希望条項」として「一・屋上が利用できないこと（とくに田舎の子供にとって）」「二・向かいあった教室の音がやかましい」など二三項目が挙げられている。さらに、教室の温度を夏冬に測った結果を示し、北側の教室の条件が悪いことも、正直に報告している。

そして、「以上のとおり、考るべき点が多分にあります」としたうえで、設計に対する思いを記している。そこからいくつかのフレーズを抜き出し列挙すると次のようになる。

・「できあがったものに辯解は一切無用であり、すべての責任は、建築家が負わねばなりません」
・「いかなる悪条件のもとでも、自由と誠実な態度は失いたくありません」
・「このような案をおおげさな言い方ですが、敢行できたのは、教師の側に勇気をえたからです」
・「金銭には代えられない、子供達の心理に及ぼす効果を尊重したいのです」
・「外観などには、いいかえれば建築の表現に、さほどの意義を認めません」

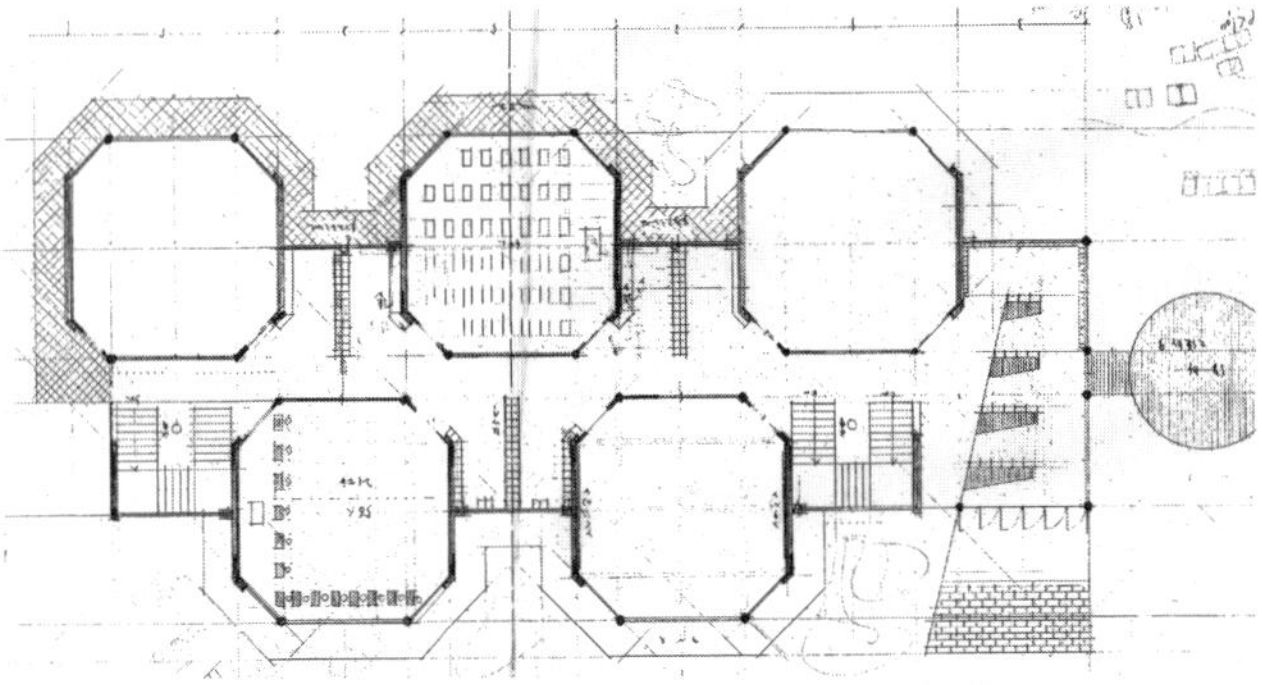

［A 案］1、2 階平面図（右半分が 1 階、左半分が 2 階）八角形の教室が 5 つ並び、その隙間にロッカーが置かれ、ロビー的な廊下になっている

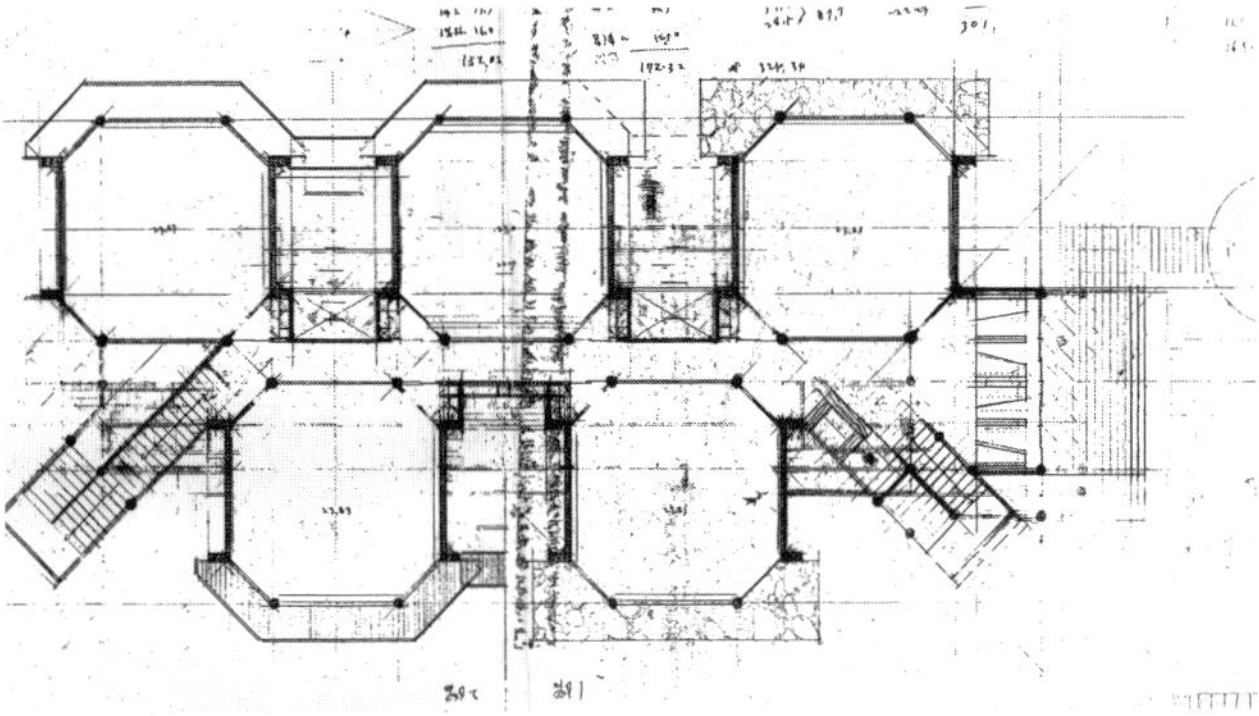

［B 案］1、2 階平面図（右半分が 1 階、左半分が 2 階）床面積を削ったかわりに階段を運動場側に出して表情をつくっている

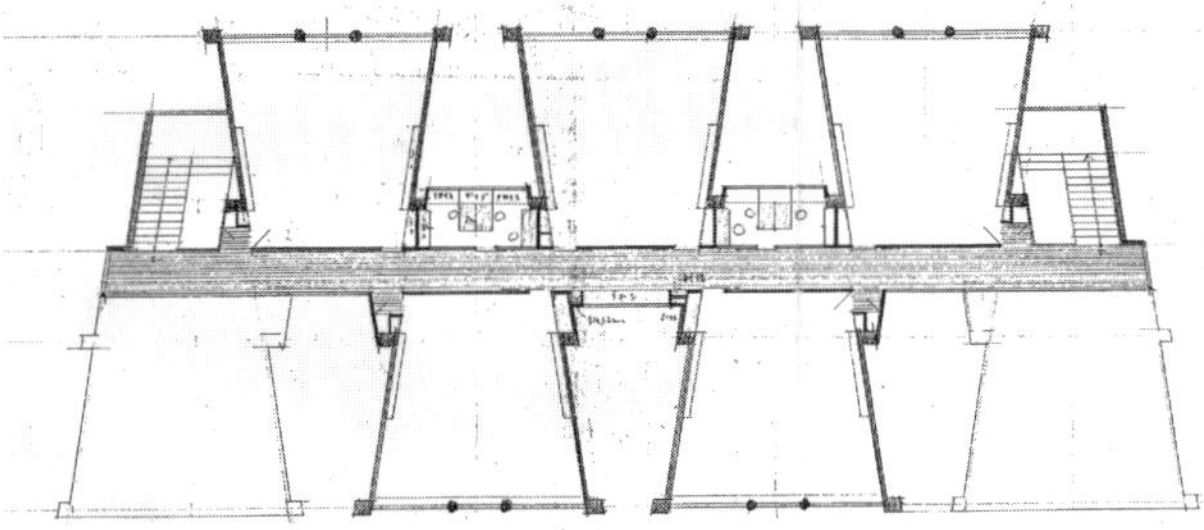

［C 案］2 階平面図

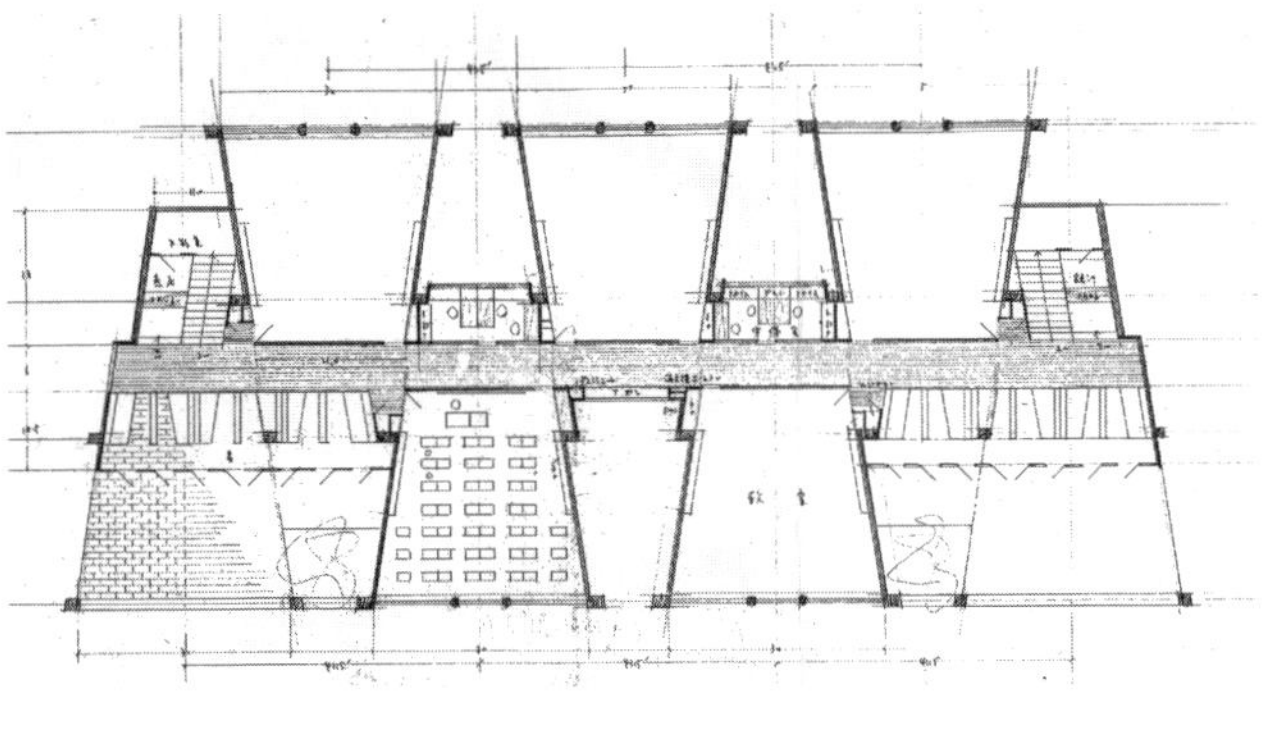

［C 案］1 階平面図。昇降口を両側に設けたため階段が裏側に回り、実施案と同じ構成になった。3 案の中では面積が最小

・「小学校の建築に、モニュメンタリティーなどは、不必要だと信じています」
・「美しいか、詩があるか、人の心に訴えるか、どうかということは、建築家の品格と精進のタマモノだ。恥ずべきは己であると肝に銘じているつもりです」

いずれも、松村独特の人生訓的な言い回しだが、設計行為自体は、きわめて分析的・計画的であることがわかるだろう。

全体計画図と模型を見る限り、松村が立てた目標はすべて具体化されている。低学年と高学年を分ける高低分離の平面計画が明快におこなわれ、しかも一、二年生どうしも分離し、それぞれに専用の運動場を設けてゆったりとした生活空間を与えている。特別教室、管理ゾーン、体育館も一、二階の渡り廊下でうまく結ばれ、子ども達の活発な動きが想像できる。体育館単独での利用もやりやすそうだ。

しかし、低学年および管理・特別教室ゾーンをゆったりさせた分、高学年ゾーンに使える敷地は限られてくる。一方で、全体を二階建てに押さえるという目標もある。それらの条件を両立する案として考え出されたのが、教室をずらしながら二列に並べるという特殊な教室配置だったというわけだ。ここには、全体と部分の関係についての明快で論理的な推論のプロセスがある。

また、教師と松村自身による事後の評価もきちんと整理されており、まさに建築計画学的な立案、設計、そして検証の作業を、松村がひとりでおこなっているといえるだろう。こういった姿勢の背後には、第一章で述べたような戦前からの独自の研究の成果があると思われる。

三　外部からの評価

神山小学校は『建築文化』一九五八年一二月号に掲載された後、いくつかの雑誌や書物で紹介された。

最初は、川添登による言及である。彼は、『建築雑誌』一九五八年一二月号に載った「混乱する都市の中で　建築作品一年の回顧」という文章において一九五八年の建築界の動きをまとめた中で、「日本経済の相対的な安定をなによりもよく建築の側面から知らせてくれたのは、学校建築の質の向上」であり、「今年は学校建築ブームといってもさしつかえない程、質の高い学校建築が多数雑誌に発表された」と指摘している。そして、「学校建築の向上」という項を設けて東大吉武研究室と早大安東研究室を紹介した後、「しかし、一方では戦前に作家的立場にあった八幡浜市役所の松村正恒が、四国の小さな都市で「神山小学校」のような意欲的な作品を造っていることを高く評価してよいだろう」と書いている。川添と松村の関係については第三章で詳しく論じるが、神山小学校に対する外部からの最初の評価である。

またこれも後に詳しく論じるが、神山小学校は建築計画研究者からも注目を浴び、当時、次の二冊の『日本建築学会設計計画パンフレット』で紹介され、コンパクトな敷地の中での高低分離計画や、中廊下式の欠点を補った教室棟の平面計画が高く評価されている。最終的に実現しなかったとはいえ、雑誌掲載時に発表された全体計画が注目された証拠だといえるだろう。

一『日本建築学会設計計画パンフレット No.11 教室の設計』(一九六〇年七月二五日発行)
・便所の事例として、丸便所の写真(二〇頁)
・教室の実例として、外観写真二枚・教室の内観写真一枚・平面図・教室の展開図(六一頁)

二『日本建築学会設計計画パンフレット No.17 学校のブロックプラン』(一九六四年一一月一日発行)
・「ブロックプランのつながり」の節で、全体計画の概略平面図(二〇頁)
・「敷地とブロックプラン」の節で、全体計画模型の写真・全体計画の配置図・教室棟間の池の写真・丸便所の外観写真(一一三頁)

神山小学校の全体計画は、このように高い評価を得たが、残念ながら実現にはいたらなかった。

狩江小学校

一　建築の概要

八幡浜市中心部から南へ一五キロメートルほど離れた明浜町(現在は西予市明浜町)の狩江地区に建てられた町立の小学校だ。

明浜町は、町村合併により一九五八年に誕生した。『明浜町誌』(明浜町誌編纂委員会、一九八六年一〇月一日)によれば、一九六〇年の人口は九六〇二人、戸数二一六三戸で、海に面した小さな町である。漁業と農業、とくに鰯網業や蜜柑栽培などを主産業とした。

当時、町内には五つの小学校が存在したが、その中でも狩江地区は教育に熱心な気風があったようだ。狩江小学校の起源は明治一〇年にまで遡り、一九二七年、旧狩江村の現在の地に狩江高等尋常小学校の校舎が建った。そのまま終戦を迎え、松村が設計した校舎に建て替えられた。完成の時期についてはやや曖昧で、『明浜町誌』には「昭和三五年七月　校舎新築竣功」（七四〇頁）、および「一九六〇年六月一八日、狩江小学校舎竣工」（一二三八頁）とあり、後述する当時の教員がつくったスライドの説明文には「昭和三五年一一月一二日」に完成とある。前者なら松村が八幡浜市役所を辞める二ヵ月前だ。

新谷保育所や新谷中学校と同様、他自治体の建物であるから、松村が設計するのはきわめて異例のことである。そのことについて松村は、「町長に懇願され思い通りの学校を、但し予算は極小」と書いている（『無級建築士自筆年譜』一五四頁）。町長とは明浜町初代町長・酒井義満のことだろう。明浜町発足に当たり、教育について思うところがあったに違いない。

この時期、松村はすでに八幡浜市役所時代に担当した作品はほとんど完成させている。残りは、コンクリート造の市立八幡浜総合病院本館と白浜小学校だけであり、狩江小学校の設計に当たっては、それまでの蓄積をすべて投入しようと考えたに違いない。後に詳しく述べるように、ここでもクラスター型の教室配置を採用し、特別教室群は地域の施設として独立して使用できるように新たな工夫がなされている。

松村家には、A1サイズで図面番号が三六番までの意匠図・構造図・設備図（そのうち一番から三番までが欠けている。おそらく二〇〇分の一の平・立・断面図や配置図などである）が三三枚、特記仕様書や仕上げ表がA4サイズの書類で一〇枚残っている。一五号図までは、一九五九年八月一〇日から三〇日までの日付がはいっている。

この建物は建築雑誌への発表は見当たらない★八。平面図に関しては、幸いなことに、後に述べるこの建物の解体時のお別れ会の雑誌記事（『日経アーキテクチュア』一九九一年一〇月一四日号）に掲載されており、それと実施設計図などを対応させて部屋名を割り出した。

また竣工写真も撮らなかったのか、松村家には残っていない。ただこれも幸いなことに、現在の狩江小学校には、教員や保護者が撮影したと思われる写真や工事中のスライドなどが残っており、実施設計図と合わせれば空間構成は概ね把握できる。

また同校には、青焼きの図面で、欠けている実施設計図のうちの二枚に相当するのではないかと思われる配置図と二階平面図、そして途中段階のスケッチと思われる平面図が四枚残っている。

狩江小学校では、一九七二年八月にプールを、一九八一年一二月に屋内運動場を増築しながら松村の建物を使い続けたが、一九九一年に解体され現在のコンクリート

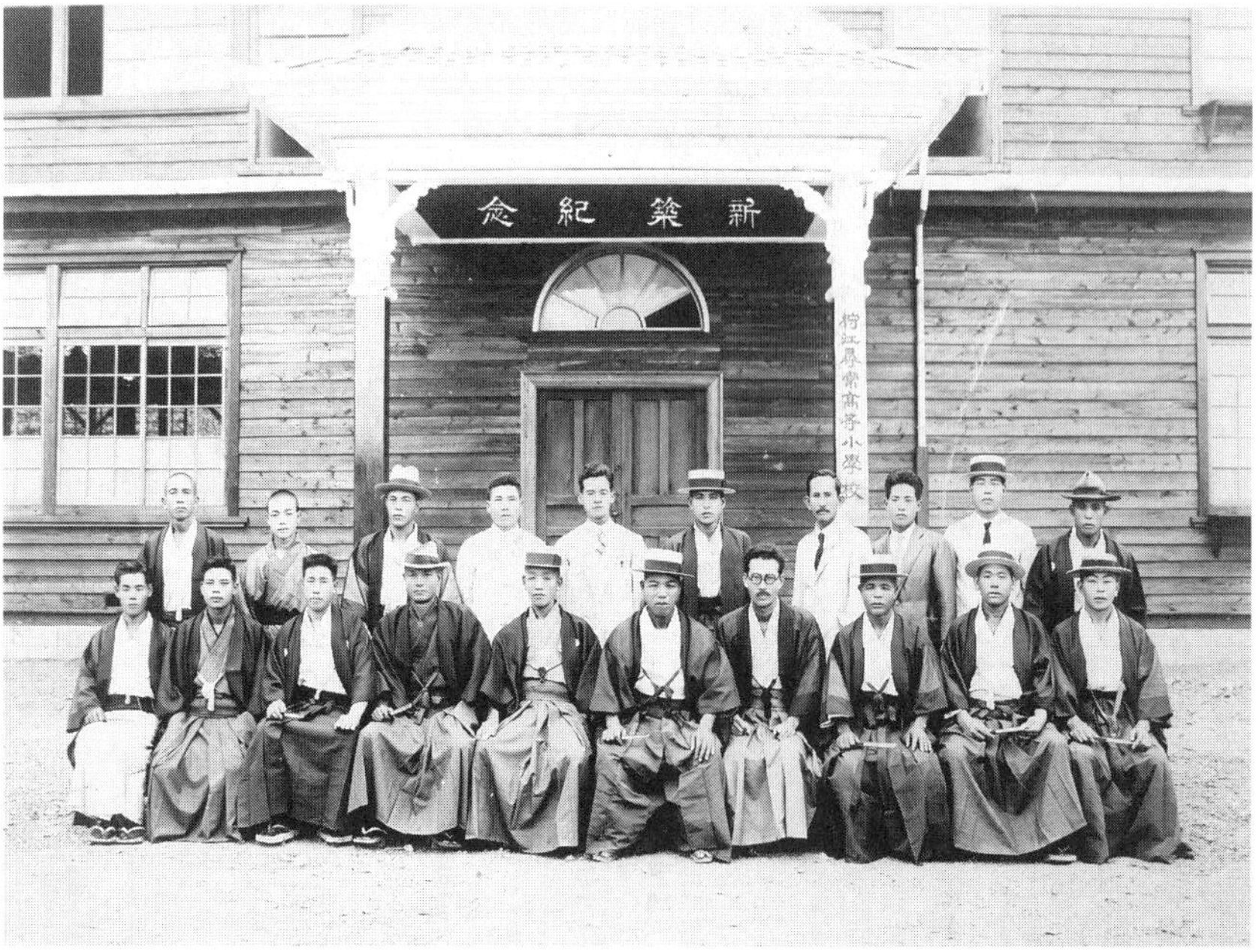

上：狩江高等尋常小学校全景
下：新築記念の写真
［いずれも狩江小学校蔵］

校舎に建て替えられた。その際に松村は、同校で開かれた校舎とのお別れ会に招待され、子どもたちに見事なスピーチをおこなった。

二 「オープンスクールのはしり」としての平面計画

狩江小学校の特徴は平面計画にある。松村は、それまでの作品で見出した手法を用いつつも、いくつかの新しい試みに挑戦した。

一九八六年一二月に開催された内田祥哉らによる「木造建築研究フォーラム」での講演「木霊の宿る校舎」(『素描・松村正恒』に再録)で松村は、狩江小学校の平面計画についてスケッチとともに次のような解説をおこなった(一二二－一二三頁)。平面計画を理解するうえでたいへんに要領を得た内容である。この解説や実施設計図をもとに、部屋名を確定することができた。

海辺に建ち山の分校より敷地に余裕があります。この平面で赤く塗った所が中庭です。教室棟が北に面して2階建、南に面して1階に昇降口、2階に職員室、その間に中庭があります。生徒は中央と端の教室に別れます。ふたつの階段を昇り、1階と同じ動線で2階の教室に導かれます。流れるように子供が動きます。こ

竣工当時の航空写真［狩江小学校蔵］

上：1985 年の航空写真。屋内運動場ができている
下：全景。プールができているので 1972 年以降である
［いずれも狩江小学校蔵］

上：教員玄関／昇降口（1階）／職員室（2階）［狩江小学校蔵］
下：現在のコンクリート校舎（2008年3月28日撮影）

音楽室／低学年教室／図書室（2階）［狩江小学校蔵］

の2階が図書室、外からも階段で入れます。ここは平屋建、特別教室が3つあります。ここが音楽室です。この学校も山の学校と同じく、生涯教育の場として活用してもらいたいと考えております。すべて渡り廊下で連絡し、特別教室も外から自由に使えます。音楽室の前にホールがあり、このふたつが低学年の教室、教室の仕切りもホールとの仕切りも折たたみ戸、これを開き、音楽室との防音戸を引きこみますと大ホールが生まれます。大は小を兼ねるとは、よくぞ言ってくれました。一段高い音楽室が舞台に変ります。講堂が、集会所ができあがります。ホールの天窓はルーバーで光を調節します。この学校を私はオープンスクールのはしりであると自負しておるわけでございます。

不思議なことは、松村が最後に「この学校を私はオープンスクールのはしりであると自負しておるわけでございます」と述べている点だ。というのも彼は、いわゆる「オープンスクール」について批判的な立場をとっていたからである。たとえば、「自然で簡素な建築をつくるのに真剣だった」（『学校建築の冒険』INAX BOOKLET Vol.8, No.2, 1988, INAX）と題された談話の記録の中で、「オープンスクールということが盛んに言われますが、あれもひとつの管理教育だと思うのですよ。案外自由にさせているようで、そこから抜け出すことはできないようになっている。あれで卓抜な創造力とか強靭な持久力が芽生えるのでしょうか。／わたしは、そんなことをするよりも四〇人学級ならそれでもかまわないから、教師に助手をつければいいと思っています。各クラスに助手を二、三人置く。その方が、よっぽど効果があがると思うのですがね」（七二頁）と語っている。

　その松村が、狩江小学校を「オープンスクールのはしり」と呼んだ根拠は何だったのか。以下、同校のデザインの主な要素を具体的に取り上げながら分析し、松村の思いについて考察する。

二―一　「流れるように子供が動く」動線計画

　教室棟は、昇降口と二階への階段を教室の手前に置き、全体として左右対称な構成となっている。昇降口を教室の手前に置く配置は日土小学校でおこなわれたが、二階への階段は端部にあった。その階段を昇降口ゾーンにもってきたのが狩江小学校だ。それによって、一階の昇降口から各教室までの動線は、まるで川が本流から支流に枝分かれしていくかのように構成され、人の流れに関してはきわめて合理的な計画になっている。また、昇降口の二階には職員室があるので運動場を一望でき、学校管理はしやすかっただろう。造形的にも、松村の「局所的な対称性」好みがより強く出たといえるのかもしれない。

　ただ日土小学校と違って運動場側が南なので、一階教室への南側からの採光は中庭経由だけとなる。中庭の奥行は日土小学校より大きいが、いささか問題があったのではないかと懸念される。

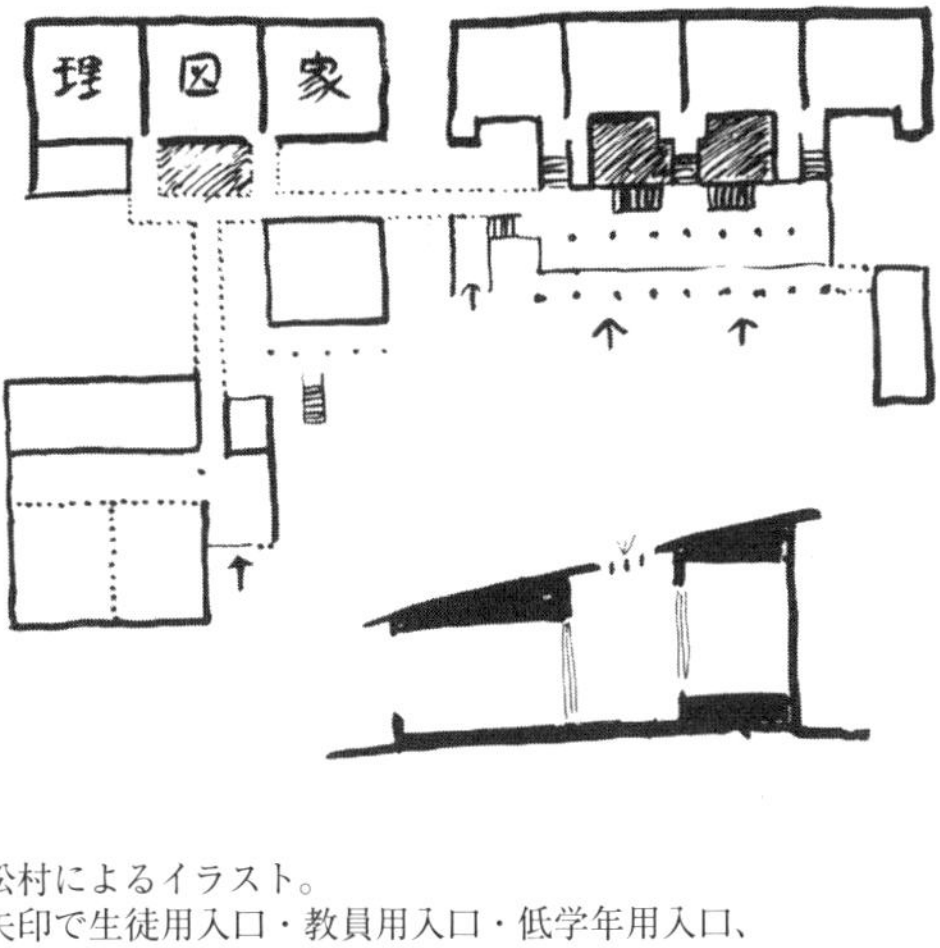

松村によるイラスト。
矢印で生徒用入口・教員用入口・低学年用入口、
斜線で中庭、理科室・図工室・家庭科室の特別教室、
図書室への階段などが示されている。
断面図は音楽室と低学年用教室の棟。
ホールの上の天窓などが示されている
（『素描・松村正恒』123 頁）

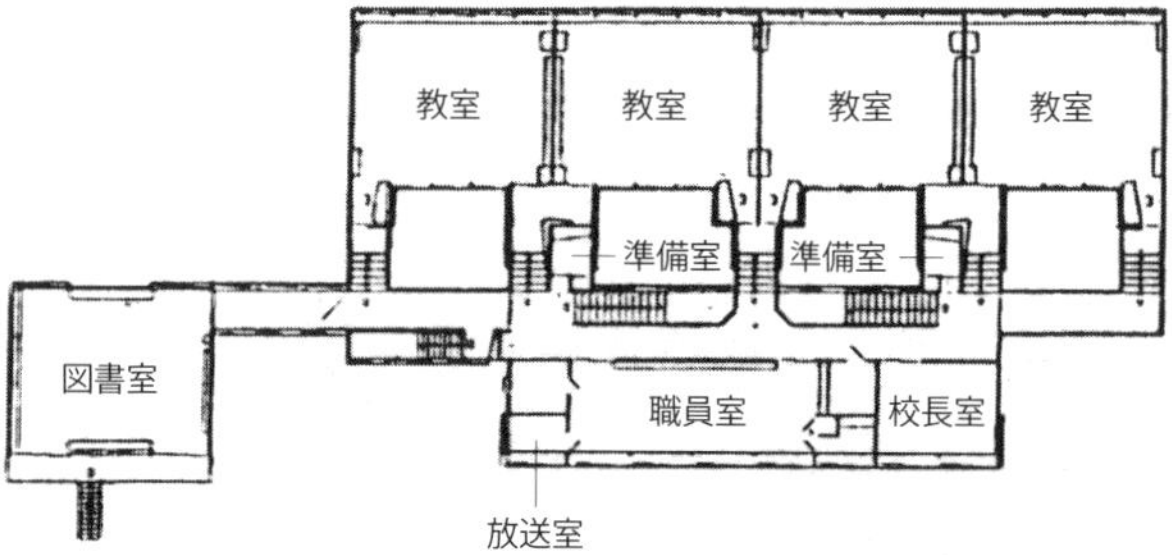

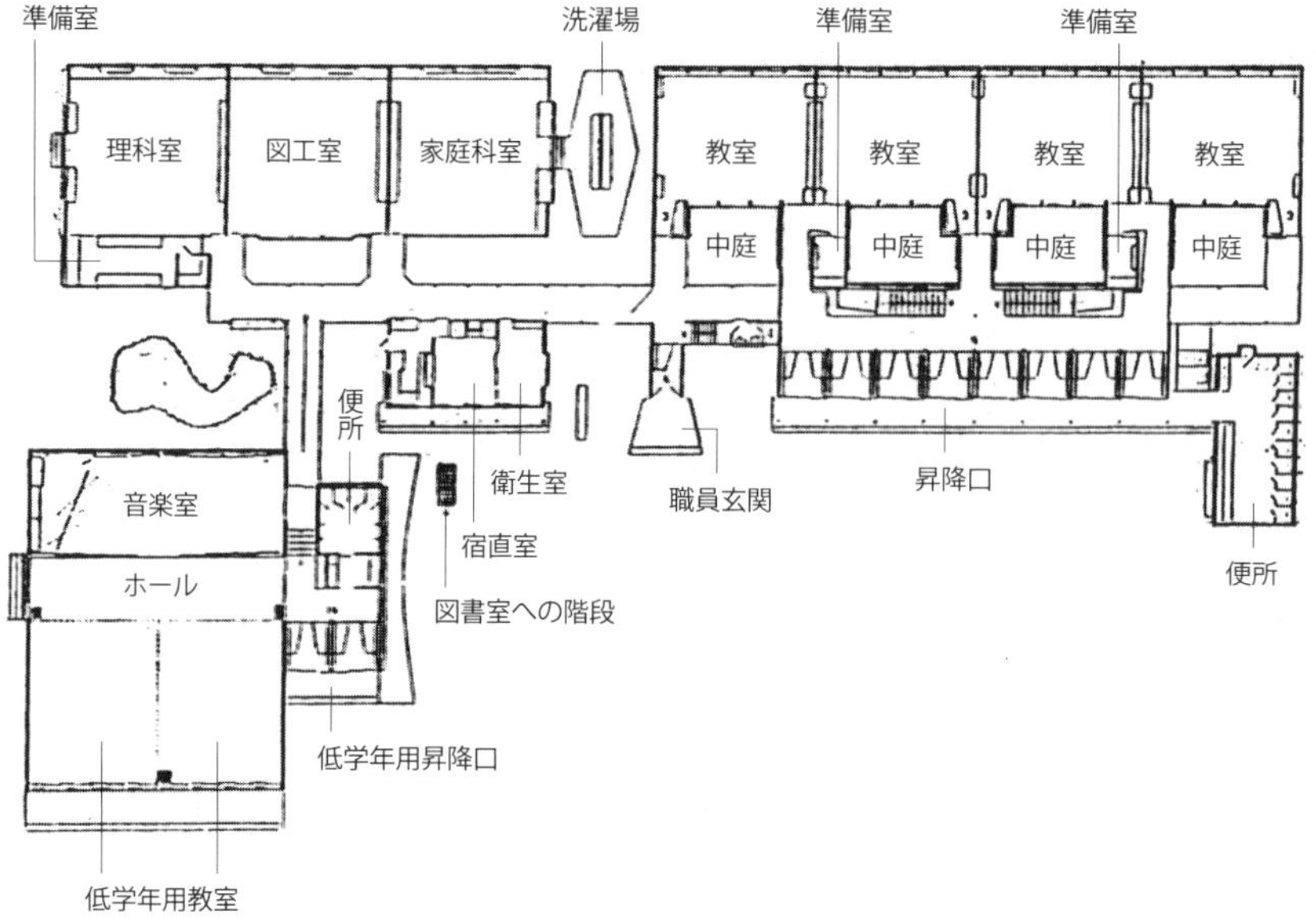

上：2 階平面図
下：1 階平面図。図面の右上方向が北
（『日経アーキテクチュア』1991 年 10 月 14 日号掲載の図に部屋名追記）

二―二　クラスター型教室配置の定着

新谷中学校、日土小学校に続き、ここでも当然のようにクラスター型教室配置がおこなわれている。その形式は両者を合体したものといえる。すなわち、日土小学校でつくった教室手前の内部化された前室に、新谷中学校で階段室脇に設けた教師用の準備室が付け加えられているのだ。「教師に研究室を与へること」への思いの強さが感じられる。また、教室へ至る廊下の一部には、新谷中学校のように外部化された部分もある。教室内は、中庭側の壁面が江戸岡小学校以来の窓と掲示板による三分割の構成だ。

二―三　高低分離の実現

松村の設計した学校建築群の中で、狩江小学校において初めて実現したのが、高学年と低学年のゾーンを分離する高低分離の平面計画である。神山小学校での夢に再挑戦したのかもしれない。

クラスター部分には全部で八教室あるのだがそこは三年生以上の高学年用で、それ以外に、一、二年生用の二教室が、音楽室と合わせて別棟になっているのだ。

別棟の内部は、北から、音楽室、ホール、低学年用教室に分割され、音楽室とホールの間は防音仕様の引き戸

昇降口前のピロティ。2階は職員室（撮影：沖村智）

1
2
3
1：昇降口。南向きなのでたいへん明るく開放的だ
2：昇降口から2階への階段
3：階段をあがったところにある廊下。左側が職員室
［いずれも狩江小学校蔵］

2	1
4	3
5	

1：教室手前の階段。上がると 2 教室の入口がある
2：2 階廊下と中庭および教室への階段
3：2 階教室背面
4：2 階教室正面
5：北側立面。アルミサッシュになっているが、波板スレートの庇は残っている。実際は中間位置にホッパー窓がついた木製サッシュだった
［いずれも狩江小学校蔵］

で、ホールと低学年用教室の間、および低学年用教室どうしの間は可動間仕切りで仕切られている。

音楽室の床は、ホールと低学年用教室よりも六〇センチメートル高い。またホールの部分には回転式のルーバーのついた天窓がある。さらに、ホールと低学年用教室間の欄間部分は「樹脂硝子」の片開き窓になっており、通常は天窓からの光を教室へ取り込み、必要に応じて開くことでホールと一体化するようになっている。また、音楽室には高さ二・七メートルの大きな回転扉が二枚あり、ひとつが黒板になっている。垂れ幕用のカーテンレールや鏡なども備え付けられており、松村が多様な使われ方を期待していたことがよくわかる。

音楽室の防音仕様の戸を引き込み、可動間仕切りをたためば、音楽室が舞台でそれ以外が客席となる。「大ホールが生まれます」とか「一段高い音楽室が舞台に変わります。講堂が、集会所ができあがります」という言葉で松村が表現した状況が生まれるのである。

単に低学年ゾーンを別棟にするのではなく、音楽室と合体することで「大ホール」というもうひとつの別の空間を生み出しているのだ。まことに松村らしい創意工夫である。

低学年用教室は、可動間仕切りによって一室あるいは二室に区切ることができ、専用の昇降口と便所があった。

しかし実際には、この高低分離方式は必ずしもうまく使いこなせなかったようで、狩江小学校に残る校内案内図によれば、松村の意図とは違う使われ方になっていた。なお二階の教室は当初のまま使われており、西から三、四、五、六年の順である。

松村も、後に述べる解体時のお別れ会で久しぶりに校舎を見た印象を記しているが（「狩江小学校お別れ会」『老建築稼の歩んだ道』）、そこに「私が最も苦心した低学年の教室まわりは、今は使われておらず物置同然」（二四六頁）と書いている。生徒数の減少も影響したのであろうが、残念なことである。

二―四　生涯教育の場としての特別教室群

一階平面図を見れば明らかなように、職員玄関より西半分は独立した利用が可能になっている。すなわち、低学年用昇降口を使えば、教室や職員室が閉鎖されていても、音楽室、理科室、図工室、家庭科室の利用ができる。昇降口の脇には便所もある。また、そのゾーンの中心には宿直室もあるので管理もしやすい。二階の図書室には、運動場から直通の鉄骨階段がでいける。

このように狩江小学校では、高低分離と特別教室群の独立というふたつの課題を平面計画のうえで巧みに重ね

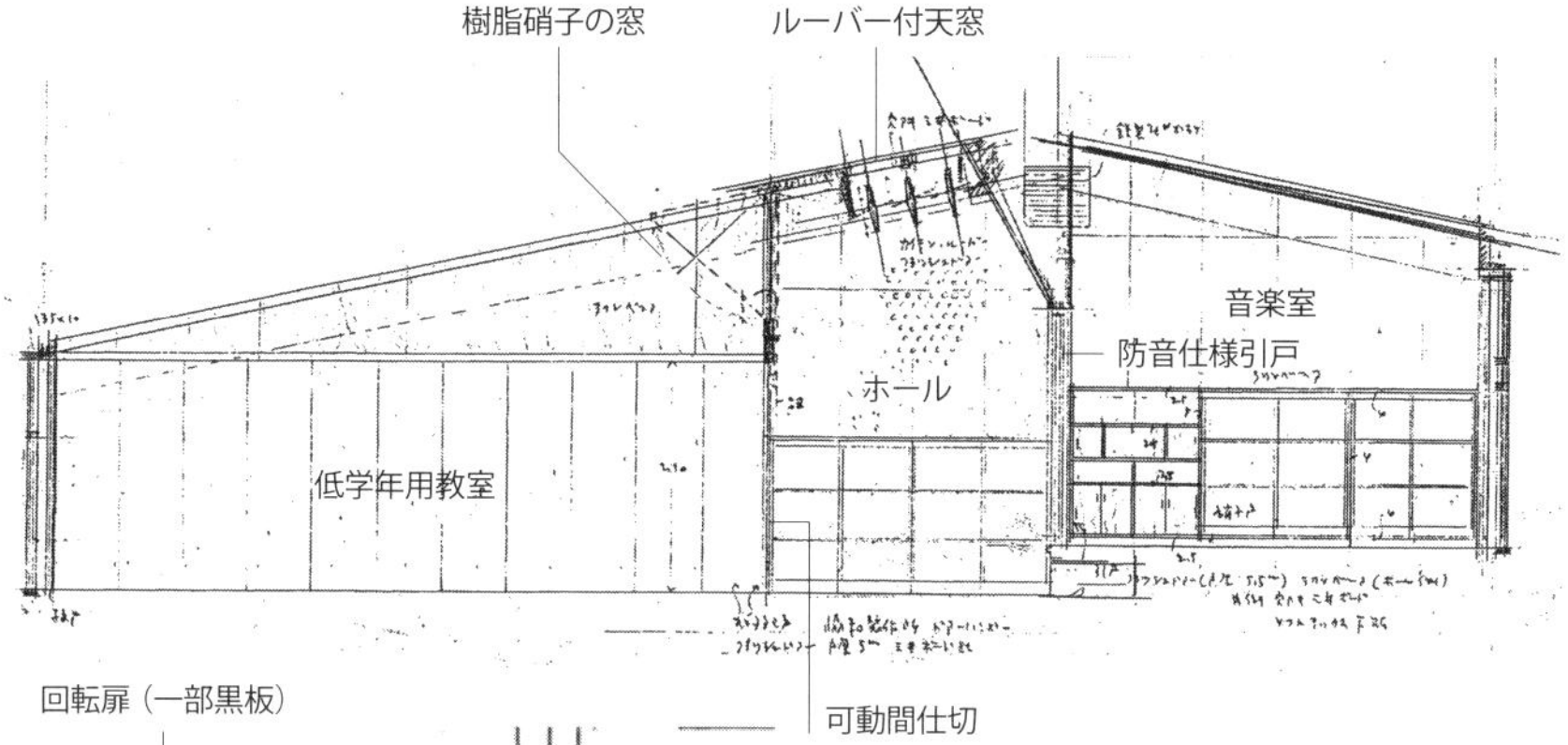

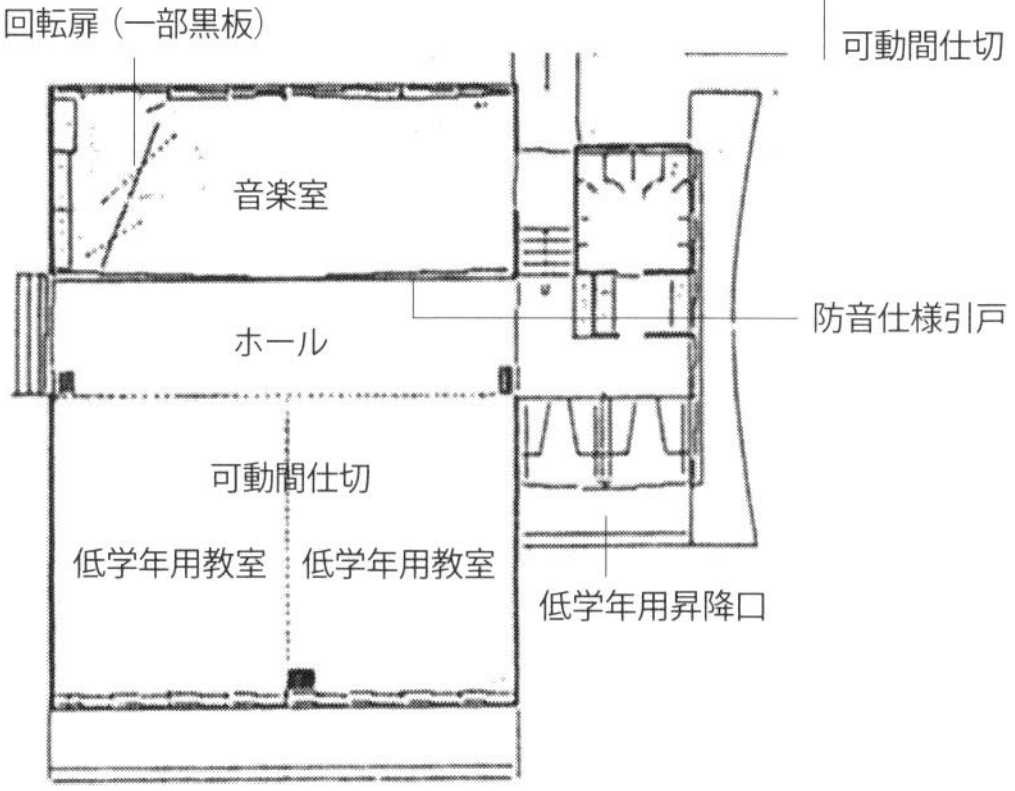

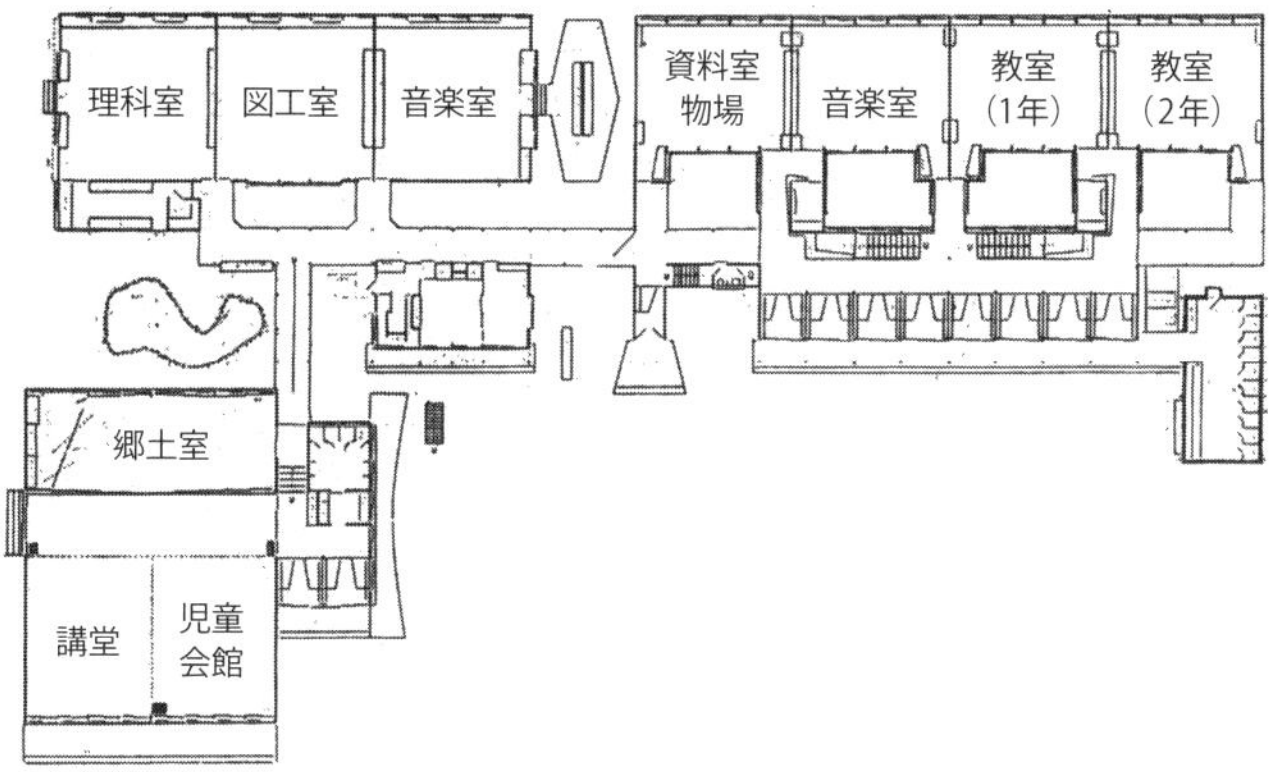

1：音楽室と低学年用教室棟の展開図
2：音楽室と低学年用教室棟の平面図（いずれも文字は筆者記入）
3：1 階の実際の使われ方

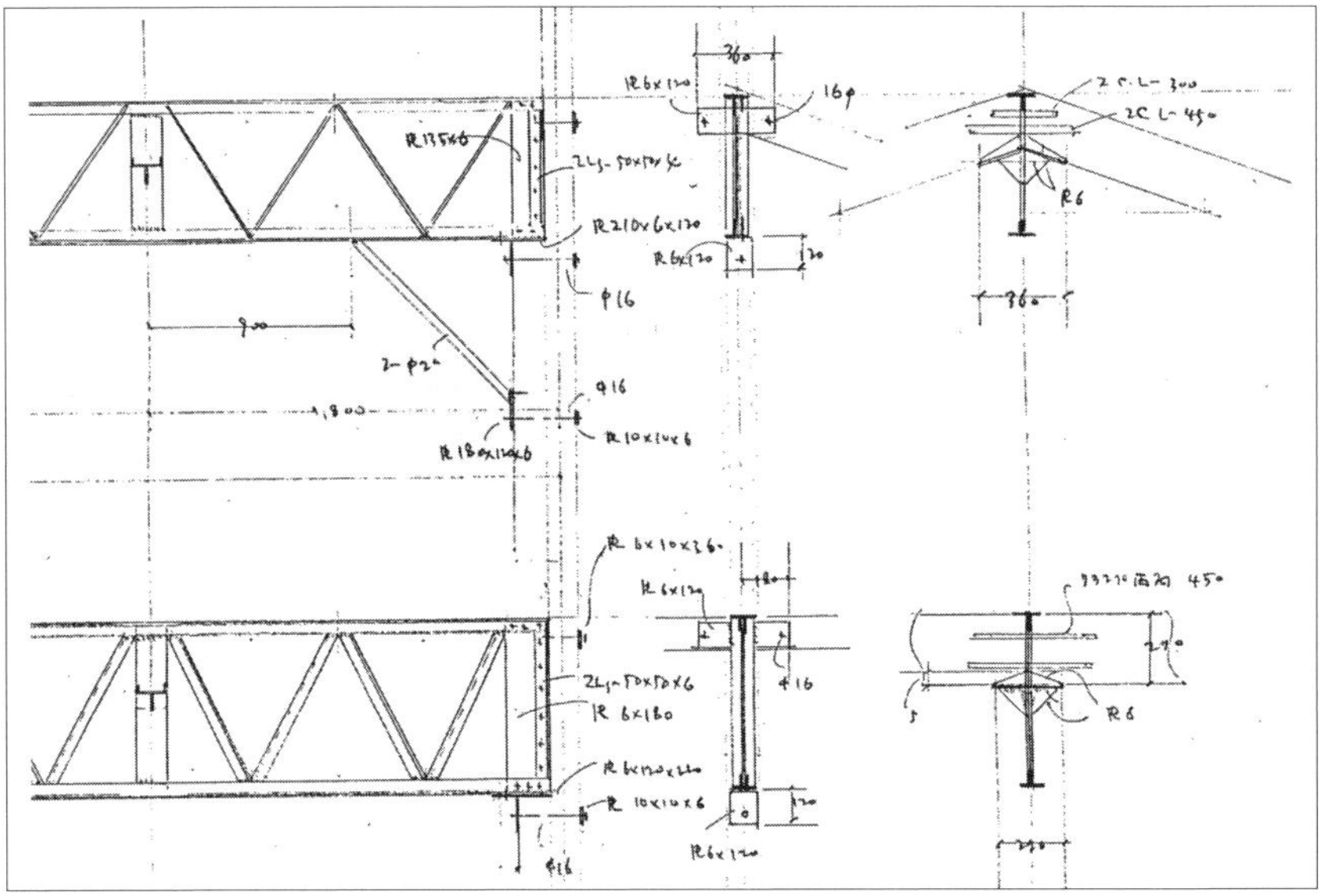

鉄骨トラスの詳細。スチールプレートの受け金物をトラスに取りつけ、そこに両側の木の梁を乗せクランプでつないでいる

合わせることにより、学校が、あるときは地域の人たちへの専用入口まで備えた生涯教育の場へと変化することを可能にしているのだ。これは新谷中学校や日土小学校以上に、論理的で徹底した平面計画だといえるだろう。

以上のように、狩江小学校の設計は、建築計画的な視点からはかなり実験的なものである。意匠的にはそれまでの作品よりも繊細さを欠くきらいがあるが、新谷中学校や日土小学校での実験をさらに乗り越えようという貪欲さすら感じられる提案といえる。

最初に述べたように、松村はこの学校を「オープンスクールのはしり」と呼んだ。その真意は、学校を「オープン」にする、すなわち「開く」ということは、単に教室と廊下の仕切り壁をなくすというようなことではなく、学校の空間にさまざまな建築的配慮をおこなうことによって子どもたちの教育以外の機能も担えるようにし、学校を地域に対し本当の意味での「オープンスクール」にする、すなわち「開かれた学校」にすることだという主張だったのではないだろうか。

三　ハイブリッドな構造の定着

狩江小学校の構造の基本は、日土小学校に準じた木造と鉄骨造を組み合わせたハイブリッドな構造である。つ

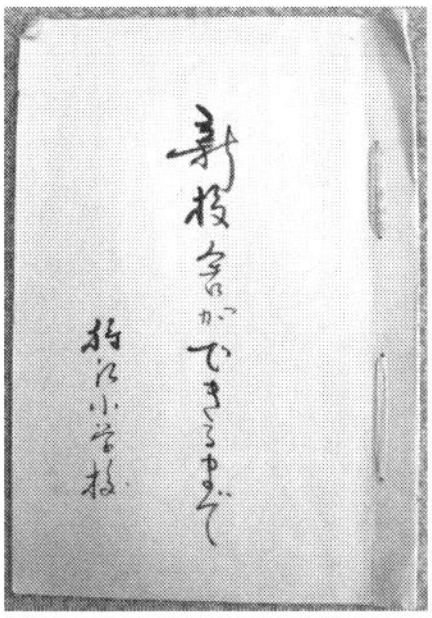

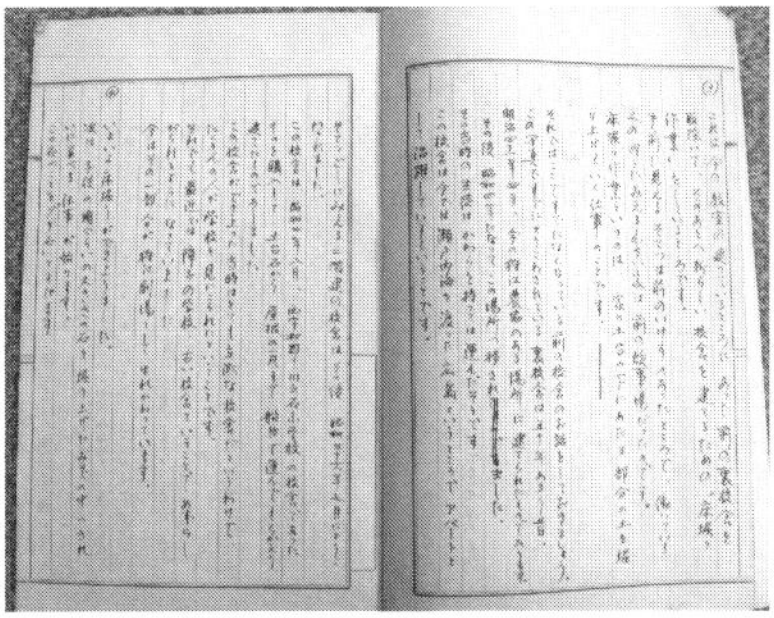

上：ナレーションを記したノートの表紙と中身
下：最初と最後のスライド
［いずれも狩江小学校蔵］

まり、矩計図で明らかなように、木造フレームの桁行方向の中心に、一、二階ともにアングルで組んだ鉄骨トラスを入れ、二階床はそこで両側の木造梁を、二階屋根では木造の登り梁を受けるという形式だ。そして、屋根面と二階床面には丸鋼の水平ブレースを入れ、水平構面を確保する考え方も同じである。また、外壁面内にも、要所要所に丸鋼ブレースがはいっている。ただし、外壁は柱に外付けされており、日土小学校のようなカーテンウォール形式にはなっていない。なお、低学年教室や音楽室の屋根もアングルで組んだ鉄骨トラスで支えている。

この架構の施工中の様子を記録した写真がある。次節で紹介する当時の狩江小学校の先生たちが建設のプロセスをスライドフィルムで撮影したものだ。そこには、この建物のハイブリッドな構造を上手く写し取った写真が多くある。

四　狩江小学校を巡るふたつのエピソード

狩江小学校には、その建設と解体というふたつの時期それぞれに、印象的なエピソードがある。いずれも建物と使い手と設計者の関係を考えるうえで貴重なものであり、記録し紹介しておきたい。

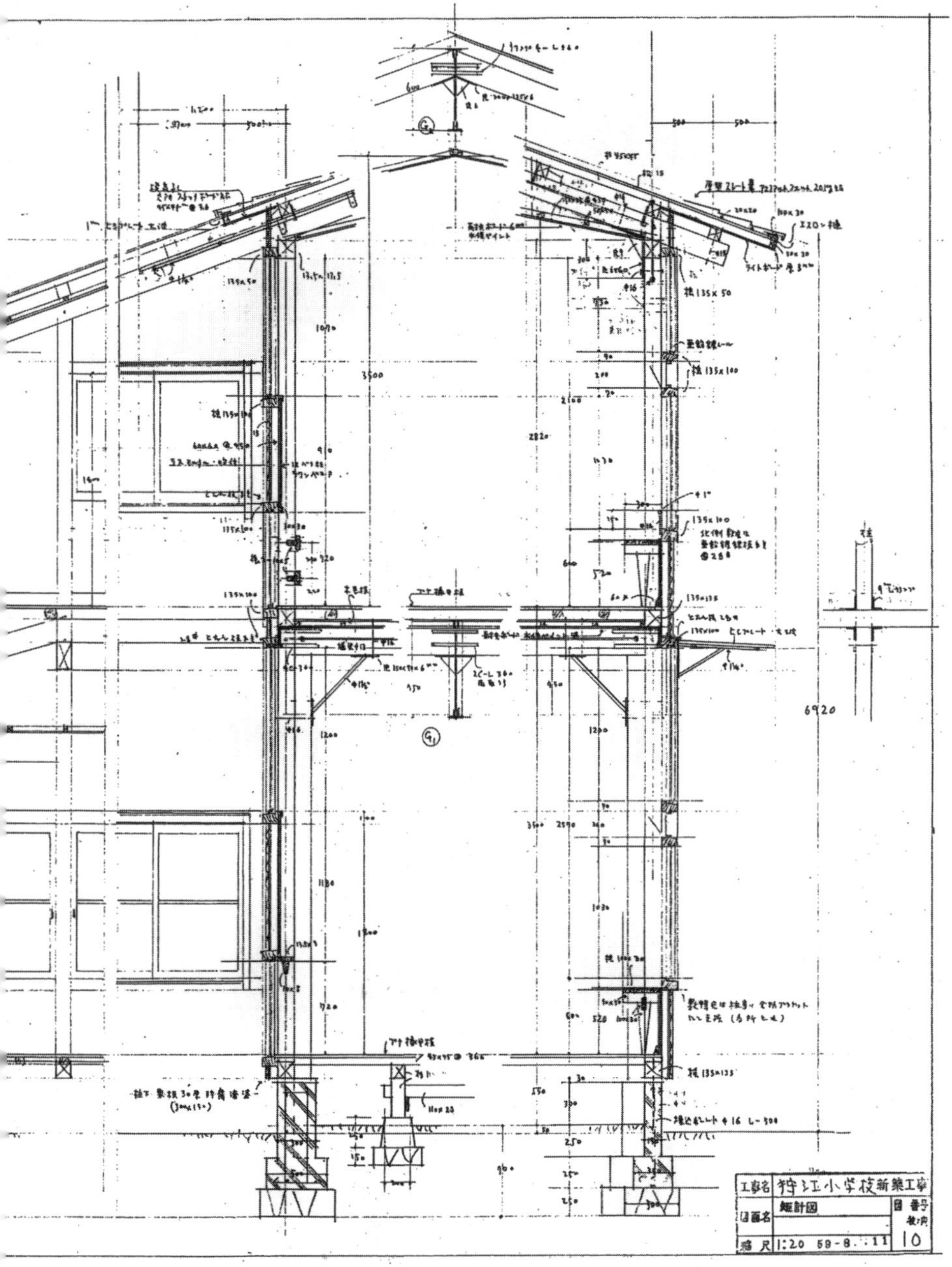
工事名 狩江小学校新築工事
図面名 矩計図
図番号 10
縮尺 1:20 58-8.11
6920
3500
2820
2100
1200
厚型スレート葺
枝135×50
枝135×100
枝135×135

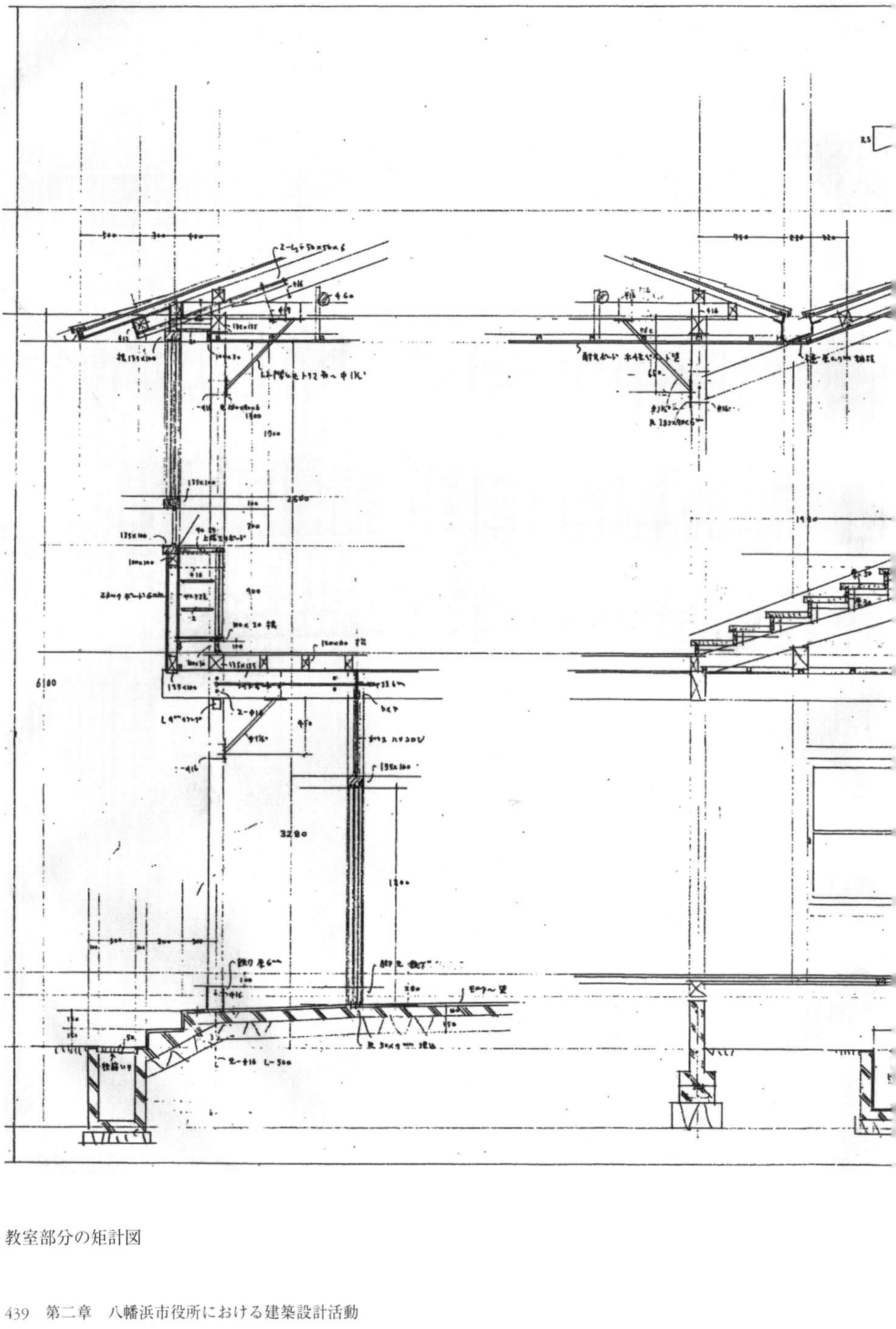

教室部分の矩計図

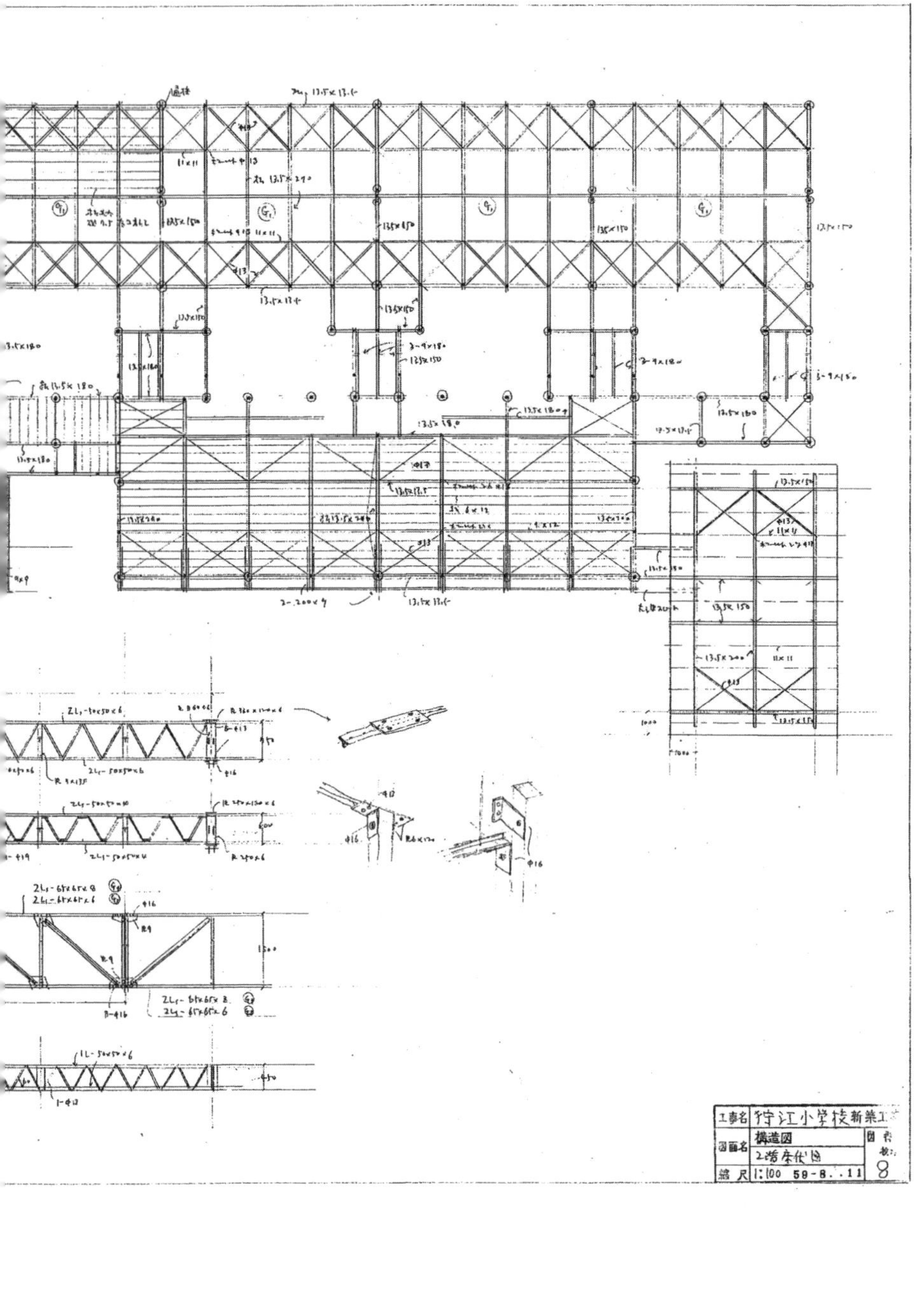
工事名 狩江小学校新築工事
図面名 構造図
2階床伏図
縮尺 1:100 59-8-11
図番 8

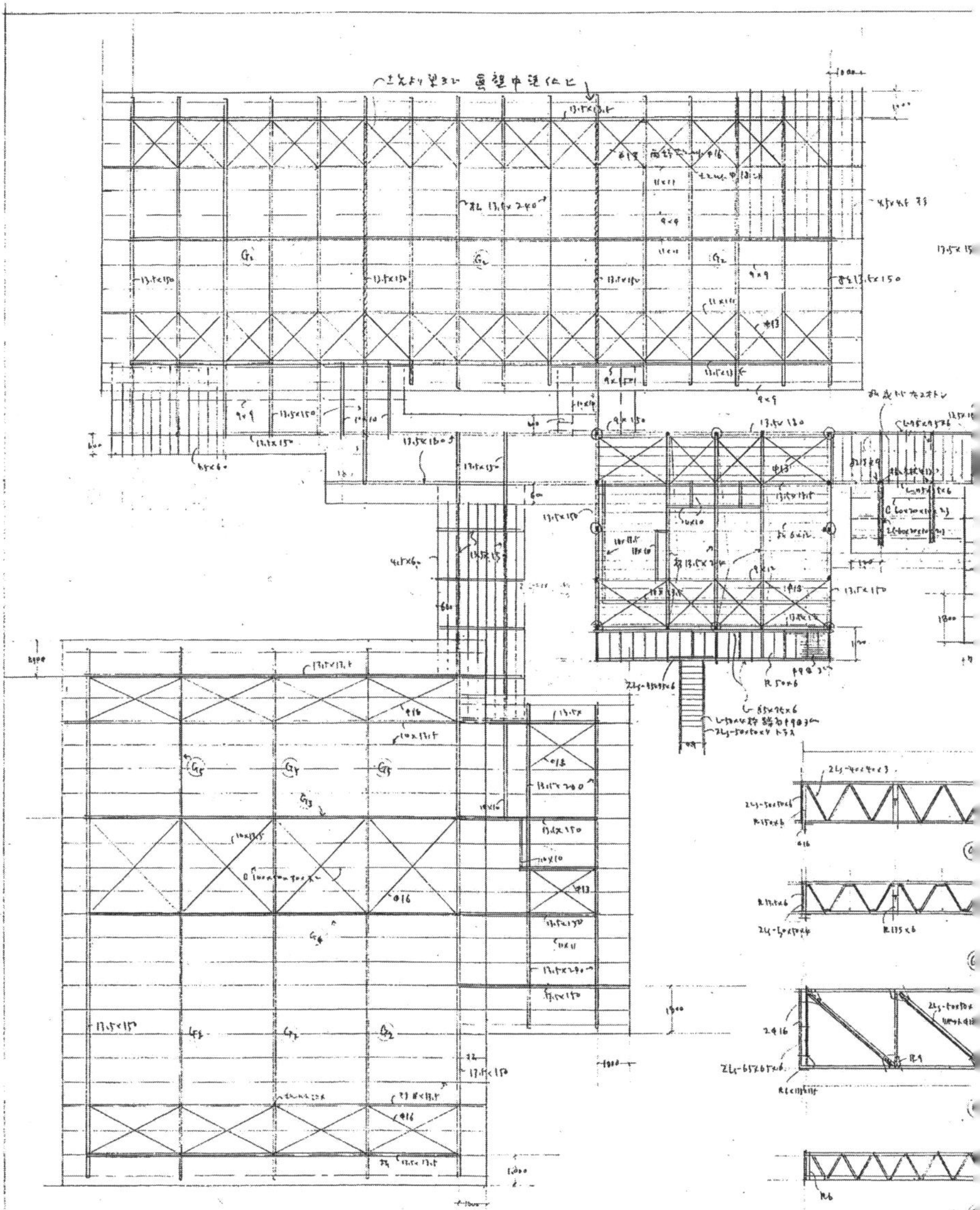

2 階床伏図

四－一「新校舎ができるまで」

ひとつは、当時の教員が撮影した校舎の建設プロセスの記録スライド二八枚と、それを子どもたちに見せるときのナレーションを記した手作りノートだ。いずれも狩江小学校に保管されている。

また、最初と最後に映すために、トレーシングペーパーにインクで文字を書きマウントした手作りの二枚のスライドもある。それによれば、タイトルが「新校舎ができるまで」、制作した先生の名前は「解説　末光先生」「撮影　梶原先生」とある。

ナレーションを読むと、物づくりの大変さ、現場における多くの人の関係などを伝えようという意気込みが伝わってくる。建設現場でのさまざま仕事も紹介しており、子どもたちへの職業教育のねらいもあったかもしれない。

また旧校舎は、別の場所から移築して学校として使ってきたものであり、今回の工事に当たっては解体し広島でアパートとして再利用されていることも説明されていて、当時の建物の使われ方がわかり興味深い。ハイブリッドな構造の建て方の様子もわかる★九。

自分たちが使う校舎そのものを教材にしようとした当時の教員の心意気が伝わる貴重な資料であり、以下に各スライドとナレーションを再録する★一〇。語句などの修正はしていない。何度か「講堂」という表現が使われているが、これはおそらく低学年用教室棟のことだと思われる。高低分離の考え方が上手く伝わっていなかった証拠かもしれない。なお、㉘のスライドのナレーションはない。

①今日は待ちに待ったうれしい入学式、雲一つない小春日和です。希望に胸をふくらませたかわいい一年生が、今を盛りとさきほこる校庭の桜を背にうけて整列を終りました。

さあ、これから木の香りもたかい新しい講堂へ入場するのです。

②はじめて使った講堂、それは昭和三五年三月の卒業式の時でありました。従ってこの日の入学式が二回目に使ったということになります。

ガラス戸も幕も見えませんのは工事の途中であることを物語っています。

それでは今から新しい狩江小学校ができ上がるまで順をおって見ていくことに致しましょう。

③これは今の教室の建っているところにあった前の裏校舎を取除いて、そのあとへ新らしい校舎を建てるた

めの〝床堀り作業〟をしているところです。

手前に見えるそてつは前のいけすのあったところで、働いている人の向うにみえる小さい家は前の炊事場だったのです。

床堀り作業というのは、家の土台の下にあたる部分の土を掘り上げていく仕事のことです。

それではここですでになくなっている前の校舎のお話をしておきましょう。この写真ですでにとりこわされている裏校舎は五十年あまり昔、明治四十一年四月、今の狩江農協のある場所に建てられたものであります。

その後昭和四年になってこの場所へ移されました。

その当時の生徒はかわらを持っては運んだそうです。

この校舎は今では瀬戸内海を渡った広島というところでアパートとして活躍しているということです。

①

②

③

そてつごしにみえる二階建の校舎はその後、昭和三十六年七月にとりこわされました。
この校舎は、昭和二年八月、西宇和郡川之石小学校の校舎であったものを購入して、土台石から屋根の瓦まで船で運んでもちかえり建てたものでありました
この校舎ができ上がった当時はとても立派な校舎だというわけで、たくさんの人が学校を見にこられたということです。
それでも最近では障子の学校、古い校舎ということでめずらしがられるようになっていました
今はその一部分が、狩江劇場として生れかわっています。
④いよいよ床堀りができ上がりました。
次は子供の頭ぐらいの大きさの石を掘り上げたみぞの中へきれいに並べる仕事が始ります。

この石のことを〝グリ石〟とよびます
グリ石は重い校舎を支える最も下にあって土の中で埋れてしまうものです。

グリ石がきれいにしきつめられた後この仕事が始まります。

〝どうづき〟という仕事です。高いやぐらのまん中には大きな丸太がみえています。大ぜいの人がいの子をつくようにしてグリ石をつきかためています。

面白い歌の拍子に合わせてどうづきをしている風景はいかにものどかなものです。
⑤どうづきは土の中にかくれてしまう〝グリ石〟をつきかためる作業ですから、あとからは見える仕事ではありません。
でもこの仕事がよくできていない場合には何年かたつうちに家が少しづつ傾いたり、戸があかなくなってくるのです。

何事も〝きそ〟が大切だということがこのことでもよくわかりますね。
⑥どうづきがすみますと、今度は家の土台になる部分のコンクリートづくりにかゝります。
コンクリートは砂と小石とセメントをまぜ合わせ、水でこねたものです。コンクリートはかたまりますと、石のようにかたくなりますが、かたまる迄はやわらかいので、この写真のような型わくをつくりその中へコンクリートを入れてかたまらせるのです。

この型わくをパネルともいいますが、これが真すぐにくみ立てていないと、真すぐなコンクリートは出来上りません。

それで両端に糸をピンと張っていがまないようにパネルを組み立てねばなりません。

⑦コンクリートのねり込み作業が終って五、六日たつと、コンクリートは固まってしまいます。
かたまったのを見定めてパネルをとり除きます。きれいなコンクリートの〝きそ〟ができ上がりました。

手前のきその上がわにところどころ小さい鉄の棒が見えますね。

これはやがてこの上にとりつけられる土台を動かないようにとめるための〝ボールト〟というものです。

⑧いよいよ土台のとり付けです。コンクリートのきその上に、真すぐに土台が並んでいます。
よくみますと、この土台と、コンクリートの間には少しづつのすき間ができるようになっていますね。これは床の下も空気が自由に出入して床下がよく乾そうするようにするためなのです。

④

⑤

⑥

⑦

⑧

⑨

⑨この頃になると一方では柱やその他の木材のきり組みが行われています。これはその仕事をする作事場というところです。
大工さんは家を建てるのが本職ですからこんな作事場は見る間につくっていきます。

かんたんな小屋づくりですがこれで雨が降っても仕事を休まないで続けていけるのです。

⑩これは古い校舎の表校舎です。講堂を建てるのに、じゃまになるため西の部分の取りこわしが始まりました。
これは裏から写した写真です
⑪ガラス戸をはずし屋根瓦をはぎとっています。
仕事はそれぞれ分業になっていて、古い家をこわす人、柱などをのこぎりで切ったり、かんなでけづる大工さん、木材を製材でひく人、さらにそれを学校まで運ぶ

人などがそれぞれ自分の仕事に責任をもって上手にやりとげなければいけないのです。
⑫それでは再び工事現場をのぞいてみましょう。向うの方に何本も棒が立てられました。横にくくりつけた棒もみえます。これは何をするのでしょう。普通の家を建てる時はこんなことはしませんが、学校の校舎とか大きい建物、ことにビルディングなどの建築には必ずこのような棒で、出来上がる建物の外側へ先づ先に組み立て、いくのです。
これを足場といいます。

この足場を作る専門の人を「とび職」といいます。高くて目のまいそうなところでも平易で働くことのできる身の軽い人でなくてはできません。ちょっと危険な職業です。

⑩

⑪

⑫

⑬いよいよ土台の上に柱が立ちはじめました。
これは職員室などのある本館です。
柱にはそれぞれ番号が書きこまれてあって間違のない
ように組み立て丶いくのです。
こうなれば足場の役目がはっきりしてきましたね。
⑭こうして柱が建ち、さらに柱と柱との間には桁《けた》とい
う大きい木で横につないでいきます。

⑬

⑭

この仕事は大へん精らしいもので、普通の家なら一日
位、大きい家でも四、五日で組立は出来上るものです。
棟上げの餅まきはこの組立が出来上った時に行われる
ことになっています。
教室の棟も上がりました。棟の高さは旧校舎よりも一
米ばかり低いようですね。
⑮図書室や教室の棟も大方骨組みが出来上りました。

⑮

後まわしになっていた本館のむね上げが行われています。鉄でくみ合せた鉄骨が棟木のかわりに使われるのです。大きな滑車をいくつも利用して重い鉄骨は屋根のむねに上げられていきます。

⑯これは裏の教室です。骨かくはすっかりでき上りました。

一階の教室、二階の教室がはっきりわかるようになりました。

屋根の棟に当るところと二階の床になる中央には、アンクルで組合わせた鉄骨が黒く、たくましくみえています。

手前の中央に建っている柱をごらん下さい。三本の柱がボールトでしめつけてあります。又かどにあたるところにはボールトやその外の金具でしっかり

⑯

⑰

としめつけてあります。

ななめになっている木材がみえますが、これも家が横にゆれないようにささえているものです。
⑰今度は講堂の方を見てみましょう。これも骨組みだけはすっかりでき上りました。左側には便所になるところのコンクリート工事もすっかりでき上っています。
⑱たてにも、よこにもがっちりとスクラムを組んだたくましいこの骨格をみて下さい。
しかしこれらは壁の中や天井の上になって、やがてみえない場所で家全体を支えていくのです。
⑲これは二階の教室です。大小さまざまな鉄棒でしっかりしめつけてあります
⑳これは図書室です。手前にみえる屋根は特別教室の屋根です。もう間もなく瓦がふかれることでしょう。

⑱

⑲

⑳

㉑これは理科室の屋根から東の方を望んだところです。
㉒北側から建築中の校舎を見てみましょう。
㉓屋根板の上へ黒い紙をはり、その上へ瓦が並べられていきます。この瓦はあっさくスレート瓦というもので最近は一般の住宅などにもたくさん使れるようになりました。
屋根瓦は雨露から家を守る大事な役目をもっています。たった一枚の瓦の割れ目から洩る雨が木をくさらせたり、家をよごす場合は少くありません。
㉔屋根ができると、もう雨が降っても先づ大丈夫といったところでしょう。
早速床板をはりました。

これは教室の二階の床板です。これで二階の仕事も、下へ落ちる心配もなく安心してすることができます。

㉑

㉒

㉓

教室と教室との境の壁の竹もできました。これが「えつり」といいます。これにかべ土をつけていけばよいのです。この仕事は「左官」さんの仕事になるのです。

㉕二階の床板ができたので一階では天井をつける仕事がはじまりました。普通の家では天井は板でつくりますがこれは板ではありません。

「耐火ボート」といって石灰のふちへ紙で固めたようなもので、火に燃えないのが特徴です。

㉖屋根のかわらをふいたり、壁ぬりをすませた左官さんは、こんどはそとがわの仕事にかかりました。あら目にうちつけた板の上に黒い色の紙をはりつけます。この黒い紙は湿気を防ぐために使うのです。それがすむと今度はその上へ小さい目の金網をはりつけていきます。次に砂とセメントを混ぜたものをその

㉔

㉕

㉖

上からぬりつけていくのです。

金あみはコンクリートが落ちないために使われるものです。

このようにして仕上げていった壁のことをモルタル仕上といって、ていさいがよく、防火の役目も致しますで最近はこの方法が広く行われるようになりました。
㉗これはどこでしょう？　ここまででき上るとよくわかりますね。
本館です。窓には戸があわされました。大きい戸、小さい戸、たくさんありますが、これは「建具屋さん」という特別な大工さんの手によってつくられています。

窓に戸が入りますと、今度はガラス屋さんの仕事が始まります。面白いようにガラスを切りながら、ガラス戸へガラスを入れて行きます。

㉗

㉘

屋根には「とい」をかける職人の人達がといをとりつけます。

下では水道屋さんの仕事も行われています。

大きなはけをもったペンキ屋さんもいっしょうけんめいペンキ塗りに精を出しています。

教室の中で電気屋さんも働いていました。

校舎は全部でき上りました。

最初に作った足場ももういらなくなりましたので、一本一本とり除いていきます
こうして昭和三五年十一月十二日、床堀をはじめて以来、七ヶ月ぶりで、約一千四百五十万円のお金と、たくさんの人々の力によって私達の学校、狩江小学校の新校舎ができたのであります。

四－二　「さようなら木造校舎の集い」

もうひとつのエピソードは、松村の設計した校舎の解体に際し、一九九一年七月一三日に狩江小学校で開催された校舎とのお別れ会のことである。松村はそこに招待され、子どもたちにスピーチをした。

その会を催すにいたった経緯、当日の様子などは、当時の校長であった紺田満徳が、「狩江小学校とお別れフェスティバル」という文章で丁寧に記録している（『（社）日本建築学会四国支部創立五〇周年記念誌』（日本建築学会四国支部、一九九九年、二〇二－二〇五頁）。また、この催しを取材した記事（『日経アーキテクチュア』一九九一年一〇月一四日号）には、松村、紺田、当時のＰＴＡ会長・原田義夫のコメントもある。

紺田の文章によれば、狩江地区は「教育に対する「思い入れ」がすぐ同じ方向にまとまる、一口で言えば、「地域の教育力」の高い所」であり、「建築当時から数えて約三〇年間、狩江教育の中心であった校舎にお別れをする何か行事を持とう」ということになり、「教職員、児童、ＰＴＡ、公民館等」が計画を立てたとのことだ。松村を招待しようということになったものの住所がわからず、八幡浜市役所経由で松山在住ということを探し当てたらしい。

当日は、児童会とＰＴＡの主催で「さようなら木造校舎の集い」という名称のもと、昇降口の階段のまわりを会場としてさまざまな行事がおこなわれた。子どもたちは校舎の思い出を作文にして発表し、「さようなら木造校舎」という自作の歌を合唱した。松村には明浜町教育委員会の教育長・中村久藤から感謝状が贈られた。

子どもたちの作文の一部は紺田の文章の中で読めるが、その中の四年生の男子生徒の文章には、クラスター

型教室配置や、外装まわりでの松村の細かいデザインを見事に受け止めた次のような記述がある。

この木造校舎のいいところは、たくさんあります。一つは、階段がとても歩きやすいということです。階段の横のほうに、角度が二一度と書いてありますね。一段一段がひくくつくってあって、一年生でも楽に歩け

1：お別れ会の様子。
昇降口の階段のまわりが会場となった
2：子供たちにスピーチする松村
［いずれも狩江小学校蔵］
3：新校舎の玄関に掲げられた松村の書
4：階段の踏み板でつくった彫刻作品
（いずれも 2008 年 3 月 28 日撮影）

るし、先生用の階段と子ども用の階段があります。

二つ目は、一つの教室に、ドアが二つあることです。子どもたちの入るドアと、先生たちの入るドアがあって、教室とろう下の間に小さな中庭がどの学年の教室の横にもあります。その庭には、たくさんの種類の木や花、草が植えてあります。真ん中にみぞがとおっていて、土の上には、石がたくさんしかれてあって、このような中庭は、他の学校にはあまりないそうです。教室のまどぎわには、すわるところみたいなものが作られていて、手すりもついています。歯みがきをしながらそこにすわって、ときどき、ろう人ホームを見たり、山の草や山にとおっている車を見たりします。風もよくふいて、休み時間におもいっきり遊んでたくさんあせをかいた時、まどから顔を出して休む時もあります。いいけしきが見えたり、風とおしのいいまどべがあって、とても気持ちのいい教室です。

もうすぐこわされる古いこの木造校舎にも、便利でいいところがたくさんありました。この木造校舎がとりこわされても、ずっとわすれません。


松村は子どもたちにスピーチをした。彼は当日の様子を文章にまとめていて（「狩江小学校お別れ会」『老建築稼の歩んだ道』二四一－二四九頁）、スピーチの要旨も記している。また、保護者の撮影したビデオ映像も残っている。それらによれば、松村は、狩江小学校のクラスター型の教室配置という特徴の説明から始め、落ち着いた静けさの漂う学校にしたことを振り返り、「ナニクソ」「コレシキ」の気持ちを持ち正直に生きていってほしいというようなことを、わかりやすく子どもたちに語りかけた。

大変に心に残る催しであり、学校建築が地域の中で役立ち、愛されるというのはこういうことだと教えてくれる希有な出来事であったといえるだろう。

紺田は、当日の松村の話に出た「陰の正直」という言葉をあらためて松村に墨書してもらい、額装して新校舎の玄関に掲げた。また、階段の踏み板を新校舎に転用しようと考えたが叶わず、後の狩江小学校第二六代校長・宇都宮重臣は、その板を材料として「蘇」と題された彫刻を制作し、これも新校舎に飾られている。

市立八幡浜総合病院本館

一　建築の概要

松村が一連の病棟を設計してきた市立八幡浜総合病院の本館である。敷地の南端に建ち、外来患者を受け持つ

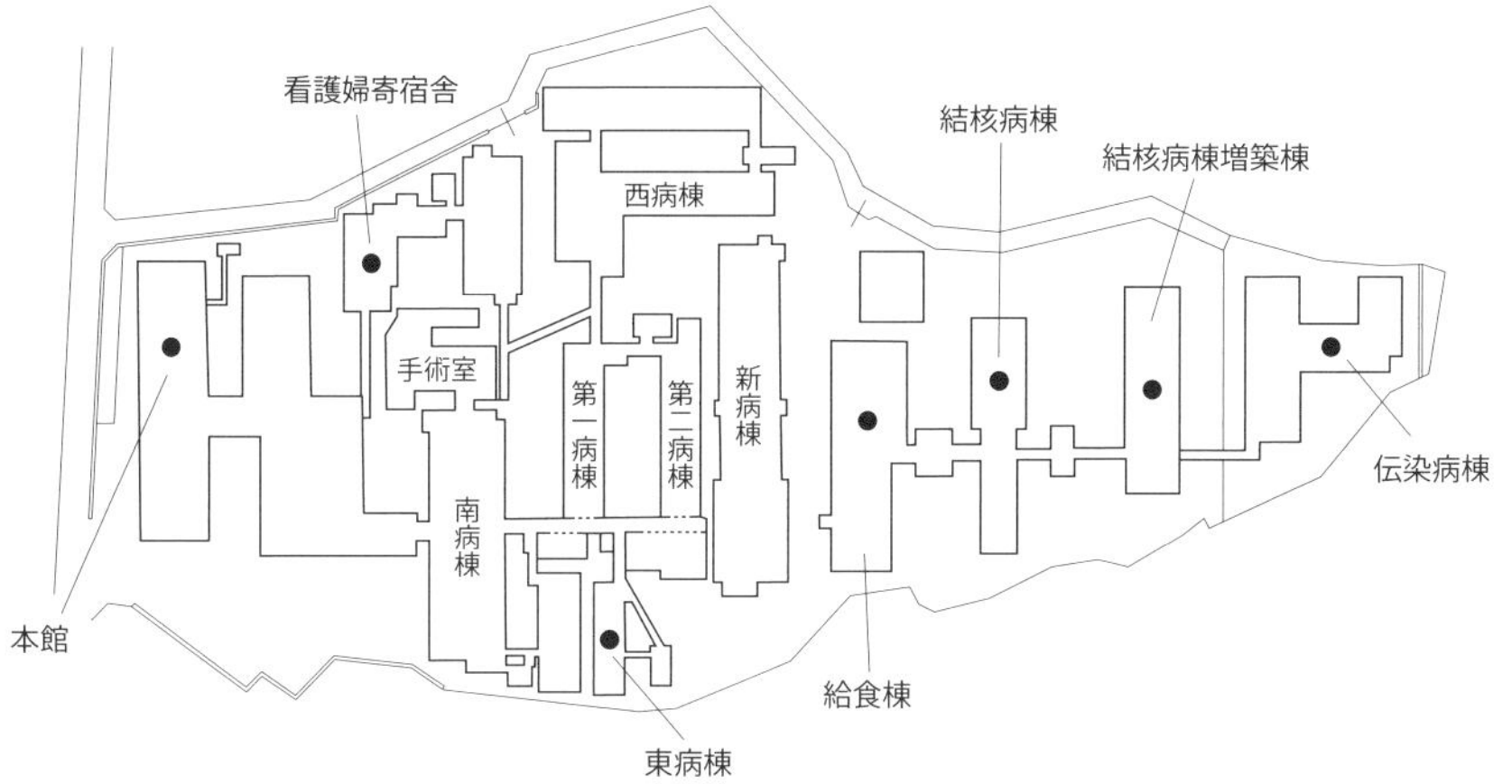

全体配置図（『市立八幡浜総合病院　1964』の図をもとに作成）。
●印が松村が設計した建物。図の右が北

建物として建設された。一九六〇年四月一〇日の落成である。実施設計図は、八〇〇×七〇〇ミリメートルほどのイレギュラーなサイズで一一枚が残っている。これがすべてとは思えないが、不足分は見つかっていない。松村の八幡浜市役所における最後から二番目の作品であり、コンクリート造による最大の建物である。

南側と北側の二棟に分かれた三階建て（地下、一階、二階）の建物で、両者を階段やスロープのはいったガラス張りの通路が結んでいる。入口は北側の棟の東端である。外観は南面の折板状の庇が印象的だ。外壁はコンクリートにリシン吹付けで、サッシュは上下に高さ二〇センチメートルのホッパー窓がつき、中央部分は引き違い窓という木製建具を基本としている。一九九四年に筆者が見学したときには、外壁の色は松村がよく使う薄い紅色であり、おそらくそれが当初からの色であったと思われるが、現在は白っぽい色に変更されている。

病院の敷地全体が北上がりの傾斜地であり、後方にある病棟とのつながりを配慮したからであろうが、エントランスは北側の棟に設けられ、そこから階段やスロープで南側の診療棟へ戻る動線計画だ。南側の棟の一層目はピロティで、一部に食堂や車庫があったが、現在はすべて外壁を設けて室内化されている。また、このレベルに

上：南側外観（『市立八幡浜総合病院　1964』）
下：東側外観（『市立八幡浜総合病院　1964』）。ピロティ部分がエントランス

は南北の棟の間に自然石を配した池があり、その向こうにガラス張りの階段室が見えていたが、現在はここも増築されて塞がれている。

一階の北側の棟に入口がある。訪れた人は丸柱の列柱沿いにスロープを上るので、建物の正面が決して見えない。権威的な玄関を嫌った松村らしいデザインといえる。中にはいると受付と薬局が面した待合のホールがあり、そこからスロープで南側の診療ゾーンへ折り返していく。

プランニング自体にはとくに指摘すべきことはないが、屋上から塔屋階への階段がかつて東病棟で実現しなかったスロープに似ていることと、塔屋がキャンチレバーのダイナミックな造形になっていることは印象的だ。

二　評価の分離

この建物に対する三つの視点からの評価を紹介する。

ひとつ目は建築計画の視点である。第三章で詳述するが、内田祥哉を介して、当時東京大学吉武研究室の大学院生であった檜山吉平との縁ができた松村は、この建物の設計途中の図面を檜山に送り、建築計画的な観点からのチェックを依頼した。それに対して、吉武と吉武研究室の伊藤誠から、基本的によくまとまっているとの返事

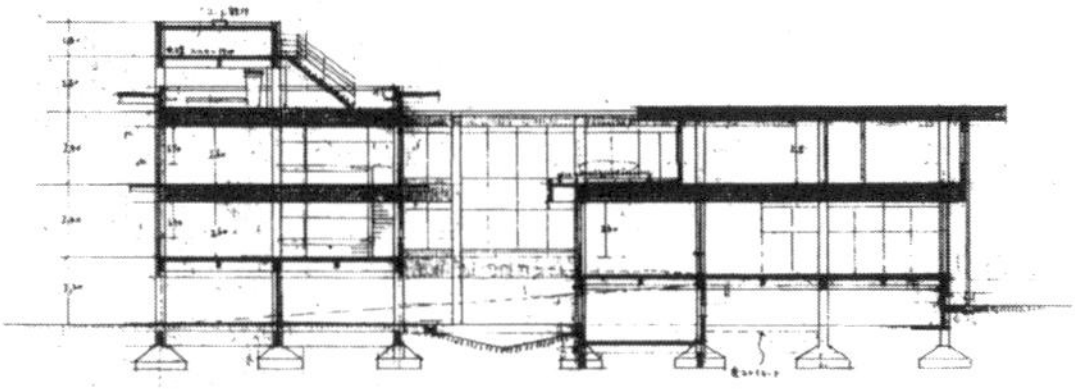

上：南北断面図
下：自然石を配した池［松村家蔵］

2	1
4	3

1：待合ロビー
2：エントランスのガラススクリーン
3：池越しに階段室を見る。現在はこの中庭は増築で塞がれている
4：階段室内部。スロープで1階診療室へ下り、ゆったりした階段で2階へ上る
［いずれも松村家蔵］

右：塔屋。持ち出し梁とスラブによるダイナミックな造形だ
［松村家蔵］
左：2階屋根から塔屋階への階段（2007年12月22日撮影）

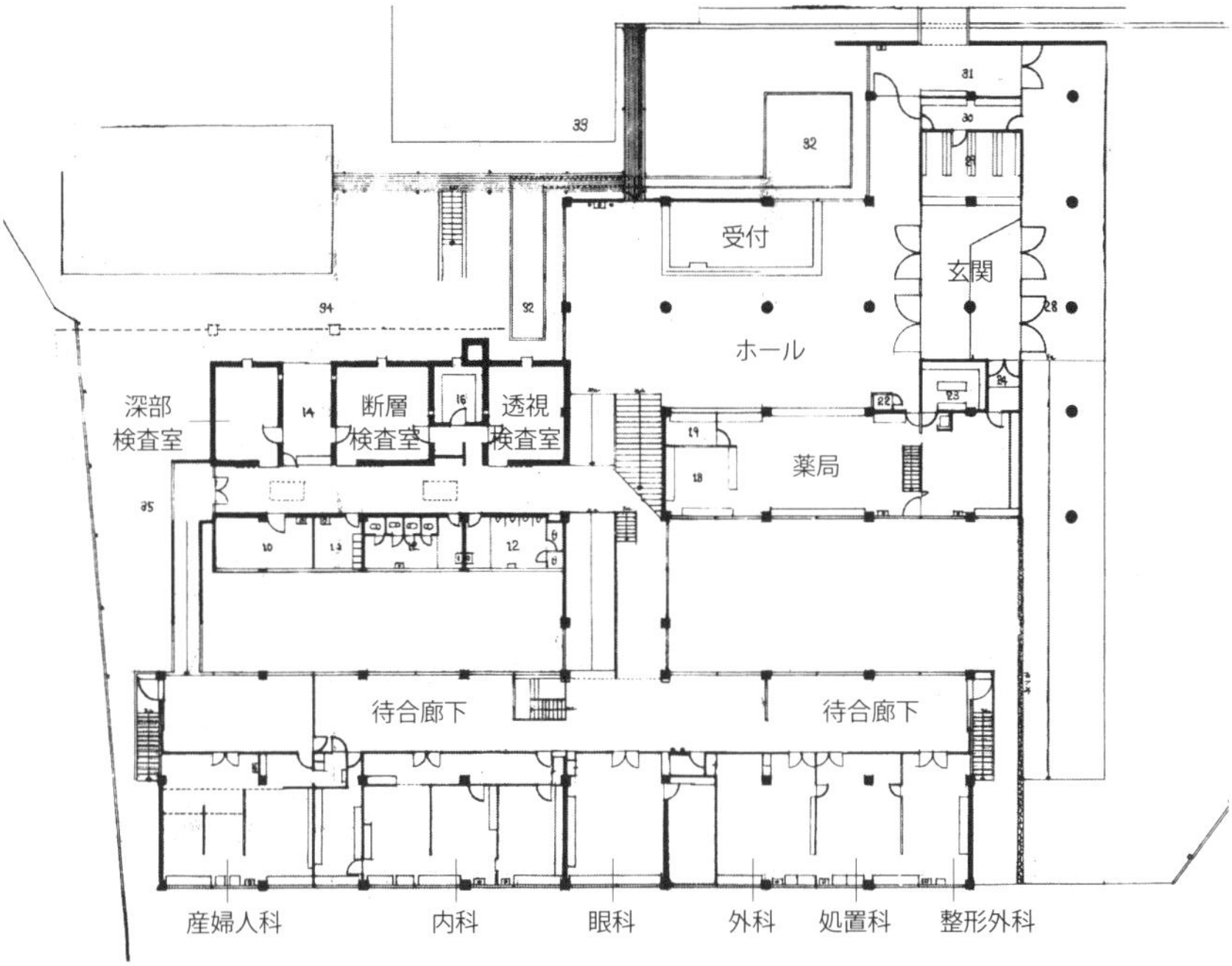

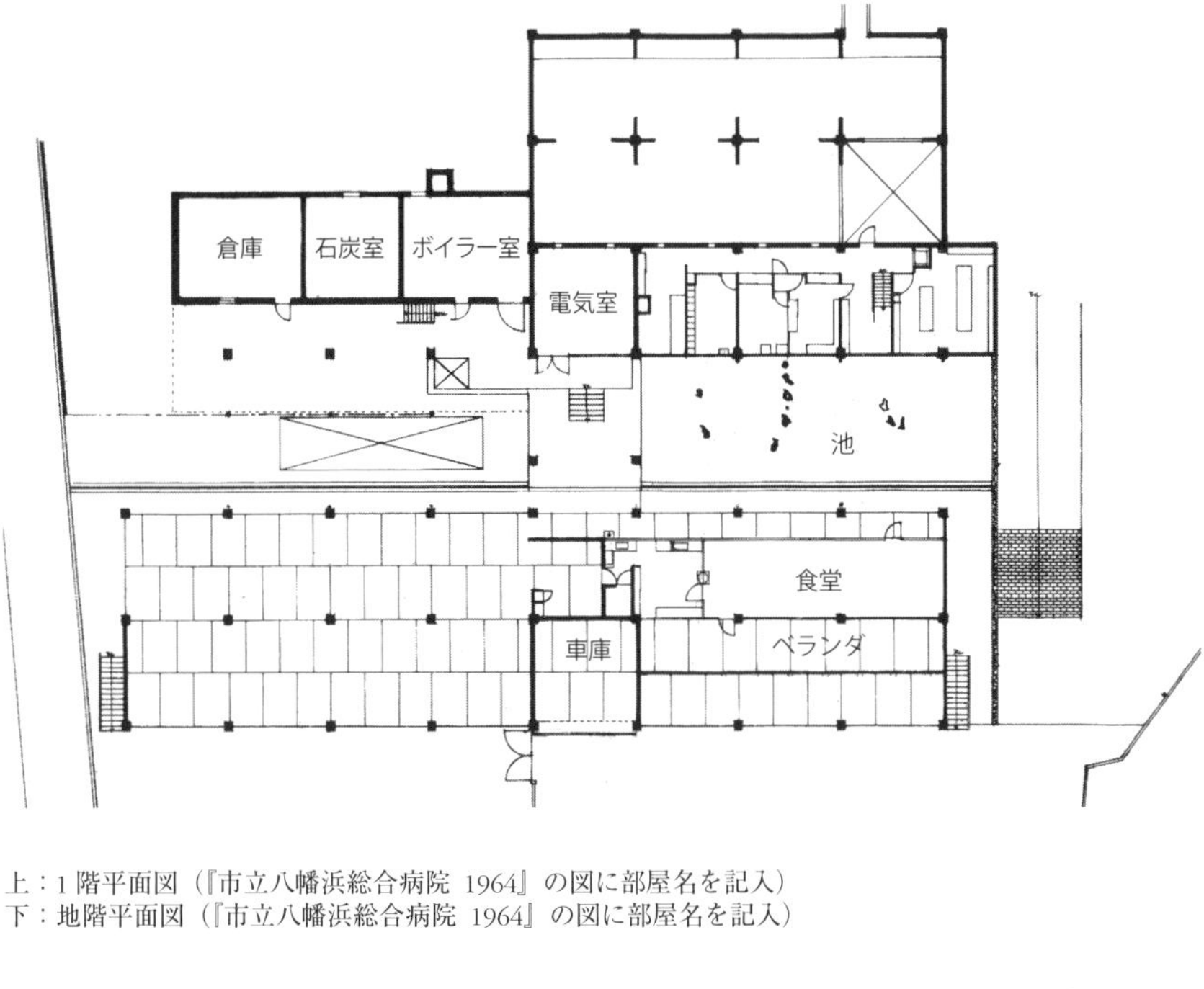

上：1階平面図（『市立八幡浜総合病院 1964』の図に部屋名を記入）
下：地階平面図（『市立八幡浜総合病院 1964』の図に部屋名を記入）

2階平面図（『市立八幡浜総合病院 1964』の図に部屋名を記入）

が届いたのだ。

このことからは、まずは松村の設計能力の高さがわかるだろう。何しろ初めての病院建築の設計に対して、専門の研究者から合格点が与えられたのだから。

松村の中では、初めて診療部門をもつ病院を設計する不安と、戦前から独力でおこなってきた病院建築に関する勉強への自負とが入り交じっていたに違いない。したがって、吉武研究室からの評価は何にもまして嬉しいものだったと思われる。

ふたつ目は地方性という視点である。これも第三章で詳述するが、当時明治大学助教授であった神代雄一郎がこの建物を高く評価した。竣工後二ヵ月ほどした一九六〇年六月、神代は平凡社の『世界建築全集』の編集のための取材で八幡浜を訪れ、松村作品を見学した。その際にこの建物も見学し、全国での取材旅行の結果をまとめた「建築家は地方で何をしたか」（『建築文化』一九六〇年一一月号）という文章の中で、「予想もしなかったすばらしい作品にめぐり逢えた」と賞賛し、一階ホールの広さに関する松村の逡巡についても、「まちの市立病院のホール規模に対しても、地元の建築家はこれだけ心をくばるのである」と褒め言葉をおくっているのだ。

それに対し当時の松村がどう考えたかを知る資料はな

い。しかし、それから一八年後におこなわれた神代と松村の対談（「対談　風土と建築」『ina REPORT（No. 16）』（伊奈製陶、一九七八年六月一五日発行）において、神代が当時のことにふれたのを受け、松村は「私は正直いって地方とか地域とか風土とかいうことを余り意識せんのですわ」と述べており、松村としては、地方性という視点からの評価に対しては違和感を覚えたようなのだ。

三つ目はコンクリート造という構造の視点である。この建物は、八幡浜市役所時代の松村にとって最大のコンクリート造の建物であったにもかかわらず、意匠的には、それまでの木造の秀作群に匹敵する内容をもっているとは言い難い。わずかに折板状の庇や塔屋において、コンクリート造らしい造形をおこなっているにすぎず、構造が病院建築の革新に直接寄与していないからである。もちろん、だからといってこの建物の病院建築としての評価を下げる必要はないが、松村とコンクリート造との相性の悪さのようなものが滲み出ているように思われる。

以上のように、この建物に対しては少なくとも三つの視点からの評価が可能なのだが、むしろ指摘したいのは、これらの評価が独立におこない得て、しかもその結果にばらつきがでるということである。しかし、たとえば日土小学校では、評価する視点も、される側の建築的な構成も、それぞれが総合的に関係しあっており、独立した議論へと分離することは難しい。そういう意味で市立八幡浜総合病院本館は、八幡浜市役所における松村の最大規模の建物ではあるが、彼の代表作と位置づけるわけにはいかないのである。

白浜小学校

一　建築の概要

松村の八幡浜市役所での最後の仕事である。

かつて松村が増築した木造校舎（一九四九年竣工）もある白浜小学校の木造校舎群を、コンクリート校舎へと建て替えていく最初の工事である。航空写真に示すように、敷地隅部の古い木造校舎を解体し、そこにコンクリート造二階建ての新校舎を松村が設計し、一九六〇年一〇月三一日に竣工した。松村が市役所を退職した翌月である。

現在、周囲の木造校舎はすべて建て替えられたが、松村の設計したこの建物は現役で使われている。実施設計図は八幡浜市役所に残っているが、意匠図の一部は欠けている。構造図はA１サイズ八枚の図面が描かれている。

1955年頃撮影の航空写真（文字は筆者記入）［白浜小学校蔵］

一階に職員室、衛生室、玄関など、二階には図書室、会議室、校長室がある。とりたてて特徴のある構成ではないが、図書室への外部からの専用階段があり、特別教室を生涯教育施設として利用しようという、新谷中学校以来の考え方の表れだろう。

二　未消化に終わったコンクリート造

松村の八幡浜市役所での最後の仕事について指摘しておきたいのは、コンクリート造と松村との関係である。この建物の主な骨格は、二二五〇ミリメートルピッチで細かく並んだ三五〇×六〇〇ミリメートルのコンクリート柱によるフレームで、九メートルスパンの一室空間が形成されている。

そこにコンクリートの腰壁と垂れ壁がつき、ホッパー窓と波板の遮光庇のついた木製建具がはめ込まれている。パラペット部分には先端を細く見せる工夫もあるが、全体として、とくに注目すべきデザインは見当たらない。現在はアルミサッシュに取り替えられ遮光庇も撤去されている。

この建物でコンクリート造らしいといえるデザインがあるとすれば、図書室への外部階段である。池の中に三本の指を広げたような脚が立ち、段裏と踊り場、そして

1：運動場側の外観［松村家蔵］
2：現在の様子（北側）
3：現在の様子（南側）
（いずれも 2008 年 3 月 26 日撮影）
4：図書館への階段とバルコニー［松村家蔵］

上：2 階平面図
下：1 階平面図
（文字の追記は筆者、
図面右下が北）

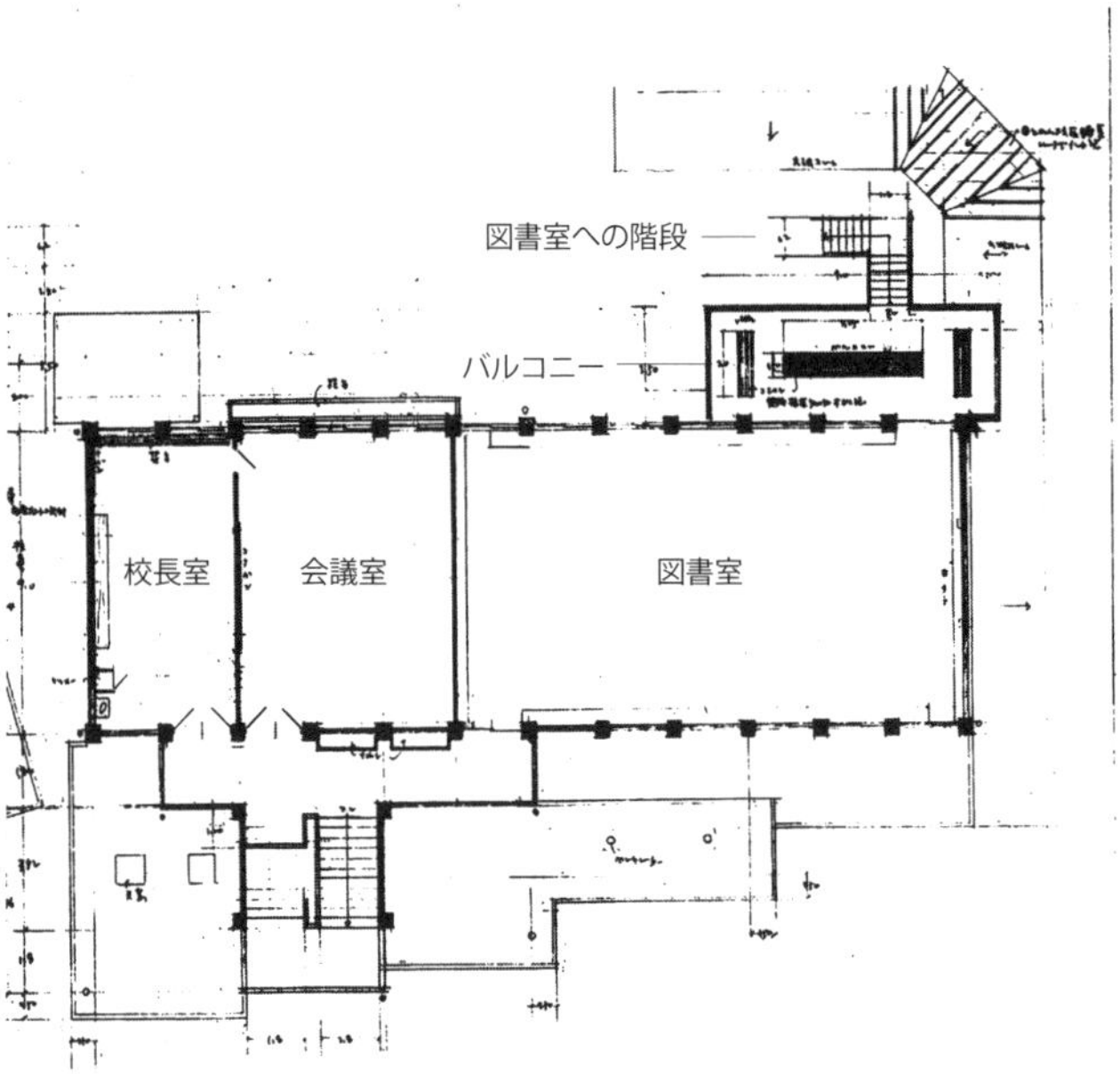

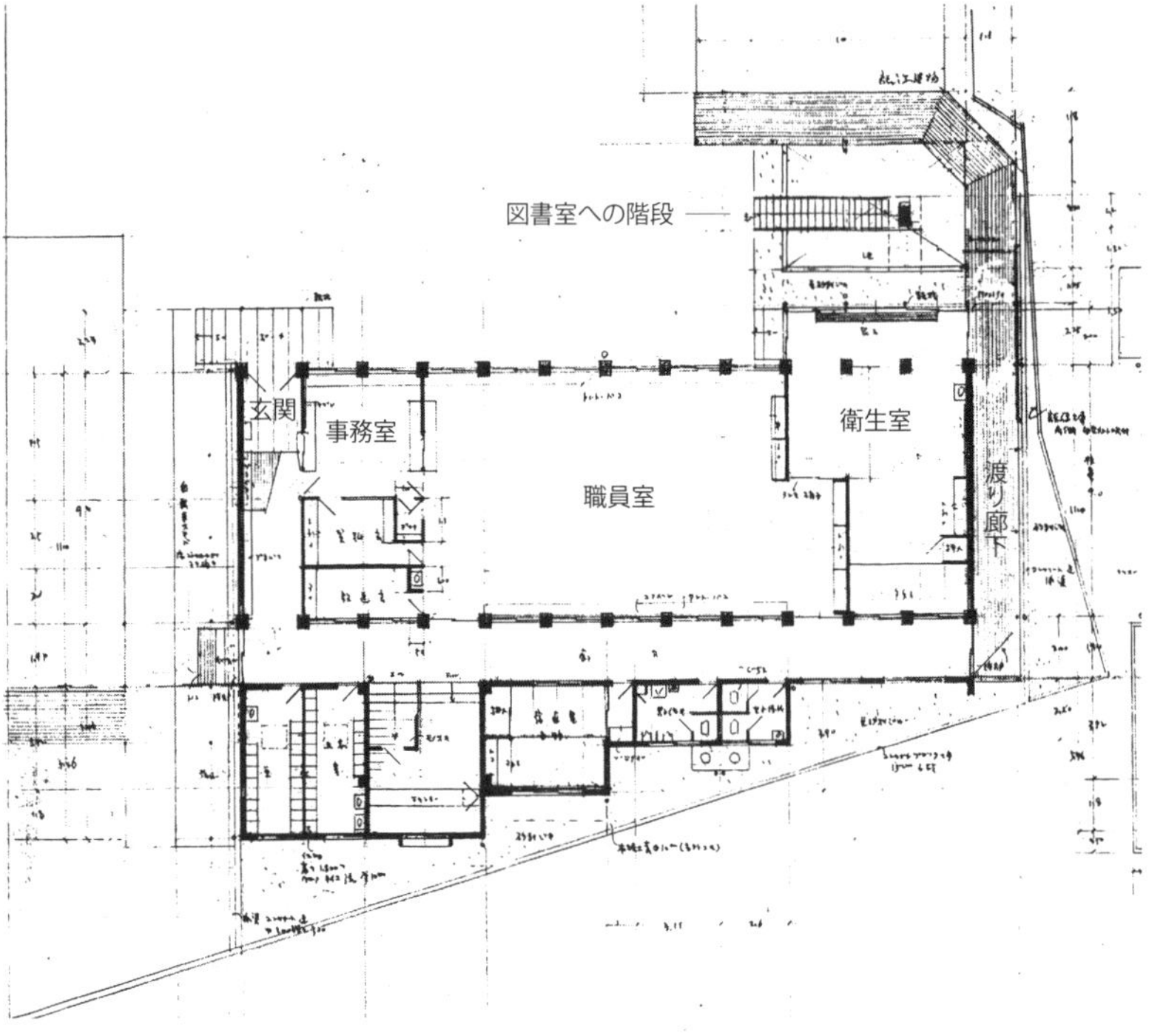

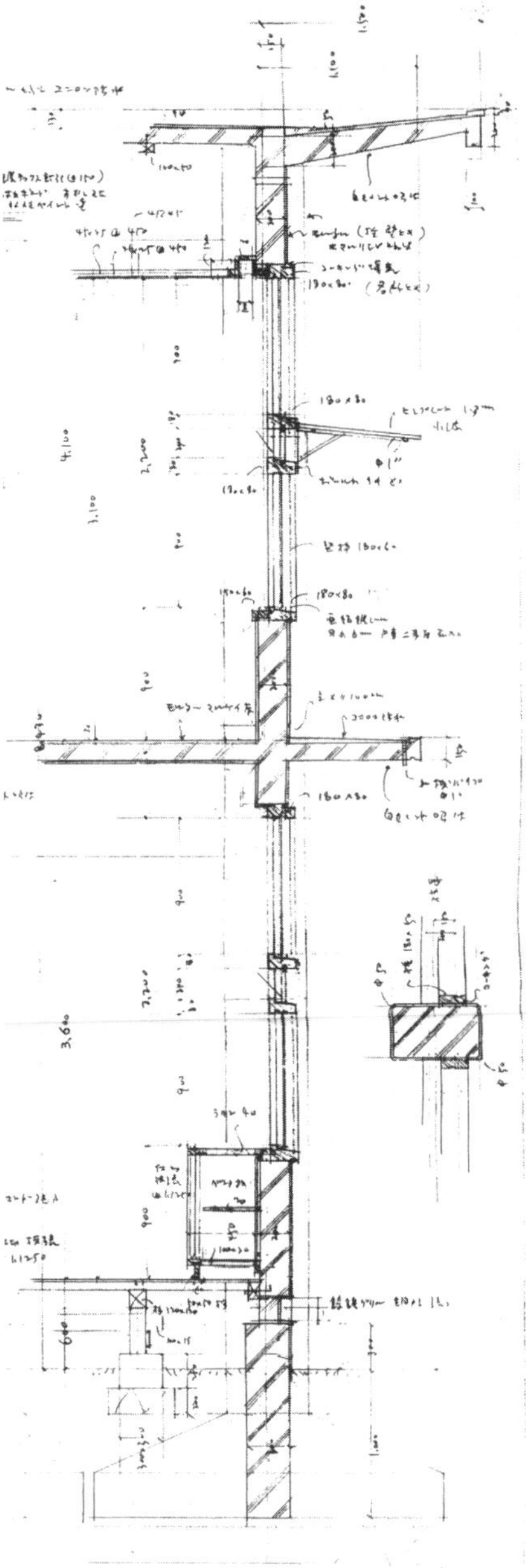

右：南側外観［松村家蔵］
左：南側外装部の矩計図

図書室への階段（2008年3月26日撮影）

バルコニーの先端を支えている。それぞれ先端が細くなった四角錐台であり、階段や踊り場のスラブも脚の部分を頂点とする多面体で、いかにもコンクリートによる造形といえる。

しかし、そこに意匠的あるいは構造的な必然性を見出すことは難しい。松村はそれまで、木造の病棟や学校建築の外部階段をコンクリートでつくり、構造を切り離すために階段の先端部をキャンチレバーで設計した例がいくつかあるが、そこに感じられた合理性や説明性がここにはない。

八幡浜市役所時代の松村の作品の中でコンクリート造のものは、川上公民館、神山小学校、市立八幡浜総合病院本館、そしてこの白浜小学校だ。それらは次のような似た構成になっている。

・コンクリートラーメン構造である。
・最上部あるいは途中階につけられたコンクリートの庇で水平性を強調している。
・内外装の建具の意匠は、木造の作品に準じている。

そして、神山小学校のように平面計画という抽象化されたレベルでの特徴がある場合を除けば、木造の作品ほど高い評価を与えられる特徴を見出すことができない。神山小学校にしても、穴のあいたコンクリートの庇という付加的な要素を除けば、いわばただのコンクリートのフレームである。

独立後の松村の作品のうち、木造住宅以外は多くがコンクリート造であるが、それらもこれら四作品と同じような構成が多く、傑出した作品と呼べるものは見当たらない。その要因をここで結論づけるのは早計だろうが、取り合えず次のような点を指摘しておきたい。

・松村のコンクリート造の作品は、ラーメン構造の安定した形式に依存して成立している。そこには、木造の作品において鉄骨や鉄筋ブレースを組み合わせたハイブリッドな構造を見いだし、木造だけでは得られない新しい空間を実現していたような横断的試みがない。

・第二次世界大戦後、日本の多くの建築家がコンクリート造を手掛けるに際し、多かれ少なかれコルビュジエ的モチーフを基礎にし、そこに日本的あるいは地域的な要素を付加するという方法をとり、一定の成果を上げた。松村はその道は選ばなかったが、別の道も見いだせなかった。

・松村は戦前との連続性の中で木造建築を発展させ、さまざまな発見をおこなったが、コンクリート造の建築では、そこで見出したモチーフをただコンクリートに置き換えただけになってしまった。

いずれにしても、この作品を最後に、松村の八幡浜市役所での設計活動は幕を降ろしたのである。

二・六　八幡浜市役所時代の建築作品の変遷のメカニズム

以上、本章の冒頭でリストアップしたすべての作品の分析をおこなった。それによって、各作品の建築的特徴は、概ね記述し分析できたと思われる。

最後に示したいのは、それらの相互関係である。松村は、八幡浜市役所での一三年間という決して長いとはいえない時間の中で、標準的で戦前的意匠の愛宕中学校からスタートし、日土小学校に代表される革新的な建築に至る道筋を、三〇数件の建物の設計を通して見い出したのだ。その背後には、各建物に通底する推進役としての明快で力強いアイデアとメカニズムがあった。以下、それを示し第二章のまとめとする。

三つの時期による展開

各作品分析は、次の三つの時期に分けておこなった。

第一期　旧来のシステム内での抵抗
愛宕中学校
神山公民館
松蔭小学校
白浜小学校増築工事
神山小学校計画案
八代中学校
川之内小学校

第二期　新しい建築的ヴォキャブラリーの実験と習得
八幡浜市立図書館
松柏中学校
舌田小学校改修工事
市立八幡浜総合病院東病棟
長谷小学校
魚市場増築工事
市立八幡浜総合病院結核病棟
八代中学校増築工事
江戸岡小学校
国体施設
市立八幡浜総合病院給食棟
市立八幡浜総合病院伝染病棟

新谷保育所

第三期　松村スタイルの完成

新谷中学校

市立八幡浜総合病院看護婦寄宿舎

川上公民館

江戸岡小学校特別教室棟

尾の花保育園

日土小学校

市立八幡浜総合病院結核病棟増築棟

川上中学校増築工事

真穴中学校増築工事

中津川公民館

江戸岡小学校便所増築工事

神山小学校

狩江小学校

市立八幡浜総合病院本館

白浜小学校

すでに述べたように、この分析の順序は、建築種別や規模によらず、工事台帳の工事契約日の古い順序とした。迅速にインフラ整備を進めた時代ゆえに、それが設計完了日の順序にほぼ対応していると判断したからである。

各作品の分析において見出したキーワードなどを用いながら、各時期の特徴を整理すると以下のようになる。この作業によって、三つの時期の境界は妥当であると最終的に判断した。いずれも一定の共通する特性をもつ建築の集合であり、しかもその特性は他の集合とは異なると考えられるからだ。いうまでもなくこのことは、松村の思考に後戻りや停滞が少なかったことの証拠でもある。何しろ、デザインの展開のプロセスと設計の時間軸が一致しているのだから。

第一期は、建物の竣工年でいえば一九四八年から一九五〇年までである。この時期に松村は、教育委員会などに残る戦前からの保守的な学校観と戦いつつ、戦前的な木造建築のシステムの中でいくつかのデザイン的な実験を試み、「両面採光」というテーマを発見した。この時期の主な特徴は次のとおりだ。

・戦前的な木造建築の枠内での抵抗：下見板張りの外壁と切妻の瓦屋根に象徴されるように、戦前からある木造建築の標準的な意匠や構造規準の枠内にとどまる学校ではあったが、権威的なキャノピー式の玄関を止めて通り抜けのピロティとしたり、立面の対称性を崩すなどの手法により、保守的な学校観を打ち破る新しい外観デザインを模索した。
・両面採光というテーマの発見：松蔭小学校の「外廊下」から川之内小学校の昇降口への展開に見られるように、教室に両面採光を確保するというアイデアが芽生え、それが教室まわりの断面構成に変化を生み始めた。
・水平性を強調した美学への予兆：川之内小学校の裏側立面の水平連続窓に象徴されるように、水平性を強調したデザインへの芽生えがあった。

第二期は、建物の竣工年でいえば一九五一年から一九五四年までである。一九五一年に竣工した八幡浜市立図書館において、松村の設計は一気に変化し、その後の建物に受け継がれていった。

また、市立八幡浜総合病院関連施設の設計が始まり、建築的ヴォキャブラリーの豊かさが一気に増し、江戸岡小学校において「両面採光」の方式が一定の完成を見た。
・平滑な外壁と勾配屋根という組み合わせの誕生：一九五〇年に施行された建築基準法によって防火性能の向上が求められたことが契機になったと思われるが、八幡浜市立図書館において、ラスモルタル塗りにセメント吹付けという外壁仕上げが登場し、これ以降の建物で定着した。勾配屋根は第一期からそのまま残り、平滑な外壁と勾配屋根という組み合わせが外観の基本形となった。
・細やかで新しい建築的ヴォキャブラリーの発見：市立八幡浜総合病院関連施設の設計において、松村は、外装から内装や家具におよぶさまざまな部位について、独自の建築的ヴォキャブラリーを発見し使いこなしていった。そこからは、病人のためとはいえ生活の場としての病棟のデザインを通して、思い描く生活像を空間化するというテーマが生まれた。
・両面採光の確立：第一期の松陰小学校や川之内小学校で生まれたアイデアに基づき、小規模ながら長谷小学校での展開を経て、江戸岡小学校において教室の両面採光を確保する断面構成が完成した。
・生涯教育の場としての学校というテーマの発見：長谷小学校において、小規模校ゆえに多目的に使える工夫を考える中から、学校を地域の生涯教育の場としてとらえる視点を見出した。
・ハイブリッドな木構造の発見：とくに市立八幡浜総合病院関連の施設の設計において、松村は、木造に丸鋼ブレースを組み合わせたハイブリッドな構造形式を多用し、それまでの木造建築にはないスケール感や質感を獲得していった。

第三期は、建物の竣工年でいえば一九五五年から一九六〇年までである。松村は八幡浜市役所における最後の時期に、学校建築の代表作をまとめ、一連の病院関連施設も完結させ、自身の立てたテーマに対し最終的な建築的解答を提出した。ただしコンクリート造という形式については未消化のままとなった。

・学校建築における実験・完成・応用：江戸岡小学校において完成した両面採光の断面構成を前提にしつつ、新谷中学校においてクラスター型教室配置を初めて実践し、日土小学校においてその改良と完成を成し遂げ、狩江小学校ではその応用をおこない、いずれも高い評価を得た。また、生涯教育の場としての学校というテーマについても、この三校において特別教室の位置づけをさまざまに工夫し、建築的な解答を与えた。

八幡浜市役所における一三年間の松村の設計活動を要約すれば、彼は第一期で解くべきテーマを見つけ、第二期でその解決のための道具を揃えつついくつかの答えを出し、第三期において完璧な解答を提出したといえるだろう。後戻りや停滞はほとんどなく、見事な展開であった。

学校建築における自己参照的メカニズムによるデザインの展開

本章での通時的な分析の中から学校建築のみを取り出してみると、そこでキーワードとなった「両面採光」および「クラスター型教室配置」に対応した断面構成には、時系列に沿って相互に関連する次のような変化のメカニズムを読み取ることができる。

第一期の松蔭小学校の「外廊下」がすべての出発点である。その廊下の屋根の高さを変え、トップサイドライトを導入したのが川之内小学校であり、その昇降口に建具を入れ内部化しさらに構造的に工夫したのが、江戸岡小学校における「両面採光の決定版」の断面構成だ。その手前には、長谷小学校における廊下を内部化した小さな実験もある。

そして、教室の廊下側断面に関しては、江戸岡小学校の断面がそれ以降の松村の設計した学校の基本となり、

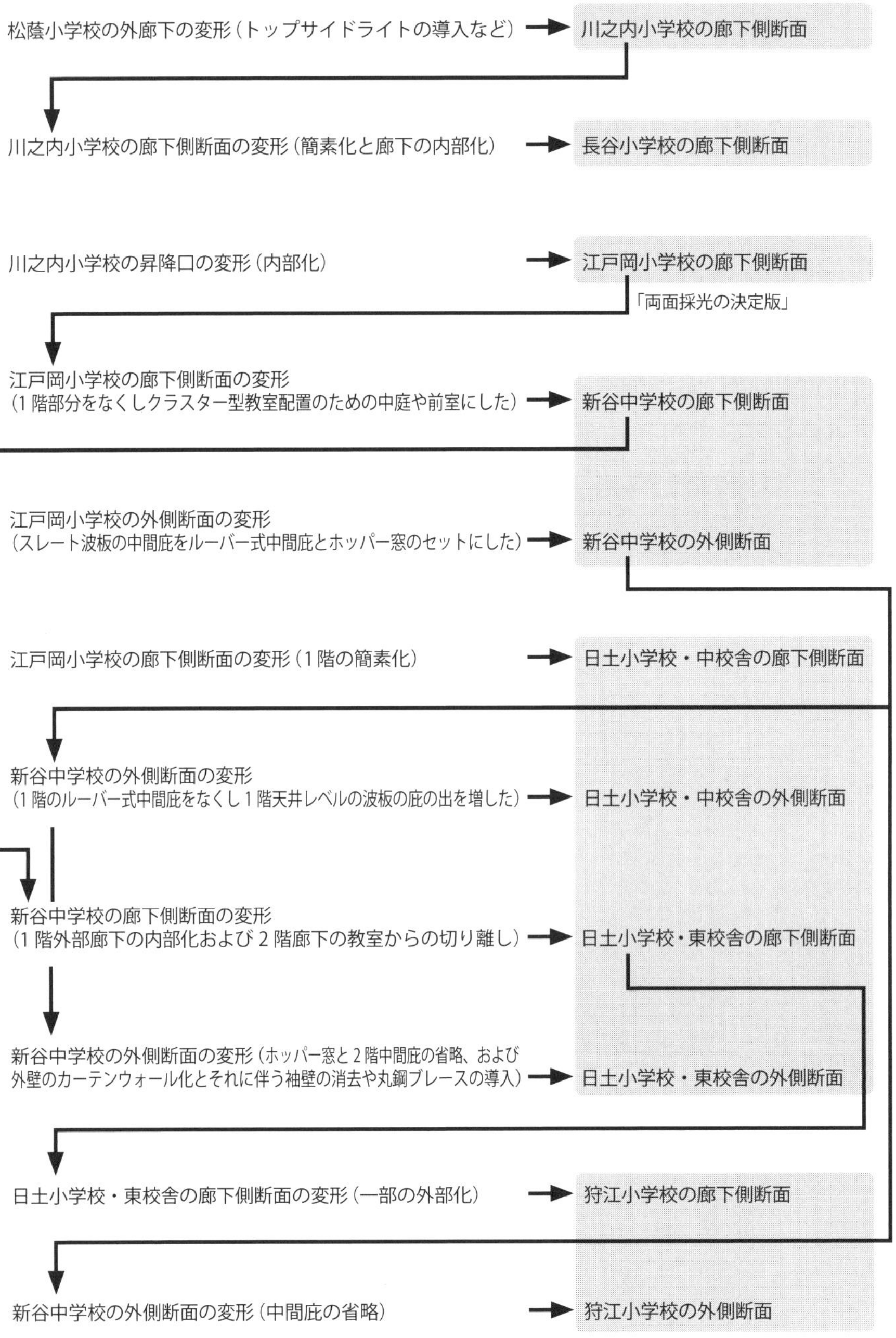
松蔭小学校の外廊下の変形（トップサイドライトの導入など）
川之内小学校の廊下側断面
川之内小学校の廊下側断面の変形（簡素化と廊下の内部化）
長谷小学校の廊下側断面
川之内小学校の昇降口の変形（内部化）
江戸岡小学校の廊下側断面
「両面採光の決定版」
江戸岡小学校の廊下側断面の変形
（1階部分をなくしクラスター型教室配置のための中庭や前室にした）
新谷中学校の廊下側断面
江戸岡小学校の外側断面の変形
（スレート波板の中間庇をルーバー式中間庇とホッパー窓のセットにした）
新谷中学校の外側断面
江戸岡小学校の廊下側断面の変形（1階の簡素化）
日土小学校・中校舎の廊下側断面
新谷中学校の外側断面の変形
（1階のルーバー式中間庇をなくし1階天井レベルの波板の庇の出を増した）
日土小学校・中校舎の外側断面
新谷中学校の廊下側断面の変形
（1階外部廊下の内部化および2階廊下の教室からの切り離し）
日土小学校・東校舎の廊下側断面
新谷中学校の外側断面の変形（ホッパー窓と2階中間庇の省略、および
外壁のカーテンウォール化とそれに伴う袖壁の消去や丸鋼ブレースの導入）
日土小学校・東校舎の外側断面
日土小学校・東校舎の廊下側断面の変形（一部の外部化）
狩江小学校の廊下側断面
新谷中学校の外側断面の変形（中間庇の省略）
狩江小学校の外側断面

松村の設計した主な学校建築の相互関係

第二期、第三期の代表的な五つの学校建築（江戸岡小学校、新谷中学校、日土小学校［中校舎および東校舎］、狩江小学校）で採用された。

また、廊下とは反対側の外装部分（以下「外側」と呼ぶ）の断面構成についても、各校の間には強い相互関係がある。

このように、松村の学校建築の主要断面の構成は、常に前作を参照し、それを変形しながら設計され続けていたことがわかる。

そして、ここでおこなわれている変形操作は、その前後で操作対象と操作結果とが無関係になってしまうようなものではなく、むしろ、目標を共有しつつ、対象がその内部に秘めている変化の可能性を見つけ、それを発展させていったものであり、変形操作の前後には必然的な相互関係がある。

たとえば、江戸岡小学校の「両面採光の決定版」の断面において、両面採光の効果をさらに高めるために、廊下部分に見いだし得る「変化の可能性」の主なものとしては次の案が考えられる。このうち③が新谷中学校、⑤が日土小学校・東校舎に該当するわけである。

①一階を外部化して、より直接的に外光を取り入れる。
②二階を外部化して、より直接的に外光を取り入れる。
③一・二階のどちらか一方を教室から切り離す。廊下を内部化するか外部化するかでさらに変形可能。
④一・二階共に教室から切り離し、どちらか一方を外部化する。
⑤一・二階共に教室から切り離し、一・二階共に内部のままとする。

学校建築の教室まわりについての松村による設計作業は、「両面採光」を確保するという条件を満たす前提のもと、自らが定めたルールに従って展開されたゲームにも喩えることができるだろう。そしてそのゲームの途中において、具体的には新谷中学校の段階から、一般に「クラスター型教室配置」と呼ばれる状態が生まれたのだ。

また、このような断面構成をおさめる建築の外観も、当然のことながら外装の変形操作に連動して変化した。すなわち、第一期では柱ごとの耐力壁で分断されていた開口部が、第一期最後の川之内小学校においては、両面採光を意識したトップサイドライトの水平連続窓的な意匠となり、それが第二期では柱外付けのサッシュになり、さらに日土小学校においては、柱から切り離された

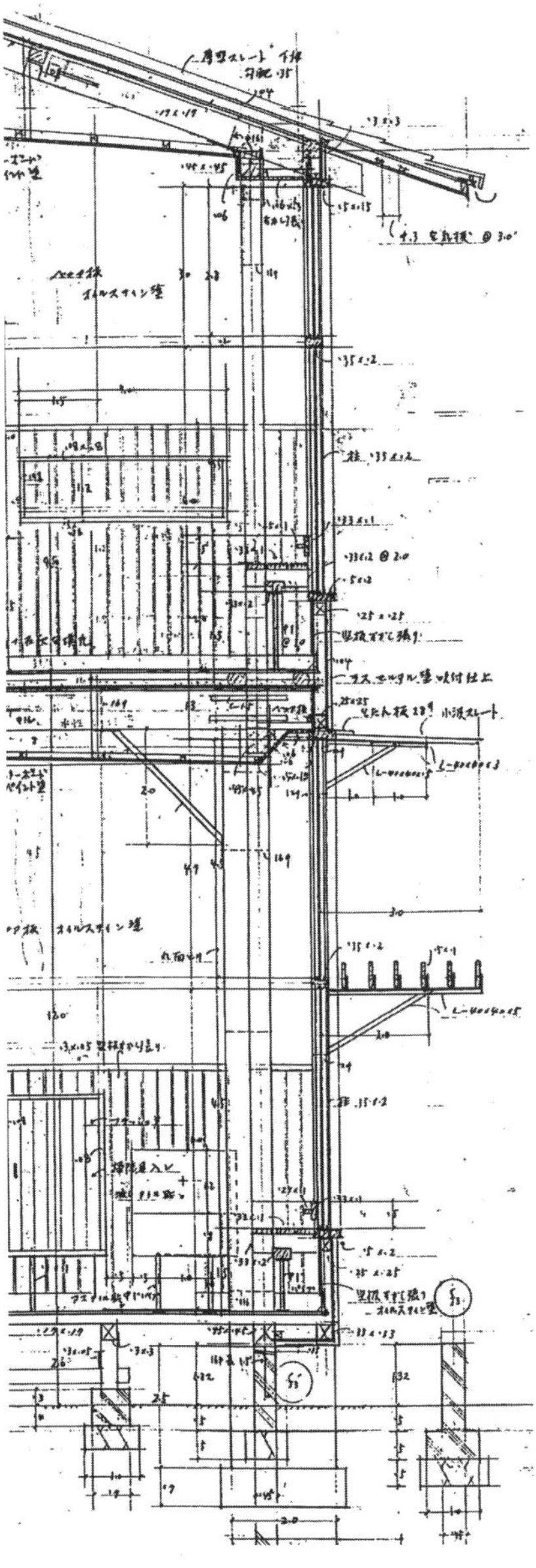

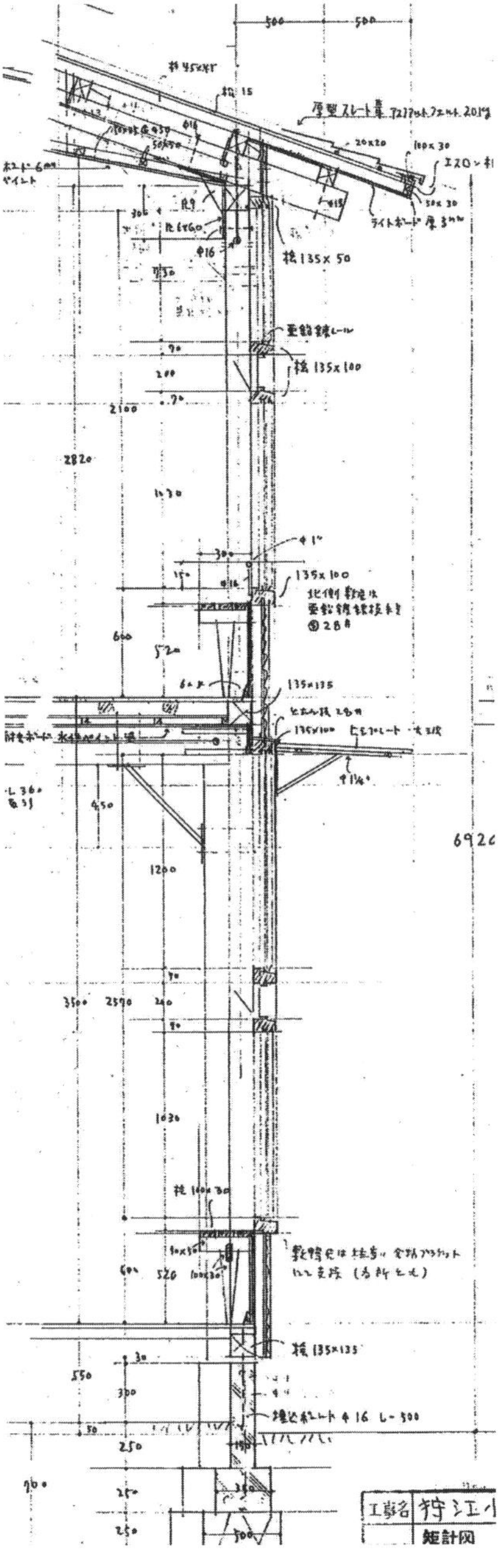

厚型スレート葺
桁 135×50
桁 135×100
桁 135×135
2820
6920
矩計図

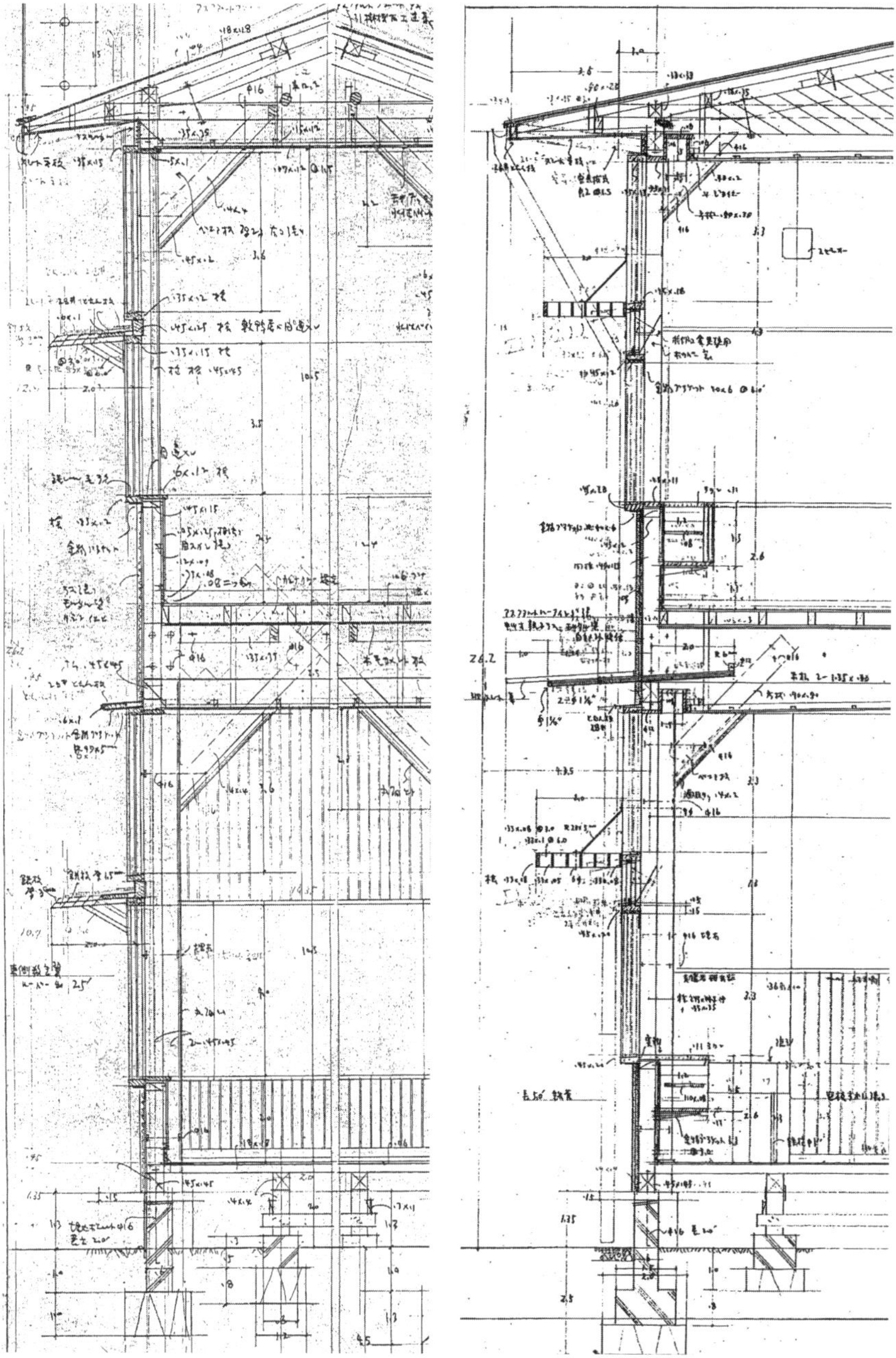

松村の設計した主な学校建築の断面構成の比較
右から、狩江小学校／日土小学校東校舎／新谷中学校／江戸岡小学校

カーテンウォールになると同時に、丸鋼ブレースの導入によって袖壁も消え、極めて開口率の高いデザインへと大きく変貌したのである。

第一期と第二期の境界近くに位置している学校では、過渡的現象も観察できる。つまり、第一期最後の川之内小学校は、外観は下見板張りで第一期的だが、断面構成では第二期の両面採光への準備が始まっている。逆に、第二期の初めに位置する松柏中学校は、断面構成は旧来の片廊下形式だが、第二期の特徴である「平滑な外壁と勾配屋根という組み合わせ」に身を包んでいるのだ。

なお、なぜ松村の学校建築の外観はインターナショナル・スタイル風なのかを明快に説明することは難しい。彼自身による発言もとくにない。しかし、仮にそのモチーフが無根拠的に導入されたとしても、先に述べた断面の変形操作とともに推移していったプロセスの中では、水平連続窓や開放度の高い立面構成について、論理的な整合性を見いだし得るのだ。

このように考えてくると、松村の学校建築におけるデザインの変化は、文化的・歴史的文脈などの外的要因を根拠にして新たなヴォキャブラリーを決定しているのではなく、松村の用意した建築言語の内部において、最適な選択肢を辿りながら、自己参照的に展開したという解釈が可能になるのである。

病院関連施設における自己参照的メカニズムによるデザインの展開

松村の作品群のもうひとつのグループを成すのが、市立八幡浜総合病院関連の施設群である。

第二期では、東病棟、結核病棟、給食棟、伝染病棟が、第三期では、看護婦寄宿舎、結核病棟増築棟、そして本館が実現した。松村の八幡浜市役所での設計活動において、これらの建物はどう位置づけられるだろう。

コンクリート造の本館は除いて考えることにするが、木造でつくられた残りの病院関連施設について興味深いのは、学校建築における時間軸に沿った豊饒化とは逆の変化、つまり、最初の東病棟を出発点とし、前作の一部を簡略化して次の作品が生まれるというプロセスを辿ったことである。個々の建物の分析を振り返り、学校建築と同様にそれぞれの主な特徴を整理すると次頁のようになる。とくに「　」で示した部分がデザインの簡略化を担った操作だ。

これを見ると、最初の建物である東病棟に凝縮されて

東病棟
= ［三棟が廊下や階段で三角形の形に結ばれた複雑な平面計画］
+ ［遮光庇、ホッパー窓、花台、上げ下げ式遮光パネルのついた「重装備の外装」］
+ ［やじろべい式の土台や陸建ち柱などによる特殊な構造］
+ ［オブジェのようなガラス張りの階段］
+ ［オブジェのような家具］など

結核病棟
= ［三つの棟が一直線上に並んだ構成］（東病棟と棟数は同じだがレイアウトを簡略化）
+ ［遮光庇の中止、外装建具の簡素化、花台の中止、カーテンウォール化により東病棟より簡略化された外装］
+ ［柱・梁に外装をカーテンウォール形式で取りつけることによる構造の簡略化］
+ ［オブジェのようなガラス張りの階段］（大型化してはいるが東病棟よりシンプル）
+ ［オブジェのような家具］（東病棟と同様）など

給食棟
= ［ひとつの長方形の平面形に多くの機能を集約］
+ ［外付けサッシュによる水平連続窓のシンプルな外装］
+ ［柱梁のフレームと丸鋼あるいは木造のブレースで組まれた構造体に外壁やサッシュを外付けするシンプルな構成］

伝染病棟
= ［ふたつの棟をスロープで結ぶ明快な構成］
+ ［遮光庇などすべてなくし水平連続窓のみを外付けした外装へと簡略化］
+ ［柱梁のフレームと丸鋼ブレースで組まれた構造体に外壁やサッシュを外付けするシンプルな構成］
+家具の簡略化

看護婦寄宿舎
= ［一棟に集約し吹抜けを囲む求心的平面］
+ ［柱に外付けしたシンプルな外装］
+家具による生活の演出

結核病棟増築工事
= ［一棟に集約したシンプルな箱。ただし断面は複雑化］
+ ［外付けサッシュによる水平連続窓のシンプルな外装。ただし一部は大ガラス化］
+ ［柱梁のフレームと丸鋼あるいは木造のブレースで組まれた構造に外壁やサッシュを外付けするシンプルな構成］
+食堂部分における華やかさの演出

いた多くのアイデアが、少しずつ省略されたり簡略化されたりして、最後の結核病棟の増築棟になっていることがわかる。あたかも進化のプロセスを逆にたどるような印象があり、「両面採光」という言葉を手がかりに構成を複雑化させた学校建築とは対照的なのである。

ただし学校建築の場合と同様、そのデザインの変化は、文化的・歴史的文脈などの外的要因を根拠に決定されているのではなく、松村の用意した建築言語の内部において、可能な選択肢を辿りながら、自己参照的に展開したといえる。

では、そのような「省略」や「簡略化」という操作の背景や目標、別の言い方をすれば松村が得ようとしたもの、つまり学校建築でいえば「両面採光」に相当するものは何だろうか。

まずは次のような現実的なものを思いつく。ただし、いずれについても根拠となる資料はない。

①コスト削減の必要があった。

②学校建築のデザインの複雑化によって設計作業量が増加し、同時並行的に進行する病院関連施設の方はデザインを省略あるいは簡略化して設計作業量を減らす必要があった。

③東病棟には十分に多くのアイデアが凝縮されている。一方、松村には、同一敷地内で同じデザインを繰り返したくないという気持ちが強く、東病棟が出発点である限りそれをさらに複雑化あるいは豊饒化する選択肢はなく、省略や簡略化の方を選んだ。

より積極的・意図的な要因としては次のようなものが考えられる。

④松村の学校建築と病院関連施設とを比較すると、建築的ヴォキャブラリーの多様さという点では病院関連施設のほうが先行しており、それらが幾分のタイムラグをおきながら、学校建築の方に導入されていったという関係を読み取ることができる。そして個々の作品分析で指摘したように、病院関連施設としては後期の作品である伝染病棟のスロープまわりや結核病棟増築棟の食堂まわりには、華やかさとでも呼ぶべき新しい空間の質の出現があった。したがって松村は、学校建築へ建築的ヴォキャブラリーを移行して病院関連施設のデザインを簡略化すると同時に、病院関連施設においては別の新たなデザインを実験していた。

　また、東病棟と結核病棟での分析に基づけば、次のような解釈も可能ではないかと思われる。

　⑤東病棟や結核病棟のデザインには「生活像の空間化」とでもいうべき姿勢があった。そのことは、「サナトリウムでは、患者に、自由にフルマエル生活の場所を提供したほうがよさそうだ。住い方まで押しつけようなどと考えるのは、ゴーマンフソンのそしりをまぬがれない」という結核病棟についての彼の言葉に象徴的であり、松村は、人間の自由を建築が制限してしまうことへの自省と、逆に建築が最低限提供すべきものの可能性に対する手がかりを感じとっていたと考えられる。したがって、「生活の場所」にふさわしい建築をつくるために「ゴーマンフソンのそしり」をなくそうとして、病院関連施設のデザインを簡略化した。

　もちろん現実にはそう単純な理由ではなく、これらを含む複数の要因が混ざりあっているに違いない。松村は、病院関連施設については多くの文章を残しておらず、証拠となる資料も少ない。しかし、⑤が根幹にあり、④および③が現実的な側面からそれを補強したというあたりではないかと想像される。

木造のハイブリッド化という武器

　こういった松村のデザインの変化を支えたものとして、木造に対する彼の開かれた考え方を指摘しておきたい。

　個々の作品分析の中で繰り返し述べたように、八幡浜市役所時代の松村の木造建築においては、単純な木造を越えたハイブリッドな構造と呼ぶべき状態が達成されていった。つまり、洋風トラスや登り梁など形式の違うさまざまな木造の小屋組の工夫、接続部におけるネイルプレートなどの金物の多用、さらに鉄骨トラスを用いた大スパンの確保、丸鋼ブレースによる壁・床・屋根面の水平力の処理、屋根面のモノコック化などである。

　もちろん、それぞれの技術自体は戦前の木造建築においても用いられており、松村独自のものではない。しかし彼は、それらを自在に組み合わせることによって、必要だと判断した大きさの空間を確保した。さらに、木と鉄という異なる素材の構造体が共存する様子を隠さずに見せることで、それまでの木造建築にはない意匠や空間の質を生み出したのだ。

　日本における大規模木造建築は、寺院などの伝統木造建築はもちろんのこと、戦前においては、各地方自治体や逓信省などのさまざまな公共建築として、また民間企業の工場や倉庫などの施設として、数多く建設されてきた。戦後になってもしばらくの間はその流れが続くが、一九五〇年にできた建築基準法により壁量計算という工学的な基礎がつくられ、それまでの大工などによる経験則に工学的な光が当てられることになった。しかし同時に、構造的要因ではなく火災に対する安全性という観点から、大規模木造建築の建設ができなくなる。その後、一九八〇年代に大規模断面集成材が認められていくまでのあいだは、日本における大規模な木造建築の空白期となった★一二。

したがって、松村の設計した戦後の木造建築群は、何よりもそういう意味できわめて貴重であり、しかも単に戦前からの技術を継承し維持したのではなく、それまでにはなかった新しい可能性を見出したという点において、高く評価すべきものなのである。

そして木造を基本においたハイブリッドな構造の展開は、本節で述べた自己参照的なメカニズムの一部をなす行為でもあり、松村はそれを、自身の価値観を空間化する武器のひとつとしてとらえていたに違いない。

抽象化の拒否

松村の建築やその空間をさまざまな視点から分析してきたが、最後に、それらの背後にあるものについて、ひとつの解釈を提示しておきたい。

たとえば日土小学校の内部に立つとき、その印象は多様な言葉で形容される。しかしその多くは、「優しい」「心地よい」「繊細な」といった形容詞あるいは形容動詞のもつイメージを言語化したものであるといえるだろう。もちろん言葉と空間の関係は一意的ではないわけだから、そのような言葉を生む物的要因を確定することは難しいが、日土小学校についての節で列挙した特徴群が貢献していることは間違いない。

ただ、そこであらためて指摘しなかったことがひとつある。それは、市立図書館の節の「二―八　柔らかなディテール」で書いたことで、柱や梁の角に丸面取りがあるために、そこに取り付く壁は必ず柱や梁の面よりも後退し、同面にならないという特徴だ。さらにそこにペンキが塗られるので、全体として柔らかな陰影が構造体に沿って走り、大壁でも真壁でもない状況が誕生する。すると壁がひとつの面としては認識されなくなり、幾何学的形態を組み合わせた抽象的な操作で建築が構成されているという印象が消える。

このことは第二期以降の松村の木造建築にはすべて当てはまる。彼の建築がいくらインターナショナル・スタイル風に見えようとも、このような幾何学的操作を消すテクスチュアによって、欧米のインターナショナル・スタイルの建築とは全く異なる質の空間が生まれているのだ。

そこで、このような特徴を「抽象化の拒否」と呼んでみたい。

すると、松村のおこなった設計はすべてこの言葉に包含されるようにすら思えてくる。たとえば、勾配屋根は、建物が直方体という抽象的な幾何学形態になることの拒否、階段や廊下での細やかな演出は、平面形がクラスター型教室配置という図式のままに見えてしまうことの拒否、そしてハイブリッドな構造は、構造体がひとつの原理へと収斂してしまうことの拒否である。

さらにいえば、このような造形的な面においてだけではなく、松村が自分の設計した建物を観念的な理論ではなく使い手のエピソード群によって語ったこと、学校を社会教育の場にもしようとしたこと、画一的な教育論から学校を語ることを批判したこと、そもそも、モダニズム建築をその歴史的な文脈から切り離し自己参照的メカニズムの中で展開したことなどを思い起こすとき、思想的な面においても「抽象化の拒否」という姿勢があったという解釈は有効であるように思われる。

日土小学校東校舎の昇降口における軸組と壁の取り合い。
壁が面落ちしているため、抽象的な「面」が成立していない
（2006年8月24日撮影）

第三章　八幡浜市役所時代の外部世界との関係

松村正恒が八幡浜市役所に勤務したのは一九四七年から一九六〇年までだ。戦後間もなくから高度成長期にはいる直前というその時期に、とくに名を知られていたとはいえない人物の地方における活動の情報が、東京のメディアや建築研究者に容易に伝わるとは思えない。しかし第二章までに述べたとおり、松村の作品や活動には、一定の、しかもかなり高い評価が各方面から与えられた。そこには、松村とその作品を発掘し、東京のメディアや建築研究者に伝える役割を果たした何かがあったはずである。それは誰のどのような動きであり、松村に対する評価はいかにして確立し、また変化したのだろう。

さらに、さまざまな失意はあったにせよ、東京において建築デザインや社会運動の最前線に触れた松村が、そういったことがらに関する対話の相手も少なかったはずの地方にひとりあって、孤独、不安、焦りといった感情に襲われたとしても不思議ではない。第二章で述べたような、自らが設定した建築言語の体系内部における強靭な思考は、東京に代表される外部世界からのどのような支えを必要とし、あるいはしなかったのだろう。

こういった疑問を解くために、本章では、彼に対する評価の確立に関わったと思われる人々から松村に宛てた手紙の解読を軸にした分析をおこなう。

松村は、自分宛に届いた多くの葉書と封書を、差出人ごとに分類し残していた。蔵田周忠、竹内芳太郎、土浦亀城、小山正和、今和次郎といった戦前からの恩師たち、内田祥哉、川添登、神代雄一郎など戦後になって松村に注目した建築関係者たち、建築雑誌の編集者、武蔵高等工科学校の同級生、土浦事務所の同僚、戦後に接点のあったいわゆる有名建築家、そして四国の建築関係者などから届いたものだ。いずれも丁寧に保存されており、松村がそれらの人々との交流を大切にしていたことが偲ばれる。状態は良く、日付なども判読できる。

以下、そのうちから主要なものを取り上げ、時間軸に沿って読み解くことで、松村評価の背後にあった人と情報の動きを明らかにする。また、それらの手紙の書き手が建築雑誌や書物に発表した松村や彼の作品に対する文章も適宜分析する。そして、複数の人々の動きと評価の順序関係や影響関係を明らかにし、松村と外部世界の間にあったネットワークを明らかにする。

三・一　蔵田周忠との関係

最も多く残っているのが、蔵田周忠からの葉書と封書である。

戦前のものは、すでにふれた一九四一年九月三〇日付けの松村への忠告をしたためた巻き紙の封書が一通であり、戦後は、一九四九年五月七日付けの葉書から、蔵田の死の前年、一九六五年五月二八日付けの葉書まで、戦前・戦後合わせて、葉書が七七通、封書が二二通の九九通である。

それらはすべて、書かれた日付あるいは消印の日付が確認できる。封筒の切手を切り抜いたものには、鉛筆で消印の日付と思われるものが封筒に書き加えられている。他の人物からの手紙にはそのような記入はなく、蔵田に対する松村の思いの強さが感じられる。

当然のことながら、そこには日常的なことから専門的なことまでさまざまなことが書かれているが、以下、松村の作品に対する蔵田の感想、それらの出版社への紹介、蔵田と松村の翻訳などの共同作業など、建築に関する話題を中心にして、年代順にすべての葉書と封書の内容を列挙し、主要なものに解説・分析を加えることで、松村と蔵田との関係を明らかにする。

全体は大きく六つの時期に分けられると考えられ、それぞれ「松村作品の建築雑誌への紹介」、「蔵田と松村の再会」、「『生活空間の創造』の翻訳を巡って」、「『生活空間の創造』のその後の顛末」、「『文藝春秋』の「建築家ベストテン――日本の十人」を巡って」、「蔵田周忠の最晩年との並走」と題した六つの項目に分けて分析し、最後に、これらの手紙を通して把握できる蔵田と松村との関係や、松村にとっての蔵田という存在の意味を考察した。

なお、九九通の葉書と手紙には時代順に番号をつけ、たとえば「(八) 一九五三年九月二七日（二九日） 葉書」というような表記をした。最初の括弧内の数字が通し番号であり、原則として次の日付は消印の日付である。ただし、本文の方に書かれた日付が異なる場合には本文の日付を優先して前に書き、括弧内に消印の日付を追記した。最後に、葉書か封書かなどを区別した。また文面の中で句読点を明記していない場合、適宜追加した部分がある。

最も古い［（一）一九四一年九月三〇日　巻き紙］は、すでに第一章で紹介したように、土浦事務所を辞めたいという松村に対して、思いとどまるように説いた内容である。「土浦先生もその意味で　君が見直すやうになってくれるとよいと希ってゐる／君はまだ苦労が足りないのだ／とにかくもうしばらく我慢して　自己及自己の周囲を研究してみ給へ」という師から弟子に宛てた忠告を、松村はどう受け止めただろうか。松村はこの巻き紙に芯を挟み、大切に保存していた。

松村作品の建築雑誌への紹介

蔵田は故郷に帰った松村のことが心配だったのだろう。戦後間もなくの時期、松村の設計作品を建築雑誌に紹介するなど気づかい、蔵田は弟子を世に出すことに努力した。

［（二）一九四九年五月七日　葉書］が、戦後初めての蔵田から松村に送られた便りだ。

蔵田は住所の下に「April 七・一九四九」と書いているが、消印は「二四・五・七」であり、書き間違いだろう（「二四」は昭和二四年）。文面からすると、松村が手紙と自

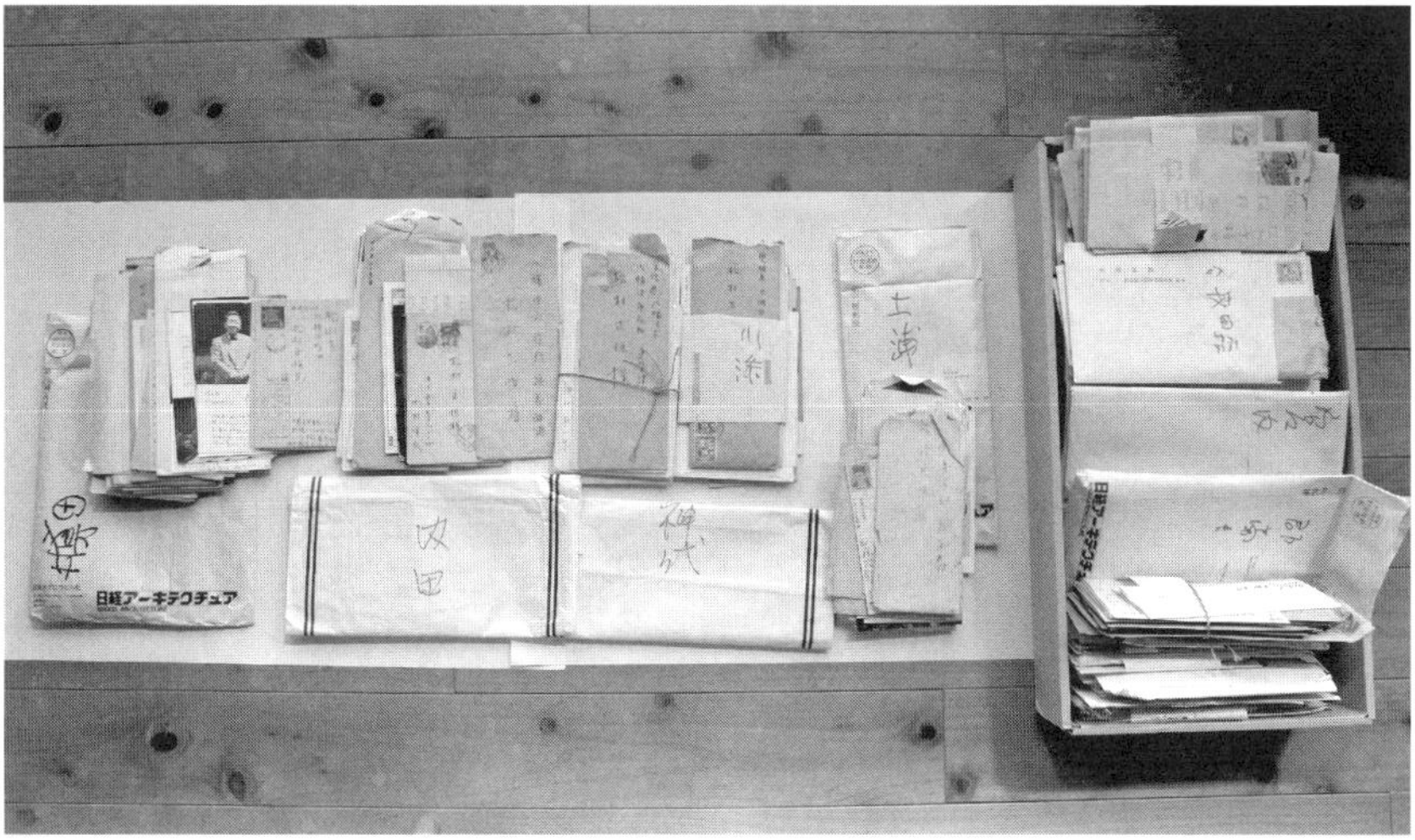

松村が残した手紙の束

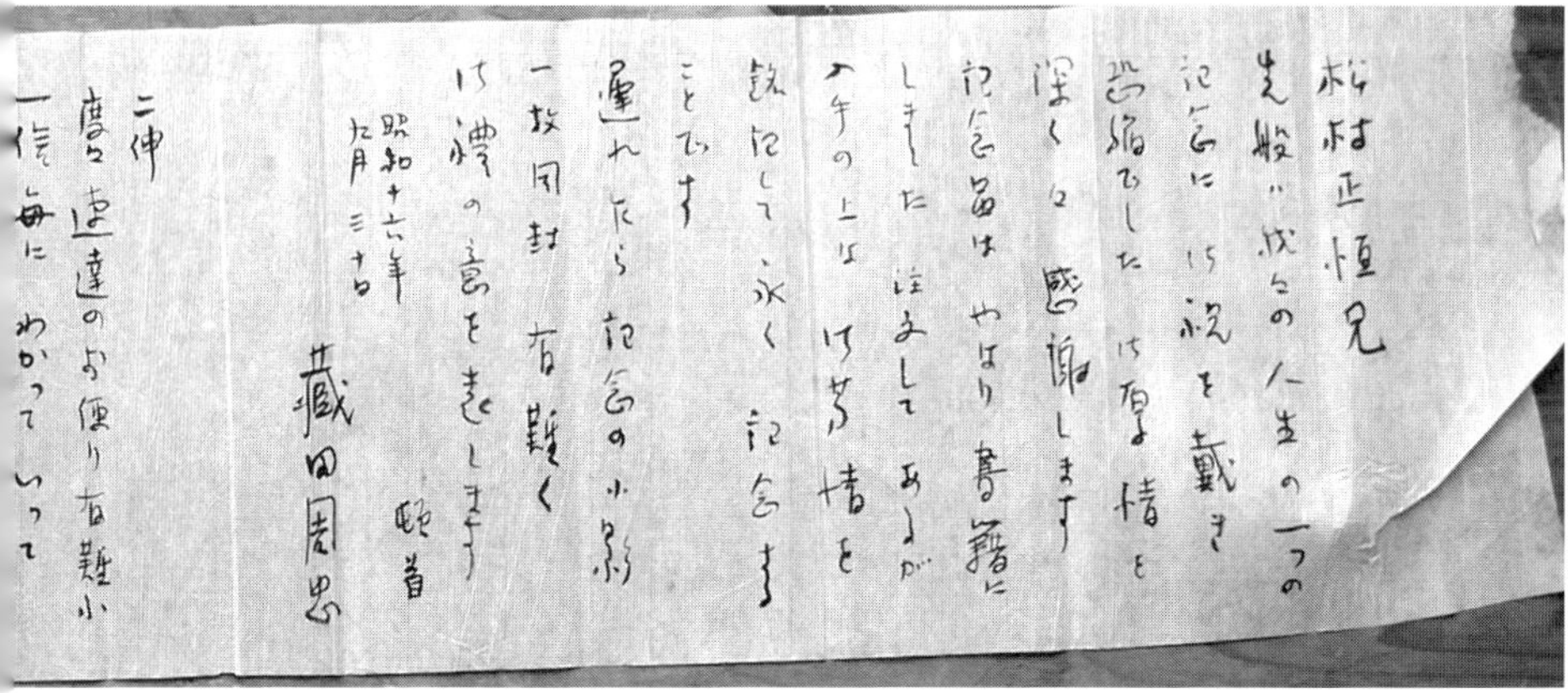

松村正恒兄
先般は我々の人生の一つの
記念に御祝を戴き
恐縮でした御厚情を
深く々感謝します
記念品はやはり書籍に
しました注文してあるが
今年の上は御芳情を
銘記して永く記念する
ことです
届いたら記念の小影
一枚同封有難く
御禮の意を表します　頓首
昭和廿六年
九月三日
藏田周忠
二伸
度々速達のお便り有難小
一信毎にわかっていって

分の作品の写真を蔵田に送ったようで、それに対する返事である。

蔵田は、「折角写真をもらったのだし、「建築文化」に出したいから単線平面ぐらいを送ってもらへると甚だ幸と思います。全く全國ではたして幾つ中学校舎の「作品」があるかと想ふと暗然としないでゐられない。謙遜ばかりしてゐないで、これなど発表するといいと思ふ」と書いている。

第二章で述べたように、松村の作品が建築雑誌に最初に掲載されたのは、『建築文化』一九四九年九月号の愛宕中学校と松蔭小学校である。不思議なことに松村はこの記事について全く言及していないが、珍しく透視図やスケッチもあり、戦後すぐの地方における旧態依然とした市会議員とのやり取りなども記録され、また松村の矜持である建築計画的な思考の端緒も見られ、たいへんに興味深い記事である。しかもわずか四〇頁ほどの薄い雑誌の中で、五頁も当てられている。

竣工時期、掲載時期から判断して、少なくとも蔵田がこの手紙でふれている「中学校」は愛宕中学校であり、彼の推挙により掲載が実現したものと思われる。

その後、八代中学校が『建築文化』一九五〇年九月号に掲載されており、蔵田を介して松村と同誌との関係が

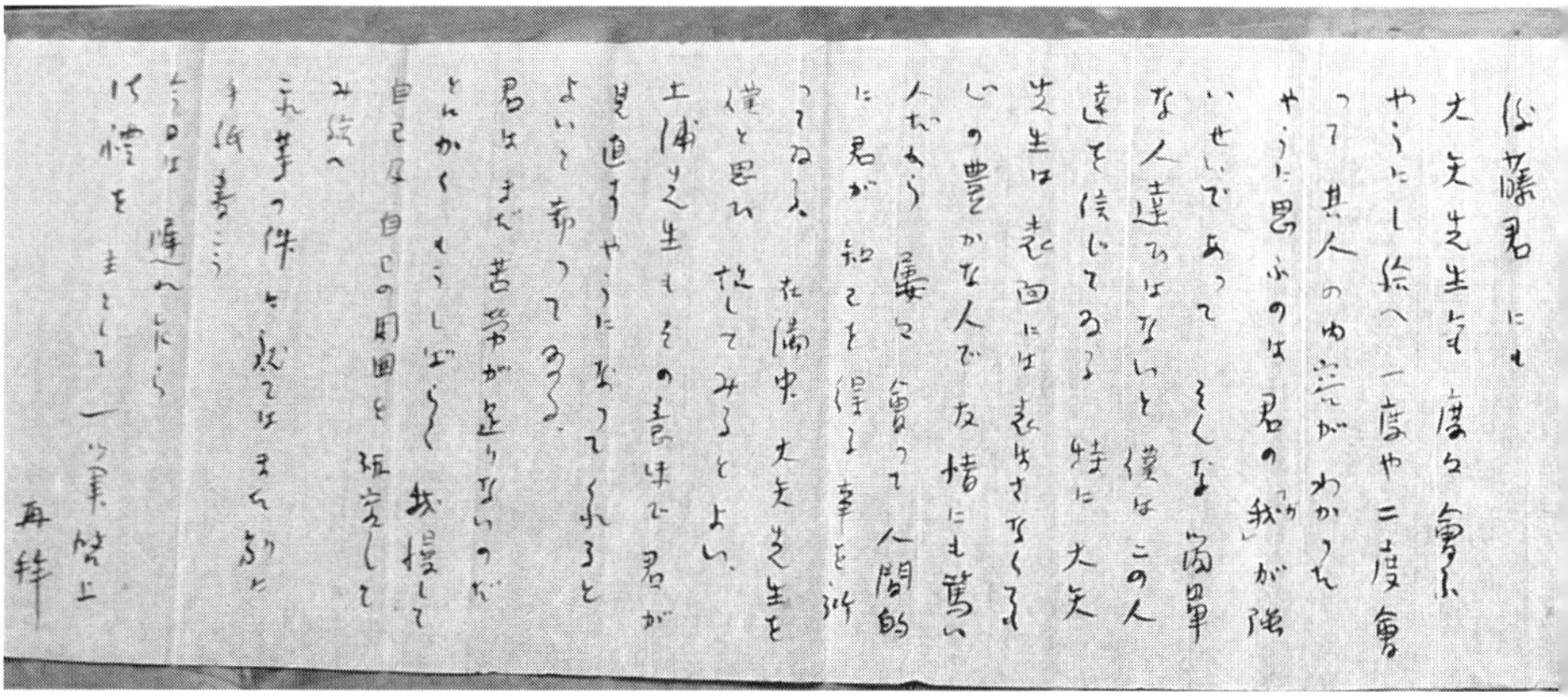

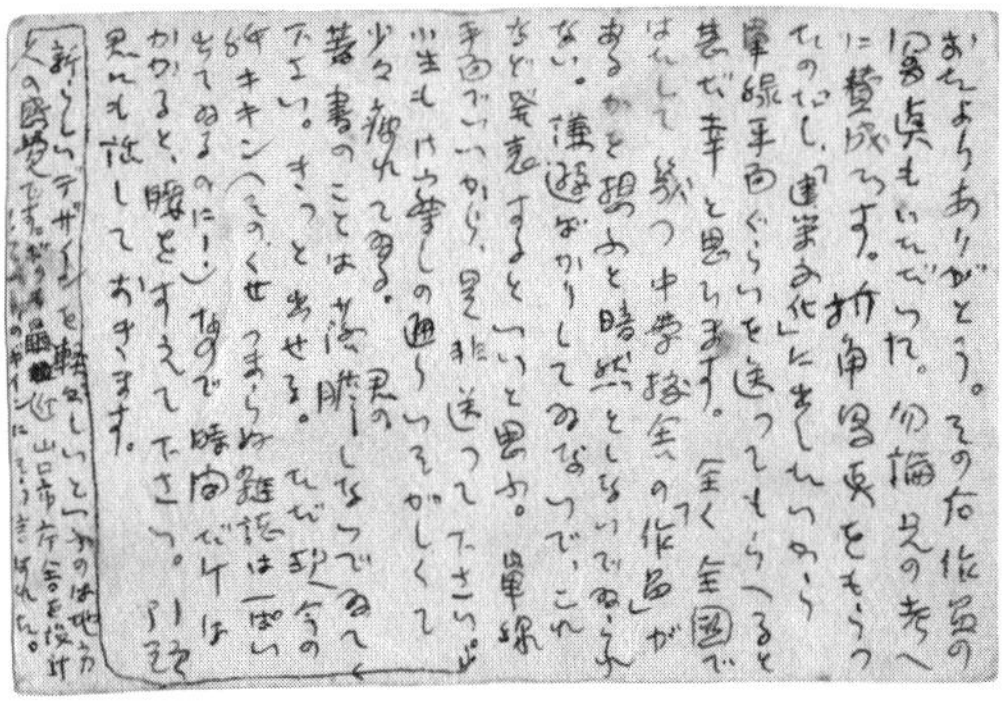

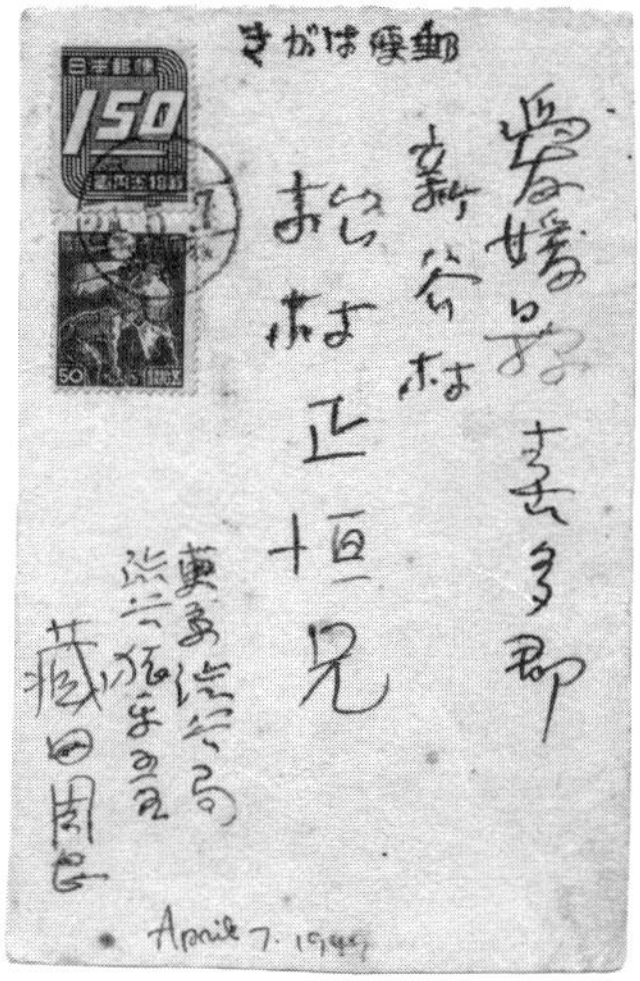

上：蔵田周忠から松村に送られた巻き紙の手紙［松村家蔵］。日付は「昭和十六年九月三十日」
下２点：1949年5月7日消印の蔵田からの葉書

上・下：山口市庁舎（設計監理：蔵田周忠・神戸政太郎・柳田次郎・前田周保／『蔵田周忠先生 生誕百年記念』）

続いたと思われる。

蔵田はさらに、「新らしいデザインを軽々しいといふのは地方人の感覚です。ボクも最近山口市庁舎を設計して一部のギインにそう言はれた」と書いている。すでに述べたように、松村は掲載誌である『建築文化』一九四九年九月号に寄せた文章の中で市会議員からの批判にふれているが、蔵田の「ボクも」という言葉からすれば、そこで書いた内容をこの葉書の前便で蔵田に伝えたところ、彼が共感を寄せたということではないだろうか。

後半に「君の著書のことは落胆しないでゐて下さい。きっと出せる。ただ現今の紙キキン（そのくせつまらぬ雑誌は一ぱい出てゐるのに！）なので時間だけはかかると腰をすえてください」とあるのは、松村が満州時代にまとめた託児所や病院に関するノートか、農地開発営団時代の「雪国の農家」の出版の可能性を蔵田に打診していたと思われる。

その後二年間は細かなやり取りが続く。

［（三）一九五〇年六月三〇日（七月一日）葉書］には、「今日原稿が届きました」「よくねばって勉強してくれたことをまず何よりお禮を言ひます」「今度は失敗しないように、何とか本になるように骨折ってみます」といった記述がある。松村から送られた「原稿」とは、すでに述べた満州時代までの託児所や病院に関する松村の勉強の成果ではないかと想像されるが、不明である。

また、「永いといへば「雪国の民家」もずいぶんしびれのきれる思ひだが、今とり返すのもまづいので困ってゐる。折にふれて催促はしてゐます」とあり、蔵田はいずれかの出版社に原稿を渡して企画を進めていたことがわかる。なお、この原稿を松村は「雪国の農家」と書き、蔵田はこれ以降も「雪国の民家」と書いているが、蔵田の誤記と思われる。

「(四) 一九五〇年一二月二八日　葉書」には、蔵田が設計した山口市庁舎完成が完成し、引き続き山口市で小学校と中学校の設計が進んでいることなどが書かれている。

「(五) 一九五一年六月三日　葉書」には、「「雪国の民家」も何とか始末をつけるが相模からは一応原稿を取返します」とあり、相模書房へ持ち込まれていたことがわかる。

「(六) 一九五二年六月一二日　葉書」には、「託児所は本に

上：山口市立白石小学校講堂
(右上の白い建物は蔵田の設計した山口市庁舎)
下：モデルスクール　山口市立白石中学校
(いずれも、設計監理：蔵田周忠・神戸政太郎・柳田次郎・前田周保／『蔵田周忠先生　生誕百年記念』)

すべく時期が悪いので機会をねらってゐます。また相模も催促はするが、とにかく時期が悪いそうで困ってゐます」とあり、松村から送られていたのは、やはり託児所関連の原稿であることや、松村が「雪国の農家」を含めた出版企画の状況について蔵田に問い合わせていたことがわかる。この時期、松村はまだ市役所において大きな建物の設計をおこなっていない。それもあって、戦前からの勉強の成果を形にすることにこだわっていたのではないだろうか。

一九五三年後半からは、松村の設計した建物の話題が増える。

「(七) 一九五三年七月二九日　封書」には、「御近作　市立病院――なかなか優秀だと感心し、且つ喜んでゐます。早速「建築文化」にいただくよう連絡しておきます。室内写眞はとり直しを要するし、外観ももっとほしい。演説も面白そうだ！ぜひ　この写真と図面（plan elevation　一部詳細　配置　section　説明）などすべて用意してすぐ送って下さい」とある。

時期からして、「市立病院」というのは、このあと『建築文化』一九五三年一〇月号に掲載された市立八幡浜総合病院結核病棟のことだと判断できる。なお「「建築文

市立八幡浜総合病院結核病棟
［松村家蔵］

化」にいただくよう連絡しておきます」という表記からは、少なくとも蔵田は、出版社は原稿を「いただく」ものだと考えていたことがわかり、興味深い。

　さらに蔵田は、「もうけんそんしてゐる時ではない。地方でこれだけやるのは並大抵のことではない、と察しはつきます。たゆまぬ君の洗練に感心してゐます。堂々と「建築文化」（文も共に）に発表しましょう！」と書いており、松村に対する高い評価と期待の大きさがうかがえる。

　なお、このチャンスを生かして松村は、東病棟の図面や解説も同時に発表したことは第二章で述べたとおりだ。

［（八）一九五三年九月二七日（二八日）葉書］には、「兄の近作、病院写真、たいへんよいものだと、建築文化の編集は喜んでゐました。製版屋へ廻した処だったので、私はまだ見なかったが、いづれ拝見します」と、結核病棟についての編集部の好意的な感想がさっそくに伝えられている。

［（九）一九五三年一〇月五日　封書］には、結核病棟が載った『建築文化』一九五三年一〇月号の英文のミスについて、蔵田から陳謝の言葉がある。

　これは、「三・三　彰国社の編集者との関係」で後述するが、目次ページの次に載った英文のサマリー「Tuberclosis Ward contains fifty beds. Its design, though not so well–done, has a merit of its own of breaking the conventional idea of the government buildings.」の中の、「though not so well–done」という表現について、松村が何らかの報告と抗議を手紙で蔵田にしたことに端を発するらしい。それを

受けて蔵田は、「先程早速編集に電話をかけて叱っておいたが、折角　写真を別にとってもらって、誌面をかざってもらっておきながら、短評で失禮するとは失禮と思う。大体　あすこの英文は短評にする約束はないので、内容の紹介に限ってゐたつもりだったので、此頃は餘り見てゐなかったのです」と丁寧に謝っている。

単なる誤記としてすませるのではなく、「though not so well-done」という表現は間違った評価であると、蔵田が客観的にとらえている点が興味深い。なお誌面では「結核」が「Tuberclosis」となっているが、「Tuberculosis」が正しい。

それ以外には、「田舎でよくもこれまでやられたことについて感心してゐたのです。若い人達もそう言ってゐました」「稚拙などいうのは君のひがみです。私は心から君の健闘を祈り、声援してゐるつもりです」と、松村への励ましの言葉が並んでいる。

［（一〇）一九五三年一〇月二一日（二二日）葉書］には、「君の原稿今朝到着。御勉強に心から敬意を表します。君がよく勉強してくれるのを、たのもしくまた大いに喜びます。何とか外国雑誌が次々とお見せ出来るようにしたいものと、心がけてゐます」とある。

この文面からは、蔵田が「外国雑誌」を松村に送り、その中の文章を松村が翻訳した「原稿」を蔵田に送っていたのではないかと想像されるが、実際のところは不明である。また、「雪国の農家」と思われる出版企画が進まないことへの詫びも書かれている。

［（一一）一九五三年一〇月三一日（一一月一日）葉書］には、「士会の雑誌」への寄稿依頼や、この年竣工した丹下健三の愛媛県民館を見に行きたい等のことが書かれている。

［（一二）一九五三年一二月八日　葉書］には、「「八幡浜にて拙作を語る」とでも題すべき」松村の文章への苦言が書かれている。前便の「士会の雑誌」のことではないだろうか。次は「もう少し手心したもの頼みます」とあるので、松村流の辛辣な批評が書かれていたのではないだろうか。また、蔵田の著書『グロピウス』（彰国社、一九五三年）が発刊され、「一本をとにかく別便で送りました」とある。このときの「別便」に同封された栞等については、第一章で紹介した。

［（一三）一九五四年二月二三日　葉書］には、「お手紙と新作の写真拝見してゐます。益々元気で歩一歩新境地を開

江戸岡小学校
［松村家蔵］

拓されている様子を実に嬉しく拝見しています」「今度のもなかなかの佳作　武蔵ではこれだけの渡廊下ですら実現できないので、ひどく羨ましい。校舎も明るくて快い。階段のあたりもよい。実物を見たいと思います。早速「建築文化」に問合せるが、近頃だいぶつかえてゐるようだから、「建設情報」というのへ紹介することはどうだろうか？ いづれにしても発表すべき図（plan、室内図（矩計）Elevation）など一揃え送っておいて下さい」とある。

「新作」とは、前年の一二月に竣工した江戸岡小学校のことであり、「渡廊下」とは、管理棟から教室棟へ続く伸びやかな渡り廊下のことだろう。蔵田が校舎の明るさに注目しているのも、当然のこととはいえ、松村の建築が当時の人々に与えた印象を知る手がかりとして興味深い。

［（一四）一九五四年四月二三日　葉書］には、「建築文化の編集が変り、今日ではとかくup-to-dateばかり追いかけて私には気にいらないので兄の作品をしばらく手許におきました。そのうちに土谷君から「建設情報」を改題（多分「近代建築」とする——これは確定でないが）というのでそれならばと思い　兄の近作を紹介しました」とある。

　結局、江戸岡小学校は『建築文化』には掲載されなかった。その後、一九五五年に特別教室棟が増築された際、『新建築』一九五五年一〇月号に発表された「全国建築作品公募」という企画に松村が応募し、『新建築』一九五六年三月号に特別教室棟のみが掲載された。

　『建設情報』については現物を確認することができていないが、『昭和二九年度　一月－九月　建築作品目録　第二部（建築作品関係）　日本建築学会賞委員会調査資料』（日本建築学会／図書館編、日本建築学会図書館（私家版）、一九九三年）によれば、『建設情報』一九五四年三月号に、作品名は「江戸岡小学校」、設計者は「松村正恒」として、二ページにわたり掲載されていることが記録されている。

なお江戸岡小学校の管理棟や教室棟は、その後『近代建築』一九六七年五月号が独立後の松村を特集するときまで建築雑誌には掲載されず、その存在が建築関係者へ周知されなかったことは誠に残念である。

「（一五）一九五四年六月一三日　葉書」には、「おはがきありがとう。ちょうど兄の近作小学校ののつてゐる「建設情報」が届いて同時に嬉しく雑誌とハガキを並べてゐる処です」とあり、江戸岡小学校が『建設情報』に掲載されたことと、それを蔵田が見たことがわかる。

その後しばらくは次の封書が一通ある以外に蔵田からの手紙はなく、約一年間、蔵田とのやり取りは途絶えていたように思われる。この時期の松村は、病院関係の建物など多くの物件を設計しており、多忙を極めていたと想像される。したがって東京へ目を向ける余裕もなく、また精神的にも外部の支えを必要としなかったのかもしれない。

「（一六）一九五四年九月二二日（二三日）封書」には、松村が送った栗への御礼、台風一二号による被害の心配、蔵田の還暦祝いの段取り、『グロピウスと日本文化』（グロピウス会、一九五六年）を企画していることなどが書かれている。

頻繁なやり取りが復活するのは、新谷中学校がきっかけとなった。

「（一七）一九五五年五月二二日　封書」には、「兄のお手紙と近作写真正に拝見してゐます。なかなか上出来と思う。色彩のある実物を見たいと思います。／早速「建築文化」金春君に話しておきました。多少圧力を加えた形になったかもしれないが、松村さんのならいただきますといってゐた。早速plan と簡単な説明を用意して下さい。しかし文化はどうも地方のものに冷たんだから恐らく二頁ぐらいかと思う。ちとしゃくだがそれはそれで出して、その他　建設情報改題「近代建築」にも連絡して下さい。これは前に出して道がひらけてゐるのだからどしどし自分で割込むようにしなさい。建築文化も　その他道が拓いてあるのだから　どしどし自分で押し出して下さい。もう一々仲介の労をとらなくても「建築文化」「近代建築」「建築士」は君を知ってゐるのだから、餘り謙遜でなくてよろしい　私が承認する。どうか心臓強く地方の作品を（敢て傑作とは言はなくても、私は傑作

新谷中学校（撮影：村井修）
［松村家蔵］

――少くとも都人が注目してよい作と思ってゐる）／どうか押し出して下さい。／従って「建築文化」と「近代建築」に同時発表にしなさい。前後しても二つに出して下さい。図も説明も　各　少しかえた方がなおよいと思う」と、強く作品を推す言葉が並び、最後にもう一度、「とにかく上記に中学校、早く発表しなさい」と付け加えられている。

手紙の書かれた時期と、最後の「中学校」という言葉から判断して、これは新谷中学校のことだといえる。「『建築文化』金春君」とは、後に同氏からの手紙も分析するが、彰国社の編集者であった金春国雄のことである。当時の『建築文化』には「編集兼印刷人」として名前が記載されている。彼は、結核病棟の英文の間違い問題の際、松村へ釈明の手紙を寄こした人物でもある。

蔵田からのこの手紙で興味深いのは、彼がまるで松村の自立を促すかのように、自分を介さずに雑誌への発表をおこなうよう指示している点である。しかし、メディアへの自主的な売り込みを潔しとしない松村は、生涯、他者からの働きかけによって世の中に出ることを繰り返す傾向があった。蔵田はそのような松村の「謙遜」ぶりに苛立っていたわけだ。

〔一八〕一九五五年六月五日（六日）封書」には、蔵田らが引率する「学生修学旅行」の日程が書かれている。奈良・京都を回った後、七月一日に徳島の酒巻芳保（第一章で述べた松村の武蔵高等工科学校での友人）のところに寄る予定とあり、酒巻も蔵田との関係を持続していたことがわかる。

また、「兄等の一級上の本多修君が今度本を出したといって送ってくれた。農村婦人向きでなかなかよろしい。嬉しいからふいちょうしておく。「よい台所」大森松代・本多修共著」とある。本多修は、第一章で述べたように、農地開発営団での松村の同僚である。紹介されている本は、一九五五年五月に光生館から出版された『よい台所』だろう。

最後に、「なお貴作品ハ「建築文化」だけではなく是非に「近代建築」元の建設情報（片桐軍氏の雑誌）にも出しなさい」とあり、前便に続けて松村に積極的な姿勢を求めている。

〔一九〕一九五五年六月一二日　葉書」には、「近代建築」の土谷君はなるほど先頃やめたとのこと。大将の片桐軍氏に直接交渉されるがよろしい。私も片桐氏にハガキか電話しておきましょう」とあり、松村が何らかの問い合わせを『近代建築』編集部にしたと想像される。

なお、「今日麻布の国際文化会館の落成に招待され拝見してきました。なかなかいいものです。そして時代がすっかり変ったことを感じました」とあり、この建物に対する蔵田の感想が「時代がすっかり変った」というものであることは興味深い。一八九五年生まれの蔵田は、国際文化会館の設計者である一九〇五年生まれの前川國男、一九〇四年生まれの坂倉準三、一九一七年生まれの吉阪隆正との近代建築観の違いを感じたのであろうか。

〔二〇〕一九五五年七月一〇日（一一日）葉書」では、七月一日から五日まで蔵田は徳島に滞在し酒巻に会ったが、松村がそこへ現われなかったことへの不満と、連絡の行き違いについての細かい記述がある。

〔二一〕一九五五年七月二三日　葉書」では、徳島で会えなかった件についての顛末と、「秋には大洲市にも寄りたい」とある。また、「兄の小学校を「近代建築」に話しておいたが発表する段取り進めてゐますか。待ち遠く思ってゐる」とあり、江戸岡小学校の『近代建築』での発表を再度指示している。

［（二二）一九五五年八月二〇日　封書］には、「建築文化まだ見ませんが出たら拝見します。その学校ばかりでなく　病院のことでかねて君を尊敬してゐる同窓第七回（君達の次の次卒業）　片山恂一君（現在　前橋市岩神町　群馬大学施設課長）が君に何か教示を得たいと言ってゐたから交流して下さい。紹介しておきます。彼も勉強家です」とあり、松村が、新谷中学校が『建築文化』一九五五年九月号に掲載された旨を蔵田に伝えたことがわかる。また、片山恂一とは、第二章の狩江小学校の節の註で紹介したように、後に『学校建築の計画』（理工図書、一九五七年）に同校を掲載した人物であり、この頃から松村に注目していたことがわかる。

なお、松村から、彼の身近な人物で武蔵工業大学志願者についての照会があったようで、蔵田からその人物へのアドバイスとして、「一、都會なれさせておくこと。二、英・数を主力に勉強しておくこと。三、建築の大勢など一般常識を與えておくこと。（此頃は蔵田周忠を知らないで高等学校の先生位に心得た小供が多くて困る）」と学生への愚痴ともとれる記述があるのが微笑ましい。

この後は細かいやり取りがしばらく続く。

［（二三）一九五五年一〇月一八日　葉書］には、蔵田の著書『民家帖』（古今書院、一九五五年）への松村からの礼状に対する感想や、一一月に学長と福岡・山口・広島へ行き卒業生に会った後、個人で山口・萩・下関へ行く予定だが八幡浜へは寄れないことなどが書かれている。

［（二四）一九五五年一〇月二九日　葉書］には、上記の旅の詳しい予定と、八幡浜行きは正月か来年という案が書かれている。

［（二五）一九五五年一一月三日（四日）　葉書］には、萩行きが中止になったことが書かれている。

［（二六）一九五五年一一月二七日（二八日）　葉書］は、「とうとう会わずに帰ってきてしまって失敬しました」と旅の報告で始まり、「『朗』という住宅の雑誌が再刊します。地方に適する小住宅の案のスケッチでも走り書きでよろしい送ってくれませんか。（見本を一冊送る。）新農家案も募集するから出して下さい。「朗」に何でもよいから住宅の記事書いて下さい。海外トピックに困るから、タネを頼む！」という蔵田からの誘いが書かれている。なお『朗』とは日本電話建物出版部が出していた雑誌で、現在の『ニューハウス』の前身である。

江戸岡小学校特別教室棟
［松村家蔵］

　そして、松村作品の雑誌掲載が二件続き、その感想が送られる。

　［（二七）一九五六年三月八日　葉書］には、「新建築の公募作品に堂々と名乗り出て下さったことを喜び且つ誇りに思います。この春は実物を拝見したいものと楽しみにしています」とある。これは、『新建築』一九五五年一〇月号に発表された「全国建築作品公募」という企画に松村が応募し、『新建築』一九五六年三月号に、一九五五年に完成した江戸岡小学校の特別教室棟が掲載されたことを指す。蔵田は、松村が初めて自主的に建築雑誌に自らの作品を持ち込んだことを喜んでいるわけだ。

　［（二八）一九五六年五月三日　封書］には、「『新建築』5号を手にして、兄の近作を拝見。デザイナーとしての地歩をかち取られる様子を見て嬉しく思いました。そして実物を一度は拝見しておきたく思います」とあり、これは『新建築』一九五六年五月号に掲載された市立八幡浜総合病院看護婦寄宿舎のことだと思われる。蔵田の言葉からは、これも彼を介さずに掲載されたと想像できる。

　そして、学生との奈良・京都旅行のあと、大阪、岩国、萩、別府を経て、五月二二日か二三日に八幡浜市を訪ね

市立八幡浜総合病院看護婦寄宿舎（『新建築』1956年5月号）

たいという申し出があり、松村の都合やルートについての相談が書かれている。最後に「家内もいっしょです」とある。

蔵田と松村の再会

そして、松村と蔵田との再会が実現する。その前後の様子は次のとおりである。

［二九］一九五六年五月三日　葉書］では、前便のスケジュールの訂正がおこなわれ、五月一九日に萩を発って下関経由で別府へ、二〇日に別府・大分見学、二一日に別府を発ち、船で高浜・松山経由で八幡浜へ、二二日に八幡浜市内を見学して松山（道後）へ行き、二三日に松山を発って船で広島へ入るというスケジュールが書かれ、九日朝までは家にいるので船の時間やコースのことを調べて知らせてほしいという依頼がなされている。

［三〇］一九五六年五月七日　封書］では、「先日今度の旅行のこととりあへずお知らせしたが、いつもの松村君に似合わず応答なしなのでちと不安に思っている。御出張中、或は何か故障があるのではないかと思っています。

日土小学校の中校舎のデッキに立つ蔵田夫妻［松村家蔵］

どんな都合ですか　ちょっと知らせて下さい」とあり、再度スケジュールが書かれている。

［（三一）一九五六年五月八日　速達葉書］では、「五月八日

昨夜速達を出した後へ　行違いに貴兄からの速達が配達されてあわてました。いよいよ明九日朝　東京発　旅に出ます。どうもちとおっくうだが、出てみればまた愉快なことばかりでしょう。今の処予定通り動けるつもり故　二一日の午后二時頃御指示の通り八幡浜につくことにします。天候悪い時は日延べもあり得る」とあり、やっと連絡がついたことへの蔵田の安心感、長旅への不安と期待、そして予定の確認が書かれている。当時の東京と地方との距離感の大きさや、コミュニケーションの実態が伝わってくる。

［（三二）一九五六年六月一四日　封書］は、無事に旅を終え東京に戻った蔵田からの礼状である。「遊んで歩いたので　あと雑用がたまっていて閉口している。でもこんどは楽しい旅でした。感謝しています。写真　少し光不足なれど記念に送ります。御令閨にもお会いできてよかったと思います。大洲はまた行ってみたい処です。八幡浜のこと皆々にしゃべっています。御精励を祈る」とあり、

無事に松村と蔵田の再開が実現したことがわかる。

［（三三）一九五六年六月二四日　葉書］は、松村から送った記念写真への礼状である。「お手紙と写真どうもありがとう。旅の日のことを思出していろいろ噂しています。河に架け出しのある学校（何という所でしたか）での二人はたいへん自然にとれていて嬉しそうでなかなかよろしい。よい記念です」とあるのは、もちろん日土小学校のことである。ただし、一九五六年であるから、中校舎しか建っていない時期だ。「河に架け出し」というのはデッキのことだろう。蔵田が建物名称を忘れているのが可笑しい。

この旅における蔵田夫妻の写真が松村家には残っている。日土小学校の中校舎の川側テラスで撮影されたもののうち、おそらく左側の写真が、蔵田が「二人はたいへん自然にとれていて嬉しそうでなかなかよろしい」と書いている方だろう。なおテラスは、その後コンクリートスラブに改修されたが、当初は実施計図どおり木製デッキであったことが確認できる。

江戸岡小学校におけるものも二枚ある。玄関前での蔵田夫婦と松村の記念写真、そして渡り廊下に立つ蔵田夫人の写真である。つまらないことだが、蔵田は背広で蝶ネクタイをし、夫人は和装で下駄を履いている。現代との旅装の違いを感じさせる写真である。

また、後日蔵田から松村に送られたと思われる写真も二枚、松村家に残っている。ひとつは、別府から船で高浜港（松山市内の港）に着く蔵田を迎えに来た松村を、蔵田が船上から撮ったと思われる写真で、アルバムの台紙に「高浜桟橋」の書き込みがある。もうひとつは、新谷中学校を写したもので、立っているのは松村だ。蔵田が構図を工夫し、撮影したのではないだろうか。

ただしそれぞれの写真に蔵田が記入したと思われる日付が奇妙だ。［（二九）一九五六年五月三日　葉書］では、五月二一日に別府を発ち、船で高浜・松山経由で八幡浜へ、二二日に八幡浜市内を見学して松山（道後）へ行き、二三日に松山を発って船で広島へ入る予定だった。したがって、少なくとも港での写真は五月二一日、新谷中学校の写真は五月二二日あるいは二三日の間違いだろう。

以上から、蔵田は、少なくとも日土小学校、江戸岡小学校、新谷中学校を見学したことが確認できる。この手紙の最後には、「しかし兄が本腰で地方都市を開拓される決心は実に結構です。どうか勉強して下さい」とあり、蔵田が教え子の地方での活躍を確認した満足感のようなものが滲み出ている。

江戸岡小学校の玄関前に立つ蔵田夫妻と松村［松村家蔵］

	1
3	2

1：江戸岡小学校の渡り廊下に立つ蔵田夫人
2：新谷中学校の前に立つ松村
3：高浜港に蔵田を迎えに来た松村（前列左端）
［いずれも松村家蔵］

［（三四）一九五六年七月八日（九日）葉書］には、旅の写真へのさらなる礼とともに、「内田祥哉君等　新鋭の連中が見出したのなら確かに作家として一角の地歩を得られたこと。私も嬉しく思います。私も一見してきてよかったと思い、且つ自慢に思っています」とある。

「三・二　内田祥哉および建築計画研究者との関係」で詳述するが、内田は一九五六年六月二二日付けの松村への手紙で、新谷中学校の『建築学大系』への掲載許可の問い合わせをおこなった。その前年に出ていた『建築文化』一九五五年九月号に掲載された新谷中学校に気づき、衝撃を受けたからだ。蔵田の手紙からは、松村が内田からの問い合わせがあったことを蔵田に報告したと思われ、松村の喜びが伝わってくるようであり、蔵田も嬉しそうだ。

ただ、その直前に新谷中学校を実見した蔵田には、内田のような高い評価はできていなかったともいえるわけで、蔵田の中には複雑な思いがあったかもしれない。そのあたりの感情が、「内田祥哉君等　新鋭の連中が見出したのなら」という条件付きのような表現にあらわれているようにも思われる。

また、「「雪国の民家」原稿返すことはわけないが、おそうかといって返送すべく、もうちょっと私の手元におきたい。しかし今度は近い内によく判断をきめて、返事する」とあり、まだこの原稿が宙に浮いたままであることがわかる。

［日付不明（内容からこの時期）封書］の冒頭には、「この前に小川のふちの学校のテレスで君にとってもらった二人の写真をGropius先生に送ったら、日本をなつかしがって返事を下さった。先生は必ずすぐ返事下さるので、恐縮する」とある。また、蔵田の『小住宅の設計』（主婦の友社、一九五六年）が「成績よくて重版するから」「お気附の点あったら　ちょっと知らせて下さい。また批評でもよろしい。急ぎ頼む」という依頼を松村にしている。

［（三五）一九五七年二月二八日（三月一日）封書］には、『小住宅の設計』に対する松村からの意見への返事が書かれている。松村はかなりチェックしたと思われ、「玄関、fireplace まいった。その他も次回考える」「通風タンクのこと――ごもっとも！次回に訂正します」等、蔵田の返事も押され気味だ。「折角　兄がこんなにも書いてくれたのに返事を出さなくてはわるいと思ってこれだけ書いた」とある。

〔(三六) 一九五七年三月一七日　葉書〕には、「近時作品を拝見しないがまた報告して下さい。小住宅の作品はありませんか?」とある。たしかに一九五六年の日土小学校のあと、一九五七年の神山小学校までの間は小振りの仕事が多く、松村も報告をおこなっていなかったのだろう。おもて面に、「小生の随筆集原稿整理了。「塔のある風景」と題し、来週彰国社に渡す」と付記されている。

『生活空間の創造』の翻訳を巡って

一九五七年から五八年にかけては、多くの手紙が松村と蔵田の間を飛び交う。そのほとんどは、やがて『生活空間の創造』（蔵田周忠・戸川敬一訳、彰国社、一九五八年）として出版されるグロピウスの"Scope of Total Architecture"の翻訳の打ち合わせである。そのやりとりを通読すると、蔵田が松村を信頼するあまり松村に依存気味の関係になったこと、それに対し松村が実に細かく翻訳作業をおこない、蔵田がやや閉口したことなどが伝わってくる。

〔(三七) 一九五七年三月二六日　封書〕は、蔵田から松村への説教から始まり、それに端を発して、翻訳作業の手伝いが松村に打診されている。

まず、「君は「何かと御精が出て田舎者にはうらやましい次第」と言うけれど　やってくれさえすればチャンスの道は開けているのだから、私に言はせれば君などは作品を少し発表したきりで休んでいるのは甚だ不満です。作品がなければ訳なり、作文なりつづけて出して、つなぎをつけるべきだと思う。その道は開いてあげたつもりだが　あのあとはつづけるかどうかにかかっている」と松村への叱咤激励から始まっている。松村からシニカルな内容の手紙が届いたのかと想像はするが、事実はわからない。

そして、「処で今年中にGropius の"The Scope of Total Architecture"を訳したいと思っています。一章でも譯してくれると助かると思います。やってくれるなら本を手に入れることを骨折ります。断章のcopy なら送れるかもしれない。とにかく「うらやまし」がっていないで、やることです。君など出来る人が指をくわえて見ているということはないと思う」という松村への誘いで終わっている。

〔(三八) 一九五七年四月七日　葉書〕には、"The Scope of Total Architecture"は至急取寄せることにしているから送ります。「別に」ではなくこの訳をhelpしてください」とあり、「別に」の意味はよくわからないが、原本を送るということから、松村が翻訳の手伝いを引受けたと想像される。

［（三九）一九五七年七月七日（八日）葉書］には、「しかしgropiusの翻訳どうかよろしく願います。松ちゃん冬眠からさめていかに光るかがみものと思い期待している」とあり、蔵田側での松村への依存心の芽生えを感じなく

［（40）1957年10月11日　封書］に同封された蔵田夫妻の写真葉書

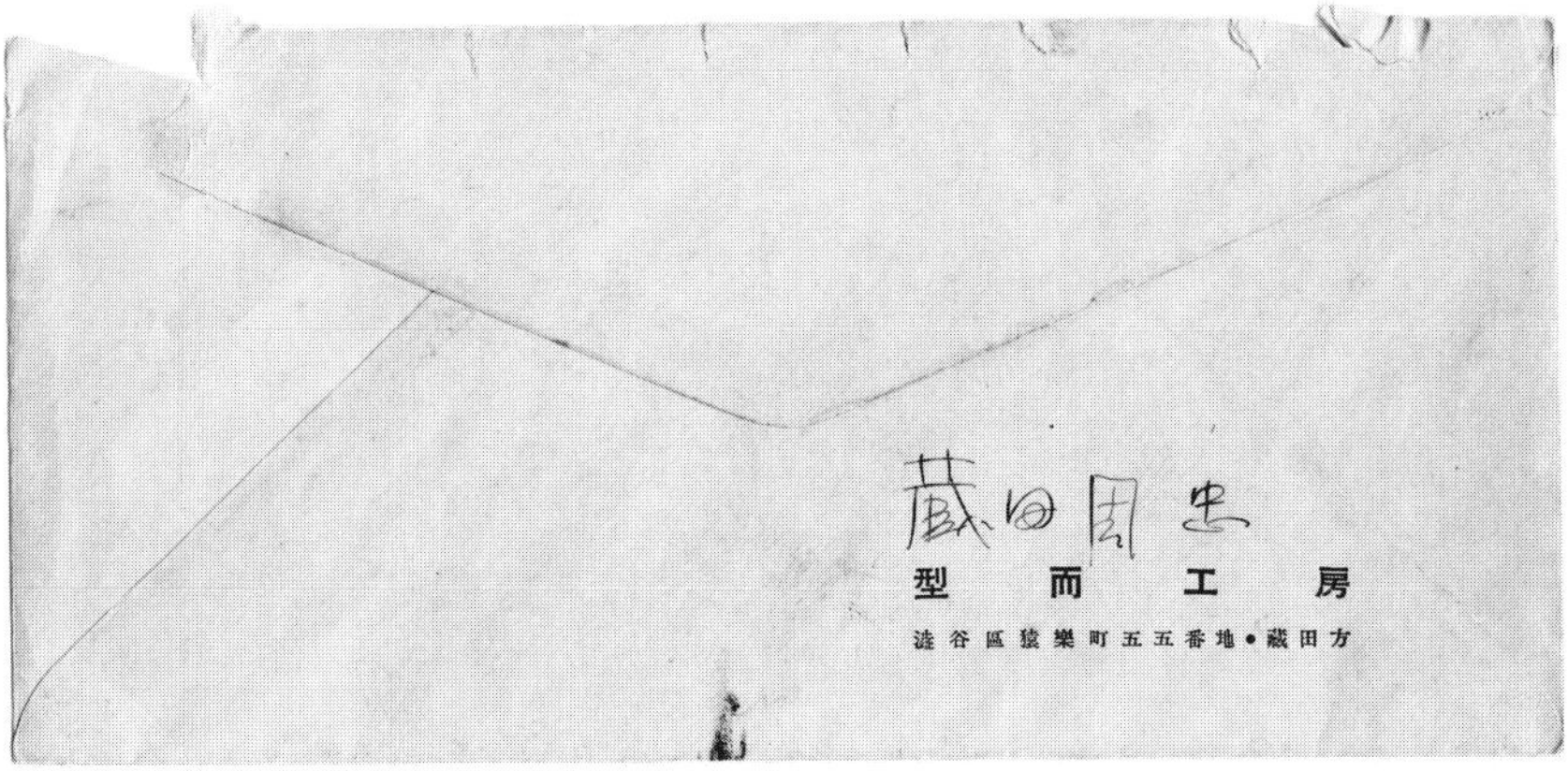

［(40) 1957 年 10 月 11 日　封書］の型而工房と印刷された封筒

もない。

［(四〇) 一九五七年一〇月一一日　封書］には、蔵田夫妻の写真を印刷した葉書が同封されている。「顔のあたりにスタンプを叩きつけられそうに思ったので古い封筒に入れて送る」とある。「記念出版の後で印刷屋さんが同県人のよしみでこれを刷ってくれた」らしい。以後、この写真葉書は何度も使われる。「古い封筒」とは「型而工房」と印刷された封筒だ。型而工房とは一九二八年に蔵田が豊口克平らと結成した組織だが、そのときに制作した封筒が残っていたということだろう。

葉書の写真の下に「おかげで記念出版ができました。デスマスクはどうだろうか？」とあるが、これは『塔のある風景』(彰国社、一九五七年) のことだろう。裏面の最後には「翻訳は頼むよ！」とある。

この後、翻訳作業上の細かなやり取りが、約半年間にわたり頻繁に交わされる。

［(四一) 一九五八年二月二日 (三日)　葉書］には、「おはがき拝見して、お察しの通りがっかりしています。少しでも助かりたいと虫のいい考えをしていたので、お灸をすえられたわけで。今、ようやく9 page の Arts and Craft

Schoolsの処をやっているから、兄がもしやれるなら、ずっと後の方のchapterをやってもらえると少しでも助かるがどうですか?」とある。松村がどういうことを書き送ったのかわからないが、少なくとも蔵田がかなりの負担を松村にかけていたことと、松村が忌憚のない意見を返していたことは間違いない。

［(四二) 一九五八年二月五日 葉書］には、「御出張の由なかなか忙しい処をすまなく思います。目下週二回ぐらい三人集まり、読合わせを進めています」と書いたあと、翻訳箇所の指示がある。

［(四三) 一九五八年二月八日 葉書］は、翻訳箇所の指示である。

［(四四) 一九五八年二月二二日 葉書］には、「度々忙しい処をすまないが、幾分でも助けてもらえればと思うので、ちとうるさいがお伺いするわけだ。この一ヶ月がせとぎわなのでたとへ一章でも・・・と思うのです」と書いたあと、翻訳箇所の指示がある。

［(四五) 一九五八年三月六日（七日） 葉書］には、「今は一一九頁から始めてくれた由、それでも「挫折」しないで再び取り上げてくれたことで私はたいへん喜び且つ期待している」とあり、翻訳作業の指示がある。

［(四六) 一九五八年三月一五日 葉書］には、「どうもありがとう。一二の「有機的近隣計画」今朝正に受取りました。前便が着いてから四日目とは驚いた。ここで一挙に取返しをつけてもらっていることは何とも嬉しい。悪口を言ってすまぬ気持ちです。（赤面）こんどはこちらが追われそうです。とにかく助かるから どうか都合つく限り後をつづけて下さい。終のページまで」とあり、翻訳作業の出来高について蔵田のあせりと松村への依存ぶりがわかる。

［(四七) 一九五八年三月一九日 葉書］には、「速達原稿とほとんどいっしょにおはがき拝見。どうもひきつづきご苦労さま。猛然たるスピードにこんどはこちらが恐縮している」という礼のあと、翻訳箇所の指示がある。

［(四八) 一九五八年三月二五日 葉書］には、「二四日 原稿（一四）節とおはがき受取りました。例により御苦労さま」という礼のあと、翻訳箇所の指示がある。

［（四九）一九五八年三月二五日（二六日）葉書］には、「二四日発の速達（一五）節　正に受取りました。ありがとう。どうも御苦労さま」「前便でも申したと思うが、この勢いなら（一六）節（最后）一六九～一八五頁を頼めると有難い。共訳の戸川教授がやると言っていたが、今少々疲れて、まだできない」とある。蔵田は同日に二通の葉書を書いており、慌ただしさが伝わってくる。

［（五〇）一九五八年三月三一日（四月一日）葉書］には、「お手紙並に第一〇節の訳も正に入手、どうもありがとう。一六節の最后も触って下さる由、たのみます。ちとくたびれてこちらは兄の方に寄りかかった形、しかしこちらももうわずか故頑張るべく話し合った処です」とあり、松村への依存度の高さが想像される。

［（五一）一九五八年四月一〇日　葉書］には、「四月八日附原稿、速達で正に今朝受取りました。どうも御苦労さまでした。これでともかくも The End までこぎついたわけだし、こちらも大体終りですから、ドイツ語と読み合せして一気に通読する計画です」と、一区切りついたことの報告とお礼がある。

［（五二）一九五八年四月二三日　速達封書］では、しかし、原本の出版元から届いた追加原稿の翻訳作業の依頼が松村におこなわれている。

［（五三）一九五八年四月二七日　葉書］には、「三三・四・二五の消印のある速達が二六日九時頃到着した。快くみな引受けて下さってどうもありがとう。これでたいへん助かるから気がらくになりました。今、始めの方を日本文にするため苦労している。訳というものはやはりむづかしい」とある。

［（五四）一九五八年五月一〇日　葉書］には、「第三章の速達受取りました。御苦労さま。早くて読みよい訳文に感心しています。実は前の方を手を入れて苦労しているのだが、兄の分のように調子そろわず、やはり全文　松村兄に頼めばよかった今更思っています。従って、できるだけ兄の文をいただきたく、〆切を遅らせ仕上げのけんとうを五月一ぱいまで延しました。荷重をかけてすまないが　もうひと頑張り　なるべく兄の原稿を多くして下さい」とあり、心理的にも実質的にも、松村に対する蔵田の依存度が高まっていることがわかる。

［（五五）一九五八年六月八日　封書］の冒頭は混乱している。「度々の御連絡に失敬した。カタカナのおハガキ二度いただいた。突然の変化はちょっと面くらっている。どういう心境の変化か一応知らせて下さい。／少しヨミニクイが馴れれば何でもないでしょう。少くとも兄のふだんの字をたどるのと同じくらいの判読になる（呵々）いやそれよりもむしろわかりよい。が、これでは、私など書くのにてまがかかりそうで　まだるっこい」という文面からはよくわからないが、後の手紙の内容も合わせると、松村から総カタガナ書きで、しかも翻訳作業についての何らかの批判なり不満なりが書かれた手紙が届いたと想像できる。

後半には、「とにかく本になる方へ一歩ふみ出したから安心して下さい」「またこんどは別の本を君自身なり又は共訳の形でやってみたい。共訳の形の方が（今の処）はじめは本屋が引受け易いということがある。何か本をさがしてみよう。折角の兄の勉強を眠らせておくのはもったいないと思う。何か適当の本はないかね？」「訳のことで距離が短縮されたのに、これでまた八幡浜が遠くなるのは名残りおしいと思う。その内用を考える」と、蔵田から関係の修復をもちかけるような文言が並んでいるのが印象的だ。

［（五六）一九五八年六月一五日（一六日）葉書］には、「そして今回の分も共訳に頼もうかと思って下交渉をしている。三人がかりの共訳もどうかと言われそうなので、今回は訳者序文だけでがまんしてもらって、共訳は別に考えようか？」とあるから、松村から、作業の実態に対する何らかの不満が伝えられたのかもしれない。しかし、松村を共訳者に加える案が、結局のところ取り下げられている。

なお、「御令閨によろしく。カナガキはテイネイなンヨロシイガチトメンドウダネ」と蔵田がカタカナ書きを実践した一文があり、依然として松村との関係が微妙であることを偲ばせる。

［（五七）一九五八年六月二二日　葉書］では、グロピウスの別の文章を『国際建築』用に翻訳することが松村に依頼されている。本の原稿の方は、「彰国社に渡そうとしている」とある。

［（五八）一九五八年六月二七日　葉書］の冒頭には、松村から届いた葉書への礼があり、「やはりこのようなはが

きが松村君らしくて読みやすい」と書かれているので、松村がカタカナ書きをやめたことがわかる。「本屋がやきもきしてきたので、今、社へもっていって通読してくれている」とあるから、いよいよ原稿が彰国社の編集部に一旦渡されたのだろう。また、「日本建築家協会の夕食会で河野通さんに会って君のうわさをした。何とか一度出てくるようにならないか、ということが主題だった。お二人でどうか？　二人で考えて計画を立てて下さい。皆が待望している」という、土浦事務所時代の松村の同僚・河野通祐（蔵田の「河野通」は誤記）の名前を挙げて松村の上京を促す文面からは、戦後、彼がかつての友人たちとの旧交を温める機会をもっていないことや、当時の東京と四国の距離感などが想像される。

［（五九）一九五八年七月二三日　封書］には、松村が訳した部分に文体を合わせるために、松村の担当外の部分の改稿という余分な仕事が依頼されている。本の題名ついて、「本の名は彰国社からも意見が出て「グロピウス　建築とデザイン」という平凡な名にきまりそうになっている。平凡でかえってよいかとも思っている」とある。

［（六〇）一九五八年七月二六日　葉書］には、訳文の調整依頼と、松村が紹介して武蔵工業大学に入学した学生に対する夏休み中の民家実測の指導依頼がある。

［（六一）一九五八年八月一八日　葉書］には、「今月中にはいよいよ彰国社に渡せそうです。御苦労を深謝している」とある。

［（六二）一九五八年九月二七日　葉書］には、「今月は前の全稿を渡す約束なので追いつめられています。兄と共訳の原本をまだ選んでいないが、一〇月になったら相談しましょう」とある。「前の全稿」がこの本の訳稿のことなのかどうかはわからないが、日常的な話題が多く書かれており、翻訳作業の嵐が去ったことのわかる葉書である。

『生活空間の創造』のその後の顚末

このような経緯を経て翻訳作業は終了し、『生活空間の創造』は出版された。しかし、その内容について松村との間で一悶着あった。

［（六三）一九五八年一一月二五日　葉書］には、「最近竹内兄に会い　四国の様子、兄の様子、大洲に泊まった話な

ど聞きました」とある。竹内兄とは、もちろん竹内芳太郎のことである。松村家には竹内からの手紙も残っているが、一九五八年一〇月九日消印の封書によれば、竹内は、建築学会大会の一環で農村建築研究会をおこなうために高松へ行き、一〇月二七日の朝に高松を発ち徳島と高知を回って宿毛経由で三一日に大洲に行くので、宿の手配や民家の案内を頼む旨を松村に伝えている。『建築雑誌』一九五八年八月号によれば、この年は、日本建築学会と日本建築士会の連合四国大会が、一〇月二五日から二九日にかけて、香川大学や香川県庁を主な会場として開催されたのである。

『生活空間の創造』

そして、「処で御苦労をかけたDr. Gropiusの本　ようやく校了になり目下印刷中です。こんなに苦労するなら始めから全部兄によりかかればよかったと途中で思ったが、とにかくこぎつけました。どうも兄のようにうまくゆかないで、こんな筈ぢゃなかったと思って、悲観したことでした。とにかく一二月上旬には本をお送りすることができる。どうもありがとう」と、本の完成の報告がある。

［〈六四〉一九五八年一一月二九日　葉書］には、「グロピウスの本は製本ができたら数日中に本物を送ります。その間前送の見本を見ていて下さい。そして正誤を知らせて下さい。なお訳する本見付かったら知らせて下さい。めんどうなことは本屋にやらせる」とあり、完成した本の訳文のチェックが松村に依頼されている。

［〈六五〉一九五八年一二月一日　葉書］には、「別便でGropius「生活空間の創造」出来上りほやほやを送ったから見て下さい。昨晩（三〇日夜）届いてきたので、今日は日曜だし、兄の手に早く届いてくれることを祈っている」「本が届いたらとりあへず返信下さい。明日にもDr. Gropiusに一冊送ろうと思っている」と、ついに完成

した喜びの報告がある。

〔(六六) 一九五八年一二月三日　葉書〕には、「只今（一二ー三ヒル頃）入念な正誤表受取りました。また行違ってほとんど同じ頃青い表紙の本物が兄の手に入ったことと思います。僕の考えでは、先日送ったゲラ刷りに朱を入れてもらって・・・と思っていたのだが　兄がめんどうかけてくれて恐縮。ほんとのミスの分だけ直すことでかんべんして下さい」とあり、完成した本と行き違いに、蔵田の一一月二九日の葉書にある「見本」を読んだ松村が、相当な量の間違いを指摘した手紙を送ったことが想像できる。続けて蔵田は、「多少は独語版の分も入っているかもしれないので、細かい所はまあまあとしよう？四国はちと遠くて意志が通じにくいね」と書いているのだが、これはやや逃げ腰の弁解ととれなくもない。さらに最後の方には、「四国はちと遠くて意志が通じにくいね」という一文があるのだが、松村にはやや不快な印象があったのではないだろうか。

〔(六七) 一九五八年一二月四日　葉書〕では、訳文に対し、さらに松村による厳しい追及が続いたことがわかる。「二日出の速達も今日いただき　都合二回に亘りきびしく叱られているようで、全く閉口しています。全く私のたいまんからと、後になって急いだのとで、私の方こそ申訳なく思います。兄のせいにする事など筋違い。共訳にしなくてよかったね。この次は私ももっと勉強しよう。兄の方のことばかりでなく、本全体に亘って朱を入れて全部の正誤をするなり、何か方法を考えたい。別刷のゲラを返送して下さって赤が余りに多くて閉口した。字句の言い廻しはちっとがまんできる処はかんべんして下さい。しかし全体に完訳になるよう、一応調べは完成しておきたい」という文面からは、松村による指摘の多さと、蔵田がそれらを全面的に受け入れ、間違いの多さを認めていることがわかる。

〔(六八) 一九五八年一二月一二日　葉書〕には、「三回目の正誤表（兄の言うわれわれの分）も正に受取りました。然る処、かんじんの製本出来してすぐに送った本番出来たての本を受取ったという返事をまだもらっていないが、それも着いたでしょうか。或はスト滞貨で配達されていないのではないかと気にかかっています。もう一度ハガキと感想書いて下さい」とあり、さらに松村から間違いを指摘する手紙が送られたことがわかるのと、「しかし実物を見たのか」とでも言いたげな蔵田の反論が面白い。

そのあとには、「正誤がちと多過ぎてこの処閉口。もてあましです。この返送された校正に朱を入れて彰国社へ返してやります。但し多少はかんべんしてもらう処があるかもしれない。とにかくよく見て下さってありがとう」とあり、蔵田の困惑ぶりがよくわかる。

［（六九）一九五八年一二月一三日　葉書］の冒頭には、「今朝だったか、ハガキを出したのだったが、入れちがいに今夜、兄の手紙を受取りました。割合スマートにできた本への反響を待っていたのでした。これでやっと安心しました」とあり、松村からそれなりに好意的な感想が寄せられたことが想像される。また、蔵田が一定の評価をほしかった気持ちを正直に書いているのが微笑ましい。

最後は、「訳というものはなかなかむづかしいものだし、兄の原稿にたよってしまってすまなかった」と結ばれており、間違いの多さが松村に不問にされたわけでもないのに、蔵田の中に一種の安心感が生じたように受取れる。

［（七〇）一九五九年一月二一日　現金書留］で、松村へ翻訳料が送られた。同封された手紙には、「「生活空間の創造」はなかなか評判がよくてかなり出ているらしい。正誤の機を失してどうにもしょうがないが、兄が気にするほどでもないから、できるだけ少くして再版には訂正を加えて出しましょう」と、蔵田は外部からの評価を盾に弁解調の書き方をしているが、松村はどう感じただろう。

そして、「今　兄に送るのはたった同封￥五〇〇〇になってしまった。少くてすまないが　また重版したら少しだけれどまた分けるからこれだけ納めておいて下さい。速達料ですまない」と、翻訳料が送られたことがわかる。「労多くして income 少く　恐縮。しかし　よき文献を提供したことは認められかけている。建築雑誌、建築文化、建築士などに紹介が出る。一條功成りで君がかくれたのはまずかったと思う。これは是非君と二人のものをもう一冊出したいと思ってねらっている」と、松村を共訳者にしなかったことへの反省の弁が書かれている。

最後に、「昨日 Mrs. Gropius から手紙がき　本がついてひどく喜んでいる様子（Dr. は今 Baghdad の大学を設計に行っているらしい）いずれ喜んで手紙がくると思う」と、グロピウスに本を送った後日談がある。

『文藝春秋』の「建築家ベストテン――日本の十人」を巡って

『生活空間の創造』を巡るやり取りはこれでほぼ終わり、これ以降は松村と蔵田の間に特別な共通の話題はなくなるが、松村にとっては、『文藝春秋』で建築家ベストテンに選ばれ、しかも八幡浜市役所を退職するという大きな変化の時期であった。

建築家ベストテンについては、後に詳しく述べるが、『文藝春秋』一九六〇年五月号の企画で、日本を代表する一〇人の建築家のひとりに松村が選ばれたのである。

［(七一) 一九五九年二月二四日 封書］には、「どうも此頃人数はふえたが、質が低下したし、勉強しなくて困る」「建築は今回は八〇数人の処一〇人ぐらいは卒業延期になる。皆 下宿とか家庭がかまわぬとか日常生活のルーズなのが失敗するし、本来頭の質の悪いのも居る」といった学生への愚痴や、「グロピウスの本 割合に評判はよいようだ。新建築に清家君と思う 書いてくれた。建築士に森田茂介さんが書いてくれた」と書評の報告がある。

［(七二) 一九五九年三月七日 葉書］には、「グロピウスの訳については毎々君に叱られるので、ちといまいましい。しかし私が時間をかけることができなかったのも事実だから、なさけなく思います。もうホンヤクはこりごりです」とあり、松村はまだ蔵田に批判的なことを書き送っていたのかもしれない。英語を得意とし、『国際建築』で多くの翻訳をおこなってきた松村にとっては、不完全なかたちでの出版は許せなかっただろうし、地方にいて蔵田の後方での作業となったことへの不満もあったのかもしれない。

［(七三) 一九五九年三月二七日 封書］には、「「生活空間の創造」建築文化一五〇に小池が書いてくれた。これで大体出揃って 私は満悦している。推敲の不足とミスの多いのは重々私も責任を感じています」とある。「建築文化一五〇」は通巻番号であり、一九五九年四月号のことだ。そこに小池新二による書評が掲載された。

［(七四) 一九五九年五月一六日 封書］では、不勉強な学生への愚痴が書かれたあと、「処で私が顧問になっている日本電建の住宅雑誌「朗」の記者加藤君が 愛媛の民家や民俗の取材に行きますから、よろしくお引回し願います。それをきっかけに「朗」にも住宅のことなど書いてやって下されば幸です。建築の雑誌とちがって稿料も

出すから、応援してやって下さい」との依頼がある。

「（七五）一九五九年八月一五日　葉書」には、「新建築の報導《ママ》は何かのまちがいで、出された当人が面くらっています。まさか兄等にだまって出かけたりはしない」とあるが詳細は不明。

「（七六）一九六〇年三月二九日　蔵田手書きの絵葉書（西本願寺の能舞台）」には、松村が『文藝春秋』で日本の建築家一〇人のひとりに選ばれたことを蔵田に報告したようで、「文芸春秋をまだ見ていないが、あの返事を出そうと思っていて、試験期に入り、つい失礼した。祝福を送らなかったのは、甚だ失敬した。試験期がすんだから、もう一度作品を見直し、文春も拝見して、またハガキか手紙書きます。ほめられる事はうれしい」という祝いの言葉がある。

ただ、『文藝春秋』掲載は一九六〇年五月号だからこの時点では出版されておらず、蔵田は掲載時期を誤解している。また、一〇人のひとりに選ばれたことに対する蔵田の評価がさほど高くないように感じられることが興味深い。

「（七七）一九六〇年四月一日　蔵田手書きの絵葉書（西本願寺の能舞台）」には、蔵田の学位論文について、「おはがきありがとう。私の学位論文は、この一月九日に早稲田大学の教授会を通過したので、実質的には学位をもらったわけになるが、文部省の位記がまだ来ないので、公式・登録が完了しないわけだ。四月中にはくるでしょう。来たら諸兄にも知らせる。御心配かけた。ありがとう。題は「日本近代建築の研究」副題は「国際環境に於ける日本近代建築の史的考察」！」とある。

「（七八）一九六〇年四月一〇日　葉書」には、まず蔵田の博士号取得について、「博士のお祝い、方々から言ってきてくれて恐縮している。また一杯のむ計画もあるらしい。が遠くから出て来なくてもよろしい。たいしたことはない。しかし武蔵にとってはやはりプラスだった。今年は建築が志願者のtopで約一〇倍少しを越えた」とあり、謙遜と喜びが入り交じった奇妙な記述になっている。蔵田の博士号取得が大学の志願者増につながったかのような書き方は不思議だ。

翻訳については、「それからグロピウスの「生活空間の創造」結局二版が出ることになった。（多分五月）兄の書いてくれた正誤表により、すっかり訂正を申入れておいた。ちょっとはよくなると思う。出たら送る。先日送ったギルバートの本は届いているか。何ともたよりが無いが・・・?」とあるが、実際にどの程度の訂正がおこなわれたのかは不明である。

〔(七九) 一九六〇年四月一六日　葉書〕では、まず「一四日附おはがきありがとう。私のお祝は五月になるだろう。ようやく四月二七日に本当に位記伝達が早大である筈」という報告に続き、「先日酒巻が急に転勤上京してきた。思いきったことを決断した。松村も出てくるわけにはゆかぬものか・・・などと酒巻と話し合った」とある。これは酒巻芳保の経歴によれば、東京坂田建設の取締役に就任したことを指すと思われる。

この年はちょうど松村も八幡浜市役所を辞し、松山に出て事務所を開設する年である。この知らせを松村はどのような気持ちで読んだだろうか。また、「処で gropius の本　お礼状を請求したのではなく、あの gilbert の本について兄から何も聞かないがどうだったか問い合わせたわけだ。あの時丸善に注文したのに本が来ないいんだ。共訳のこと Gropius の"Bauhaus and New Architecture"を訳してみようか?・もう一度 gilbert の本のこと(内容)、など返事下さい」とあり、ややわかりにくいが、松村との共訳本の候補者についてふれている。なお、グロピウスの書名は、"The New Architecture and the Bauhaus"の間違いだろう。

〔(八〇) 一九六〇年四月二五日　葉書〕で、蔵田がやっと『文藝春秋』の件を正確に理解したことがわかる。「おはがきありがとう。文芸春秋のことは前にはがきを書いたように思う。そしてもう前に雑誌が出ていて、私が見そこなっているのだとばかり思っていたが、今日、兄に催促されて、文・春・を本屋からとりよせて、とくと拝見した。Best-ten に入ってくれたことはうれしいし、おめでとう。既に一言は出したが、此頃どうも郵便物の届かないのもあって困ったものだ。折角待ってくれたのに一言も届かぬとは、すまなかった。地方にいて頑張ってくれていることを此上なく頼もしく思う。一層頑張って地方文化をあげて下さい。文・春の写真の学校は私達も写真をとってもらったあそこだネ。よかったよかった。一層の御精励を祈る。お祝遅れすまぬ。妙子さんによろしく」と、祝辞を送っている。蔵田の言葉通りに松村から「催促」があったとすれば、なかなか微笑ましい師弟関係といえるかもしれない。

［（八一）一九六〇年五月一一日（一二日）葉書］には、『文藝春秋』の件について、蔵田のやや意外な感想が書かれている。「文芸春秋をまた出して見ているが、Best-ten に選ばれたことは、何はともあれ嬉しい。けど、何かもの足りないのは何故かと考えている。それで適確な讃辞を呈する機を失しているわけかもしれない。なおなおよく見てまた感想を送ります。写真はしゃんにとれたね。前に私共がいっしょにとってもらったあの学校だろうか？なつかしい」とあるが、「何かもの足りない」という言葉で蔵田が何をいおうとしたのかはわからない。「前に私共がいっしょにとってもらったあの学校だろうか？」という表現もいかにも頼りない。

日土小学校の全体が完成したのは一九五八年であり、それが最初に紹介されたのは、この『文藝春秋』が発行される三ヶ月ほど前に出たばかりの『建築文化』一九六〇年二月号である。蔵田が実際に見たのはクラスター型の東校舎がない状態であり、掲載誌を見たかどうかはわからない。したがって、蔵田は東校舎の存在を知らないという情報不足のまま、「何かもの足りない」という感想を書いた可能性もある。しかしそれを読んだ松村の気持ちを想像すると辛いものがある。

最後に、「Gropius から A.FORUM 5.1960 の切抜 "Three levers of W.Gropius" が送ってきた。訳してくれないか？抄訳にして何かに出そうか？ gilbert（？）の感想も聞きたい」と翻訳の相談がある。

［（八二）一九六〇年六月一八日　封書］には、「一二日は如学会が皆で小生の学位取得を祝ってくれるそうだが、たいへんなさわぎだと恐縮しています。でもみんなが喜んでくれるのは快いものです。兄にもさそいがいった由。わざわざそのために出てくる必要もないが、こんなことをきっかけに一度久々の上京は然るべきかと幹事諸君が待望したのだろうと思う。お役所生活をやめた切れ目に一度一家で出かけてくるようなことがあれば愉快だと思います。Best-ten のうわさの主が来ればみんなも喜ぶと思う」と上京の誘いがある。

松村は独立する決心について蔵田に報告したとみえて、蔵田は「さて兄の事務所をもつこと　いろいろ考えた上でのことと思い　賛成する。見込みがたったことと思う。あせらず　よい作品を悠々と作ってゆく松っちゃんを想像すると　なかなかよろしい。よい時期と思う。ねばり強い成功を祈る。そのうち学会賞などとる作を出して武蔵のために気を吐いて下さい　至嘱々」と励ましの言葉を記している。

蔵田周忠の最晩年との並走

松村は一九六〇年九月末に八幡浜市役所を辞し、松山で自らの設計事務所を開設した。したがって、これ以降の手紙は宛先も大洲から松山に変わっている。そして、蔵田が一九六六年三月七日に七一歳で逝去するその前年まで、さまざまな話題が行き来する。

［（八三）一九六二年七月二日　葉書］は、途中に欠けた手紙がないとすれば、前便から二年ぶりの便りである。「お見舞状ありがとう。御元気で小生のこと思出してくれてありがとう。小生ら二人共まずまず元気です。・・・というのは　小生事病気は直ったけれど足元今だにふらふら不安定　歩くのが最もにがて。まだ外出はできない」とあり、蔵田が病気をしたことと、おそらくそれもあって久々のやり取りであることが想像される。心なしか文章も弱々しい。「子規の句碑が建った由。結構でした。拓本を売出されたら送って下さい」とある。

［（八四）一九六二年七月七日（八日）　封書］は、久しぶりの便りとなった前便への追伸である。「春や昔十五万石の城下町　を子規に発見して嬉しくなり書評に書き込んで悦に入っていた。それを見付けて読み、ハガキに書いてくれたのは Best ten の兄一人だけであった。私も嬉しく思っています。「一度は思いきって上京」されるよう期待している」とか、学生が京都・奈良へ行っているが自分は病後につき行けず、「Dr. Gropius 来日の時　兄に京都で会った頃を思い出している」とか、松村や自分の過去に対する記述がある。病気と年齢により、蔵田も懐古的な心情になってきていたのだろうか。

また、「あの訳本を重版するから手直しがあったら・・・と彰国社から告げてきた。兄として気になって仕方ないという処　修正を小生に知らせて下さい。できるだけなおさせる。兄の仕事のじゃまにならぬよう」という言葉には、松村への配慮が感じられる。

［（八五）一九六二年九月二三日　蔵田夫妻の写真を印刷した葉書（一九五七年還暦記念）］は、一九五七年の蔵田の還暦祝いに作られたもので、以前にも届いている。ただし今回は、そこに蔵田によるあご髭と勲章の楽しい落書きと、「腮の下に少し白いひげが生えた　左胸は黄綬褒章をいただいた。其他不変」という書き込みがある。なお、蔵田の黄綬褒章受賞は前年の一九六一年である。

そして、「今回は特に色写真が入っていて、たいへんよかった。楽しい。子規の句碑も入れてくれて幸でした」「兄の近影もなかなかよろしい。少し肥えたようだ。堂々たるもの。立派です。拍手！」「地方での経営はむずかしいこととお察ししています。どうか頑張って下さい」といった、松村への感謝と激励の言葉が並んでいる。

［（八六）一九六二年一〇月五日（六日）　蔵田夫妻の写真を印刷

［（85）1962 年 9 月 23 日　蔵田夫妻の写真を印刷した葉書］
蔵田があごひげと勲章を落書きしている

した葉書（一九五七年還暦記念）」も蔵田夫妻の写真の葉書である。「先日の色彩写真もらって丈夫そうな貴兄に会い嬉しかったので、またこの写真を送る気になりました」という書き出しは、写真を交換することによって仮想の出会いを果たそうとしているかのようで、老境にはいった師が弟子を懐かしむ様子が感じ取れる。

また、おもて面には松村が送った栗への礼があり、「伊予栗に正恒が母想いけり」という句が書かれている。蔵田も松村の幼少期の事情を知っていたのかもしれない。

最後に久しぶりに松村の設計にふれ、「作品の方は、雑誌を見て自己批判を試みられたし。「四国建築」に出た病院の方がよいと思う」とある。

松村が独立後の作品の何かの写真を蔵田に送ったものと想像されるが、特定できない。この時期、建築雑誌への松村作品の掲載はなく、「雑誌を見て」とは他人の作品を見よとの意味だろうか、あるいはそのあとの『四国建築』のことか。

『四国建築』とは、写真家・上野時生が編集し、一九五八年から隔月で発行された雑誌で、執筆企画委員に山本忠司、松村正恒、安岡清志、四宮照善を迎え、四国の現代建築から民家などまでを紹介した雑誌であるが（上野時生「山本忠司氏と松村正恒氏に贈る」『日本建築学会四国支部創設五〇周年記念誌』日本建築学会四国支部、一九九九年）、「「四国建築」に出た病院」とは、一九六〇年竣工の市立八幡浜総合病院本館のことだろう。この建物は、「三・三　彰国社の編集者との関係」「三・六　神代雄一郎による評価について」でも述べるように、『建築文化』に掲載予定だったがすぐには実現せず（一九六〇年一一月号掲載）、まずは『四国建築』一九六〇年七月号に発表された。おそらく松村はそれを蔵田に送ったのだ。

いずれにせよ蔵田は、独立後の松村作品が八幡浜市役所時代とは異なる作風となりシャープさを失ったことに気づき、苦言を呈したのではないだろうか。

「（八七）一九六三年二月二六日（二七日）蔵田夫妻の写真を印刷した葉書（一九五七年還暦記念）」には、「いよいよ御令閨御上京の由。結局こうなると母の愛の強さが感じられます」「御令閨及本人　御上京の日等詳細に知らせて下さい」とあり、これは松村のご子息が大学受験のため上京した件だと思われる。「今日の二-二六で小生は満六八となった」とあり、ちょうど誕生日に出された便りである。

「（八八）一九六三年三月一一日　蔵田夫妻の写真を印刷した新しい葉書」は、蔵田夫妻の近影を印刷した葉書である。「今日別便速達で手紙は出したけれど　このハガキを相模書房の引頭君造ってくれたので　近況お見せ方々とりあへず送ります」とある。昭和三八年の年賀状として作られており、印刷された文面には、昭和三五年暮に「ちもうまく出血」を患ったこと、最近は回復し武蔵工大と東海大の講義に行っていること、昨年東京建築士会から表彰されたこと、黄綬褒章をもらったことなどが書いてある。

［（八九）一九六三年三月一三日　蔵田夫妻の写真を印刷した葉書（一九五七年還暦記念）］は、再び還暦記念の写真葉書に戻っている。松村のご子息の大学受験を気遣う言葉が書かれている。

［（九〇）一九六三年三月三〇日　蔵田夫妻の写真を印刷した新しい葉書］は、何かに同封されたもの。松村のご子息を気遣う言葉がある。

［（九一）一九六三年七月三〇日　蔵田夫妻の写真を印刷した葉書（一九五七年還暦記念）］は、時候の挨拶、武蔵の後輩が松山を訪問する件のみ。

［（九二）一九六四年五月一二日　蔵田夫妻の写真を印刷した葉書（一九五七年還暦記念）］には、「御転居の御通知いただきました。皆様御元気のことと思います。同じ持田町のようだが、私達はまだ実感がよくわからない」とあり、松村が自分で設計した現在の家に移ったことがわかる。

［（九三）一九六四年六月八日　蔵田夫妻の写真を印刷した葉書（一九五七年還暦記念）］は、蔵田の古稀祝いへの礼状である。「一〇年前の同じハガキで今日の古稀を祝ってもらったお礼を書くわけだが、私達は相変わらず元気です。全体に老人になったわけだが別に変っていない気分です」とある。

［（九四）一九六五年二月二七日　松山の兵舎の古い写真の葉書］は、「兵營と松山城山」とキャプションのついた写真の絵葉書で、松山城の下の兵舎で閲兵がおこなわれる様子が写っている。「二月の二六だから思出してはがきをくれたようだが　私も古いエハガキを持っていたのでここに使います」とあるので、蔵田の誕生日に松村が手紙を出していたことがわかる。松山や四国を懐かしみ、松村のご子息を気遣う内容である。

［（九五）一九六五年四月五日　葉書］に「『近代建築史』もやっと市場に出たからよろしくたのむ。相模書房の引頭君が

ずいぶんよく働いてくれ、松村君の御声援にも期待をかけています」とあるのは、相模書房からこの年に出版された、蔵田の博士論文に基づく著書『近代建築史－国際環境における近代建築史の史的考察』のことだ。

［(九六) 一九六五年四月七日 葉書］には、テレビ番組「新日本紀行」で松山を見た話などがあり、松山を懐かしむ内容である。「早いものだ 正基君も東海でおちついて

年頭にあたり、皆様の御健祥を慶賀申上ます。昭和35年暮にちもうまく出血のため、病床につきました小生事、一方ならぬ御心配をいただきましたが、最近ようやく本復元の通り武蔵工大と東海大学の講義に（週1回）出講致すようになりましたので、御放念下さいますように。その上、昨年は、有難いことがつづきまして、東京建築士会からも表彰をいただき、また建設大臣を通じて、黄綬褒章をいただくという光栄に浴しました。今後は一層健康に留意致しまして、長寿を保ちたいと念じておりますので、何卒よろしく御厚誼のほどお願い申上ます。新年の御挨拶をかねて、御礼まで。

昭和38年　蔵田周忠・婦美子　東京都渋谷区 猿楽町 55

［(88) 1963年3月11日　蔵田夫妻の写真を印刷した新しい葉書］
同年の年賀状用に作られたものだ

いるようだね」とあり、松村のご子息への気遣いがある。

［（九七）一九六五年四月二四日　葉書］には、「別封で本を一冊兄宛に送った（これは相模とは別）」とあるが書名は不明。「小生　この五月六日付けクン章をいただくことになった」とあるのは、勲四等瑞宝章のことである。

［（九八）一九六五年五月三日　葉書］には、「なおこの六日には建設大臣から御呼出があって、恭じけなくも勲四等瑞宝章を伝達されることになった。家内といっしょに有難くちょうだいしてくる予定。共に喜んでくれると信じ、お知らせしておく」と、再度、受賞の知らせがある。

［（九九）一九六五年五月二八日（二九日）　葉書］は、松村家に残る蔵田からの最後の便りである。

時候の挨拶の後、「それでも私達はまだ四国や北陸を一巡して武蔵の諸兄に会いたいとその時の来るのを待ち望んでいる。が、まだ夏の来ないうちに計画は変更されるようになりそうな様子です」とあり、身体の具合がよくないらしいことが想像される。そして松村が送った「夏柑」への礼を述べた後、「先日東海大学の新校舎（大きな大講堂のある）新築を見学してきました。原町田の新市街と近いが田圃の中の立派な校舎です」と、山田守設計の建築を見にいったことが報告されている。「新校舎（大きな大講堂のある）」とは、東海大学湘南校舎二号館のことであろう。

最後は、「正基君は元気でしょうか。勉強してくれることを祈っています。貴兄にボクの本は着きましたか？」という言葉で結ばれている。蔵田は、この翌年、一九六六年三月七日に七一歳で永眠した。

まとめ

以上の読解によれば、松村と蔵田との間には、学生と教師という関係に始まる戦前からのつながりが戦後も持続され、しかもそれは、設計者と批評家、あるいは翻訳作業の分担者といったかたちで、より対等なものへと発展していったことがよくわかる。

松村に対する蔵田の功績をひと言でいえば、故郷に帰った松村を、その小さな世界に閉じこもることのないよう、東京の建築ジャーナリズムという外部世界につなぎ続けたことだろう。戦後間もなくは建築雑誌への作品掲載の紹介者として、その後は翻訳作業の協働者として、常に松村に対して東京からの刺激を与え続けた。

蔵田の手紙から判断する限りは、その働きかけには手違いも多く、さほど考え抜かれたものではなかったように思えるが、師弟関係特有の曖昧さの中で、両者の良好な関係は、蔵田が最期を迎えるまで持続された。

『生活空間の創造』の翻訳作業を通して、おそらく両者は、それまでは知らなかった互いの別の面を見たに違いない。つまり、蔵田は弟子・松村の英語能力の高さと思考の緻密さを、松村は師・蔵田の英語能力の低さと思考の曖昧さを。しかしそれも、少なくとも松村にとっては、自らの成長を確認し、さらに自分を叱咤激励する機会だったのではないだろうか。

蔵田にできなかったのは、松村の作品を正しく評価することである。それを象徴するのが新谷中学校だ。この建物を彰国社の編集部に紹介し、『建築文化』一九五五年九月号に掲載するきっかけをつくったのは蔵田であるが（〔一七〕一九五五年五月二二日　封書）、彼は松村から送られたその資料を早い段階で見ていながら、内田祥哉がおこなったような評価には至らなかった。

また、中校舎しかない時期とはいえ、日土小学校についても特段の反応をしていない。むしろ『新建築』一九五六年五月号に掲載された八幡浜市立病院看護婦寄宿舎については、「デザイナーとしての地歩をかち取られる様子を見て嬉しく思いました」と高い評価を書いているが（〔二八〕一九五六年五月三日　封書）、室内のモダンな意匠に反応しただけの感想ではないかとも思われる。

確認する術はないが、蔵田の目には、江戸岡小学校も日土小学校の中校舎も新谷中学校も、まさに自分たちがやっていた戦前のインターナショナル・スタイル風の建物だと映り、学校建築としての革新性や構造のハイブリッド性については理解できなかったのではないだろうか。蔵田は松村を育てはしたが、「発見」するにはいたらなかったといえるだろう。

三・二　内田祥哉および建築計画研究者との関係

松村を「発見」したのは、やはり内田祥哉だというべきだろう。『建築文化』一九五五年九月号の誌面だけから新谷中学校の価値を見極め、建築計画学的な位置づけをおこなった。前節で述べたように、それが蔵田周忠には欠けていた視点である。そして内田によって、松村の名前とその作品が建築計画研究者へと広まっていった。松村家に残る内田および建築計画研究者からの手紙の分析を通して、その経緯を明らかにする。

内田祥哉による新谷中学校の発見

当時東京大学助教授だった内田祥哉は、一九五六年六月二二日付け（消印は二七日で松山）の松村への手紙で、新谷中学校を『建築学大系32　学校・体育施設』に掲載したいという旨の希望を伝えた。以下がその全文である。右下に「東大　工　建築　松下研究室」とタイプ打ちされたA4サイズの用紙三枚に万年筆で横書きされている。

松村正恒様　　　　内田祥哉

前略

実は、小生、目下建築学大系三二巻の学校建築を書いて居る者でございます。原稿の方も大体仕上り　目下　整理の段階になって居りますが、小生甚だ不勉強の為　最近になって、新谷中学校の写真と図面を拝見いたしました。

所が、その内容の充実して居る事に今更驚き　細部に汎る迄の細かい御苦心の程を察し　久しぶりで感激を持って図面を拝見いたしました。今迄　外国の例に比し、国内の各校の未熟さをなげいて居りました私共にとって　この様な良い学校が出来て居る事に大きなほこりを持つ事が出来ました。

就きましては、我々の本の中に外国の諸例と並べ本邦の最高峯として是非御作品を入れていただきたいと存じ　お願いいたしたい次第でございます。

彰国社に連絡いたしました所、図面写真はすべてお手元にあるとの事、是非今一度お送り下さる事をお願いいたします。尚、文化に紹介されて居りますのは主として外観でありますが　その外に内部、図書室、特別教室、昇降口、及、一般教室の写眞もお送りいただければ幸甚でございます。出来れば　子供達が実際に勉強して居る所、或は各所で生活をして居る所が含まれて居ればよいのですが。若し費用の点で新たなご出費のある場合は　總て彰国社の方で負担してくれる事になりましたので　彰国社当ての傳票をお送り下されば幸甚でございます。

　特別教室等の生徒の活動情景は本文にも扱はせていただきたいと思いますので　出来るだけ余分にお送り下さる事をお願いいたします。

　尚　文化の中では説明文が非常に簡潔なので　次の項と合はせてお知らせいただければ幸甚でございます。

一　生徒数
二　学級数（一般教室が八教室でありますので　何か特別な時間割を組んで　教室の使い方を考えて居られる様に察せられます。そこでその使い方をお知らせいただければ幸甚です。
三　竣工当時　或は　設計の時の（予定時間割）
四　現在の時間割
五　男女の比率
六　カリキュラムの内容　教科カリキュラム　生活カリキュラム等の扱い方

甚だ勝手なお願いでございますが　どうぞよろしくお願いいたします。

　三二巻は八月末発行の予定になって居りますので　お願い申し上げました事　御許可いただけるかどうかだけでも折返しお返事いただければ幸甚でございます。

一九五六・〇六・二二　内田祥哉

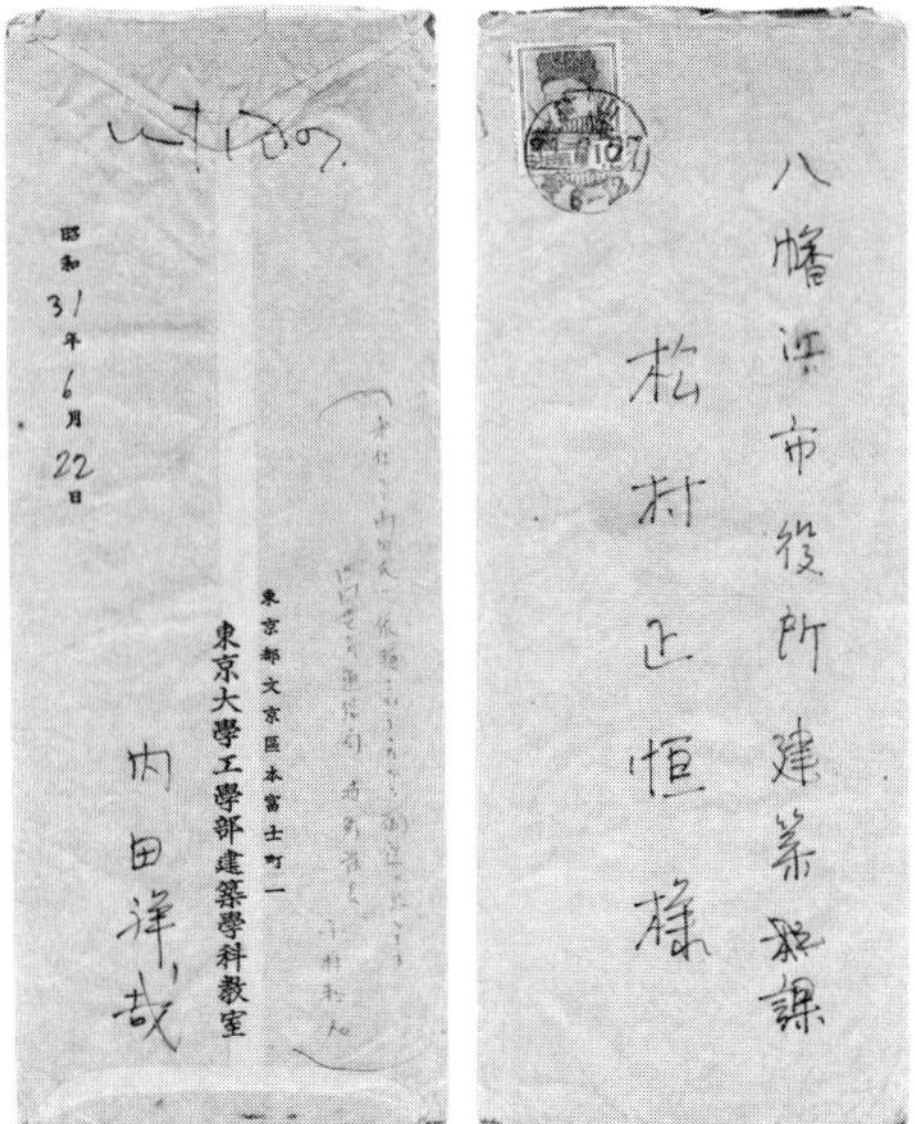

内田からの手紙がはいっていた封筒

なお、この手紙の封筒の裏には、「本社にて内田氏に依頼されましたから郵送いたします　四国電気通信局技術課長　小林和人」との鉛筆の書き込みがある。内田は一九五六年、つまりこの手紙を書いた年に電電公社から東京大学へ移ったばかりであり、前勤務先を訪れ、四国電気通信局から来ていた小林氏に、松村への手紙を託したと想像される。宛先の住所は「八幡浜市役所建築課」としか書いてないし、消印が松山局であるのもその理由によるだろう。

新谷中学校が掲載されたのは、『建築文化』一九五五年九月号である。内田はそれを見て、執筆中だった『建築学大系32　学校・体育施設』に、同校を追加掲載したいと考えたのだ。同校の斬新さに対する内田の驚きと高い評価は、「今迄　外国の例に比し、国内の各校の未熟さをなげいて居りました私共にとって　この様な良い学校が出来て居る事に大きなほこりを持つ事が出来ました」とか、「我々の本の中に外国の諸例と並べ　本邦の最高峯として是非御作品を入れていただきたいと存じ」といった言葉に溢れ出ている。また、生徒の使用状況がわかる内部写真を求め、カリキュラムについての質問があるあたりに、内田が学校建築についての建築計画学的な視点から新谷中学校に注目したことがよく表れている。

新谷中学校が掲載された『建築文化』一九五五年九月号には、「学校建築における二つの提案―鋼構造校舎と円形校舎―」という特集記事があり、東京大学吉武研究室の設計による八雲小学校の工事中の紹介記事の後、東京大学の長倉康彦の「鋼構造小学校のプランニング」と加藤勉の「八雲小学校の構造と施工」という論文、および国内外の鋼構造の小学校の事例紹介が、全部で一八頁にわたっておこなわれている。つまり、東京大学建築学科がかなりの力を注いだ記事なのである。円形校舎については、坂本鹿名夫の作品や海外事例の紹介がある。

新谷中学校は、この特集記事とは別に、その後に並ぶ三つの学校建築のひとつとして最後の二頁に掲載されている。他のふたつは、鎌倉女学院本館と埼玉県立春日部高等学校である。

つまり、東京大学建築学科が設計した八雲小学校を中心に据えた特集記事の掲載号の中に、内田は自分たちの知らない新谷中学校という建物を見つけ、しかもそれが工事中の八雲小学校より先に、学校建築についてのさまざまな新しいアイデアを実現していたことに気づいたわけだから、その驚きは大きかったに違いない。

とくに、廊下と教室を分離し両面採光を可能にするクラスター型の平面計画を採用した八雲小学校は未だ工事中であり、それよりも先に、同じ考え方のひとつの完成形が新谷中学校にはあったわけだから、その衝撃はかなりのものであったはずだ。

もちろん『建築学大系32 学校・体育施設』には、小学校の事例として八雲小学校は掲載されることになっていたわけだが、新谷中学校に気づいてしまった内田としては、さらにそれも紹介しないわけにはいかないと考えたのであろう。

筆者は二〇〇七年九月一七日付けの手紙で、内田に対し、松村との関係についていくつかの質問をおこない、丁寧な回答を得た。その中で、新谷中学校に関して確認できたのは、内田が最初に新谷中学校のことを知ったのは『建築文化』一九五五年九月号の記事であること、これ以前には何の情報もなくそれを見たときには「びっくりした」こと、吉武研究室の中では青木正夫氏は知っていたと思われることである。

なお『無級建築士自筆年譜』の中の「自筆年譜」では、一九五四年の項で新谷中学校について、「『建築文化』一九五五年九月号に発表、内田祥哉先生より激励の便りあり、今も仕舞う。『建築学大系』三二巻掲載」(一五二頁)とあり★一、内田からの突然の問い合わせに松村がいかに感激したかが伝わってくる。

『素描・松村正恒』においても松村は、「内田祥哉先生から手紙をもらいまして──その手紙、まだしまっておりますがね。ひじょうに感激しましてね。むろん初対面ですよ。クラスタータイプというのを、いま、東京で考えて、いちおう結論が出たところを、先を越されて実現しているのを知り、感心している、近いうちに見にいく。

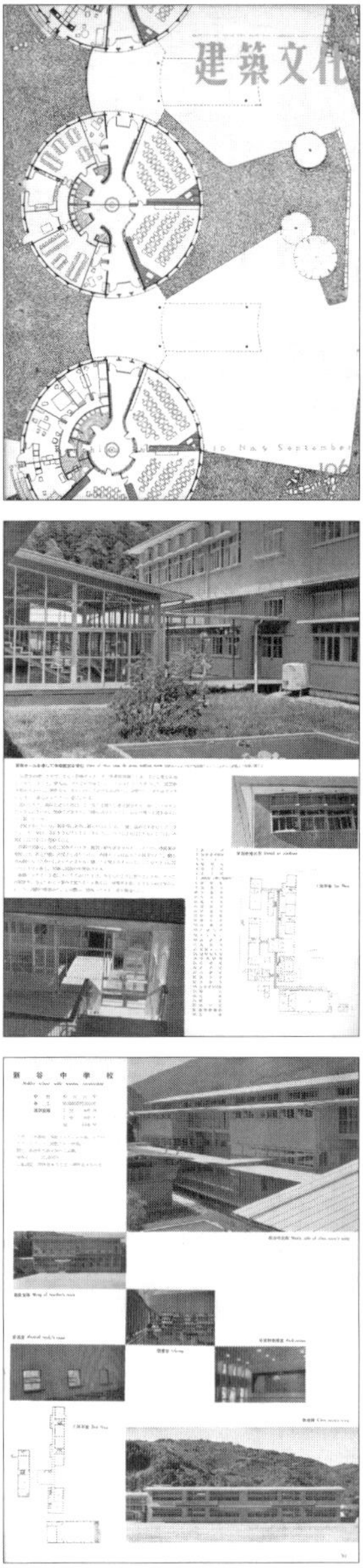

新谷中学校が掲載された『建築文化』1955年9月号の表紙と掲載頁

それまでに、どんなに使われているかいうのを、細かく写真で送ってくれないかということがありましてね」（七〇－七一頁）と述べており、研究者から認められた嬉しさが伝わってくる。ただし、少なくとも内田からの最初の手紙には、クラスター型教室のことまでは書かれていないので、後に実際に会ってからの議論なども加味された発言だと考えるべきだろう。

　内田からの次の便りは、一九五六年七月一七日消印の速達葉書である。そこには、図面と写真が届いたことへのお礼とともに、「写真の件は早速彰国社と想談《ママ》いたしましたが、目下の所割付けも大体完了して　新谷中学校の分は明けてある状態なので、彰国社としては之以上原稿の長びく事はかんべんしてくれという事でした。又、あと数日中に夏休みとなってしまいますので　生徒達の居る写真をとっていただく事は　或は不可能ではないかと考えます。そこで若し既に撮影して居られましたらその分だけでも早急にいただければ幸甚と存じます」とあり、締め切りが迫りながらも、建築が使われている状態をぜひ伝えたいという内田の熱意が伝わってくる。

　次は、一九五六年七月二六日消印の速達葉書で、フィルムが届いたことへの礼とともに、「面白い物を造ろうと考えて居りますが　仲々力及ばず苦労して居ります。御援助をいただき全く感謝いたし　御期待にそいたいと努力して居ります。あとでお送りいただいた分は　本文の中でも扱はせていただきたいと思って居ります」とあり、内田が単なる建築計画の学術書ではなく、建築の中における生活行動などを伝えるような本をつくりたかったことが想像される。

　実は『建築学大系32　学校・体育施設』には、新谷中学校だけでなく、松村の設計した八代中学校も掲載されており、「あとでお送りいただいた分」の意味は、八代中学校のことではないかと思われる。またこの手紙には、「巻末の附図」に載せる中学校のリストもあるが、最終版とは若干の違いがある。

　『建築学大系32　学校・体育施設』第一版の発行日は、一九五七年七月五日である。内田からは、一九五七年七月二三日消印の葉書で完成が報告されている。「先日は葉書をいただき、小生等の仕事に有難い御批判をいただき　いささか赤面して居ります。御陰様で建築学大系もやっと出版の段となりました。御役に立つかどうかは別として　とにかく一冊をお送りさせていただきます。御一読いただければ幸この上ございません」とある。

『建築学大系32 学校・体育施設』の中で、松村の作品は次のように登場している。

・三〇四頁　八代中学校の概略平面図（二〇〇〇分の一）：「四・二　ブロックプラン」という節の中の「h．中学校の平面の中の三つの群」という部分に登場する。一般教室群、特別教室群、管理部門を含むその他の諸室の群という三つの群の配置パターンを示す事例のひとつになっている。

・三三一頁　新谷中学校の図画教室の写真一枚：「四・四　特別教室の扱い方」という節の中の「e．図工科教室」の部分に、生徒達が石膏デッサンをしている写真が掲載されている。

・三三五頁　新谷中学校の図書室の写真一枚：「四・四　特別教室の扱い方」という節の中の「f．図書館または図書室」の部分に、「図書室に雰囲気を盛り込んだ例」というキャプションとともに、生徒達が本を読む写真が掲載されている。

・三四九頁「四・五　生徒の持物の処理」の節の中の「d．特別の教科に必要で家庭に持ち帰る荷物」の部分で、「クラスターの単位ごとに集中して、ロッカーを配置する場合にも、各学級ごとに一団として配置すべきである（新谷中学校）」という言及がある。

・三八四－三八九頁「五・二　中学校実例」のひとつとして、新谷中学校の建築概要、通学状況、配置図、内外各部写真、一・二階平面図が掲載され、詳しい解説がつけられている。実際に使われている様子を示した写真も多い。

また、中学校の事例として取り上げられた学校とその掲載頁数は次のとおりである。

・北上中学校（宮城県、一九五二年）三頁
・新谷中学校（愛媛県、一九五四年）六頁
・松濤中学校（東京都、一九五二年）三頁
・若柳中学校（宮城県）二頁
・スティフネージ中学校（イギリス、一九四九年）五頁
・ワーキンガム中学校（イギリス、一九五一－五三年）五頁
・ベルパーセコンダリーモダーンスクール（イギリス、一九五二－五五年）四頁
・ムンケガルト中学校（デンマーク、一九五三年）二頁
・ピーター・ザッチャー・ジュニア・ハイスクール（ア

メリカ、一九五二年）三頁

これを見ると、新谷中学校に同時代の国内外事例の中で最も多くの頁が割かれ、大きな扱いになっていることがわかる。おそらく内田の判断によるのだろう。新谷中学校に対する内田の評価は、この事例紹介頁での解説文に凝縮されている（三八四頁）。書き出しは次のとおりだ。

> 緑の木々の間、咲き乱れる花園の中に生徒たちの学びの場を造りたい、というのがこの学校の設計者松村正恒の主張である。作者は、庭園計画まではとても手が

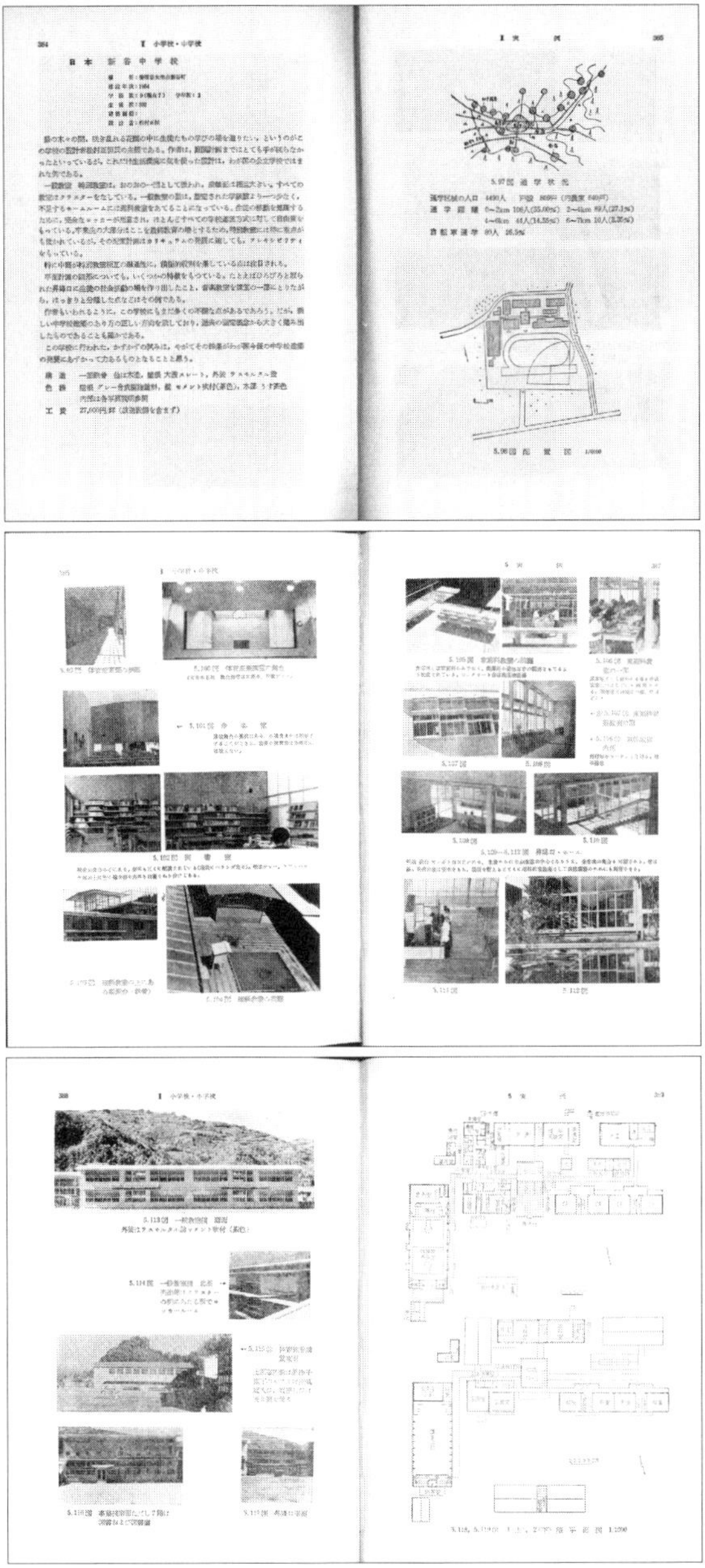

『建築学大系32　学校・体育施設』の新谷中学校掲載頁（384-389頁）

回らなかったといっているが、これだけ生活環境に気を使った設計は、わが国の公立学校ではまれな例である。

「緑の木々の間、咲き乱れる花園の中に生徒たちの学びの場を造りたい」という松村の言葉は、『建築文化』一九五五年九月号にはないので、内田への手紙の中に書かれていたのではないだろうか。いずれにせよ、アカデミックな書物にはいささか不似合いな情感に満ちた言葉が採用されている。

「これだけ生活環境に気を使った設計は、わが国の公立学校ではまれな例である」は、絶賛といってよい表現だろう。「生活環境」という言葉には、学校における子どもたちの暮らしぶりにこだわる内田の思いが感じられる。平面計画については次のように述べられている。

> 一般教室、特別教室は、おのおの一団として扱われ、接触面は相当大きい。すべての教室はクラスターをなしている。一般教室の数は、想定された学級数より一つ少なく、不足するホームルームには理科教室をあてることになっている。生徒の移動を処理するために、完全なロッカーが用意され、ほとんどすべての学級運営方式に対して自由度をもっている。卒業生の大部分はここを最終教育の場とするため、特別教室には特に重点が置かれているが、その配置計画はカリキュラムの発展に達しても、フレキシビリティをもっている。特に中庭が特別教室相互の融通性に、積極的役割を果たしている点は注目される。
>
> 平面計画の細部についても、いくつかの特徴をもっている。たとえばひろびろと取られた昇降口に生徒の社会活動の場を作り出したこと、音楽教室を講堂の一部にとりながら、はっきりと分離した点などはその例である。

「クラスター」という言葉で教室配置を説明し、建築計画的な分析が明快になされている。最初の手紙で松村に質問した教室数やカリキュラムの問題にもふれてある。中学校が「最終教育の場である」ことへの配慮は、後に松村がこの学校のことを語る際に必ず強調した点である。

内田祥哉による松村建築見学

『建築学大系32 学校・体育施設』の刊行から約一年後、

一九五八年九月六日消印の葉書で、内田は新谷中学校の見学を松村に申し込んだ。

「三・一　蔵田周忠との関係」で書いたように、この年は一〇月二五日から二九日にかけて、日本建築学会と日本建築士会の連合四国大会が香川大学や香川県庁を主会場として開催され、それに参加した竹内芳太郎と松村は一〇月三一日に大洲で会っている。そしてこの大会に参加する内田からも、松村に会いたいとの連絡が来たのだ。

その葉書には、「二七日午前のモデュールに関するパネルディスカッションには是非出席しなければなりませんので　そのあと、二九日頃、見学させていただきたいと思って居ります」とある。『建築雑誌』一九五八年八月号に掲載された大会プログラムによれば、たしかに一〇月二七日の午前中に香川県庁において、横山不学の司会で「モデュラーコーディネイション」というパネルディスカッションが予定されている。

葉書の最後は、「其の後又素晴しい作品をお作りでございませうか　楽しみにして居ります」と結ばれており、完成目前の日土小学校の存在は全く知らない状態で内田は八幡浜を訪れたと思われる。

内田の見学は無事に実現し、その後彼は、四国から神戸を経由して兵庫県小野市の浄土寺浄土堂を見学した後、さらに奈良へと足を伸ばし、一〇月三〇日付けで奈良の消印の葉書で松村に礼状を送っている。そこには、松村の建築に対する讃辞が小さな文字でびっしりと記されている。

それは、「長い間、楽しみにして居りました新谷中学校を拝見出来、又、清らかない流れにさきみだれるみかんの花にもふさわしい清素で堅実な御労作を拝見し、都会のほこりによごされた小生の建築眼をすみ通る様にぬぐう事ができました事は、ほんとうに願ってもない幸福でございました」という文章で始まっている。

「清らかな流れ」という表現からは、日土小学校も見学したと想像されるが、前述した筆者からの質問状で内田に確認したところ、このときの訪問で内田が見学したのは、新谷中学校、日土小学校、神山小学校のみであり、病院関係の建物は見なかったとの返事があった。なお、松村家には船越徹（当時、東京大学助手）からの手紙も残っており、一九五八年一一月一日消印の雲仙からの葉書によれば、船越も内田に同行していたことがわかる。

松村家のアルバムには、日土小学校を訪れた内田が写ったものがある。東校舎の完成は一九五八年一〇月であり、まさに最後の仕上げ工事がおこなわれている真最中であったことが写真からもわかる。

そしてこの葉書には細かな字で、「建築の良し悪しの判断の基準は一体どこにあるかと考えます時、或る人はイデオロギーを以て絶対とし　或る人は機械主義的機能主義をふりかざし　或る人は造形的近代性をとり上げるかもしれません。しかし、私は　色々な条件のもとでそれ等を一様な規準の上にのせる事は出来ない様に思います。若し吾々が何か一つの規準を持って判断しようとすれば　吾々の心に流れるヒューマニズムをよりどころとするでありませう。それはすべて好意によって生れるものであり　あらゆるものが好意で出来た建築があるとすれば　私は最上級の建築と考えたいと思います。／今回計らずも御労作を拝見し、作者の生徒と先生方に対する限りない好意、又風景、草木に対する細かい好意、そしてそれを構成する諸材料に対する御心づかいにふれて、私は思はず立どまり胸にせまる物を感じました」という感想が記されている。

内田は松村の設計した建物を、万物に対する「好意」という感覚的な言葉でとらえている。『建築学大系32　学校・体育施設』での新谷中学校に対する計画学的な分析

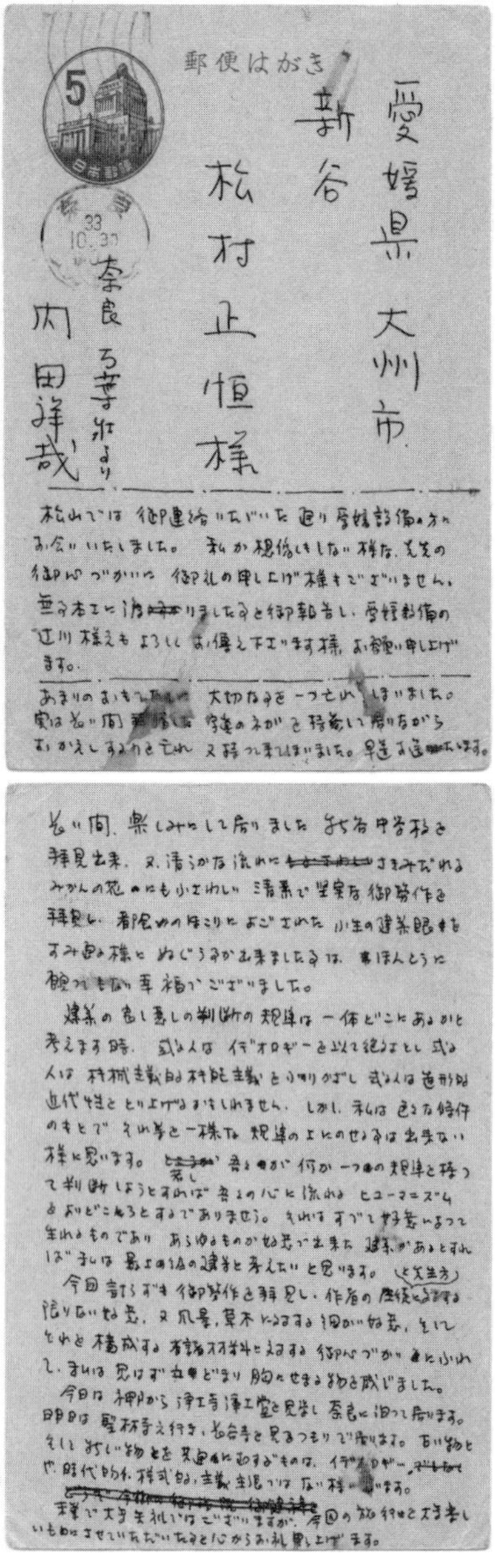

1958年10月30日付の内田祥哉からの葉書

上：日土小学校中校舎前のキャノピーの下に立つ内田
下：日土小学校東校舎の便所の前に立つ内田。塗装工事の真最中である
［いずれも松村家蔵］

とは対照的だ。しかし、このような落差を生むことこそが松村の建築の特徴ともいえるだろう。つまり、平面計画や断面計画が練られているがゆえに、図面や写真のみを見ているときには言葉による分析的な描写となり、細部のデザインや周辺環境との関係が練られているがゆえに、実物を見たときにはそれらを総合する表現が必要になるのである。

封筒もなく日付も書かれていないが、この旅行から東京に戻った直後に内田から松村へ出されたと思われる手紙がある。そこには、「建築文化で御労作を拝見いたしました。日土小学校も出来るだけ早く誌上で拝見したいと思って居ります」とある。日土小学校が『建築文化』に掲載されたのはこの翌々年の一九六〇年二月号であり、その前の『建築文化』掲載作品は一九五八年一二月号の神山小学校だから、内田が書いているのはそのことだろう。この手紙が書かれた時期も、一二月号の発刊後間もなくだと思われる。

それに続けて、「吉武先生、船越君にも写真おみせした所　大変よろこばれました。／実は先週止むを得ない用事で九州大学え行き青木君に会いました。彼も大変残念がって居り　是非又お邪魔したいといって居ました。彼の所えも写眞は送りました」とある。もちろん「船越君」は船越徹、「青木君」は青木正夫のことであり、内田が松村とその作品に関する情報を、建築計画学研究者たちに広める役割を果たしたことがわかる。

そして最後に、「東光堂に会いました所 Building Bulletin は目下全部そろわないとの事でした。しかし追々そろう事と思いますので　逐次お送りする様にいっておきました。大変失礼とは思いますが　その件の費用はお送り下さりませぬ様」とある。「Building Bulletin」とは、イギリスの文部省が一九四九年以来継続的に出版している論文集を指すと思われ、吉武研究室でも大いに参考にした資料であるが★二、松村がそれを手に入れようとしたのだとしたら、彼の勉強熱心さが偲ばれるエピソードだ。

『建築年鑑』への掲載および「建築家ベストテン」

松村家に残る内田からの次の便りは、一九五九年八月二日消印の葉書である。すでに述べた内田への質問状の回答によれば、七月二九日から八月四日にかけて、神戸・有馬・倉敷・高松・今治・尾道・宮島・広島と回った旅の途中で高松から出したものだ。そこに、「小生　美術出版社の年鑑の編集委員をして居りますので　日土小学校の写眞も是非加えたいとお願いいいたします」とある。

そして、帰京した内田から、八月一〇日消印の葉書で、「東京に歸りました所　次々と資料をいただいて居りすべて今日　美術出版の編集委員会に持って参ります。ありがとう存じました」との報告が届いており、松村が迅速に対応したことがわかる。

「美術出版社の年鑑」とは、宮内嘉久の編集で一九六〇年に創刊された『建築年鑑』のことである。宮内嘉久が自身の歩みをまとめた『一編集者の記録　一九四八―一九九九』（宮内嘉久編集事務所、二〇〇〇年）によれば、一九五八年に美術出版社・大下正男社長に宮内が『建築年鑑』の創刊を提案して準備にはいり、一九五九年には大下によって「建築年鑑賞」の創設が決まり、その選定のための編集会議メンバー（藤井正一郎、浜口隆一、橋本邦雄、本城和彦、稲垣栄三、伊藤滋、木村俊彦、前川國男、武基雄、竹山謙三郎、滝口修造、谷口吉郎、伴野三千良、内田祥哉）が選ばれている。内田もそのひとりだ。宮内は、一九六〇年から六五年度版と、六八・六九年度版を編集した。

『建築年鑑 '60』は、一九六〇年五月に発行された。前年度の作品の中から建築年鑑賞を選ぶとともに、「A生産」、「B社会」、「C生活」という三つのカテゴリーに分けて、建築作品が掲載されている。その「C生活」の中の「学校、図書館、美術館、博物館、研究所」というセクションに、日土小学校が掲載されたのである。

解説は内田だ。それによれば、「雑誌に発表されたもの四三、アンケート二八で、計七一」の作品の中から八作品が選ばれ、日土小学校はそのひとつになったとある。二頁を使って大きく紹介されている。

学校建築全般に対する評として内田は、「小学校と中学校については、戦後かなり研究が蓄積されてきている。したがって根本的にはどうすべきかが明らかになり、その方針にのっとった作品が、ぼつぼつ出はじめている。たとえば青渓中学（吉武研究室）、日土小学校（松村正恒）、上野市立東中学校（学校建築研究所）などがあげられ、また一昨年来引きつづいて行われている宮前小学校（旧八雲小学校）もその代表的例である。これらの学校は、立地条件や規模からいって、決して類似しているとはいいがたいが、共通した思想として、小学校のばあいは低学年と分離し、小学校高学年や中学校では教室をクラスター型とし、特別教室を一般教室から分離している」と建築計画的な特徴を総括している。

さらに、平面計画の良さに加えて学校環境を豊かにすることの重要性を指摘し、「海星学園、日土小学校、宮前小学校などは、これらに対して少なからぬ配慮のある作品で、作者の努力に敬意を表さねばならない」と書いている。

『建築学大系32　学校・体育施設』での新谷中学校への評と同様に、ここでは日土小学校に対し、分析的視点と総合的視点の双方から高い評価が与えられていることが印象的だ。

『建築年鑑'60』が出て間もなく、内田は、一九六〇年四月一九日消印の葉書で、松村が『文藝春秋』一九六〇年五月号で日本の建築家ベストテンに選ばれたことにふれていて、「先日友人から建築家ベスト一〇の話をきき、又彰国社の金春さんからも松村さんのお話が出たので早速「文春」を買ってみました。あの人達が松村さんの作品をどの程度識っているのか、一向に存じませんが紙上でお目にかかる事が出来て無性にうれしくなってしまいました。「代表作　日土小学校」というのはおざなりな紹介だと思いますが、来年も又素晴らしい作品を拝見出来る事を楽しみにして居ります」とある。

『建築年鑑'60』（美術出版社、1960年）の日土小学校の掲載頁（198-199頁）

審査員は、生田勉・高山英華・斉藤寅郎・勝見勝・神代雄一郎・小川正隆・川添登の七人だったのだが、内田は彼らを「あの人達」と呼び、「松村さんの作品をどの程度識っているのか、一向に存じませんが」と指摘したり、「「代表作　日土小学校」というのはおざなりな紹介だ」と批判しており、審査員に対してやや手厳しい。内田は新谷中学校を「発見」し、いくつかの松村作品を実際に見ているという自負があったのだろう。

しかし内田の手紙は当時の状況を正しく指摘している。「三・五　川添登による評価について」で詳しく述べるが、川添登は、この選考後間もなく発表した「地方作家の第一人者・松村正恒」（『木工界』一九六〇年七月号）という文章で、「選者七人のうち、だれも最近の彼に会ったものはなく、戦後の彼の作品を見たものは、私を含めて一人もいなかった」と書いているのだから。

その後、内田との手紙のやり取りは細く長く続くが、ふたりが再会するのは、これから約三〇年後の一九八六年一〇月、愛媛県宇和町（現在の西予市）で開かれた第二回木造建築フォーラムでの講演を内田が松村に依頼したときのことになる。

檜山吉平とのやりとりと『日本建築学会設計計画パンフレット』への掲載

一九五九年三月二九日付けの船越徹からの封書には、吉武研究室の大学院生で学校建築を研究している檜山吉平が紹介され、「このたび、中国地方から四国地方にかけて調査のために歩き廻ることになり」、松村の作品を見学させてやってほしい旨の依頼が書かれている。

松村家には檜山吉平からの手紙が残っている。一九五九年四月一七日付けの檜山からの葉書には、見学の礼を述べた後、「十五日帰京致し、調査メモや写真の整理をしております。二、三日後に、新谷中、日土小、神山小の写真が出来ますので、送らせていただきます」とある。文面からは、江戸岡小学校や病院関係の建物は見ていないように思われるが、確定はできない。

次に檜山から届いたのは、一九五九年四月二七日消印の葉書で、その文面からは、松村が自分の設計している病院の図面を檜山宛に送り、建築計画的な視点でのチェックを依頼したことがわかる。

葉書には、「図面の件ですが　吉武先生にお見せ致しました。いづれ先生からは、今度の図面が来ましてから、詳しい返事をすると言っていましたが、最初の図面について、先生が言われた事を要約して見ますと、（一）外来の待合室、診療室がかなり深すぎる（六メートル span）と言う事でした。（二）X線 unit は少し面積が不足ではないかとの事でした。将来のためにもう少しゆとりが欲しいとの事でした。／尚、外来の件ですが、人数（患者数、一日何人来るか、etc）の data があればかなりはっきりした事が言えるとの事です。あとの計画は大変結構との事です。今度の図面が来次第、先生にお見せして、返事をすぐ書く様　頼みますし又先生も書くと言われています」とある。

第二章でも述べたように、ここで話題になっている建物は、一九六〇年に竣工した市立八幡浜総合病院本館のことだと思われる。

檜山からはさらに一九五九年五月六日付けで、調査旅行に出た島根県益田市からも、「吉武先生から病院の件でお便りありましたか。九日には東京に帰るので　もし何かありましたらすぐに引受けます。小生の所へお送り下さった図面　もう小生の所へ到着していると思います から帰京次第先生に渡します。／先生がいらっしゃらぬ時は、病院グループの人達に見てもらう様に致します」という丁寧な葉書が届いている。

そして、五月九日付けの速達の封書で、「九日朝、帰京致しまして、すぐ同研究室の伊藤誠氏に図面と data を見て戴きました」とあり、「伊藤さんの御意見をお伝え致しますと、非常によくまとまっていて、あまり意見を言われませんでしたが、①外来の各科の space がもう少し浅い部屋でも充分使い得て、各科の機能を果し得るとの事ですが、もし器械類が多い様でしたら、七、五〇〇の深さは大した問題ではないとの事でした。②二階の検査室の使われ方ですが、これが皆んな（各科）で使う検査室なら、外、内、産、etc に近い、中心的な所が宜いとの事ですが、一階にも内科、産科の傍に検査室があるので、外来各科に使われる検査室なら、レントゲン（X線）室の所の方が宜いのではないでしょうかと言う意見ですが、現在の所でもちっとも差支えなく、もし患者をここえ入れて検査するようなことがあれば　むしろ宜いと言う事です。／大体、①、②ぐらいの事しか言われないで、あとは、とても工合宜く出来ていて、のびのびとしてまとまりがあると言ってました」と、後に病院建築の専門家となる伊藤誠の感想を記している。

松村側の意図や感想を確認できる資料はないが、地方でひとり複雑な病院建築の設計を進める不安と、一方で、戦前から独力でおこなってきた病院建築研究への自負とが入り交じった気持ちからの行動であり、一定の充足感を味わうことのできた結果だったに違いない。

　さらに、五月二〇日付けの葉書があり、冒頭に「昨十九日　先生から「松村さんの病院の図面を詳しく見さして戴きましたが、仲々結構で、別に問題となる事は全然なかった」と言う事を言われましたので、お伝え致します」とあり、檜山は、吉武からの回答をもらうという約束も果たしている。

　松村の作品は、日本建築学会のふたつの「設計計画パンフレット」に掲載されている。『日本建築学会設計計画パンフレットNo.11　教室の設計』（一九六〇年七月二五日発行）と『日本建築学会設計計画パンフレットNo.17　学校のブロックプラン』（一九六四年一一月一日発行）である。

　前者には、日土小学校東校舎の教室配置（一〇頁）、神山小学校の丸便所（二〇頁）、神山小学校の平面図・教室の展開図・写真（六一頁）が掲載され、後者には、神山小学校の全体計画平面図（一九－二〇頁）、神山小学校の模型写真・全体配置図・教室まわりと便所の写真（二三頁）、新谷中学校の平面図・写真・概要説明（三〇－三一頁）が掲載されている。

　この掲載については、檜山からの一九六〇年五月二四日消印の葉書に、「さて、此度、建築学会発行の設計計画パンフレットNo.11〝教室の設計〟に日土小学校のユニットプラン、神山小学校のプラン、写真、展開、その他を無断で載せさせていただきました。宜しくお願い致します。お詫びに一冊、贈呈をお約束します」とある。熱心な大学院生の仕業に、松村も苦笑したのではないだろうか。

　なお、同書の実質的な制作者と思われる「第一〇学校計画分科会」のメンバーは、主査：吉武泰水、幹事：太田利彦、委員：乾正雄・小原誠・小玉武司・田中順三・野村豪・長谷川吉信・桧山吉平となっており、檜（桧）山も委員であることから、吉武研究室によって松村作品が推薦され、檜山が具体的な編集作業をおこなったと考えられる。

　また、一九六四年一一月一六日付けの葉書には、「パンフレット〝学校のブロックプラン〟が発行になりました。清水建設研究所の太田利彦氏から松村さんのところにも多分送られると存じます。沢山の資料を戴きありがとうございました。／STEEL, WOOD, etc. の cost study が出ていないようです。小生も最初の頃参加したのですが、最近の学校建築の方向がかなり鮮やかに浮彫りされていると思います」とある。こちら、つまり「No.17」は、制作者の組織名が、建築計画委員会・学校計画小委員会と変わってはいるが、メンバーは委員に前野堯が加わった以外は同じであり、松村作品の掲載については、「No.11」と同じく吉武研究室の判断だったのであろう。

まとめ

以上から、内田は松村正恒およびその建築の意義の「発見者」であるといえるだろう。もちろん内田以前に蔵田周忠は松村のことをよく知っており、しかも新谷中学校の資料を見て彰国社の編集者に紹介し、『建築文化』一九五五年九月号に掲載されていたわけだが、その価値を正しく評価する視点が内田によって初めて示されたということである。

そして松村にとっては、内田による建築計画的視点からの評価がきわめて大きな励みであり自信になったと思われる。なぜならば、それはまさに松村が戦前から独学し目標としてきた建築像を言い当て、その可能性を認めるものだったからである。地方の自治体における孤独な戦いを続けていた松村にとって、それは、自分の存在理由を保証するほどの大きな意味をもっていたのではないだろうか。

これ以降も、建築計画分野の出版物に松村の名前と作品は掲載された。

たとえば、『建築学大系』の改訂版『新訂 建築学大系32 学校・体育施設』（彰国社、一九七〇年）では、松村の設計した神山小学校が実例として三頁にわたり追加掲載され、新谷中学校は四頁に再編集されたものの、引き続き大きな扱いになっている。内田が書いたと想像される神山小学校に対するコメントには、「教育委員会のことなかれ主義、改築のため限られた敷地という条件のもとで、このような学校を作られたことは敬服のほかない」とあり、アカデミックな立場からの文章とは思えないほどの賛辞となっている。

また、『建築設計資料集成 4』（丸善、一九六五年）の小学校設計例に神山小学校の平面図が掲載された（三三頁）。

しかしこのあたりが松村への評価のピークだったようで、一九七〇年から八〇年代にはいると、建築計画研究系の文献に松村の名前と建築が登場する機会は激減する。『学校建築　計画と設計』（日本建築学会、一九七九年）の「各室の入口まわり」の事例として神山小学校の平面図の一部が載る（三五四頁）といった程度である。そして『新建築学大系29 学校の設計』（彰国社、一九八三年）や『建

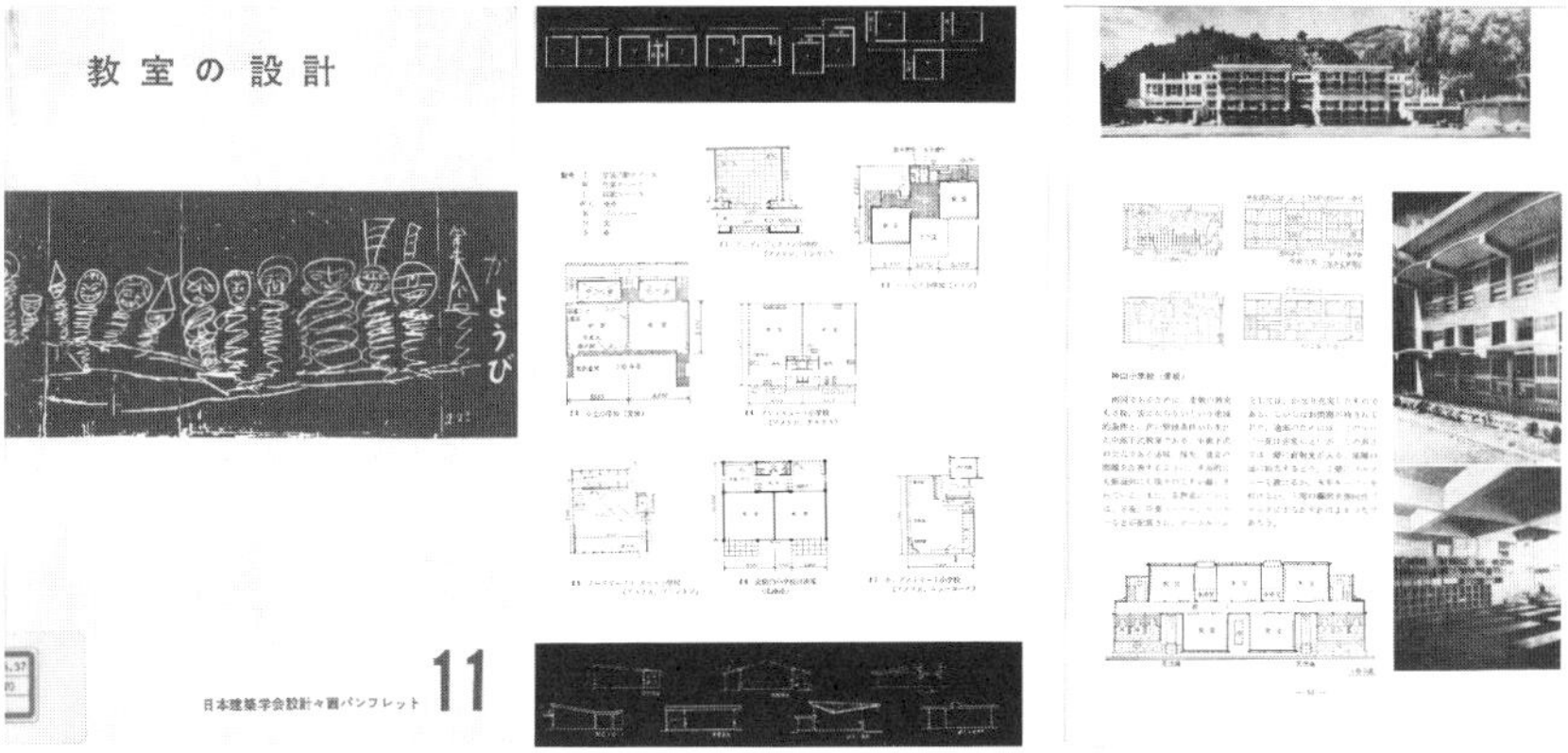

『日本建築学会設計計画パンフレット No.11　教室の設計』（1960 年 7 月 25 日発行）
左：表紙、中：日土小学校の教室配置図の掲載頁、右：神山小学校の掲載頁

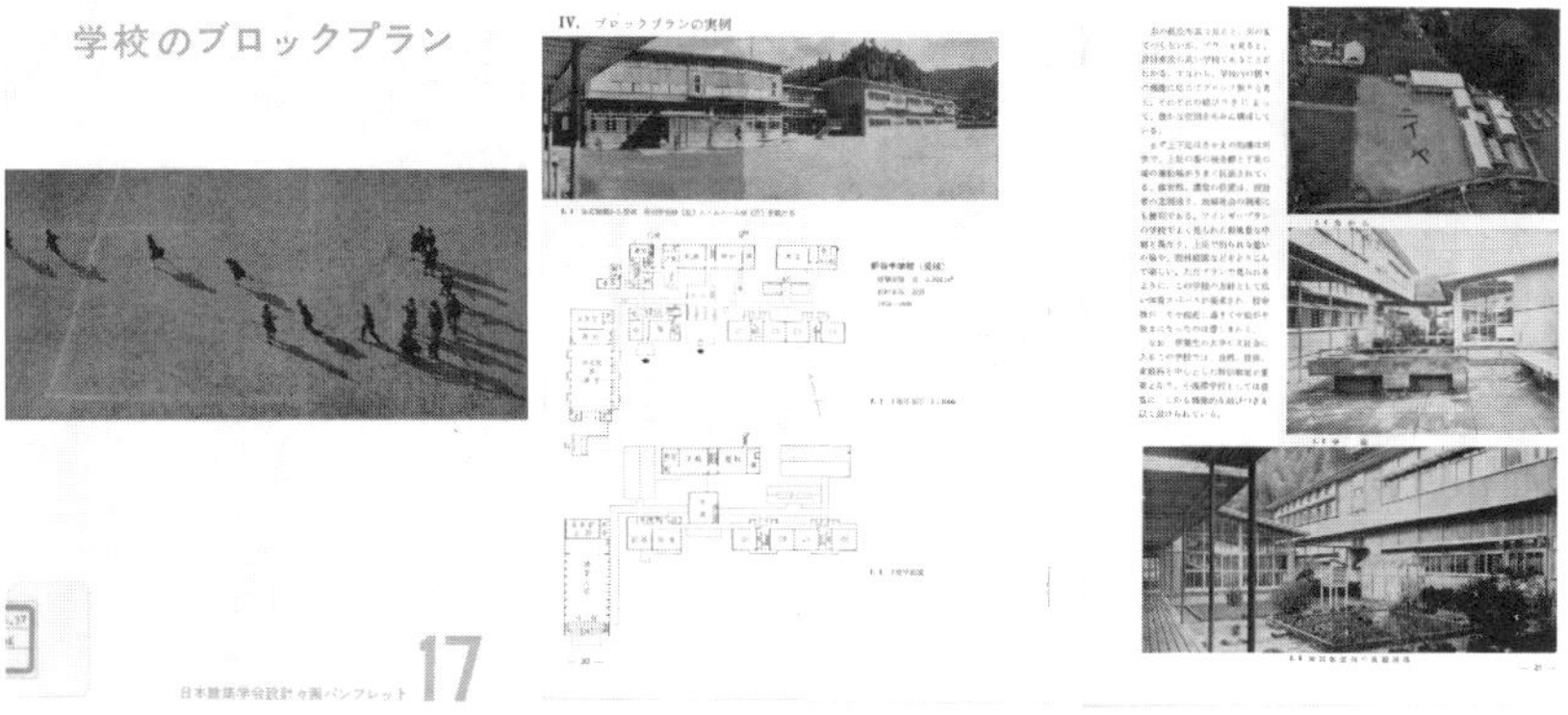

『日本建築学会設計計画パンフレット No.17　学校のブロックプラン』（1964 年 11 月 1 日発行）
左：表紙、中・右：新谷中学校の掲載頁

築設計資料集成 6 建築ー生活』（丸善、一九七九年）からは完全に姿を消すのである。

また、松村が設計した学校や病院に対する建築計画研究者による調査や分析は、内田による「発見」以降、とくに見当たらない。

つまり、松村は「発見」されたけれど、その価値の「研究」や「一般化」がなされなかったということである。内田自身は狭義の建築計画の研究者でもないし、吉武研究室のメンバーでもないから当然の限界があったかもしれないが、きわめて残念なことであったというべきだろう。

三・三　彰国社の編集者との関係

松村正恒の作品は、まずは『建築文化』という雑誌によって世の中に出た。その背後に蔵田周忠がいたことはすでに述べた。またこの雑誌を介して内田祥哉は松村を「発見」した。その背後で編集者はどのような動きをしていたのだろう。松村の自宅には、彰国社のふたりの編集者、金春国雄と清水英男からの手紙が残っている。それらの分析を通し、八幡浜市役所時代の松村と東京の出版社のやり取りを明らかにする。

金春国雄からの手紙

金春国雄（一九二六ー八四年）は、姓から想像できるように、能の金春流の家元の子息で、能楽師として舞台に立つことと彰国社での編集の仕事を両立させていたらしい。『能への誘いー序破急と間のサイエンス』（淡交社、一九八〇年）や『能への誘い　続』（淡交社、一九八四年）という著書もある。当時の『建築文化』では「編集者　印刷人」として目次頁に名前が記されており、実質的な編集長だったと思われる。

　松村家に残る彰国社からの最初の手紙が、一九五三年一〇月五日付けの金春国雄からの封書である。

　この手紙の内容は、蔵田周忠からの手紙の分析でもふれたが、松村の市立八幡浜総合病院結核病棟が載った『建築文化』一九五三年一〇月号の英文サマリーのミスについての謝罪である。冒頭に「今朝程　蔵田先生よりお電話にて、八幡浜病院についてのSummaryにつき大変失礼を致したとの御注意を頂き驚きました」とある。

　問題になったのは、すでに書いたように、「Tuberclosis Ward contains fifty beds. Its design, though not so well– done, has a merit of its own of breaking the conventional idea of the government buildings.」という文章中の、「though not so well–done」の部分に松村が抗議したもので、それに対し金春は、「問題は、though not so well–done の所と思って居りますが、仰言られて見ますと成程その様も取れる様で、これは全く小生の過失で、御迷惑をおかけした事を深くお詫び申し上げます。ただあの訳は小生ではないので、ハッキリした事はわかりませんが、〝今までの地方官営建築の概念から一歩出た大膽なデザイン…〟の強めの言ひまわしによってああなった様に思われます」といささか歯切れの悪い説明をおこないながらも、「いずれにしても、小生が校正を致し、読み乍ら、そう言う疑念のある個所を訂正しなかった為の事故、申し訳なく思って居ります」と謝っている。

　ただ、松村の設計した建物を、編集者側が「今までの地方官営建築の概念から一歩出た大胆な」デザインであると評価していたことは確認できる内容だ。

　次の手紙は、一九五五年五月二三日消印の封書で、「さて、一昨日蔵田先生から御電話があり、作品（学校）が竣工された由承りましたが、当方目下学校関係の作品を集めて居りますので、若し御差支えなければ　写真その他資料も御送附いただけませんでせうか」とある。

　これは、蔵田から松村に宛てた［（一七）一九五五年五月二二日　封書］で、新谷中学校に関し、「早速「建築文化」金春君に話しておきました。多少圧力を加えた形になったかもしれないが、松村さんのならいただきますといってゐた。早速 plan と簡単な説明を用意して下さい。しかし文化はどうも地方のものに冷たんだから恐らく二頁ぐらいかと思う」と書いていたことに対応しており、蔵田と今春の手紙の日付に一日のタイムラグしかないことから、蔵田の電話で編集者がすぐに動いたことがわかる。

金春は、「当方目下学校関係の作品を集めて居りますので」と書いているが、新谷中学校が掲載された『建築文化』一九五五年九月号では、内田祥哉からの手紙の分析でも書いたように、東京大学吉武研究室の設計による八雲小学校についての記事を筆頭に、国内外の鋼構造の小学校の事例紹介、坂本鹿名夫による円形校舎についての記事が並ぶ学校建築の特集が組まれており、新谷中学校は、この特集記事の後に掲載された三つの学校建築のひとつとして、最後の二頁に紹介されている。

つまり、いかにも蔵田からの紹介で最後に付け加えられたという印象がなくもない。蔵田は「多少圧力を加えた形になったかもしれないが」と書いている。

ただ、蔵田は、金春が「松村さんのならいただきますといってゐた」と書いていたり、すでに松村の作品は、愛宕中学校（および松蔭小学校や神山小学校案のスケッチ）が『建築文化』一九四九年九月号に、八代中学校が『建築文化』一九五〇年九月号に、そして結核病棟（および東病棟の図面）が『建築文化』一九五三年一〇月号に掲載された実績があるので、それほど無理なことでもなかったのかもしれない。


いずれにせよ、新谷中学校を掲載した『建築文化』が内田による「松村発見」につながったわけだから、金春の判断は大きな意味をもっていたといえるだろう。

清水英男からの手紙

その後、松村の作品は、江戸岡小学校の特別教室棟が『新建築』一九五五年一〇月号に、市立八幡浜総合病院看護婦寄宿舎が『新建築』一九五六年五月号に、一九五七年には『建築学大系』に新谷中学校が掲載されるなどして、『建築文化』との縁はしばらく切れている。関係が再び生まれるのは一九五八年である。編集者は清水英男にかわっている。

清水からの最初の手紙は一九五八年九月一九日付の封書である。「神山小学校の写真、拝受しました。丁度建築文化一二月号（一一月二五日発行）で「学校特集」をやる予定ですから、それに掲載させて頂きます」とあり、後は図面や設計主旨の依頼である。

一九五八年一〇月三日付の封書では、トレース用の青図の送付依頼や設計主旨の文字数の指定など以外に、清水から、発表の仕方についての希望が書いてある。

つまり、「過日、お送り頂きました写眞から推察しますと、教室の配置が在来の小学校（文部省の規格型の平面）と違うようですが、松村さんとしては、今まで小学校建築を数多く設計された御経験から、文部省指導課から出されているような規準に対して御意見もあるでしょうし、恐らく、新しい試みを積み重ねられておられることでしょうから、その辺のところを書いて頂けたらとも考えますがいかがでしょうか？地方における学校建築は都市（東京）よりもかなり充実して建てられているとも聞いております」とあり、清水が、写真だけの情報からとはいえ教室配置のユニークさに気づき、そこを軸にした説明文を編集者として求めたことがわかる。

一九五八年一〇月二三日消印の葉書には、まず、「図面、ネガ、原稿、フィルム、全て到着しました。フィルムは焼付けに廻っています」とあり、彰国社側での撮影はおこなわず、松村から写真が提供されたことがわかる。また、「平面図は全体計画と今度の「高学年教室棟」とありますが、将来計画もわかるような形で両方を出します」とある。

掲載号である『建築文化』一九五八年一二月号は学校建築の特集号で、青木正夫の「都市形成における学校建築のあり方」という巻頭論文、長倉康彦の解説による「東京の空から見た小学校建築」という記事、そして作品として九つの事例紹介がある。それらは掲載順に、法政大学五八年館（大江宏建築事務所）、成城大学新館（増沢洵建築事務所）、神奈川大学図書館（ＲＩＡ建築綜合研究所）、宮前小学校（旧八雲小学校分校、八雲小学校設計グループ）、二水高等学校（吉武研究室長倉康彦他）、神山小学校（八幡浜市役所松村正恒）、佐渡・真野小学校改築案（安東勝男）、江東区立浅間小学校（安東勝男）、カトリック教会附属小学校・計画案（内井康夫）であり、神山小学校は、新谷中学校のときよりも掲載位置が前にいっている。

また掲載頁数で考えるなら、たとえば宮前小学校（旧八雲小学校分校）七頁に対し、神山小学校は四頁となり、目次頁には足洗場の写真がカット写真にも使われ、新谷中学校が二頁だったのに比べると誌面での扱いが大きくなっていることがわかる。全体計画の平面図も掲載され、その模型写真も載っている。

それにしても、全体計画の中では一部にすぎない「高学年教室棟」の完成だけをもって掲載したのは、ある種の英断とも思えてくる。逆に、だからこそ編集者としては全体計画を紹介しないと、この号の記事の位置づけができないと考えたのであろう。

しかし、清水によるこの配慮の結果、将来的な全体配置計画によって校舎と運動場等の外部空間の関係を巧みに生み出していること、一・二年生用の低学年棟は専用の庭を設けた高低分離の計画であることなどがわかり、外部空間を介して教室をずらした高学年棟の計画の意味がよく理解できるようになっている。

檜山吉平の手紙の分析でふれたように、神山小学校は、『日本建築学会設計計画パンフレットNo. 11　教室の設計』（一九六〇年七月二五日発行）に取り上げられるなど、建築計画研究者の注目を浴びる。その背後には、この号に掲載された全体計画の存在があったのではないだろうか。ちなみに、この冊子に掲載された図版も写真も『建築文化』一九五八年一二月号に掲載されたものである。

一九五八年一一月一八日消印の清水からの葉書には、「間もなく雑誌ができ上がるとの報告に加え、「内田祥哉さんが、もう一つの木造の小学校を絶讃していました。出来上がりましたら、また、写真お送り下さい。来春にでも掲載させて頂きます」とある。

これは、この年（一九五八年）の一〇月末に内田が訪れた日土小学校のことであろう。内田からさっそく編集者に情報が広められていることがわかる。なお、日土小学校の『建築文化』への掲載は、清水の言葉からさらに一年後の一九六〇年二月号となる。

一九五九年七月二四日消印の封書は、神山小学校の掲載許可を求める手紙がアメリカから彰国社宛に届いたことを知らせるもので、その依頼状が同封されている。

それは、フォード財団に支援された「Educational Facilities Laboratories」という組織からの手紙で★三、アメリカ各地の教育委員会に無料配布される学校建築に関する本の中の海外事例紹介の章に、『建築文化』一九五八年一二月号の神山小学校を掲載したいというものである。

松村はこの件について、『素描・松村正恒』の中で、「本の題は、このくらいの本ですが、《コスト・オブ・アーキテクチャー》。コストという言葉をフォード財団が選んで一冊の本にしたのは、ただたんに単価じゃなくて、計画原論、構造、設備、メンテナンス、これらを、ひっくるめての評価です。綜合して良いという実例を、という意味でした」とふれている（七八頁）。ただし書名は松村の記憶違いと思われ、正しくは、“The Cost of a Schoolhouse”であり、前記の組織から一九六〇年に出版されている★四。

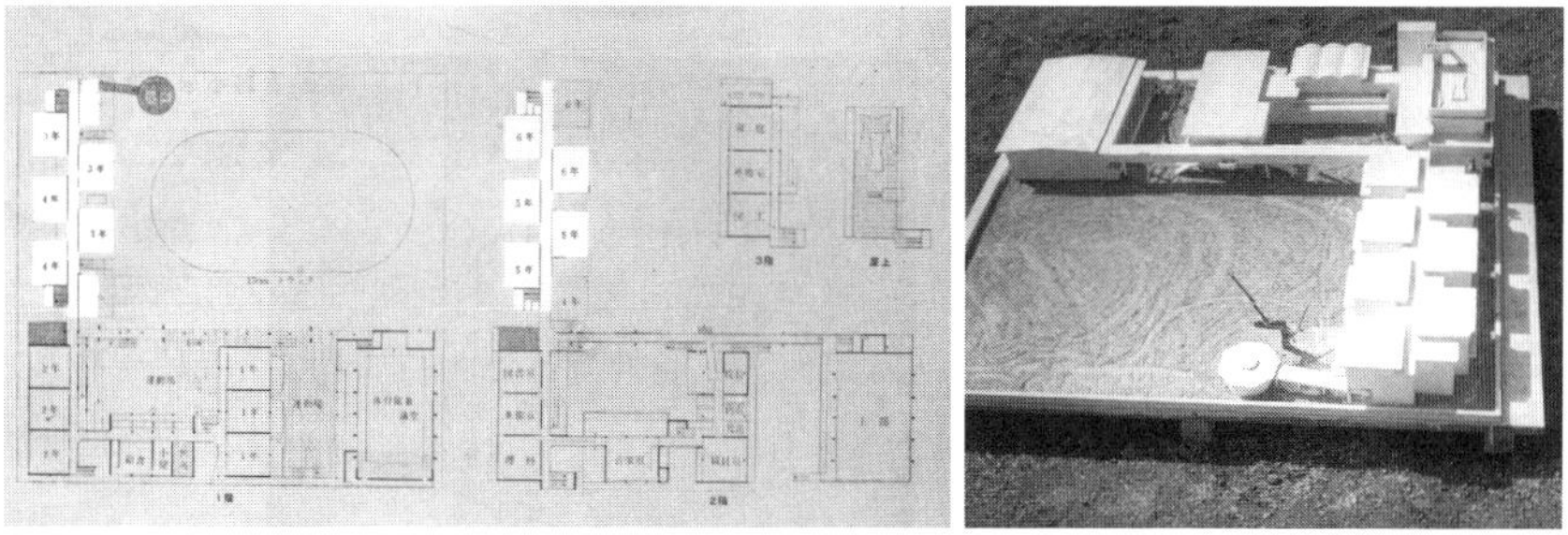

『建築文化』1958 年 12 月号に掲載された将来計画も含めた神山小学校の全体平面図および模型写真

一九五九年一一月二二日の葉書には、「力作「日土小学校」御送り下さいまして有難うございました。二月号の予定で、少しほかにも学校を集めてみます。五月のクンプウ、ミカンの花、蛍の夏、柿の色……四国で御活躍の松村さんに敬意を表します」とあり、日土小学校の掲載に向けてやっと出版社が動き出したことがわかる。

ちなみに、「五月のクンプウ、ミカンの花、蛍の夏、柿の色」という言葉は季節の移り変わりを表しており、いかにも松村好みの表現である。四季を象徴したような言葉であり、竣工から一年ほどは使われ方を見ているというような主旨で松村からの手紙に書かれていたのではないだろうか。二章で紹介したように、これらの言葉は『建築文化』掲載号での松村の文章に再登場する。

そして、日土小学校は『建築文化』一九六〇年二月号に発表された。

清水の言葉どおり学校建築の特集号となっており、北海道大学クラーク記念学生会館（太田実研究室）、神奈川大学本館（RIA建築綜合研究所）、世田谷区立船橋中学校（RIA建築綜合研究所）、日土小学校（松村正恒）、流山小学校（連合設計社）、江戸川台小学校（連合設計社）、東京都青年の家（児童施設研究所）の作品紹介と、川添登の「ひかり整肢学園・清水園を見て」という文章の順に掲載されている。

日土小学校は五頁にわたり紹介され、目次のカット写真にも使われ、しかも内田祥哉による「日土小学校を見て」という解説がつくという大きな扱いになっている。また巻末には、矩計図が一頁を使って掲載されている。

この記事でやや残念なことは、二章でも書いたように、紹介されているのが、クラスター型の東校舎だけである点だ。平面図も写真もそうなっている。どうして全体が紹介されなかったのかは清水の手紙でもわからないが、これ以降、日土小学校が紹介されるときには、この号に掲載された東校舎の図面だけが使われることが繰り返された。そのため、実物を見ない限り日土小学校の全貌はわからないという状態が続いたのは誠に残念なことであった。

なお掲載された写真に撮影者名は記されていないが、少なくとも二枚は、一九六〇年五月発行の『建築年鑑』に掲載された「J.Utaka」というクレジットの写真と同じであり、松山の写真家・宇高純一によるものといえる。おそらく他の写真もすべて、彼の撮影だろう。

宇高は、父の宇高久敬（一八八三－一九八一年）と親子二代の写真家であり、松村はふたりのことを「写真家父子のこと」という文章に記している（『老建築稼の歩んだ道』二五九－二六一頁）。その中に、宇高純一に日土小学校の撮影を頼んだことが次のように書かれている。なお父の宇高久敬は、東京美術学校写真科一回生であり、『写真の新技法』（アルス、一九三三年）という著書もある人物だ。

ちょうど其の頃、日土小学校の撮影を、お願いできたことは幸運でした。場所は、川幅が十米ぐらいの岸辺に川の上に迫り出して建っている。堰きとめられて川は水鏡、向かいの岸は急勾配の蜜柑山。テラスに桜の花が散り、五月の薫風にのって蜜柑の花の香りが教室にただよう、蛍の乱舞する夏の宵、柿の色、蜜柑の朱、落葉のいろどる冬の河。

自然に静かに溶けこんでいる、光、色、風、香り、音に包まれて時を刻む学校を、生き生きと美しい姿に撮って下さった傑作、満足いたしました。被写体の神髄を把握しよう、写真術の深奥を極めたい、と自己を省察して倦むことのない方、宇高純一さん。

清水からはあと二回、仕事上の手紙が来ている。

ひとつは一九六〇年六月六日消印の封書速達で、「お

右：“the Cost of a Schoolhouse” の表紙
左：同書の神山小学校の紹介頁

申し越しの病院の件、二川さんに依頼して下さっても結構です」とある。「お申し越しの病院」とは、時期から考えて、一九六〇年三月に竣工した市立八幡浜総合病院本館のことであり、「二川さん」とは二川幸夫のことだろう。

清水の手紙にはその撮影を二川に頼もうとしたが、「但し、只今　二川さんに電話しましたところ、既に出張中とのことですから、途中から連絡があれば伝えて貰うように奥さんには頼んでおきました。従って、平凡社の件での撮影旅行に行かれるのに便乗することになりますので、その点　松村さんから了解を得て頂いて撮影の依頼をして下さい。ネガ持ち合わせ等の都合もあることでしょうから」とある。

「三・六　神代雄一郎による評価について」でおこなう分析で事情が明らかになるが、「平凡社の件」とは、当時平凡社が編集中だった『世界建築全集』のことであり、その第一二巻・「現代Ⅲ　文化と厚生」に神代は日土小学校の掲載を推薦した。二川幸夫はこの全集の写真を多く担当しており、上記の「出張」とは、この本のための撮影だと思われる。そして、神代は日土小学校の撮影も依頼しており、清水は、そのついでに市立八幡浜総合病院本館も撮ってもらおうと考えたというわけだ。しかし、理由はわからないが撮影は実現しなかった。『世界建築全集』には、神代の撮った日土小学校の写真が掲載されている。

なお、市立八幡浜総合病院本館の『建築文化』への掲載については、他にふたつの病院作品が予定されており、六月末までに資料が揃うと八月号に間に合うと清水は書いている。


清水からのもうひとつの手紙は、一九六〇年の六月二五日消印の封書速達である。

帰京した二川に清水が連絡をとったが、「今回は日程の都合で伺えなかったそうで、又月末から来月初めにかけて行くそうですから　その時撮影して貰うようにお願いしておきました」とある。その後、「神代さんからは病院の写眞を見せて貰い、概略の話を聞きました」と続く。

「神代さん」は神代雄一郎のことで、後述するように彼は、一九六〇年にかなりの時間をかけて地方を取材し、「建築家は地方で何をしたか」というルポタージュを『建築文化』一九六〇年一一月号に発表している。その一環で、八幡浜の松村のもとを訪れたのだ。そのときに日土小学校や市立八幡浜総合病院本館を見て絶賛した。清水は、その報告を受けたのだろう。

この手紙には、予定していた他の作品が遅れており、市立八幡浜総合病院本館の掲載は一〇月号くらいになると書かれている。そして、資料を送ってほしいことと、他の建築雑誌には発表しないでほしいという依頼が書かれており、その後、神代の「建築家は地方で何をしたか」と同時に、『建築文化』一九六〇年一一月号に掲載された。


この年に松村は松山に移り独立し、清水も編集の第一線から書籍部へ、そして経営陣に移る。これ以降の清水からの手紙は九通残っているが、仕事に関するものではない。一九八四年九月五日付の手紙が最後で、そこには、「八月十六日、突然曾ての先輩であり友人でもあった金春國男氏が他界しました。彰国社を退いてから、「能」の方で後進の指導に当り　これからというのに、五十七才の若さでした」とある。

まとめ

掲載件数や交わされた手紙の数がさほど多いとはいえず、松村と建築ジャーナリズムとの関係について結論めいたことは書けない。しかし、『建築文化』における新谷中学校の掲載が松村のその後の方向を決めたとも考えられるので、松村は建築ジャーナリズムの影響力の大きさは認識していたことだろう。

『建築文化』への松村作品の掲載については、蔵田周忠や内田祥哉と編集者との関係が背後にあり、彼らからの推薦、あるいは情報提供が後押しをしていたことは間違いない。また、『建築文化』での作品掲載は、松村の存在を建築計画研究者に知らせるきっかけになったが、その背後には、建築計画や学校建築に対し一定の見識をもった編集者の存在と編集方針があったことも確認できる。

三・四 「建築家ベストテン――日本の十人」について

松村正恒は、『文藝春秋』一九六〇年五月号の「建築家ベストテン――日本の十人」という記事で、その一〇人のひとりに選ばれた。これは、当時さまざまな分野の「日本の十人」を同誌が選んでいた企画のひとつである。しかし、地方の市役所の一職員であった松村が選ばれたことには唐突な印象がある。この結果は、松村と当時の外部世界とのどのような関係を反映しているのだろうか。本書ではすでに何度か言及してきたが、あらためて結論にいたる経緯を詳細に追跡し、誰によって松村の何がどう評価されたのかを分析する。

選考の経過

『文藝春秋』の記事では、まず巻頭グラビアの一〇頁にわたり、選ばれた一〇人の建築家の肖像写真が掲載されている。それぞれ自分の設計した建物の内外で撮ったもので、撮影は渡辺義雄だ。いずれの写真も、建築家ごとの人柄や作風に対応するかのように、構図、コントラスト、姿、表情などが違えてあり、それぞれのイメージをよく伝える見事なものである。その中でも松村の写真には、他の九人の写真とは違う次の様な特徴がある。

・松村と池辺以外はダークスーツに身を包み、ネクタイあるいは蝶ネクタイでポーズをとっている。しかし池辺はノーネクタイとはいえ、新しいライフスタイルを象徴するかのように居間で革靴を履いているが、松村はノーネクタイにスリッパ履きという文字どおりの軽装である。
・松村以外の背景は、各自の設計した建物の壁であり、見る側の視線はそこで止まる。一方、松村の背後には山並みと川という自然の風景があり、視線が遠くまで抜けていく。
・松村と吉阪の写真のみ本人以外の人間が写っており、それ以外は、建築家と建物しか写っていない。しかし、吉阪の写真に写るのは現場の職人であり、建物をつくるという意味では建築家側に属しているが、松村の写真には、小学生という建物の使い手が写っている。

そして、写真としてのこのような特徴が、他の九人とは違う松村と松村作品の次のような性格を連想させると考えられる。

・独立した有名建築家や大学の教師ではなく、地方の市役所の一職員であるという無名性。
・作品性を強調した外観や内部空間をつくるのではなく、むしろ建築と周辺環境との間に空間をつくろうとする姿勢。
・建築の使用者への配慮に主眼をおく設計姿勢。

本文の方には、九頁にわたり選考過程の議論が再録されている（一五八－一六六頁）。冒頭には、「いまや世をあげてビル・ラッシュである。都会の空は巨大なビルで覆われ、郊外には芸術品まがいの奇妙な学校や病院が建ち、道往く人の足をとどめている。建築の世界も日進月歩。／日本の建築界は、ある意味では、いまや転換期を迎えていると言ってもよい。そこで建築家ベストテンを選び出そうということになった」と、この企画のねらいが書いてある。

審査員は、「生田勉（東大助教授　建築家）高山英華（東

大助教授　都市計画家）斎藤寅郎（朝日新聞社嘱託　建築家）勝見勝（デザイン評論家）神代雄一郎（明大助教授　建築評論家）小川正隆（朝日新聞社　美術記者）川添登（建築評論家）」の七人と紹介されている。

議論は、「建築家」の概念規定から始まっている。対象の定義がなければその評価はおこないようがないわけだから当然のことだ。デザイン、都市計画、構造といった分野にも範囲を広げるかどうかについてさまざまな意

1	2	3
4	5	6
7	8	9
10		

1：前川國男（世田谷区民会館）
2：丹下健三（草月会館）
3：村野藤吾（そごう東京店）
4：池辺陽（石津邸）
5：芦原義信（日航ホテル）
6：菊竹清訓（菊竹建築事務所）
7：谷口吉郎（記入なし）
8：白井晟一（浅草・善照寺）
9：松村正恒（八幡浜市立日土小学校）
10：吉阪隆正（日佛会館）
（番号は掲載順。かっこ内は背景の建物名称。なお村野の経歴「福岡生」は佐賀県生まれの誤り）

見がでたが、高山の「新しい建築家という範囲が構造学者にまで及んでいるのが現状である。しかし、ベストテンを選ぶ過程でしぼっていったら、まだ見つからなかった。だから、けっきょくはむかし風のアーキテクトに落ちつかざるを得なくなった、ということにして……」という曖昧な発言や、それに抗した勝見の「もっと根本的な問題がある。建築をふくめたデザインは、究極的には無名性である私は考えている。ところが、いまはスターの時代である。無名性をあまり押し出すとデザインを社会にアッピールする力を失ってしまうような気がする」という冷静な発言を両極としつつ、結局は常識的な建築家像を前提とすることになった。

いよいよ候補者名をあげていくことになり、若い川添が、壁に貼った白紙にマジックで書き付ける役となる。「はじめに芸術院会員クラスからいくか」という発言により、「吉田五十八、岸田日出刀、堀口捨巳《ママ》、村野藤吾、前川国男、谷口吉郎、吉村順三……」など「二十五、六人」があがり、次に「いまをときめく中堅どころ」として、「丹下健三、武基雄、吉阪隆正、池辺陽、清家清……」があがり、「建築の世界は特殊だから、グループも入れようじゃないか」という意見がでて、「国鉄グループ、日建グループ、郵政グループ、電々グループ、関東地建、公園グループ……」があがる。さらに、「三十歳台の新進気鋭、菊竹清訓らの名」や、「林雅子、山田初枝、中原暢子……」らの女性の名も加わり、「カべいっぱいに書きつけられた名前をかぞえあげたら七十あまりもあった」とある。

この中から一〇名を選ぶために、まず一回目の投票がおこなわれた（以下、ベストテンに残らなかった者のみフルネームで書く）。結果は、前川七票、丹下六票、村野五票、池辺・芦原各四票、堀口捨己・谷口・菊竹・白井・松村各三票、吉村順三・坂倉準三・小坂秀雄・清家清・浅田孝・横山公男各二票、岸田日出刀以下一七名（内、グループ四つ、女性一名）が一票となった。

この結果に対して、五票以上の前川・丹下・村野は決定でよいと合意される。四票の池辺・芦原も認めようという意見もでたが、とりあえず保留となり、それら五名を除く三票以下の人々に対して五名連記の投票をおこなうことになる。

二回目の投票結果は、菊竹四票、白井・松村・小坂秀雄・浅田孝・山口文象各三票、堀口捨己・谷口・吉村順三・清家清各二票、坂倉準三・横山公男・広瀬鎌二・大高正人・清田文永各一票となった。

この結果に対し、一票の人たちがひとりずつ検討され、坂倉準三と横山公男が残った。さらに、一回目の投票の上位五名（前川・丹下・村野・池辺・芦原）に対する短評がひとりずつおこなわれる。その結果、「芦原の当選」は決まるが、池辺はその理論的な姿勢に対する評価がわかれ「疑問あり」となり、「残る六つの席を争う者のなかに投げ込まれた」。

三回目の投票は六名連記でおこなわれ、その結果は、池辺五票、堀口捨己・谷口・白井各四票、菊竹・松村・坂倉準三・小坂秀雄・浅田孝・吉阪各三票、清家清・横山公男・吉村順三・山口文象は二票以下となった。その結果、五票の池辺は当選、二票以下は落選と決まり、三票以上の九人の中から四人を落とすことになった。

その後、投票が繰り返されたが決着がつかず、高山の「堀口さんは別格にしようよ」とか「浅田は意味が少しちがうな」などの意見により、このふたりが消える。そして、「最終戦まで残っていて、まだ一度も名前の出て来ない人の短評をやろうよ」との高山の提案で、松村について次のようなやり取りが初めて登場する。なお、川添の答えの中の「日赤学校」は「日土小学校」の誤植であろう。縦書き手書き原稿の「土」と「小」が合わさり、「赤」という文字に誤解されたと思われる。

——松村正恒はどうだ。

たずねたのは神代氏。川添氏が答えた。

——八幡浜市の日赤学校。

——地方作家の代表としてぜひ入れておこうと考えたんだ。

推薦者の筆頭は生田氏である。川添氏がさらに註をつける。

——戦前は東京にいて活躍していたが、戦争で地方へ帰って八幡浜市の建築課長になった。相当がんばった人だ。

どうやら松村は残りそうなけはい。

そして、小川が菊竹を推薦し異論は出ず、前川・丹下・村野・芦原・池辺・吉阪・松村・菊竹の八人が決まり、後のふたつの席を、谷口、白井、坂倉準三、小坂秀雄の四人で争うことになり、さらに投票と議論が繰り返され、谷口と白井に決まった。

最後にベストテンの順位についての確認がおこなわれ、前川・丹下・村野・池辺まではこれでよいとなり、六位以下については、「たれかが」「その表に並べてある通りでいいのではあるまいか。強いて優劣をつけるほどの差もないし、理由もない」と発言し合意され、「六位以下は、谷口、菊竹、白井、松村、吉阪の順」に決まり、四時間に及ぶ議論が終わったのである。

選考結果からわかること

選考経緯を振り返ってみると、松村は「当選」が決まるまでの投票で常に三票という得票数を維持していることがわかる。そして、誌面のやり取りからすると、生田勉、神代雄一郎、川添登の三人が投票し続けたと判断してよいだろう。

神代が「松村正恒はどうだ」と話題を松村に向け、川添が日土小学校という具体的な作品名を挙げ、生田が「地方作家の代表としてぜひ入れておこうと考えたんだ」と推薦根拠を示し、川添が「戦前は東京にいて活躍していたが、戦争で地方へ帰って八幡浜市の建築課長になった。相当がんばった人だ」と要領よく経歴と人物を紹介している。

いわば三人の見事なリレーがおこなわれたという印象であり、松村のことを詳しくは、あるいは全く知らなかったと思われる残りの審査員(高山英華、斎藤寅郎、勝見勝、小川正隆)は、異論をはさむ余地がなかったのではないだろうか。そのうち斎藤寅郎は、第一章で述べたように、自ら設計した自邸の隣に建った長谷川三郎邸が土浦事務所の設計であり、その担当者が松村だったわけだから、名前くらいは思い出したかもしれない。

この三人が、選考会において松村の何を評価したのかを考える資料としては、既に記した本文の会話しかなく、判断は難しい。

それらの言葉からは、中央対地方という平板な二項対立の図式しか浮かばない。ただし川添は、選考会の後松村についての文章を発表し、松村が入選したことの意味を考察しており、それについては「三・五　川添登による評価について」で論じる。

ただし、この三人には松村を推してもおかしくない背景はあった。

神代雄一郎と川添登については後に詳しく論じるが、神代は、「建築家ベストテン――日本の十人」が発表された直後の一九六〇年六月に八幡浜を訪れて松村に会い、日土小学校や市立八幡浜総合病院本館を見学してそれらを高く評価し、「建築家は地方で何をしたか」(『建築文化』一九六〇年一一月号)という文章の中でとりあげている。選考会の時点でどれだけの情報をもっていたのかはわからないが、少なくとも松村に注目していたことは間違いないだろう。

川添は、後に示すように、戦前に松村のつくった『国際建築』一九三九年九月号の「特集・新託児所建築」という記事に感銘を受けて以来、松村を高く評価していた。したがって、このふたりが松村を推したことには、明確な背景があったといえるだろう。

しかし、生田勉が松村を推した理由を知る直接の手がかりは見出せない。建築雑誌や『建築学大系三二　学校・体育施設』、あるいは東京大学の同僚・内田祥哉や吉武研究室などからの情報によるのだろうか。

ところで、当時生田が書いた文章のひとつに、『新建築』一九五六年七月号に掲載された「地方主義とベルースキ」があるが、そこには、当時ＭＩＴの建築科長であった建築家のピエトロ・ベルースキの来日にふれながら、彼の建築の傾向を「リージョナリズムの大人の建築」と評価したうえで、「機能主義が二〇世紀の前半に一応世界の建築界にゆきわたった今日いたずらに〝地方性〟だけを意識的に誇張するのは事大主義である。〝伝統主義〟の建築とか〝ジャポニカ〟のいやらしさはそれからくる」がゆえに、「二〇世紀の現在はもはや、純粋にリージョナルな建築や単純に機能主義的な建築は万能ではなく、それをこえてもっと成熟した大人の段階に足をふみいれたように思われる」という記述がある。松村とは何の関係もない文章ではあるが、「ベストテン」の選考の少し前に書かれた文章であり、時代や建築に対してこのような認識をもっていた生田が松村の作品に注目したとしても十分に理解できることではある。

いずれにせよ、後に伝統的集落のフィールド・サーヴェイを始める神代、伝統論・民衆論にも手を染めていく川添、「栗の木のある家」「かねおりの家」を発表し、「箱ばかりをつくっている機能主義者に一泡ふかせてやるつもりだった」（『栗の木のある家』風信社、一九八二年）と書く生田という、近代建築に対して多面的な解釈を試みていた論客が松村に注目したということは間違いない。

地元紙での反響

松村の「建築家ベストテン」入りは地元・愛媛県でも話題になり、いくつかの新聞記事となった。松村家にはそれらの切り抜きが残っている。新聞名、日付、見出しは次のとおりである。それらを手がかりにして、地元での反響を確認しておきたい。

『愛媛新聞』（一九六〇年四月二五日）
晴れの建築家十傑に　唯一の地方作家・八幡浜

の松村さん
悪条件に負けず　古い学校建築のカラ破る
『毎日新聞愛媛版』（一九六〇年四月三〇日）「顔」欄
日本建築家ベストテンに選ばれた松村正恒氏

（四七）
学校建築が念願　無口でぶっきらぼう
『読売新聞』（一九六〇年五月三日）
郷土に〝夢〟を建てる　建築家松村氏

（第3種郵便物認可）　（6）

晴れの建築家十傑に

唯一の地方作家・八幡浜の松村さん

代表作の日土小学校と喜びの松村技師

悪条件に負けず

古い学校建築のカラ破る

文芸春秋五月号に日本建築家ベストテンの一人として八幡浜市役所の建築係長松村正恒氏(四七)が紹介され話題となっている。

松村さんは大洲市新谷の生まれで昭和十年武蔵工専を卒業、国際建築雑誌の翻訳をやったり東京や新京の建築事務所に働いていたが戦後郷里に帰り二十三年八幡浜市役所入りした。大洲から毎日汽車通勤でおまけに都会の大学や研究室のように参考書もろくにないという悪条件の地方では中々勉強も思うようにはまかせなかった。しかし松村さんはいままでの学校建築がただ学問をつめこむ場所として設計されていたのにあきたらずもっと子供たちの生活に密着した草花や自然の美しさもとり入れたものにしようと日夜研究した。そして二十九年大洲市から新谷中の設計を依頼されたのがきっかけで古い学校建築のカラを破ることに成功、当時学校建築の権威者東大の内田助教授らにこんどの学校建築の新しい方向をしめすものと高く評価され三十年には『高等建築学体系』に新谷中の建築が紹介された。

これに勇気づけられた松村さんはそれからも新谷保育所、公民館、八幡浜図書館、神山小、日土小、市立病院などを次々に設計したが、そのたびに雑誌『建築文化』が写真入りで紹介話題をなげていた。無口でどちらかというとブッキラ棒なので最初は市議たちも『一建築技師のくせに生意気だ』とか『突飛な建て方が気にくわん』とかけ口をたたいていたが、大胆な独創性と建築美のすばらしさには『学校建築もこうなれば立派な芸術だ』と大変なほれこみようで最近では『ぜひ松村技師に設計してほしい』と指名で各地からの要望が殺到しているありさま。都会に比べて収入も少ないし花やかさはないが、黙々と地方における建築文化の向上につくしてきた地味な努力が買われ世界的な建築家丹下健三氏（本県出身）とならんで晴れの十傑にえらばれたもの。

喜びの松村さんは『全く身にあまる栄誉で恐縮しています。私の設計した学校は年をとった学校の先生にはなかなか受け入れてもらえなかったが若い先生たちからは共鳴してもらい本当にうれしかった。経済的には地方に住んでいると苦しいかもしれないが、自分の思う存分の夢や設計をコツコツ実現させて行くことの方がずっと楽しみです。ただ役所では仕事に追われ平均一カ月足らずで設計を仕上げるのが苦労で、余裕さえあれば一－二年じっくり構想を練ったり、好きなスケッチもしたい。これからも都会のまねや流行を追わずに地方にマッチした本当のものを生みだすよう一生懸命勉強したいと思っています』と感激もしきり。家庭には一男一女があり今年中には待望の住宅金融公庫の金を借りてぜひわが家の設計にもとりかかりたいと張り切っている。

愛媛新聞（1960年4月25日）

デビュー作・新谷中校舎

中央の注目集める「日本建築に近代的感覚」

『愛媛新聞』（一九六〇年五月九日）文化欄

まずは速報が、『愛媛新聞』（四月二五日）、『毎日新聞』（四月三〇日）、『読売新聞』（五月三日）に載った。それぞれ大きな扱いといってよいだろう。記者会見でもおこなわれたのか、各社の記事の内容は概ね同じである。紹介されている主な話題は次のとおりだ。

・『文藝春秋』五月号で「日本建築家ベストテンの一人」に選ばれたこと。
・松村の経歴。
・「都会の大学や研究室のように参考書もろくにないという悪条件の地方では中々勉強も思うようにまかせなかった」が「日夜研究」につとめたこと。

（5）　愛媛　昭和35年（1960年）　4月30日

顔

日本建築家ベストテンに選ばれた
松村正恒氏（四七）

学校建築が念願
無口でぶっきらぼう

◇……去る三十年「高等建築学校体系」に松村氏が設計した大洲市新谷中学の建築が紹介されたのをきっかけに、その後設計した建物が各種の建築雑誌に発表され、ついに文芸春秋五月号で日本建築家ベスト・テンにあげられ、一躍建築界のスターダムにのし上った。昭和十年、武蔵工専を卒業、国際建築雑誌の翻訳をしたり、東京、新京などの建築事務所で働いていたが、戦後郷里の大洲市新谷に帰り、八幡浜市役所へ土木課の技師として入った。

◇……これまでの学校建築は環境の点を無視していることに気づいた松村氏はもっと子供たちの生活に密着した自然の美しさをとり入れた建物にしようと努力し、去る二十九年大洲市から新谷中の設計を依頼されたのを機会にかねての構想を試みた。これが東大工学部の内田助教授らから「学校建築の新しい方向を示すもの」と絶賛され、それからも新谷保育所、八幡浜図書館、同神山小、日土小、近くは八幡浜市立病院などつぎつぎと新しい野心作を発表、その大胆な独創性と建築美のすばらしさに建築雑誌も相ついで作品を誌上に紹介したため、中央でもその業績を高く評価、世界的な建築家丹下健三氏（今治市出身）らとならんで日本建築家の代表的人物になった。

◇……エンジニアにありがちな無口でぶっきらぼうなのが災いして、はじめのころは市会議員などからも「一職員のくせに生意気だ」とか「建てるものがとっぴだ」とかいわれていながら、最近では「ぜひ松村技師に設計してほしい」と各地から指名の依頼が殺到している。「わたしはビルや一般家屋の建築には大した魅力は感じず、学校建築に関心があった。ところが保育所や学校の建築にはあまりにも無味乾燥なのでせめて故郷で自分の願いをとげたいと思い帰郷した」と語っているとおり、学校建築、とくに保育所の建築には熱を入れ、近い将来には必ず後世に残る立派な保育所を建てたいのが唯一の念願だそうだ。

◇……ただ役所勤めのため仕事に追われて、平均一ヵ月未満で設計を仕上げねばならず、ともすると仕事が雑になりそうなのが気がかりといい、余裕があれば、一～二年じっくりと構想をねり地方の環境にマッチしたものを生みだしたいと張り切っている。（写真は松村正恒氏）

毎日新聞愛媛版（1960年4月30日）

㊧代表作といわれる日土小学校の建て物㊨設計を練る松村氏

郷土に"夢"を建てる　建築家松村氏

デビュー作・新谷中校舎

中央の注目集める「日本建築に近代的感覚」

八幡浜市役所土木課建築係長、松村正恒氏(四七)はこのほど市立八幡浜病院本館が完工したので、こんどは鉄筋コンクリート三階建ての医師住宅（十戸）の設計を急いでいる。"建築家ベストテン"として某雑誌にも紹介されている同氏のアイデアがどのように表現されるか、市民の注目をあつめている。

松村氏は大洲市新谷町生まれ。昭和十年東京の武蔵工専を卒業して、同じく東京の土浦建築事務所に就職していらい、将来を期待されていたが終戦後帰郷、二十三年から八幡浜市役所に勤務、こつこつ市の学校や市営住宅、保育園などを設計してきた。地方にあって中央建築界から注目されるようになったのは、さる二十九年、生まれ故郷の大洲市新谷中学校の設計をしたのがきっかけだった。

この校舎が出来上がると「校舎は四角の教室をならべたもの」と考えていた市民たちを「あっ」とおどろかせてしまった。それは「生徒が創造力を養い、よく遊び、よく勉強するのに快適な生活の場所」としてのあらゆる条件をとり入れ、近代的センスにあふれた、これまでの学校に見られない建築だったからである。

当時、はるばる大洲市の山奥まで落成したばかりの新谷中学校を見に来た東大の吉武教授や内田助教授らをおどろかせ、さっそくこのいなかの一中学校の設計図が「高等建築学体系」に紹介された。また三十一年に完成した八幡浜市神山小学校も日本建築学会発行の「学校建築設計」にその設計図が紹介されたが、昨年落成した八幡浜日土小学校は同氏が心血をそそいだ「代表作」として、わが国建築界最高の業界誌「建築文化」に写真八枚とともに紹介され名をとどろかせた。

松村正恒氏の話　『私はまだ大した業績があるわけではない。現在の建築界は、芸術の分野でもそうだが、美の標準がない時代だと思う。前衛的な建物があるかと思うと、ゴテゴテした民俗館めいた建築も建てられている。しかし建築はやはり素直で、のびのびしたものがよいと思う。水に浮かぶ宮島の大鳥居のようなおおらかさ、古い日本の建物のよさを取り入れ、しかも近代的なセンスのあふれた設計をしたい。いま一番やってみたいと思う仕事は保育園、託児所や児童福祉施設の設計などです。子供たちが自宅と同じように、たのしく遊べる託児所をぜひ設計してみたいが、こんな注文はなかなかないので実現は困難だ。こんどつくる医師住宅は、一階をガレージに二、三階を居間にして、便利な中にも"コク"のある住宅にしてみたい。将来は松山市に事務所を置き思う存分腕をふるってみたいと思っている』

局へ

厚生省辞令（2日）▽県社会保険審査官（県民生部保険課）野村耕平▽新設、宇和島社会保険出張長（県社会保険審査官）三好市郎

読売新聞（1960年5月3日）

愛媛新聞

活躍する丹下、前川

〃豊富なデザイン〃に期待

海外でも注目 日本現代建築

世界デザイン会議の開催がいよいよ間近になった。世界の建築家が、この機会に大ぜいやってくるが、彼らは例外なくわが国の建築界の現状に大きな興味と期待をいだいて訪れるのである。ここ数年来、わが国建築界の海外進出にはめざましいものがあり、前川国男設計のブリュッセル万国博覧会『日本館』のグラン・プリ受賞、丹下健三の『都庁舎』『草月会館』へのフランスの建築雑誌〃今日の建築〃における『国際建築美術賞』受賞、あるいはまたアメリカにおける吉村順三の活躍も記憶に新しい。

『静岡市体育館』 西南外観（丹下健三設計）

〃評価基準の二重性〃

海外の日本現代建築への注視は、一般デザイン界に共通するジャポニカ調の流行の一端としても理解されるが、それはかりでなく、世界の現代建築界に占めるわが国の位置を如実に示した現象ともいえる。すなわち、近代化、工業化、機能化の急速な進歩による『基準ずくめの欧州建築』に対して、日本の現代建築における〃豊富なデザイン〃が重要な突破口を暗示しているからだ。しかし国外の称賛がそのまま国内の評価に一致するわけではない。国外の評価はおもに建築写真にたよるため、どうしても視覚的な面からだけ判断されがちだ。したがって、造形美とかその思想性を中心として価値判断する傾向が強い。一方、国内の評価は、もちろん造形美、思想性の要素も強く働くが、それとともに、その建築の実用性、耐久性、経済性などにも重点がおかれる。

たとえばグロピウスが近代建築のマイル・ストーン（里程塚）のひとつだと絶賛した丹下の鳥取県『倉吉市庁舎』にしても、実際の利用者側からは『デザインに遊びが多過ぎる』という批判がでた。また都庁舎が完成された当時、現代建築一般に浴びせられた〃ガラス建築の不安感〃の指摘などにも、海外と国内の評価基準の相違ばかりでなく、建築家対利用者側の建築に対する考え方の差が明らかにされた。このような評価基準の二重性は、これからも活発に論議して、問題を一日も早く解決しなければならないが、当の建築家たちは、その解決を建築設計の実践のうえでどしどし推し進めている。

〃近代と伝統の統一〃

最近特に大きな話題を呼んだものに丹下の『香川県庁舎』がある。これは正方形のプランを持ち、各階に極端に突き出たバルコニーが設けられ、それが下の階のひさしをかたちづくり、一見して日本の城郭建築とか塔を思わせる。一階の部分は吹き抜けの空間になっており、それは屋根のある市民広場である。高層部一階の部分もすべて一般市民のために開放されている。建築評論家浜口隆一はこの庁舎を、わが国の近代建築百年間の歩みのマイル・ストーンだといっている。いわゆる『近代建築と日本の伝統の統一』がここに見事に結実しているわけだ。

丹下に追いつき、追い越す者として期待される若手建築家菊竹清訓の活躍ぶりも最近の話題だ。昨年完成された『島根県立博物館』は広場をなかにして、向かい合う松江城の姿と対照的な空間をかたちづくっている。古い伝統の空気のなかで、この現代建築がどのように生きていくか、興味ある問題である。思索的、哲学的タイプの建築家白井晟一の群馬県『松井田町役場』もまた最近の話題作の一つである。同じ白井の東京・浅草『善照寺』の例をみても、この建築家は日本人の精神的伝統性を建築に導入することに成功している。

そのほか前川の東京『世田谷区民会館』東京『晴海高層アパート』村野藤吾の神奈川県『横浜市庁舎』など、公共建築や公団の高層アパート建築に、最近特にめざましいものがある。

〃裏面の支え構造家〃

話題作の変わり種としては、美術出版社の本年度建築年鑑賞を受けた東北電力の『八戸火力発電所貯炭場』（大村組・巴組共同設計）である。この受賞は丹下の『香川県庁舎』を押えて決定したものだといわれるが、こうした地味な作品を取り上げた年鑑賞は高く評価されてよい。東京・銀座の芦原義信設計の『日航ホテル』も派手な作品ではないが、〃繁華街の中のホテル建築〃として成功を収めている。高度制限内での十一階という設計である。外観はごく落ち着いた感じのものだ。各地の大学校舎にも著しい活躍がみられる。堀口捨己の『明治大学』大江宏の『法政大学』増沢洵の『成城大学』村野藤吾の『関西大学』などがその代表的なものだが、それらに共通するのは廊下や階段を外部に出して、動的な大胆なデザインを採用していることである。

さらに八幡浜市役所建築係長で文芸春秋五月号に日本建築家ベストテンの一人として紹介された松村正恒（〃む）の大洲市『新谷中学校』も今後の学校建築の新しい方向を示すものとして高く評価されている。ところでわが国の現代建築の発展をその裏面でささえているものは、きわめて高度の技術を有する構造家の存在であろう。構造技術者は常に、すぐれた建築デザインを生みだす原動力となっている。その良い例として『東京国際貿易センター』の巨大なドーム（村田政真）『世田谷区民会館』『静岡市体育館』（設計＝丹下、構造＝坪井善勝）などがある。

愛媛新聞文化欄（1960年5月9日）

・新谷中学校が内田祥哉に評価されたこと。
・その後の作品を『建築文化』が紹介したこと。
・「無口でどちらかというとブッキラ棒」なので当初は市会議員からの批判もあったが、最近では松村を指名して各地から設計依頼があること。
・「黙々と地方における建築文化の向上につくしてきた地味な努力が買われ世界的な建築家丹下健三氏（本県出身）とならんで晴れの十傑にただ一人の地方作家として」選ばれたこと。
・学校建築や保育所の建築に関心があること。
・役所勤めでは忙しく十分な設計期間がとれないが、いずれ「じっくりと構想を練り地方の環境にマッチしたものを生み出したい」こと。

いずれも、地方で努力する人物が中央から評価されたという構図の中で、松村の人物像を紹介するという内容である。肝心の学校建築などの作品に対する言及がないのが残念だが、新聞記事では仕方ないだろう。

愛媛新聞はさらに、一九六〇年五月九日の文化欄において、「世界デザイン会議の開催がいよいよ間近になった」という書き出しで日本の現代建築の状況を紹介する記事を載せ、丹下健三や前川國男の活躍を報じた後、最後の方の話題として、「さらに八幡浜市役所建築係長で『文藝春秋』五月号に日本建築家ベストテンの一人として紹介された松村正恒（四七）の大洲市『新谷中学校』も今後の学校建築の新しい方向を示すものとして高く評価されている」と書いている。ベストテンにふれておきながらなぜ日土小学校をとり上げなかったのかは不思議だが、大きな扱いであることは間違いない。

このような報道が松村の周辺でどう受け止められ、またそもそも彼自身がどう感じたのかもわからないが、彼はこの年の九月末をもって八幡浜市役所を辞し、松山市で自身の建築設計事務所を開設した。

三・五　川添登による評価について

松村が『文藝春秋』一九六〇年五月号で「建築家ベストテン――日本の十人」に選ばれたことは、やや唐突な出来事という印象がある。しかし、そのときの七人の審査員のうちのふたり、川添登と神代雄一郎は、その前後に松村あるいは彼の作品との接点があった。そしてこのふたりのいわゆる建築評論家たちは、内田祥哉の建築計画学的な視点とは異なる目で松村を評価しており、松村あるいは松村作品に対する解釈の幅を広げたといえる。それはどのような方向への拡張だったのかを、彼らから松村に宛てた手紙と彼らの書いた文章を通して分析する。まずは川添登から始める。

川添登と松村正恒とのさまざまな接点

松村家に残る川添登からの最初の手紙は、一九五九年八月一二日付けの封書である。便箋八枚もの長い手紙だ。川添は一九五七年に、いわゆる「新建築問題」で新建築社を辞めている。一九五七年といえば、建築評論家として独立して間もなくの頃だ。この手紙には、川添自身がこれまで辿ってきた道、松村との間接的なつながり、松村の作品についての意見などさまざまなことが書かれており、たいへんに興味深い。

冒頭に、「お便り有難く拝見いたしました。こちらからお便りを差上げるのが順序でしたのに、先に頂戴し、恐縮しております」とあり、まずは松村から先に手紙が送られたことがわかる。

そのきっかけであるが、川添は、実はこの手紙以前に松村について言及したことがある。それは、川添が『建築雑誌』一九五八年一二月号に書いた「混乱する都市の中で　建築作品一年の回顧」という文章だ。一九五八年の建築界の動きを、さまざまな領域ごとにまとめた特集記事の中のひとつの文章である。

川添はそこで、一九五八年という年について、景気後退とはいえ建築的には好況が続き、都市はますます混乱していると状況分析をした後、その年の「二つの成果」として、丹下健三の香川県庁舎と前川國男の晴海高層アパートをあげている。さらに、「「ナベ底」といわれながらも、日本経済の相対的な安定をなによりもよく建築の側面から知らせてくれたのは、学校建築の質の向上」であり、「今年は学校建築ブームといってもさしつかえない程、質の高い学校建築が多数雑誌に発表された」と書いている。そして、「東大吉武研究室と早大安東研究室の仕事」を紹介した後、「しかし、一方では戦前に作家的立場にあった八幡浜市役所の松村正恒が、四国の小さな都市で「神山小学校」のような意慾的な作品を造っていることを高く評価してよいだろう」と松村を取りあげているのだ。

書かれた時期から判断して、松村は、川添のこの文章に対する礼状を送ったのではないかと思われる。それが川添の手紙の冒頭にある「お便り」のことだろう。

それにしても、神山小学校が建築雑誌に掲載されたのは、川添の文章が掲載された『建築雑誌』と同年同月号の『建築文化』一九五八年一二月号だ。彼はその情報に基づき『建築雑誌』にぎりぎりで神山小学校について書いたのか、あるいは別の情報源があったのかは不明である。

さて、川添が「こちらからお便りを差上げるのが順序でしたのに」と書いていることには理由があった。この手紙によれば、川添と松村の接点は戦前にさかのぼるのである。

冒頭の挨拶に続けて川添は、「わたくしにとって、松村さんのお名前は、古くから存じ上げておりました。早大専門部工科のまだ二年生だった頃、児童施設や社会施設で身を立てようと思いたちましたが、その時に、わたしがたよりに出来たものは、戦前の国際建築に発表された、松村さんと図師嘉彦さんの二つの論文だけだったからです。／大学の図書館で、この二つの論文を読み、これを手に入れようと、都内の古本屋をかたっぱしから探して歩いたのをいまでもはっきりおぼえています。そして、夏の暑い日、目白の古本屋で、「託児所建築」――国際建築の別刷になったもの――を見付けたときは大変な嬉しさでした」と書いている。

「戦前の国際建築に発表された、松村さんと図師嘉彦さんの二つの論文」とは、松村のつくった『国際建築』一九三九年九月号「特集・新託児所建築」と、その前号・八月号に載った図師嘉彦の「託児所建築に就て――一・三の覺書」のことだろう。

松村のつくった特集号については、第一章で詳しく述べたとおりだ。そして、小山正和が抜き刷りをつくり、新京に赴任していた松村に一〇〇部送ったこともそこで書いた。川添が手に入れたのは、このうちの一冊か、あるいは小山が同様の抜き刷りを別途つくり、それが市場に出たものだったのだろうか。

川添は、一九二六年生まれで第一東京市立中学（現在の九段高校）卒業後、早稲田大学専門部工科を卒業し、同大学文学部哲学科心理学専攻に転じ、さらに一九五一年に理工学部建築学科に編入し一九五三年に卒業という経歴である。したがって、この抜き刷りを手に入れたのは戦後間もなくであり、松村の戦前の活動と戦後の若者がつながった興味深いエピソードだ。松村もさぞかし嬉しかったに違いないと想像する。

一方『国際建築』八月号の方は、図師が設計した非常に開放的な空間をもつ「戸越保育園」の作品紹介が五頁、図師の「託兒所建築に就て――二・三の覺書」が一三頁、さらに板垣鷹穂の「託兒所」という文章が二頁掲載されている。またそれ以外にも、伊藤正文の「上宮中学校」とアメリカとフィンランドの学校建築の作品紹介、宇賀一郎の「上宮中學校復興校舎に就て」という文章、「武蔵高等工科學校移轉計劃」という記事があるなど、教育施設に関する情報が多く、川添も刺激を受けたに違いない。

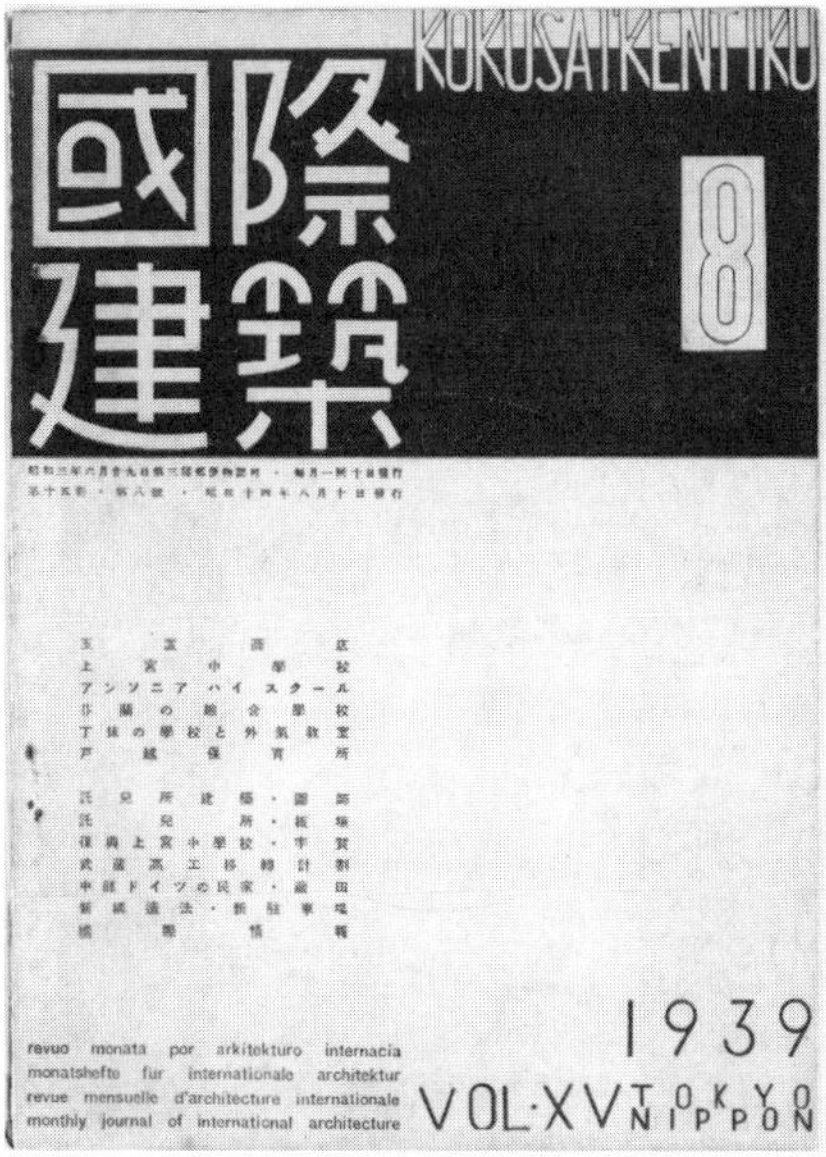

『国際建築』1939 年 8 月号の表紙

さらにこの手紙は、川添と松村の間にもうひとつ別のつながりがあったことを松村に伝えている。

川添はこの抜き刷りの発見に続けて、「その直後、都の民生局に保育所のデータをもらいにいったとき、当時の民生局長から、偶然こられていた河野通祐さんに紹介され、河野さんのお仕事の手伝いをすることになり、それからというものは、度々河野さんから松村さんのお噂を聞いてきたものです」と書いているのだ。

河野通祐は、第一章で述べたように、新京での生活も一緒に送った土浦事務所時代の松村の後輩である。河野は、日泰文化会館を巡るトラブルの後、小野薫の勧めに従い、土浦事務所を辞めて一九四四年の春に日立製作所に入社し安来工場で働くことにした。戦後は東京に戻り、日立製作所の建築課の解散とともに同社を辞し、小野薫の勧めで誠文堂新光社から刊行された新しい雑誌『生活と住居』の編集長となるがうまくいかず、戦前から縁のあった養護施設双葉園の再建に関わるようになる。そして、一九四八年には児童施設研究所を設立して、児童施設の設計や社会運動へと活動の方向を定めていた（『蚯蚓のつぶやき』七一－一三二頁）。

河野も川添との出会いは印象的だったようで、『蚯蚓のつぶやき』の中で、「「ここで待っていれば、そのうち現れるでしょう」、東京都児童課に在籍していた社会事業家の朝原梅一さんから云われて待っていた川添さんは、まだ早稲田の専門部の学生だった。彼は自宅のある地域で子供会をつくっていた。私はさそわれるままにその子供会を見学に行った」と記している（一三三頁）。さらに、「川添さんは建築科の学生だったので、丁度その頃相談を受けていた八幡学園の計画を手伝って貰った」（一三四頁）とあり、さまざまなつきあいがあったようだ。

このような戦前の土浦事務所を介した川添との接点も、松村に何がしかの思いを抱かせたに違いない。

しかし、川添もそういう設計の手伝い仕事で食えるはずはなく、この手紙によれば、出版界にはいったきっか

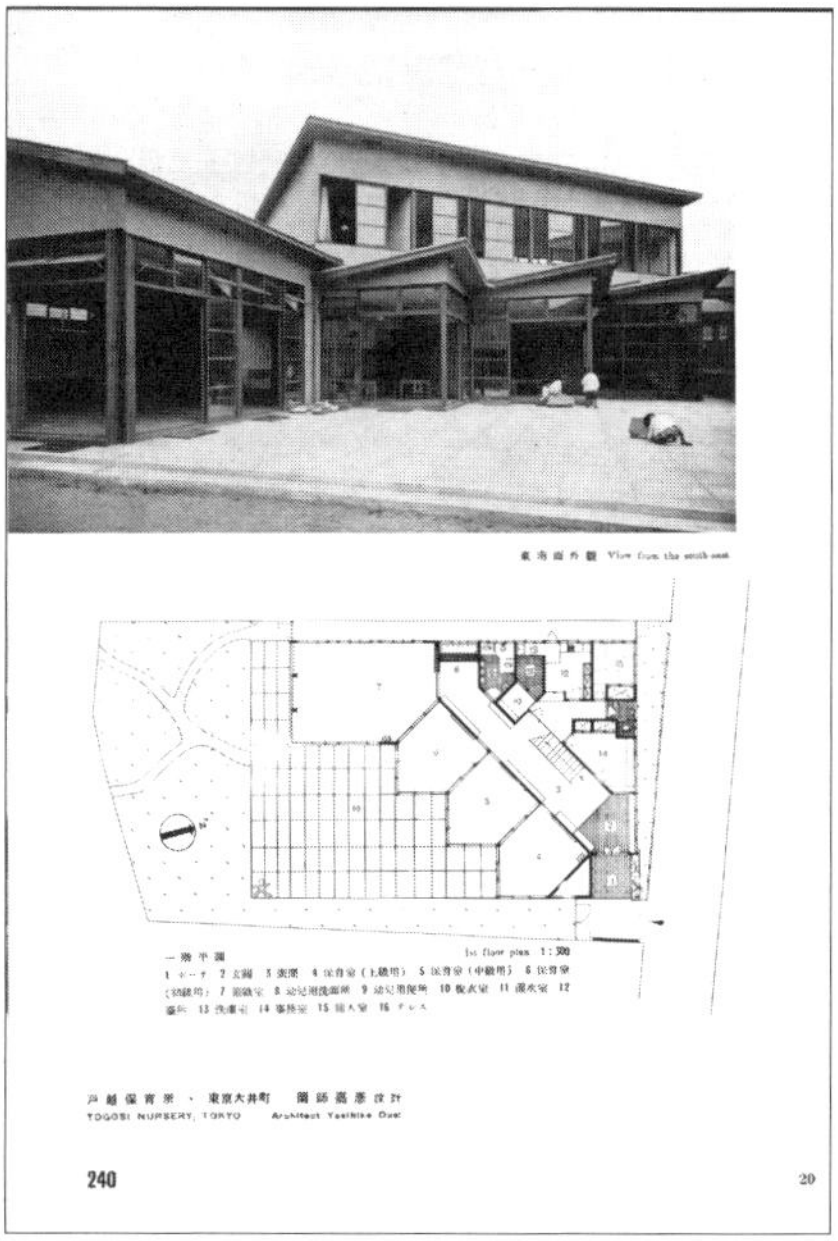

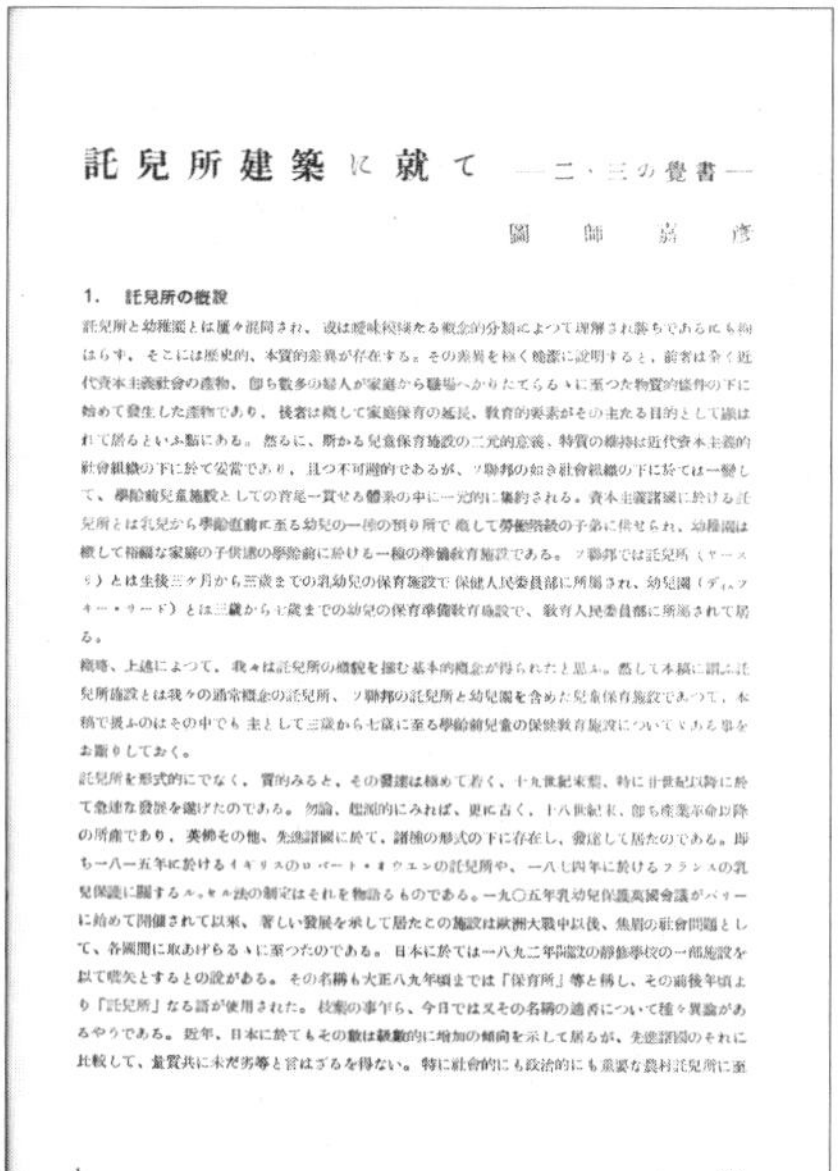

託兒所建築に就て　―二・三の覺書―

圖師嘉彦

1.　託兒所の概說

託兒所と幼稚園とは屢々混同され、或は曖昧模糊たる概念的分類によつて理解され勝ちであるにも拘はらず、そこには歴史的、本質的差異が存在する。その差異を極く簡潔に說明すると、前者は全く近代資本主義社會の產物、卽ち數多の婦人が家庭から職場へかりたてらるゝに至つた物質的條件の下に始めて發生した產物であり、後者は概して家庭保育の延長、教育的要素がその主たる目的として謳はれて居るといふ點にある。然るに、斯かる兒童保育施設の二元的意義、特質の維持は近代資本主義的社會組織の下に於て妥當であり、且つ不可避的であるが、ソ聯邦の如き社會組織の下に於ては一變して、學齡前兒童施設としての首尾一貫せる體系の中に一元的に集約される。資本主義諸國に於ける託兒所とは乳兒から學齡直前に至る幼兒の一種の預り所で概して勞働階級の子弟に供せられ、幼稚園は概して裕福な家庭の子供達の學齡前に於ける一種の準備教育施設である。ソ聯邦では託兒所（ヤースリ）とは生後三ヶ月から三歳までの乳幼兒の保育施設で保健人民委員部に所屬され、幼兒園（ディェツキー・サード）とは三歳から七歳までの幼兒の保育準備教育施設で、教育人民委員部に所屬されて居る。

概略、上述によつて、我々は託兒所の概觀を摑む基本的概念が得られたと思ふ。然して本稿に謂ふ託兒所施設とは我々の通常概念の託兒所、ソ聯邦の託兒所と幼兒園を含めた兒童保育施設であつて、本稿で扱ふのはその中でも主として三歳から七歳に至る學齡前兒童の保健教育施設についてゞある事をお斷りしておく。

託兒所を形式的にでなく、實的みると、その發達は極めて若く、十九世紀末期、特に廿世紀以降に於て急速な發展を遂げたのである。勿論、起源的にみれば、更に古く、十八世紀末、卽ち產業革命以降の所產であり、英佛その他、先進諸國に於て、諸種の形式の下に存在し、發達して居たのである。卽ち一八一五年に於けるイギリスのロバート・オウエンの託兒所や、一八七四年に於けるフランスの乳兒保護に關するルッセル法の制定はそれを物語るものである。一九〇五年乳幼兒保護萬國會議がパリーに始めて開催されて以來、著しい發展を示して居たこの施設は歐洲大戰中以後、焦眉の社會問題として、各國間に取あげらるゝに至つたのである。日本に於ては一八九二年開設の靜修學校の一部施設を以て嚆矢とするとの說がある。その名稱も大正八九年頃までは「保育所」等と稱し、その前後年頃より「託兒所」なる語が使用された。枝葉の事乍ら、今日では又その名稱の適否について種々異論があるやうである。近年、日本に於てもその數は飛躍的に増加の傾向を示して居るが、先進諸國のそれに比較して、量質共に未だ劣等と言はざるを得ない。特に社會的にも政治的にも重要な農村託兒所に至

1　　313

上：図師嘉彦の戸越保育園
下：「託児所建築に就て──二・三の覺書」の最初の頁
［いずれも『国際建築』1939年8月号］

けは全くの偶然で、「週三日のアルバイトという條件で「新建築」に入ったのが運のつき、わたしの卒業をまたないで、前任者の三輪君がやめられたので、編集長兼走小使い、つまり、たった一人の編集者になってしまいました。当時は、吉岡社長も病気で寝た切りでしたから、抜きさしならないはめにおちいってしまったのです」とある。

そしてその後、「御承知の新建築騒動が舞きおこり、あっという間に渦中に入って、クビ。それと前後して、児童施設研究所も空中分解。いまさら、図面で身をたてる訳にもいかず、遂に買文の徒に身を堕した次第です。／地方に埋没されて、我張っていらっしゃる松村さんに比べるなら、誠におはづかしい次第だと思っています」と、評論家として身を立てつつある状況を説明している。

その後は、この手紙の前年、つまり一九五八年に、「『丹下作品集』の編集のため」に香川から松山に行ったとき、松村に会おうと考えたが、愛媛県庁に勤務していると勘違いして機を逃したこと、『建築学大系』に保育所について書いたことなどが報告されている。

この『建築学大系』は松村には縁がある。なぜならば、それは内田祥哉が松村の新谷中学校などを掲載した『建築学大系32　学校・体育施設』のことであり、川添はその中で、一三五頁にわたる「幼稚園」の章を執筆しているからだ。したがって、松村も川添のこの文章は目にしていたに違いない。主要参考文献には、松村の『国際建築』一九三九年九月号「特集・新託兒所建築」も挙がっている。

川添はこの手紙で、この「幼稚園」の文章は「卒業論文なので、今から見れば、おはづかしい限りです」と書いている。『建築Ⅳ　川添登評論集　第四巻』（産業能率短期大学出版部、一九七六年）の「あとがき」によれば、早稲田大学建築学科での卒論の一部を、「アルバイトをしていた『新建築』に当時の編集長三輪正弘さんにお願いして」掲載してもらい（「幼稚園・保育所建築計画の基本線」『新建築』一九五三年二月号）、それを見た吉武泰水から『建築学大系32』への執筆依頼があったとのことだ。

川添が新建築社に勤めていた時期における松村との接点についても書かれている。

蔵田周忠の手紙［（一四）一九五四年四月二三日　葉書］の分析でふれたように、松村は江戸岡小学校を、『新建築』一九五五年一〇月号に発表された「全国建築作品公募」という企画に応募し、『新建築』一九五六年三月号に特別教室棟が掲載された。川添は『新建築』の編集長だったわけだが、そのときの事情について、「新建築の全国作品公募で、「本誌で写眞を撮り」と公表しながら――そう社長が約束したのです――実際は、松村さんにも他の方にも、送っていただくという失礼をあえてする、――そう社長が命令したのです――というのが、英文版まで発行する一流建築誌のする世界ですから、いくらケンカをしてもおいつかないのです」と書いている。新建築社内部の問題はともかく、それ以前から松村に私淑していた川添は、応募してきた彼の名を見てかなり意識したに違いない。

そしてさらに、「松村さんは、わたしから見れば大先輩、松村さんからわたしを見れば、だらしのない退落者というのが、いつわらない現状でしょう」、「しかし、負けず嫌いで、馬力はきく方ですし、文章を書くのは、下手の横好きですし、できるだけ頑張って見たいと思ってきました。ですから、松村さんから、お便りをいただいた時は、心から嬉しく感じました」、「「いつか」、お目にかかれる日を、心から楽しみにしております」といった具合に、先輩への思いが記されている。

最後の七・八枚目は、「「ゾディヤック」という雑誌の日本編集協力者」をやっていると自己紹介した川添が、同誌の出版元・コムニッタ社から出ている「「コムニッタ」という社会福祉専門の雑誌」への掲載作品提供を依頼して終わっている。

このとき、松村は四六歳、川添は三三歳である。松村にとっては、戦前の自分の活動を思い出すとともに、そこで蒔いた種が育った喜びを味わう機会だったのではないだろうか。

「建築家ベストテン――日本の十人」について

川添からの次の手紙は、一九六〇年二月一六日夜という日付のものである。『文藝春秋』での「建築家ベストテン」の選考会がおこなわれた日の夜に、松村が選ばれたことを知らせた封書である。次が全文だ。

日土小学校「文化」で拝見、立派な作品と感じました。今後の作品が待たれるような気がします。私は、この二、三ヶ月、単行本の著作にあけくれて、一昨日やっとその穴ぐらから解放されたところです。「民と神の住まい」と題して、光文社カッパブックスより今月二十五日頃発行の予定ですが、これで私としては、いままで書いてきた「伝統論」に一区ぎりつけたつもりです。そんなことで御無沙汰致していた次第です。

本日、「文芸春秋」で、「建築家ベスト10」の選考会があり、私も選考員の一人として出席してきました。これは毎号、同誌の巻頭グラビアで発表される「日本の十人」という連載企画ものです。選考の結果、ベスト10は、前川国男・丹下健三・村野藤吾・芦原義信・池辺陽・谷口吉郎・菊竹清訓・白井晟一・吉阪隆正・そして松村正恒、この十氏と決定しました。今後の建築界を担う十人の代表者の中に、松村さんが入ったということは、わが意を得た思いとして非常に愉快です。詳しいことは、「文芸春秋」の方からポートレートを撮りに、そちらにゆかれる筈ですから、いろいろお聞きになれるでしょう。

ついては、略歴紹介を私が書くことになっておりますので、松村さんの経歴を私宛に至急お送り下さい。(今後の私の資料ともしたいので出来るだけ詳しくお願いします。)

二月十六日夜

川添　登

松　村　正　恒　様

冒頭で双方の近況にふれた後、「建築家ベストテン」の選考会の結果を伝えている。当時、第一報がどのようにもたらされたのかはわからないが、おそらく川添が松村担当になり、この手紙がその最初の連絡なのではないだろうか。二枚の便箋に書かれているが、一枚目はちょうど吉阪隆正で終わっている。二枚目の最初に自分の名前を見つけた松村の驚きはどれほど大きかったことだろう。

「わが意を得た思いとして非常に愉快です」という部分に、松村に私淑していた川添の気持ちが表れているといえるだろう。ポートレートは渡辺義雄によって撮影された。なお最後に依頼している「詳しい経歴」は、次にふれる川添の「地方作家の第一人者・松村正恒」という文章のための資料になったと思われる。

「地方作家の第一人者・松村正恒」

川添は、この選考会終了後間もなく、「地方作家の第一人者・松村正恒」(『木工界』一九六〇年七月号)という文章を発表し、その中で、「ベストテン」入りを手がかりとした松村についての紹介と批評をおこなっている。その論旨を分析することで、川添の松村に対する評価のポイントをまとめたい。

　五頁にわたるこの文章は、かなりの部分を八幡浜市役所に勤めるまでの松村の経歴についての記述に割き、幼年期から武蔵高等工科学校時代、土浦事務所時代、農地開発営団時代の様子を伝記的に描いている。これ以前にそのような情報は公開されていないはずだし、本文中には松村が書いたと思われる多数の言葉が引用してあることから判断すると、前節で述べた川添からの「詳しい経歴」の依頼に応じて、松村が自伝的な内容の詳しい手紙を返し、それを手がかりにして川添が原稿にまとめたと思われる。

　この経歴の記述の前後に、川添は松村評を書いている。前半におかれたのが、いわば仮説だ。冒頭、川添は、「はなはだ失礼ないいかただが」と断ったうえで、松村のベストテン入りを「東京人のコンプレックスのなせる業」だと書いている。「地方の建築家が東京の作家にコンプレックスをもっている」がゆえに、「東京の建築家たちは、地方の人びとに対してなにか悪いことをしているような気がする」のであり、東京の建築家は「権力に加担し」地方の建築家は「民衆的だ」という構図の中で、そのような「罪悪感」を感じる「東京人」としての選者たちが、松村のベストテン入りを実現したという解釈である。


　しかし川添は、「ただ単に「地方作家」というだけであったら、もちろんベスト・テンに選ばれるはずはない。どちらかといえば無名に近かった彼が、東京のスター建築家のなかにいれられたということには、偶然的なものがあったことは事実だとしても、それなりの必然性を認めなければならない」という。そして、「松村正恒は、東京の建築家や評論家のひそかな「罪悪感」を刺激するのに、実におあつらえむきの人物であった」と指摘する。その要因として川添が挙げたものを整理すると次のようになる。

(1)「『文春』「ベスト・テン」の選定会は三月半ばにあった。三月といえば、『建築文化』三月号（筆者注：二月号の誤り）に松村の設計した「日土小学校」が発表されたばかりのときであり、これはなんといっても松村に幸いしたことは疑えない」
(2)北海道の太田実、岐阜の入江雄太郎、広島の田中清ら「地方作家」に比べ、松村は八幡浜市という「はるかに地方的な条件におかれている」
(3)「他の作家たちが、中央の流行をいち早く消化しているのに対して、松村はどちらかといえばかつてのインターナショナル・スタイルを、忠実に発展させており、健康なかおりをただよわせている」

(4)「多くの建築家たちは、やれ伝統の、やれコンクリートの内なるエネルギーの、といったやかましい論議がおこる以前にだれしもが考えていた健康にして素直なイメージを、そのままここに見せられ、思い出させられたのではなかろうか」

(5)内田祥哉の「小学校計画の新しい形式の一つであるクラスター・プランを用いた日本で最初の小学校は、松村の設計した「新谷《にいや》中学校」だという指摘でもわかるように、「松村正恒なる人物は、普通の意味での「地方作家」を抜くなにものかを持っていたということができよう」

「地方作家の第一人者・松村正恒」
(『木工界』1960年7月号)の
全誌面(102-106頁)。
日土小学校、江戸岡小学校、
神山小学校の写真も
掲載されている

川添はこのような一種の仮説群を掲げた後、おそらく松村からの手紙をもとにしたと思われる彼の伝記をはさみ、最後に次のように結論づけていく。

まず川添は、「選者七人のうち、だれも最近の彼に会ったものはなく、戦後の彼の作品を見たものは、私を含めて一人もいなかった。単にその点から考えても、真に確信をもって推薦できたかどうかは疑わしい」と告白している。その後も審査員の中で松村作品を実際に見たのは神代だけだと思われるが、それも後述するように一九六〇年六月初旬であり、審査会の約四か月後である。

そういう状況の中、「東京の建築家や評論家」が、自分たちが「ある種のコンプレックスをもっている」「地方作家」として松村を選んだことは「偶然ではない」と川添は書く。彼は、「たとえわれわれが、地方作家に「弱み」をもっていようとも、松村がいなかったら、あのベスト・テンに地方作家の名は一人もはいらなかったであろう」というのだ。そして、「もしその地方作家が、私たちにコンプレックスをもっており、その裏返しとして私たちに「弱み」が生まれているのだとすれば、私たちは反省しなければならない。しかし、そうでないとすれば、その地方作家はあきらかに、私たちに対して、ある種の「強み」をもっているはずであり、その「強み」を正しく認めることこそ必要だからである。そして、松村正恒が、そのような「強み」をもつ、数すくない建築家の一人であると私はひそかに確信している」と結んでいる。

つまり川添の論でいくならば、松村は「東京の建築家や評論家」に対して、「コンプレックス」ではなく、むしろ「ある種の「強み」」をもっているということになる。しかし、そもそも「地方の建築家」と「東京の建築家」の心情を、同じ「コンプレックス」という言葉で相対化してよいのかとか、「コンプレックス」と「弱み」は何が違うのかなど疑問も残る議論である。何より、松村がもっていたという「強み」とは結局何なのかが明確には示されていない。しかし、松村正恒という人物の全体像を初めて描いた文章として、貴重な基本文献ということができる。

まとめ

川添は、戦前からの託児所などを軸とした松村の社会的活動を知ったうえで、戦後の八幡浜市役所での設計活動を評価する力をもっていた。それは、松村に注目した当時の人々の中には欠けていた視点である。また、松村の設計した建築のデザインをインターナショナル・スタイルと関連させて理解しており、松村における戦前と戦後の連続性に注目した点が特徴的である。

なお、川添からの手紙は、取り上げたもの以外には、松村の独立後に送られた賀状が二通と礼状が一通あるのみであり、その後の交流はあまり多くなかったことが想像される。

三・六　神代雄一郎による評価について

松村が『文藝春秋』一九六〇年五月号で「建築家ベストテン——日本の十人」に選ばれたときの七人の審査員のうち、松村と直接の関係があったもうひとりの人物が神代雄一郎である。次に、彼から松村に宛てた手紙と彼の書いた文章を通して分析する。

神代雄一郎の八幡浜訪問と「建築家は地方で何をしたか」

松村家に残る神代雄一郎からの最初の手紙は、一九六〇年六月一三日付けの封書である。

神代は一九四四年に東京大学建築学科を卒業した後、五年間は同大学院の特別研究生として近代建築史を研究し、一九四九年に明治大学助教授となった。一九六〇年といえば、彼が現代建築についての評論に健筆をふるい始めた頃である。

冒頭に、「さて、小生　八幡浜へ参りました折は、突然の御無理な御願にもかかわらず　終始御同道御案内をいただきました上」、「日土小学校の他にも、出来たばかりの病院を拝見することができ、小生にとりましては全く予想外の収穫で」とある。

これはすでに述べたように、一九六〇年頃、神代は平凡社の『世界建築全集』の編集のために地方の建築を丹念に取材する機会をもっていたが、そのルポルタージュを、「建築家は地方で何をしたか」という文章にまとめ『建築文化』一九六〇年一一月号に発表した。この文章は、後に『現代建築拝見』（井上書院、一九六五年）という著書にも収録されており、現代建築と伝統との関係や地方における建築や建築家のあり方に関する神代の思考の出発点といえるものである。

なお、彼が手紙に、日土小学校以外に見た「出来たばかりの病院」と書いているのは、一九六〇年三月に竣工した市立八幡浜総合病院本館のことであり、この文章の中で写真とともに紹介されている。

『建築文化』一九六〇年一一月号の記事の冒頭には次のように書かれている。訪問先の地名のひとつに挙がっているように、この取材旅行の一環として、神代は八幡浜を訪れたのだ。

現象評論というひともあるけれど、実際に見ることからはじめる以外にない。世界建築全集現代篇の編集をやっているおかげで、ここ一年ほどの間に八戸・盛岡・十和田・秋田・松島・仙台・福島・新潟・小諸・松井田・大多喜・木更津・横浜・大磯・湯河原・熱海・伊東・富士宮・中津川・羽島・奈良・京都・大阪・倉吉・米子・松江・大社・倉敷・宇部・高松・土庄・今治・八幡浜・小倉・福岡・長崎・雲仙・別府・臼杵・鹿児島などに出かけた。二、三年まえに行った広島・松山・名古屋・静岡などを加えれば、北海道と富山・石川・福井あたりに南四国が大きくぬけてはいるが、まあかなり見たほうだろう。ざっと三〇万ほどの金が投入され、実動六〇日ぐらいにはなろうから、そう遠慮しないでものが言えそうな気持である。以下は地方をまわってつかんだ、日本の建築的発展様相に関するリポートである。

松村は神代の訪問を、「このとき神代雄一郎さんがひょっこり、市役所に見えまして、あのとき、びっくりしましたね」（『素描・松村正恒』七九頁）と振り返っている。後に神代は、「四国と石」（『四国建築』一九六〇年七月号）という文章の中で、上記の一連の旅の一環で四国をまわったときのことにふれているが、八幡浜行きについては次のように書いており（二一頁）、その訪問が一九六〇年の「六月初旬」であったことがわかる。

そして六月初旬にようやく、こんどは九州からのりかえ、別府から船で八幡浜に渡った。四国への三度目の訪問で、松村正恒さんに会ってその仕事をみること、高松に近い清水園を見るのが目的だった。松村さんの日土小学校では、川によせて建った新校舎の、その川にはりだしたテラスに埋められた石や、足洗場のふちにつかった自然石を面白く思った。とくにお金をかけ

大観光国と名勝と建築家

神代雄一郎

建築家は地方で何をしたか

「建築家は地方で何をしたか」（『建築文化』1960年11月号）の最初の頁

松村正恒設計の八幡浜市民病院

建設中の道路からみた今治市庁舎

丹下健三の今治市庁舎（右）と並んで掲載された松村の市立八幡浜総合病院本館の写真
（「建築家は地方で何をしたか」『建築文化』1960年11月号）

ないで、その辺の何でもない小石を何げなく使っているのだが、都会ではこうしたことがやれなくなっている。都会では妙にいやらしく石をつかうのである。また完成したばかりの八幡浜市立病院にも、中庭に石が集められて、ピロティからもアプローチからも眺められるような配布だった。

神代はこのときの八幡浜訪問の成果のうち、市立八幡浜総合病院本館については前記の『建築文化』の「建築家は地方で何をしたか」で紹介し、また同誌には作品としても掲載された。日土小学校については、後に述べる『世界建築全集　一二』の第一二巻・「現代Ⅲ　文化と厚生」で紹介した。

「建築家は地方で何をしたか」において神代は、八幡浜総合病院本館について次のように記している。

八幡浜で日土小学校を見終わって日が沈もうとするころ、最近できたばかりの病院があるのですが一寸見てほしいと、松村正恒が遠慮がちにいい出した。それは鉄筋コンクリート造二階建延べ二、八〇〇平方メートルほどの八幡浜市立病院で、予想もしなかったすばらしい作品にめぐり逢えて、わたしの喜びはひとしおであった。その両側に受付と薬局をひかえた広い一階ホールに立って松村は、できるだけこうした空間を広くとりたいとは思ったのだが、それが八幡浜市にとって広すぎるのではないかということが、設計を終り工事を終るまで心にかかって不眠の原因にさえなったことを語った。まちの市立病院のホール規模に対しても、地元の建築家はこれだけ心をくばるのである。ちなみに、その建築は高松で発行する「四国建築」誌七月号にまっさきに紹介された。東京ジャーナリズムはだしぬかれたかたちである。

ここでは、「まちの市立病院のホール規模に対しても、地元の建築家はこれだけ心をくばるのである」という言葉に象徴されるように、神代が、地方性、人物、心構えといったものを高く評価していることに注目したい。なぜならば、それらの言葉は、病院建築としてのデザインや計画内容そのものへの評価ではなく、「地元の建築家」という存在を自明のものとしたうえでの、「東京」の建築家への批判であり、神代の中の枠組みが、都会対地方といった意外に単純な二項対立であったことを示しているようにも思えるからだ。

神代が「東京ジャーナリズムはだしぬかれたかたちで

ある」と書いた『四国建築』とは、蔵田からの手紙の分析［（八六）一九六二年一〇月五日（六日）］で書いたように、高松在住の写真家・上野時生が編集し、一九五八年から隔月で発行された建築雑誌である。神代のいう一九六〇年七月号は「石の特集I」と題され、すでにふれた神代の「四国と石」や、松村の「石と建築」という文章も載っている。市立八幡浜総合病院本館は、「八幡浜市立病院」という名称で、巻頭の五頁を使って紹介されている。

「東京ジャーナリズムはだしぬかれた」とは、いかにも地方の優れた活動を支援しようとした神代らしい表現であり、「建築家は地方で何をしたか」における姿勢と

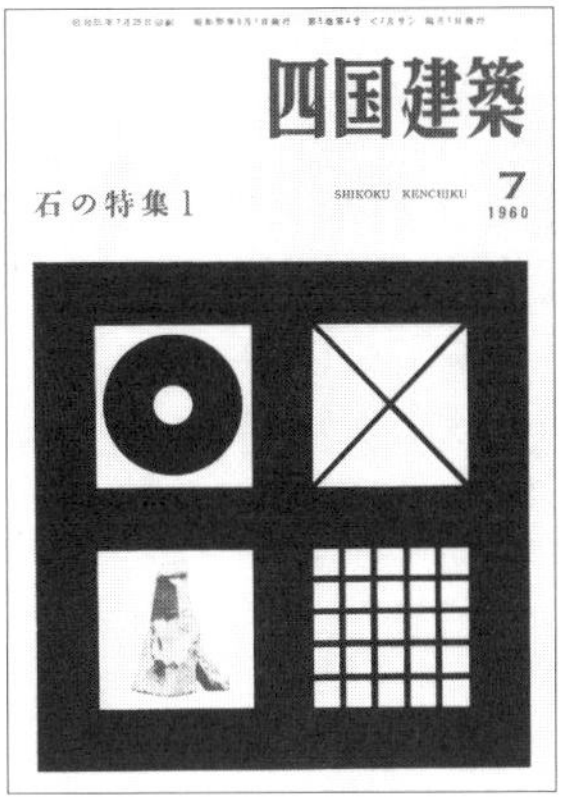

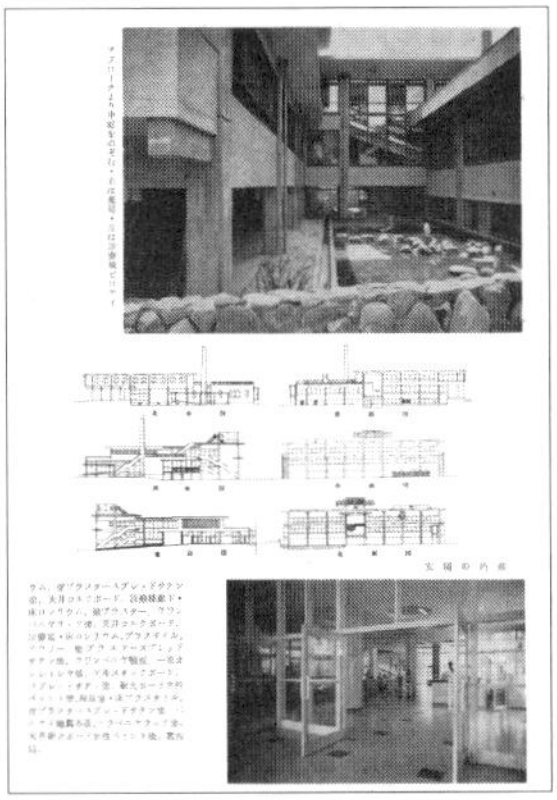

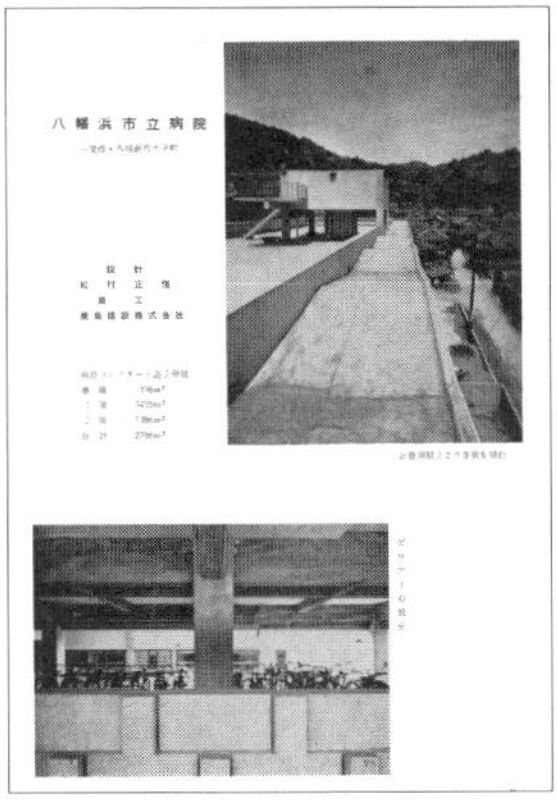

右：『四国建築』1960年7月号表紙
左3点：同誌の市立八幡浜総合病院本館の紹介頁（5頁中の3頁）

石

亀山の舞台

一香川・小豆島池田町

石の題字は稲田金次

16

17

「石の特集 I」（『四国建築』1960 年 7 月号）の冒頭 2 頁

亀山の舞台

四国と石

神代雄一郎

最初に四国へいったのは5年程まえの酷暑の頃で、広島から厳島神社を見て、船で松山に渡った。その頃はまだ石に格別の興味もなく、愛媛県民館をみるのが目的だった。何がきっかけだったか、今はっきり思い出せないが、その頃日本の建築の伝統的なひよわさが指摘されるようになって、それがせんじつめれば木という素材の宿命にあるのではないかと考えるようになった。ヨーロッパの石造、日本の木造といった長いならわしが、鉄筋コンクリートで建築がつくられる現代になっても、そのまま尾をひいて、日本では強靭なデザインの創造をはばんでいるのではないかという風に考えられたのである。

だが果して、われわれの伝統のなかには石の文化がなかっただろうか。外人をまえにして、日本の文化は木と紙と竹でつくられた、といったことをよくいうひとがいるけれども、本当にそうだろうか。わたしは文化をそうした素材からだけ見る場合でも、問題はそう単純ではないと思っている。むしろそれは、石や木や土が演ずるドラマであって、たとえ、ヨーロッパでは石が、日本では木が主役を演ずるとしても、主役だけで芝居ができるわけはなく、脇役との、あるいはニマイメ、サンマイメとのやりとりやかみあいが、芝居をすゝめ組立ててゆくのである。日本の木造建築の場合だって、基壇や礎石には

18

建築に真の地方性を附与しうるのだと考えている。石は東京のような大都会にはなく、ここでつかわれる石は死んでいるように見える。が地方特産の石が、その地方でうまく使われたとき、それは生き生きと輝くのである。

山本さんから小豆島の芝居の知らせをいただいたときあいにくわたしは病気をしていた。病床のひまにまかせていろいろ石の記録を読んでいたときだけに、まったく残念な気持だった。そして6月初旬にようやく、こんどは九州からのかえり、別府から船で八幡浜に渡った。四国への3度目の訪問で、松村正恒さんに会ってその仕事をみることと、高松にちかい清水園をみるのが目的だった。松村さんの日土小学校では、川によせて建った新校舎の、その川にはりだしたテラスに埋められた石や、足洗場のふちにつかった自然石を面白く思った。とくにお金をかけないで、その辺の何でもない小石を何げなく使っているのだが、都会ではこうしたことがやれなくなっている。都会ではむやみにいやらしく石をつかうのである。また完成したばかりの八幡浜市立病院にも、中庭に石が集められて、ピロティからもアプローチからも眺められるような配布だった。

翌日高松について、こんどは直接金子知事にお目にかかり、石の話も、またクルシの活用を考えていられることもうかがった。清水園では黒いハクリ面をもつ石の擁壁をみた。そしてその翌日には、念願の小豆島に渡ってここの四方指に建設中のユースホステルに、同じ石のみごとな壁を発見して、四国は石どころときいてはいたが全くうらやましい気持さえした。さらに同じ四方指の展望台一階のテラスに、そこにあった石をそのままうごか

八幡浜日土小学校

21

神代雄一郎の「四国と石」（5 頁中の 2 頁。『四国建築』1960 年 7 月号）

重なり合う。

いずれにしても神代は、この取材で、松村作品と松村自身を大変高く評価したようで、神代から松村への最初の手紙は、「旅の日々をあれこれと想い起して居りますが、平凡社の全集以外にも機会をえて、貴兄の「人と作品」を御紹介したいと思いめぐらして居る次第です」と結ばれている。

『世界建築全集』への掲載

松村家に残る神代からの次の便りは、一九六〇年八月二九日消印の葉書である。

これには、「お便りなつかしく拝受しました。／平凡社の本、とうとう二川氏にうつしてもらうことができず、申訳なく思っています。御覧のような小生の下手な写真で恐縮です。それに、病院の方もこの本にのせたく思い、編集の人たち全部同意見だったのですが、小生の写真が小学校以上に不鮮明なため、残念なことになりました。／いま「四国建築」の病院や貴兄の文章を拝読、なおさらその気持を深めています。／別の機会をえて、私の気持を表明する心算です」とあり、神代は『世界建築全集』に市立八幡浜総合病院を掲載しようとしたが実現しなかったこと、「別の機会」は、おそらく「建築家は地方で何をしたか」も掲載された『建築文化』一九六〇年一一月号だったことがわかる。

神代のいう「平凡社の本」とは、『世界建築全集 12 現代III」文化と厚生』（平凡社、一九六〇年）のことだ。その中の「学校」という章で神代は、日土小学校を宮前小学校（旧八雲小学校分校）の後に紹介した。

神代による解説は、松村が『建築文化』に書いた抒情的な文章を引用した後、「実際この言葉どおりの環境に、この小学校の建築はみごとに呼応し、歌いあってつくら

『世界建築全集 12 現代 III 文化と厚生』
（平凡社、1960 年）の表紙

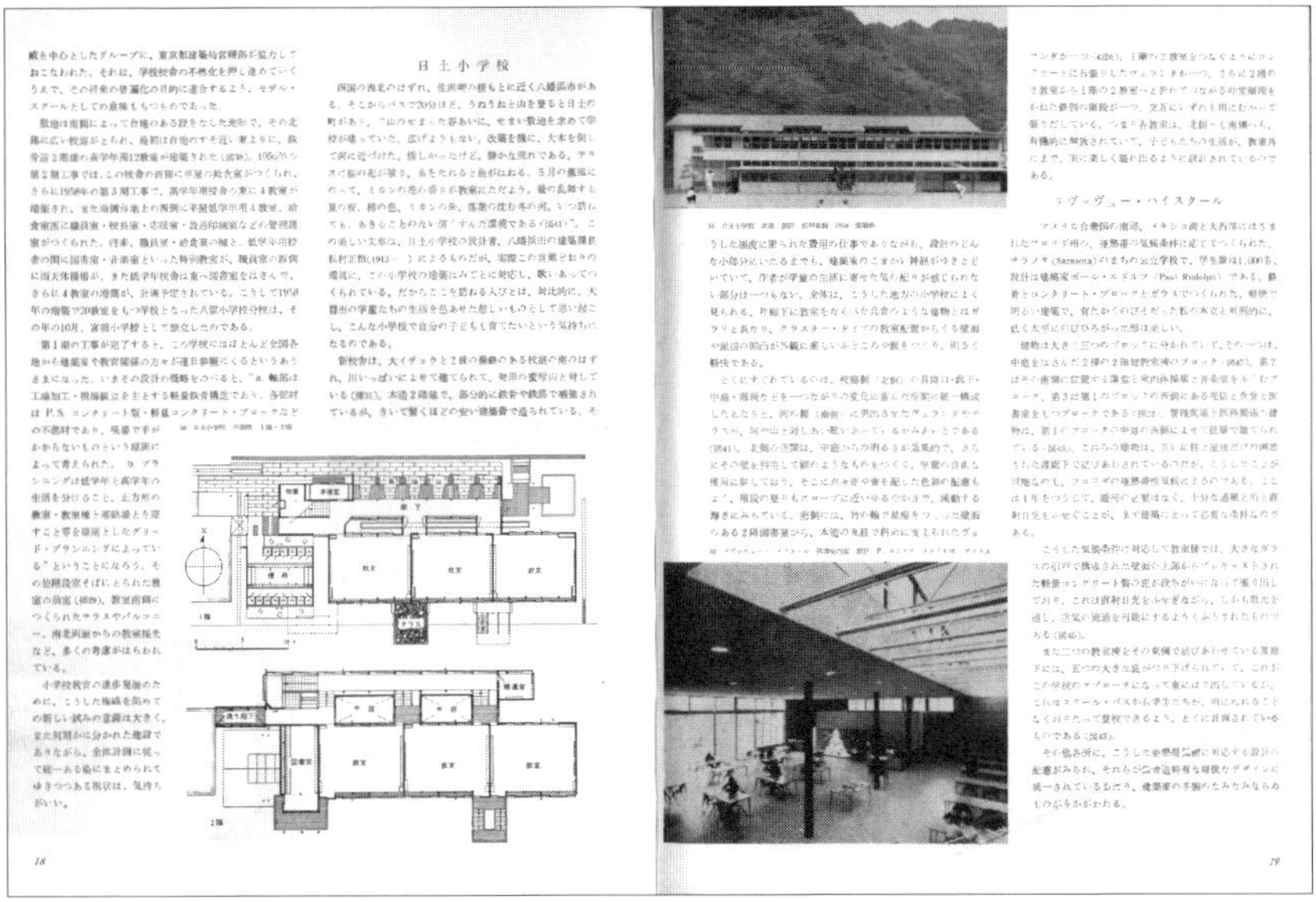

日土小学校についての神代の解説（『世界建築全集 12 現代 III 文化と厚生』平凡社、1960 年、18-19 頁）

れている。だからここを訪ねる人びとは、対比的に、大都市の学童たちの生活を色あせた悲しいものとして思い起こし、こんな小学校で自分の子どもも育てたいという気持ちになるのである」という都会と地方との対比で始まっている。ただ、最後に書かれているようなことを実証する調査があったとは思えず、都市と地方という二項対立の図式を勝手に持ち込んだ感覚的な文章だともいえる。むしろ昭和三〇年代半ばにおいてすら、日土小学校の空間や周囲の環境から、このようなノスタルジックな感情が誘発されていたことは興味深い。

そして神代は、「木造二階建で、部分的に鉄骨や鉄筋で補強され」た構法、「クラスター・タイプの教室配置」、「校庭側（北側）の昇降口・廊下・中庭・階段などを一つながりの変化に富んだ空間に統一構成したあたり」、「河の側（南側）に突出させたヴェランダやテラスが、河や山と対しあい歌いあっている」ことなどを高く評価し、「子どもたちの生活が、教室外にまで、実に楽しく溢れ出るように設計されているのである」と結論づけている。

グラビア写真は二頁にわたり大きな扱いで載っており、一方が川側の山の中腹から見下ろしたもの、もう一方が図書室のベランダを川から見上げたものである。い

日土小学校の紹介頁（『世界建築全集 12 現代 III 文化と厚生』平凡社、1960 年、グラビア 41-42 頁）

ずれも神代の撮影であることが記されている（一一八頁）。これらの写真は、神代が本文で強調している川側のテラスや階段などの建築的装置が、校舎と周辺環境との間に呼応関係を生んでいることを示すものであり、神代の評価が、まさに風土の中での空間性とでもいうべきものに力点を置いていることがよくわかる。

なお、本文のカット写真として使われた運動場側からの外観写真（図三二）の撮影者は二川幸夫となっているが（一一八頁）、神代の「とうとう二川氏にうつしてもらうことができず」という言葉が正しいとすれば、単なる誤植か、別の機会に二川氏が撮影したことになるが未確認である。

「対談　風土と建築」

これ以降の神代からの手紙は、松村が松山に事務所を構えてからのものとなり、八通の封書と一一通の葉書が残っている。

そこには、松村の設計した新谷小学校などの建物への感想、同人誌『風声』★五や建築雑誌に神代が書いた文章に対する松村からの感想への返事、松村が晩年におこなった日本銀行松山支店の保存運動についての相談なども書かれており、神代が、独立後の松村の活動を東京から見つめていた数少ない人物のひとりであったことがよくわかる。

次の松村と神代の接点は、『ina REPORT（No.16）』（伊奈製陶、一九七八年六月一五日発行）での「対談　風土と建築」である。これは、松村が独立して一八年後のものであるが、八幡浜市役所時代の松村作品に対する神代の解釈が披露されているので取り上げる。

神代は対談の冒頭で松村の経歴を簡単に辿った後、「僕は二七〜八年前に先生に初めて八幡浜においでの時にお目にかかったんですけれど、すでに建築の一番大事な風土との関係ということを身につけておられた。今、お話を伺うと、満州のような、それこそ風土の全く違う所でお過しになったり、新潟のような雪の深いところへおいでになった。そして今度は生まれた所に帰られた。色々な地域性の違うところで、どういう風に文化が育っているかとか、建築ができているかということをずっと身につけられて、そして郷土にお帰りになったわけですね」と、松村の出発点を「風土」という言葉との関係の中で説明している。

松村はそれを、「ということになりますわな」と肯定的に引き取り、話題はさまざまな方向に展開していくのだが、最後に神代が「僕らも今回は地域にしっかり根をおろして、いい仕事をしておられる方をおたずねしているのですが、風土については、どうお考えですか」と、おそらく対談を締めくくる意図もあって尋ねたところ、松村は次のようなやや意外な答えを返している。

私は正直いって地方とか地域とか風土とかいうことを余り意識せんのですわ。というのは、最初いうたように、それが自然に体から結果として生まれればいいことでしてね。人間でも作品でも、いや味のあるのは大嫌いなんでね、自然にずっとにじみ出るのじゃないといけない。だから、余りそういうことを意識せずに、どこまでも真実を追い求めんといかん。特に地方ではどうこういわんでも真実を求めたら、そこに住んでいて、その土地の人の気持ち、だから作品をつくるというんじゃなしに、それを使う人の気持になればいいんでしてね。私も一つの使用者になればいいんでして、ながめるためのものではない。ただ、私がつくったものを満足して喜んで、そこからそれを土台にして人間が少しでもよくなってくれればいいという気持で、終始一貫しているんです。

松村のこの発言は、地方、地域、風土といったわかりやすい言葉への安易な依存に対する警告であり、考えようによっては神代批判ととれなくもない。

それに対し神代は、「それは非常によくわかっております。僕が地域などとことさらに使っているのは、自分も都会に住んでいて、都会がとにかく虚飾に満ちた建築が多いし、また、そういうことをして建築家だと思っている人が多いからなんです。松村さんは偉大な建築家で、ごく自然に真実を求めていくというのは、僕は建築家の背骨だと思うんですね。それがなかったら、だめですよ」と答えてはいるものの、「都会がとにかく虚飾に満ちた建築が多いし、また、そういうことをして建築家だと思っている人が多いから」といった具合に、都会と地方という構図を無条件にもち込んだ説明を繰り返しており、そういった二項対立の乗り越えこそが必要だと理解できる松村の主張とは、相容れない印象である。

まとめ

神代雄一郎も松村を高く評価し、建築ジャーナリズムを介して、松村という人物とその作品を広く世に知らしめる役割を果たした。神代の関心は、建築を風土や地方といった言葉によって見直すことにあり、松村の活動や作品に対しても、常にそういう視点からの評価であった。

いずれも決して間違った思想や解釈ではないだろうし、松村も受け入れたわけだが、たとえば内田による理

「対談　風土と建築」
『ina REPORT（No.16）』
（伊奈製陶、1978年6月15日発行）

解と比べるなら、松村が建築それ自体において試みていた実験を十分に理解していたのだろうかという疑問が残るように思われる。

三・七　土浦事務所の人々との関係について

松村家には、土浦亀城をはじめとする土浦事務所の関係者から届いた手紙も残されている。確認できるものは次のとおりだ。

	八幡浜市役所時代	松山での独立後
土浦亀城から	六通（封書四、葉書二）	二四通（封書一七、葉書七）
郡　菊夫から	三通（封書一、葉書二）	一九通（封書一六、葉書三）
森田茂介から	八通（葉書八）	五通（封書三、葉書二）
笹原貞彦から	なし	八通（封書五、葉書三）
河野通祐から	一通（封書一）	一〇通（封書八、葉書二）

戦後、土浦は、一九四五年から事務所を八重洲に移し、一九六九年に閉鎖するまで設計活動をおこなったが、戦前のような目立った作品はない★六。

各所員の戦後の動向については、『新建築　一九八一年一二月臨時増刊　日本の建築家』（新建築社、一九八一年）などによれば、郡はソ連での抑留を経て一九四八年に帰国した後、一九四九年から自身の設計事務所を創設した。森田は建設省、住宅営団研究部を経て一九五三年から法政大学教授となり、笹原も武蔵工業大学の教員になり、河野は『生活と住居』誌の編集を経て、一九四八年に児童施設研究所を設立したことがわかる。

こういった人々からの手紙の内容は、各自の近況報告、建築論、建築界の動向批評など多岐にわたり賑やかである。やはり松村と同世代であり（郡・森田：一九一一年生まれ、松村：一九一三年生まれ、笹原：一九一四年生まれ、河野：一九一五年生まれ）、戦中には満州で苦労を共にし、戦後それぞれの道を再出発したからであろう。しかし土浦からの便りは儀礼的なものばかりで、建築についての話題もほとんどない。世代差や土浦らしさの反映なのだろうか。

いずれにせよ、かつての同僚とのやり取りが松村にとって大きな心の支えであったことは、松村に届いた手紙の文面から十分にわかる。しかし、ここでむしろ記録しておきたいと思うのは、個々人とはそのような近しいやり取りをしながらも、松村が土浦事務所という組織に対して保っていた一定の距離のようなものである。

温土会からの寄せ書き

戦後、土浦事務所の元所員らによって土浦亀城を囲む会が、土浦の自宅などで「温土会」（おんどかい）という名称で開かれていた。土浦から松村に届いた手紙の中に、その会に欠席した松村に宛てた寄せ書きを同封したものが三通ある。それらから判断する限り、松村はそこに出席せず、土浦にも会おうとしなかったように思われるのだ。

一番古い寄せ書きは、「昭和二十四年三月二十六日」と書かれたもので、おもて面の中央に、日付と「温土會を開く　土浦先生宅にて」、右上に「松さんに贈る」という文字があり、土浦と元所員らからのメッセージが並んでいる。

東京では様子を想像することが難しかったはずの愛媛県の地方都市で働くかつての同僚に向けたメッセージは、当時の東京と地方との距離を知る資料ともいえる。また松村にとっても、東京から届くそういった声は、土浦事務所時代の自分をとらえ直すとともに、現在の自分の境遇について思いを巡らす刺激にもなったであろう。

各メッセージは次のとおりである。

今晩ハ新旧所員二十数名が集って愉快な時間をおくり

ました。そして皆してはるかに貴兄の御健在を祝福しました。

土浦亀城

御無沙汰して居升　御元気ですか　御上京の様もあらば久し振りにてお会いしたいものです

高谷生（高谷隆太郎のことだろう：筆者註）

会ひ度い。君とは話して見度い。何から話して良いか判らないけれ共　一緒に暮したと云ふ経験は何か云ひ得ない親しさと懐しさを感じます。君と一緒に酒を飲んで話して見度い。元気でやって下さい。

郡菊夫

どうもなんともしばらくのことです。森田（良）君からおうわさはきいてゐます。今日は、客員として出席。昔なつかしい人々に会へて嬉しいきはみ。なさけない建築ばかり東京にははびこって嫌になります。その点、田舎にて、このあさましさに触れることのないことは羨望の至りです。然し、貴兄にはお会いしたいですね。一度御上京下さい。

加倉井昭夫

今日賑に集っています。先生のお宅は昔の儘に綺麗です。昔の人、今の人が集ると実に立派な建築屋が家中一ぱいに成ります。こんなにも立派な建築屋がいるのに録な建築の立たぬ現在が歎かれます。併しビール、おすしの御馳走があり昔の様なパーティが出来るように成ったからには、いい建築の出来出すのも程近いでしょう。

茂介（森田茂介のことだろう：筆者註）

今日の温士会　今までにない会合で先生初め皆元気でいい気分です　この会合の意気で先生を中心として土浦事ム所初め先生の所員が頑張って貰い度いと思ってます。

上田

時代が変ってから今日で四回目のお江戸のぼりです。思はずも温士会の皆様のお元気なお姿に接し感慨深い思いをしています。あれから十年たった訳ですけど誰も少しも変っていません。四國の山の中におっても田舎のヂヂイになってはいけませんよ。

ミヤサコ（宮迫俊廣のことだろう：筆者註）

妙なところから久し振りに手紙します。本当に久し振りで叱られさうですが御免下さい。蔵田先生からお噂を聞いて、御動勢はよく存じ上げてゐます。益々御清

祥祈ります。　　　　　　　　　　　　笹原貞彦

永らく会はないが元気だらふと想像しています。子供何人出来ましたか。一報願います。　　　　土浦稲城

このところ音信不通。建築課長さんでハンコ行政、忙しいことと存じます。又ゆっくり便りします。このところこどもの施設のことで走り廻ってゐます。
ツウ（河野通祐のことだろう：筆者註）

マッサンヨ、どーです。元気でしょうね　なんとか生きてます。
平田（平田実のことだろう：筆者註）

もう會はなくなってから随分になりますね。小生東京の片隅でどうやら呼吸をしてゐます。
morita – yosio（森田良夫のことだろう：筆者註）

郡菊夫の「一緒に暮したと云ふ経験」とは新京でのことだろう。そこで松村と分かち合った苦労を懐かしがっている。加倉井昭夫は第一章でもふれたように、大倉土木の設計部にいて強羅ホテルの現場に出向していた人物だ。それゆえに「客員として出席」と書いているのだろう。加倉井も森田茂介も東京の復興の様子を嘆いている。

「ミヤサコ」は、この後紹介する一九五九年五月二六日の温土会の寄せ書きに「宮迫俊広」という人物がおり、その人だと思われる。そこには「二道河子の現場から二十年になります」とあり、中国での生活を共にしたのだろう。第一章で紹介した新京の事務所スタッフの集合写真にも名前がある。彼は「四國の山の中におっても田舎のヂヂイになってはいけませんよ」という言葉を記しているが、松村はどう受けとめただろう。

笹原貞彦は、武蔵高等工科学校の卒業生なので、蔵田周忠と頻繁に会っていたのだろう。「蔵田先生からお噂を聞いて、御動勢はよく存じ上げてゐます」とある。松村家に残る蔵田からの戦後最初の手紙は、すでに述べたように一九四九年五月七日付の葉書であり、この温土会よりも一ヵ月半ほど後だから、それ以前にも蔵田と松村のやり取りはあったのだろう。

河野通祐は「建築課長さんでハンコ行政、忙しいことと存じます」と書き、仕方ないとはいえ松村の状況を誤解している。

裏面には、「M. Murata」というサインとワイングラスの絵があり、松村を懐かしむ次のメッセージが書かれて

いる。「M. Murata」は村田政真（むらた　まさちか）のことだろう。

温土会も大地に深く根を下してます〳〵隆盛です。及ばずながらオンドをとって今後とも先生を囲む新旧の面々でドン〳〵発展させませう。松サンも温土会の出先として盛にやってください。

先生の事務所も高谷サン、イナキサンの大御所のもとに新人がずらりにならんで壮んなものです。

これから二ヶ月か三月に一度位でこの集りをやって新人もオールドボーイも一團となって新しい大きな建築の仕事にぶつかってゆき度いと思ひます。

機会を作って御上京下さい。松サンの顔を見ないと温土会に光りが出ません。

今晩はビール、ウィスキー、江戸前のおすし　素晴らしい味です。この氣分　フンイキ　昔と全く同じです。ウィスキーの香を少しでも仝封します。一杯ならぬ一とかぎして温土会の美しい集りのフンイキを想ひ出して下さい。

松サンの健康を祈る

そして奥様、御子サンの御健勝も。

なお「温土会」については、元所員で母校の武蔵工業大学で教鞭をとった笹原貞彦が、「設計者のお人柄と作風——流動の世紀を優雅に徹した土浦亀城先生」（『ＳＤ』一九九六年七月号、八五頁）という文章で、土浦事務所の所員名と温土会について、次のように書いている。

長身の貴公子然とされた方で、お顔を合わせると必ず会釈される欧米の紳士的なものが生来にあった。人を差別せず温厚であったから事務所員たちも本気で「土浦学校」の生徒になっていた。

私が存じあげている所員の御名前を羅列すると、土浦稲城、郡菊夫、松村正恒、河野通祐、今井親賢、森田茂介、田中義次、森田良夫、高谷隆太郎、村田政真、富田俊広、加藤寛二、沢村弘道、橋本龍一、小川信子、手嶋好男、牧野良一、佐々木喬、浅見邦夫、坂口清博、その他、敬称を略し、名前そのもの失念した数が一〇名位はあるはずである。時代が変わって机を並べることもできなかった延人員であるが、ともに先生への信奉者として集結したものである。

三〇年位昔のある日、連絡があって四散している旧事

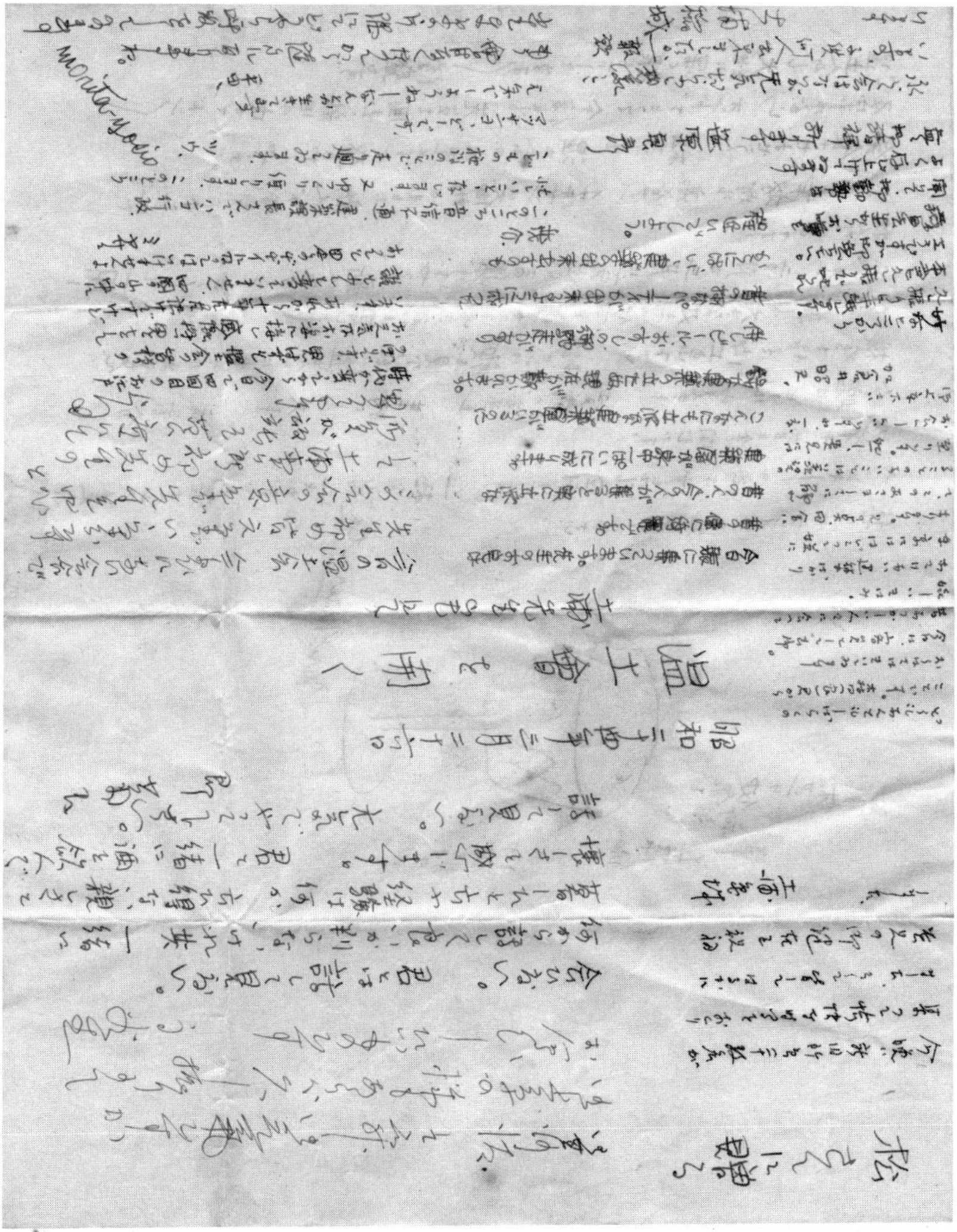
松村さんに贈る

昭和二十四年三月二十六日

温土會を開く

「昭和二十四年三月二十六日」の温土会における松村への寄せ書きのおもて面

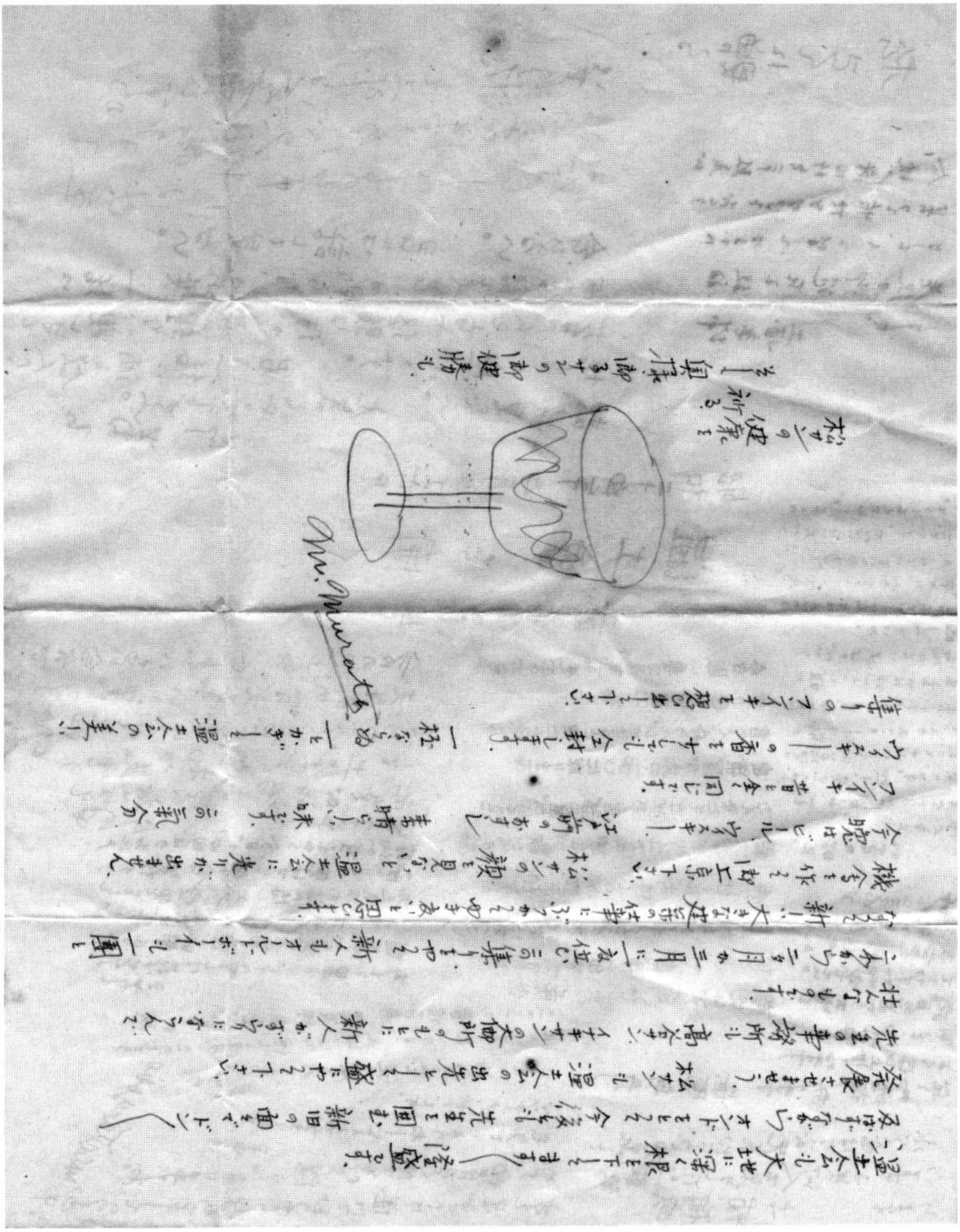

「昭和二十四年三月二十六日」の温土会における松村への寄せ書きの裏面

務所員全員が御自宅に集った。この文の冒頭に、名前を連ねた方々である。ほとんどの皆さんが昔の事務所のように独立されて復興の時代の波に乗って羽振りよくお元気であった。中には文芸春秋誌で「現代建築家一〇傑」に選出されて話題を呼んだものがふたりもいる。少し道をはずして大学教授三人、設計業務のかたわら大学講師をされている方も多数おられるが、若い日の事務所時代の話題の延長上のものであった。

この日「温士会」が発祥した。私が勝手に称していた「土浦学校」の同窓会のようなもので、年一回開催として決定された。そして主として会場は御自宅とし、たまには原宿の中華料理店、明治記念館、銀座飯店、箱根山のホテル等で温かい思い出の会を続け、ほとんど全員が出席した。

「文芸春秋誌で「現代建築家一〇傑」に選出されて話題を呼んだものがふたりもいる」はどういうことだろうか。松村以外の九人のうちで土浦と関係の深い人物は想像できず、単なる間違いだろう。

ただ、そのような話題が書けるということや、「三〇年位昔のある日」「「温士会」が発祥した」とすると、それは少なくとも一九六〇年頃以降ということになるが、一九四九年三月二六日の寄せ書きに「温士会」とあるわけだから、笹原の記憶違いであり、この会あたりが最初なのではないだろうか。ただ、裏面の村田政真の文章には「温士会も大地に深く根を下してますます隆盛です」とあるので、これ以前にも開催されていたのかもしれない。

いずれにせよ、終戦から四年も経たない時期であり、満州にまで行って苦労を共にした仲間を案じ懐かしむ気持ちが、どのメッセージからも伝わってくる。

松村家には、さらに二回の温士会で書かれた寄せ書きが残っている。ひとつは、一九五九年三月二六日に開かれたものであり、もうひとつは、日付は「十二月十五日」と書かれていて、封筒の消印が薄くてはっきりしないが一九六〇年だと思われる。

前者のメッセージをいくつか拾うと、土浦「今夜は二十六人集った。この次の会より貴兄も是非出て来てほしい。満州時代の話に花がさいてゐる」、森田良夫「温士会のたびに松村さんのことが出ます。今年はぜひおいで下さい」、宮迫俊広「二道河子の現場から二十年になります。この次の温士会にはぜひお会いしたい　とみに」といった具合に、名前だけでなくコメントを書いている場合は、松村に温土会への出席を促すものがほとんどだ。

また後者のメッセージにも、土浦亀城「この会の度毎に一番思い出されるのは貴君の事です」、郡菊夫「君が居なくて残念だ。君と飲み乍ら建築を話す。建築を愛する事を更に深め度い。本当に残念だ」、森田良夫「さっぱり出て来ませんが如何ですか。皆待って居ります」と、やはり松村の不在を嘆き、出席を促すものが多い。

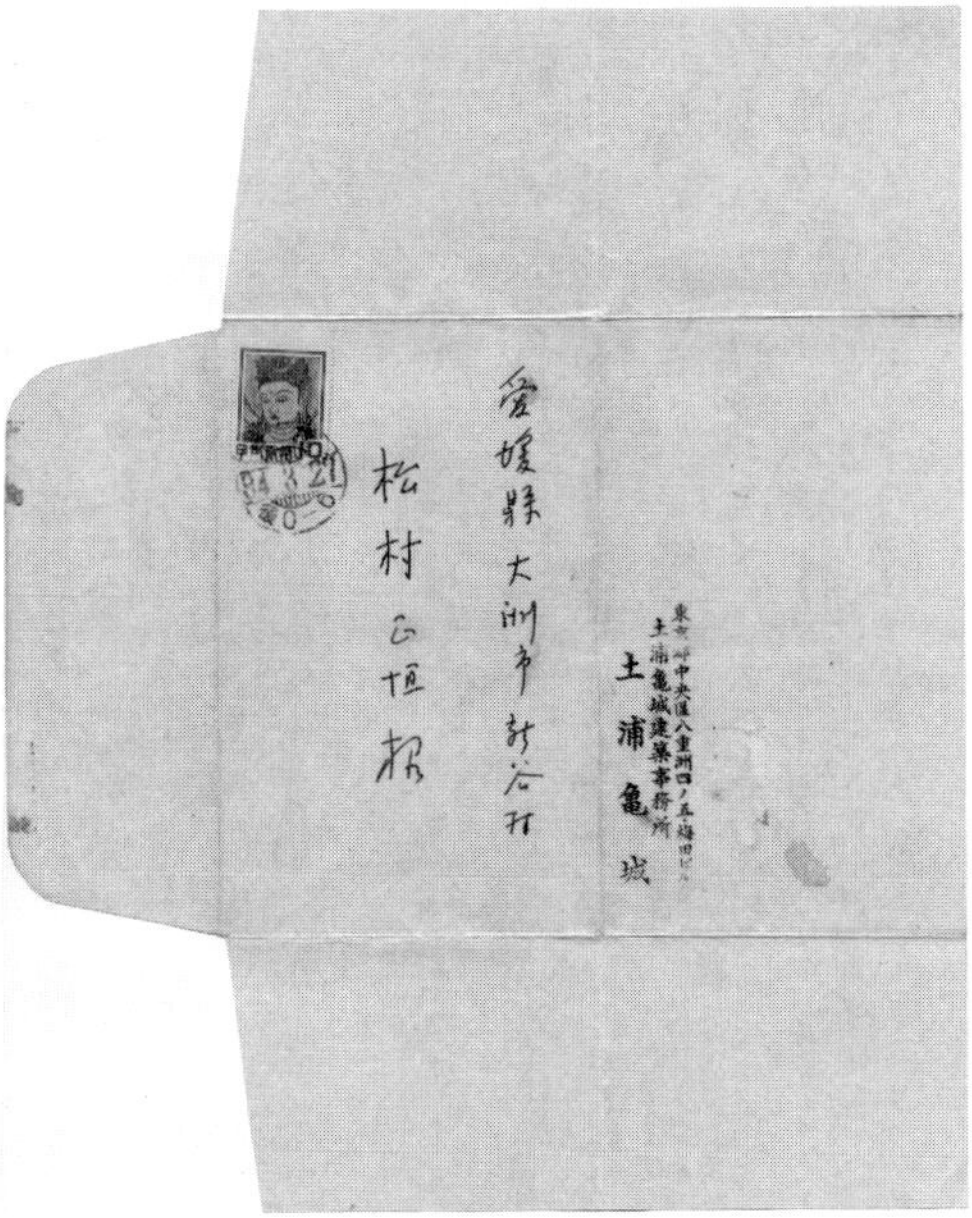

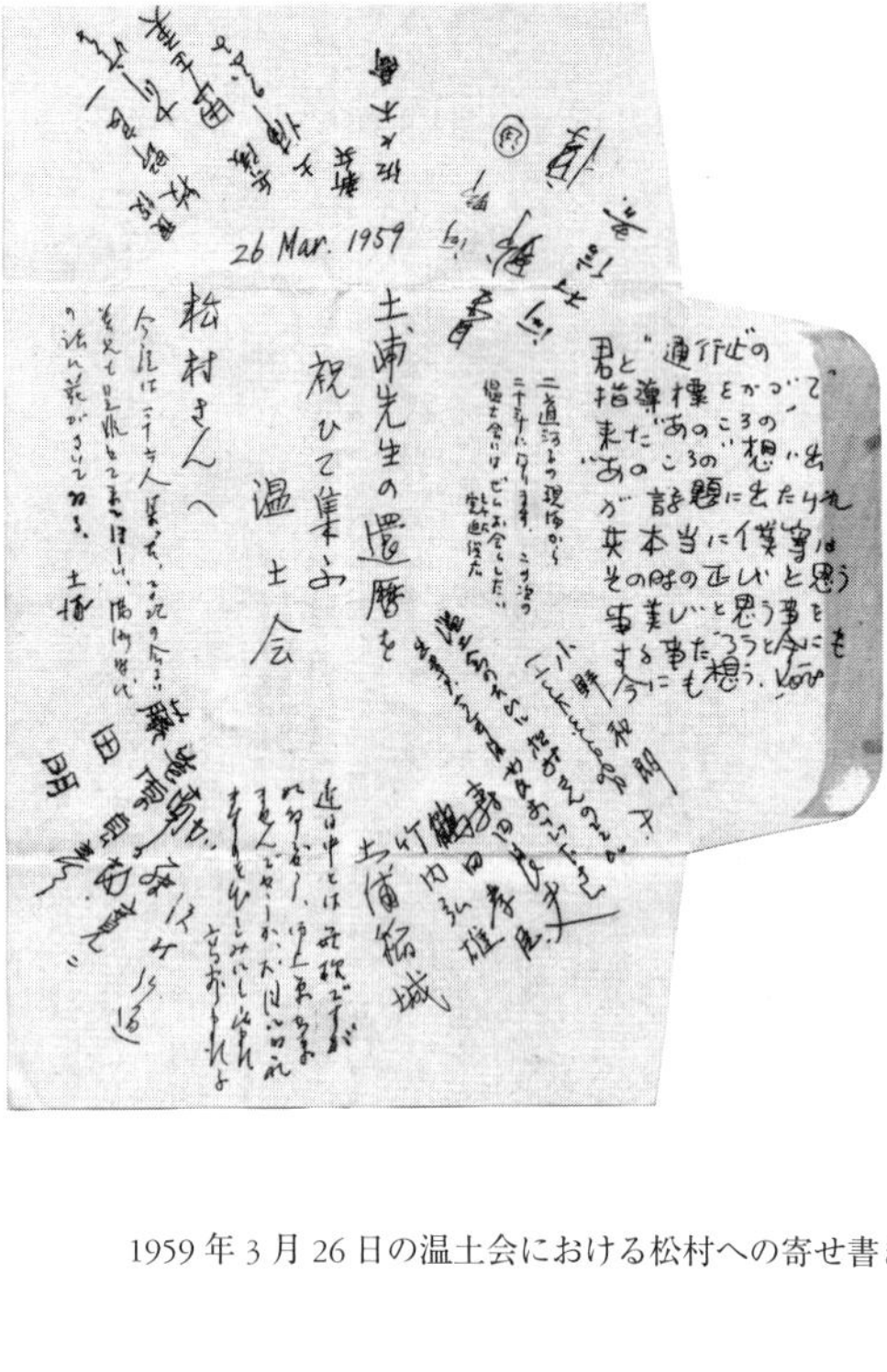

1959年3月26日の温土会における松村への寄せ書き

このような文言から想像すると、松村はこの会にほとんど、あるいは全く出席しなかったのではないかと考えられる。そのことの解釈は難しいが、松村の中には、第一章で述べたような土浦への批判的な思いが、意外に長く心理的な障壁となって残っていたのかもしれない。

なお冒頭にも書いたように、土浦との個人的な手紙のやり取りは終生続いた。松村家に残る土浦晩年の便りの

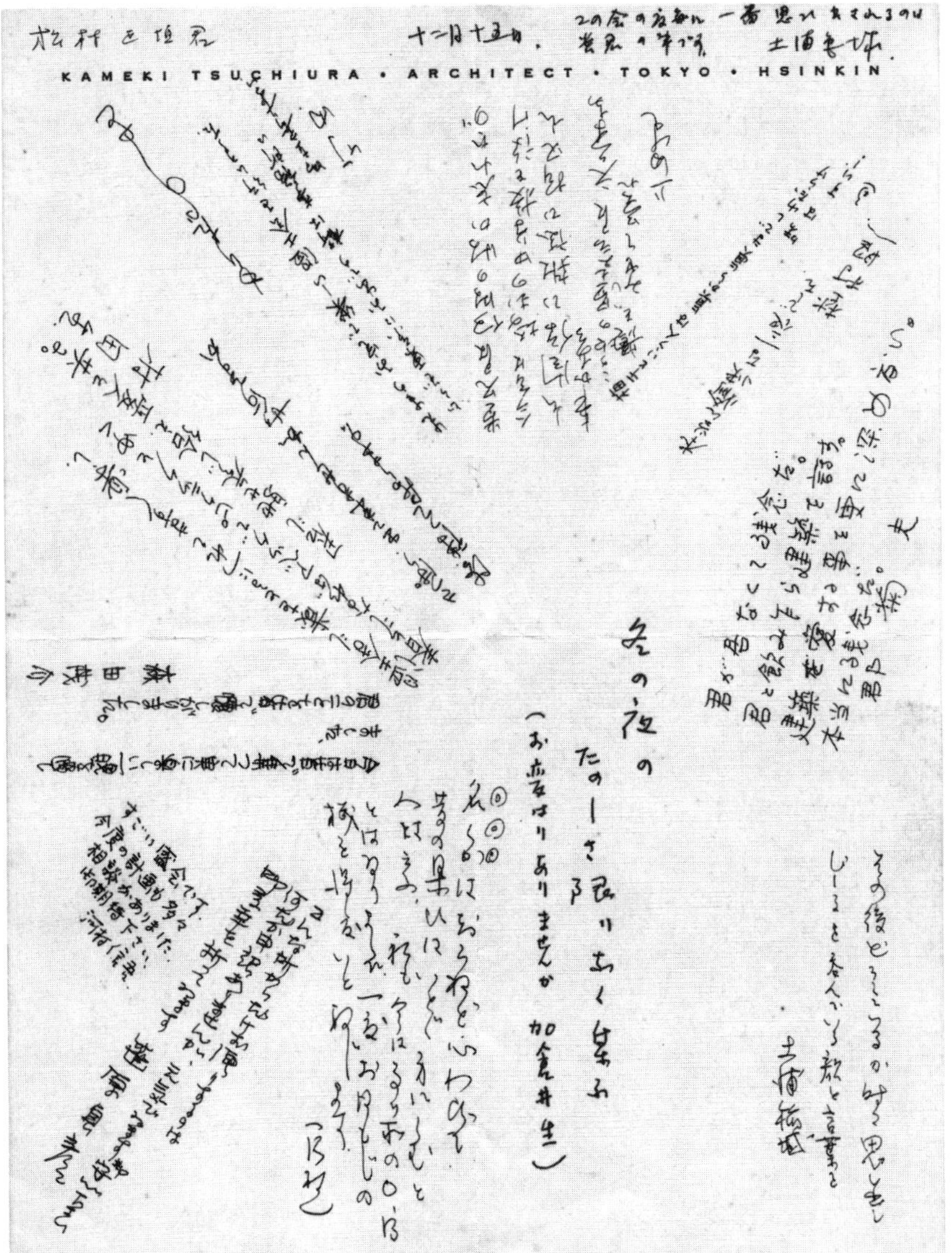
松村正恒君　十二月十五日.　この会の席上に一番思い出されるのは貴兄の事です　土浦亀城.

KAMEKI TSUCHIURA • ARCHITECT • TOKYO • HSINKIN

冬の夜の
たのしさ限りなく集ふ
（お酒はありませんが　加倉井生）

日付は「十二月十五日」。封筒の消印が薄くてはっきりしないが、1960年だと思われるひとつが、一九八八年八月一一日消印の葉書である。「昭和初期　モダニズムの一断面　建築家・土浦亀城と彼をめぐる人々」という展覧会用に印刷されたものだ。『ＳＤ』一九八八年七月号が組んだ同タイトルの特集記事と連携した展覧会で、東京ガス・銀座ポケットパークを会場に八月一八日から九月一三日まで開催された。その印刷葉書に土浦は、「ＳＤ七月号とおなじものをやってくれるようです。別にお出でになる程の事はありません」と、思いがけない程のクールな言葉を添えている。

三・八　八幡浜市役所時代の松村正恒と外部世界との関係

以上の分析によって得た知見をもとに、八幡浜市役所時代の松村が、東京を中心とする外部世界との間に結んだ関係、およびそれらが果たした役割を整理し、第三章のまとめとする。

媒介者としての蔵田周忠

蔵田周忠の果たした役割をひと言でいえば、松村に東京へ向かう眼差しを忘れさせなかったということである。学生と教師というかつての関係が功を奏したと思われるが、東京に象徴されるような消費的文化に対しシニカルな、あるいは慎重な姿勢をとり距離を保ちたがる松村を、蔵田はいわば歯に衣を着せぬ言葉で叱咤激励し、建築雑誌の編集者を紹介して作品掲載の機会をつくり、松村と建築ジャーナリズムとの間の媒介者となったのだ。

次に挙げる戦後間もない時期の作品の掲載が蔵田の仲

介によるものと思われる。八幡浜市役所における初期の松村の活動にとって、いずれも大きな励みだったに違いない。とくに新谷中学校の『建築文化』への掲載は、内田祥哉が松村に注目するきっかけとなったという点で重要な意味をもった。

・愛宕中学校・松蔭小学校：『建築文化』（一九四九年九月号）
〔蔵田からの手紙による確認はできていない〕
・八代中学校：『建築文化』一九五〇年九月号
・市立八幡浜総合病院結核病棟：『建築文化』（一九五三年一〇月号）
・江戸岡小学校：『建設情報』（一九五四年三月号）
・新谷中学校：『建築文化』（一九五五年九月号）

また、蔵田との共同作業によるグロピウスの『生活空間の創造』の翻訳作業は、必ずしも松村にとって幸福な結末ではなかったが、日々の設計作業とは別の知的世界と松村をつなぎ続ける機会となった。また、弟子である松村が、英語という自分の得意な領域を通して師・蔵田の乗り越えを果たした機会ともいえ、松村が蔵田との間にそれまでの師弟関係とは別の世界を築くうえで、大きな意味があったと思われる。

興味深いことは、蔵田の目に松村が「優れた弟子」以上には映っていなかったと思われる点である。蔵田は、市立八幡浜総合病院結核病棟、江戸岡小学校、新谷中学校、日土小学校中校舎などを松村から送られてくる写真や実物でいち早く知りながら、それらを建築として評価することよりも、それらによって弟子を世に送り出すことへ関心が向いていた。蔵田が明記しているわけではないので想像の域を出ないが、松村のデザインは蔵田にとって、まさに自分たちが戦前にやっていたインターナショナル・スタイル風の建物にしか映らなかったのではないかと思われる。蔵田は松村を育てはしたが、「発見」するにはいたらなかったのだ。

空間の計画性という視点から松村を評価した内田祥哉

蔵田とは違う視点から松村に注目した人物として、本章では内田祥哉、川添登、神代雄一郎をとり上げた。それぞれ松村との接点の時期や期間に違いがあるが、松村あるいは彼の建築に対する可能な三つの解釈を提示した人たちだといえるだろう。

そのうち内田祥哉は、建築の研究者として最初に松村を評価した。その出発点が新谷中学校である。蔵田との関係でいえば、彼が『建築文化』への掲載を提案し、松村および彰国社の編集者・金春国雄がそれに従った結果できあがったのが掲載号『建築文化』一九五五年九月号であり、それを内田が見たことから新たな動きが始まったということになる。

内田は、建築の決定根拠をそこで展開される生活像の革新に求め、それを可能にする空間の形式が提示されているという点において、新谷中学校を評価したといえるだろう。しかも自身が建築家でもある内田は、松村の新谷中学校を掲載した『建築学大系32　学校・体育施設』の編集方針にも象徴されるように、単に図式的・実験的な解答ではなく、豊かな空間性を獲得した完成度の高い建築を求めていた。そのような空間が実現されていたからこそ、新谷中学校を評価したと考えられる。

内田との間にできた関係は、松村にとって、単に書物や雑誌に自分の作品が掲載されることによって満たされる功名心などとは全く別のものだったに違いない。それはまさに、松村が戦前から独学で目指してきた建築像と設計手法を評価し、その可能性を認めるものだったからである。地方の自治体で孤軍奮闘する松村にとって、内田との関係は、自分の存在理由を保証するほど大きな意味をもっていたと考えられる。

松村の過去の社会性による評価を示した川添登

内田が松村の現在を空間的に評価したとすれば、川添登は、松村に対する評価に歴史と社会的視点をもち込んだといえるだろう。

川添は、戦前からの松村による託児所についての研究や社会的活動を知っており、それらとの関係の中で、戦後の八幡浜市役所での設計活動を評価した。つまり、松村の現在の空間性の背後にある過去の社会性に光を当て、それらを松村の建築の設計根拠だと指摘したといえる。また、松村の設計した建築をインターナショナル・スタイルと関連させて理解しており、松村のデザインに見られる戦前と戦後の連続性にも注目した。

また、「地方作家の第一人者・松村正恒」（『木工界』一九六〇年七月号）という文章における「単なる地方作家ではない」松村という位置づけの根拠も、戦前における出郷から東京・満州・農村経由の帰郷という松村の経歴の中に見出しており、これもまさに松村の過去を介した評価といえるだろう。

なお、この文章の内容からすれば、それを書くに当たって川添がおこなった松村に対する詳しい経歴の提供依頼に対し、松村はかなり誠実に対応したと思われる。その後の松村による回想記などにも似た表現や出来事が登場するからである。松村にとってそれは、戦前に過ごした時空間と、愛媛の田舎の現在の時空間を接続し、しかも自身の過去を相対化する貴重な機会だったに違いない。

松村の活動とデザインに地方性という意味を付与した神代雄一郎

地方性という概念によって、八幡浜市役所における松村の立場や姿勢とそのデザインに意味を与えようとしたのが神代雄一郎である。

ただそこには、すでに指摘したように、地方対都会という安易な二項対立の構図を前提としているところがあり、「対談　風土と建築」(『ina REPORT (No・16)』伊奈製陶、一九七八年六月一五日発行)では、松村自身から、「私は正直いって地方とか地域とか風土とかいうことを余り意識せんのですわ」と発言されたこともあった。

すなわち、神代の松村に対する理解は、屋根を載せたり地元産の石を使ったりといったことにあらわれる、あるいはあらわれてしまう意味性に引きずられた解釈や、地方にいながらこれだけのことをしているといった精神論的な解釈になりがちで、松村の本質からはややはずれた評価であったともいえる。しかしいうまでもなく、松村に対する可能な解釈のひとつではあることは間違いない。

松村の特異性を浮かび上がらせた「建築家ベストテン——日本の十人」

松村が『文藝春秋』一九六〇年五月号の「建築家ベストテン——日本の十人」に選ばれたことは、ある意味では、彼をもっとも太いパイプで外部世界につなぐ出来事だったといえるだろう。選考過程はすでに述べたとおりで、その評価基準は、川添登と神代雄一郎が審査員であったことにもよるだろうが、まさに「松村の過去の社会性」と「地方性」という二点であった。

したがって、松村のベストテン入りを知った内田が、松村への一九六〇年四月一九日消印の葉書の中で、「あの人達が松村さんの作品をどの程度識っているのか、一向に存じませんが　紙上でお目にかかる事が出来て無性にうれしくなってしまいました。「代表作　日土小学校」というのはおざなりな紹介だと思いますが」と書いていた理由は、内田が示した「空間の計画性」という視点からの解釈が抜け落ちていたことだったのだと納得がいく。

　また、地元紙に掲載された記事においても、松村の過去の経歴や、中央で高く評価されたという地方性が重視されており、東京大学助教授である内田による評価は、一種の「お墨付き」のようなものとしてしか位置づけられていない。

　それにしてもこの審査過程は、少なくとも当時における松村の作品に対する評価の視点の不在を浮かび上がらせていると思われる。松村に投票し続けた生田勉、神代雄一郎、川添登以外の四人の審査員からの発言はないし、松村の存在すら知らない人もいただろう。選ばれた他の九人の建築家に対してはさまざまに論じられているが、松村については前記三人でのやり取りが終わると全く俎上に上がらない。おそらく他の審査員たちは、松村は何をした人物だと評価すればよいのかということすらわからなかったのではないだろうか。「建築家ベストテン」は、まさに松村正恒という建築家の特異性を浮かび上がらせた企画だったのである。

土浦事務所の記憶とのトラウマティックな関係

　土浦事務所の同僚や土浦自身の手紙から想像する限り、土浦事務所での勤務期間は、その後の松村にとっては一種のトラウマだったのではないかと思われる。

　第一章での分析による限り、土浦亀城あるいは土浦事務所の設計思想も、建築作品も、クライアントの階層も、植民地勤務も、当時の松村にとっては、相容れないものばかりだったはずである。休日には児童施設を回り、平日には富裕層のための住宅を設計するという生活は、松村の精神を鍛えこそすれ、平穏に保つものではなかっただろう。

　温土会への不参加という事実や第一章でとり上げた松村の言葉からは、彼が土浦事務所時代の記憶との間に、一定の距離を保とうとした気配を感じ取ることができる。しかし、もちろんそれは土浦や土浦事務所への批判ではなく、あくまでも松村の内的な葛藤の結果であり、土浦や同僚との間の関係は、最後まで穏やかに維持されたのである。

参照対象としての外部世界の不在

　最後に指摘しておきたいことは、松村は八幡浜市役所時代に、これまで述べてきたようなさまざまな人や機会を通して外部世界とつながってはいたが、彼がそれらの世界から建築的なアイデアを得たり、自身の設計根拠を見出したりした気配がないということである。唯一あるとすれば、内田に「Building Bulletin」の入手の可能性を尋ねたことくらいだ。また、吉武研究室の大学院生であった檜山吉平を通して、設計中であった市立八幡浜総合病院本館の図面チェックを依頼してはいるが、実務的なレベルの話であって、松村が建築の本質的な問題を確認しようとしていたとはいい難い。

もちろん、松村に届いた手紙を中心にした資料から得られる情報によって推論できることには限界がある。しかしその中で、同時代であれ過去であれ、国内外の建築家や建築思潮の動向が話題になったことはほとんどないと思われる。また、建築設計の手がかりになるような建築以外の専門領域の話題が交わされたとも思えない。

もちろん手紙とはそのようなものだといえばそれまでだが、独立後に松村が書いた文章において、自分以外の人間の建築や建築思潮について言及した機会が非常に少ないことと似た現象である。

一般に建築家は、特定の建築思潮、人文諸科学など他領域の知見、あるいは敷地周囲の文化的・物理的文脈といった建築外の世界を参照し、それを設計の根拠として語ることがしばしばあるが、本章でおこなった分析からは、八幡浜市役所時代の松村はそのような思考のスタイルをとっていないと考えられる。

結論

以上、建築家・松村正恒の生い立ちから始めて、武蔵高等工科学校での学習、土浦事務所での実務経験、そして農地開発営団への転身という順序で戦前の活動をまとめ、そのうえで、戦後の八幡浜市役所における設計活動について、松村が設計した全作品の概要を明らかにするとともに、それらの建築的構成や設計手法の分析をおこない、さらに彼が関係した人的なネットワークを明らかにした。

これらの作業で得られた知見によれば、八幡浜市役所時代の松村正恒の設計行為がもつ特徴や意義は、次の四項目にまとめることができるだろう。以下、それぞれの内容やそういう判断に至った考察を示し、本書の結論としたい。

自己参照的メカニズムによるデザインの展開
建築の意味が確定することの拒否
価値観を明示した総体的建築の提示
モダニズム建築への逆照射

自己参照的メカニズムによるデザインの展開

八幡浜市役所時代の松村の設計した建物は、主に学校建築と病院関連施設に大別できる。そして第二章で示したように、それぞれのデザインが変化していくプロセスは、松村以外の設計者による建築作品、建築思潮、あるいは地域的・歴史的モチーフなどには依拠せず、常に松村自身の前作を変形するという自己参照的操作の反復から成り立っていた。そして、このような変形操作には、それをスタートさせ継続させる内的な契機が必要であるが、その役割を果たしたのが、学校建築においては「両面採光」、病院関連施設においては「生活像の空間化」というテーマであった。

また、学校建築における変化は、時間軸に沿って建築的構成を豊饒化していくプロセスであり、病院関連施設においては、逆に時間軸に沿って建築的構成を簡略化していくプロセスであった。そして、多様なデザインの出現が先行した病院関連施設から学校建築への建築的ヴォキャブラリーの移行という現象も指摘でき、八幡浜市役所における松村の設計活動全体としてみても、外部世界に依存しない自己参照的なメカニズムの中で設計活動が実践されていたということができる。

さらに第三章で指摘したように、松村は外部の建築関係者とさまざまなつながりをもっていたが、そこから自身の建築デザインに対し直接的な影響を受けたり、受けようとしたりした気配がない。

そのことはまさに、彼の建築についての考え方そのものが自己参照的メカニズムをもっていたからに他ならない。なぜならば、そのような思考の枠組みを守る限り、他者の介入は絶対的な必要条件ではないからである。松村の人物像に孤高の人という印象があるとすれば、このような設計のメカニズムによる影響も大きいだろう。

建築の意味が確定することの拒否

記号の意味は、それにどのような集合の要素をどのような関数によって対応させ、それらをどのような文脈の上で解釈するかによって変化する。したがって松村の場合は、自己参照的メカニズムを構成する各要素に、どのような建築的ヴォキャブラリーを代入するかによって、生まれる建築の意味も異なってくる。

この「代入」という作業について、松村はほとんど何も語っていない。

結果的に見れば、松村が選んだ建築的ヴォキャブラリーの基本形は、第二期の最初の作品である八幡浜市立図書館で初めて登場した「平滑な外壁と勾配屋根」といえるだろう。これが、八幡浜市役所におけるその後の大部分の彼の建築を包み、細部のデザインもそこから派生していったからである。

しかし、なぜ「平滑な外壁と勾配屋根」、つまりインターナショナル・スタイルとローカリティの融合というような言葉に還元されるスタイルを採用したのかについて松村は多くを語っておらず、それを説明する手がかりはほとんどない。

この問題に関するほとんど唯一と思われる松村の発言は、狩江小学校の解体に際しおこなわれたお別れ会の記事におけるインタビューだ。彼はそこで、「私が建築を始めた時は、第一次大戦後のいわゆるインターナショナル・スタイルの時代です。私は今でもインターナショナルということはひとつも間違っていないと思っています。日本だって私が中学生くらいまでは非常に自由な、どこへでも人間が行って住めた時代、それがいつの間にかナショナリズムの時代になってしまった」(『日経アーキテクチュア』一九九一年一〇月一四日号)と語っている。ただしこれも後半の文章で明らかなように、建築デザインとしての「インターナショナル・スタイル」というよりは、開かれた社会というような意味で「インターナショナル」という言葉を使っているというべきだろう。

「平滑な外壁」については、武蔵高等工科学校における蔵田周忠らの教育や土浦事務所での経験からの自然な選択といえるし、直接的には、一九五〇年に施行された建築基準法が大きな契機だったに違いない。「勾配屋根」については、愛媛県南予地方という雨の多い風土性への配慮とか、反面教師としての土浦事務所における陸屋根経験などを遠因として挙げることができるだろう。

しかしいずれも、建築の設計とはその意味を操作する行為であり、ヴォキャブラリーはその目標に向かって選択されるはずだという前提に立ちすぎた解釈のように思えてならない。

むしろ松村は、建築の具体的な形態や素材の決定に際し、それらによって建築が強い意味をまとってしまうことを嫌い、形態操作のみが浮かび上がるような印象の強い「インターナショナル・スタイル」風のヴォキャブラリーを選択しただけだったのではないだろうか。勾配屋根についても、何らかの意図の表現のためではなく、単にそれを採用しない理由が見つからないというトートロジカルな理由によって採用したと解釈した方が、彼の思考を上手く説明できているように思えてならない。

第三章で紹介し分析した松村へのいくつかの評価は、いわばこのような「意味のゼロ度」にとどまろうとする松村の建築に対し、それをさまざまな外部の集合と関係づけることで意味を付与しようとした行為だと解釈できる。内田は学校建築の進化のプロセスにおける傑作として、川添は社会性を強く意識した施設として、「建築家ベストテン」や神代雄一郎は地方主義のシンボルとして、それぞれ松村の建築を意味づけたのだ。

しかし、第三章で言及した神代雄一郎との対談における「私は正直いって地方とか地域とか風土とかいうことを余り意識せんのですわ」という発言（「対談　風土と建築」『ina REPORT（No.16）』伊奈製陶、一九七八年六月一五日発行、一四頁）に象徴されるように、松村は少なくとも、「地方とか地域とか風土とか」という外部世界との関係における建築の意味づけは拒否している。そして、これに続けて松村は、「余りそういうことを意識せずに、どこまでも真実を追い求めんといかん」と述べているが、まさに「そういうこと」とは建築の意味性であり、「真実」とは自己参照的な設計プロセスの完遂ということだったのではないだろうか。つまり、松村にとって建築を設計する行為とは、自らの建築言語の体系を自律的に組み上げることであったというべきなのだ。

価値観を明示した総体的建築の提示

松村が書いたり語ったりした言葉を、本書の中で何度も引用したが、それらの多くは、設計の意図や、彼が設計した建築によって発生した物語を比喩的に語る説話のようなものであって、決して他の建築家や建築作品あるいは建築史との関連の中で自らの作品を位置づける論証ではなかったといえるだろう。また、彼の著書『老建築稼の歩んだ道』や『無級建築士自筆年譜』などに納められた文章には、むしろ儒教的な人生論とでもいうべきものもある。それらは、多くの建築家　が自作を説明し根拠づけるときの文体や語り口とは異質のものだ。

しかし、松村がそのようなスタイルを採用したことは、「建築の意味が確定することを拒否」しつつ、「自己参照的メカニズムによるデザインを展開」しようとするなら、むしろ当然であったというべきだろう。つまり、建築への意味づけを拒否するには、建築について語る言葉は、記号としての建築との間に関係を見出しにくく、しかも解釈のための文脈にもなりにくい特性をもっている必要がある。したがってそれは、建築からは遠く独立した言葉として、つまり、その説明や論証や批評としてではなく「物語」として存在する必要があったのだ。そして自己参照的メカニズムにとって必要なものは、それを作動させる引き金としての一種の目標あるいは価値であるから、それを示すための言葉は、必然的に「人生論」化したのである。

したがって、仮に「モノの体系」（＝M）を「価値の指標を示す言葉」（＝V）によって組み上げていく建築設計のプロセスを［V、M］とあらわすならば、自己参照的メカニズムによって生み出された松村の個々の建築は、

［「両面採光」または「生活の空間化」、自己参照的メカニズム］

と表記される。そして、松村は個々の建築にさらに大きな物語あるいは人生論的言説を書き記したわけだから、これを再度［V、M］のMへ代入をしてやれば、松村の設計行為を次のように書くことができる。

［物語あるいは人生論的言説、［「両面採光」または「生活の空間化」、自己参照的メカニズム］］

Vの位置にある言葉はいずれも何らかの価値を示しているわけだから、これを次のように簡略化する。

［価値2、［価値1、自己参照的メカニズム］］

価値1と価値2は、松村によっていわば先験的に与えられるものなのだから、松村の建築がいかに非文脈的に成り立っているかがわかるだろう。

そしてこのことは、松村のさまざまな「戦い」を理解可能なものにする。

つまり彼は、一般に「規範」よりも上位にあるとされる「価値」という概念に拠っていたのであり、旧態依然とした教育委員会や行政であれ日土小学校における河川法であれ、「規範」に分類できるような下位の制度的概念を、自身の「自己参照的メカニズム」の作動装置として使うわけにはいかなかったのである。「価値」と「規範」に対するそのような松村の姿勢は、生まれもったものだといえばそれまでだが、第一章で描いたような社会的弱者に対する戦前のさまざまな活動を通して身についたものでもあるだろう。

こういう構図の中で、松村の建築が、多くの人々に独特の印象を与えるものになっていったのは当然のことだ。つまり、いずれも細部にわたり繊細にデザインされ構成されているのだが、それらすべてが個々の文脈的な根拠によって決定されたのではなく、松村の価値観によって「非文脈的に」、あるいは「自己参照的に」決定されるがゆえに、全体が「一気に」つくられたような印象を生み、デザイン根拠を細かく説明することに慣れた眼には、極めて希有なモノの集合に見えるからである。そのような建築を、ここでは「価値観を明示した総体的建築」と呼ぶことにする。

その最も豊饒な例が日土小学校だろう。たとえば、川側のテラスや階段はすべてデザインが異なっている。それぞれについて、素材、構造、造形といった側面からデザイン根拠を説明することは可能だが、それらを全体としてみたときに、個々の根拠の和集合では、それらがそこに併置されている理由を説明し尽くすことができないのだ。むしろ、河川法違反を指摘した土木事務所に対して松村が「川と一体になったそれらの空間が子どもたちに貴重な記憶や経験を残すこと」を「切々と」語ったようにしか、つまり、ひとつの価値観を示すことでしか説明ができないのである。

逆にいえば、川と松村の設計した建築との関係は、そのような仕方で「一気に」成立しているということができるだろう。日土小学校を見た者の感想は、たとえば「建築の過不足のない美しい実存」★二とか「木霊の学校」★三といった具合に曖昧で詩的な表現をとることが多いが、それらの言葉を生む要因は、まさにこの「価値観を明示された総体」性なのである。

しかしこのような建築の作り方には陥穽もある。前記の構図は、一般化すれば次のように書くことができるが、価値 i∪価値 i-1という包含関係を満たすような価値 i を示す言葉が増殖すると、自己参照的メカニズムからの距離が遠くなって作動装置としての能力が弱まり、その結果生まれる建築の革新性も消えていくからである。

「価値n、……「価値3、「価値2、「価値1、自己参照的メカニズム」」」……」

独立後に松村が好んで書いた人生論的な文章や書は、すべてこのような言葉として理解でき、本書では詳しくふれることはできないが、それが独立後の彼の設計活動の限界を生み出したともいえるのである。

モダニズム建築への逆照射

以上の三つの結論は、八幡浜市役所時代における松村の活動の、いわば「非歴史的」側面を示すものといえるだろう。なぜならば、「自己参照的メカニズム」は非文脈的に成り立っており、それを作動させる、つまり設計を進めるためにそこへ「代入」される契機としてのヴォキャブラリーは、必ずしも「歴史的」なものである必要はないからである。

しかし松村の建築は、「モダニズム建築」という「歴史的」枕詞とともに語られることが多い。

たとえば、日土小学校がドコモモ・ジャパンによって日本のモダニズム建築二〇選のひとつに選ばれた後に企画された「文化遺産としてのモダニズム建築展　ドコモモ二〇選」展のカタログの解説では、松村正恒は「地方におけるモダニズムの建築家として独自の活動を展開した」建築家であり、日土小学校は「従来の木造の学校建築とは異なり、明らかにモダニズムの考え方にもとづく意識的な空間構成が図られ」た建築といえ、「戦後のモダニズムによる学校建築の優れた事例であり、また、日本独特の木造によるモダニズムの展開という意味でも重要な作品である」と書かれている（五五頁）。

しかしすでに述べて来たように、松村の建築がモダニズム建築のひとつの特徴とされる「白い箱」的に見えるようになるのは第二期の八幡浜市立図書館以降であるが、その「平滑な外壁」への変化の契機は、一九五〇年の建築基準法の制定であると思われるなど、歴史としてのモダニズム建築の流れに中に安易に位置づけてよいのかどうかは疑問である。

しかも皮肉なことに、この解説文から「モダニズム」という言葉を除いてできる命題、〈松村正恒は「地方において独自の活動を展開した」建築家であり、日土小学校は「従来の木造の学校とは異なり、意識的な空間構成が図られ」た建築といえ、「戦後の学校建築の優れた事例であり、また、日本独特の木造による展開という意味でも重要な作品である」〉は、まさに本書が詳細に検証したとおり、真なる命題として成立する。つまり、「モダニズム建築」という文脈なしで松村への評価が可能となり、彼の建築の非文脈性の傍証となってしまうのだ。

ただしこれは定義の問題であって、近代建築、モダニズム建築、モダン・アーキテクチャー、国際様式、インターナショナル・スタイルといった建築分野でのさまざまな言葉、さらに一般的には近代主義、モダニズムといった言葉につきまとう曖昧さが引き起こす逡巡である。もし「モダニズム建築」という言葉の定義が一意的になされていれば、当然のことながら、前記のカタログの解説文から「モダニズム建築」という言葉を除くことなどできるはずはないからである。

したがって松村の建築は、むしろモダニズム建築という言葉を巡る問題を逆照射しているといえるだろう。その照準は主に次の二点に絞られている。

一　戦前期との連続性の上に成立したもうひとつのモダニズム建築

日本における「モダニズム建築」を、ヨーロッパのインターナショナル・スタイルの影響を受けた戦前期のひとつの建築思潮に限るなら、松村はそれを戦後において も連続的に継承し、しかも発展させた希有な建築家といえるだろう。「継承」という側面は次のとおりだ。

・松村は、平滑な外壁と水平連続窓を基本とした「モダニズム建築」的な意匠の外観を展開した。

・松村が土浦事務所勤務時代に伊藤正文に関心をもち、その著書を読んでいたことは第一章で述べたが、周知のとおり、伊藤は日本インターナショナル建築会で活躍し、「インターナショナル」であることと「ローカリティ」の関係を考察した「モダニズム建築」の建築家である。したがって、松村が木造建築には必ず勾配屋根を載せたことの背景に、伊藤のいう「ローカリティ」の実践を読み取ることは可能である。また伊藤は、太陽高度や日照などの環境工学的理論に基づき、遮光庇による教室への均質な採光やホッパー窓による換気などの提案と実践をおこなっており、松村の設計した建築の外装の出発点はそこにあるということもできる。

・松村は、「モダニズム建築」を主導したグロピウスの思想に共感しその翻訳にも関わった。その関心の中心は、グロピウスが亡命先のイギリスで設計した小学校が、夜間は大人のための学校に変わるということを繰り返し紹介していることに象徴されるように、「モダニズム建築」のもつ社会的意味であったと思われ、それが学校を生涯教育のための施設としてとらえる視点へとつながった。

このように松村は、モダニズム建築のもつ造形的特徴、科学性、そして社会性を受け継いでいるといえる。そのうえで、彼は次のような点においてそれらを「発展」させた。それぞれの内容はこれまでに詳しく述べてきたとおりである。

・両面採光などのアイデアによる学校建築の変革。

・生活という視点の導入による病院関連施設の変革。

・ハイブリッドな構造という考え方の導入による木造建築の変革。

戦後、多くの建築家は、戦前・戦中期におこなっていた木造を捨てコンクリート造を選ぶことで、インターナショナル・スタイルを捨ててル・コルビュジエ的造形の変形作業へと移行していった。しかし松村は、木造を軸にした思考を持続し展開することによって、戦前との連続性の上に、あり得た「もうひとつのモダニズム建築」の姿を具体的に示してくれたのである。

二　思い描く世界を提示する装置としてのモダニズム建築

しかし八幡浜市役所時代の松村の建築は、モダニズム建築についての考察を、もう少し一般化させる力をもっているように思われる。最後にそのことを指摘して本書を締めくくりたい。

松村の独立後の作品がまとめて雑誌に掲載された唯一の機会が、『近代建築』一九六七年五月号の「松村建築設計事務所の作品」という特集である。そこには独立後の住宅や病院建築などの作品以外に、八幡浜市役所時代の江戸岡小学校、日土小学校、神山小学校、新谷中学校も掲載された。
特集の冒頭に置かれたのが、建築評論家・佐々木宏による「松村正恒の作風のことなど」という文章である。それによれば、佐々木はこの文章を書くに当たり愛媛県を訪れ、日土小学校はもちろん、一連の病院関連施設群、そして新谷中学校も見学したようだ。佐々木は日土小学校の印象を次のように記している（一〇六頁）。

私は、この学校で勉強したことがないのだが、いつの間にか、ここで小学生の日々を送ったような錯覚にとらわれ始めていた。遠い幼い日のノスタルジアが立ちこめてくるようであった。たまたまその日は休みで、あたりは川のせせらぎと、風に動く葉ずれの音だけなのに、その沈黙《しじま》の中から子供たちのはしゃぐざわめきが聞こえてきそうであった。

この、いささかセンチメンタルな描写は、しかし日土小学校を実際に体験した人たちの多くが共通して抱く感覚を言い当てているように思われる。
それにしてもこの文章は少し奇妙だ。なぜならば、佐々木が幼い頃に体験した小学校の空間が日土小学校のようなものであったはずがないし、そのことは、この建物を見た佐々木以外の人たちにも当てはまるだろうからである。つまり経験していないのだから「懐かしい」はずはない。しかし「ノスタルジアが立ちこめてくる」。どうしてだろう。
佐々木はこの文章でさらに次のように書いているが、これはまさに前述した戦前期との連続性の上での展開のことだといえるだろう。

いわゆる和風でない木造デザインが、日本で育ったかという問題は、ひとつの重要な意味をもっていると思われるのだが、戦後のアメリカの影響を受けたデザイン以外には、例が少ないので、論じられることがあまりない。八幡浜や新谷でそれを見出したときに、私はやや興奮をおぼえたほどであった。

では、なぜ「和風でない木造デザイン」としての松村の建築が「ノスタルジア」を感じさせるのかということが次の問題になる。
ところで、独立後のものではあるが、松村は「伝統論私見」（『国際建築』一九六五年一月号）という文章の中で次のように書いている（一五－一八頁）。

伝統とは、形式の問題ではない。心構えの問題だ。初めに形があるのではなく、形は結果である。伝統を越えたとか、越えぬとか、棒高跳とは、ワケが違う。歴史の価値を学びとるには、その根にひそむものを、洞察する以外にない。そこまでの面倒を怠って、ただ、形式だけ拝借して、伝統をうけついだなどとは恐れいる。

ここで松村は、「伝統」について建築が果たすべきことは、それを「形式」化することによって単に過去の時間軸のどこかの地点を連想させることではなく、「歴史の根にひそむもの」への洞察を示すことだと述べている。

この主張は、すでに示した松村の設計行為のモデルとよく合致する。つまり、松村のめざした建築は非文脈的に成立するから、文脈としての特定の「過去」を必要とせず、その代わりに自己参照的メカニズムを作動させるための「価値」の探究を、歴史の「根にひそむもの」への「洞察」として位置づけることができるからだ。

したがって、日土小学校に対する「いわゆる和風でない木造デザイン」という佐々木の評は、その非文脈性からすれば当然のことである。さらに彼が日土小学校を通して「ノスタルジア」を感じたとすれば、日土小学校の建築は、佐々木を彼自身が体験した特定の「過去」へではなく、松村が日土小学校の設計に際し持ち込んだ「根にひそむ」何らかの「価値」、すなわち、学校建築や子どもたちの暮らしや環境に対して松村が思い描く世界像へと引き戻したからだといえるだろう。そしてこの「どこかへ引き戻される感じ」と、それによって生まれる「移動感」や「距離感」が強い印象として佐々木の心に残り、それらが「ノスタルジア」という言葉を生んだのではないかと解釈できる。

このように考えれば、八幡浜市役所時代の松村の仕事は、もしその建築が存在しなければ私たちが見ることのできなかった世界を、価値の集合として示したことだと要約できるだろう。そして、思い描く新しい世界像の提示こそが「近代化《モダナイズ》」という行為だと考えるなら、松村はまさにそのことを実践した建築家であり、彼のつくり出した建築は「もうひとつのモダニズム建築」であったということができるのである。

補遺

独立後の松村正恒の設計活動について

独立後の松村正恒の設計活動については本書の対象外であるが、今後、その全貌を明らかにすべく調査・研究を予定している領域である。そこでごく簡単に、この時期の主要作品と今後の研究課題などを紹介しておきたい。

松村は、一九六〇年九月末をもって八幡浜市役所を辞めた後、松山市で自身の設計事務所・松村正恒建築設計事務所を開設した。場所は松山市の中心部、一番町にある伊予鉄会館というビルの中だ。

所員であった二宮初子によれば、事務所は一九六〇年一一月にスタートした。二宮は、一九五一年から八幡浜市役所に勤めていたが、手に職をつけるため在職中に日本女子大学の通信教育で建築を学び、松村の独立とともに市役所を辞めて所員となり、一九八八年まで勤めた女性である。その間、一九九一年頃まで、男性所員がひとり在籍したこともあるとのことだが、いずれにしても所員は最大で二名だった。その体制で松村は、一九九三年

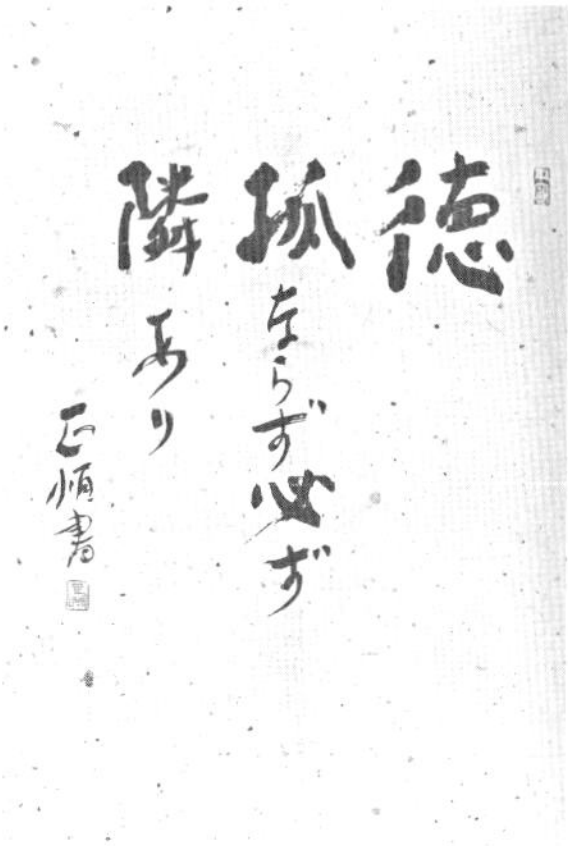

上：晩年の松村（撮影：淺川敏、1991 年 9 月）
下：『老建築稼の歩んだ道』扉に掲載された直筆の書。
「徳孤ならず必ず隣あり」は蔵田周忠の遺訓であり、孔子の言葉
（『老建築稼の歩んだ道』）

二月に亡くなるまで、建築家として現役を貫き設計を続けた。

独立後に松村が設計した建物のリストを作成する作業は、松村と交流のあった愛媛県内の建築家らによって進められ、確認申請書の控えなどをもとに基礎的な情報のデータ化がおこなわれた。設計原図も集められつつある。その結果、松村は大小合わせて四〇〇件を越える仕事をおこなっていたことがわかっている。三〇年と少しの設計期間であるから、かなりの数といえるだろう。

内訳はやはり個人住宅が一番多く、個人医院、自動車のショールームから営業所や工場、事務所、ゴルフのクラブハウス、幼稚園、高校、短大、自動車学校、医師会館、教会など、多種多様である。大部分は民間の仕事であり、公共建築は故郷・大洲市の新谷小学校を始め数件に過ぎない。当然のことながら、木造の個人住宅を除けば大部分はコンクリート造であり、八幡浜市役所時代のような大規模な木造建築はない。所在地はやはり松山市が多いが、八幡浜市、大洲市、今治市など、愛媛県内各所に分散している。

独立後の作品が建築雑誌に発表された機会は少なく、

上 2 点：松山聖陵高校（松山市、1961 年）
3 階建てだが庇を中間の壁に付け、
階数の感覚を狂わせるという立面操作がある
下 2 点：松山医師会看護学校（松山市、1962 年）
アーチ状のパターンが神山小学校を連想させる。
外壁の一部に丸鋼ブレースあり

日産プリンス愛媛販売（松山市、1963 年）
コンクリートの深い庇が三方にまわり印象的である

主なものは次の二回といってよいだろう。

・『近代建築』（一九六七年五月号）：「松村正恒建築設計事務所の作品」という特集を組み、八幡浜市役所時代の江戸岡小学校、日土小学校、神山小学校、新谷中学校、市立八幡浜総合病院本館と、独立後の医院建築五件、ゴルフのクラブハウス一件、自動車の営業所二件、住宅二件を掲載した。

・『新建築』（一九七〇年一一月号）：大洲市立新谷小学校

このことからもわかるように、独立後の松村の作品は建築ジャーナリズムの興味を引くものではなかった。

いずれも誠実に設計されてはいるが、とくに著しい特徴があるわけでもない。外観においてはコンクリートの持ち出しスラブや梁によって水平性や躍動感を表現し、内部空間では、八幡浜市役所時代のヴォキャブラリーが使われている。外観は、木造建築での中間庇をコンクリートに置き換えただけのような印象であり、いずれも市中のアノニマスな建築に見えてしまう。八幡浜市役所時代の活躍からすると、やや拍子抜けとすらいえるだろう。

このような事実について考えるうえで参考になると思われるのが、『素描・松村正恒』における松村の言葉だ（八八

松山城東教会（松山市、1963 年）
鉄骨造 2 階建ての教会。
内部には八幡浜市役所時代の
木造のディテールが多い

上：三瀬病院（八幡浜市、1963 年）
下：矢野医院（八幡浜市、1964 年）

東雲学園短期大学（松山市、1963 年）
バルコニーと深い庇が印象的。
内部には市役所時代の学校建築のモチーフが
散見される

持田幼稚園（松山市、1966年）
松村の自宅近くの幼稚園。
中央に吹抜けのホールがあり、
そのまわりに教室が並ぶ

新谷小学校（大洲市、1968年）
コンクリートの持ち出しスラブ
を多用し、連続する開口が特徴

一八九頁）。彼は独立後の仕事について、「医局にいるときは一所懸命勉強するが、開業した途端にヤブになると、正直な開業医が言うとりましたがね。（笑）」と笑わせながら、「私も、これは、市役所にいるあいだ医局みたいなもので、開業―開業は違いますが、駄目ですな。（笑）思うようにできんでしょう」と述べているのだ。そして彼は、役所の仕事より民間の仕事の方が「冒険がちょっとしにくいですよ」というのである。つまり、公共建築においてはさまざまな問題を考え抜いたうえで自分の信念に基づいた冒険をおこなったけれど、民間の建築においては一歩身を引くしかないというわけだ。

　これは、建築家の独立後の設計活動に対し、一般に思い抱くイメージとは逆であるといえるだろう。組織にいる間はデザインに対して禁欲的な姿勢を守り、独立後に

城西自動車学校（松山市、1976 年）
アーチ状の長いキャンチレバーの庇がダイナミックである

身体障害者療護施設大洲ホーム（大洲市、1990 年）
松村の最後の規模の大きな建物である

「冒険」をして個性を表出するというのが常識的な構図だからだ。

この余りに非「建築家」的自己規定の、どこまでが松村本来の生理であり、どこからが観念的な禁欲だったのかはわからないが、しかしそれは、独立後の多くの作品に漂う素気なさと、逆に儒教的とでも形容したくなる彼の言葉の強さとの関係を説明してくれるようにも思えてくる。

しかしさらに考えるなら、本当に「冒険」は「ちょっとしにくかった」だけなのかという疑問も残る。いいかえれば、「冒険をしようにも、冒険を思いつくことができなかった」のではないかということである。

本書の結論において、独立後は価値観を示す言葉が次第に抽象化し、建築自体におよぼし得る影響力が減っていった可能性を指摘したが、それはまさに彼が「冒険を思いつけない」状況を反映したものだったのではないだろうか。

また第二章において、八幡浜市役所時代における作品のうちコンクリート造のものについては未消化のままに終わったという指摘をしたが、言い換えればそれはまさに、コンクリート造にふさわしい「自己参照的メカニズム」を松村が見出せなかったということであり、さらに独立後は、八幡浜市役所時代のようなビルディングタイプとは異なる設計対象が多く、それらに相応しい「価値」も提示できなかったということではないか。

もちろんこれらは、本書の結論から推論した仮説であり、彼の建築作品と言葉についての具体的な分析によって今後実証する必要がある。

松村は、一九九〇年七月、郷里・大洲市に小さな住宅を建てた。敷地は新谷中学校と新谷小学校のすぐ近くで、正面には子どもの頃に親しんだ山々と、松村家の先祖が眠る法眼寺が見えている。彼はこの家に、月に一、二度通い、自然と一体になった晩年の暮らしを楽しんでいたらしい。自分の名前にちなみ、「恒心庵」という呼称を与えている。

しかし現地に行ってみると、建築家が自分の過去の記憶に満ちた場所に建てた庵、という先入観は完全に裏切られる。初めて訪れるひとは、これだと教えられなければ絶対に見落とすことだろう。既製の茶色いアルミサッシュやアルミ製雨戸のついた妻入り平屋の木造住宅は、施工した大工も驚いたというほど、特徴のない建物だ。それは田舎町の現在の空気の中に溶け込んでいる。

もちろん、妻面のニッチの左奥に隠れるようにつくられた玄関や、座敷と小さな板の間の微妙な関係などには、

右：恒心庵（大洲市）
新谷小学校へ向かう道路側から見た外観
左：恒心庵の全景

松村作品の空間を体験したひとなら共有できそうな気配はある。何より、風通しがよく、明るい空間の心地良さは、彼ならではといえなくもない。しかし、気の利いた地元の大工の設計施工だといわれれば、誰もが信じてしまうに違いない。

この建物については、さまざまな解釈が可能だろう。老人の手すさびに過ぎないともいえるし、レディ・メイド概念に対する批評精神を読み取ることだって可能だろう。その解釈の幅の広さは、このような素朴なモノのありように対し懐疑的な態度をとらざるを得ない現代人特有の現象かもしれず、深読みをしても仕方がないのかもしれない。

ただ、私はそこに、建築における表現行為についての、松村からの問いかけだけは読み取りたいと考えている。つまり、市中の建物に同化することも既製のアルミサッシュを使うことも、松村が八幡浜市役所時代に到達した価値観を明示する総体的な設計手法から逆照射された、現代建築や建築家に対する全面的な批評だったのではないかというわけだ。「冒険がちょっとしにくいですよ」という松村の言葉は、彼からの最後のメッセージだったというべきだろう。

日土小学校の色彩および特殊な仕上げについて

八幡浜市役所時代に松村が設計した建物には、さまざまな色彩が施されていたと雑誌や書物に書かれていることはすでに述べた。しかし、竣工当初の状態を撮影したカラー写真は見つかってないし、おそらく存在しないと思われる。したがって各所の色は、退色や塗り替えを経た状態を撮影したカラー写真や現存物件から想像することしかできなかった。

したがって日土小学校の保存再生工事では、当初の色の確定が大きな課題となり、何層もの塗装を削って最下層までの各層の色を丹念に探り、下地調整用塗装でないことを確認したうえで当初の色を決定し復元するという作業をおこなった。また、いくつかの特殊な仕上げも発見した。それらを紹介することにより、松村の色彩計画の概要や材料感覚を理解する一助としたい。

なお、以下の写真はすべて日本建築学会四国支部が写真家・北村徹氏に依頼して撮影したもので、同支部の許可を得て掲載する。保存再生の概要は『新建築』二〇〇九年一一月号に、また、より詳しい工事の全貌は『八幡浜市立日土小学校保存再生工事報告書』（八幡浜市教

中・東校舎北側全景。中校舎（右）の屋根は濃い若草色、外壁は淡い桜色、建具はブルーグレー、右端 2 階の旧音楽室の建具のみ桜色。
東校舎（左）の屋根は濃い若草色、外壁は淡い若草色、建具は 1 階が若草色・2 階が桜色

喜木川から東校舎の図書室ベランダを見る。
傾斜した柱、2階の梁、図書室への出入り口まわりの建具は桜色。1階の垂直の柱とベランダの手摺は深緑。
手摺子まわりは桜色。ベランダの床まわりは若草色。
中校舎と東校舎の配色が交錯している

育委員会、二〇一〇年）に記録されている。色の呼び名は工事報告書によるが、一部に「濃い」「淡い」という表現を追加した。

結論からいえば、日土小学校の色彩計画は実に複雑で、しかも驚くほど多彩だったのである。

屋根は、中・東校舎ともにスレート瓦に濃い若草色の塗装がなされている。これによって全体の一体感が確保されるが、外壁と外装建具の色は両校舎でかなり違う。

中校舎は外壁が淡い桜色だ。外装建具は、川側は桜色、運動場側はブルーグレーだ。したがって、川側は華やかな、運動場側は落ち着いた印象の表情となる。ただし二階の音楽室の建具は運動場側も桜色で、川側のデザインが持ち込まれている。

東校舎は外壁が淡い若草色だ。外装建具は、川側と運動場側とも若草色を基本とし、運動場側二階の廊下のみが桜色になっている。

そうすると、外装建具の桜色という共通項が、中校舎川側および中校舎端部の音楽室と東校舎運動場側廊下との間に存在することになり、両校舎の間に概ね対角線的な対比やつながりが生まれるのである。

内装はさらに複雑で、とくに東校舎の普通教室は、一・二階ともに三教室の腰壁の色が、若草色、ブルーグレー、桜色と違えてある。建具やトラスはそれと同色なので、別の教室に入るたびに空間の印象が大きく変わる。外装建具は若草色だけだから、枠の内外での塗り分けも慎重におこなわれた。

そして、中・東校舎の結節点ともいえる東校舎二階の図書室のベランダまわりでは、まさに両校舎間の色彩の対比を調停するかのような複雑な配色がなされたのだ。

東校舎二階の図書室と補導室の内装については、前者は当初の姿からの改変が大きく、後者は長く立ち入りができなかったため、保存再生工事の中で初めて仕上げが判明した部分が多い。具体的には各写真のキャプションを読んでいただきたいが、そこには「和風」とも呼べる印象のデザインがあり驚かされた。図書室では、無塗装の独立柱、障子、天井の化粧合板、なぐり仕上げの梁であり、補導室では市松模様の壁である。

しかし、いずれの部屋も、他の部分のデザインは「和風」とは全く異なる意匠であり、空間全体が「和風」に見えることはない。むしろ、様式の混在が意図的に演出されているというべきであり、本書で指摘した「意味が確定することの拒否」という松村の方法論が、ここでも徹底されているということができる。外装の複雑な配色についても同様の解釈が可能だろう。

左：東校舎２階の廊下と教室への前室。
天井・壁・柱ともに若草色。柱の一部は深緑。棚の背板はカラシ色
右：東校舎階段の踊り場からの見返し。
天井・壁・柱ともに若草色。手摺は深緑

上：東校舎１階の昇降口。
柱・梁・建具ともに若草色
下：中校舎１階の
職員室前の廊下と階段。
保存再生工事で
職員室の壁はガラスにし、
手前に交流ラウンジを設けた。
壁・天井ともブルーグレー

東校舎2階の図書室。川側を見る。天井は銀箔クロス貼。梁はなぐり仕上げ。
左側の壁はベニア板にクリアラッカー塗り。黄色く塗った竹の輪切りを取り付けて星座を描いている。間接照明や鉄筋の骨組みの書棚も復元した。棚板は上面のみ無塗装。
右側の壁は焼き杉板。開口部は上部がガラス窓とその手前に障子、下部はベンチの下にもガラス窓がある。
ベランダへの出入り口部分は、独立柱と梁だけ無塗装、上部垂れ壁は焼き杉板、天井は化粧合板貼、建具は桜色で一部に色ガラスがはいっている

東校舎2階の旧補導室（現相談室）。天井は銀箔クロス貼。右側の壁は金揉み紙と伊予絣を市松模様に貼っている。オリジナルの壁は現状保存したうえで、復元壁で覆い被せ、一部は保存壁が確認できるようにアクリル板で覆った。他の壁面は焼き杉板。L型の窓にはガラリ戸もついている

東校舎1階の旧普通教室（現理科室）。壁の上部はベニア板にクリアラッカー塗り。下部は桜色のペンキ塗りで、建具もトラスも同じ桜色。普通教室壁面の下部の色は、各階とも3教室で異なっており、東から、若草色、ブルーグレー、桜色である。教室内部の建具などもそれぞれの色に合わせてある

喜木川から中・東校舎南側全景を見る。
中校舎（手前）の外壁は淡い桜色、建具は桜色。
東校舎（奥）の外壁は淡い若草色、建具は若草色

右頁：山から見下ろした全景。
左端は、保存再生工事で新築した新西校舎（普通教室棟）

註

第一章

★一――笠原一人・奥佳弥「高崎における上野伊三郎の活動について」『日本建築学会大会学術講演梗概集』二〇〇三年九月。

★二――以下の文献を参考にした。

・武蔵工業大学建築学科如学会編『蔵田周忠先生　生誕百年記念』（一九九七年）。

・矢木敦「蔵田周忠」『建築文化』二〇〇〇年一月号。

・矢木敦・大川三雄「蔵田周忠の海外渡航（一九三〇–三一）と執筆活動について――『国際建築』誌への連載を中心とする考察」『日本建築学会大会学術講演梗概集』一九九八年九月。

★三――以下の研究で言及している。

・石坂美樹「雑誌・『国際建築』研究――昭和期の建築界におけるその位置付け」（神戸芸術工科大学大学院修士論文、二〇〇一年三月）。

・花田佳明・石坂美樹「建築雑誌『国際建築』の概要について――建築雑誌『国際建築』研究（一）」『日本建築学会大会学術講演梗概集』二〇〇一年九月。

・石坂美樹・花田佳明「建築雑誌『国際建築』の特性についての分析――建築雑誌『国際建築』研究（二）」『日本建築学会大会学術講演梗概集』二〇〇一年九月。

★四――以下の文献を参考にした。

・梅宮弘光「川喜田煉七郎と日本の近代建築運動に関する研究」（神戸大学大学院自然科学研究科博士論文、一九九四年三月）。

・梅宮弘光「透明な機能主義と反美学　川喜田煉七郎の一九三〇年代」『モダニズム／ナショナリズム――一九三〇年代日本の芸術』（せりか書房、二〇〇三年）。

★五――河野祐子「土浦亀城研究」（多摩美術大学大学院美術研究科修士論文、二〇〇四年三月）。河野祐子は土浦事務所の所員であった河野通祐の孫である。

★六――以下の文献を参考にした。

・『音楽家人名事典』（日外アソシエーツ、一九九一年）五八頁。

・園部三郎「現代ピアニスト論（六）――井上園子論」『音楽公論』一九四二年九月号。

★七――初出は「婦人の世紀」第四号（一九四七年一一月発行）。『宮本百合子全集　第一五巻』（新日本出版社、一九八〇年）所収。

★八――「徳川生物学研究所」といえば、徳川家第一九代当主であった植物学者・徳川義親（一八八六–一九七六）が、自邸内（現在の東京都豊島区目白）に設けた研究室を発展させたものであるが、現在は存在しない。やはり徳川義親が創設し、現在もこの敷地内にある徳川林政史研究所が所蔵する『徳川生物學研究所要覧』には、徳川生物学研究所の写真や建物配置図が掲載されているが、『財団法人徳川黎明会略史』（財団法人徳川黎明会総務部、一九九三年一〇月）によれば、これらの建物は昭和六年から七年にかけて渡辺仁の設計によって建てられたことが記録されており、土浦亀城は関与していないと断定できる。この件では財団法人徳川黎明会・香山里絵氏に確認を依頼しお世話になった。

★九――北條秀司『鬼の歩いた道』（毎日新聞社、一九八七年）などによる。

★一〇――『海を渡った日本人建築家』（彰国社、一九九六年）、『図説「満州」都市物語』（河出書房新社、一九九六年）、『日本植民地建築論』（名古屋大学出版会、二〇〇八年）など。

★一一――西澤泰彦『海を渡った日本人建築家』（彰国社、

一九九六年）一七九頁。

★一二――西澤泰彦『図説「満州」都市物語』（河出書房新社、一九九六年）一〇七頁。

★一三――前掲書、一〇七頁。

★一四――『北海道教科研会報』一〇八号（北海道教育科学研究会、二〇〇七年二月七日）。

★一五――浦辺史・浦辺竹代『福祉の昭和史を生きて』（草土文化、一九九四年）。

★一六――花田佳明・石坂美樹「建築雑誌『国際建築』の概要について――建築雑誌『国際建築』研究（一）」『日本建築学会大会学術講演梗概集』二〇〇一年九月。

★一七――『Hadow Report』。イギリスの初等教育について先進的な提言をおこなった報告書のこと。

★一八――以下の文献を参考にした。

・金子省子「日本両親再教育協会について」（『日本保育学会大会発表論文抄録』第四二号、一九八九年五月一〇日、二二二―二二三頁）。

・志村聡子「日本両親再教育協会における各地支部の組織化」（『埼玉学園大学紀要人間学部篇』第五号、二〇〇五年、一一七―一二九頁）。

★一九――本多昭一「プレハブリゼーション史の研究（七）――農地開発営団の「移動宿舎」について」（『日本建築学会大会学術講演梗概集』一九八二年八月）に詳しい。

★二〇――本多修は、その著書『有名三三一家の女性中心新系図』（中央公論事業出版、二〇〇四年）によれば、一九一二年に台北市に生まれ、一九三一年に旧制台北高等学校文科二年を終了し、一九三四年に武蔵高等工科学校建築科を卒業した。台湾・新竹州庁勤務の後、同潤会、住宅営団、農地開発営団を経て、一九四七年に農林省に入省した。一九七〇年、生活改善技術研修館館長を最後に同省を退官し、全国農協共済福祉事業団に一九八〇年まで勤務した人物である。

★二一――佐々木嘉彦は、一九一六年に山形県に生まれ、一九四一年に早稲田大学建築学科を卒業した。同潤会、住宅営団、農林省などを経て、東北大学、八戸工業大学教授などをつとめた人物で、住居、住環境、農家住宅、東北地方の都市住居についての研究がある。

★二二――「武蔵工大図書館・蔵田周忠文庫に保管」とあるが、『蔵田周忠文庫目録』（武蔵工業大学図書館、一九八七年）には掲載されていない。

★二三――吉見俊哉『都市のドラマトゥルギー　東京・盛り場の社会史』（弘文堂、一九八七年）二四八頁。

★二四――見田宗介『現代日本の心情と論理』（筑摩書房、一九七一年）七頁。

第二章

★一――一般に「スケッチ」と呼ぶ設計途中で描くフリーハンドの図の類いは全く見つかっていない。神山小学校についてのみ、最終案以外の検討平面図があり掲載したが、寸法を入れ定規を当てて描いた図面であり、一般にいう「スケッチ」という印象ではない。松村の部下であった柳原亨氏へのインタビューでも、そういった図はほとんど見た記憶はなく、ましてスタディ模型はつくらなかったとのことである。

★二――二〇〇三年一一月一六日、松村邸に於ける松村夫人・妙子氏へのヒアリングによる。

★三――「学校建築計画事始め」（『季刊　文教施設』二〇〇三年新春号［〇九号］、七七頁）で吉武自らが当時の状況を説明している。

★四――日土小学校の保存再生活動の経緯については、花田佳明「日土小学校の保存活動の現状について」（『建築雑誌』二〇〇八年二月号）参照。

★五――工事の内容の詳細については、『八幡浜市立日土小学校保存再生工事報告書』（八幡浜市教育委員会、二〇一〇年）参照。また、完成した姿は『新建築』二〇〇九年一一月号に掲載された。

★六――『八幡浜市立日土小学校　現況調査及び改修・改築基本計画　二〇〇六年度』（日本建築学会四国支部、二〇〇八年）参照。

★七――村田建築設計事務所勤務の構造設計者で、早稲田大学教授・竹内盛雄らとの共著論文がある。

★八――池田伝蔵・片山恂一『理工文庫　学校建築の計画』（理工図書、一九五七年）の「第七章　実例と作例」には、配置図・概略平面図・面積表が掲載されている（一二一―一二二頁）。解説はない。著者略歴によれば、著者のひとり片山は、「大正二年東京に生る。昭和一二年武蔵高工建築科卒後蔵田周忠建築研究室、久米建築事務所等に学び、武蔵高工助教授　池田組技師を経て、昭和二四年文部省に入り、群馬大学施設課長、新潟大学施設課長兼同教育学部講師を併任、昭和三九年東京医科歯科大学施設課長として現在に至る」とあり、武蔵高等工科学校あるいは蔵田周忠の縁で情報を入手し、掲載したのではないかと想像される。また、本書の第三章では、「病院のことでかねて君を尊敬してゐる」という片山が、松村へ何らかの問い合わせをしたがっていることを知らせる蔵田からの手紙を紹介した。

★九――なおこのスライドなどの使い方について、当時の二、三の教員の方へヒアリングをしたが（元ＰＴＡ会長・原田義夫氏経由）、その存在すら御存知なく、授業などで使われた記憶もないとのこと。スライドにある「末松先生」は当時の教頭・末松綾由、「梶原先生」は狩江中学校の技術家庭科の教員・梶原譲であり、梶原は写真が趣味だったので、記録を残したのではないかということだった。

★一〇――このスライドとナレーションは、『（社）日本建築学会四国支部創立五〇周年記念誌』（日本建築学会四国支部、一九九九年）の中に愛媛大学教授・曲田清維も記録しているが、原文と違う部分があり、記録性を重視し、再度、活字化した。

★一一――腰原幹雄「近代木造建築の耐震診断・耐震補強」『建材試験情報』二〇〇八年一月号（建材試験センター）。

第三章

★一――なお、この「激励の便り」として『無級建築士自筆年譜』の註一一（一五三―一五五頁）に再録されているものは、内田が二年後に新谷中学校と日土小学校を見学した後、一九五八年一〇月三〇日に出した葉書の内容であり、間違いである。

★二――第二章でも言及したが、『季刊　文教施設』の二〇〇三年新春号（〇九号）から二〇〇五年春号（一八号）に八回にわたって連載された「学校建築計画事始め」という座談会記事がある。三回目までは「吉武泰水先生を囲む座談会」という形式でおこなわれ、生前の吉武に戦後の学校建築研究史を尋ねた貴重な記録になっている。その二回目・「学校建築計画事始めⅡ」（二〇〇三年新春号［〇九号］）で吉武は、「アメリカのように建築関係の雑誌を通してということもありましたが、イギリスの場合は英国文部省が一九四九年一〇月以来発行し続けているビルディング・ブルティンによって設計計画の内容や意味の詳しい情報（学校の成り立ち、構成、ディテール、使われ方、工費、構造など）が得られたことは、建築計画関連の研究を進める上でも大変参考になりました」と述べている（六九-七〇頁）。

★三――Educational Facilities Laboratories（EFL）は、一九五八年に設立された組織で、アメリカの教育と学校建築についてさまざまな貢献をしてきた組織である。その歴史については、Judy Marksの「The Educational Facilities Laboratories (EFL): A History」という文章に詳しい（http://www.edfacilities.org/pubs/efl2.pdf）。

★四――"The Cost of a Schoolhouse" の全文は、ERIC（Education Resources Information Center）という組織のサイトでダウンロードできる（http://www.eric.ed.gov/PDFS/ED031032.pdf）。

★五――同人制によってつくられた雑誌。最初は、岩本博行・大江宏・神代雄一郎・白井晟一・前川國男・武者英二・宮内嘉久を同人として、一九七六年一〇月から一九八六年三月までの間に、〇号から二〇号まで刊行された。次いで一九八六年一〇月には、同人を大江宏・大谷幸夫・神代雄一郎・永田祐三・宮内嘉久・武者英二とし、第二次『風声』第二一号が刊行された。その後、一九八七年六月に誌名を『燎』と改め第一号を刊行し、一九九五年一〇月刊の第二六号をもって休刊した（『風声＝燎　目次・あとがき集成』宮内嘉久編集事務所、一九九五年）。おそらく神代あるいは宮内から声がかかったと思われるが、松村も『風声』六号（一九七九年）に「半生回想」という文章を寄稿している。

★六――「昭和初期モダニズム――建築家土浦亀城と彼を巡る人々」（『SD』一九八八年七月号）や「再考　建築家土浦亀城」（『SD』一九九六年七月号）による。

結論

★一――藤木隆男「生きていくモダニズム建築」（『建築文化』二〇〇〇年六月号）。

★二――地元市民による日土小学校の保存活動や種々のシンポジウムなどで使われてきた日土小学校に対する愛称。

松村正恒についての主要関連文献

松村正恒の著書

書名	出版社	出版時期	備考
四国の民家	日本建築学会四国支部	一九八三年二月	共著
愛媛の近代洋風建築	愛媛県文化振興財団	一九八三年三月	共著
素描・松村正恒	建築家会館	一九九二年一〇月	宮内嘉久編集事務所編
無級建築士自筆年譜	住まいの図書館出版局	一九九四年六月	単著
老建築稼の歩んだ道	松村妙子(発行者)	一九九五年二月	単著

松村正恒の主な論文・論評・対談など(『老建築稼の歩んだ道』に再録されたものは除く)

題目	掲載誌・『書籍』	出版社	発行時期
特集・新託児所建築	国際建築	国際建築協会	一九三九年九月
伊予の民家	『今和次郎先生古稀記念文集』	相模書房	一九五九年七月
住宅の設計	室内	工作社	一九六三年一二月
伝統論私見	国際建築	国際建築協会	一九六五年一月
地方営繕への提言	公共建築	日刊建設通信社	一九六七年九月
日本建築家協会第三回大会　第三分科会討議	機関誌　建築家	日本建築家協会	一九七三年四月
対談　風土と建築(神代雄一郎との対談)	ina REPORT (No.16)	伊奈製陶	一九七八年六月
自然で簡素な建築をつくるに真剣だった	『学校建築の冒険』(INAX BOOKLET Vol.8, No.2)	INAX	一九八八年九月
アメリカ仕込みの合理主義者	SD	鹿島出版会	一九九六年七月

松村の建築作品を掲載した雑誌・書籍

作品名	掲載誌・『書籍』(著者)	出版社	発行年月・号
愛宕中学校　松蔭小学校	建築文化	彰国社	一九四九年九月号
八代中学校	建築文化	彰国社	一九五〇年九月号
八幡浜市立病院結核病棟(東病棟の図面もあり)	建築文化	彰国社	一九五三年一〇月号
江戸岡小学校	建設情報		一九五四年三月号
新谷中学校	建築文化	彰国社	一九五五年九月号
江戸岡小学校　特別教室棟	新建築	新建築社	一九五六年三月号
八幡浜市立病院看護婦寄宿舎	新建築	新建築社	一九五六年五月号
八代中学校　新谷中学校	『建築学大系32　学校・体育施設』	彰国社	一九五七年七月号
狩江小学校	『学校建築の計画』(池田伝蔵・片山恂一)	理工図書	一九五七年一〇月
神山小学校	建築文化	彰国社	一九五八年一二月号
日土小学校	建築文化	彰国社	一九六〇年二月号
日土小学校	『建築年鑑'60』	美術出版社	一九六〇年五月
神山小学校　日土小学校	『日本建築学会設計計画パンフレット No.11　教室の設計』	日本建築学会	一九六〇年七月
八幡浜総合病院	四国建築	創建社高松支局	一九六〇年七月号
日土小学校	『世界建築全集12　現代Ⅲ　文化と厚生』	平凡社	一九六〇年八月
八幡浜市民病院	建築文化	彰国社	一九六〇年一一月号
八幡浜総合病院　日土小学校	四国建築	創建社高松支局	一九六一年四、五月号
新谷中学校　神山小学校	『日本建築学会設計計画パンフレット No.17　学校のブロックプラン』	日本建築学会	一九六四年一月
特集「松村建築設計事務所の作品」	近代建築	近代建築社	一九六七年五月号
神山小学校　新谷中学校	『新訂　建築学大系32　学校・体育館』	彰国社	一九七〇年三月
新谷小学校	新建築	新建築社	一九七〇年一一月号
日土小学校	日経アーキテクチュア「有名建築その後」	日経マグロウヒル社	一九七六年一〇月四日号
神山小学校	『建築設計資料集成 4』	丸善	一九七九年

神山小学校	『学校建築　計画と設計』	日本建築学会	一九七九年二月
日土小学校	『建築設計資料集成　教育・図書』	丸善	二〇〇三年三月

『国際建築』誌上で松村による翻訳と確認できる記事（原著者名は邦訳されていればそれを、邦訳されていなければ原語表記とした）

論文名	著者	発行時期
工業デザインと建築家	Harvey Wiley Corbett	一九三六年四月
バウハウス理論とリ大學の實践		一九三六年七月
建築家の養成に就て	ワルター・グロピウス	一九三六年七月
オリムピック キャラバン	Pay Christian Carstensen	一九三七年一月
ハーバード大學に於ける建築	ワルター・グロピウス	一九三七年七月
アメリカは如何に建築するか	ノイトラ	一九三七年七月
創造的建築教育	ワルター・グロピウス	一九三七年八月
創造的建築教育　2	ワルター・グロピウス	一九三七年九月
英國に於ける建築家とパトロン	J. M. Richards	一九三七年九月
Bexhill 娯樂場の懸賞競技評		一九三七年九月
博覧會技術	Walter Dorwin Teague	一九三七年一一月
ソヴエト聯邦の建築と生活	フランク・ロイド・ライト	一九三七年一二月
第一回ソヴエト建築家會議	Simon Breines	一九三七年一二月
住む為の建築へ	ワルター・グロピウス	一九三八年三月
住む為の建築へ［2］	ワルター・グロピウス	一九三八年四月
建築の機械化	Jules Korchien	一九三八年三月
MARSグループ展覧会	ル・コルビュジェ	一九三八年五月
装飾としての音響學的型態		一九三八年六月
装飾としての防音材料		一九三八年七月
一九三八年グラスゴー博	J. M. Richards	一九三八年一〇月
アルバート・カーン		一九三八年一一月

ハイゲートの集合住宅 “HIGHPOINT NO.2”の出来るまで		一九三九年一月
アパートメント “HIGHPOINT NO.2”		一九三九年一月
借家人はアパートメントに何を要求するか	Thyrsa w. Amos	一九三九年一月
瑞典に於ける現代建築の発展	Arnold Tucker,Miss Gun Sjödin	一九三九年四月
英国に於るヴィレッヂ　カレッヂのアイディア		一九四〇年三月

松村正恒や日土小学校に関する主な論文や記事

筆者	題目	掲載誌	発行年月・号
内田祥哉	日土小学校を見て	建築文化	一九六〇年二月号
川添登	地方作家の第一人者・松村正恒	木工界	一九六〇年七月号
神代雄一郎	建築家は地方で何をしたか	建築文化	一九六〇年一一月号
佐々木宏	松村正恒の作風のことなど	近代建築	一九六七年五月号
花田佳明	モダニズムというノスタルジア 松村正恒の残したもの	建築文化	一九九四年九月号
中川理・花田佳明・松隈洋	四国・公共建築行脚からの発見	建築ジャーナル	一九九四年一一月号
花田佳明	松村正恒という建築家を知るために	住宅建築	一九九七年二月号
花田佳明	松村正恒の残したもの 『再読/日本のモダンアーキテクチャー』(共著)	彰国社	一九九七年七月
田所辰之助+モダニズム建築研究会	日土小学校	建築知識	一九九九年八月号
田所辰之助	生活世界の構築	SD	二〇〇〇年九月号
花田佳明	夢の中味	コンフォルト	二〇〇〇年四月号
花田佳明	日土小学校模型制作プロジェクト	神戸芸術工科大学紀要	二〇〇一年三月
曲田清維	よみがえれ!木霊の学校日土小	NPO木の建築	二〇〇四年四月
曲田清維・花田佳明・板井麻理子	日土小学校の保存運動に関する研究 日本建築学会四国支部研究報告集第五号		二〇〇五年五月
花田佳明	日土小学校の保存活動の現状について	建築雑誌	二〇〇八年二月号

和田耕一	八幡浜市立日土小学校の校舎再生――「小学校として使い続ける文化財」を目指して	NPO木の建築	二〇〇八年一二月
腰原幹雄・花田佳明・趙海光・和田耕一・武智和臣	特集　近代木造の射程	住宅建築	二〇〇八年一二月号
花田佳明	谷間のユートピア	住宅建築	二〇〇八年一二月号
花田佳明	建築家・松村正恒に関する研究――八幡浜市役所における活動を中心にして	東京大学博士論文	二〇〇九年

日本建築学会四国支部で作成した日土小学校の保存再生に関する報告書

書名	報告	年月
フォーラム「子どもと学校建築」	日本建築学会四国支部	一九九九年一一月
木霊の学校　日土小	日本建築学会四国支部	二〇〇四年三月
夏の建築学校　日土小	日本建築学会四国支部	二〇〇五年一月
夏の建築学校　八幡浜	日本建築学会四国支部	二〇〇五年一二月
夏の建築学校二〇〇六――日土小学校の再生に向けて	日本建築学会四国支部	二〇〇七年三月
八幡浜市立日土小学校 校舎改修・改築に伴う現況調査報告書	八幡浜市教育委員会	二〇〇七年三月
八幡浜市立日土小学校　校舎改修・改築に伴う基本計画	八幡浜市教育委員会	二〇〇八年三月
八幡浜市立日土小学校 現況調査及び改修・改築基本計画　二〇〇六年度	日本建築学会四国支部	二〇〇八年八月

日土小学校保存再生完了後の紹介記事など

著者	題目	掲載誌	発行年月・号
花田佳明	よみがえった日土小学校	DOCOMOMO Japan News Letter NO.10 Summer, 2009	
花田佳明	日土小学校の保存・改修プロジェクトが示すもの	近代建築	二〇〇九年九月号
紹介記事		建築ジャーナル	二〇〇九年九月号

紹介記事	八幡浜市立日土小学校保存再生	日経アーキテクチュア	二〇〇九年一〇月二六日号
紹介記事	日土小学校の保存再生がくれた夢	新建築	二〇〇九年一一月号
花田佳明	つるかめ建築を支える人々12／原設計者の想いを継承しながら次代につながる保存再生にしたい	新建築	二〇〇九年一一月号
松井晴子	日土小学校(五四-五二歳)のワーキンググループ	コンフォルト	二〇一〇年二月号

あとがき

本書は、筆者が東京大学大学院工学系研究科に提出した博士学位論文『建築家・松村正恒に関する研究―八幡浜市役所における活動を中心にして―』（二〇〇八年一〇月提出、二〇〇九年一月学位授与）を、二〇一〇年度独立行政法人日本学術振興会科学研究費補助金（研究成果公開促進費・課題番号二二五二三二）の助成を受けて出版するものである。

単行本化に際しては、内容と構成は基本的に博士論文のまとまとし、誤記の訂正、言い回しの細かな調整、論文提出後に判明した若干の新しい事実の加筆、松村が設計した八幡浜市立日土小学校の保存再生工事を通して得られた同校の色彩に関する知見の追記、同工事の竣工写真の一部掲載、そしてタイトルの変更などをおこなった。

本書によって、建築家・松村正恒が八幡浜市役所を退職するまでに展開した設計活動について、それなりの量と質の情報や解釈を整理し提示できたのではないかと考えている。本書が、松村と彼の設計した建物の存在を広く世に伝え、さらなる松村研究やモダニズム建築研究に貢献できれば幸いである。

思えば、私が建築家・松村正恒のことを調べ始めてから十数年の時間が経った。

その間私は、松村を知る多くの方々に支えられながら調査・研究をおこない、さらに約一〇年におよぶ日土小学校の保存再生活動にも深く関わった。そして関係者の大変な努力によって日土小学校は甦り、私は松村研究の成果を博士論文にまとめ、さらにその出版の機会も得た。

すべて十数年前には思いもしなかったことばかりである。いつの間にか生まれ、これらのことを実現した多くの「点」とそれらを結んだ複雑な「線」に思いを巡らすとき、不思議な感慨に浸らざるを得ない。

私が松村の建築を初めて見たのは、一九九四年六月のことであった。雑誌『建築ジャーナル』の「四国・公共建築行脚からの発見」という特集記事づくりのために、友人の中川理さん（当時＝京都工芸繊維大学助教授、現在＝同教授）、松隈洋さん（当時＝前川國男建築設計事務所員、現在＝京都工芸繊維大学教授）、そして編集者の山口真実さんといっしょに四国を車で回っていた。メンバーは誰も松村のことをよく知らなかった。事前に訪問先を決める際、『日経アーキテクチュア』に載った狩江小学校のお別れ会の記事が話題になり、ともかく行ってみようということになったのである。

午後三時半頃だっただろうか。内子町経由で八幡浜市に到着し、日土小学校に飛び込んだ。その瞬間の驚きをどう言葉にすればよいだろう。気がつくと、私は興奮してカメラのシャッターを切りまくっていた。大急ぎで江戸岡小学校と神山小学校にも行き、暗くなりかけた放課後の校舎の中を走り回って写真を撮った。

あっという間に夜になり、興奮冷めやらぬまま次の目的地である高知県まで駆け抜けた。取材を終了して神戸に戻ってからも、八幡浜のことを思い出すたびに、まるで夢でも見ていたかのような気分になった。

私の松村研究は、この日の体験を原点とし、なぜ自分の中に建築によってあれほどの感情の昂りが生まれたのか、そのような建築を設計した松村とはどんな人物だったのかという疑問を解き明かすための作業であったといってよい。

その後すぐに再び愛媛を訪れて関係者の方々との接点をつくり、松村とその建築について調査・研究を開始した。

八幡浜市は、実は私が小学校の前半までを過ごした町（東宇和郡野村町、現在の西予市野村町）の近くであり、松村作品を調べ歩くうちに、間接的とはいえ自分との思いがけない接点にも出会い、いっそうのめり込んでいくことになった。

八幡浜市、大洲市、松山市などを幾度も訪れては、得られた成果を雑誌や本に書いていった。その間にモダニズム建築再評価の動きが次第に高まり、ドコモモ・ジャパンが結成され、一九九九年、同組織によって日土小学校がドコモモ20選に選ばれた。それをひとつの契機として日土小学校の保存再生活動が動き始め、気がつくと私も渦中にいた。

その詳しい経緯を語ることは別の機会に譲るしかないが、さまざまな意見が交錯する中、可能な限りの知恵を出し、そして最良の答えに到達した。

当然のことながら、この活動を通して松村とその建築についての知見は増えたが、同時に保存再生活動自体にも多くの時間を要することになり、松村研究をまとまったかたちにすることができなかった。

しかし、保存再生活動の牽引役として、鈴木博之先生（当時＝東京大学教授、現在＝同名誉教授）に日本建築学会四国支部で日土小学校保存再生特別委員会の委員長を引き受けていただいたのを機に、先生のご指導のもと、博士論文としてまとめようという決心をした。これが二〇〇七年四月のことで、その後ちょうど一年半をかけ、ひとりで抱え込んでいたさまざまな資料を整理し、再調査もおこない、十数年前の感情に自分なりの説明をつけた。その結果が博士論文であり、本書である。

日土小学校に代表される松村建築を語る際には、「優しい」とか「子どものための」といった形容が必ず登場する。しかし私は、それらは自分が感じたものとは少し違うという思いを消すことができず、事実の集積として松村の活動を詳細に描きつつ、この齟齬感を説明する言葉の発見が最終的な目標となった。

その答えが、「自己参照的メカニズム」「非文脈性」「意味の確定の拒否」「価値」「総体的建築」といった言葉による解釈であり、私としては、かつて自分が日土小学校の空間の中でそういったものを直感していたのだと思い至ったとき、胸のつかえがとれたような気持ちになった。

本書にいたるこの十数年の間には、実に多くの方々との出会いがあり、皆さんに支えられてきた。すべてのお名前を挙げることはできないが、記して感謝の意を表したい。

最初に御礼を申し上げたいのは、松村夫人の妙子さんである。ご自宅に何度もうかがい家捜しのようなことまでする私に、おそらくは呆れながらも、いつも優しく接して下さり、貴重な資料や情報を提供していただいた。御子息である松村正基さんにもお世話になった。

松山の建築家であった故・青木光利さんは、私が松村研究を始めるにあたり最初に連絡をとり、その後の人脈の基礎をつくっていただいた方である。自画像がファックスで届き、それを頼りに松山駅で初めてお目にかかったときのことが忘れられない。しかし、日土小学校のことも本書のことも直接ご報告できなくなってしまったことが残念でならない。

愛媛大学の曲田清維教授とは、日土小学校の保存再生活動の同士として長いおつきあいとなった。松村研究についても当初よりさまざまな助言をいただき、御礼の言葉もない。

鈴木博之東京大学名誉教授には、私の博士論文の主査をしていただいた。八幡浜近郊を走る車の中で、「ご相談が……」と持ちかけた途端に返ってきた「論文のことですね」というお言葉がなければ、博士論文も本書もこの世に存在していなかっただろう。

内田祥哉東京大学名誉教授には、松村「発見」の経緯に関する質問に詳しくお答えいただき、当時の事情を再現することができた。

日土小学校の現況調査から保存再生工事完成までご一緒した東京大学生産技術研究所の腰原幹雄准教授には、松村の木構造に関するアドバイスをいただいた。

八幡浜市役所で松村の部下であった柳原亨さんと清水行雄さんからは、松村との設計作業についてさまざまなお話をうかがった。同市役所の原政治さんには、松村担当物件の実施設計図閲覧などの件でいろいろと便宜を図っていただいた。同市教育委員会の梶本教仁さんには、日土小学校の保存再生活動でお世話になったばかりか、松村が設計したいくつかの調査対象校への紹介の労をとっていただいた。

日土小学校の保存再生活動を共にしてきた愛媛の建築家、賀村智・武智和臣・和田耕一・三好鐵巳の皆さん、菊池勝徳さんをはじめとする「木霊の学校日土会」の皆さん、調査にご協力いただいた各校・各施設の皆さん、その他、日土小学校の保存再生活動に関わってきたすべての方々にも感謝したい。

松村の遺稿集『老建築稼の歩んだ道』を編集した松山の建築家である田中修司さんには、松村と同書に関する細かな質問に答えていただいた。

また、私の勤務する神戸芸術工科大学の先輩、同僚、学生諸君からは、後方からのさまざまな支援をいただいた。とくに、故・鈴木成文先生（元・神戸芸術工科大学学長、同大および東京大学名誉教授）からうかがった戦後の建築計画学の展開に関するお話は、松村の生きた時代状況を想像する手がかりとなった。「文化遺産としてのモダニズム建築展　ドコモモ20

選」のための日土小学校の模型づくり、松村の設計した建物を教室とした「夏の建築学校」、そして日土小学校の現況調査に参加してくれた神戸芸術工科大学の卒業生諸君には、その努力に敬意を表するとともに、心から御礼を言いたい。

松村の設計方法を自己参照的メカニズムという言葉で説明すると納得がいくことに気づき二章のまとめを書いているとき、ふと以前にも同じようなことを考えたなあと思い出したのが、自分自身の修士論文「茶室空間の文法」であった。茶室の時代的変化を歴史的・社会的にではなく、それを生成する空間の文法内部の自律的展開として説明を試みたもので、論理的な枠組みの相似性に驚いた。建築の背後にそのような隠れた論理を読み取る眼差しは、大学院時代の指導教官であった廣部達也東京大学名誉教授から受け継いだものだと信じている。

本書の出版に関しては、編集を担当した鹿島出版会の川尻大介さんの奮闘に感謝したい。博士論文を本にしたいと思っていた矢先、氏との偶然かつ幸運な出会いがあった。編集実務を担当したメディア・デザイン研究所の荻原富雄さんには、細かな校正に忍耐強くおつき合いいただいた。

装幀家を決める際、川尻さんと私でそれぞれの好きな本を挙げたところ、ある写真集が見事に一致した。その装幀をしたのが間村俊一さんで、本書も是非にとお願いした。期待どおり、松村正恒という人物とその建築に漂う気配のようなものを見事に表現していただいた。

帯に松村正恒の本質を射抜く言葉を寄せてくれたのは、学生時代からの友人である建築家・青木淳さんだ。ありがとう。

両親と家族の長年にわたる支援にも感謝する。

松村正恒という建築家の生涯を考えれば、本書が扱ったのはその前半に過ぎない。独立後の彼の思考と実践を解き明かすには、まだまだ多くの言葉が必要だろう。しかし、本書で取り上げた松村によるモダニズムとの格闘が提起する問題や枠組みは、現代においても依然として有効な射程をもっているに違いない。

松村の建築は、日本という文脈における「あり得たもうひとつのモダニズム」を示しており、私には、彼がそのような文脈的解答に至ることができたのは、逆にその建築が非文脈的・自律的に設計されていたからだと思えてならない。そのような一見アンビバレントな構造こそが、建築設計の要諦ではないだろうか。本書は、松村正恒という建築家との長い架空の対話に基づく建築論なのだと私は考えている。

二〇一一年一月一五日　花田佳明

略歴

花田佳明（はなだ・よしあき）
神戸芸術工科大学教授。一九五六年愛媛県生まれ、一九八二年東京大学大学院工学系研究科建築学専攻修士課程修了。一九八二－九二年日建設計勤務、一九九二－九七年神戸山手女子短期大学専任講師・助教授、一九九七－二〇〇三年神戸芸術工科大学助教授を経て、二〇〇四年より現職。専攻は建築設計理論・近代建築史。博士（工学）。
主な著書に『植田実の編集現場』（ラトルズ、二〇〇五年）、『再読／日本のモダンアーキテクチャー』（共著、彰国社、一九九七年）、『建築MAP大阪／神戸』（共著、TOTO出版、一九九九年）、『環境デザインへの招待』（共著、建築・都市ワークショップ、二〇〇四年）、『建築デザイン用語辞典』（共編著、井上書院、二〇〇九年）、『初めての建築設計　ステップ・バイ・ステップ』（共著、彰国社、二〇一〇年）など。

カバー写真　肖像（撮影：渡辺義雄）
八幡浜市立江戸岡小学校内観［松村家蔵］
表紙　八幡浜市立日土小学校矩計図［八幡浜市役所蔵］

建築家《けんちくか》・松村正恒《まつむらまさつね》ともうひとつのモダニズム

二〇一一年二月二八日　第一刷発行

著　者　花田佳明
発行者　鹿島光一
発行所　鹿島出版会
〒一〇四‐〇〇二八　東京都中央区八重洲二‐五‐一四
電　話　〇三‐六二〇二‐五二〇〇
振　替　〇〇一六〇‐二‐一八〇八八三

装　幀　間村俊一
編集・DTPオペレーション　メディア・デザイン研究所
印　刷　壮光舎印刷
製　本　牧製本

ISBN 978-4-306-04550-7 C3052
Printed in Japan

本書の内容に関するご意見・ご感想は左記までお寄せ下さい。
mail：info@kajima-publishing.co.jp
URL：http://www.kajima-publishing.co.jp